Henrike Bollmeyer, Kathrin Engel,
Angela Hallbauer, Monika Hüning-Meier
(Hrsg.)

UK inklusive

Teilhabe durch Unterstützte Kommunikation

isaac
International Society for Augmentative and Alternative Communication

von Loeper Literaturverlag

Bibliographische Information der Deutschen Bibliothek
Die Deutsche Bibliothek verzeichnet diese Publikation in der Deutschen Nationalbibliographie; detaillierte bibliographische Daten sind im Internet unter http://dnb.ddb.de abrufbar.

Gehen Sie uns „ins Netz"!
Besuchen Sie uns im Internet unter
www.vonLoeper.de

Gerne senden wir Ihnen kostenlos ausführliche Informationen zu unserem Verlagsprogramm zu und informieren Sie regelmäßig über wichtige Neuerscheinungen zum Thema. (Adresse siehe unten)

Wichtiger Hinweis:
Ausführliche Zusatzinformationen zu diesem Buch, wichtige Links und weiteres Bonus-Material finden Sie im Internet unter
www.vonLoeper.de/isaac-tagungsbaende

Originalausgabe
1. Auflage 2011 - 1T-0911-aa

Gesamtherstellung und Vertrieb:
Ariadne Buchdienst,
Daimlerstr. 23 B, 76185 Karlsruhe
Tel. (0721) 464729-029
Fax (0721) 464729-099
E-Mail: Info@vonLoeper.de
Internet: www.vonLoeper.de

ISBN 978-3-86059-147-5

Inhalt

Ute Ritterfeld
Vorwort zur Tagung 9

Henrike Bollmeyer, Kathrin Engel, Angela Hallbauer und Monika Hüning-Meier
Vorwort der Herausgeberinnen 11

UK inklusive als Aufgabe der Gesellschaft und ihrer Institutionen

Andrea Erdélyi, Ingeborg Thümmel
Teilhabe durch Unterstützte Kommunikation in niedersächsischen Bildungseinrichtungen? 15

Annett Thiele, Holger Hünermund
Unterstützte Kommunikation in der schulischen Inklusion 31

Susanne Mischo
Unterstützt kommunizieren im Gemeinwesen 47

Imke Niediek
UK als Aufgabe im Gemeinwesen 59

Christoph Jo. Müller
Unterstützte Kommunikation geht online 73

Ursula Braun
Wege des Verständnisses 79

UK inklusive in Kindheit und Jugend

Marie Just, Silke Wolter
Gemeinsamkeit beginnt mit Differenz 95

Eva Böhm, Daniel Bruning
Inklusives Lernen in komplexen Vorhaben 105

Claudia Pointner, Romana Malzer
Bei dir klickt's wohl? 118

Arvid Spiekermann
Altes Wissen in neuen Rechnern 130

UK inklusive im Erwachsenenalter

Peter Zürcher
Standards in Unterstützter Kommunikation & Partizipation 143

Claudia Spindler
(Mit-)Sprache 155

Karl-Heinz Pantke, Christine Kühn, Gudrun Mrosack
Unterstützte Kommunikation nach Schlaganfall oder degenerativen Erkrankungen des motorischen Nervensystems 170

UK inklusive bei Autismus

Yvette Schatz, Silke Schellbach,
Inklusion beginnt 191

Sabine Ell
Einsatz der Kommunikationshilfe zur Verhaltensunterstützung für Menschen mit Autismus-Spektrum-Störung 202

Claudio Castaneda
„Lass mich sehen, was du denkst!" 216

Markus Buitkamp
Bildkarten und Kartenhalter selber herstellen und im Alltag anwenden 225

UK inklusive Gebärden machen es möglich

Birgit Appelbaum
Zeig´s mir … mit Gebärden 237

Bettina Müller, Gudrun Siegel
Gelebte Inklusion von Anfang an
mit MAKATON-BabyGebärdenkursen 252

Carina Lüke, Dagmar Slickers
Gebärdeneinsatz ja!
Aber für wen und ab wann ist er überhaupt nützlich? 264

UK inklusive in Projekten

Bärbel Weid-Goldschmidt
Zielgruppen Unterstützter Kommunikation 279

Karolin Schäfer
Wird das Kernvokabular überhaupt genutzt? 299

Susann Pohl, Anne Hartkemeyer
Sprechen auf Tastendruck – Was bringt es wirklich? 316

Lars Tiedemann
LiterAACy 330

Alfons Regler, Christine Borucker
Unterstützte Information 343

Marcel Feichtinger
Alle würfeln mit 357

UK inklusive in Wissenschaft und Forschung

Stefanie K. Sachse, Melanie Willke
Fokuswörter in der Unterstützten Kommunikation 375

Gregor Renner
Konversationsanalyse (conversation analysis) und ihre Instrumente 395

Andrea Alfaré, Thekla Huber
Fc heute 406

Almuth Bober
Gestützte Kommunikation (FC) 418

Susanne Wachsmuth
Ausbau körpersprachlicher Kompetenzen
in einem gemeinsamen Erfahrungsraum 434

Dorothea Lage
Übergänge zu neuen Lebensräumen
als Teilhabemöglichkeiten erschließen 445

Jutta Benetz, Andrea Erdélyi, Susanne Mischo
Teilhabe für ALLE ?! 468

Autorinnen und Autoren 487

Vorwort zur Tagung

Seit 2009 mit der UN-Behindertenrechtskonvention die Inklusion behinderter Menschen als geltendes Recht festgesetzt wurde, wird auch in Deutschland – zum Teil recht kontrovers – diskutiert, wie dieses Ziel politisch, organisatorisch und pädagogisch umgesetzt werden kann. Denn der Auftrag zur Inklusion geht über eine Integrationsforderung hinaus, da es nicht mehr nur um die Zusammenführung bislang getrennt lebender oder unterrichteter Personen geht, sondern um eine ethisch-moralische Verantwortung gegenüber Heterogenität: Menschen, so die Annahme, unterscheiden sich in vielfältiger Hinsicht, unter anderem auch in Bezug auf ihre körperlichen und geistigen Entwicklungsmöglichkeiten, und haben ein Recht auf individualisierte Förderung. Kein einzelner Mensch darf marginalisiert werden, allen Menschen muss ungeachtet ihrer individuellen Förderbedarfe Teilhabe in allen Lebensbereichen zugesichert werden.

Damit auch Menschen mit fehlender Lautsprache oder sehr stark eingeschränkten lautsprachlichen Fähigkeiten uneingeschränkt am gesellschaftlichen Leben teilhaben können, benötigen sie alternative Kommunikationswege. Durch die Unterstützte Kommunikation werden sie in die Lage versetzt, ihre Gedanken, Wünsche, Ideen und Meinungen zu äußern. Unterstützte Kommunikation verleiht den betroffenen Menschen damit auch die Stimme, um sich selbst an der Inklusionsdebatte zu beteiligen und ihre eigenen Visionen und Vorstellungen zu vertreten.
Für eine gelungene Inklusion ist es deshalb notwendig, die Methoden der Unterstützten Kommunikation stärker ins öffentliche Bewusstsein zu rücken, damit diese Form der Kommunikation auch als selbstverständlich akzeptiert wird. Soziale Akzeptanz und Entstigmatisierung der unterstützt kommunizierenden Menschen sind die wesentlichen Bedingungen zur Umsetzung der Inklusionsforderung und gleichzeitig diejenigen Bedingungen, für deren Realisierung jede/r einzelne von uns einen Beitrag leisten kann.
Das Thema dieser Tagung „UK inklusive" trifft damit den Nerv der Debatte, weil es auf der einen Seite auf die Methoden der Unterstützten Kommunikation als Beitrag zur Inklusion nicht lautsprachlich kommunizierender Menschen hinweist. Zum anderen wird eine inklusive Perspektive von Kommunikationsmitteln eingenommen: Wir inkludieren die Unterstützte Kommunikation als eine Form menschlicher Kommunikation im interpersonalen

Kontakt. Die Zeiten sind dafür so günstig wie noch nie, nicht nur weil die technischen Möglichkeiten sich weiterentwickelt haben, sondern vor allem auch, weil medial vermittelte Kommunikation mittlerweile auch für lautsprachlich kommunizierende Menschen zur Alltagserfahrung gehört. Unterstützte Kommunikation, so könnte deshalb unsere – inklusive – Botschaft an uns alle sein, ist schlicht eine weitere Variante mediierter Kommunikation. Welche Kommunikationsform wir schließlich wählen, hängt von den Barrieren ab, die es zu überwinden gilt. Während in einem Fall mit email, MSM oder Skype räumliche Distanz zu überbrücken ist, soziale Netzwerke wie Facebook die Fülle sozialer Beziehungen managen helfen, ergänzen oder ersetzen die Methoden der Unterstützten Kommunikation die Lautsprache im direkten interpersonalen Kontakt.

In diesem Sinne wünsche ich allen Beteiligten einen anregenden Tag mit wissenschaftlichen Beiträgen, Diskussionen und zwischenmenschlichen Begegnungen, die sich durch die Nutzung unterschiedlicher Kommunikationsformen auszeichnen.

Prof. Dr. Ute Ritterfeld
TU Dortmund

Vorwort der Herausgeberinnen

„Sprechend und handelnd unterscheiden Menschen sich aktiv voneinander, anstatt lediglich verschieden zu sein...; kein Mensch kann des Sprechens und Handelns ganz und gar entraten" (Hannah Arendt).

Unterstützte Kommunikation ist mehr als eine Sammlung methodischen Wissens, sie ist eine Haltung, die menschliche Begegnung möchte. Überall dort, wo echte Begegnung zwischen Menschen stattfindet, die gekennzeichnet ist von Interesse an der anderen Person, von Wertschätzung und auch Engagement für das Gegenüber, wird Teilhabe auf einer ganz persönlichen Ebene gelebt. Inklusion ist zunächst Begegnung, braucht aber - damit sie zur gesellschaftlichen Norm wird - über die persönliche Begegnung hinaus theoretische Konzepte und inklusive institutionelle und gesellschaftliche Rahmenbedingungen. Das Thema Inklusion ist also ein sehr vielschichtiges: ein persönliches, ein ethisches, ein politisches.

Die Inklusionschancen unterstützt kommunizierender Menschen voranzubringen, das ist der Leitgedanke dieser ISAAC-Tagung, dem sich alle Referenten in ihren Vorträgen und Beiträgen zum Tagungsreader verschrieben haben. Sie dokumentieren damit ihr praxis- und theoriegeleitetes Engagement für die Rechte unterstützt kommunizierender Menschen. Hierfür möchten wir uns an dieser Stelle herzlich bedanken.

Wie umfangreich und komplex sich die Auseinandersetzung mit dem Thema „UK inklusive" in Theorie und Praxis darstellt, zeigt ein Blick in den vorliegenden Tagungsreader:

- UK inklusive als Aufgabe der Gesellschaft und ihrer Institutionen
- UK inklusive in Kindheit und Jugend
- UK inklusive im Erwachsenenalter
- UK inklusive bei Autismus
- UK inklusive – Gebärden machen es möglich
- UK inklusive in Projekten
- UK inklusive in Wissenschaft und Forschung

In dem Ringen um eine einheitliche Schreibweise bei der Darstellung von Personengruppen wie UK-Nutzer, Lehrer, Therapeuten, etc. haben wir uns für die maskuline Schreibweise entschieden, was jedoch lediglich der Lesbarkeit und Prägnanz des Ausdrucks geschuldet ist. Selbstverständlich ist die feminine Schreibweise immer mit gemeint.

Wir hoffen, dass UK inklusive zu einer gelebten Selbstverständlichkeit wird.

Henrike Bollmeyer, Kathrin Engel, Angela Hallbauer
und Monika Hüning-Meier

UK inklusive
als Aufgabe
der Gesellschaft
und ihrer
Institutionen

Teilhabe durch Unterstützte Kommunikation in niedersächsischen Bildungseinrichtungen?

Ergebnisse einer landesweiten Studie zu Bedarfen und Ressourcen an UK in niedersächsischen Schulen und Tagesbildungsstätten

Andrea Erdélyi, Ingeborg Thümmel

1. Problemdarstellung

Seit dem 26. März 2009 gilt in Deutschland rechtsverbindlich die UN-Behindertenrechtskonvention, im Folgenden genannt UN-BRK. Das Innovationspotential der UN-BRK resultiert im Wesentlichen daraus, dass die Konvention nicht nur feierliche Erklärungen im Sinne einer Präambel enthält, vielmehr gibt es einen Katalog an ausgewiesenen Anforderungen und Strukturmerkmalen, die zurückgeführt werden auf menschenrechtliche Verpflichtungen. Mit der Forderung nach einem

- uneingeschränkten Verbot von Diskriminierung,
- der Ermöglichung von Selbstbestimmung,
- der Durchsetzung von Inklusion und
- der Verwirklichung von Teilhabe

postuliert die Konvention nicht etwa besondere Rechte, sondern schlichtweg die gleichen Rechte für Menschen mit Behinderungen.

Für das schulische Bildungssystem hält die Konvention in Artikel 24 folgende Bestimmungen fest: „States Parties shall ensure an inclusive education system at all levels and life-long learning ..." (Onlinequelle 1).
Die Verwirklichung und Umsetzung des geforderten inklusiven Bildungssystems in der Bundesrepublik hat neben leidenschaftlichen Diskussionen auf Länderebene die unterschiedlichsten, in ihrer Gesamtheit nicht mehr erfassbare Aktivitäten evoziert, deren Wirkungen sich in Bezug auf die in der BRK dargelegten Strukturmerkmale zurzeit nicht einschätzen lassen. Gleichwohl ist festzuhalten, dass es einer reduktiven Interpretation der UN-BRK gleich käme, wollte man sich ausschließlich auf den Abbau des gegliederten Förderschulsystems beschränken und die Verwirklichung eines inklusiven Bildungssystems an dem prozentualen Anteil der Schüler mit Behinderungen, die im gemeinsamen Unterricht beschult werden, messen.

Teilhabe an schulischer Bildung ist nicht gleichzusetzen mit dem olympische Motto vom „Dabei-Sein ist alles“. Vielmehr sind für das „Einbezogensein in Lebens- und Lernsituationen“ (WHO 2005) Schlüsselkompetenzen notwendig, die von fachkompetenten Lehrkräften vermittelt werden müssen.

Dass Schülerinnen und Schüler, die sich nicht lautsprachlich verständigen können, in besonderem Maße mit Kommunikationsbarrieren konfrontiert und damit auch von Exklusionsrisiken bedroht sind, lässt sich leicht nachweisen.

Sprache ist das speziestypische Zeichen- und Kommunikationssystem. Unter funktionalem Aspekt ist Sprache eine auf Kommunikation und Kognition zielende Tätigkeit. Unabhängig davon, ob es sich bei dem Kommunikationssystem um eine Lautsprache, um Gebärden oder optische Zeichen handelt, Sprache ist das Medium von Wahrnehmungs- und Denkprozessen und somit der Welterschließung schlechthin. Da jede Wahrnehmung und jede komplexere Informationsverarbeitung bereits sprachlich vorstrukturiert ist, lässt sich daraus schließen, dass der Mensch nicht in einer sinnlich erkannten Welt lebt, über die er sich erst nach Abschluss von Erkenntnisprozessen mittels Sprache verständigt, sondern er lebt „in der Sprache“. Das speziestypische Kommunikationssystem von Menschen ist die Lautsprache. Die Linguistik definiert Lautsprache als eine mittels der Sprechorgane (Kehlkopf, Mund, Zunge usw.) erzeugte natürliche Sprache. Das Produzieren von hör- und verstehbarer Lautsprache wird als „Sprechen“ bezeichnet. Sprachverständnis ist die Fähigkeit, Sinn und Bedeutung von Lautäußerungen zu erfassen. Sprechen ist die komplexeste und differenzierteste, aber auch störanfälligste Kommunikationsform. In der nachfolgenden Studie wurden Schüler als kaum- und nichtsprechend klassifiziert, wenn sie fremden Personen gegenüber einfache Wünsche oder Befindlichkeiten lautsprachlich nicht verständlich äußern können. Zwar ist Sprachverständnis die Grundlage für ein verständliches sinnvolles Sprechen, dies allerdings gilt nicht vice versa. Es ist durchaus möglich, dass die Fähigkeit, Sinn und Bedeutung von Lautäußerungen zu erfassen vorhanden ist, eine hör- und verstehbare Lautsprache sich allerdings (noch) nicht entwickelt hat. Unabhängig davon, ob sich bei kaum- und nichtsprechenden Schülern Sprachverständnis feststellen lässt oder nicht, eine schwerwiegende Kommunikationsbeeinträchtigung besteht im Falle fehlender Lautsprachproduktion zweifelsfrei. In der ursprünglichen Bedeutung communicare (lateinisch) bedeutet Kommunikation „teilen, mitteilen, teilnehmen lassen; gemeinsam machen, vereinigen“. Der handlungstheoretische Zugang weist jede Kommunikation als Sozialhandlung von mindestens zwei Menschen aus – mit den zentralen Konstituenten,

Anregung und Vollzug von Zeichenprozessen sowie Teilhabe, in der etwas Gemeinsames entsteht. Kommunikation als soziales Handeln ist bestimmt durch das Kommunikationsziel Verständigung und Kommunikationszwecke, die sich auf Gegebenheiten beziehen, welche sich nur gemeinschaftlich erreichen lassen. Wenn nun aber Kommunikation zum einen nur in gegenseitiger Bezugnahme geschieht, zum anderen im Falle von kaum- und nichtsprechenden Schülern diese Bezugnahme dadurch beeinträchtigt wird, dass gesprochene Sprache als gemeinsame Kommunikationsform nicht zur Verfügung steht, dann kann sich Communio (Gemeinschaft) nicht entwickeln, ist Teilhabe erschwert, sind Verständigung und gemeinschaftliche Erkenntnisprozesse durch Kommunikation nahezu unerreichbar. In diesem Kontext lässt sich eine fehlende Lautsprachproduktion als ein erhöhtes Exklusionsrisiko, unabhängig von der Lerngruppe, identifizieren.
Kaum- und nichtsprechende Schüler mit kognitiven Beeinträchtigungen werden durch das Verfahren zur Feststellung des sonderpädagogischen Förderbedarfs in allen Bundesländern dem Förderschwerpunkt geistige Entwicklung zugeordnet. Sprach- und Kommunikationsförderung von kaum- und nichtsprechenden Schülern ist ein zentraler Bestandteil des Bildungsauftrages von vorschulischen sowie schulischen Einrichtungen im Förderschwerpunkt geistige Entwicklung und ist folglich in den Lehrplänen aller Bundesländer ein ausgewiesener Lernbereich. Ältere Studien, die in den 1990er Jahren bis zum Jahr 2000 durchgeführt wurden, ermittelten einen prozentualen Anteil von kaum- und nichtsprechenden Schülern damals noch an Schulen für Geistigbehinderte von 25 % bis hin zu 60 % (Wachsmuth 2006, 25). Ab dem Jahre 2000 überarbeiteten bzw. verfassten alle Bundesländer ihre Lehrpläne für den Förderschwerpunkt Geistige Entwicklung neu. Die Lehrplanrevision war nicht zuletzt dem Umstand geschuldet, dass eine veränderte Schülerschaft verstärkt in die Schulen mit dem Förderschwerpunkt geistige Entwicklung drängte: Schüler mit schweren Behinderungsformen, die mit den eingeführten didaktisch-methodischen Verfahrensweisen nicht erfolgreich lernen konnten. In diesem Kontext wurde auch erstmalig Unterstützte Kommunikation (UK) als Unterrichtsangebot für Schüler ohne Lautsprache in die Lehrpläne aufgenommen (Ministerium für Bildung, Frauen und Jugend Rheinland-Pfalz 2001, Bayerisches Staatsministerium für Unterricht und Kultus 2003, Niedersächsisches Kultusministerium 2007). Systematisch ausgewiesen als verpflichtendes Lernangebot im Förderschwerpunkt geistige Entwicklung wurden damit alle pädagogischen und therapeutischen Maßnahmen und Hilfen, die zu einer Verbesserung der Verständigung von Personen ohne oder mit erheblich eingeschränkter Lautsprache beitragen können.

Das multimodale Kommunikationssystem der UK umfasst:

- Blicke, Mimik, Körperhaltung und Körperbewegungen, Gebärden als körpereigene Ausdrucksformen,
- Bilder, graphische Symbole und Schrift sowie elektronische Geräte, z. B. Talker, als hilfsmittelgestützte Formen.

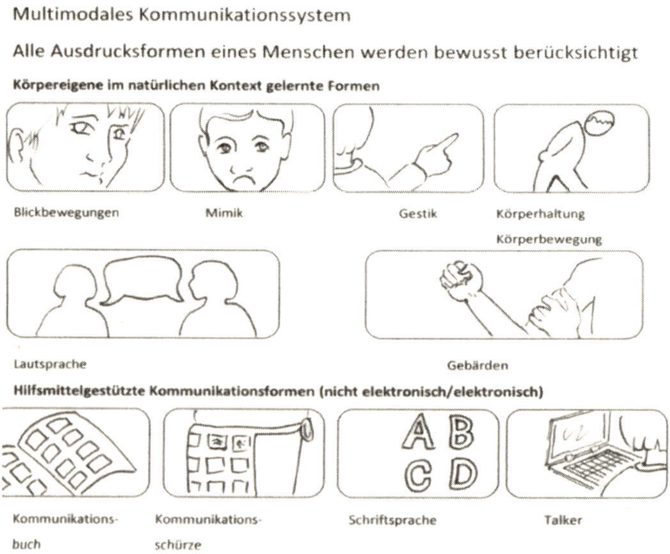

Abb.1: Multimodales Kommunikationssystem

Die Implementierung des neuen Konzeptes der UK zur Sprach- und Kommunikationsförderung in den Bildungseinrichtungen im Förderschwerpunkt geistige Entwicklung war ein Resultat evidenzbasierter Praxis. Die traditionelle Sprachförderung und Sprachtherapie mit ihrer Fokussierung auf lautsprachliche Lernfortschritte zeigte bei Schülern mit einer schweren Behinderung nur wenig Erfolge, gemessen an den Möglichkeiten sich mitzuteilen und Verständigung zu erreichen.

Ausgehend von den länderübergreifenden Curricular- und Lehrplanrevisionen mit fortschreitend elaborierter Ausrichtung auf UK seit dem Jahr 2000 scheint die Sprach- und Kommunikationsförderung von kaum- und nichtsprechenden Schülern im Förderschwerpunkt geistige Entwicklung stetig konzeptionell und schulorganisatorisch verbessert worden zu sein. Allerdings käme es einem Fehlschluss gleich, daraus zu schließen, dass das Lernangebot im Förderschwerpunkt in praxi quantitativ und qualitativ den administrativ-curricularen Vorgaben entspricht.

2. Fragestellungen der Studie

Ausgehend von der Verortung der Studie im Kontext einer partizipativen Bildungsforschung, deren vordringliche Zielstellung darin besteht, Inklusionsbedingungen und Exklusionsrisiken in Bildungseinrichtungen zu erforschen, wurde unzureichende Lautsprache als ein erhöhtes Exklusionsrisiko für kaum- und nichtsprechende Schüler beschrieben. Aktuelle Bedarfs-Ressourcen-Feststellungen in Bezug auf „angemessene Vorkehrungen" für kaum- und nichtsprechende Schüler an Bildungseinrichtungen mit dem Förderschwerpunkt geistige Entwicklung fehlen, Studien zu Wirkungen und Effekten der Förderung sind nicht vorhanden. Mit Blick auf die umrissene Problemdarstellung können nunmehr vier ausgewählte Fragestellungen der Studie ausgewiesen werden:

(1) Wie hoch ist die Anzahl der kaum- und nichtsprechenden Schüler an niedersächsischen Bildungseinrichtungen mit dem Förderschwerpunkt geistige Entwicklung?
(2) Wie hoch ist dementsprechend der Bedarf an Kommunikationsförderung?
(3) Welche Ressourcen an angemessenen Vorkehrungen, im Besonderen an Unterstützter Kommunikation, stehen für die kaum- und nichtsprechenden Schüler zur Verfügung?
(4) Welche Wirkungen und Erfolge durch Kommunikationsförderung, insbesondere durch Unterstützte Kommunikation, sind nachweisbar?

3. Design/Methode

Jede Studie bedarf eines Designs und einer Methode. Für die Studie passten Studierende im Rahmen forschungsorientierter Lehre den von Jens Boenisch (2009) im Förderschwerpunkt körperliche und motorische Entwicklung eingesetzten Fragebogen an die Bedingungen im Schwerpunkt geistige Entwicklung an. Eine neuere Studie von Boenisch, mit der 2004 begonnen und die letztendlich 2009 in Gänze und mit detaillierten Studienergebnissen veröffentlicht wurde, ermittelt für alle Bundesländer Deutschlands mit Ausnahme von Bremen einen Bedarf an Unterstützter Kommunikation an Förderschulen mit dem Schwerpunkt körperliche und motorische Entwicklung von 20 Prozent. Die Ergebnisse für den Bedarf an Schulen mit dem Schwerpunkt körperliche und motorische Entwicklung ergab für Niedersachsen, dass lediglich 6% (n=53) kaum- und nichtsprechende Schüler in diesem Schwerpunkt unterrichtet werden. Dieses Ergebnis legte die Vermutung nahe, dass zumindest in Niedersachsen ein weitaus größerer Anteil an kaum- und nichtsprechenden Schülern an Bildungseinrichtungen mit dem Schwerpunkt geistige Entwicklung beschult werden. Insofern bot sich eine landesweite Replikationsstudie an, die, um vergleichbare Daten zu erhalten, das gleiche Instrumentarium einsetzte mit nur marginalen Veränderungen.

Der Fragebogen enthält folgende Themenblöcke:

I. Fragen zur Klasse
II. Fragen zum Schüler 1, 2, 3
III. Fragen zu den verwendeten Kommunikationshilfen
IV. Fragen zur Einbeziehung der Schüler in das Schulleben
V. Fragen zur Kommunikationsförderung durch logopädische oder sprachheiltherapeutische Behandlung, zu den Wirkungen und zu den Erfolgen
VI. Fragen zur Kommunikationsförderung durch Unterstützte Kommunikation, zu den Wirkungen und zu den Erfolgen

Insgesamt wurden in einer landesweiten Totalerhebung von Juni 2010 bis Dezember 2010 Lehrkräfte an 119 Bildungseinrichtungen mit dem Förderschwerpunkt geistige Entwicklung in Niedersachsen befragt.
In der Pilotierungsphase wurden 35 ausgewählte Schulen von Studierenden aufgesucht, die den Lehrkräften das Ziel der Untersuchung darstellten, für eine hohe Rücklaufquote warben und aufgrund nachvollziehbarer kritischer Einwände der Lehrkräfte den Fragebogen überarbeiteten. Planung, Durchführung und Ergebnisse der Pilotierungsphase wurden in zwei Masterarbeiten zusammengefasst. Eine erste Veröffentlichung der Ergebnisse der Pilotierungsphase liegt zwischenzeitlich vor.
Landesweite Studien bedürfen der Finanzierung. Dies hat im Falle der vorliegenden Studie die Universitätsgesellschaft Oldenburg übernommen.
Die Datenverarbeitung, Häufigkeitsberechnungen und Varianzanalysen erfolgten mit SPSS 18.

4. Ergebnisteil

4.1 Allgemeine Angaben

Insgesamt wurden an die 119 niedersächsischen Bildungseinrichtungen 1215 Fragebögen verschickt. Von diesen Bildungseinrichtungen sind 56 Tagesbildungsstätten und 63 Förderschulen. Von allen Bildungsinstitutionen im Förderschwerpunkt geistige Entwicklung sind somit etwa die Hälfte, 48 Prozent, private Einrichtungen.

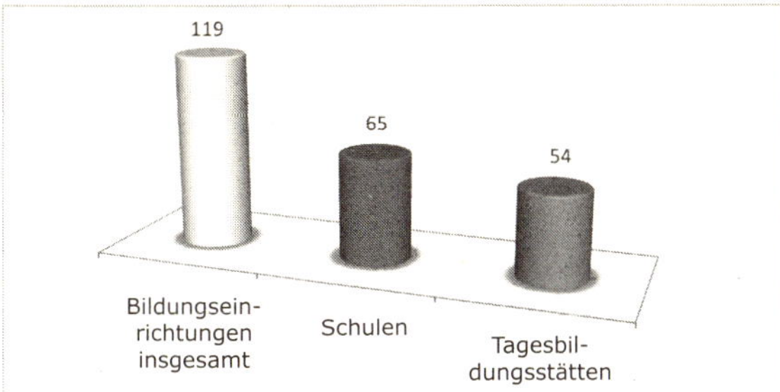

Abb. 2: Anzahl der angeschriebenen Bildungseinrichtungen

598 Lehrkräfte beantworteten die Fragebögen und schickten diese zurück. 574 der zurück gesandten Fragebögen waren mit SPSS 18 auswertbar. Dies entspricht einer Rücklaufquote von 49 Prozent. Für eine schriftliche Befragung ist die erzielte Rücklaufquote als gut zu klassifizieren.

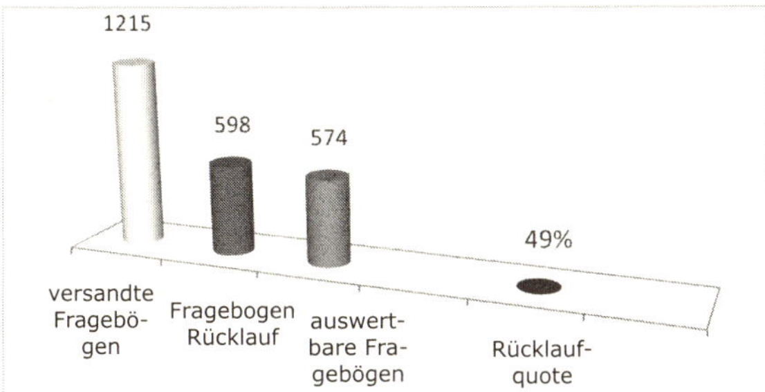

Abb. 3: Rücklaufquote

4.2 Bedarfe

Im Schuljahr 2009-10 besuchten 6945 niedersächsische Schüler mit einem Förderbedarf im Schwerpunkt geistige Entwicklung eine Schule oder Tagesbildungsstätte (Sekretariat der Ständigen Konferenz der Kultusminister der Länder in der Bundesrepublik Deutschland 2010).
Die Studie erfasst, bezogen auf die Lautsprachkompetenz, die Angaben von insgesamt 4159 Schülern aus niedersächsischen Bildungseinrichtungen. Von diesen 4159 Schülern werden von den befragten Lehrkräften 1118 als kaum- und nichtsprechende Schüler bezeichnet. Dies entspricht einem Anteil von 26,88 Prozent kaum- und nichtsprechender Schüler an niedersächsischen Bildungseinrichtungen im Förderschwerpunkt geistige Entwicklung (FSP G). Damit ist auch der Nachweis erbracht, dass im Bundesland Niedersachsen in den Bildungseinrichtungen im Förderschwerpunkt geistige Entwicklung prozentual weitaus mehr kaum- und nichtsprechenden Schüler

unterrichtet werden als in Schulen mit dem Förderschwerpunkt körperliche und motorische Entwicklung. Für letztere weist Boenisch (2009) nur 6 Prozent an kaum- und nichtsprechenden Schülern aus.

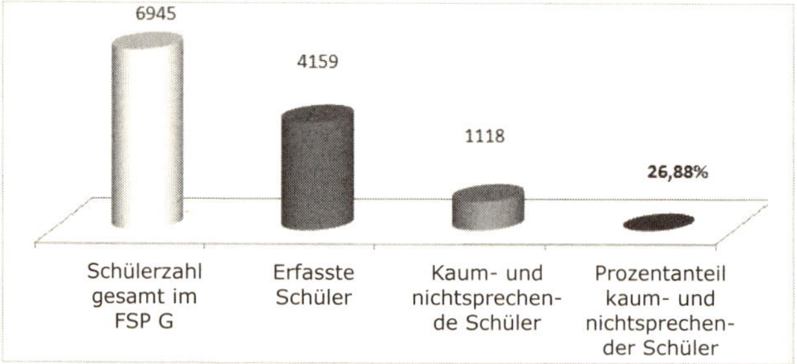

Abb. 4: Anteil kaum- und nichtsprechender Schüler im Förderschwerpunkt geistige Entwicklung

4.3 Ressourcen

Der ausgewiesene hohe Bedarf an Unterstützter Kommunikation in niedersächsischen Bildungseinrichtungen mit dem Förderschwerpunkt geistige Entwicklung erfordert entsprechende Ressourcen. Errechnet wurde der Grad der Versorgung mit UK über die Differenz zwischen der Schülerzahl, bei denen die Lehrkräfte einen Bedarf an Unterstützter Kommunikation feststellten und der Schülerzahl, die mit UK gefördert wird. Danach ergibt sich eine unerwartet hohe Versorgung von 95% bei einer Unterversorgung von 5%.
Das Diagramm Abb. 5 zeigt neben der guten Versorgung der Schüler in niedersächsischen Bildungseinrichtungen im Förderschwerpunkt geistige Entwicklung den hohen Bedarf an Unterstützter Kommunikation und die Konzentration von kaum- und nichtsprechenden Schülern im Förderschwerpunkt geistige Entwicklung. Nur 17 Prozent der Lehrkräfte geben an, dass keine Schülerin und kein Schüler ihrer Klasse UK benötigt, während 13 Prozent der Befragten erklären, dass bei vier und mehr Schüler ihrer Klasse Bedarf an UK bestehe.

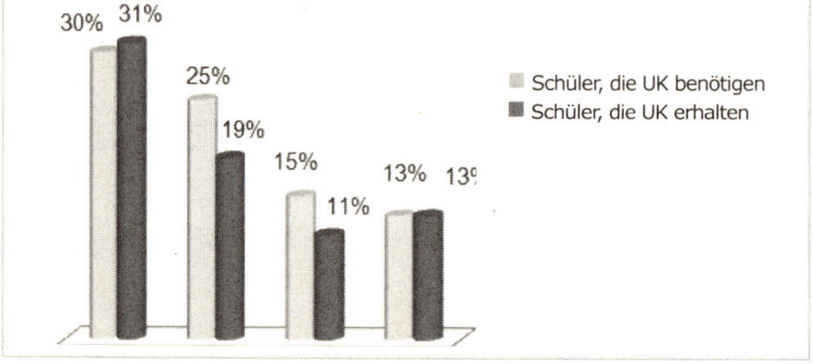

 Abb. 5: Wie viele Schüler einer Klasse benötigen UK?

Was sich auf den ersten Blick als erfreuliche Versorgungslage für Schüler in niedersächsischen Bildungseinrichtungen mit dem Förderschwerpunkt geistige Entwicklung darstellt, erweist sich beim Fortschreiten der Auswertung der Daten als durchaus mehrdeutig. Als aufschlussreich erweist sich die Aufschlüsselung der verwandten Kommunikationsmittel. Eindeutig dominieren die körpereigenen, in der Regel im natürlichen Kontext erlernten Kommunikationsmittel.

So werden Gesten zu 58 Prozent, Blickbewegungen zu 72 Prozent und Mimik zu 79 Prozent meistens oder immer als Kommunikationsmittel von kaum- und nichtsprechenden Schülern eingesetzt.

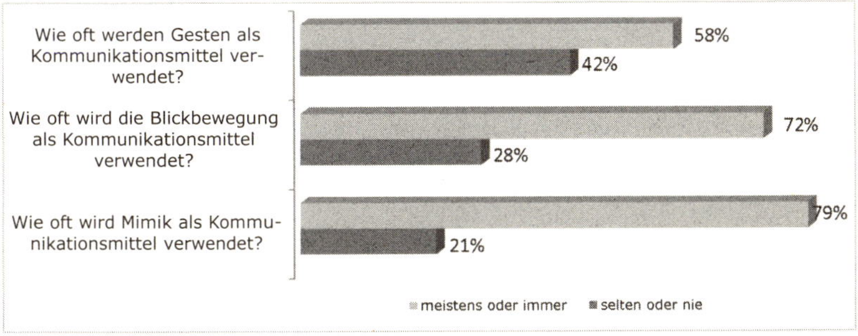

Abb. 6: Gesten, Blickbewegungen und Mimik als Kommunikationsmittel

Weitaus weniger häufig kommen Kommunikationsmittel zum Einsatz, die in gestalteten Lernsituationen durch die planmäßige Verwendung von Lehrmethoden von Schülern erlernt werden könnten. Nur 28,8 Prozent aller kaum- und nichtsprechenden Schüler verwenden Gebärden meistens oder immer, während 71,2 Prozent dieser Schülergruppe Gebärden selten oder nie verwendet.

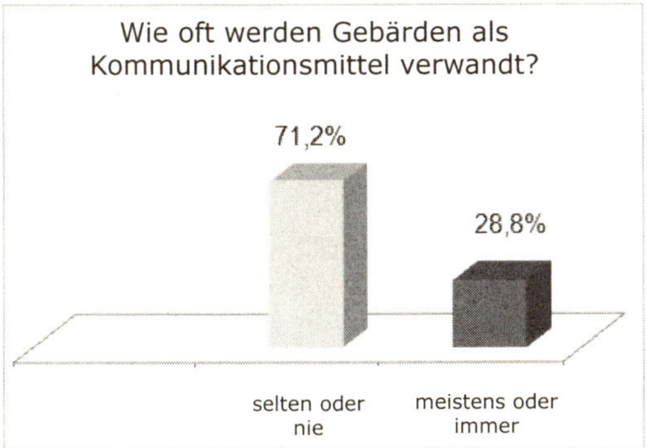

Abb. 7: Gebärden als Kommunikationsmittel

Das nachfolgende Diagramm Abb. 8 zeigt die auffallenden Werte für die Kommunikationsformen, die auf hilfsmittelgestützten visuell-symbolischen Formen basieren. Nachgewiesen ist damit, dass hilfsmittelgestützte Kommunikation bei mehr als 80% aller kaum- und nichtsprechenden Schülern im Förderschwerpunkt geistige Entwicklung selten oder nie zum Einsatz kommt.

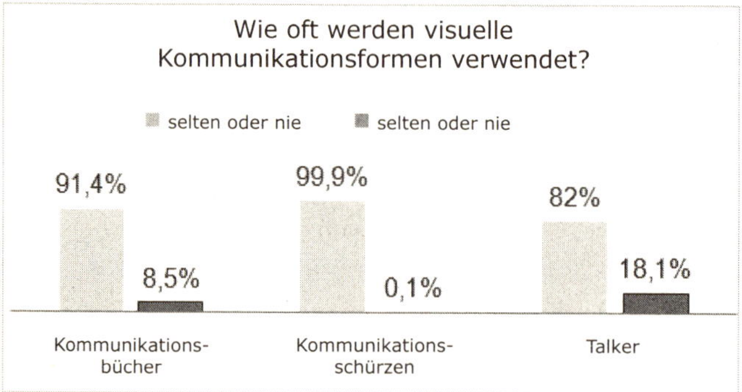

Abb. 8: Verwendung von hilfsmittelgestützten visuell-symbolischen (nichtelektronischen und elektronischen) Kommunikationsformen

4.4 Erfolg der UK und Teilhabe

Folgerichtig zur Darstellung der von den Schülern am häufigsten verwandten Kommunikationsformen geben die Lehrkräfte an, dass gute oder sehr gute Erfolge der Förderung durch die Vermittlung nonverbaler Kommunikationsmittel wie Mimik, Gestik, Blickkontakt erzielt werden und dies insbesondere im Hinblick auf das Lautsprachverständnis.

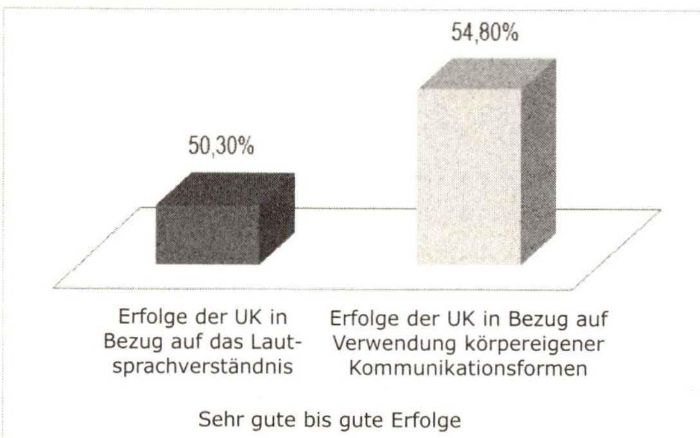

Abb. 9: Erfolge der Förderung der körpereigenen Kommunikationsformen

Währenddessen wurden nichtelektronische Hilfsmittel wie Symbol- und Bildertafeln, Bücher und Schürzen sowie Gebärden und auch elektronische Hilfsmittel als nicht erfolgreiche Kommunikationsmittel zur Förderung kaum- und nichtsprechender Schüler klassifiziert. Beeindruckend deutlich weist dies Diagramm Abb. 10 aus, das die hohe Prozentzahl an befragten Lehrkräften zeigt, die nur einen geringen bzw. keinen Erfolg in der Vermittlung von Gebärden, Zeichen- und Symbolsystemen sehen.

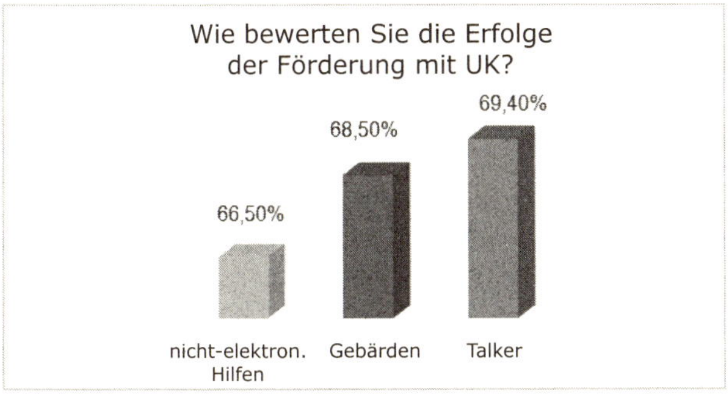

Abb. 10: Prozentsatz der Lehrkräfte, die die Förderung mit den genannten Kommunikationsmitteln als eher erfolglos betrachten

Entsprechend eingeschränkt durch die Kommunikationsbarrieren beurteilen die Lehrkräfte die Teilhabemöglichkeiten am Schulleben der kaum- und nichtsprechenden Schüler. Mehrheitlich beteiligen sich diese Schüler nicht aktiv am Unterricht, am Klassen- oder Pausengeschehen.

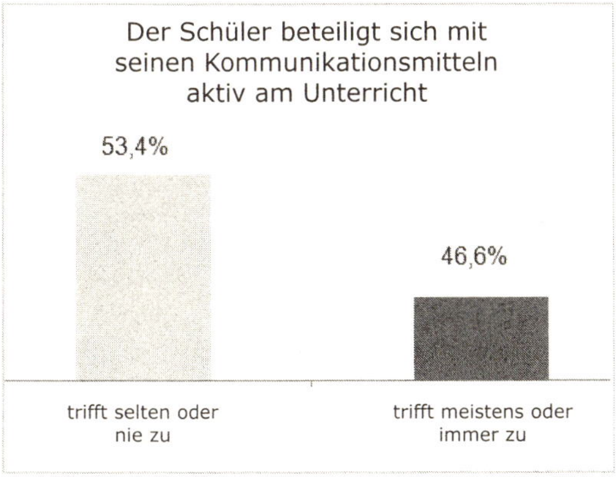

Abb. 11: Schülerbeteiligung im Unterricht

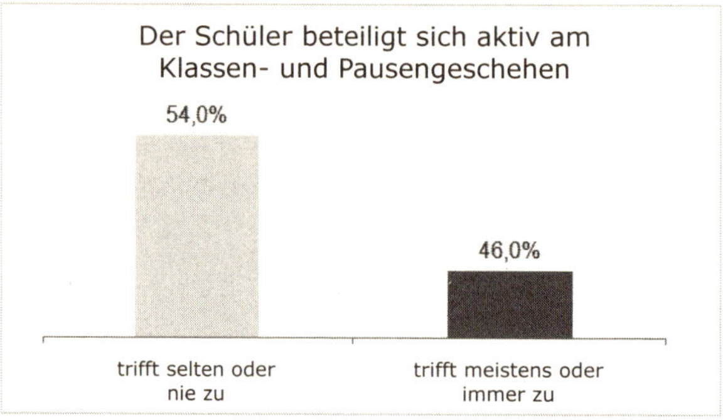

Abb. 12: Schülerbeteiligung am Klassen- und Pausengeschehen

Die Ergebnisdarstellung abschließen sollen zwei aussagekräftige Diagramme, Abb. 13 und Abb. 14, die anschaulich die Kommunikationshindernisse kaum- und nichtsprechender Schüler an niedersächsischen Bildungseinrichtungen zeigen. Nach Angaben ihrer Lehrkräfte können mehr als ein Drittel der kaum- und nichtsprechenden Schüler aus eigener Motivation ihre Wünsche oder Freude nicht äußern, knapp einem Viertel gelingt es mit ihren Kommunikationsmitteln nicht aus eigener Motivation Gefallen und Missfallen auszudrücken.

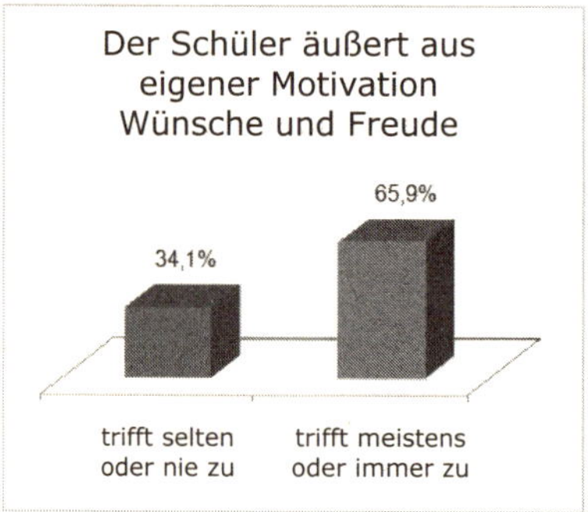

Abb.13: Äußerung von Wünschen und Freude

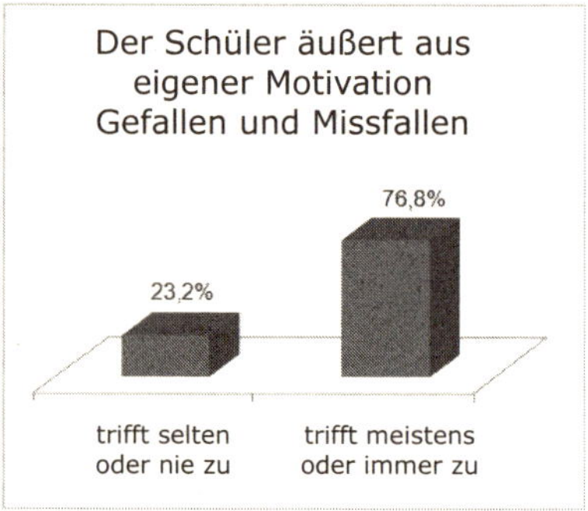

Abb. 14: Äußerung von Gefallen und Missfallen

5. Diskussion der Ergebnisse

Mit der Studie wurde erstmalig die Bildungssituation von kaum- und nichtsprechenden Schülern, die niedersächsische Bildungseinrichtungen mit dem Förderschwerpunkt geistige Entwicklung besuchen, erforscht. Im Fokus stand der Bedarf an Kommunikationsförderung, die bereit gestellten

Ressourcen sowie die Erfolge der Förderung aus Sicht der Lehrkräfte. Im Spiegel der aus der UN-Konvention resultierenden Rechtsansprüche für hochwertigen inklusiven Unterricht verdeutlichen die ausgewählten Ergebnisse einige der festgestellten Exklusionsprozesse, die die Teilhabe für kaum- und nichtsprechende Schüler in den niedersächsischen Bildungsinstitutionen mit Förderschwerpunkt geistige Entwicklung erheblich erschweren.

1) Exklusionsprozesse durch hohe Selektivität der Lerngruppen, verbunden mit fehlenden Möglichkeiten des Peer-Learnings

Mehr als ein Viertel der Schülerschaft in den Bildungsinstitutionen im Förderschwerpunkt geistige Entwicklung in Niedersachsen wird von den zuständigen Lehrkräften als kaum- und nichtsprechend diagnostiziert. Im Vergleich dazu ermittelte Boenisch (2009) im Bundesdurchschnitt 20 Prozent kaum- und nichtsprechende Schüler im Förderschwerpunkt körperliche und motorische Entwicklung, im Land Niedersachsen einen Anteil von 6 Prozent. Die Konzentration von kaum- und nichtsprechenden Schülern in den Lerngruppen im Förderschwerpunkt geistige Entwicklung im Bundesland Niedersachsen zeigt sich auch darin, dass in 25 Prozent der Klassen zwei Schüler unterrichtet werden, die UK als Kommunikationsförderung benötigen, in 15 Prozent der Klassen befinden sich drei, in 13 Prozent der Lerngruppen sogar vier und mehr Schüler, die nur über eine unzureichende Lautsprache verfügen. Infolge der hohen Selektivität der Lerngruppen fehlen für die kaum- und nichtsprechenden Schüler gleichaltrige Sprachvorbilder. Dies wiederum limitiert Kommunikation in der Peer-Group und schränkt kommunikative Lernmöglichkeiten für kaum- und nichtsprechende Schüler nicht unerheblich ein.

2) Exklusionsprozesse durch Fokussierung auf körpereigene Kommunikationsformen

Die zunächst festgestellte gute Versorgung von 95% der kaum- und nichtsprechenden Schüler mit UK erwies sich als Artefakt. Es konnte gezeigt werden, dass sich die Kommunikationsförderung vornehmlich auf körpereigene Kommunikationsformen beschränkt, die am häufigsten im natürlichen Kontext erlernt werden. Die Reichweite dieser Kommunikation ist jedoch begrenzt und störanfällig, da nur eine begrenzte Anzahl von Intentionen und Inhalten so kommuniziert werden können. Möglicherweise verleitet die Mehrfachbehinderung die Lehrkräfte zu der Annahme, dass eine Entwicklung über basale Kommunikationsformen hinaus nicht möglich ist. Denkbar allerdings ist auch, dass die Lehrkompetenz fehlt, um hilfsmittelgestützte Kommunikationsformen zu vermitteln. Unbeschadet der Gründe für die Negativ-Bewertung hilfsmittelgestützter Kommunikationsformen durch die Lehrkräfte lässt sich festhalten, dass „angemessene Vorkehrungen" im Bereich der Kommunikationsförderung fehlen, indem speziell Kommunikationsformen mit scheinbar höherem kognitivem Anspruch von Lehrkräften mehrheitlich ausgeschlossen werden.

3) Exklusionsprozesse durch unzureichende Anpassung an die kommunikativen Bedürfnisse der kaum- und nichtsprechenden Schüler

Der besondere Handlungsbedarf, Kommunikationsförderung mit UK im Förderschwerpunkt geistige Entwicklung zu intensivieren und zu optimieren, wird deutlich an der Bewertung der Lernerfolge durch die Lehrkräfte und deren Einschätzung der Teilhabe von kaum- und nichtsprechenden Schülern am Unterricht und Schulleben. Nach der Beurteilung der Lehrkräfte können mehr als ein Drittel der kaum- und nichtsprechenden Schüler ihre Wünsche oder Freude nicht äußern, knapp einem Viertel gelingt es mit ihren Kommunikationsmitteln nicht aus eigener Motivation Gefallen und Missfallen auszudrücken, über die Hälfte der kaum- oder nichtsprechenden Schüler beteiligen sich nicht aktiv am Unterrichts-, Klassen- oder Pausengeschehen. Vor dem Hintergrund dieser Datenlage lässt sich feststellen, dass die Anpassung an die kommunikativen Bedürfnisse der kaum- und nichtsprechenden Schüler in der ausgewiesenen prozentualen Häufigkeit der Schülerfälle gescheitert ist.

Zusammenfassend lässt sich festhalten:
In einer landesweiten Studie zur Bildungssituation von kaum- und nichtsprechenden Schülern im Förderschwerpunkt geistige Entwicklung wurde die Frage gestellt, ob unzureichende Lautsprache Teilhabe an Bildung und Erziehung einschränkt und somit ein Exklusionsrisiko darstellt. Die dargestellte Datenlage bestätigt bestehende weitreichende Exklusionsrisiken und verweist auf eine multi-ätiologische Verursachungslage. „Die Grenzen meiner Sprache bedeuten die Grenzen meiner Welt" – dieses Zitat von Wittgenstein aus dem Tractatus logico-philosophicus fasst die Bedeutung zusammen, die der Sprache in Bezug auf Weltverstehen, Teilhabe an Welt und Verständigung zukommt. Gleichwohl lässt das Wittgenstein`sche Diktum den Umkehrschluss zu, dass eng gesetzte Grenzen des Weltverstehens und der Verständigung verschiebbar sind durch die Erweiterung von kommunikativen Kompetenzen. Dass diesbezüglich ein dringlicher und weitreichender Handlungsbedarf an niedersächsischen Bildungseinrichtungen mit dem Förderschwerpunkt geistige Entwicklung besteht, zeigt die Datenlage der dargestellten Replikationsstudie.

Literatur

Adam, H.: Unterstützte Kommunikation – Bedeutung und Möglichkeiten für Menschen mit geistiger Behinderung, in: Geistige Behinderung Fachzeitschrift der Bundesvereinigung Lebenshilfe für Menschen mit Geistiger Behinderung e.V., 2/1999: 122-133

Bayerisches Staatsministerium für Unterricht und Kultus (Hrsg.): Lehrpläne Förderschwerpunkt Geistige Entwicklung - Grund- und Hauptschulstufe, München, 2003

Boenisch, J.: Forschungsergebnisse zur Unterstützten Kommunikation bei Kindern ohne Lautsprache – Bundesländer im Vergleich. Ergänzungsband zum Hauptwerk „Kinder ohne Lautsprache – Grundlagen, Entwicklungen und Forschungsergebnisse zur Unterstützten Kommunikation", Karlsruhe, 2006, 2009

Boenisch, J.: Kinder ohne Lautsprache – Grundlagen, Entwicklungen und Forschungsergebnisse zur Unterstützten Kommunikation, Karlsruhe, 2009

Fröhlich, A.; Kölsch, S.: Alles was wir sind, sind wir in Kommunikation, in: Geistige Behinderung. Fachzeitschrift der Bundesvereinigung Lebenshilfe für Menschen mit Geistiger Behinderung e.V., 1/1998: 22-36

Hedderich, I.: Schulische Situation und kommunikative Förderung Schwerstkörperbehinderter. Regionale Totalerfassung und kritische Situationsanalyse aufgrund empirischer Erhebungen bei Kindern und Jugendlichen mit schwersten cerebralen Bewegungsstörungen und Dys- oder Anarthrie, Berlin, 1991

Hüsken, P.; Prien, M.; Thümmel, I.: Teilhabe bedarf der Kommunikation! Hypothesen und Untersuchungsdesign einer landesweiten Replikationsstudie zum Stand der Kommunikationsförderung an niedersächsischen Schulen mit dem Förderschwerpunkt geistige Entwicklung und an Tagesbildungsstätten, in: Lernen Konkret, Jg. 34, 1/2011: 8-11

Ministerium für Bildung, Frauen und Jugend Rheinland-Pfalz (Hrsg.): Richtlinien für die Schule mit dem Förderschwerpunkt ganzheitliche Entwicklung und Lehrplan zur sonderpädagogischen Förderung von Schülerinnen und Schülern mit dem Förderbedarf ganzheitliche Entwicklung, Mainz, 2001

Niedersächsisches Kultusministerium (Hrsg.): Kerncurriculum für den Förderschwerpunkt Geistige Entwicklung Niedersachsen. Schuljahrgänge 1 – 9, Hannover, 2007

Sekretariat der Ständigen Konferenz der Kultusminister der Länder in der Bundesrepublik Deutschland (Hrsg.): Sonderpädagogische Förderung in Förderschulen (Sonderschulen) 2009/2010. IVC/Statistik, Berlin, 2010, online: http://www.kmk.org/fileadmin/pdf/Statistik/Aus_Sopae_2009.pdf [Stand: 2011]

Wachsmuth, S.: Kommunikative Begegnungen: Aufbau und Erhalt sozialer Nähe durch Dialoge mit Unterstützter Kommunikation, Würzburg, 2006

WHO (Hrsg): Internationale Klassifikation der Funktionsfähigkeit, Behinderung und Gesundheit, online: http://www.dimdi.de/dynamic/de/klassi/downloadcenter/icf/endfassung/icf_endfassung-2005-10-01.pdf?action=Ich akzeptiere [Stand: 24.04.2011]

Onlinequellen

Onlinequelle 1: http://www.un.org/disabilities/convention/conventionfull.shtml [Stand 24.04.2011]

Convention on the Rights of Persons with Disabilities and Optional Protocol, online: http://www.un.org/disabilities/documents/convention/convoptprot-e.pdf [Stand: 24.04.2011]

Deutsches Institut für Menschrechte (DIFM) - Monitoring-Stelle der UN-Behindertenrechtskonvention (UN-BRK), online: http://www.institut-fuer-menschenrechte.de/de/monitoring-stelle.html [Stand: 24.04.2011]

Unterstützte Kommunikation in der schulischen Inklusion

Neue Herausforderungen für die Lehrerbildung

Annett Thiele, Holger Hünermund

1. Einführung in die Problemstellung

Mit der Ratifizierung der UN-Konvention vom 26.3.2009 in Deutschland wurde das Verbot jeglicher Form der Diskriminierung, das Recht auf Selbstbestimmung und das auf uneingeschränkte Teilhabe verbindlich festgelegt. Durch den Artikel 24 Absatz 1 wurde bestimmt, dass diese Ziele von allen Vertragspartnern durch ein inklusives Bildungssystem zu verwirklichen sind. In Anlehnung an Biewer (2009) rückt im Bereich Bildung die Heterogenität der Lerngruppe in den Vordergrund, deren bunte Vielfalt als positiver Entwicklungsfaktor für alle Beteiligten betrachtet wird. Dabei scheint die Kategorisierung oder gar Etikettierung vulnerabler und/oder marginalisierter Menschen überwunden zu sein. Für Schüler, die unterstützt kommunizieren, und ihre Eltern entsteht durch die UN-Konvention ein einklagbares Recht auf Teilhabe am Leben und Lernen in der inklusiven allgemeinen Schule. Unabhängig vom Schweregrad ihres ‚impairments' oder ihres individuellen Unterstützungsbedarfs können sie nun nicht länger zum ‚nicht inkludierbaren Rest' erklärt werden, weil etwa personelle, räumliche oder organisatorische Gegebenheiten nicht gewährleistet sind.

Vielfalt entsteht in einer inklusiven Schule nicht nur durch das äußerst heterogene Phänomen der Behinderung, sondern auch durch weitere Diversitätsperspektiven wie Migration, sexuelle Orientierung oder der Zugehörigkeit zu sozialen Milieus. All diese Phänomene, möglichst auch noch in ihrer reziproken Beeinflussung, gilt es zukünftig in der Lehrerbildung zu verankern. Bei differenzierter Betrachtung stellt sich daher

- erstens die Frage, ob und wenn ja, welche berufsfeldrelevanten Kompetenzen im Bereich Unterstützter Kommunikation (UK) *alle* Lehrer benötigen,

- zweitens, welche Kompetenzen Lehrer mit sonderpädagogischer Ausrichtung brauchen, die alltäglich an der inklusiven allgemeinen Schule (mit den Förderschwerpunkten Sprache, Lernen oder emotional-soziale Entwicklung) oder in inklusiven Schwerpunktschulen in äußerst heterogenen Gruppen lehren und
- wie drittens bereits an der Hochschule systematisch das Fundament für eine spezifische UK-Expertise gelegt werden kann, die für eine systemisch ausgerichtete Beratung der inklusiven Schulen durch hoch spezialisierte Kollegen geleistet wird, die an regionalen oder überregionalen Unterstützungs- und Kompetenzzentren (d. h. weiterentwickelte Förderzentren ohne Schüler) angesiedelt sind.

Um die Möglichkeiten der Verankerung der Unterstützten Kommunikation in einer inklusiven Lehrerbildung besser einschätzen zu können, wurde zunächst erst einmal untersucht, an welchen deutschen Hochschulen und in welchem Umfang Unterstützte Kommunikation gelehrt wird.

2. UK an deutschen Hochschulen: Eine Analyse des Ist-Standes

An den deutschen Hochschulen gibt es derzeit verschiedene Gewichtungen im Hinblick auf die Lehre innerhalb der Unterstützten Kommunikation. Für die folgende Erfassung wurde primär in den sonderpädagogischen Fachrichtungen ‚Körperbehindertenpädagogik', ‚Geistigbehindertenpädagogik' und im Bereich der ‚Inklusionspädagogik' nach Veranstaltungen für den angesprochenen Bereich im Wintersemester 2010/11 gesucht. Dabei sind einige Vorlesungsverzeichnisse nicht öffentlich zugänglich (z. B. Universität zu Köln), dafür aber einige Studienordnungen. Aus diesem Grund erheben die Autoren keinen Anspruch auf Vollständigkeit und die Ausführungen sollen nur exemplarisch über derzeitige Lehrangebote aufklären.

An der Universität zu Köln, unter der Leitung von Professor Boenisch, existiert ein Forschungs- und Beratungszentrum für Unterstützte Kommunikation. Dort gehört zu den Inhalten des Moduls BK3 der Schwerpunkt ‚Verbale, nonverbale und alternative Kommunikation und deren Entwicklung'.

Die Katholische Hochschule Freiburg setzt einen deutlichen Schwerpunkt in der Ausbildung der Studierenden auf die Unterstützte Kommunikation. Hier müssen sich die Studierenden für das Bachelorstudium Heilpädagogik/Inclusive Education bereits bei der Bewerbung für einen von vier Studienschwerpunkten entscheiden, zu denen auch die Unterstützte Kommunikation gehört. Neben der unmittelbaren Förderung der Kommunikation werden auch die Diagnostik, die Beratung und das Coaching in Seminaren vermittelt.

Die pädagogische Fachhochschule Heidelberg bietet in der Fachrichtung Geistig- und Mehrfachbehindertenpädagogik eine Zusatzqualifikation für Unterstützte Kommunikation an. Dazu müssen fünf Seminare besucht werden. Es handelt sich hierbei um theorieorientierte (UK Theorie 1-3) und verstärkt praxisorientierte Seminare (UK Praxis 1 und 2). Dabei müssen vier aus dem festgelegten Grundlagenbereich UK Theorie 1-3 und UK Praxis 1 und ein frei wählbares Seminar aus dem Vertiefungsbereich UK Praxis 2 beleget werden. Dies ist jedoch eine Zusatzqualifikation und gehört nicht zur Standardausbildung. In der regulären Ausbildung finden sich Seminare zur Einführung in die UK und zur Stärkung von Schulen in Unterstützter Kommunikation bereits im Grundlagenstudium. Aber auch im diagnostischen Schwerpunkt werden Seminare zu Diagnostik und UK angeboten.
An der Humboldt Universität zu Berlin wird in verschiedenen Arbeitsbereichen das Thema Unterstützte Kommunikation vermittelt. Fachrichtungen wie die ‚Körperbehindertenpädagogik', die ‚Sprachbehindertenpädagogik', die ‚Gebärdensprachpädagogik', aber auch Querschnittsdisziplinen wie die ‚Rehabilitationstechnik' legen Grundlagen bzw. vermitteln den praktischen Umgang mit Kommunikationshilfen, technischer und nicht-technischer Art. Dies geschieht vor allem im Bachelorstudium. Im Masterstudium wird ganz speziell in einem Modul die Nutzung der Unterstützten Kommunikation für den Unterricht zum Thema gemacht, dazu werden wieder verschiedene Seminare von verschiedenen Arbeitsbereichen angeboten.
An der Carl von Ossietzky Universität Oldenburg gibt es mehrere Seminare, die sich mit Kommunikations- und Interaktionsprozessen und deren Einfluss auf die Entwicklung befassen. In ihnen wird anhand von Einzelfallstudien der Unterstützten Kommunikation theoriegeleitetes Wissen angewandt. Die Studierenden können dort ein Einführungszertifikat nach ISAAC-Standard erwerben.
An der Martin-Luther-Universität Halle-Wittenberg werden neben zwei übergreifenden Veranstaltungen zu Kommunikation und Sprache im Arbeitsbereich ‚Körperbehindertenpädagogik' auch noch Seminare zur ‚Kommunikation und Begleitung' angeboten, in denen UK vertieft werden kann. Durch die Beratungsstelle ist es auch hier wieder möglich, die Beratung als zentralen Aspekt in das praktische Handeln mit einfließen zu lassen.
An manchen Universitäten mit der Ausbildung in der ‚Körperbehindertenpädagogik' bzw. ‚Geistigbehindertenpädagogik' spielt die UK in der Lehre derzeit gar keine Rolle, z. B. an der Universität Leipzig. An der Universität Hamburg gibt es zwar ein Modul ‚Diagnostik und Förderung in den Bereichen Lernen, Sprache und Verhalten', in dem theoretisch UK eine Rolle spielen könnte, aber keine Lehre angeboten wird. Je nach den persönlichen

Arbeitsschwerpunkten einzelner Dozenten können so Seminare zur UK angeboten werden, sie zählen dann aber nicht zu den Pflichtveranstaltungen und es ist zu erwarten, dass bei personellem Wechsel das Angebot wegfällt. Bei der Recherche fällt außerdem auf, dass tendenziell praktisch orientierte Seminare eher dort angeboten werden, wo spezielle Beratungsstellen an die Hochschulen angegliedert sind.
In den inklusionspädagogisch orientierten Studiengängen der Universität Bielefeld und der Universität Bremen sind derzeit keine expliziten Ausführungen zur Unterstützten Kommunikation gemacht worden. Das heißt, es sind weder Seminare zu finden, noch deuten die Studienordnungen auf solche Inhalte hin. Bestenfalls könnte in den Modulen ‚Spezielle Fragen einzelner Förderbereiche' bzw. ‚Diagnostik in pädagogischen Handlungsfeldern' das Thema angerissen werden. Demnach wird noch kein explizites Lehrangebot in den bisher etablierten Studienorten der Inklusionspädagogik auf dem Gebiet der Unterstützten Kommunikation geboten. Es ist davon auszugehen, dass entsprechende Inhalte den zeitlich verfügbaren Rahmen sprengen würden und erst in der zweiten bzw. dritten Ausbildungsphase relevant werden.

Zusammenfassend ist demnach zu konstatieren, dass auch in der Sonder- oder Rehabilitationspädagogik noch nicht an allen Hochschulen Unterstützte Kommunikation gelehrt wird und wenn ja, hier häufig nur Kapazitäten für eine Einführung vorliegen. Aus diesem Grund sehen es die Verfasser zwar als sehr wünschenswert aber dennoch als unrealistisch an, dass Unterstützte Kommunikation in alle Zweige der Lehrerbildung eingeführt wird. In der allgemeinen Lehrerbildung, d. h. ohne sonderpädagogische Ausrichtung, scheint in Anbetracht vorhandener zeitlicher und personeller Ressourcen vielmehr die grundsätzliche Auseinandersetzung mit dem Phänomen der Komplexen Behinderung sowie der Umgang mit heterogenen Lerngruppen, mit der Binnendifferenzierung und der Öffnung des Unterrichts von größerer Bedeutung zu sein.
Des Weiteren wird aus der Analyse des Ist-Standes an deutschen Hochschulen mit sonderpädagogischem oder inklusionspädagogischem Profil abgeleitet, dass es zunächst um die Absicherung einer Basisausbildung gehen wird, auf die dann in der zweiten oder dritten Phase der Lehrerbildung eine ‚UK-Expertise' aufgebaut werden kann.

3. Zur mehrdimensionalen Betrachtung des zukünftigen Arbeitsfeldes ,UK in der inklusiven allgemeine Schule'

Bevor Basiskompetenzen in den Teilbereichen der berufsfeldrelevanten ,Basiskompetenz Unterstützte Kommunikation für die Inklusion' vorgeschlagen werden, sollen zunächst für den Kontext ,allgemeine inklusive Schule' das Aufgabenfeld ,Unterstützte Kommunikation' skizziert werden, um die Anforderungen zu verdeutlichen, die die Studierenden zukünftig zu bewältigen haben. Dabei wird die einseitige individuumszentrierte Perspektive der Integration, die zu einem Ressourcen-Etikettierungs-Dilemma führte, durch eine mehrdimensionale Betrachtung erweitert, indem in Anlehnung an die Theorie integrativer Prozesse von Reiser (1991) auf der intraindividuellen, der interaktionellen, der handlungsorientierten, der schulorganisatorischen und der normativen Perspektivebene für unterstützt kommunizierende Schüler Partizipationsbarrieren identifiziert und Unterstützungsbedarfe skizziert werden.

3.1 Die intrapersonelle Perspektivebene

Die qualitative Studie von Thiele (2007) hat gezeigt, dass viele Kinder ohne oder mit unzureichender vorschulischer Kommunikationsförderung in die Schule kommen und daher auch oft unzureichend mit Hilfsmitteln der Unterstützten Kommunikation ausgestattet sind. Wertvolle Zeit, die eigentlich für den Aufbau der Kulturtechniken benötigt wird, geht für die Diagnostik und Beantragung einer geeigneten Kommunikationshilfe verloren. Weiß (1998) macht an einem Einzelfall deutlich, dass ein elektronisches Kommunikationsgerät mit synthetischer Sprachausgabe nicht nur für die materielle Bildung sehr hilfreich sein kann, sondern auch die Kontaktaufnahme zu den Peers stark begünstigt. Es ist davon auszugehen, dass der erfolgreiche Einsatz eines Kommunikationsgeräts ein relevanter Faktor für die Inklusion ist (vgl. auch Soto et al. 2001). Beukelman & Mirenda (2005) sprechen sich zudem für eine adaptive Arbeitsplatzgestaltung wie einem PC mit Bildschirmtastatur, Wortvorhersageprogramm und Sprachausgabe aus. Auch Buchstaben- und Zahlentafeln sowie Blattwendegeräte (vgl. Thiele 2007) und vergrößerte Schreibtischoberflächen, auf denen ein elektronisches Kommunikationsgerät, der Laptop und die Bücher passen (vgl. Stoner et al. 2010) sind nützliche adaptive Hilfen. Hier ist dringend eine *individuelle Diagnostik und Beratung* nötig, die von Sonderpädagogen zu leisten ist. Neben den sächlichen Kompensationshilfen wird darüber hinaus insbesondere eine personelle Assistenz benötigt. Sie muss von einer sachkompetenten Lehrperson so *angeleitet* werden, dass sie im Sinne einer reinen Assistenzgeberschaft, wenn möglich, lediglich den Instruktionen des unterstützt kommunizierenden Schülers folgt, Aussagen kokonstruiert und sich nicht unnötig in den Dialog oder in den Diskurs der Gruppe einmischt. Auch die Notwendigkeit eines Nachteilsausgleichs mit der zeitweiligen Reduktion des Anforderungsniveaus, dem Einplanen von Erholungsphasen oder dem Suchen nach alternativen Formen der Leistungserbringung (z. B. multiple choice Aufgaben) muss den Lehrerkollegen überzeugend vermittelt werden. Die Individualisierung des Lernens und der Leistungserbringung durch Öffnung des Unterrichts sollte in den Blick genommen werden, denn Lemler & Gottfried (2002) berichten aus eigener Erfahrung von der Überforderung, die im Rahmen zielgleichen Unterrichts unterstützt kommunizierenden Schülern droht, wenn etwa mündliche Leistungen durch umfassende Referate ersetzt werden, die zusätzlich zu den regulären Hausaufgaben und den Therapien bewältigt werden müssen.

3.2 Die interpersonelle Ebene

Light (1988), Wachsmuth (2006) und Thiele (2007) haben für die interpersonelle Ebene verdeutlicht, dass oftmals eine bedürfnisorientierte Kommunikation vorherrscht, im Dialog das Problem der Fehlinterpretation der Aussagen oder der Interpretationsunsicherheit auftritt und der Dialog insgesamt von einer Asymmetrie gekennzeichnet ist. Stoner et al. (2010) ermittelten in einer Studie, dass Lehrer der allgemeinen Schule sich besonders schwer taten, die Sprache eines Kommunikationsgeräts zu verstehen, insbesondere dann, wenn ein sprachlich komplexer Vortrag gehalten wurde. Sturm & Clendon (2004) machen zudem deutlich, dass sich im Rahmen von Diskursen in Lerngruppen die Probleme noch verschärfen und die Teilhabe der Zielgruppe nicht selten verhindert. Der schnelle Wechsel von Hörer und Sprecher, der sich im Rahmen einer angeregten Diskussion in einer größeren Klasse vollzieht, scheint eine besondere Herausforderung für die Zielgruppe darzustellen. Durch motorische Probleme kann es zudem zu Ansteuerungsproblemen kommen, die eine Aussage zeitlich massiv verlangsamen und den Informationsfluss im schlimmsten Fall blockieren können. Es bleibt zu konstatieren, dass Lehrer und Schüler eine *gezielte Schulung in der Gesprächsführung durch eine einschlägig ausgebildete Fachperson* benötigen.

3.3 Die Handlungsebene

Hömberg (1998) und Weiß (1998) haben getrennt von einander die Doppelbesetzung, den binnendifferenzierten Unterricht sowie das kooperative

Lernen am gemeinsamen Gegenstand als wichtige Bedingungen des gemeinsamen Unterrichts mit unterstützt kommunizierenden Schülern bewertet.
Auf der Handlungsebene müssen Lehrpersonen dazu in der Lage sein, die Kommunikation gezielt zum *Gegenstand der Betrachtung* zu machen, wie dies Hömberg (2002) vorgeschlagen hat. Ziel solcher Projekte oder Vorhaben ist es, u. a. durch die Thematisierung konkreter Störungen der Kommunikation oder das demokratische Aufstellen von Gesprächsregeln, optimierte kommunikative Rahmenbedingungen zu schaffen, die nicht nur für unterstützt kommunizierende Schüler, sondern auch für Kinder mit ‚Deutsch als Zweitsprache' oder Kinder mit spezifischen Sprachentwicklungsstörungen von größter Bedeutung sind und letztlich allen Beteiligten zugute kommen.
Ein weiteres wichtiges Ziel ist es, dass der Schüler nicht nur an sozialen Austauschprozessen teilhaben kann, sondern auch an den materiellen Bildungszielen, d. h. an der Teilhabe am Lerngegenstand des Faches mit den entsprechenden fachlich-stofflichen Lernzielen. Die Verfasser gehen davon aus, dass unterstützt kommunizierende Schüler besonders gut von der Inklusion profitieren können, wenn sie aktiv am Unterricht teilhaben (vgl. Downing 2002 und Erikson et al. 2002) und nicht zum so genannten Beistellkind degradiert werden. Dafür wird eine gesonderte Planung und Vorbereitung des Unterrichts nötig, denn es muss spezifisches Fachvokabular bereitgestellt werden und über die Teilhabe an offenen Unterrichtsszenarien mit Hilfe elektronischer und nichtelektronischer Unterstützung nachgedacht werden. Besondere Schwierigkeiten (etwa im Bereich der Schriftsprachkompetenzen, vgl. Thiele 2007) müssen berücksichtigt werden. Einzel- und Kleingruppenförderung auf der einen Seite und UK-immanenter Unterricht auf der anderen (vgl. Bünk/Baunach 2002) stehen dabei in einem didaktischen Spannungsverhältnis. Damit der unterstützt kommunizierende Schüler über weite Strecken unterrichtsimmanent gefördert werden kann, ist es für die Unterrichtsplanung und -auswertung Aufgabe der Teams, vertiefte fachdidaktische *Kenntnisse mit den (auf der intra- und interpersonellen Ebene bereits skizzierten) UK-spezifischen Unterstützungsmöglichkeiten zu verknüpfen.*

3.4 Die institutionelle Ebene

Soto et al. (2001) und Hunt et al. (2002) weisen darauf hin, dass die Fähigkeit zur Kooperation und Teamarbeit, d.h. die Erstellung eines Schülerprofils mit der kritischen Überprüfung der prozessorientierten Förderung, von größter Bedeutung ist, wenn es um die Inklusion von Schülern geht, die unterstützt kommunizieren. Darüber hinaus brauchen Lehrer ohne spezifische Erfahrung vor Ort kompetente Ansprechpartner und ein fallorientiertes Coaching. Arbeitsgruppen mit dem spezifischen Arbeitsauftrag ‚UK' hätten dann nicht nur die Aufgabe bei Schwierigkeiten die Kollegen zu unterstützen, indem sie einen UK-Material-Pool erstellen und wertvolle didaktische Tipps geben, sondern auch indem sie Weiterbildung und Beratung von außen (universitäre Beratungsstellen, Kompetenzzentren an Förderschulen ohne Schüler, Selbsthilfegruppen etc.) einwerben und den UK-spezifischen Informationsaustausch mit den Eltern pflegen. Für diese Arbeit muss eine zeitliche Freistellung erfolgen. *Sonderpädagogen benötigen in diesem Zusammenhang die Fähigkeit zur Beratung, Fortbildung und Vernetzung.*

3.5 Die normative Ebene

Mit Glück & Mußmann (2009) gehen die Verfasser davon aus, dass Kommunikation als Schlüssel zur Inklusion begriffen werden kann. In der Praxis hat sich diese Einstellung allerdings noch nicht durchgesetzt, d. h. auch, dass Kommunikation und damit eben auch bisweilen Unterstützte Kommunikation noch nicht als Grundrecht eines Menschen angesehen wird. Das gleiche gilt für die Teilhabe von Menschen mit Komplexer Behinderung an Lern- und sozialen Austauschprozessen. Dies ist allerdings die Voraussetzung, dass UK als Teil einer Schulkultur implementiert werden kann und ein soziales Klima entsteht, das die Anerkennung alternativer Kommunikationswege zur Selbstverständlichkeit werden lässt. Positive Rahmenbedingungen spiegeln sich im schulischen Alltag oftmals (oberflächlich betrachtet) in Banalitäten wider, wenn etwa eine Beschilderung der Schule mit Symbolen vorgenommen wurde, der Schulleiter UK auf die Agenda des Programms zur Schulentwicklung setzt und auch der Hausmeister etwas über die alternativen Kommunikationsformen der Kinder weiß. Vorbereitet auf die Anforderungen, die diese Ebene stellt, kann der einzelne junge Lehrer wohl nur sein, wenn er die Bedeutung der Unterstützten Kommunikation für die Zielgruppe als ein Instrument zur Befreiung aus der sozialen und kulturellen Isolation *kognitiv und emotional wirklich verstanden hat und seine Begeisterung anderen fachlich fundiert vermitteln kann.*

4. Basiskompetenz UK für die Inklusion: Eine Diskussionsgrundlage

Nachdem der Frage nachgegangen wurde, welche Partizipationsbarrieren für Schüler, die unterstützt kommunizieren, in der Inklusion auftreten können und welche Unterstützungsbedarfe daraus resultieren, die die Lehrperson zu berücksichtigen hat, soll darauf aufbauend folgender Frage nachgegangen werden:

Welche berufsfeldbezogenen Basiskompetenzen müssen an Sonder- oder Rehabilitationspädagogen vermittelt werden, die in der schulischen Inklusion für eine chancengleiche Teilhabe und Selbstbestimmung von Schülern, die unterstützt kommunizieren, genutzt und zielführend zum Abbau von Partizipationsbarrieren eingesetzt werden können?

Wie die Fragestellung bereits verdeutlicht, wird in der vorliegenden Analyse professionstheoretisch ein kompetenztheoretischer Zugang verfolgt (vgl. Terhart 2010). In Anlehnung an Francke (2005) repräsentieren Kompetenzen dynamische Kombinationen aus Wissen, Fähigkeiten, Fertigkeiten und Einstellungen, die es ermöglichen, typische Situationen, Aufgaben und Tätigkeiten eines Berufsfeldes oder Aufgabenbereiches zu bewältigen.

Die erste systematische deutschsprachige Betrachtung im Sinne eines sehr komplexen Kompetenzkatalogs für den Arbeitsbereich Unterstützte Kommunikation findet sich bei Rothmayr (2008, 42ff.), die zahlreiche deutschsprachige Arbeiten zum Thema UK im Hinblick auf die geforderten professionellen Kompetenzen ausgewertet hat. Bei Renner (2009) wird eine Lehrgangskonzeption der FH Freiburg vorgestellt, die auf vier Levels angeordnet ist. Dazu kommt eine zertifizierte Weiterbildung ‚Beratung - Assistenz - Pädagogik in der Unterstützten Kommunikation' (BAP UK).

Außerhalb von Hochschulen werden ansonsten komplexere Weiterbildungen im Bereich UK über die Zertifizierung nach ISAAC-Standard, den Lehrgang Unterstützte Kommunikation (LUK-Lehrgang) und den UK-Coach™Lehrgang angeboten, wobei Grundlagen der UK definiert werden. Auch das jährlich aktualisierte Handbuch für Unterstützte Kommunikation aus dem vonLoeper-Verlag gibt als Standard-Werk Orientierung über die Grundlagen der Unterstützten Kommunikation.

In den einschlägigen englischsprachigen Fachzeitschriften (z. B. Zeitschrift ‚Augmentative and Alternative Communication', ‚Language, Speech and Hearing Services in schools' oder ‚Journal of speech and hearing research') werden Ausbildungsstandards der AAC bislang nicht thematisiert.

Unter Berücksichtigung dieser Abhandlungen und Konzeptionen sowie der bereits skizzierten Barrieren und Unterstützungsbedarfe der Zielgruppe in der schulischen Inklusion soll im Folgenden die Basis einer berufsrelevanten Kompetenz im Bereich ‚Schulische Inklusion und Unterstützte Kommunikation' umrissen und zur Diskussion gestellt werden. Dies geschieht

mit der Zielstellung, dass sich durch den möglicherweise initiierten Diskurs Lehrziele und -inhalte konstituieren, die als Standard begriffen werden und sich dann im Laufe der Zeit weiterentwickeln. Dies wäre dann, wie der Bologna-Prozess nahe legt, wiederum die Voraussetzung dafür, dass zukünftig das Verhältnis von transparenten ‚outcomes' zu den tatsächlichen Lernergebnissen, im Sinne einer Evaluation, empirisch untersucht werden könnte. In Anlehnung an den Europäischen Qualifikationsrahmen für lebenslanges Lernen EQR (Europäische Kommission 2008) beziehen wir uns dabei auf eine BA-Veranstaltung auf dem EQR-Niveau 4-5[1]:
Aus Sicht der Verfasser geht es auf der *Ebene des Wissens* beispielsweise darum, fachrichtungsübergreifendes und interdisziplinär ausgerichtetes Wissen über den heterogenen Personenkreis, die kommunikative Entwicklung und um die Auswirkungen einer vor- oder anders-symbolischen Kommunikation auf das Leben und Lernen in einer sozialen Gemeinschaft zu erwerben. Außerdem wird grundlegendes Wissen über die Auswirkung der Asymmetrie im Dialog und über die gesellschaftlichen Ressentiments gegenüber der Kommunikation von Menschen ohne oder mit stark eingeschränkter Lautsprache und ihren adaptiven Kompensationshilfen zu vermitteln sein. Grundlegende Kenntnisse über die Möglichkeiten der Kompensation der Lautsprachstörungen durch körpereigene, nicht-elektronische und elektronische Hilfen (mit ihren Vor- und Nachteilen) und über die Herausforderungen personeller kommunikativer Assistenz sind zudem zu erwerben. Dazu gehören eine grundlegende Orientierung über elektronische Kommunikationshilfen mit ihren unterschiedlichen Komplexitätsgraden und Vokabularstrukturen sowie der Ansteuerungstechnik, ein Überblick über Symbolsammlungen und die Verwendung von Symbolen als Einzelkarten, auf Thementafeln und in Kommunikationsmappen, Informationen zum Einsatz lautsprachbegleitender Gebärden sowie das Wissen um die Bedeutung multimodaler Kommunikationssysteme. Weiterhin wird es darum gehen, sich Wissen über strukturelle Barrieren und die historische Entwicklung der ‚AAC/UK als Haltung und pädagogische Konzeption' anzueignen, die nicht bei der individuellen Versorgung des Nutzers Unterstützter Kommunikation stehen bleibt, sondern zur Institutionalisierung von UK führt und Kommunikation als Grundrecht des Menschen anerkennt. Das Wissen um die (systemischen) Arbeitsweisen von firmenunabhängigen Beratungsstellen und ihre Bedeutung als externer Kooperationspartner sollte ebenfalls vermittelt werden.

Im Hinblick auf *Fähigkeiten* stellt sich die Frage, ob in Basisveranstaltungen bereits theoriegeleitete Handlungskompetenzen gewonnen werden können oder ob diese sich vielmehr später durch die einschlägig reflektierten Praktika und durch das Referendariat entwickeln. Die Verfasser gehen aber davon aus, dass sich durch die Lehre Richtungen aufzeigen lassen, durch die die Studierenden eine Orientierung in Richtung der, in der schulischen Inklusion geforderten Fähigkeiten erfahren. Aus dem Grunde könnte es auf dieser Ebene zum Beispiel darum gehen, grundlegende ‚Gesprächskompetenzen' zu erwerben, d. h. die sich noch weiter zu entfaltende Fähigkeit zur Kokonstruktion und zur Anwendung von Kommunikations- und Fragestrategien anzueignen, die Fähigkeit, die Vielfalt der Kommunikationsmodi zu identifizieren und zeitnah auf die Kommunikationsangebote des Dialogpartners zu reagieren. Erste Ideen und Fähigkeiten zur Herstellung von Settings, die zur Kommunikation motivieren, sollten entwickelt werden. Des Weiteren müssen, unter Anwendung unterschiedlicher Instrumente der Informationsgewinnung, erste Fähigkeiten zur Diagnostik individueller Ressourcen sowie von Kommunikations- und Leistungsbarrieren erworben werden. Im Hinblick auf die spätere Lehrtätigkeit sollten in Studiengängen mit Lehramtsoption zudem erste Fähigkeiten zur Durchführung von Unterricht unter besonderer Berücksichtigung UK-immanenter Phasen in heterogenen Lerngruppen oder die Fähigkeit zur Gestaltung von Unterrichtseinheiten, in der die Gesprächskultur der Klasse in den Fokus genommen werden, vermittelt werden. Es ist davon auszugehen, dass die Praxisanbindung an Beratungsstellen und Schulen, sowie die Zusammenarbeit mit den ‚Experten in eigener Sache' sich sehr günstig auf den Erwerb von Fähigkeiten auswirkt.

Die Aneignung von Fertigkeiten, d. h. von sensumotorischen Kompetenzen, steht im hochschulischem Rahmen zwar nicht im Zentrum hochschuldidaktischer Bemühungen, könnten aber durchaus punktuell gefördert werden. So kann zum Beispiel die Lagerung eines Kindes mit spastischer Bewegungsstörung zur Optimierung der Freiheitsgrade, der Bewegung des Kopfes und der oberen Extremitäten in einschlägigen Lehrveranstaltungen vermittelt werden oder die Fertigkeit zur Herstellung von Kommunikationstafeln und -mappen mit einem individuell angepassten Vokabular (inklusive des Einsatzes der Software Boardmaker und des Laminierens) trainiert werden. Gleiches gilt auch für den praktischen Umgang mit der Ansteuerungstechnik (Montage eines Kopfschalters etc.).

Eine weitere Kompetenz ist die *Vermittlung von sozialen Einstellungen*, d. h. die Tendenz, differenziert, selbstkritisch reflektierend und möglichst auf der Grundlage empirisch abgesicherter Erkenntnisse analysierend die Bewertung von sozialen Phänomenen vorzunehmen, die im Kontext eines Lebens mit Unterstützter Kommunikation auftreten können. So kann erfahrungsgemäß durch die Auseinandersetzung mit den subjektiven Erfahrungen der Zielgruppe des Arbeitsbereichs und/oder ihrer Bezugspersonen über den direkten Dialog oder über schriftliche Dokumente (Interviews und autobiographische Reflektionen) eine systematische Annäherung an die Subjektperspektive erreicht werden. Diese sollte auf die Anerkennungen der Lebensleistungen und Verletzungen durch Abwertungen abzielen und damit bei den Studierenden dauerhaft die Entwicklung von Solidarität begünstigen. Des Weiteren geht es darum, Raum zu geben für die Auseinandersetzung mit eigenen Tendenzen zur Tabuisierung und Ausgrenzung (z. B. bei Nähe-Distanz-Problemen in der professionellen Beziehung, Umgang mit Aggressionen durch Verständnisprobleme etc.). Durch Modelllernen in der hochschulischen Lerngemeinschaft können zudem Wertmaßstäbe für das sozial-kommunikative Verhalten weiter entwickelt werden. Dies kann beispielsweise durch die gemeinsame Erarbeitung von Feedbackregeln oder die studentische Reflexion über die Kooperation in Arbeitsgemeinschaften erreicht werden.

Wie damit bereits angedeutet, geht es, neben dem Erwerb von solidem, theoretisch fundiertem und empirisch gesättigtem Wissen und der Aneignung von Fähigkeiten, Fertigkeiten und Einstellungen, auch um die Vermittlung von *Schlüsselqualifikationen.* Dabei handelt es sich um den Erwerb von Lern- und Arbeitstechniken zur Organisation und Planung einer Arbeitsaufgabe und um die Aneignung wissenschaftlicher Methoden. Des Weiteren wird auf die Fähigkeit abgezielt, ‚fallorientiert' Ideen und Erkenntnis leitende Fragestellungen zu entwickeln und sie eigen-initiativ durch verschiedene Wege der Informationsgewinnung und mit Hilfe von sich entwickelnden freien und strukturierten Schreibfertigkeiten umzusetzen oder Arbeitsergebnisse mit Hilfe rhetorischer Fähigkeiten anderen verständlich zu vermitteln. Im Fokus steht dabei auch, dass sich die Studierenden möglichst selbstständig in einige ihnen unbekannte Aufgabenbereiche der Unterstützten Kommunikation einarbeiten. Ferner wird mit Hilfe von ‚Einzelfällen' die Entwicklung von Problemlösungs- und Entscheidungskompetenzen angestrebt und die Fähigkeit entwickelt, durch kommunikative und kooperative Kompetenzen Teamarbeit zu leisten. Wie bereits erwähnt, gehört dazu auch die selbstkritische Reflexion der Effizienz von Gruppenarbeitsphasen sowie die methodische Umsetzung und/oder rhetorische Darstellung von Referaten. Konstruktiv Kritik zu geben und anzunehmen wird nach Referaten oder anderen Präsentationsformen (z. B. Postern) im Plenum oder in Kleingruppen geübt. Damit sollen Grundlagen für eine spätere Tätigkeit im Bereich der Fortbildung und Moderation von interdisziplinären Teams gelegt werden.

5. Vorschlag für die inhaltliche Ausgestaltung einer Basisveranstaltung ‚UK in der allgemeinen inklusiven Schule'

- Die Veranstaltung beginnt mit der *Einführung in die Themenstellung*. Dort werden Ziele, historische Entwicklung des Arbeitsfeldes und die grundlegenden Aspekte der Kommunikationsförderung dargelegt.
- Auf der Grundlage entwicklungspsychologisch fundierter Abhandlungen zur Kommunikationsentwicklung wird dann auf die *Heterogenität des Personenkreises* aufmerksam gemacht, indem Kommunikationsniveaus mit Hilfe von videografierten Fördersequenzen bestimmt werden.
- Körpereigene kompensatorische Kommunikationsformen werden vorgestellt und erprobt – unter besonderer Berücksichtigung von Sprachförderansätzen wie GUK und MAKATON, in denen Gebärden lautsprachunterstützend eingesetzt werden.
- Für den Bereich komplexer Behinderungen werden ganz speziell die basale Stimulation und basale Kommunikation unter Bezug auf Fröhlich und Mall vorgestellt.
- Dann werden *nicht-elektronische Kommunikationshilfen* und die Vokabularauswahl thematisiert: Hier wird unter anderem für einen videografierten Nutzer Kern- und Randvokabular für eine Kommunikationstafel ausgewählt und diese erstellt. Verschiedene Symbolsysteme und Symbolsammlungen werden gezeigt.
- *Elektronische Kommunikationshilfen* aus einer universitären Forschungs- und Beratungsstelle für Unterstützte Kommunikation werden dann praktisch erprobt. Dabei werden verschiedene Möglichkeiten der Kodierung z. B. Gateway und Minspeak verglichen
- In der *Diagnostik* der Unterstützten Kommunikation werden dann, nach einer theoretischen Einführung diagnostischer Grundlagen, praktisch diagnostische Materialien wie der Triple C (Bloomberg und West, übersetzt von Braun/ Kristen 2006), die Förderdiagnostik nach Leber (2009), die Diagnosebögen von Boenisch und Sachse (2007) und der TASP (Test of aided-communication symbol performance von Bruno, übersetzt von Hansen 2009) ausgewertet.
- Als nächstes wird auf die Besonderheiten der *Gesprächsführung* im Dialog und im Diskurs einer Gruppe eingegangen und ausgewählte Passagen aus ‚Interviews mit Nichtsprechenden' ausgewertet.
- In einer weiteren Sitzung wird ein *Gastvortrag* von einem ‚Experten in eigener Sache' zu einem fachlich-sachlichen Thema, z. B. über ‚Lebenswirklichkeit unterstützt kommunizierender Menschen' oder ‚Neue Medien

in der Unterstützten Kommunikation' gehalten, und anschließend findet ein Austausch mit den Studierenden über die Inhalte statt, so dass sie praktische Erfahrungen in der ,Gesprächsführung' sammeln können.

- Am Beispiel des Schriftspracherwerbs wird dann weiter darüber nachgedacht, wie sich ein *UK-immanenter Unterricht* auf eine konkrete Fachdidaktik auswirkt.
- Anschließend wird die Schule als Organisationseinheit in den Fokus genommen. Es werden *Organisationsformen* Unterstützter Kommunikation nach Bünk und Baunach (2002) vorgestellt und gefragt, wie Unterstützte Kommunikation als Teil der Schulkultur implementiert werden kann.
- *Beratung und Unterstützte Kommunikation*: Nach einem Vortrag zu ausgewählten Grundlagen systemischer Beratung (Seiler-Kesselheim 2008) werden konkrete, videographierte Sitzungen einer systemisch arbeitenden Beratungsstelle im Hinblick auf ihren systemischen Charakter analysiert. Neben dieser inhaltlichen Ausrichtung wird auch das Ziel verfolgt, auf die Chancen der Zusammenarbeit mit diesem externen Kooperationspartner zu verweisen.
- Eine *Exkursion* zu Beratungsstellen, zu einer ISAAC-Tagung oder zu Hilfsmittelfirmen sollte durchgeführt und neue didaktische Anregungen sollten gesammelt werden.
- Die Veranstaltung schließt mit einer Sitzung zur *Auswertung der Exkursion und einer Lehrevaluation* ab.

Abschließend bleibt zu hoffen, dass die vorliegende Abhandlung einen kritisch-konstruktiven Diskurs initiieren möge.

Literatur

Beukelman, D.R.; Mirenda, P.: Augmentative & Alternative Communication. Supporting children and adults with complex communication needs, 3. Aufl., Baltimore, 2005

Biewer, G.: Grundlagen der Heilpädagogik und der Inklusiven Pädagogik, Bad Heilbrunn, 2009

Bünk, C.; Baunach, M.: Unterstützte Kommunikation mit körperbehinderten Schülern, in: Boenisch, J.; Daut, V. (Hrsg.): Didaktik des Unterrichts mit körperbehinderten Kindern, 2002: 92-105

Downing, J.: Including students with severe and multiple disabilities in typical classrooms: Practical strategies for teachers, 2. Aufl., Baltimore, 2002

Erickson, K. A.; Koppenhaver, D. A.; Yoder, D.E.: waves of words: Augmented communicators read and write. Toronto, 2002

Europäische Kommission/Generaldirektion Bildung und Kultur: Der Europäische Qualifikationsrahmen für lebenslanges Lernen (EQR). Luxemburg, 2008, online: ec.europa.eu/education/pub/pdf/gernal/eqf/broch_de.pdf [Stand: 15.5.2011]

Francke, G.: Facetten der Kompetenzentwicklung, Bielefeld, 2005

Glück, C.W.; Mußmann, J.: Inklusive Bildung braucht exklusive Professionalität. Entwurf für eine ‚inklusive Sprachheilarbeit', in: Die Sprachheilarbeit 54, 5/2009: 212-219

Hömberg, N.: Die besondere Bedeutung der Grundschule für Kinder ohne Lautsprache, in: Hasemann, K.; Podlesch, W.: Gemeinsam Leben, Lernen und Arbeiten. Perspektiven gemeinsamer Erziehung, Baltmannsweiler, 2008: 104-111

Hömberg, N.: With a little help from your friends. Unterstützte Kommunikation im integrativen Unterricht, in: Wilken, E.: Unterstützte Kommunikation. Eine Einführung in Theorie und Praxis, Stuttgart/Berlin/Köln, 2002: 109-129

Hunt, P.; Soto, G.; Maier, J.; Müller, E.; Goertz, L.: Collaborative teaming to support students with augmentative and alternative communication needs in general education classrooms, in: Augmentative and Alternative Communication, 18, 2002:20-25

Lemler, K., Gottlieb, S.: Wie geht das so: Integration eines nichtsprechenden Kindes in eine Regelschule, in: ISAAC (Hrsg.): Unterstützte Kommunikation mit nichtsprechenden Menschen, Karlsruhe, 2002: 61-71

Light, J.: Interaction individuals using augmentative and alternative communication systems: state of art and future directions, in: Augmentative and Alternative Communication, 4, 1988: 66-82

Reiser, H.: Wege und Irrwege zur Integration, in: Integration und Sonderpädagogik: Referate Dozententagung für Sonderpädagogik in Deutschsprachigen Ländern, St. Ingbert, 1991: 13-33

Rothmayr, A.: Pädagogik und Unterstützte Kommunikation. Eine Herausforderung für die Aus- und Weiterbildung, 2. Aufl., Karlsruhe, 2008

Seiler-Kesselheim, A.: Beratungsangebote in der Unterstützten Kommunikation. Praxis–Forschung–Weiterentwicklung, Karlsruhe, 2008

Soto, G.; Müller, E.; Hunt, P.; Goertz, L.: Professional skills for serving students who use AAC in general classrooms: A team perspective, in: Language, Speech and Hearing Services in Schools, 32, 2001: 51-56

Stoner, J.B.; Angell, M.E.; Baily, R.L.: Implementing Augmentative and Alternative Communication in Inclusive Educational Settings: A Case Study, in: Augmentative and Alternative Communication, Vol 26 (2), 2010: 122-135

Sturm, J.M.; Clendon, S.A.: Augmentative and Alternative communication, language and literacy: Fostering a relationship, in: Topics in Language Disorders, 14 (1), 2004: 76-92

Terhart, E.: Heterogenität der Schüler — Professionalität der Lehrer: Ansprüche und Wirklichkeiten. In: Ellger-Rüttgardt, S.L. & Wachtel, G. (Hrsg.): Pädagogische Professionalität und Behinderung. Herausforderungen aus historischer, nationaler und internationaler Perspektive, Stuttgart, 2010: 89-104

Thiele, A.: Zum Schriftspracherwerb unterstützt kommunizierender Menschen mit Infantiler Cerebralparese. Eine qualitativ-empirische Studie über Ressourcen und Barrieren auf dem Weg zur Schriftsprache als Beitrag zur Qualitätsentwicklung pädagogischer Förderung. Bad Heilbrunn, 2007

Renner, G.: Vernetzung von Lehrangeboten der Unterstützten Kommunikation in Weiterbildung und Studium, in: Birngruber, C.; Arendes, S.: Werkstatt Unterstützte Kommunikation. Karlsruhe, 2009: 294-307

Wachsmuth, S.: Kommunikative Begegnungen. Aufbau und Erhalt sozialer Nähe durch Dialog mit Unterstützter Kommunikation, Würzburg, 2006

Weiß, J.: Kommunikation von Kindern ohne Lautsprache mit ihrer sprechenden Umgebung in der Schule, in: Hasemann, K.; Podlesch, W.: Gemeinsam Leben, Lernen und Arbeiten. Perspektiven gemeinsamer Erziehung. Baltmannsweiler, 1998: 112-119

Erwähnte diagnostische Verfahren:

Bloomberg, K. & West, D. (übersetzt von Braun, U. & Kristen, U. (2006)): TripleC: Checklist of Communication Competencies. www.sonderpaedagogik-g.uni-wuerzburg.de [Stand: 1.10.2008]

Boenisch, J. & Sachse, S. (2007): Diagnostik und Beratung in der Unterstützten Kommunikation. Karlsruhe

Bruno, J. (Autor); Hansen, F. (Herausgeberin und Übersetzerin 2009): Diagnostiktest TASP. Zur Abklärung des Symbol- und Sprachverständnisses in der Unterstützten Kommunikation. Berlin.

Leber, I. (2009): Kommunikation einschätzen und unterstützen. Poster und Begleitheft zu den Fördermöglichkeiten in der Unterstützten Kommunikation. Karlsruhe

---

[1] EQR-Niveau 4: Breites Spektrum an Theorie und Faktenwissen in einem Arbeits- oder Lernbereich EQR-Niveau 5: Umfassendes, spezialisiertes Theorie- und Faktenwissen in einem Arbeits- oder Lernbereich sowie Bewusstsein für die Grenzen dieser Kenntnisse

Unterstützt kommunizieren im Gemeinwesen

Susanne Mischo

Gemeinwesen – was ist das? Das ist der Ort, an dem wir zum Bäcker um die Ecke gehen, der Ort, an dem wir die Post wegbringen, zum Hausarzt gehen oder zu religiösen Veranstaltungen. Hier treffen wir uns zum Sport treiben, zum Musizieren oder verabreden uns zu einem netten Abend mit Freunden in der nächsten Kneipe. Hier setzen wir uns möglicherweise für die neue Parkgestaltung oder den Umbau der Sporthalle ein, hier können wir bürgerschaftliches Ehrenamt leisten und uns politisch engagieren, hier kennen wir das ein oder andere Gesicht und halten vielleicht einen kurzen Plausch beim Einkaufen.

Das Gemeinwesen ist vergleichbar mit dem Begriff des sozialen Nahraums nach Preis und Thiele (2002). Nach ihrem Modell gliedert sich der Sozialraum – hier verstanden als Wohnumfeld[1] – in drei Bereiche auf (vgl. Franz/Beck 2007, 35):

- Sozialräumliches Zentrum: Meist stellt die eigene Wohnung diese kleinste Raumeinheit dar. Sie bietet Raum für Schutz, Rückzug, Privatsphäre, Intimität, Gestaltung und Erholung.
- Sozialer Nahraum: Gemeint ist hier meist die Gemeinde oder der Stadtteil. Dieser Raum bietet Gelegenheit zur Versorgung mit Waren und Dienstleistungen, ist Begegnungsraum, stellt die Möglichkeit zur Knüpfung und zum Erhalt sozialer Beziehungen dar und ist politischer Aktionsraum.
- Sozialräumliche Peripherie: Dieser Raum wird nur sporadisch zu Freizeit- und Erholungszwecken, zu Kultur- und Naturerlebnissen aufgesucht.

Die Zuordnung eines Ortes zum jeweiligen Raum orientiert sich an der Funktion des Ortes, an der Häufigkeit und Dauer der Nutzung sowie an der Entfernung zum sozialräumlichen Zentrum. Lebensbereiche wie beispielsweise

Schule und Arbeit, die nicht zwingend im sozialen Nahraum liegen, aber in denen wir viel Zeit verbringen, werden in diesem Modell nicht explizit berücksichtigt. Franz und Beck (2007) kritisieren dies und sehen das Modell um den sogenannten Verflechtungsbereich erweitert, dem sie diese Lebensbereiche zuordnen (vgl. ebd.).

Bedeutung des Gemeinwesens

Welche Rolle spielt nun das Gemeinwesen für das Fachgebiet der Unterstützten Kommunikation? Am Beispiel der Entwicklung der Lebenssituation von Menschen mit geistigen Beeinträchtigungen wird dies im Folgenden kurz aufgezeigt:

Mit dem Paradigmenwechsel in Folge des Normalisierungsprinzips, der sich bereits seit den 90er Jahren in der deutschen Behindertenhilfe vollzieht, werden Menschen mit geistigen Beeinträchtigungen nicht weiter als Objekte der Fürsorge betrachtet, sondern als eigenständige Akteure ihrer Lebensverhältnisse begriffen (vgl. Seifert/Steffens 2009, 11). Das Leitziel Selbstbestimmung und das Handlungskonzept Empowerment stehen im Mittelpunkt und damit die Forderung nach voller Teilhabe (Partizipation[2]) am Leben in der Gesellschaft. Bisher gültige Betreuungskonzepte und Versorgungsstrukturen für Menschen mit geistigen Beeinträchtigungen werden überdacht, Partizipation und Inklusion in allen Lebensbereichen (Bildung, Wohnen, Arbeit, Freizeit, Häusliches Leben) gefordert – das Gemeinwesen gewinnt zunehmend an Bedeutung. „Teilhabe bedeutet mitmachen, mitgestalten und mitbestimmen beim Zusammenleben aller Bürgerinnen und Bürger [...]. Jede und jeder hat das Recht »mittendrin« in der Gesellschaft zu leben." (Dortmunder Erklärung 2003, zit. nach Wacker et al. 2005, 9). Im Lebensbereich Wohnen beispielsweise sind Konzepte zur Dezentralisierung und Deinstitutionalisierung wie Community Care und Supported Living in der Behindertenhilfe der westlichen Industrienationen auf dem Vormarsch – wenn auch in Deutschland weitaus schleppender als in Nordamerika, den nordeuropäischen Ländern und Australien (vgl. Theunissen 2009, 357). Doch dezentrale Angebotsstrukturen alleine sind kein Garant für das Eingebunden-Sein in das umliegende Gemeinwesen. Um Ausgrenzung trotz der Nähe zum Gemeinwesen zu verhindern und eine bessere Einbindung von Menschen mit Beeinträchtigungen in ihr Umfeld zu erreichen, gewinnen sozialräumliche Konzepte und gemeinwesenorientierte Ansätze, die auf eine vielfältige Gesellschaft hinarbeiten, an Popularität. Dieser Paradigmenwechsel spiegelt sich national in dem bereits 2001 in Kraft getretenen SGB IX wider, das die Teilhabe von Menschen mit

Beeinträchtigungen in § 1 als explizites Anliegen erklärt (vgl. Deutscher Bundestag 2001). International wird die „volle und wirksame gesellschaftliche Teilhabe" (Deutscher Bundestag 2008, 1424) als Grundsatz des Übereinkommens über die Rechte von Menschen mit Behinderung der Vereinten Nationen von 2006, das am 26. März 2009 in Deutschland in Kraft getreten ist, formuliert. Die Konvention folgt – gemäß der International Classification of Functioning, Disablities and Health (ICF) der WHO – konsequent der Auffassung, dass „Behinderung aus der Wechselwirkung zwischen Menschen mit Beeinträchtigungen und einstellungs- und umweltbedingten Barrieren entsteht" (ebd., 1420). Diese Barrieren gilt es zu erkennen und zu beseitigen, um volle Teilhabe zu erwirken.

Welche Rolle spielt Unterstützte Kommunikation in dieser Entwicklung? Kommunikation ist eine wichtige Voraussetzung zur vollen und wirksamen Teilhabe am Leben in der Gesellschaft. Menschen mit geistigen Beeinträchtigungen sind häufig in ihren kommunikativen Fähigkeiten eingeschränkt (vgl. Adam 2000, 3) und haben damit begrenzte Möglichkeiten, „sich zu unterhalten, an Gesprächen zu beteiligen, Wünsche, Bedürfnisse oder Interessen mitzuteilen sowie Gefühlen oder ihrer Befindlichkeit angemessen (verständlich) Ausdruck zu verleihen" (Theunissen/Ziemen 2000, 361). Mit der oben dargestellten Entwicklung der Behindertenhilfe geht eine deutliche Veränderung der Lebenssituation von Menschen mit geistigen Beeinträchtigungen einher, welche die Fähigkeit zur Kommunikation mehr denn je voraussetzt. Als vollwertige Bürger des Gemeinwesens sind Menschen mit geistigen Beeinträchtigungen heute dazu aufgefordert, eigene Gedanken, Meinungen und Bedürfnisse im Sinne des Empowerment zu vertreten und aktiv an gesellschaftlichen und sozialen Prozessen in allen Lebensbereichen zu partizipieren. Jedoch spielt bei „nahezu allen sozialen und gesellschaftlichen Prozessen mit direkten persönlichen Kontakten [...] das Sprechen eine zentrale Rolle. Daher kann das Fehlen der Lautsprache als gravierende Partizipationseinschränkung gelten, besonders wenn auch die Schriftsprache nicht verfügbar ist" (Renner 2004, 196). Unterstützter Kommunikation kommt also eine wesentliche Bedeutung im Rahmen der Diskussion um Teilhabe und Inklusion zu. Lage (2006) bringt diesen Gedankengang auf den Punkt, wenn sie sagt: „Denn um mitmachen und mitbestimmen zu können muss man kommunizieren können; das wiederum setzt voraus, dass den Menschen mit Entwicklungsbeeinträchtigungen der Zugang zu UK ermöglicht sein muss. Damit erhält UK eine gesellschaftspolitische und emanzipatorische Dimension" (vgl. ebd. 165).

Das Gemeinwesen im Fachgebiet Unterstützte Kommunikation

In der aktuellen Literatur zu Unterstützter Kommunikation ist also längst erkannt und betont worden, dass für gelingende Teilhabeprozesse Kommunikation eine bedeutende Rolle spielt. Wird dabei das Gemeinwesen als Sozialraum von Menschen mit Kommunikationsbeeinträchtigungen berücksichtigt, in dem Partizipation stattfinden soll? Folgt man den theoriegeleiteten Ausführungen von Lage (2005), so hat Unterstützte Kommunikation als multidisziplinäres und komplexes Phänomen im Wesentlichen drei theoretische Bezugssysteme, die für die Sonder- und Rehabilitationspädagogik relevant sind: Die Entwicklungspsychologie, die Linguistik und die Soziologie. Während im Rahmen der entwicklungspsychologischen Dimension von Unterstützter Kommunikation die sprachliche und kommunikative Kompetenzentwicklung einer Person im Mittelpunkt steht, beschäftigt sich die Linguistik mit den Themenschwerpunkten Pragmatik, Semantik und Grammatik sowie Phonetik und Phonologie, die Soziolinguistik mit der sozialen Bedeutung von Sprache im Gesellschaftssystem. Die Soziologie in Bezug auf Unterstützte Kommunikation bietet am ehesten Modelle und Theorien für die Themengebiete der gesellschaftlichen Partizipation und Inklusion von Menschen mit Beeinträchtigungen (vgl. Lage 2005, 50). Im Spiegel der oben dargelegten Entwicklung der Situation von Menschen mit geistigen Beeinträchtigungen ist demnach besonders das soziologische Referenzsystem – wie von Lage (2006) entwickelt – von Interesse. Jedoch hat diese theoretische Basis in der Fachöffentlichkeit der Unterstützten Kommunikation bisher nur vereinzelt Beachtung gefunden (vgl. u. a. Lage 2006; Strässle 2000; Baker/Williams 1996). Lage (2006) erkennt dies, wenn sie schreibt: „Während zahlreiche Theorien der Entwicklungspsychologie, inklusive der Sprachentwicklungsforschung, und der Linguistik mittlerweile für ihre Anwendbarkeit in UK evaluiert wurden, steht dies für den Bereich der Soziologie noch aus. Nur einige wenige Publikationen fokussieren explizit auf die Soziologie als Referenzsystem“ (ebd., 158).

Dennoch ist Teilhabe im Kontext von Unterstützter Kommunikation bereits lange ein viel beachtetes Thema: Der Gedanke der Partizipation ist im Fachgebiet bereits 1992 mit dem Partizipationsmodell von Beukelman und Mirenda aufgekommen (vgl. Beukelman/Mirenda 2007). Auf der Basis des Partizipationsmodells von Rosenberg (1987) rückten sie die Partizipation von unterstützt kommunizierenden Personen in allen Lebensbereichen in das Zentrum der Interventionsplanung und -evaluation.

Damit lieferten sie ein systematisches Vorgehensmodell, um partizipationshemmende Barrieren zu erfassen und diese im Rahmen der Intervention abzubauen. Die Partizipationsbarrieren werden dabei in Gelegenheitsbarrieren (opportunity barriers) und Zugangsbarrieren (access barriers) unterschieden. Gelegenheitsbarrieren beziehen sich auf Barrieren im sozio-kulturellen Umfeld einer Person (Politik, Wissen, Einstellungen, Fertigkeiten, Praxis), die Zugangsbarrieren hingegen analysieren die aktuelle kommunikative Situation einer Person (Selbstentwicklungskräfte, Umgebungsanpassung, Einsatz des individuellen und multimodalen UK-Systems) (vgl. Beukelman/Mirenda 2007, 142-147).
Von unterstützt kommunizierenden Personen erlebte Barrieren im Gemeinwesen sind nach dieser Systematik meist den Gelegenheitsbarrieren zuzuordnen, die sich auf das sozio-kulturelle Umfeld und damit insbesondere auf die relevanten Aspekte im sozialen Nahraum beziehen. Während bereits auf eine Fülle an Studien zur Beseitigung von Zugangsbarrieren (Unterstützung und Förderung der kommunikativen Fähigkeiten der betroffenen Person, Aufarbeitung und Bereitstellung geeigneten Materials zur Kommunikationsunterstützung, Methodik und Didaktik der Förderung, Vokabularauswahl und -organisation, Optimierung und Individualisierung von (technischen) Kommunikationsmitteln) zurückgegriffen werden kann, wurde die Wahrnehmung und Beseitigung von Gelegenheitsbarrieren bisher nur punktuell erforscht.

Förderfaktoren und Barrieren für unterstützt kommunizierende Personen im Gemeinwesen

Einige internationale Studien haben Barrieren und Förderfaktoren für gelingende Teilhabe- und Inklusionsprozesse in verschiedenen Lebensräumen aus unterschiedlichen Perspektiven (Fachkräfte, Eltern, Betroffene) erhoben. Die Mehrzahl dieser Studien fokussieren die Verflechtungsbereiche Arbeit (Light et al. 1996, McNaughton et al. 2002) und Bildung (u.a. Soto et al. 2001; Finke et al. 2009). Nur zwei Studien erheben Barrieren und Förderfaktoren im Gemeinwesen selbst und in der sozialräumlichen Peripherie. Datillo et al. (2008) forschten in den USA zur Teilhabe am Lebensbereich Freizeit von unterstützt kommunizierenden Menschen mit körperlichen Beeinträchtigungen und Trembath et al. (2010) erhoben in Australien Erfahrungen von unterstützt kommunizierenden Personen ebenfalls mit körperlichen Beeinträchtigungen, die bürgerschaftliches Ehrenamt leisten. Die dort aus Sicht der Betroffenen erhobenen Barrieren und Förderfaktoren können erste Hinweise geben, auf welche Aspekte die Aufmerksamkeit gerichtet werden sollte, wenn die Teilhabe von unterstützt kommunizierenden Personen im Gemeinwesen gefördert werden soll.

Beispielhaft seien hier einige markante Förderfaktoren und Barrieren aufgelistet, die im Rahmen der Studien genannt wurden. Die Sortierung erfolgt auf der Grundlage des Partizipationsmodells:

Barrieren	
Sozio-kulturelles Umfeld und sozialer Nahraum (Gelegenheitsbarrieren)	*Individuum und sozialräumliches Zentrum (Zugangsbarrieren)*
Mangel an Wissen über Unterstützte Kommunikation	langsame Kommunikation
voreingenommene Einstellung gegenüber Menschen mit Kommunikationsbeeinträchtigung	eingeschränktes Vokabular
Mangel an öffentlichem Bewusstsein	schwere Verständlichkeit
fehlende Hilfsbereitschaft gegenüber unterstützt kommunizierenden Menschen	beeinträchtigte schriftsprachliche Fähigkeiten
wenig Geduld der Kommunikationspartner	Abwesenheit, Unzugänglichkeit oder Defekt des UK-Gerätes
Gespräche über den Kopf hinweg / Fremdbestimmung	UK-Gerät nicht in allen Umgebungen nutzbar (Sonne, ...)
Einschüchterung der UK-Nutzer durch Peers	aufwändige Einrichtung und Anpassung des UK-Gerätes
geringe Verfügbarkeit geeigneter persönlicher Assistenz	

Tabelle 1: Barrieren für Teilhabe am Gemeinwesen von unterstützt kommunizierenden Personen (auf der Basis von Datillo et al. 2008, Trembath et al. 2010)

Förderfaktoren	
Sozio-kulturelles Umfeld und sozialer Nahraum	*Individuum und sozialräumliches Zentrum*
Unterstützung durch soziales Netzwerk und durch fremde Personen des Gemeinwesens	gute Gesprächsstrategien der unterstützt kommunizierenden Person, vorprogrammierte Inhalte im UK-Gerät
Unterstützung durch persönliche Assistenz, individualisierte Unterstützung	angepasstes Vokabular
Zugang zu barrierefreiem Internet / E-Mail	multimodale Kommunikation
Informationen in Leichter Sprache und alternativen Formaten	unterstützende, fortschrittliche UK-Technologien

Tabelle 2: Förderfaktoren für Teilhabe am Gemeinwesen von unterstützt kommunizierenden Personen (auf der Basis von Datillo et al. 2008, Trembath et al. 2010)

Betrachtet man die Tabellen, so überraschen benannte Aspekte zunächst wenig, sondern sind hinreichend bekannt. Während jedoch mannigfaltige Konzepte, Theorien und Methoden zur Behebung der Barrieren und Nutzung der Förderfaktoren im Bereich des Individuums und seines sozialräumlichen Zentrums bestehen, muss man danach im Bereich des sozio-

kulturellen Umfeldes gezielt suchen. Deutlich wird, dass die genannten Barrieren und Förderfaktoren im sozio-kulturellen Umfeld im Wesentlichen auf die Einstellung gegenüber unterstützt kommunizierenden Personen und auf das Wissen über Unterstützte Kommunikation (über Fachkräfte und nächste Bezugspersonen hinaus) abzielen. Auch diese Aspekte sind aus der allgemeinen sonder- und heilpädagogischen Literatur schon lange bekannt. Dennoch existieren auf den Bereich Unterstützte Kommunikation bezogen bisher nur vereinzelte Aktivitäten, welche die genannten Punkte zur Unterstützung der Teilhabe am Gemeinwesen aufgreifen und an der Umsetzung arbeiten.
Im Folgenden werden exemplarisch nationale und internationale Projekte aufgezeigt, welche die Einbindung unterstützt kommunizierender Menschen in das Gemeinwesen fokussieren und die Barrieren zu beheben versuchen.

UK-Praxisprojekte im Gemeinwesen

Gu(c)k hin! (Deutschland)

Im deutschsprachigen Raum wird ein erwähnenswertes Projekt herausgegriffen, das im Oktober 2009 durch die Behindertenhilfe der Zieglerschen e.V. – Wilhelmsdorfer Werke evangelischer Diakonie – in Wilhelmsdorf initiiert wurde. Die Einrichtung bietet ein breitgefächertes Angebot für Kinder, Jugendliche und Erwachsene in den Bereichen Beratung, Bildung, Wohnen und Arbeit an. Dabei hat sie sich insbesondere auf Menschen mit geistigen Beeinträchtigungen und Hör-Sprachbeeinträchtigungen spezialisiert. Unterstützte Kommunikation und besonders der Einsatz von Gebärden ist in der Einrichtung und darüber hinaus gut in den Alltag implementiert. Mit dem Projekt „Gu(c)k hin!“ verfolgt die Einrichtung das Ziel, die Selbstständigkeit, Orientierung und Teilhabe von Menschen mit geistigen Beeinträchtigungen und Hör-Sprachbeeinträchtigungen im umliegenden Gemeinwesen zu erhöhen und Kommunikationsbarrieren abzubauen. Hierzu wurden in enger Kooperation mit Diensten und Einrichtungen des Gemeinwesens Wilhelmsdorf insgesamt 105 sogenannte „Gu(c)k-hin - Schilder“ an Gebäuden der Kooperationspartner und der Einrichtung angebracht. Auf diesen finden sich Gebärdenzeichnungen, die das jeweilige Gebäude bezeichnen. Auch innerhalb der Gebäude, wie beispielsweise in einem Supermarkt, sind Gebärdenzeichnungen zu finden, so dass Kunden mit Kommunikationsbeeinträchtigungen nach gewünschten Waren fragen können. Zusätzlich hierzu wurde allen Kooperationspartnern ein Gebärden-Crashkurs angeboten. Die Aktivitäten innerhalb des Ortes tragen dazu bei, Bürger ohne Beeinträchtigung für die

Belange insbesondere kommunikationsbeeinträchtigter Menschen zu sensibilisieren, Wissen über alternative Kommunikationsformen aufzubauen und das öffentliche Bewusstsein zu beeinflussen. Kinder ohne Beeinträchtigung beginnen beispielsweise, die Gebärden auf den Schildern nachzuahmen und selbstverständlich zu erlernen. Verständigungsbarrieren wird in einem ersten Schritt begegnet und das Interesse am Gegenüber geweckt (vgl. Scherer 2009). Langfristig kann dies dazu beitragen, einige Barrieren im sozio-kulturellen Umfeld abzubauen.

Libraries for All (Australien/Kanada)

Das Communication Resource Centre von Scope in Melbourne, Victoria (Australien) ist Mitglied des CAN (Communication Access Network). Dieses Netzwerk setzt sich ein für Teilhabe von Menschen mit Kommunikationsbeeinträchtigungen im Gemeinwesen sowie für Bewusstseinsbildung der Bürgerinnen und Bürger des Gemeinwesens. Im Rahmen dieses Anliegens initiiert das Communication Resource Centre eine Vielzahl an Projekten, um die Ziele zu realisieren: „Talking Taxis", „Libraries for all", „Leisure Centers", „Communicating with Communities", „Listening and Communicating with Everyone". All diese Projekte weisen eine ähnliche Struktur auf. Ausgehend von dem Gedanken, die Teilhabe von Menschen mit Kommunikationsbeeinträchtigungen im Gemeinwesen zu erhöhen und eine bessere gegenseitige Verständigung zu ermöglichen, werden in Kooperation mit lokalen Partnern (Bibliotheken, Taxiunternehmen, Einkaufszentren, Fitnesscenter, Behörden, Cafés) Unterstützungsmethoden ausgearbeitet. So werden beispielsweise Mitarbeiter und Mitarbeiterinnen geschult, mit Menschen mit Kommunikationsbeeinträchtigungen auf unterschiedliche Weise zu kommunizieren, es werden Kommunikationstafeln, Gebärdenposter und Piktogramme für spezifische Situationen entwickelt und zur Verfügung gestellt (vgl. Scope 2011, Rezzani 2010, 92 ff.). Durch die Projekte wird das Bewusstsein der Öffentlichkeit für die Bedürfnisse kommunikationsbeeinträchtigter Menschen sensibilisiert und die Möglichkeiten zur Teilhabe am Leben in der Gemeinschaft für den Personenkreis werden erhöht.

Beispielhaft soll das Projekt „Libraries for All - Canada" kurz dargestellt werden, das vom Thames Valley Children´s Centre (TVCC) London, Ontario (Kanada) nach australischem Vorbild umgesetzt wurde (vgl. Shepherd/ McDougall 2008): Zunächst initiierte das TVCC eine Partnerschaft mit dem örtlichen Bibliothekenverbund, in welcher eine hauptverantwortliche Person für das Projekt festgelegt wurde. Die Unterstützung durch die Geschäftsleitung der Bibliothek wurde erwirkt.

Die Programm-Implementierung erfolgte in drei Schritten:

1. Es wurden vier verschiedene Kommunikationstafeln (ABC, QWERTY, Wort-Tafel, Symboltafel) nach australischem Vorbild übernommen und an die örtlichen Gegebenheiten angepasst. Diese Kommunikationshilfen wurden an jedem Service-Schalter zur Verfügung gestellt und zum Ausdrucken bereitgehalten. Sie sollen dazu dienen, bei Verständigungsproblemen alternative Kommunikationsmöglichkeiten vorzuhalten und individuelle Kommunikationssysteme bei Bedarf mit spezifischem Vokabular zu ergänzen.
2. In einem weiteren Schritt wurden multimediale Fortbildungsmaterialen und -module für Bibliotheksangestellte entwickelt, welche das Personal zu individuellen Kommunikationsmöglichkeiten mit unterstützt kommunizierenden Personen unterrichteten. Es wurde dabei nach dem Prinzip „Train the Trainer" fortgebildet, um alle Angestellten erreichen zu können. Es erfolgte eine jährliche Auffrischungsschulung. Zudem wurden multimediale Handreichungen entwickelt, welche die wichtigsten Aspekte in der Kommunikation mit unterstützt kommunizierenden Personen thematisierten. Diese wurden auch neuem Personal zur Verfügung gestellt.
3. In einem dritten Schritt wurde Öffentlichkeitsarbeit mit Hilfe eines Logos, das teilnehmende Bibliotheken auszeichnet, und Informationsmaterial betrieben. Dieser Schritt diente dazu, das Projekt zu verbreiten, Aufmerksamkeit in der Öffentlichkeit zu erwirken und das öffentliche Bewusstsein für die Belange kommunikationsbeeinträchtigter Personen zu sensibilisieren.

Das Projekt ist nun langfristig implementiert. Es zeigt positive Auswirkungen auf die Zugänglichkeit zu Bibliotheken für unterstützt kommunizierende Menschen und damit bessere Möglichkeiten zur Partizipation. Zudem fühlen sich Bibliotheksangestellte sicherer und zufriedener im kommunikativen Umgang mit Menschen mit Kommunikationsbeeinträchtigungen. Eine Evaluation im engeren Sinne steht noch aus. Vom TVCC wurden in der Vergangenheit weitere Projekte im Gemeinwesen auf der Basis von Partnerschaften mit lokalen Dienstleistungsanbietern initiiert, wie beispielsweise „Story Time" und „Dress Up and Drama" (vgl. Batorowicz et al. 2006).

Kommunikationsassistenten (Kanada)

Augmentative Communication Community Partnerships Canada (ACCPC) in Toronto, Kanada hat in Kooperation mit der University of Victoria (Kanada), ein Projekt initiiert und evaluiert, in welchem Kommunikationsassistenten ausgebildet und eingesetzt wurden (vgl. Collier et al. 2010).

Den Gelegenheitsbarrieren entsprechend liegt die mangelnde Partizipation von unterstützt kommunizierenden Personen häufig im begrenzten Wissen über Unterstützte Kommunikation, negativen Einstellungen und den fehlenden Erfahrungen der Kommunikationspartner im Gemeinwesen während hingegen eine persönliche Assistenz als Förderfaktor benannt wurde (s. o.).
Diese Erkenntnisse nutzend wurden in dem Projekt 13 Kommunikationsassistenten im Rahmen von 30 Seminarstunden sowie 5-20 Praxisstunden mit Einzelcoaching unter Anleitung von unterstützt kommunizierenden Personen zu den Grundlagen und Techniken der Unterstützten Kommunikation ausgebildet. Gleichzeitig wurden neun unterstützt kommunizierende Erwachsene mit körperlich-motorischer Beeinträchtigung darin geschult, Kommunikationsassistenten für ihre Belange zu buchen, anzuleiten und Rückmeldung zur geleisteten Arbeit zu geben. Sodann wurde ein Buchungssystem entwickelt, über welches unter Angabe des entsprechenden Anlasses (persönliche Kommunikation, Telefonat, Schriftverkehr) und Ortes (z. B. Schule, Klinik) unterstützt kommunizierende Personen Kommunikationsassistenten buchen können.
Die Befragung der unterstützt kommunizierenden Personen ergab, dass die Nutzung von Kommunikationsassistenten in unterschiedlichsten Situationen durchweg als positiv erlebt wurde. Auch befragte Personen aus dem Gemeinwesen äußerten sich positiv zu der Unterstützung durch Kommunikationsassistenten. Sie erlebten eine Steigerung ihrer Serviceleistung gegenüber unterstützt kommunizierenden Personen durch verbesserte Kommunikationsmöglichkeiten. Auf der Grundlage dieser ersten positiven Ergebnisse stellt sich die Aufgabe, eine langfristige Finanzierung des Services zu erarbeiten. Ähnliche Projekte sind in Finnland, Norwegen und Schweden initiiert worden.

Fazit

Die Ausführungen zeigen, dass das Gemeinwesen als Ort des sozialen Lebens und der Teilhabe in der Sonder- und Rehabilitationspädagogik zunehmend an Bedeutung gewinnt. Die Forschungsliteratur der Unterstützten Kommunikation behandelt diese Tatsache jedoch bisher nur am Rande. Es existieren bereits einige nationale und internationale Praxisbeispiele, die Teilhabebarrieren der Zielgruppe im Gemeinwesen in den Blickpunkt nehmen und aufzulösen versuchen. Dies sind gute Ansätze, die weiterverfolgt und erforscht werden sollten. Es bleibt daher eine gemeinsame Aufgabe des Fachgebietes der Unterstützten Kommunikation und der Sonder- und Rehabilitationspädagogik, den sozialen Nahraum von Menschen mit Kommunikationsbeeinträchtigungen weiter zu fokussieren und gemeinsam mit den dortigen Akteuren Kommunikationsbarrieren abzubauen.

Literatur

Adam, H.: Mit Gebärden und Bildsymbolen kommunizieren. Voraussetzungen und Möglichkeiten der Kommunikation von Menschen mit geistiger Behinderung, 3. unveränd. Aufl., Würzburg, 2000

Baker, B. R.; Williams, M. B.: Sociological Models and Their Relevance to Issues in Augmentative Communication, in: ISAAC (Hrsg.): Proceedings 7th Biennial International Society for Augmentative and Alternative Communication, Vancouver, Kanada, 1996: 113–114

Batorowicz, B.; McDougall, S.; Shepherd, T. A.: AAC and community partnerships: The participation path to community inclusion, in: Augmentative and Alternative Communication, 22. Jg., 3/2006: 178–195

Beukelman, D. R.; Mirenda, P.: Augmentative and Alternative Communication. Supporting Children and Adults with complex communication needs, Baltimore, London, Sydney, 3. Edition 2007

Collier, B.; McGhie-Richmond, D.; Self, H.: Exploring Communication Assistants as an Option for Increasing Communication Access to Communities for People who use Augmentative Communication, in: Augmentative and Alternative Communication, 26. Jg., 1/2010: 48–59

Datillo, J. et al.: „I have Chosen to Live Life Abundantly“: Perceptions of Leisure by Adults who use Augmentative and Alternative Communication, in: Augmentative and Alternative Communication, 24. Jg., 1/2008: 16–28

Deutscher Bundestag (Hrsg.): Neuntes Buch Sozialgesetzbuch - Rehabilitation und Teilhabe behinderter Menschen, SGB IV, 2001

Deutscher Bundestag (Hrsg.): Gesetz zu dem Übereinkommen der Vereinten Nationen vom 13. Dezember 2006 über die Rechte von Menschen mit Behinderungen sowie zu dem Fakultativprotokoll vom 13. Dezember 2006 zum Übereinkommen der Vereinten Nationen über die Rechte von Menschen mit Behinderungen, 2008

Finke, E. H.; McNaughton, D.; Drager, K. D. R.: "All Children Can and Should Have the Opportunity to Learn": General Education Teachers' Perspectives on Including Children with Autism Spectrum Disorder who Require AAC, in: Augmentative and Alternative Communication, 25. Jg., 2/2009: 110–122

Franz, D.; Beck, I.: Umfeld- und Sozialraumorientierung in der Behindertenhilfe. Empfehlungen und Handlungsansätze für Hilfeplanung und Gemeindeintegration, DHG-Schriften, Bd. 13, Bonn/Jülich, 2007

Lage, D.: UK und ihre theoretischen Bezugssysteme - Auslegeordnung für eine behindertenpädagogische Konzeption, in: Boenisch, J.; Otto, K. (Hrsg.): Leben im Dialog. Unterstützte Kommunikation über die gesamte Lebensspanne, Karlsruhe, 2005: 40–55

Lage, D.: Unterstützte Kommunikation und Lebenswelt. Eine kommunikationstheoretische Grundlegung für eine behindertenpädagogische Konzeption, Bad Heilbrunn, 2006

Light, J.; Stoltz, B.; McNaughton, D.: Community-Based Employment: Experiences of Adults Who Use AAC, in: Augmentative and Alternative Communication, 12. Jg., 4/1996: 215–229

McNaughton, D.; Light, J.; Arnold, K. B.: ‚Getting your wheel in the door': successful full-time employment experiences of individuals with cerebral palsy who use Augmentative and Alternative Communication, in: Augmentative and Alternative Communication, 18. Jg., 2/2002: 59–76

Preis, W.; Thiele, G.: Sozialräumlicher Kontext sozialer Arbeit, Berlin, 2002

Renner, G.: Theorie der Unterstützten Kommunikation. Eine Grundlegung, Berlin, 2004

Rezzani, N.: Access for all to leisure centres in Victoria - The Inclusive Leisure Initiative, in: ISAAC (Hrsg.): Conference Proceedings. 14th Biennal Conference of ISAAC. Barcelona, 2010: 92–94

Scherer, A.: GU(C)K HIN kommt an. Neue Schilder und Fächer in Gebärdensprache, online: http://www.zieglersche.de/behindertenhilfe/aktuelles-termine/guck-hin-auftaktveranstaltung.html. [Stand: 16.04.2011]

Scope: Communication Access Network (CAN), online: http://www.scopevic.org.au/index.php/site/whatweoffer/communicationresourcecentre/can. [Stand: 17.04.2011]

Seifert, M.; Steffens, B.: Das Gemeinwesen mitdenken. Die Inklusionsdebatte an der Schnittstelle zwischen Behindertenhilfe und Sozialer Arbeit, in: Teilhabe - Die Fachzeitschrift der Lebenshilfe, 48. Jg., 1/2009: 11–18

Shepherd, T. A.; McDougall, S.: Communication Access in the Library for Individuals who use Augmentative and Alternative Communication, in: Augmentative and Alternative Communication, 24. Jg., 4/2008: 313–322

Soto, G. et al.: Critical issues in the inclusion of students who use augmentative and alternative communication: An educational team perspective, in: Augmentative and Alternative Communication, 12. Jg., 2/2001: 162–172

Strässle, J.: Wortlos erwachsen werden. Zur kommunikativen Situation junger Erwachsener mit cerebralen Bewegungsstörungen, ISP-Universität Zürich, Bd. 2, Luzern, 2000

Theunissen, G.: Empowerment und Inklusion behinderter Menschen. Eine Einführung in die Heilpädagogik und Soziale Arbeit, 2. aktualisierte Aufl., Freiburg im Breisgau, 2009

Theunissen, G.; Ziemen, K.: Unterstützte Kommunikation. (K)ein Thema für den Unterricht mit geistig behinderten Schülern? Dargestellt und diskutiert am Beispiel einer Lehrerbefragung an Schulen für geistig Behinderte im Land Sachsen-Anhalt, in: Zeitschrift für Heilpädagogik 9/2000: 361–367

Trembath, D. et al.: „Communication is Everything:" the Experiences of Volunteers who use AAC, in: Augmentative and Alternative Communication, 26. Jg., 2/2010: 75–86

Wacker, E. et al. (Hrsg.): Teilhabe. Wir wollen mehr als nur dabei sein, Marburg, 2005

[1] Eine Diskussion des vielfältig definierten Begriffs Sozialraum würde an dieser Stelle zu weit führen.

[2] Partizipation und Teilhabe werden synonym verwendet.

UK als Aufgabe im Gemeinwesen[1]

Imke Niediek

UK als Herausforderung an (Bildungs-)Teilhabe

Sprache verstehen und Sprechen können sind wichtige Elemente in schulischen und außerschulischen Bildungssituationen. Daher stellen Beeinträchtigungen der Kommunikation eine zusätzliche Entwicklungsgefährdung für Kinder und Jugendliche mit Behinderungen dar. Fehlen Möglichkeiten, mit anderen über Lerninhalte zu kommunizieren, können die betroffenen Kinder und Jugendlichen ihr Entwicklungspotential nicht ausschöpfen. Auch als Jugendliche und Erwachsene können sie dann nicht im ausreichenden Umfang am gesellschaftlichen Leben teilhaben. Kommunikation ermöglicht es, eigene Bedürfnisse auszudrücken, Protest auszuüben, Forderungen oder Fragen zu stellen, Ablehnung deutlich zu machen usw. und ist damit das wichtigste Mittel, Freiheit im Sinne von Teilhabechancen realisieren zu können. Fehlende oder unzureichende Möglichkeiten der Kommunikation treffen damit den „Kern dessen, was mit Behinderung gemeint ist, als reduzierte und nicht gleichberechtigte Teilhabechancen an sozialen Beziehungen und gesellschaftlichen Handlungsfeldern“ (Franz 2008, 23).

Menschen, die aufgrund einer Behinderung in ihren Möglichkeiten eingeschränkt sind, mit anderen zu kommunizieren, benötigen daher individuelle und passgenaue Hilfen. Für einen bedeutenden Teil von Kindern mit Kommunikationsbeeinträchtigungen ist neben der Sprachförderung, die auf den Erwerb der Lautsprache abzielt, die Förderung ergänzender und/oder alternativer Methoden der Kommunikation ein wichtiges Element zur Sicherung ihrer Bildungschancen. Das Fachgebiet Unterstützte Kommunikation (UK) soll Möglichkeiten der Teilhabe und der Selbstbestimmung eröffnen (Lage 2006, 90) und stellt deshalb das einzelne Kind, den Jugendlichen oder Erwachsenen mit seinen Teilhabebedürfnissen in das Zentrum der Überlegungen.

Zu einer gelingenden und befriedigenden Kommunikation gehört aber immer auch ein Gegenüber, das auf die Kommunikationsangebote reagiert oder die Person in Kommunikation einbezieht. Ohne ein Gegenüber fehlt ein ganz wesentlicher Bestandteil menschlicher Daseinsgestaltung. Ohne Gelegenheiten zur Kommunikation und interessierte Kommunikationspartner bleibt ein noch so individuelles angepasstes Kommunikationssystem für die Person eine so genannte negative Freiheit. Die Person ist zwar weitgehend frei von Kommunikationsbarrieren, aber nicht frei, Kommunikationssituationen aktiv zu gestalten, wenn Kommunikationspartner und Kommunikationsgelegenheiten fehlen, die einen sinnvollen Rahmen und Anreize für Kommunikation herstellen (s. a. Braun 2005, 01.026.002 ff). Im wahrsten Sinne des Wortes kann die Person nichts mit der Kommunikationshilfe anfangen, die sie erhalten hat. Deshalb wird beim Thema Kommunikation wie bei keinem anderen Thema deutlich, dass eine individuenzentrierte Sicht auf Behinderung um eine soziale Sicht ergänzt werden muss.

Auch in der Heil- und Sonderpädagogik gilt die Verwiesenheit des Einzelnen auf die Gemeinschaft als ein zentrales Moment. So war es gerade der Normalisierungsgedanke, der eben nicht beinhaltet, den einzelnen Menschen ‚normal' zu machen. In seinem Zentrum steht die Idee, Lebensbedingungen zu schaffen, die jedem Einzelnen nicht nur (aber auch!) in materieller Hinsicht, sondern vor allem auch in sozialer Hinsicht dieselben Lebenschancen und -perspektiven wie anderen Menschen ermöglichen. So wies Thimm schon zu Beginn des Jahrtausends darauf hin, dass die personenbezogene Perspektive dringend der Ergänzung durch eine sozialräumliche Perspektive bedarf, welche die Gestaltung des Gemeinwesens in den Blick nimmt: „Die Feststellung und Reklamierung von individuellen Hilfen zur Integration und Partizipation (z. B. zur individuellen pädagogischen Förderung in allgemeinen Schulsettings, zum Wohnen, zur Arbeit, zur Verbesserung der Lebensbedingungen von Familien mit einem behinderten Kind) und ihre Legitimationen und legislativen Absicherungen laufen aber ins Leere, wenn nicht gleichzeitig die Gestaltung der Infrastruktur der nahen sozialen Räume, in denen Partizipation und Integration alltagspraktisch verwirklicht werden müssen, in Angriff genommen werden" (2001, 355). Er bezieht sich dabei auf Dahrendorf (1979), der den Zusammenhang der Optionen (Wahlmöglichkeiten) und Ligaturen (sozialen Bindungen) für die Verwirklichung eines individuell sinnerfüllten Lebens herausgearbeitet hat (Thimm 1997, 226 ff).

Der Begriff der gleichberechtigten Teilhabechancen zielt deshalb auf die gesellschaftliche Verantwortung, die Bedingungen des gesellschaftlichen

Zusammenlebens so zu gestalten, dass jedes einzelne Mitglied dieser Gesellschaft die Möglichkeit hat, seinen individuellen Lebensstil innerhalb der Gemeinschaft zu verwirklichen (Bartelheimer 2004, 58). Damit wird es zu einer gesellschaftlichen Aufgabe, Menschen mit Behinderungen Möglichkeiten zur Kommunikation anzubieten, die ihren Fähigkeiten und Bedürfnissen angemessen sind und ihnen auf diese Weise Verwirklichungschancen zu eröffnen, um ein Leben nach den eigenen Vorstellungen und Wünschen zu realisieren.

Mit der Ratifikation des Übereinkommens der UN-Mitgliedsstaaten über die Rechte von Menschen mit Behinderungen im Jahr 2009 hat die Bundesrepublik Deutschland diese Sichtweise auf Behinderung als „Resultat gesellschaftlichen Handelns" (Bielefeld 2009, 8) anerkannt. Die Konvention hebt den Zusammenhang von Kommunikation und Teilhabechancen deutlich hervor (Niediek/Hackstein 2010, 16.017.001 f). Sie verweist in Art. 24 darauf, dass zu einer angemessenen inklusiven Lernumgebung eine bedarfsgerechte Kommunikationsförderung gehört und Kindern mit Behinderung die erforderlichen Möglichkeiten zur Kommunikation zu eröffnen sind. Unterstützte Kommunikation kann mit Absatz 3c des Artikels 24 als Möglichkeit zur Realisierung des Grundrechts auf Bildung aufgefasst werden. Dieses Grundrecht schließt auch die adäquate Ausbildung von pädagogischem Fachpersonal in Absatz 4 ein. Die Konvention beschränkt sich also nicht nur auf das Recht, selbst gewählte Formen der Kommunikation in jeder Lebenssituation zu verwenden und damit auf einen Anspruch, Informationen so dargeboten zu bekommen, dass sie verstanden werden können. Die Konvention stellt auch deutlich heraus, dass der Umgang mit alternativen und ergänzenden Kommunikationsformen ein Bildungsgegenstand ist und damit mehr als die Versorgung mit Hilfsmitteln und eine „Access for all"-Strategie (dt. Zugang für alle, z. B. zu Informationen in den Medien oder zu Gebäuden). Vielmehr muss Kommunikation, in welcher Form auch immer sie stattfindet, gelernt werden.

Kommunikation hat daher eine doppelte Bedeutung im Zusammenhang mit Bildungsfragen: Sie ist Gegenstand von Bildung und Erziehung, zugleich ist sie aber auch Voraussetzung für die Teilhabe an einem Großteil von Bildungs- und Erziehungsprozessen. Unterstützte Kommunikation ist daher für alle Beteiligten eine doppelte Herausforderung. Sie kann schwerlich von einer einzelnen Schule oder Einrichtung oder einzelnen Personen bewältigt werden. Vielmehr braucht es ein Gemeinwesen, das die Individualität des Einzelnen respektiert und zugleich in der Lage ist, in der Vielfalt der Lebensformen Gemeinschaft herzustellen.

Das Gemeinwesen: Der Raum, in dem wir leben und kommunizieren

Der Begriff ‚Gemeinwesen' besitzt dreierlei Bedeutungen (Aselmeier 2008, 65):

- In *rechtlich-politischer Hinsicht* wird unter einem ‚Gemeinwesen' eine politische Verwaltungseinheit, eine Gebietskörperschaft oder Kommune verstanden, d. h. es handelt sich um ein festgelegtes räumliches Gebiet, das in politischer oder verwaltungstechnischer Hinsicht eine Einheit darstellt, wie z. B. die Gemeinde X im Kreis Z.
- In *geographischer und/oder stadtplanerischer Hinsicht* ist damit ein Stadtteil oder eine (Wohn-) Gemeinde gemeint, die sich durch eine spezifische Infrastruktur auszeichnet. So können zwei Wohnquartiere mit ganz unterschiedlicher Infrastruktur und Bevölkerung (z. B. ein Quartier mit Ein- und Zweifamilienhäusern mit eigenen Gärten in verkehrsberuhigten Straßen und ein Gemischtwohngebiet mit klein- und mittelständischen Betrieben, Mehrfamilienhäusern und entsprechend vielen Parkflächen, breiten Straßen usw.) politisch zu einem Stadtteil mit gemeinsamer Postleitzahl gehören. Aus der Sicht kommunaler Jugendhilfe- oder Bildungsplanung oder aus Sicht der Stadtentwicklung können beide Wohnquartiere eines Stadtteils also ganz unterschiedliche Ausgangslangen und Entwicklungsperspektiven haben.
- In *sozialer Hinsicht* besteht ein Gemeinwesen aus formellen und informellen Gruppen, in denen sich Menschen bewegen und die Bestandteil ihrer Lebenswelt sind. So mögen die Bewohner des erstgenannten Wohnquartiers sich als Mitglieder eines kleinen Gemeinwesens empfinden, z. B. als Bewohner der ‚Waldrandsiedlung' oder ‚der Südstadt'. Stadtteilfeste, Bürgerbegehren gegen ein geplantes Klärwerk in der Nähe, ein kleiner Fußballverein oder eine gut besuchte Eckkneipe können Merkmale eines solchen Gemeinwesens sein, die Gemeinsamkeit herstellen. In dem zweiten Wohnquartier gilt Ähnliches vielleicht nur für einen kleinen Teil der Anwohner, beispielsweise diejenigen, die eine ‚soziale' Heimat in der angrenzenden Schrebergartenkolonie gefunden haben oder einen gemeinsamen kulturellen Hintergrund pflegen. Andere wohnen zwar in demselben Viertel, haben aber nur wenig Kontakte in die Nachbarschaft und fühlen sich wenig zuständig für gemeinsame Interessen. Ein sozialer Gemeinwesenbegriff verweist auch darauf, dass bspw. Kinder ‚ihr Viertel' oftmals ganz anders nutzen und erleben als Erwachsene, also objektive Bedingungen und Lebenswelt auseinander fallen können.

Die drei Bedeutungen des Gemeinwesenbegriffs sind daher Facetten eines Gegenstandes, die immer mitgedacht werden müssen, auch wenn es vorrangig um Veränderung in einer Dimension geht: Kleine Geschäfte, Post und Apotheke um die Ecke sind Orte der Begegnung, ebenso wie Freizeit- und Kulturangebote im näheren Umfeld. Informelle Kontakte zu Nachbarn sind leichter zu knüpfen, wenn die Wege kurz sind und beispielsweise nicht durch schwer zu überquerende Straßen behindert werden. Dies braucht aber oft genug den politischen Willen, bei Baumaßnahmen die Interessen aller Bürger zur berücksichtigen und das Interesse und die Möglichkeit der Bürger, diese Beteiligung zu realisieren.

Daher wäre es eine utopische Vorstellung, wenn wir davon ausgingen, dass ein Gemeinwesen ein konfliktfreier Raum ist, in dem alle Menschen unabhängig von ihren individuellen Voraussetzungen friedlich zusammenleben, einander unterstützen und füreinander da sind. So ist Münch der Ansicht, dass moderne Gesellschaften soziale Integration (im Sinne eines inneren Zusammenhalts) nicht mehr allein auf Solidaritätsnetzwerke gewachsener Lebenswelten stützen können (Münch 1997, 103). „Immer mehr Menschen müssen in ein immer dichteres Solidaritätsnetzwerk einbezogen werden. Das geht nur über die kulturelle Legitimation der Erweiterung von Solidaritätsrechten und -pflichten, die politische Satzung solcher Rechte und Pflichten und die ökonomische Bereitstellung der Ressourcen zur Wahrnehmung dieser Rechte und Pflichten" (ebd. 104). Er meint damit, dass wir einen gesellschaftlichen Konsens über die Rechte und Pflichten im Zusammenleben der Menschen entwickeln müssen. Diese Rechte und Pflichten müssen politisch gewollt und abgesichert werden und letztlich durch das wirtschaftliche Wachstum finanziert werden. „Diese kulturellen, politischen und ökonomischen Leistungen müssen wiederum durch die unablässige Erneuerung des Vereinigungslebens der Gesellschaft in konkrete Akte der Kooperation, der gegenseitigen Unterstützung, der reziproken Anerkennung von Rechten und der Übernahme von Solidaritätspflichten umgesetzt werden" (Münch 1997, 103 f).

Tatsächlich funktionieren Solidaritätsnetzwerke also nur durch die konkrete Aktivität des Einzelnen. Solidarität darf nicht nur behauptet und (gesetzlich) festgeschrieben werden, sondern sie braucht das Handeln des Einzelnen und der beteiligten gesellschaftlichen Gruppen.

UK-Barrieren im Gemeinwesen

Damit sind auch drei Ansatzpunkte für gemeinwesenorientierte Arbeit gegeben: So nennt Rohrmann (2010, 66 f) unter Bezugnahme auf Reutlinger/Wigger (2008) drei Formen von sozialräumlichen Barrieren:

- Die *Gestaltung der physisch-materiellen Umwelt* bezieht sich auf Barrieren, wie sie UK-Nutzer beispielsweise vorfinden, wenn textbegleitende Pictogramme und Abbildungen im öffentlichen Raum missverständlich sind oder sich nicht unmittelbar auf den Inhalt des Textes beziehen. Barrieren entstehen auch, wenn Sonnenlicht oder Umgebungslärm die Nutzbarkeit einer elektronischen Kommunikationshilfe einschränken, wenn die Gänge im Supermarkt so schmal sind, dass ein E-Rolli nicht hindurch passt oder auf optische, akustische und haptische Signale im öffentlichen Raum (z. B. in Fahrstühlen) verzichtet wird. Andererseits können spezielle Anpassungen für Menschen mit Behinderungen, wie besondere Zugänge zu Gebäuden für Rollstuhlfahrer, separat ausgewiesene Angebote für unsere ‚behinderten Gäste', gekürztes Infomaterial in Leichter Sprache usw. nicht zur gemeinsamen Nutzung einladen, sondern vielmehr zu neuer Ausgrenzung führen. Hier geht es darum, den Gedanken zu entwickeln, dass Veränderungen, die für einige Menschen sinnvoll sind, letztlich vielen zu Gute kommen. Es geht nicht um Sonderwünsche Einzelner, sondern um eine Gestaltungsweise des öffentlichen Raums, die möglichst vielen (unterschiedlichen) Bedürfnissen gerecht werden kann.
- Die *Gestaltung von Strukturen* bezieht sich auf Barrieren, die durch bestehende Hilfestrukturen entstehen. „Die nach wie vor bestehende Orientierung an Sondereinrichtungen institutionalisiert einen Raum, der den Lebensalltag von Menschen mit Behinderung einer Strukturierung unterwirft, die vom Lebensalltag von Menschen ohne Behinderung abweicht. Behinderung wird daher nur sehr zögerlich als ein Thema allgemeiner Gestaltung und Planung von Räumen anerkannt und wird vielmehr als ein Thema der Bereitstellung spezialisierter Räume wahrgenommen" (ebd. 67). So fühlen sich Anbieter der Kinder- und Jugendpflege, Kultur- und Bildungseinrichtungen oftmals nicht für den Personenkreis ‚Menschen mit Behinderungen' zuständig, da es für sie ja spezielle Angebote gibt, die vermeintlich besser die Bedürfnisse dieser Menschen erfüllen können. Umgekehrt fühlen sich aber auch viele Anbieter von Hilfen für Menschen mit Behinderungen z. B. dafür zuständig, spezielle Freizeitangebote für ihre Nutzer zu schaffen, anstatt ihre Energie und ihr Know-How darin zu investieren, den Zugang und die Nutzung bereits vorhandener Angebote vor Ort zu ermöglichen und zu unterstützen.

- Damit tritt tatsächlich eine dritte Barriere in den Fokus, wenn die *Vorstellung von professioneller Unterstützung* darin besteht, einen alleinigen Stellvertretungsanspruch für die Interessen von Menschen mit Behinderungen zu besitzen. Gerade in der Unterstützung von unterstützt kommunizierenden Personen besteht hier eine besonders große Gefahr. Stellvertretend für eine Person sprechen zu müssen oder ihre Interessen gegenüber anderen vertreten zu müssen, weil ihr individueller Kommunikationscode nicht von anderen Personen entschlüsselt werden kann, kann sich schnell verkehren zu der Vorstellung, zu wissen, was gut für die Person ist. Hier braucht es eine professionelle Haltung, die die Grundprinzipien der ‚Persönlichen Assistenz' mit einer differenzierten UK-Expertise verbindet und damit hohe Ansprüche an professionelle Begleitung stellt.

Bedeutung von Organisationen

Stellt man sich ein Gemeinwesen als ein „Zusammenspiel der Aktivitäten der dort lebenden Menschen und der dort angesiedelten Organisationen" (Rohrmann 2010, 69) vor, so wird schnell deutlich, dass Organisationen ein zentrales Verbindungsstück zwischen den Interessen einzelner Personen oder Gruppen und dem Gemeinwesen sein können. Sie haben ganz allgemein die Funktion, individuelle Bedürfnisse im Gemeinwesen zu befriedigen und umgekehrt die Einbindung der einzelnen Person in das Gemeinwesen zu ermöglichen. Soziologisch betrachtet können Organisationen als eine Spezialform der Institutionen verstanden werden, also als Bündel von Erwartungen über die Einhaltung bestimmter Regeln, die verbindliche Geltung beanspruchen (Esser 2000, 2). Dadurch bieten sie einerseits eine gewisse Stabilität und Erwartungssicherheit für die einzelnen Beteiligten. Zugleich entstehen sie aber durch soziales Handeln und sind damit letztlich das Produkt der Interaktion der Organisationsmitglieder und ihrer Umweltbedingungen. Daher können und müssen sich Organisationen immer wieder auf neue Anforderungen (z. B. veränderte Finanzierungsformen, andere Kundenwünsche) einstellen und sich verändern. Dies geschieht, indem sich die Regeln des Umgangs miteinander und die gegenseitigen Verhaltenserwartungen verändern (Schädler 2004). Deshalb verlaufen Veränderungen in Organisationen nicht immer konfliktfrei. Rohrmann (2010, 69) weist in diesem Zusammenhang zu Recht auf die Eigenlogik von Organisationen hin, die dazu führt, dass von außen an sie heran getragene Ziele und Perspektiven in der Organisation verändert werden. Wenn es also um Teilhabe von UK-Nutzern im Gemeinwesen geht, dann haben Organisationen darin die ganz wesentliche Funktion, die notwendigen Veränderungsprozesse in sich selbst, wie auch im Organisationsumfeld anzustoßen und so umzusetzen, dass Teilhabechancen für UK-Nutzer eröffnet werden (Niediek 2010, 93 ff).

Ebenen gemeinwesenorientierter UK-Arbeit

Dieser Fokus auf die Bedeutung von Organisationen für eine gemeinwesenorientierte UK-Arbeit stellt eine Anforderung an Organisations-/Personal- und Qualitätsentwicklung dar. Sie lässt sich auf drei Ebenen in Anlehnung an Franz und Beck (2007, 11 f) konkretisieren:

Fallspezifische Ebene

Die fallspezifische Ebene fragt danach, welche Unterstützung ein Mensch mit einer Beeinträchtigung benötigt, um leben zu können, wo er es möchte und wie er es möchte. Dies fängt schon bei einem Assessment bzw. einer Diagnostik an, die Kommunikationsbeeinträchtigungen als Folge einer Wechselwirkung von personenbezogenen Faktoren und Umweltfaktoren erfasst. Interventionen setzen dann nicht nur unmittelbar bei der Person an, sondern beziehen sich auch auf die sozialen Kontakte und materiellen Gegebenheiten im Umfeld der Person (Niediek/Ling 2009, 45 f). Diese fallspezifische Ebene wird besonders differenziert mit dem Partizipationsmodell von Beukelman und Mirenda (2005) abgebildet. Ausgehend von den (vermuteten) Teilhabebedürfnissen einer einzelnen Person geht es hier darum, ein individuelles Unterstützungsnetz zu entwickeln, welches nicht nur die Arbeit von Profis, sondern die gesamte Lebenssituation der Person in den Blick nimmt. Dabei entsteht die Chance, dass auch ungewöhnliche und kreative Lösungen für einzelne Probleme denkbar werden. Die konsequente Anwendung des Partizipationsmodells kann dann nicht einfach in standardisierte Komplexleistungen einer Einrichtung oder eines Dienstes münden, sondern führt zu einem individuellen Unterstützungsarrangement mit unterschiedlichen Hilfen ganz verschiedener Anbieter und Personen, dessen Teile individuell für den Menschen zugeschnitten sind und ineinandergreifen wie bei einem Puzzle (Aselmeier 2008, 68). Für ein ‚Querschnittsthema' wie UK liegt hier das Problem, dass die Zuständigkeit für das Thema ‚UK' nicht auf einen Dienst, auf die Schule oder die Familie begrenzt werden kann, sondern in allen Lebensbereichen einer Person relevant ist. Trotzdem zeigt die Erfahrung, dass es sinnvoll und notwendig ist, wenn es eine Stelle gibt, bei der die UK-Fragen der Person zusammenlaufen und die Hauptansprechpartner für das Kommunikationssystem der Person ist. Die Aufgabe einer solchen Schnittstelle muss nicht darin bestehen, eine spezifische UK-Förderung selbst zu betreiben, sondern sie moderiert die Unterstützung durch die anderen Beteiligten, sie verschafft der unterstützt kommunizierenden Person Gelegenheiten, den Umgang mit passenden alternativen und ergänzenden Kommunikationsformen zu erlernen und sorgt dafür, dass das Kommunikationssystem immer wieder an die sich verändernden Bedarfe der Person angepasst wird.

Fallübergreifende Ebene

Während sich die fallspezifische Ebene auf die Strukturen und Bedingungen im Hinblick auf die Kommunikationssituation einer konkreten Person bezieht, fragt die fallübergreifende Ebene, wie die Strukturen und Regeln des Umgangs miteinander aussehen müssen, damit möglichst alle Mitglieder einer Gruppe die Chance auf Teilhabe und Selbstbestimmung haben. Die fallübergreifende Ebene nimmt damit Fragen der Organisationsentwicklung in den Blick, wie Lage (2006, 229 ff) sie für UK in Organisationen allgemein und der Arbeitskreis UK in NRW (AKUK, 2005) für die Schule skizziert haben. Dabei geht es nur vordergründig darum, möglichst barrierefreie räumliche Bedingungen zu schaffen, Orientierungshilfen mit unterschiedlichen (sinnlichen) Zugängen anzubringen oder Informationen in Leichter Sprache und mit aussagekräftigen Visualisierungen zu veröffentlichen. Es geht auch um mehr als allgemeine Absprachen dazu, wie ‚wir miteinander kommunizieren wollen'.

Die fallübergreifende Ebene bedeutet, danach zu fragen, inwieweit es gelingt, eine Schule, eine Einrichtung oder einen Dienst nicht nur als in sich geschlossenes System zu betrachten. Im Hinblick auf die Übergänge in den Lebensläufen der UK-Nutzer muss sich Schule beispielsweise als eine Zwischenstation zwischen der Frühen Bildung und den Frühen Hilfen und dem nachschulischen Bildungsbereich und der Berufsbildung begreifen und durch Zusammenarbeit mit den anderen beteiligten Bildungsinstitutionen Übergänge und Anschlussmöglichkeiten in beide Richtungen schaffen. Im Hinblick auf die verschiedenen Lebensbereiche gilt es ein Selbstverständnis zu entwickeln, dass auch für UK-Schüler die Schule nur einen Teil ihrer Lebenswelt ausmacht und gute UK-Arbeit sich dieser Anforderung zur Kooperation stellt, aber sich damit auch der Grenzen der Wirksamkeit der eigenen Arbeit bewusst ist.

Im Hinblick auf die Frage der Teilhabe bedeutet die fallübergreifende Perspektive für die Organisationen schließlich auch, Strukturen zu schaffen, damit UK-Nutzer an den notwendigen Organisationsentwicklungsprozessen selbst mitwirken können. Partizipation innerhalb der Organisation ist zwar für sich genommen noch keine Gemeinwesenorientierung, sie stärkt aber UK-Nutzer in ihrer Rolle als aktive Bürger und bindet sie in gemeinsame Gestaltungsprozesse ein, was ein Wesensmerkmal des sozialen Gemeinwesenbegriffs ist. Beispielsweise geht es um die Mitarbeit von UK-Schülern in der Schülerselbstvertretung (Tieben/Kuntz 2009), in Beiräten im außerschulischen Bereich oder um die Möglichkeiten, UK-Nutzer in Zufriedenheitsbefragungen ‚zu Wort kommen zu lassen' (Antener 2009; Lage 2006, 232 ff). Hier sind aber noch immer methodische Fragen ungeklärt.

Fallunspezifische Ebene

Die fallunspezifische Ebene in die Arbeit der Unterstützten Kommunikation einzubeziehen, ist eine konsequente Anwendung des Partizipationsmodells, wenn es darum geht, Gelegenheitsbarrieren zu identifizieren und abzubauen. Die fallunspezifische Ebene fragt danach, was auf der lokalpolitischen Ebene, der Ebene zwischen Vereinen und Verbänden und zwischen den Organisationen getan werden kann, damit es Menschen mit Behinderungen möglich wird, in dem Gemeinwesen aktiv mitzuwirken. Sie sollte nach dem Grundsatz ausgestaltet sein, dass alle Menschen als Bürger mit gleichen Rechten und Pflichten in ihrer Gemeinde so autonom bzw. so integriert leben können sollten, wie sie es wünschen. Dies entspricht dem Community Care Modell (Schablon 2001, 1f, zit. n. Aselmeier 2008, 71): Demnach soll Unterstützung in erster Linie im eigenen sozialen Netzwerk geleistet werden, dann durch die regulären gesellschaftlichen Einrichtungen und erst dann ergänzend durch professionelle Dienste. Dabei soll die Aufgabe der professionellen Dienste hauptsächlich in der Unterstützung der beiden anderen primären Hilfesysteme liegen.

Die große Gefahr besteht dabei darin, dass dieses Modell als Sparmodell missverstanden wird, in dem Sinn, dass professionelle Dienste nur ausnahmsweise eingesetzt werden. Tatsächlich geht es aber nicht um eine De-Professionalisierung von Hilfen, sondern um eine Neuformulierung des Selbstverständnisses und damit der Arbeitsformen (s. a. Loeken/Windisch 2010, 98). Professionelle Dienste sollen unterstützen und beraten, wo Ängste, Befürchtungen und Unwissenheit, aber auch fehlende Ressourcen oder mangelnde Kompetenzen Teilhabe erschweren und behindern. Sie sollen aber kein ‚Ersatzleben' und keine besonderen Angebote für Menschen mit Behinderungen schaffen, die nicht auch von anderen geschaffen werden können.

UK ist nicht spezifisch für eine Altersgruppe (z. B. Kinder, Jugendliche, Erwachsene, ältere Menschen), für eine bestimmte Art der Beeinträchtigung (z. B. motorische, geistige oder Sinnesbeeinträchtigung) oder auf einen Lebensbereich beschränkt (z. B. Arbeit, Schule, Freizeit, Wohnen). Das Fachgebiet besitzt damit das Potenzial, Hilfestrukturen zu entwickeln, die sich an den Partizipationsproblemen des Einzelnen orientieren, anstatt die Strukturen des Hilfesystems auf den Einzelnen zu übertragen. Es geht also um den Ausbau von ambulanten Hilfen, Beratungs- und Assistenzangeboten, die Menschen mit Kommunikationsbeeinträchtigungen und Personen in ihrem Umfeld beraten, begleiten und unterstützen.

Für die mit dem Artikel 24 der UN-Behindertenrechtskonvention verbundene Herausforderung, ein inklusives Bildungssystem zu schaffen, bedeutet dies beispielsweise konkret, dass qualifizierte UK-Beratung nicht an den Besuch einer bestimmten Schule gekoppelt sein darf, sondern als mobiler Dienst für alle Lernenden mit UK Bedarf in einer Kommune oder einer Region zur Verfügung steht und für alle Bildungsinstitutionen, Lehrkräfte, Therapeuten oder persönliche Assistenten zugänglich ist. Sie gilt es, so zu beraten, fortzubilden und zu unterstützen, dass möglichst wenig Förderung durch einen speziellen UK-Dienst zusätzlich notwendig ist. Spezielle UK-Förderung soll in das bestehende Hilfearrangement integriert werden (Niediek 2008, 296 f).

Ein weiterer Ansatzpunkt liegt in der lebendigen ‚Vernetzungskultur' wie sie im Fachgebiet der UK zu finden ist und die sich sowohl auf kleine, lokal begrenzte Arbeitsgruppen, landesweite Initiativen, wie auch die bundesweit agierenden Verbände wie die BKom oder ISAAC bezieht. Im Lichte der UN-Konvention wird die künftige Herausforderung darin bestehen, dieses Potenzial einerseits dafür zu nutzen, auch in den jeweiligen lokalen, regionalen, landes- und bundesweiten politischen Entscheidungsgremien die Belange unterstützt kommunizierender Menschen zu vertreten. Dabei gilt es, Abgrenzungstendenzen gegenüber anderen Aspekten der Teilhabe zu vermeiden, sondern bspw. mit Elternverbänden und Selbsthilfeorganisationen über die UK hinaus sinnvolle Kooperationen einzugehen.

Jede Schule, Einrichtung oder jeder Dienst findet vor Ort bestimmte Bedingungen vor, die auf die Arbeit mit den Klienten Einfluss haben, und deshalb kann auch eine sinnvolle UK-Arbeit von diesen Bedingungen nicht losgelöst werden. In diesem Sinn können auch Förderschulen, Frühförderstellen, Wohnangebote und Werkstätten eine gemeinwesenorientierte Perspektive entwickeln, indem sie sich als Bestandteil und Brückenbauer im Gemeinwesen wahrnehmen und die bereits vorhandenen Angebote im Gemeinwesen für ihre Kinder, Jugendlichen und Erwachsenen durch Kooperationen oder gemeinsame Projekte mit anderen Institutionen oder durch die regelmäßige Mitarbeit in Stadtteilgremien erschließen. Ein Zugang ist, gemeinsame Probleme und Interessen mit anderen Gruppen im Gemeinwesen zu finden (z. B. eine Fußgängerampel mit akustischem Signal an einer bestimmten Kreuzung oder optische Orientierungshilfen auf dem Gehweg). Ein anderer Zugang ist, zu fragen, wo sich die unterschiedlichen Ressourcen ergänzen könnten und auch eine Einrichtung oder ein Dienst etwas anbieten könnte (z. B. Werkräume auch für Abendkurse der örtlichen Volkshochschule zur Verfügung stellen). Ein dritter Zugang könnte sein, nicht nur zu fragen, was das Gemeinwesen

für uns und unsere Nutzer, Schüler oder Beschäftigten tun kann, sondern auch zu fragen, wie wir zu einem gelingenden Zusammenleben im Gemeinwesen beitragen können und beiderseitig freiwilliges Engagement zu initiieren. Es gilt, die Neugier, das Interesse und die Hilfsbereitschaft der Menschen zu nutzen, die sich, wenn Menschen unmittelbar miteinander in Kontakt kommen, überraschender Weise ebenso oft, wenn nicht sogar häufiger finden lassen, als Ablehnung und Desinteresse.
Berichte aus der Praxis zeigen unterschiedliche Erfahrungen mit neuen Formen der Kooperation und Zusammenarbeit, die von großen Erfolgen bis hin zur Enttäuschung oder Frustration reichen. Oft liegt es aber nicht am Interesse oder Willen der Beteiligten, sondern an offenen Finanzierungs- oder Haftungsfragen oder unklaren Absprachen und Interessen, wenn Kooperationen scheitern. Hier fehlt es an Informationen und Beratung sowohl für die Einrichtungen und Dienste der Behindertenhilfe und die Förderschulen als auch für andere Organisationen und Vereine. Eine derartige strukturelle Beratung geht aber weit über UK-spezifische Fragen hinaus und macht UK als Aufgabe im Gemeinwesen bislang vom Engagement einzelner Personen oder Organisationen abhängig. Dies darf jedoch nicht dazu führen, die UK-Arbeit auf die individuelle Ebene zu beschränken, sondern sie vielmehr zum Ausgangspunkt für viele kleine Veränderungen zu machen, die langfristig große Wirkungen entfalten können.

Fazit: Das einzelne Kind, der einzelne Jugendliche und der einzelne Erwachsene mit ihren Bedürfnissen nach Kommunikation sind der Ausgangspunkt für Unterstützte Kommunikation als Aufgabe im Gemeinwesen, aber der Endpunkt liegt in einer Veränderung des Systems der Hilfen.

Literatur

Antener, G.: Wer fragt, erhält möglicherweise eine Antwort... Zufriedenheitsbefragung als ein Instrument des Qualitätsmanagements im Wohnheim für Menschen mit schweren Beeinträchtigungen, in: Handbuch der Unterstützen Kommunikation, Karlsruhe, 2009: 10.046.001–10.055.001

Aselmeier, L.: Community Care und Menschen mit geistiger Behinderung. Gemeinwesenorientierte Unterstützung in England, Schweden und Deutschland, Wiesbaden, 2008

Bartelheimer, P.: Teilhabe, Gefährdung und Ausgrenzung als Leitbegriffe der Sozialberichterstattung. Online in: SOFI-Mitteilungen 32, 2004, 47–61, http://www.sofi.uni-goettingen.de/fileadmin/SOFI-Mitteilungen/Nr._32/bartelheimer2.pdf [Stand: 18.04.2011]

Beukelman, D. R.; Mirenda, P.: Augmentative & alternative communication. Supporting children & adults with complex communication needs. 3. Ed., Baltimore, 2005

Blackstone, S. W.; Hunt Berg, M.: Social Networks: A communication Inventory for Individuals with Complex Communication Needs and their communication Partners, Monterey, USA 2003

Braun, U.: Besonderheiten der Gesprächssituation, in: Handbuch der Unterstützen Kommunikation. Karlsruhe, 2005: 01.026.002–01.026.006

(A)rbeitsgruppe für (N)eue Technologien und (U)nterstützte Kommunikation für (K)örperbehinderte in Nordrhein-Westfalen: Empfehlungen zur Durchführung von Fördermaßnahmen im Bereich Unterstützte Kommunikation an Schulen, in: Handbuch der Unterstützen Kommunikation, Karlsruhe, 2005: 08.018.002–08.018.005

Dworschak, W.: Lebensqualität von Menschen mit geistiger Behinderung. Theoretische Analyse, empirische Erfassung und grundlegende Aspekte qualitativer Netzwerkanalyse, Bad Heilbrunn, 2004

Esser, H.: Soziologie. Spezielle Grundlagen. Bd. 5: Institutionen, Frankfurt a.M., 2000

Franz, D.; Beck, I.: Umfeld- und Sozialraumorientierung in der Behindertenhilfe. Empfehlungen und Handlungsansätze für Hilfeplanung und Gemeindeintegration. DHG Schriften H. 13, Hamburg/Jülich, 2007

Franz, D.: Umfeld- und Sozialraumorientierung in der Behindertenhilfe, in: Deutsche Heilpädagogische Gesellschaft (DHG) (Hrsg.): Sozialraumorientierung in der Behindertenhilfe. Dokumentation der DHG Tagung 3.-5. Dezember 2007, Bonn/Jülich, 2008: 23–31

Kirschniok, A.: Circles of Support. Eine empirische Netzwerkanalyse. Wiesbaden, 2010

Lage, D.: Unterstützte Kommunikation und Lebenswelt. Eine kommunikationstheoretische Grundlegung für eine behindertenpädagogische Konzeption, Bad Heilbrunn, 2006

Loeken, H.; Windisch, M.: Gemeinwesenorientiertes Unterstützungsmanagement: Vernetzung professioneller und informeller Unterstützung und Kompetenzanforderungen an professionelle Kräfte, in: Stein, A.-D.; Krach, S.; Niediek, I. (Hrsg.): Integration und Inklusion auf dem Weg ins Gemeinwesen. Möglichkeitsräume und Perspektiven, Bad Heibrunn, Obb. 2010: 97–107

Münch, R.: Elemente einer Theorie der Integration moderner Gesellschaften, in: Heitmeyer, W. (Hrsg.): Was hält die Gesellschaft zusammen? Frankfurt a.M., 1997: 66–109

Niediek, I.: Über die Herausforderung, Person und Sozialraum gleichzeitig zu denken, in: Stein, A.-D.; Krach, S.; Niediek, I. (Hrsg.) Integration und Inklusion auf dem Weg ins Gemeinwesen: Möglichkeitsräume und Perspektiven, Bad Heilbrunn (Obb.), 2010: 89–97

Niediek, I.: Ist dabei sein wirklich Alles? – Konzeptionelle Anregungen zur Gestaltung von Partizipationsprozessen, in: Zeitschrift für Heilpädagogik 59 (2008) 8: 293–298.

Niediek, I.; Hackstein, J.: Recht auf Kommunikation – Ein Recht auf Unterstützung von Kommunikation?!, in: Handbuch der Unterstützen Kommunikation, Karlsruhe, 2010: 16.017.001–16.023.001

Niediek, I.; Ling, K.: Unterstützte Kommunikation in der Hilfeplanung. Möglichkeiten und Grenzen unterschiedlicher Methoden und Instrumente, in: Arendes, S.; Birngruber, C. (Hrsg.): Werkstatt Unterstützte Kommunikation, Karlsruhe, 2009: 40–54

O'Brien, J.; Pearpoint, J. (Hrsg.): Person-centered planning with MAPS and PATH. A workbook for facilitators, Toronto, 2002

Rohrmann, A.: Herausforderungen für die Gestaltung eines inklusiven Gemeinwesens, in: Stein, A.-D.; Krach, S.; Niediek, I. (Hrsg.): Integration und Inklusion auf dem Weg ins Gemeinwesen. Möglichkeitsräume und Perspektiven, Bad Heibrunn, Obb., 2010: 63–77

Schädler, J.: Re-Institutionalisierung statt De-Institutionalisierung! Implementationsstrategien für Offene Hilfen für Menschen mit geistiger Behinderung, in: Geistige Behinderung 43 (2004) 1: 2–14

Tieben, C.; Kuntz, V.: Partizipation durch Unterstützte Kommunikation – Schülervertretung in der Förderschule Geistige Entwicklung, in: Handbuch der Unterstützen Kommunikation, Karlsruhe, 2009; 08.063.001-08.070.001

Thimm, W.: Kritische Anmerkungen zur Selbstbestimmungsdiskussion in der Behindertenhilfe. Oder: Es muss ja immer wieder einmal was Neues sein…, in: Zeitschrift für Heilpädagogik 48 (1997) 6: 222–232

Thimm, W.: Leben in Nachbarschaften. Struktur und Konzeption eines gemeindenahen Systems besonderer pädagogischer Förderung, in: Zeitschrift für Heilpädagogik 52 (2001) 9: 354–359

[1] Dieser Beitrag erschien in einer gekürzten Fassung in der Zeitschrift Unterstützte Kommunikation 2/2011.

Unterstützte Kommunikation geht online

Christoph Jo. Müller

E-Mails versenden, im World Wide Web recherchieren, Onlinetickets buchen, Einkäufe oder Bankgeschäfte erledigen – das Internet hat sich im letzten Jahrzehnt zu einem unentbehrlichen Werkzeug entwickelt. Und sein Stellenwert wächst weiter, nicht nur im geschäftlichen Umfeld, sondern auch im privaten Lebensbereich und an den entsprechenden Schnittstellen, etwa wenn Behörden ihre Dienstleistungen ins Netz verlagern und darum weniger öffentliche Sprechstunden anbieten. Das tägliche Informations- und Kommunikationsverhalten der Menschen wird durch das Internet dominiert; neben vielen praktischen Tätigkeiten, die über das Internet erledigt werden, haben soziale Netzwerke Hochkonjunktur, die den Umgang mit sozialen Kontakten in die virtuelle Welt verlagern. Gerade für Menschen mit Behinderung – so sollte man meinen – sind die Möglichkeiten zur Interaktion, die vor allem die elektronische Post und Web 2.0-Angebote mit sich bringen, von großer Bedeutung. Blenden sie doch eben die Barrieren aus, welche sich bei begrenzter Mobilität oder kognitiven Einschränkungen in der Realität schnell auftun.

Information und Kommunikation mit Hindernissen

Tatsächlich sind Menschen mit Behinderung zwischenzeitlich eine der stärksten Nutzergruppen des Internet. Erst jüngst hat eine Studie der Aktion Mensch herausgefunden, dass der durchschnittliche Bürger an rund 5,1 Tagen in der Woche das Internet einsetzt, Menschen mit Behinderung sogar an 6,5 Tagen wöchentlich. Die Online-Gewohnheiten der rund 600 befragten Internetnutzer sind stark von ihren jeweiligen Behinderungen abhängig. So nutzen Blinde etwa das Internet vor allem als Informationsquelle, Schwerhörige unterstützt es bei der Kommunikation, für die sie unter anderem Videos mit Gebärdensprache einsetzen.

Doch die Praxis lehrt, auch die virtuellen Angebote halten Hürden bereit. Es sind zum einen die schnellen Abfolgen von technischen Entwicklungen und Innovationen, die immer wieder neue Probleme hervorbringen. Das gilt für beinahe alle Web-Anwendungen – nicht selten treten dort Schwierigkeiten auf, wo im Internet für Anwendersicherheit und Datenschutz gesorgt werden soll. So stellen zum Beispiel die so genannten Captchas ein großes Hindernis dar, die sensiblen Anwendungen wie Online-Banking oder der Anmeldung in Communities mit Angaben zur Person vorgeschaltet sind. Als optisch verzerrte und nicht-maschinenlesbare Zahlen- oder Buchstaben-Grafikcodes sorgen sie dafür, dass nicht Softwareprogramme die Aktivitäten des Internetnutzers übernehmen können. Was schon für den geübten nicht-behinderten Nutzer oft nur mit Zusatzaufwand und auf Kosten neuer Fehlerquellen zu lösen ist, bedeutet beispielsweise für sehbehinderte Menschen eine unüberwindbare Barriere. Zum anderen mangelt es den Online-Angeboten häufig an einfacher Funktionalität. So wünschen sich die Nutzer klare Navigationen, eine leicht verständliche Sprache und gut strukturierte, übersichtliche Texte. Denn der einfache Zugang zu einem Webangebot allein reicht nicht aus, damit dieses von Menschen mit Behinderung auch sinnvoll eingesetzt werden kann.

Online-Kommunikation für alle?

Gerade in der Online-Kommunikation eröffnen sich für Menschen mit Behinderung neue und vielfältige Möglichkeiten der Beteiligung. Idealerweise dienen sie der Einbindung und dem Austausch und unterstützen auf diese Weise die Integration. Gängige Kommunikationswege wie Standard-E-Mailprogramme zum Beispiel nehmen jedoch keine Rücksicht auf die unterschiedlichen Fähigkeiten der Benutzer. So scheitern Menschen mit Behinderung neben Schwierigkeiten beim Einsatz mit Maus und Tastatur häufig an kognitiven Barrieren: Die Bedienung von Standard-E-Mail-Programmen ist zu kompliziert und ihre Funktionen setzen Kenntnisse voraus, die nicht vorhanden und für Menschen mit behinderungsbedingten Einschränkungen nur mit großen Schwierigkeiten oder gar nicht zu erlernen sind. Oft ist bereits der Einstieg, wenn Autorisierung oder Anmeldung passwortgeschützt geschehen sollen, nur schwer zu überwinden.

Sind die Anwender darüber hinaus auf Unterstützte Kommunikation, speziell auf den Einsatz von elektronischen Hilfsmitteln angewiesen, lässt sich ihre Einbindung in die Online-Kommunikation gar nicht mehr ohne weiteres gewährleisten. Viele Hilfsmittelhersteller haben deswegen ihre Hilfsmittel für Standard-E-Mailprogramme tauglich gemacht oder für ihre Anwender Möglichkeiten geschaffen, sich untereinander auszutauschen. Während die erste Lösung nur einen kleinen Teil der Kientel bedient, haben insbesondere die letztgenannten Initiativen dazu geführt, dass viele technisch unterschiedliche, teilweise proprietäre Insel-Lösungen entstanden sind, die an sich gut funktionieren, allerdings wichtige Aspekte außer Acht lassen: Zum einen stehen sie nur einer geschlossenen Community zur Verfügung und sind für andere Formen der digitalen Kontaktaufnahme ungeeignet. Zum anderen leisten sie nicht, was die Online-Kommunikation heute besonders attraktiv macht: unterschiedliche Kommunikationstechniken wie PC, Netbook, Smartphone usw. mit den Hilfsmitteln zu verbinden.

Kommunikationswelten verbinden

In der Praxis zeigt sich jedoch, dass vor allem die Einbindung verschiedener Kommunikationswelten einen wichtigen Impuls für Integration und Beteiligung von Menschen mit Behinderung setzt. Denn sie führt quasi en passant auch unterschiedliche Level der kognitiven Fähigkeiten zueinander: Die Tochter versendet per Knopfdruck von ihrem Talker eine Nachricht als Sounddatei an den Büro-PC ihres Vaters, der Enkel versendet von seinem Smartphone ein Urlaubsbild an den Großvater. Idealerweise kann jeder Anwender sein individuell angepasstes bzw. bevorzugtes Kommunikationsgerät nutzen, um mit dem gewünschten Gesprächspartner zu kommunizieren.

Dieser Anspruch lässt sich mit den bisherigen Technologien nicht einlösen. Denn die Voraussetzung dafür ist eine Online-Plattform, die flexibel gestaltbare Anwendungen für die jeweiligen Bedürfnisse der unterschiedlichen Nutzergruppen bereithält. Sie muss so einfach aufgebaut sein, dass niemand etwas Neues hinzu lernen muss, damit er zum Beispiel eine Mail verschicken kann. Dafür ist es notwendig, jedes Kommunikationshilfsmittel einzubinden, unabhängig von Hersteller oder Bedienmöglichkeiten. Diese sollten untereinander, aber auch mit allen gängigen Kommunikationsgeräten kommunizieren können. Ob damit eine Sounddatei, per Tastendruck von einem einfachen Talker abgesendet, als E-Mail an ein gängiges Outlook-Postfach verschickt wird, SMS-Botschaften zwischen einem Hilfsmittel und einem Handy hin und hergehen oder eine auf einem Kommunikator verfasste SMS in eine E-Mail umgewandelt wird – die Online-Plattform muss mit allen Formaten vertraut sein.

Kinder oder Erwachsene mit stark eingeschränkten kognitiven oder motorischen Fähigkeiten können hierüber ebenso kommunizieren wie zum Beispiel Senioren, die keine oder nur wenig Erfahrung im Umgang mit dem PC haben. Denn das ist der große Vorteil der technischen Barrierefreiheit einer so gestalteten Online-Plattform: Sie erleichtert nicht nur Menschen mit Behinderung das Kommunizieren über das Internet. Sie kommt allen Nutzern zugute, egal, ob sie seh- oder motorisch behindert sind, Konzentrationsschwächen oder geistige Einschränkungen haben – oder ihnen einfach die Erfahrung mit Computeranwendungen fehlt und sie auf diese Weise Gefahr laufen, aus der digitalen Kommunikationswelt ausgeschlossen zu werden.

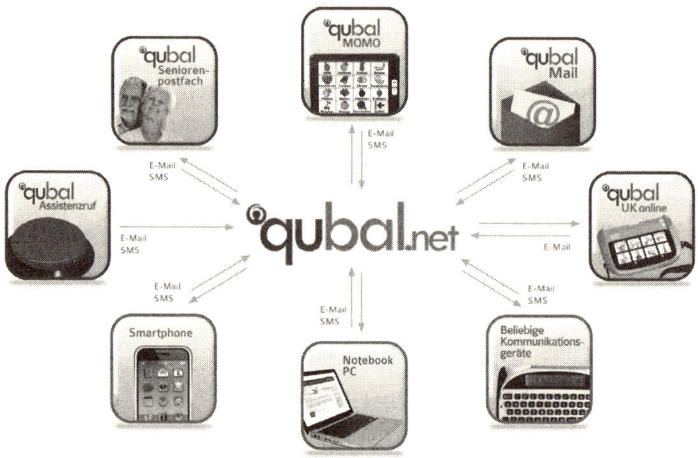

Abb. 1: Die verschiedenen qubal-Produkte

Alt oder jung, krank oder gesund: Grundsätzlich ohne fremde Hilfe

Die Online-Plattform qubal.net erfüllt grundlegende Prinzipien der Barrierefreiheit, um sie für die unterschiedlichsten Anwender zum Ausgangspunkt ihrer Kommunikation zu machen. So stehen beispielsweise Text und aussagekräftige Piktogramme alternativ zur Verfügung, die durch hohe Kontraste auch für Menschen mit Sehbehinderungen unterscheidbar sind. Immer gibt es mehrere Eingabemöglichkeiten wie Touch-Screen, Tastatur usw. Leicht navigierbar, lassen die unterschiedlichen Anwendungen den Nutzern ausreichend Zeit, um sich zu orientieren und den gewünschten Befehl auszulösen. Die Prämisse ist: Jeder Anwender soll möglichst ohne fremde Hilfe und selbstständig damit umgehen können.

Wie viel Funktionalität die genutzte Anwendung umfassen soll, entscheidet der Nutzer selbst. Etwa beim Seniorenpostfach: Der Anwender identifiziert sich einmalig mit einem Passwort (zum Beispiel am eigenen PC) oder mit dem Login-Schlüssel (RFID-Chip) an einem zentralen Terminal (zum Beispiel im Seniorenwohnheim). Die Eingangspost erscheint automatisch auf dem Bildschirm, ohne dass weitere Eingaben nötig sind. Die Antwortfunktion kann optional aktiviert werden und funktioniert wie bei qubal Mail als sehr einfach zu bedienendes Mailprogramm. Nur die nötigsten Funktionen werden in Form von Text und Piktogrammen übersichtlich zur Verfügung gestellt; ob der Anwender seine Nachricht über eine Tastatur eingeben, einen bereits hinterlegten Antworttext versenden oder seine Antwort aufsprechen und als Sounddatei auf den Weg bringen möchte, entscheidet er selbst.

Gerade für Kinder und Jugendliche mit Behinderung ist die Online-Kommunikation ein Tor zur Welt. Sie motiviert, mit anderen zusammenzukommen, auch wenn die sich nicht unmittelbar in der Nähe aufhalten – vorausgesetzt, das eigene Hilfsmittel kann eingesetzt werden. qubal UK online sorgt dafür, dass der zentrale PC in der Schule zum Onlineterminal für alle wird: Die Schüler identifizieren sich mit ihrem elektronischen Schlüssel und empfangen automatisch ihre elektronische Post. Und sie beantworten sie ganz einfach mit „ihrem“ Hilfsmittel. Das motiviert, das Hilfsmittel aktiv einzusetzen und unterstützt die Lehrer dabei, die Onlinekompetenz ihrer Schüler zu fördern. Zugleich eröffnen sich neue Möglichkeiten, sich mit anderen zu vernetzen – auch, wenn Lesen und Schreiben nicht beherrscht werden.

Cloud Computing für mehr Flexibilität

Der qubal-Server verwandelt die Mitteilungen in das entsprechende Format, je nachdem, was der Anwender benötigt (SMS→ E-Mail, Sounddatei→ E-Mail usw.). Der Hauptteil der Rechenleistung findet dabei auf dem Server statt und nicht beim Client selbst. Dieser erste Schritt zum Cloud Computing im Hilfsmittelbereich wird in Zukunft für mehr Flexibilität sorgen. Anwendungen und Daten werden dann nicht mehr für jeden Anwender lokal vorgehalten, sondern bedarfsgerecht zur Verfügung gestellt; die Ressource in der Cloud ist auf die jeweiligen Bedürfnisse anpassbar. Außerdem hält Cloud Computing Kostenvorteile bereit, wenn sich beispielsweise die Bezahlung nach der Dauer der Nutzung des Dienstes richtet (pay per use) und dieser nur gelegentlich genutzt wird.

Literatur

Berger, A.; Caspers, T.; Croll, J.; Hofmann, J.; Kubicek, H.; Peter, U.; Ruth-Janneck, D.; Trump, T.: Web 2.0/barrierefrei – Eine Studie zur Nutzung von Web 2.0 Anwendungen durch Menschen mit Behinderung (Herausgeber: Aktion Mensch), Bonn, 2010

Hellbusch, J. E.; Probiesch, K: Barrierefreiheit verstehen und umsetzen: Webstandards für ein zugängliches und nutzbares Internet, Heidelberg, 2011

Wege des Verständnisses

Ein „Buch über mich" für Menschen mit schwersten geistigen Behinderungen

Ursula Braun

1. Gedankenspiel: Ein ganz normaler Morgen

Ausnahmslos jeder Mensch entwickelt individuelle und für ihn spezifische Gewohnheiten und Rituale, die ihm in seinem Leben Sicherheit und Struktur geben und beispielsweise dazu beitragen, das morgendliche Aufstehen und in den Alltag Kommen zu erleichtern. Vergegenwärtigen Sie sich Ihre eigene Situation am Morgen und machen Sie sich gedanklich eine Liste der Abläufe und Dinge, die Sie persönlich benötigen, damit ein Tag so beginnt, dass Sie sich wohl fühlen. Sie werden erstaunt sein, wie viel Ihnen zu diesem Thema einfällt! Vielleicht werden Sie immer vom gleichen Wecksignal (Radiowecker? Leises Piepsen? Schriller Klingelton?) geweckt, einige von Ihnen stehen sofort auf, andere müssen mindestens noch dreimal die Snooze-Funktion bedient haben, bevor sie aus den Federn steigen wollen. Dann gibt es eine in der Regel gleich bleibende Abfolge von Handlungen, die der morgendlichen Toilette und/oder dem Frühstück dienen und von Individuum zu Individuum kleine, aber wichtige Unterschiede aufweisen. Während der eine Mensch morgens unbedingt sofort unter die Dusche möchte, um wach zu werden und auf keinen Fall mit ungeputzten Zähnen am Frühstücktisch sitzen will, bevorzugt der andere das gemütliche Teetrinken mit Zeitung *vor* dem Waschen. Wieder andere können sich gar nicht vorstellen, morgens Zeit für ein Frühstück zu verschwenden und kosten die Zeit im Bett so lange wie möglich aus, um nach einem hastigen Waschen schnell zum Tagwerk zu hasten, wobei der Halt an der Tankstelle für eine Tasse Kaffee zum Mitnehmen für sie obligatorisch erscheint.

Wenn Sie Ihre persönlichen Besonderheiten bedacht haben, identifizieren Sie nun die für Sie wichtigsten drei bis fünf Elemente und versetzen Sie sich dann in folgende Situation: Ein durchaus wohlmeinender Mensch, der Ihre Sprache nicht versteht und von dem Sie völlig abhängig sind, kennt

Ihre morgendlichen Rituale und Besonderheiten nicht. Diese Person ist plötzlich für Ihre Tagesgestaltung zuständig und ersetzt die Ihnen wichtigsten Elemente durch andere, die zwar morgens ebenfalls sinnvoll, aber zu ihren vertrauten Gewohnheiten stark konträr sind. Sind Sie Langschläfer, werden Sie z. B. nach dem ersten Klingelton aus dem Bett genommen, die Haare werden gründlich mit einem für Sie unangenehm riechenden Shampoo gewaschen und geföhnt, anstelle des gewohnten schwarzen Kaffees bekommen Sie einen gezuckerten Pfefferminztee und beim Frühstück ertönt fröhliche Radiomusik, obwohl Sie morgens Ruhe bevorzugen.
Stellen Sie sich vor, dass es keine Möglichkeit für Sie gäbe, Ihrem Gegenüber deutlich zu machen, wie sehr Sie die veränderte Morgensituation beeinträchtigt. Wäre es nicht ungeheuer erleichternd, wenn jemand, der Sie und Ihre Besonderheiten gut kennt, Ihre Vorlieben und Abneigungen mündlich mitgeteilt oder schriftlich fixiert hätte?
Ganz ähnlich wie in diesem Gedankenspiel gestaltet sich häufig die Situation für Menschen mit schweren und mehrfachen Behinderungsformen. Aufgrund ihrer kognitiven, emotionalen und sozialen Besonderheiten dient jedoch die gewohnte Struktur nicht allein dem Wohlbefinden, sondern stellt darüber hinaus eine unablässige Grundlage dar, um Sicherheit zu fühlen und zu verstehen, was gerade passiert und was folgen könnte. Wenn für diese Menschen gewohnte und bevorzugte Abläufe unverhofft in einer derartig gravierenden Art und Weise verändert werden, dann werden sie in eine Welt getaucht, die sie nicht nachvollziehen können, die sie verunsichert, hilflos macht, vielleicht sogar Angst einflößt oder Aggressivität auslöst.
Die Wahrscheinlichkeit, dass vertraute und individuell dringend notwendige Routinen und Rituale beibehalten werden, ist immer dann besonders groß, wenn gewachsene Beziehungen bestehen, in denen Partner sich gut kennen und die gegenseitigen Bedürfnisse akzeptieren und achten. Menschen mit schweren und mehrfachen Behinderungsformen erfahren jedoch im Laufe ihres Lebens in der Regel ungewöhnlich viele Bezugspersonenwechsel, so dass über sie gewonnenes Wissen immer wieder verloren geht. Da sie häufig nicht in der Lage sind, ihre eigenen Vorlieben und Abneigungen zu kommunizieren bzw. ihre kommunikativen Bemühungen von unvertrauten Menschen nicht verstanden werden, können sie selbst nicht deutlich machen, warum z. B. die morgendliche Toilette mit der neuen Mitarbeiterin der Wohngruppe für sie so unangenehm ist und auf ihren erheblichen Widerstand stößt.
Im Folgenden soll diese Problematik näher betrachtet werden, um Wege für ein besseres Verständnis aufzuzeigen.

2. Theoretische Grundlagen

2.1. Ergebnisse der Hospitalismus- und Deprivationsforschung

Die zentrale Bedeutung, die verlässliche Beziehungen für die kindliche Entwicklung innehaben, wird eindrucksvoll und bedrückend bereits in den frühen Arbeiten der Hospitalismus- und Deprivationsforschung, besonders durch von Pfaundler (1915), Spitz (1945), Bowlby (1951) und Ainsworth (1962) belegt. Schon zu diesem Zeitpunkt hielten die genannten Autoren fest, dass Kinder, deren Vitalfunktionen zwar versorgt werden, die aber nicht in stabilen mitmenschlichen Beziehungen aufwachsen, körperliche, geistige und emotionale Verkümmerungstendenzen entwickeln. Spitz prägte den Begriff „Hospitalismus" als Folge von massiver Entbehrung mitmenschlicher (bei Spitz „mütterlicher") Fürsorge:
„Das Fehlen dieser mütterlichen Fürsorge kommt einem emotionellen Verhungern gleich. Wir haben gesehen, dass dieses einen fortschreitenden Verfall herbeiführt, der sich auf die ganze Person des Kindes erstreckt. Dieser Verfall manifestiert sich zuerst in einer Stockung in der psychischen Entwicklung des Kindes; dann setzen psychische Funktionsstörungen ein, mit denen somatische Veränderungen einhergehen. Im nächsten Stadium führt dies zu gesteigerter Infektionsanfälligkeit und schließlich, wenn der Mangel an affektiver Zufuhr bis ins 2. Lebensjahr hinein andauert, zu einer auffallenden Erhöhung der Sterblichkeitsquote" (Spitz 1967, 291f.).

Die maßgeblich von Bowlby und Ainsworth auf der Basis ihrer Studien entwickelte Bindungstheorie (vgl. Grossmann 2003) postuliert, dass frühkindliche Bindungserfahrungen entscheidend für späteres Bindungsverhalten wirken. Auch das aktive Expolorationsverhalten als Basis allen Lernens hängt demnach wesentlich davon ab, ob eine sichere Bindung zur primären Bezugsperson besteht.

Spätere Arbeiten bestätigen die Kernaussagen der frühen Forschung, präzisieren jedoch insofern, als die Notwendigkeit monotroper, also auf eine spezifische Einzelperson bezogener Bindungen negiert (v. Harnack 1965, 1221) und der Deprivationsbegriff in die Teilbereiche soziale, sensorische und emotionale Deprivation aufgegliedert wird, womit auch institutionelle Bedingungen, die nicht personenbezogen sind, ins Blickfeld geraten (Yarrow 1961). Auch der überwiegend pessimistischen Prognose für früh deprivierte Kinder setzt die spätere Deprivationsforschung eine differenziertere Sichtweise entgegen und findet in dieser Position durch die Ergebnisse der Resilienzforschung (z. B. Clark/Hanisee 1982) Bestätigung.

Unbestrittene Gültigkeit bis heute hat jedoch die bereits 1915 von dem Pädiater von Pfaundler formulierte Grundannahme der überragenden Bedeutung positiver zwischenmenschlicher Beziehungen für die Entwicklung eines Kindes. Genauer ausformuliert bildet diese Erkenntnis nach wie vor die Basis pädagogischen Handelns und moderner Familienpolitik.

„Ob die sozial erwünschten Verhaltenspositionen und Persönlichkeitseigenschaften wie Lernfähigkeit, Leistungsorientierung, Initiative, Autonomie und Liebesfähigkeit im Kind entwickelt werden können, hängt vordringlich von der Stabilität und Konsistenz der frühkindlichen Umwelt ab, ... (davon), daß die Beziehungen zum Kind hinreichend intensiv und begleitet sein müssen von positiver affektiver Zuwendung, die hinsichtlich des Verhaltens des Kindes unbedingt ist“ (Bundesministerium für Jugend, Familie und Gesundheit 1973, 13).

Auch im förderpädagogischen Feld bleibt bei aller Vielfalt der theoretischen Bezugsrahmen und pädagogisch-therapeutischen Ansätze die schlichte Aussage zu treffen, dass die entscheidende Antwort auf die Frage, ob eine bestimmte Intervention erfolgreich erscheint oder nicht, letztlich in der Analyse des Beziehungsgeschehens zu finden ist (vgl. Haupt 2001).
„Es ist festzustellen, dass es bislang keine überzeugenden methoden- oder behandlungsspezifischen Effektivitätsnachweise gibt. (...) es ist im Wesentlichen die Qualität der Förderungssituation oder im wörtlichen Sinne die Art der „Vermittlung“, die Beziehung, die die Wirkung ausmacht“ (Leyendecker 1999, 311).

2.2. Erkenntnisse aus der Säuglings- und Kleinkindforschung

Ausgehend von der überragenden Bedeutung stabiler und verlässlicher Beziehungen für die kindliche Entwicklung lassen sich in der Säuglings- und Kleinkindforschung interessante Hinweise dafür finden, welche Verhaltensweisen der Bezugspersonen besonders förderlich wirken und wie sehr menschliche Wesen schon unmittelbar nach der Geburt nach Selbsttätigkeit streben. Zunächst sollen entwicklungspsychologische Ansätze erläutert werden, um dann mit Hilfe von Spracherwerbstheorien kommunikative Prozesse explizit in den Mittelpunkt zu setzen.

2.2.1 Entwicklungspsychologische Ansätze

Galten Säuglinge lange Zeit als passive, hilflose und einseitig abhängige Wesen (vgl. Dornes 1993, 21ff.), so konnte die entwicklungspsychologische Forschung des letzten Jahrhunderts diese Vorstellung revolutionieren.

Einem der Pioniere der Säuglingsforschung, Jean Piaget (u. a. 1944, 1948), gelang es durch direkte Beobachtung seiner eigenen drei Kinder, das bestechende Modell von kindlicher Entwicklung als einem aktiven Adaptationsprozess zu entwerfen, in dem das Kind einerseits seine Umwelt an seine eigenen Schemata assimiliert, gleichzeitig aber bestehende Schemata anhand von Umwelterfahrungen akkommodiert, um durch diesen wechselseitigen Prozess zu immer höheren Gleichgewichtszuständen zu gelangen. Dieses Bild des selbsttätig und in seinen Bezugssystemen kompetent handelnden Säuglings wurde sowohl für die Auseinandersetzung mit der gegenständlichen Welt wie auch für die Interaktion mit dem sozialen Umfeld durch vielfältige Beobachtungstechniken, z. B. durch Videoanalysen, und faszinierende Experimentalstudien bestätigt (vgl. u. a. Köhler 1990; Stern 1992; Dornes 1993).

Wie sehr ein Säugling bereits im Alter von vier Monaten Selbstwirksamkeit bevorzugt, zeigt eine Studie des in der Säuglinsforschung wegweisenden Ehepaars M. und H. Papousek, in der Säuglingen blinkende, farbige Lichter präsentiert wurden (Papousek, H. 1975). Durch den Habituierungsprozess (vgl. Dornes 1993, 36) verloren die Babys nach einiger Zeit das Interesse an diesem visuellen Reiz. Als das Untersuchungsdesign jedoch so verändert wurde, dass die Säuglinge durch Drehen des eigenen Kopfes die Lichter selbständig einschalten konnten, trat innerhalb des Untersuchungszeitraums kein Habituierungseffekt mehr ein, sondern stattdessen ein freudvolles Experimentieren der Babys mit ihrer neu entdeckten Wirksamkeit.

Unberührt von der Tatsache, dass Säuglinge und Kleinkinder in ihren erstaunlichen Handlungskompetenzen und ihrem starken Drang nach Selbsttätigkeit erkannt wurden, bleibt ihr elementares Angewiesensein auf die komplementär angepasste Unterstützung durch sensible Bezugspersonen. Dabei verfügen sowohl das Kind als auch die Bezugspersonen über ein reichhaltiges Repertoire an Verhaltensweisen, das diesen gegenseitigen Regulationsprozess in einer beeindruckenden Feinabstimmung verlaufen lässt. Papousek/Papousek (u. a. 1989, 1990 u. 1997) bezeichnen dieses Verhalten von Seiten der Bezugspersonen als „intuitive elterliche Didaktik“. Sie hypothetisieren eine biologische Verankerung, da die Reaktionen innerhalb von Millisekunden, also deutlich schneller als bei bewusst gesteuerten Prozessen, erfolgen und da die betreffenden Personen ihr Verhalten in Interviews nicht verbal reproduzieren können.

Im Einzelnen umfasst das Verhaltensrepertoire folgende Elemente (a. a. O., vgl. auch Rauh 2002):

- Anpassung an die Aufmerksamkeitsfähigkeit des Kindes durch Prüfen und Regulieren des Wachheits- und Erregungszustandes
- Herstellen visuellen Kontakts in optimaler Entfernung (20-25 cm)
- Einsatz wechselseitiger Dialogstrukturen
- Abstimmung und Anpassung des Kommunikationsverhaltens durch die so genannte Ammensprache (z. B. übertriebene Mimik, kurze und prägnante Sätze, häufige Wiederholungen, hohe Stimmfrequenz, einfache grammatikalische Strukturen, übertriebene Sprachmelodie)
- Multimodale Stimulation

Dabei lassen sich die Bezugspersonen unbewusst von den vielfältigen Rückkoppelungssignalen der Kinder leiten und stimmen ihr Verhalten auf die spezifischen momentanen Möglichkeiten des Babys ab. Der Säugling wiederum nimmt aktiv und gestaltend an diesem gegenseitigen Abstimmungsprozess teil.
Festzuhalten bleibt also, dass menschliche Wesen bereits im Säuglingsalter nach Selbsttätigkeit streben und eine große Bandbreite an Handlungskompetenzen demonstrieren, für die Entfaltung ihrer Möglichkeiten jedoch in hohem Maße auf die sensible Rückkoppelung zuverlässiger Bezugspersonen angewiesen bleiben.

2.2.2 Spracherwerbsforschung

Auch bei der näheren Betrachtung eines Teilaspekts von Entwicklung, nämlich der kommunikativen Entwicklung eines Kindes, lassen sich zahlreiche Verhaltensweisen beschreiben, die bereits Neugeborene zu aktiven Partnern ihrer Bezugspersonen machen. „Sie sind von Geburt an mit einem erstaunlichen Repertoire an angeborenen Fähigkeiten zur Kommunikation mit einer vertrauten Bezugsperson durch Blickverhalten, Lauschen, Mimik, Vokalisation, Bewegung und Köperspannung ausgestattet“ (Sarimski 2007, 325). Und auch hier gilt das Primat der Beziehungserfahrungen: „Das Entwickeln von kommunikativen Fähigkeiten setzt das Gelingen eines affektiven Austausches und die Koordinierung gemeinsamer Aufmerksamkeit zwischen Eltern und Kind voraus“ (Sarimski, a. a. O., 325).
Die interaktionistische Spracherwerbstheorie von Bruner (1973, 1977, 1987) bietet in diesem Zusammenhang einen hervorragenden Erklärungsansatz dafür, wie aus dem Zusammenspiel von Kind und Bezugsperson eine gemeinsame komplexe Sprache entstehen kann. Bruner negiert nicht gänzlich die Grundposition der nativistisch orientierten Spracherwerbs-

theorie (Chomsky 1962), die davon ausgeht, dass der Sprache eine gattungsspezifische Disposition, genannt LAD (language acquisition device), zugrunde liegt. Kognitivistische Ansätze (z. B. Piaget 1972), nach denen bestimmte kognitive Entwicklungsschritte für das Ausbilden der Sprache notwendig und verantwortlich sind, werden von ihm anerkannt, allerdings greifen diese Erklärungsansätze nach Bruner zu kurz, denn nach seiner Überzeugung kommt der gemeinsamen Handlung zwischen Bezugsperson und Kind die alles überragende Bedeutung für den Spracherwerb zu.
Nach Bruner interpretieren die primären Bezugspersonen das Verhalten des Kindes grundsätzlich als zweckgerichtet und reagieren entsprechend. "Die schwierige Frage der Wissenschaftler, wie eine kommunikative Absicht bestimmt werden könnte, wie wir überhaupt wissen können, daß andere uns etwas mitteilen möchten, beschäftigt die Mutter dabei nicht im geringsten. Sie nimmt es einfach an (...)“ (Bruner 1977, 843).
Indem den kindlichen Äußerungen konsequent und konstant Bedeutungen zugeschrieben werden und entsprechende Reaktionen erfolgen, entwickeln sich in der gemeinsamen Interaktionsgeschichte zwischen Bezugspersonen und Kindern eben diese Bedeutungen. Die Bezugspersonen modellieren die kindlichen Äußerungen dem Zeichensystem ihrer Kultur entsprechend, so dass nach und nach die nonverbalen und verbalen Zeichen der Muttersprache interaktiv mit dem Kind etabliert werden. Auch die grammatikalischen und pragmatischen Aspekte der Kommunikation werden durch Handlungserfahrungen mit den Bezugspersonen erlernt. Bruner beschreibt plastisch die entscheidende Bedeutung von strukturierten Spielsituationen für die Sprachentwicklung eines Kindes und untersuchte u. a. die Funktion von spielerischen Tauschhandlungen zwischen Bezugsperson und Kind in ihrer Funktion zur Vorbereitung des Kindes auf den Dialog.

„Damit beherrscht es schon eine verblüffende Anzahl von Voraussetzungen, die für den Spracherwerb wichtig sind: z. B. Rollentausch; Erfassen, wann wer an der Reihe ist; Koordination von Mitteilung und Handlung, denn für diesen Austausch ist es charakteristisch, daß das Kind nicht nur in kürzester Zeit den Gegenstand wieder hergibt, sondern daß es dabei dem Empfänger ins Gesicht schaut. Und läßt man es warten, wenn es eigentlich an die Reihe kommen soll, so zeigt es auf den betreffenden Gegenstand, streckt sich danach aus, kreischt oder benennt ihn (...)“ (Bruner 1977, 841).

Der zentrale Begriff, den Bruner in diesem Zusammenhang einführt, lautet „Formate“. Damit sind immer wiederkehrende, von Bezugsperson und Kind als bedeutungsvoll erlebte Situationen gemeint, z. B. das tägliche Wickeln,

die Essenssituation oder der Spaziergang, die immer vertrauter und damit vorhersehbarer werden und schließlich aus der Sicherheit heraus Variationen erfahren können (Bruner 1987,115). Je mehr Sicherheit das Kind in diesen Situationen gewinnt, umso stärker übertragen die Bezugspersonen ihm Mitgestaltungsmöglichkeiten (Übergabe-Prinzip).
Auch Mechthild Papousek (1994) vertritt eine sozial-interaktive Sprachentwicklungstheorie, allerdings geht sie auf der Basis ihrer experimentalen Studien von einem noch früheren Beginn der Sprachentwicklung aus als Bruner, nämlich bereits intrauterin mit der Ausbildung des Gehörs. Papousek betont ebenfalls, „dass vorsprachliche Kommunikation und Anfänge der Sprachentwicklung untrennbar in die Entwicklung der ersten sozialen Beziehungen eingebettet sind“ (1994, 16).

2.3 Implikationen eines ökologisch-systemischen Bezugsrahmens

Als übergeordneter theoretischer Bezugsrahmen bietet die ökologisch-systemische Perspektive eine neue und aufschlussreiche Sicht auf menschliche Beziehungen und kommunikative Prozesse. Auf der Basis der Erkenntnisse der Neurobiologen Maturana und Varela (1987) beschreibt dieses Konzept alle Lebewesen als sich selbst erzeugende und gestaltende Systeme (Autopoiesis), die selbstreferentiell und operativ geschlossen sind. Veränderungen von außen sind demnach nur indirekt möglich und zwar dadurch, dass äußere Einflüsse Selbstveränderungsprozesse initiieren können.
„Bei den Interaktionen zwischen dem Lebewesen und der Umgebung (...) determinieren die Pertubationen der Umgebung nicht, was dem Lebewesen geschieht; es ist vielmehr die Struktur des Lebewesens, die determiniert, zu welchem Wandel es infolge der Pertubation in ihm kommt“ (Maturana/Varela 1987, 106).
Dabei wirkt sich aufgrund der Vernetzung jede Veränderung eines Teilbereichs des Systems auf andere Teilbereiche aus. Die in diesen vernetzten Selbstorganisationsprozessen gewonnene Wirklichkeitskonstruktion ist notwendigerweise relational.
Übertragen auf pädagogische Prozesse (vgl. Bergeest 1999) bedeutet der ökologisch-systemische Ansatz eine Umorientierung: Der erwachsene Partner versteht sich nicht als Erziehender, der bestimmte Ziele vorgibt und durch seine Tätigkeit mit dem Kind diese Ziele auch erreicht, sondern als Vorbereiter einer förderlichen Umgebung, die das Kind in seinem aktiven Selbstorganisationsprozess unterstützt. So verstanden, bieten Eltern, die über das Repertoire der „intuitiven elterlichen Didaktik“ verfügen, die notwendige förderliche Umgebung, die dem Säugling oder Kleinkind er-

möglicht, Selbstveränderungsprozesse zu initiieren, die schließlich u. a. zu immer besser verfeinerten kommunikativen Fähigkeiten führen.
Die systemische Betrachtungsweise lässt sich auch auf soziale Bezugssysteme übertragen, indem die Elemente einer sozialen Entität (z. B. Familie) als operativ geschlossene, sich selbst organisierende und vernetzte Einheiten verstanden werden, in denen sich die einzelnen Personen des Systems in zirkulären Prozessen gegenseitig beeinflussen (Sorrentino 1988). Diese Sichtweise trägt erheblich dazu bei, die Bedeutung des Beziehungsgeschehens innerhalb einer Familie zu unterstreichen und gleichzeitig professionellen Kräften eine größere Bescheidenheit hinsichtlich der eigenen Bedeutung für die Entwicklung eines Kindes nahe zu legen.

„Gerade die systemische Sichtweise bringt mich dazu, jede menschliche Erfahrung global zu betrachten, sie im Zusammenhang mit allen Bedeutungen zu sehen, die sie für den Betroffenen, für dessen erste affektive Kernzelle sowie für die Gruppe, der er zugehört, hat. Im Systemmodell muß jedes einzelne Element eines Phänomens gemeinsam mit denen gesehen werden, mit denen es interagiert. Ein System ist ein organisiertes Ganzes, das aus Teilen besteht, die man nicht außerhalb des Beziehungsnetzes, das sie miteinander verbindet, definieren kann“ (Sorrentino 1988, 18f.).

Der hohe Stellenwert von Beratungsarbeit als einem unverzichtbaren Element professionellen Handelns wird durch diesen Ansatz unterstrichen (vgl. Seiler-Kesselheim 2008), ihre unmittelbare Notwendigkeit und zentrale Bedeutung auch und besonders in der Frühförderung virulent (Sarimski/Papousek 2000, 217ff.).

2.4 Zusammenfassung

Wir gewinnen also aus der wissenschaftlichen Forschung und Theoriebildung derzeit folgende Erkenntnisse für die Entwicklungschancen von Menschen mit schwersten geistigen Behinderungen:

- Die Basis sind stabile und verlässliche Beziehungen und Strukturen.
- Das Verhaltensrepertoire der Bezugspersonen beeinflusst kommunikative Entwicklung in hohem Maße.
- Eine möglichst eigenständige und aktive Auseinandersetzung mit der dinglichen und sozialen Umwelt muss gewährleistet sein.
- Die Unterstützung und Beratung des Bezugssystems besitzt einen zentralen Stellenwert.

3. Praktische Implikationen

Schlagen wir den Bogen zurück zum Anfang: Was helfen alle diese Überlegungen dem Menschen mit schweren und mehrfachen Behinderungen, dem eine wohlmeinende, aber unwissende neue Mitarbeiterin den ungeliebten gezuckerten Pfefferminztee einflößt?

Werden die hier dargestellten Grundlagen auch in der Praxis ernst genommen und umgesetzt, so wäre der Mitarbeiterin zunächst daran gelegen, zu dem Betreuten eine intensive zwischenmenschliche Beziehung aufzubauen. Trotz des engen zeitlichen Korsetts, dem Mitarbeiter von Wohngruppen ausgesetzt sind, würde sie sich darum bemühen, Elemente aus der Basalen Kommunikation (Mall 1995) zu nutzen, sensorische Angebote im Sinne der Basalen Simulation (Fröhlich 1998) zu unterbreiten und dabei genau zu beobachten, welche Angebote auf eine zustimmende Reaktion oder auf eine ablehnende Reaktion stoßen. Es wäre ihr ein zentrales Anliegen, den betreuten Menschen möglichst selbsttätig werden zu lassen (vgl. Praschak 1991), also kleinste Handlungsschritte, die zunächst gegebenenfalls mit Hilfe von Handführung, dann immer selbständiger ausgeführt werden können, zu unterstützen und selbst initiierte Variationen zu begrüßen und aufzunehmen. In ihrer Ausbildung wäre sie auf die Bedürfnisse von Menschen in einem frühen kognitiven Entwicklungsstadium vorbereitet worden, könnte trotz des fehlenden Kindchenschemas Elemente der „intuitiven Didaktik" in ihr kommunikatives Repertoire integrieren und nachvollziehen, warum ein Mensch ohne Objektkonstanz eventuell panisch auf das Weggehen einer wichtigen Bezugsperson reagiert. Sie wüsste z. B. auch, warum Versteck- und Suchspiele einem Menschen mit beginnender Objektkonstanz so viel Freude bereiten und würde diesen Entwicklungsschritt fantasievoll unterstützen. Sie würde sich darum bemühen, die Perspektive ihres Gegenübers einzunehmen, vielleicht Pflegehandlungen einmal in einer Selbsterfahrung am eigenen Leib erspüren, um besser zu verstehen, was angenehm oder nicht angenehm sein könnte. Sie würde dafür Sorge tragen, dass gewohnte Handlungsabläufe, die dem Menschen mit schweren und mehrfachen Behinderungen vertraut und wichtig sind, durch immer gleiche Zeichen (vgl. Pittroff 2000) eingeleitet werden und in ihrem Ablauf nur in dem Maße variiert werden, die für den Betreuten nicht verwirrend und erschreckend sind. Und sie würde alles, was für das Leben dieses Menschen zentral ist, in einem gut geführten „Buch über mich" (Braun/Vollbracht 2009) festhalten, das von allen neuen Mitarbeitern vor Dienstantritt gelesen werden muss. In diesem Buch würde dann selbstverständlich vermerkt, dass am Morgen ein schwarzer Kaffee gewünscht wird und gezuckerter Pfefferminztee zu den Getränken gehört, die diesem Bewohner morgens einfach nicht schmecken.

Zukunftsmusik? Angesichts immer weniger und schlechter ausgebildeten Mitarbeiter nicht zu verwirklichen? Aus eigener langjähriger Praxiserfahrung auch unter schwierigen personellen Bedingungen kann festgehalten werden: All das ist möglich, unverzichtbar und angesichts der Lebenssituation und Lebensleistung von Menschen mit schweren und mehrfachen Behinderungen eine professionelle Herausforderung und Verpflichtung.

4. Anmerkungen zum „Buch über mich"

Ein „Buch über mich" bietet deswegen eine so exzellente Grundlage für ein besseres Verständnis von Menschen mit schweren geistigen Behinderungsformen, weil es notwendiges Wissen um diesen Menschen in einer alltagstauglichen Form festhält und verfügbar macht. Anders als bei „Förderplänen", „Erziehungsplänen" oder „individuellen Hilfeplanungen", die häufig in den Akten verbleiben und nur wenigen professionellen Bezugspersonen wirklich präsent sind, steht im „Buch über mich" die Gestaltung des täglichen Lebens mit allen Beteiligten im Mittelpunkt, wobei ein möglichst selbständiges und eigenbestimmtes Handeln das zentrale Anliegen darstellt. Gerade im Hinblick auf die aktuelle Inklusionsdiskussion erscheint die Notwendigkeit der selbstverständlichen Nutzung dieses Hilfsmittels dringlich, bietet es doch eine Möglichkeiten der aktiven Teilhabe an zentralen Lebensvollzügen.

Es empfiehlt sich, für die Erstellung eines „Buchs über mich" auf eine einheitliche Vorlage zurück zu greifen, denn so können nicht nur theoretische Standards gesichert, sondern auch erhebliche Erleichterungen im praktischen Umgang und Erarbeitungsprozess geschaffen werden. Als Grundlage stelle ich gerne die von mir für die Karl-Preising-Schule in Bad Arolsen entworfene und inzwischen vielfach in anderen Institutionen genutzte Vorlage (vgl. Braun/Vollbracht 2009) zur Verfügung. Sie kann als Kopiervorlage im Internetforum www.cluks-forum-bw.de sowie in einer Version mit Metacom-Symbolen unter www.metacom-symbole.de heruntergeladen und an die eigenen Bedürfnisse und Notwendigkeiten angepasst werden.

Literatur

Ainsworth, M.: Deprivation of maternal care: A reassessment of its effects, Genf, 1962

Bergeest, H.: Körperbehindertenpädagogik als ökologisch-systemische Wissenschaft, in: Bergeest. H./Hansen, G. (Hrsg.): Theorien der Körperbehindertenpädagogik. Bad Heilbrunn, 1999: 153-165

Bowlby, J.: Maternal care and mental health, Genf, 1951

Braun, U.; Orth, St.: Kommunikationsförderung mit schwerstbehinderten Kindern – von der Kontaktanbahnung zu gemeinsamen Zeichen, in: Fröhlich, A.; Heinen, N.; Lamers, W. (Hrsg.): Frühförderung von Kindern mit schwerer Behinderung, Düsseldorf, 2007: 62-76

Braun, U.; Vollbracht, T.: Ein Ich-Buch für Paule, in: Unterstützte Kommunikation 2/2009, 2009: 33-38

Bruner, J. S.: Organization of early skilled action, in: Child Development 44, 1973: 1-11

Bruner, J. S.: Wie das Kind lernt, sich sprachlich zu verständigen, in: Zeitschrift für Pädagogik 23, 1977: 829-845

Bruner, J.S. : Wie das Kind sprechen lernt, Bern, 1987

Bundesministerium für Jugend, Familie und Gesundheit: Gefährdete Kinder und Jugendliche, Bonn-Bad Godesberg, 1973

Chomsky. N.: Explanatory models in linguistics, in: Nagel, E.; Suppes, P.; Tarski, A. (Hgg.): Logic, methodology and the philosophy of science, Stanford, 1962: 528-550

Clark, A.; Hanisee, J.: Intellectual and adaptive performance of Asian children in adoptive American settings, in: Developmental Psychology, Vol. 18/4, 1982: 595-599

Cunningham, C.; Reuler, E.; Blackwell, J.; Deck, J.: Behavioral und linguistic developments in the interactions of normal and retarded children with their mothers, in: Child Development, 52/4, 1981: 62–70

Dornes, M.: Der kompetente Säugling. Die präverbale Entwicklung des Menschen, Frankfurt, 1993

Fröhlich, A.: Basale Stimulation – Das Konzept, Düsseldorf, 1998

Grossmann, Klaus E. (Hrsg.): Bindung und menschliche Entwicklung: John Bowlby, Mary Ainsworth und die Grundlagen der Bindungstheorie, Stuttgart, 2003

Harnack, G. A .v. : Die Bedeutung der Mutter für die seelische Entwicklung des Kindes, in: Deutsche medizinische Wochenzeitschrift, 27, 1965: 1221-1222

Haupt, U.: Schwerstbehinderten Kindern die eigene Entwicklung erleichtern, in: Fröhlich, A.; Heinen, N.; Lamers, W. (Hgg.): Schwere Behinderung in Praxis und Theorie – ein Blick zurück nach vorn, Düsseldorf, 2001: 161-173

Klein, F.: Aspekte des heilpädagogischen Handelns im Hinblick auf die soziale Realität von Kindern mit schweren Behinderungen, in: Bergeest, H.; Hansen, G. (Hgg.): Theorien der Körperbehindertenpädagogik, Bad Heilbrunn, 1999: 437-449

Köhler, L.: Neuere Ergebnisse der Kleinkindforschung, in: Forum der Psychoanalyse. Bd. 6, 1990: 32-51

Leyendecker, Ch.: Wissenschaftliche Grundlagen, Konzepte und Perspektiven der Frühförderung körperbehinderter Kinder, in: Bergeest, H.; Hansen, G. (Hgg.): Theorien der Körperbehindertenpädagogik, Bad Heilbrunn, 1999: 297-319

Mahoney, G.; Robenalt, K.: A comparison of conversational patterns between mothers and their Down syndrome and normal infants, in: Journal of the Division for Early childhood, 10/2, 1986: 172–180

Mall, W.: Kommunikation mit schwer geistig behinderten Menschen, Heidelberg, 3. überarb. Auflage, 1995

Maturana, H. R.; Varela, F. J.: Der Baum der Erkenntnis, Bern, München, 1987

Papousek, H.: Die Entwicklung früher Lernprozesse im Säuglingsalter. Der Kinderarzt, 1207, 1975

Papousek, M.: Frühe Phasen der Eltern-Kind-Beziehung. Ergebnisse der entwicklungsbiologischen Forschung, in: Praxis der Psychotherapie und Psychosomatik. Bd. 34, 1989: 109-122

Papousek, M.; Papousek, H.: Intuitive elterliche Früherziehung in der vorsprachlichen Kommunikation, in: Sozialpädiatrie in Praxis und Klinik 12, 1990

Papousek, M.: Vom ersten Schrei zum ersten Wort. Anfänge der Sprachentwicklung in der vorsprachlichen Kommunikation, Bern u. a., 1994

Papousek, M.; Papousek, H.: Stimmliche Kommunikation im Säuglingsalter als Wegbereiter der Sprachentwicklung, in: Keller, H. (Hrsg.): Handbuch der Kleinkindforschung, Bern u. a., 1997: 535–562

Petzold, H.; van Beek, Y.; van der Hoek, A.-M.: Grundlagen und Grundmuster „intimer emotionaler Kommunikation und Interaktion“ – „Intuitive Parenting“ und „Sensitive Caregiving“ von der Säuglingszeit über die Lebensspanne, in: Petzold, H. (Hrsg.): Die Kraft liebevoller Blicke. Psychotherapie und Babyforschung, Paderborn, 1995: 491-607

Pfaundler, M. v.: Physiologie des Neugeborenen, in: Döderlein, A. (Hrsg.): Handbuch der Geburtshilfe, Bd. 1. Wiesbaden, 1915

Piaget, J.: Die geistige Entwicklung des Kindes, Zürich, 1944

Piaget, J.: Psychologie der Intelligenz, Zürich, 1948

Piaget, J.: Sprechen und Denken des Kindes, Düsseldorf, 1972

Pittroff, H.: Bezugsobjekte in der Förderung von Kindern und Jugendlichen ohne Lautsprache, in: Fischer, E. (Hrsg.): Pädagogik für Kinder und Jugendliche mit mehrfachen Behinderungen, Dortmund, 2000

Praschak, W.: Kooperative Pädagogik Schwerstbehinderter – Sensumotorische Kooperation im Alltag, in: Fröhlich, A. (Hg.): Pädagogik bei schwerster Behinderung. Handbuch der Sonderpädagogik Bd. 12. Berlin, 1991: 230-241

Praschak, W.: Das Konzept der Sensumotorischen Kooperation, in: Fröhlich, A.; Heinen, N.; Lamers,W. (Hrsg.): Texte zur Köper- und Mehrfachbehindertenpädagogik Bd. 1. Schwere Behinderung in Praxis und Theorie – ein Blick zurück nach vor, Düsseldorf, 2001: 245-265

Rauh, H.: Vorgeburtliche Entwicklung und frühe Kindheit, in: Oerter, R.; Montada, L. (Hgg.): Entwicklungspsychologie, Weinheim, 2001: 131–208

Sarimski, K.; Papousek, M.: Eltern-Kind-Beziehung und die Entwicklung von Regulationsstörungen, in: Petermann, F.; Niebank, K.; Scheithauer, H. (Hrsg.): Risiken in der frühkindlichen Entwicklung. Entwicklungspathologie der ersten Lebensjahre, Göttingen u. a., 2000: 199-222

Sarimski, K.: Eltern-Kind-Kommunikation, in: Fröhlich, A.; Heinen, N.; Lamers, W. (Hrsg.): Frühförderung von Kindern mit schwerer Behinderung, Düsseldorf, 2007: 324-339

Seiler-Kesselheim, A.: Beratungsangebote in der Unterstützten Kommunikation, Karlsruhe, 2008

Sorrentino, A.M.: Behinderung und Rehabilitation. Ein systemischer Ansatz, Dortmund, 1988

Spitz, R. A.: Hospitalism: An inquiry into the genesis of psychiatric conditions in early childhood. The psychoanalytic study of the child 1, 1945: 53-74

Spitz, R. A.: Vom Säugling zum Kleinkind, Stuttgart, 1967

Stern, D.: Die Lebenserfahrung des Säuglings, Stuttgart, 1992

Yarrow, L. J.: Maternal deprivation: Towards an empirical and conceptual re-evaluation, in: Psychol. Bull., 53, 1961: 459–491

UK inklusive
in Kindheit
und Jugend

Gemeinsamkeit beginnt mit Differenz

Unterstützte Kommunikation im Alltag des gemeinsamen Unterrichts

Marie Just, Silke Wolter

Wir sitzen am Montagmorgen im großen Stuhlkreis und erzählen uns nacheinander unsere besonderen Erlebnisse des Wochenendes. T. berichtet mit strahlenden Augen, dass er mit seiner Familie zufälligerweise am Trainingslager des Hamburger Sportvereins vorbeigefahren sei. Bei Erwähnung des HSV beginnt C. heftig mit seinem „Freude"-Bein zu schaukeln, sein Rollstuhl wackelt und ein großer Teil der Kinder und Erwachsenen beginnt zu lachen. Warum? C.s Rollstuhl ist mit einem großen HSV-Emblem benäht, auf seiner kleinen sprechenden Taste, die sein Vater zur Übermittlung von Wochenend-Geräuschen in Ergänzung zum Tagebuch benutzt, war gerade vor einer Woche die Hymne des HSV zu hören, weil der Lieblingsverein des Vaters gewonnen hatte und C. mit ihm Fußball gehört (er ist fast blind) und bejubelt hatte. Schnell entspinnt sich ein, nicht ganz unseren für alle geltenden Gesprächsregeln folgendes, fröhliches Streitgespräch über Lieblingsmannschaften und sonstige Fan-Aktivitäten, das wir dennoch nicht streng unterbinden. Für diesen lebendigen Moment folgen wir nicht mehr streng den Regeln des Nacheinander-Sprechens, des Ausreden-Lassens, des keine-Fragen-Stellens-ohne-Melden.

Wir gestalten und erleben unseren Alltag im gemeinsamen und manchmal getrennten Unterricht, der maßgeblich dadurch bestimmt wird, dass wir miteinander sprechen und uns verständigen, die Erwachsenen wie die Kinder. Wir gehen davon aus, dass wir miteinander sprechen und uns verstehen lernen können und so die „gemeinsamen Verständigungsleistungen" (Hömberg 2007b, 149) ins Zentrum unseres gemeinsamen Unterrichts und Schullebens stellen. Dabei beziehen wir Mittel und Methoden zur Unterstützung unserer gemeinsamen Kommunikation mit ein und bewegen uns ständig im Spannungsfeld von Differenz und Gemeinsamkeit. Wir haben Unterrichts- und Begegnungsformen entwickelt, die gemeinsames Handeln im „Sprachraum"[1] (Rödler 2001) ermöglichen und suchen weiter nach Lösungen für Aufgaben, die sich aus der Heterogenität und Vielfalt von Schülern und Pädagogen ergeben.

Wir sind 26 Kinder der Klassen 2a und 2d und acht Erwachsene in einem großen Team: S. spricht unverständlich leise, P.s Antwort passt nicht zur Frage, O. bekommt viele neue PECS[2]- Karten, weil sein Vokabular ‚explodiert'[3], C. trainiert die Umfeld- Steuerung über einen Step-by-Step[4] und eine Taste, D. verstummt, wenn er sich selbst erklären muss, A. beherrscht ihre Muttersprache noch etwas besser als Deutsch, V. lässt fast immer die Verben weg, E. lernt, sich mit ihrem Partner zu besprechen, H. möchte ununterbrochen reden …

Was unterscheidet uns?
Wenn wir dieser Frage nachgehen, können wir uns selbst beschreiben, indem wir Trennendes betonen: Kooperationsklasse, Förderschüler, Behinderte, Partnerklasse, Förderschule mit dem Schwerpunkt geistige Entwicklung, Grundschule, aber auch: hörbehindert, sprachbehindert, dysgrammatisch, nichtsprechend.

Was verbindet uns?
Wir alle sind Menschen, deren Leben durch die Existenz von Barrieren[5] (Hinz 2007) bestimmt wird, personale (z.B. eine Wahrnehmungsverarbeitung aus dem autistischen Spektrum, Schwierigkeiten in der Handlungsplanung, auditive Reizüberflutung, Blindheit, Konzentrationsschwierigkeiten, wenig Selbstvertrauen) wie im Umfeld liegende (z.B. hat die Igelschule keinen Fahrstuhl, so können wir nicht alle in den Musikraum).
Ganz sicher verbindet uns als Pädagogenteam, was Wocken „nur zwei Kerngedanken" (Wocken 1988, 219f) einer essentiellen gemeinsamen pädagogischen Philosophie für die gemeinsame Beschulung heterogener Gruppen formulierte:

- Wir gehen von der „Würde der kindlichen Individualität" aus, „alle Kinder mit oder ohne Behinderungen sind einzigartig und besonders" und haben „das Recht auf Unterschiedlichkeit".
- Wir bemühen „uns um ein pädagogisch vertretbares Leistungsverständnis" (Wocken ebd.) und gehen davon aus, dass jedes Kind seinen eigenen Maßstab hat.

Dieses Leistungsverständnis lässt sich in einen von Hinz beschriebenen Inklusionsbegriff übersetzen: „Erst Inklusion entspricht dem Anspruch, allen Alles nahe zu bringen. Nicht allen Alles zu lehren, also beizubringen – dies wäre ein Widerspruch zum Verständnis von Lernen als aktivem Prozess – es geht vielmehr darum, allen Zugang zu Allem und Teilhabe an Allem zu ermöglichen: an Erfahrungen, an sozialen Zusammenhängen, an Situationen, an Inhalten, an Konflikten, also am ganzen Spektrum des Lebens, und

das in sozialer Kohäsion, in kontinuierliche, sozial verlässliche Strukturen und Beziehungen eingebettet" (Hinz 2007, 32).
Das heißt in unserem jetzigen konkreten Schulalltag, dass wir uns zuerst als gemeinsame Lerngruppe verstehen, die nicht fragt, an welchem Grundschulunterricht welche Förderschulkinder unter welchen Bedingungen teilnehmen könnten. Wir fragen uns andersherum, ob es vom „Normalfall" des gemeinsamen Unterrichts an bestimmten Stellen abweichend sinnvoll erscheint, für beide Klassen oder auch Schülergruppen und einzelne Kinder getrennte Lernsituationen zu schaffen. Und so beginnt unsere Gemeinsamkeit mit der Wahrnehmung unserer Differenz.

Wir sind uns begegnet, weil es an der Igelschule Lüneburg seit 2000 bereits eine erste Kooperationsklasse, die aus der Schule am Knieberg Lüneburg ausgelagert wurde, gab und wir Förderschullehrerinnen die Idee einer Standorterweiterung mit einer zweiten Kooperationsklasse an die Igelschule herantrugen, die uns mit offenen Armen (und einem passenden Klassenraum) aufnahm.[6]
Dabei stehen der Förderschulklasse, die in eine Regelschule „ausgelagert" wird, die gesamten personellen Ressourcen der Förderschule zu: in unserem Fall neben der Klassenlehrerin zwei Fachlehrerinnen und ein Lehreranwärter, zwei Pädagogische Mitarbeiterinnen und eine Physiotherapeutin. Zudem wird ein Kind durch eine Assistentin (Eingliederungshilfe) begleitet.
Das Kollegium der Igelschule musste bereits vor Beginn der Kooperation mit der Schule am Knieberg aus einem sehr gemischten Umfeld heraus Antworten auf die zunehmende Heterogenität ihrer Schülerschaft finden und entwickelte schulkonzeptionell verankerte und klassenübergreifend wirkende Unterrichtsmethoden aus dem Spektrum des Offenen Unterrichts: Projektorientierter Sachunterricht, fächerübergreifende Werkstattarbeit, Lesen durch Schreiben nach Reichen als Deutsch-Lehrgang ...
Wir Klassenlehrerinnen der 2a und 2d kannten uns bereits aus dem Unterricht der bereits etablierten Kooperationsklasse an der Igelschule und aus privaten Bezügen – wir waren uns sympathisch. Allerdings war dies nur der Ausgangspunkt einer Team-Beziehung, die im Laufe der Zeit praktisch widerspiegelt, was als kennzeichnende Merkmale eines Teamlehrersystems gilt:

- Wir übernehmen „die gemeinsame Verantwortung (...) für den gesamten Unterricht derselben Schülergruppe" (Wocken 1988, 208).

Auch die Grundschullehrerin übernimmt, wenn nötig, die Assistenz für das autistische Kind. Sie schlägt vor, ein schnelleres „Knieberg"-Kind regelmäßig in ihren Bibliotheks-Unterricht mitzunehmen oder einmal alle Kinder beim gemeinsamen Frühstück auch ohne sonderpädagogische Begleitung zu beaufsichtigen. Die Förderschullehrerin liest und „korrigiert“ beim gemeinsamen Freien Schreiben der Wochenberichte auch die Texte der Grundschüler, kümmert sich um die Sportverletzung und beobachtet die auffällige Lernentwicklung eines Grundschulkindes. Wir treffen uns möglichst 1x monatlich zur gemeinsamen Teambesprechung, planen gemeinsame außerunterrichtliche Vorhaben und Elternaktionen, sprechen über einzelne Kinder oder Vorkommnisse im gesamten Team. In den Dienstbesprechungen der Igelschule denken wir uns als eine Einheit und auch die Grundschullehrerin bringt die „Knieberg“-Klassen-Bedürfnisse mit ein. Einladungen, z. B. an die Eltern, werden gemeinsam unterschrieben …

- Wir arbeiten eng „bei der Planung, Durchführung und Evaluation des Unterrichtes (…) zusammen“ (Wocken 1988, 209).

Mittlerweile sprechen wir die Themen und Methoden besonders des von Anfang an gemeinsamen Fachunterrichtes (Musik, Sport, Kunst) im laufenden „Geschäft“ ab. Aufgaben der Vorbereitung werden gleichmäßig verteilt, flexible Entscheidungen bezüglich des Unterrichtsverlaufs spontan getroffen. Große Vorbereitungen mit mindestens einem gemeinsamen Vorbereitungsnachmittag betreffen die sachunterrichtlichen Projekte, die wir überwiegend in Werkstätten, Stations- oder Gruppenarbeit durchführen. Wir planen also große Zeiträume im Voraus, manchmal mehrere Monate, bleiben aber flexibel, wenn Verschiebungen und Anpassungen nötig sind. Im Sachunterricht gehen wir dabei vom Curriculum der Grundschule aus, dem das Curriculum der Schule am Knieberg nicht widerspricht, stimmen die Hauptlernziele für alle ab und entscheiden danach über die einzelnen Stationen oder Werkstattaufgaben mit ihren Zielen und Methoden.

Dabei differenzieren wir in Anlehnung an Lumer (2001, 97f):

- nach Stoffumfang und/oder Zeitaufwand,
  indem wir einen Kern von Pflichtaufgaben gestalten, der den Kindern nicht unbedingt bewusst gemacht werden muss, den wir aber in der begleitenden Unterrichtsnachbereitung als erfüllt ansehen müssen und der dann durch darüber hinausgehende Aufgaben ergänzt wird.
- nach Komplexitätsgrad,
  indem wir für entsprechende Aufgaben mehrere, z. T. reduzierte Lösungsmöglichkeiten konzipieren, z. B. eine reduzierte Zuordnungsübung.

- nach der Anzahl der notwendigen Durchgänge,
  indem wir z. T. Materialien bereitstellen, die eine Wiederholung der Lernaufgabe zulassen, z. B. Klett-Aufgabenmappen oder auf einen Step-by-Step aufgesprochene Verse beim Gedicht-Lernen.
- nach der Notwendigkeit direkter Hilfe/nach dem Grad der Selbständigkeit,
  indem wir z. B. für einzelne Schüler der gesamten Lerngruppe, die Schwierigkeiten in der selbstbestimmten Handlungsausführung haben, feste Aufgabenpläne mit geregelter Arbeitsreihenfolge festlegen und z. B. Zeitmesser (TimeTimer, Sanduhren) zur Verfügung stellen. Dabei orientieren wir uns z. B. am TEACCH[7]-Konzept.
- nach der Art der inhaltlichen oder methodischen Zugänge,
  indem wir z. B. für das blinde und schwerbehinderte Kind seinen Wahrnehmungserfordernissen entsprechende Zugänge zum Projektgegenstand für passende Stationen ermöglichen sowie Trainings- und Anwendungsmöglichkeiten individueller Kommunikationssysteme an möglichst vielen Stationen schaffen.
- nach Kooperationsfähigkeit,
  indem wir einem schnell reizüberflutet handlungsunfähigen Kind einen abgeschirmten Arbeitsplatz zur Verfügung stellen und auch abgestufte räumliche Trennungsmöglichkeiten nutzen.

Alle Phasen offener Arbeit werden für die Kinder in Unterrichtsschritte eingebettet, die der individuellen Arbeit einen gemeinsamen Rahmen geben: Musikalische Einstiege ins Thema, auf die Arbeit orientierende Gespräche oder Reflektionsrituale zum Arbeitsende. Selbstverständlich leben diese Rituale auch von der Visualisierung und anschaulichen Präsentation über Modellgegenstände, Gebärden, Piktogramme, Wortkarten oder z. B. die Ampelfarben-Scheibe, auf die je nach Einschätzung der eigenen Arbeit Glassteine platziert werden.

Der gesamte Unterrichtsalltag unserer Klassen ist durch starke Rhythmisierung und Rituale der Gemeinsamkeit geprägt, die allen Kindern und Erwachsenen verlässliche Strukturen schaffen, auf deren Basis tatsächlich viel Energie in die spontane Veränderung und flexible Anpassung von Lernsituationen fließen kann. Da neben den Kindern auch die Erwachsenen die Rituale kennen, gelingt es leichter, entstehende Störungen im Ablauf, z. B. durch Erkrankungen, aufzufangen und Kontinuität und Verlässlichkeit sicher zu stellen.

Dabei übernehmen wir Lehrerinnen meist in fließendem Übergang unterschiedliche Rollen der „Unterrichtsgestaltung und Unterrichtsunterstützung“

(Wocken 1988, 226). An dieser Stelle zu weit gehende Beachtung verdient die Frage nach der Etablierung einer effektiven arbeitsteiligen Arbeitsstruktur in inklusiv arbeitenden Teams, die aus personellen und schulorganisatorischen Gründen nicht dem Zwei-Pädagogen-Prinzip folgen kann, da die zur Verfügung stehenden Stundenkontingente auf mehrere Personen verteilt werden müssen. In unserem Fall sind dies unter Einbeziehung aller Fachlehrer und Pädagogischen Mitarbeiter immerhin elf Personen. Grundsätzlich und sogar verstärkt gilt es hier, eine respektierende Kommunikation und die gemeinsame Entwicklung differenzierter formeller Rollenstrukturen mit definierten Rollen und Rollenerwartungen, z. B. in Form von einzelnen Team-Mitgliedern eindeutig zugeordneten Aufgabenbereichen zu etablieren (vgl. Wocken 1988, 231).

Eine Schulwoche ist für uns durch eine Reihe von gemeinsamen Ritualen und Routinen geprägt:

- Wir stehen im Kreis und wünschen, uns an den Händen haltend, eine schöne Schulwoche.
- Wir singen seit Beginn der ersten Klasse unser Gebärden-Guten-Morgen-Lied.
- Wir singen alle Lieder mit Gebärden.
- Wir geben uns einen Plüsch-Igel als „Erzählerzeichen" im Montagskreis weiter.
- Wir frühstücken, so oft es geht, gemeinsam und lesen dabei vor.
- Wir tragen unsere Stühle zwischen den Räumen hin und her.
- Wir treffen uns auf dem Schulflur, gehen gemeinsam zur Sporthalle und ziehen uns gemeinsam um.
- Wir arbeiten mit geöffneten Türen und entscheiden selbst, in welchem Raum wir frei arbeiten wollen.
- Wir erkennen an einer TimeTimer-Ampel auf dem gemeinsamen Flur, wieviel Zeit uns zum Arbeiten oder Aufräumen bleibt.
- Wir sammeln Fotos, Bilder, Symbole oder Arbeitsbeispiele an einer Wochenwand, um daran orientiert am Freitag einen Wochenbericht von einem selbst gewählten Ereignis zu schreiben.
- Wir spielen danach bis zum Freitagskreis und wünschen, uns an den Händen haltend, ein schönes Wochenende.

Im Kontext der Unterstützten Kommunikation trägt insbesondere bei diesen ritualisierten Abläufen eine planerische Orientierung am Grundgedanken des Partizipationsmodells (Braun/Kristen 2001) dazu bei, Barrieren für die Teilhabe an allen Kommunikations- und Austauschprozessen zu identifizieren und nach Überwindungsmöglichkeiten zu suchen bzw. diese zu implementieren. So können die Kinder, für die individuelle Kommunikationssysteme implementiert werden müssen, in ihrer Peer-Gruppe entsprechende Kommunikationserfahrungen machen. Dabei wird z. B. das Guten-Morgen-Lied zuerst als Echo-Chor nach Auslösen der Step-by-Step-Taste gesungen oder Gebärden aus dem Kernvokabular wie „fertig" und „nochmal" auch zur Regulierung gemeinsamer Kommunikationssituationen eingeführt, modellhaft benutzt und im Umgang mit dem autistischen Kind modelliert.

Die spontanen ersten Kommunikationsschritte der Kinder untereinander bedürfen auch aus unserer Erfahrung heraus einer gezielten Unterstützung. „Wenn alle Kinder und Jugendlichen lernen, wie sich individuelle Kommunikationsmöglichkeiten entdecken lassen und welche Alternativen zur Lautsprache geeignet sind, um die Verständigung zu fördern, lässt sich die Qualität und die Quantität der kommunikativen und interaktiven Kontakte deutlich steigern" (Hömberg 2007b:148). Dabei sind vor allem ein „gutes Vorbild", auch im Sinne eines demonstrativen Modellverhaltens durch die Erwachsenen, „passende Unterweisung" und „vor allem (...) gemeinsame Aktivitäten" von großer Bedeutung (Hömberg 2007: 62).
Den großen Wert gemeinsamer Kommunikationserfahrungen von sprechenden und nicht lautsprechend oder schwer verständlich lautsprechenden Kindern für Sprachförderung, Persönlichkeitsentwicklung und kulturelle Teilhabe, sehen auch wir mit Hömberg darin, dass „sie

- passende Gesprächspartner(innen) finden, die ihre nonverbalen Verständigungsstrategien in vollständige und altersgemäße Lautsprache übersetzen,
- in übliche Spiele und Aktivitäten einbezogen werden, die echte Anlässe zur Kommunikation schaffen,
- Verständigung in einem sozialen Umfeld erleben, das dem jeweiligen Lebensalter gemäß ist und
- sich als Teil einer Kinder- und Jugendkultur erleben können, die sich besonders typisch in der Sprache ausdrückt." (Hömberg 2007b, 147)

In Anlehnung an Sucharowski (1998) wollen wir abschließend Bedingungen formulieren, unter denen es zum Gelingen von Kommunikationsprozessen im gemeinsamen Unterricht kommen kann, die zur Voraussetzung haben, dass die Kinder sich als gleichberechtigte, wenn auch verschiedene, nicht aber FREMDE Kommunikationspartner wahrnehmen und so den gemeinsamen Kommunikationsraum gestalten können:

1. Alle Kinder sollten den gleichen Regeln folgen müssen, z. B. nicht dazwischen reden dürfen.
2. Für alle Kinder sollten vorrangig offene, d. h. nicht lehrerzentrierte Unterrichtsformen gelten, um die erhöhte Erwartung an persönliche Ansprache und Hilfeleistung der Förderschulkinder abzubauen.
3. Alle Kinder sollten viel Wissen übereinander erwerben, um aus der gemeinsamen Kommunikationsgeschichte und vor dem gemeinsamen Erfahrungshintergrund Ko-Konstruktion leisten zu können.
4. Alle Kinder sollten Strategien zur Selbstorganisation in Gruppen erwerben, um kommunikative Abstimmungsprozesse zu fördern.
5. Die Kinder sollten immer wieder in offene Situationen miteinander gebracht werden, in denen sie ihr Handeln erklären müssen. Dies ermöglicht zugleich den Erwerb solcher Kompetenzen, wie es sie voraussetzt.
6. Die Anstrengung gegenseitiger Verständigung sollte nicht auf nur einzelne, bereits kompetente Kinder konzentriert werden, sondern als Lernziel für alle erhalten bleiben. Immer wieder finden wir uns in einem lebendigen Spannungsfeld zwischen pädagogisch vorstrukturierten und gelenkten Unterrichts- und Kommunikationssituationen und plötzlich „einbrechenden" offenen Kommunikationssituationen wie der eingangs beschriebenen Morgenkreis-Situation wieder. Dabei haben wir im Verlauf der bisherigen 1 ½ Jahre erfahren, dass wir beides existentiell brauchen, um einen gemeinsamen Sprachraum zu schaffen, in dem wir uns als Einzelne in unserer Individualität und Identität miteinander am gemeinsamen Gesprächsgegenstand als Gemeinschaft erfahren. Dabei gilt für alle Kinder und Erwachsenen, dass wir für gelingende Kommunikationsprozesse an ein respektvolles, achtsames Umfeld und „die Unterstützung eines empathischen und gut sprechenden Umfelds gebunden (sind), das die nonverbalen oder durch Medien unterstützten Mitteilungen interpretiert und in gesprochene Sprache >übersetzt<" (Hömberg 2007b, 146).

Aus dem gemeinsamen Sprachraum ist niemand ausgeschlossen, weder das in seinen Erzählungen leicht vom Thema abschweifende Kind, noch der unausgeschlafen nuschelnde Zivildienstleistende, nicht das nicht lautsprechende Kind mit Verhaltens- und Wahrnehmungsweisen aus dem Autismus-Spektrum, noch das vor einer so großen Gruppe unsichere Mädchen, nicht das schwerbehinderte, blinde Kind mit einem Step-by-Step oder die in Zwei-Wort-Sätzen sprechende Schülerin.

Literatur

Braun, U.; Kristen, U.: Woran hakt es? Analysehilfe durch das Partizipationsmodell nach Beukelman, D; Miranda, P. in: Unterstützte Kommunikation1-2/2001: 6-10

Hinz, A. Elementare Unterstützungsbedürfnisse als Herausforderung an inklusive Pädagogik, in: Hinz, A. (Hrsg.): Schwere Mehrfachbehinderung und Integration - Herausforderungen, Erfahrungen, Perspektiven, Marburg, 2007: 15-41

Holzinger, A.: Didaktik der Integration. In: Holzinger, A.; Wohlhart, D. (Hrsg.): Schulische Integration, 1. Aufl. Innsbruck, 2009: 104-150

Hömberg, N.: Die besondere Bedeutung der Grundschule für Kinder ohne Lautsprache, in: Haselmann, K.; Podlesch, W. (Hrsg.): Gemeinsam leben, lernen und arbeiten: Perspektiven gemeinsamer Erziehung, 1. Aufl. Hohengehren, 1998: 107-111

Hömberg, N.: Inklusive Pädagogik - zwei Studien: Förderung von Schüler(inne)n mit schweren Sprech- und Kommunikationsbeeinträchtigungen und ihren natürlich sprechenden Peers in inklusiven Spiel- und Lernsituationen, in: Schnell, I., Sander, A. (Hrsg.): Inklusive Pädagogik, 1. Aufl. Bad Heilbrunn/Obb., 2004: 195-201

Hömberg, N.: Ergebnisse aus dem Berliner Landesschulversuch, in: Hinz, A. (Hrsg.): Schwere Mehrfachbehinderung und Integration – Herausforderungen, Erfahrungen, Perspektiven; 1. Aufl. Marburg, 2007a,: 57-74

Hömberg, N.: Gute Verständigung im Gemeinsamen Unterricht, in: Hinz, A. (Hrsg.): Schwere Mehrfachbehinderung und Integration – Herausforderungen, Erfahrungen, Perspektiven, 1. Aufl. Marburg, 2007b: 146-150

Leber, I.: Kommunikation einschätzen und unterstützen, Poster mit Begleitheft, Karlsruhe, 2009

Markowetz, R.: Alle Kinder alles lehren! Aber wie? – Maßnahmen der Inneren Differenzierung und Individualisierung als Aufgabe für Sonderpädagogik und Allgemeine (Integrations-)Pädagogik auf dem Weg zu einer inklusiven Didaktik, in: Schnell, I., Sander, A. (Hrsg.): Inklusive Pädagogik, 1. Aufl. Bad Heilbrunn/ Obb., 2004: 167-186.

Lumer, B.: Integration behinderter Kinder: Erfahrungen, Reflexionen, Anregungen. Berlin, 2001

Rödler, P.: Die Theorie des Sprachraums als methodische Grundlage der Arbeit mit >schwerstbeeinträchtigten< Menschen, in: Rödler, P.; Berger, E.; Jantzen, W. (Hrsg.): Es gibt keinen Rest! – Basale Pädagogik für Menschen mit schwersten Beeinträchtigungen, Neuwied, Berlin, 2001: 86- 101

Sucharowski, W.: Behindert Behinderung die Kommunikation? Verständigungsprobleme im gemeinsamen Unterricht unter den Bedingungen von Kooperationsklassen, in: Hasemann, K.; Podlesch, W. (Hrsg.): Gemeinsam leben, lernen und arbeiten: Perspektiven gemeinsamer Erziehung, Hohengehren, 1998: 259-279

Wocken, H. (1988): Kooperation von Pädagogen in integrativen Grundschulen, in: Wocken, H., Antor, G. , Hinz, A. (Hrsg.): Integrationsklassen in Hamburger Grundschulen, Hamburg, 1988: 199-274

[1] „…sind alle Menschen von Beginn ihres Lebens an und voraussetzungslos (!) an diese Art gemeinsames wechselweise interpretierendes Handeln gebunden, das von MATURANA/ VARELA als ‚Reich der Sprache' bezeichnet wird: Die Menschen leben aus diesem <Reich der Sprache> heraus und bringen dieses gleichzeitig in jedem Moment mit ihrem gemeinsamen Handeln hervor!" (Rödler 2001, 91)

[2] Picture Exchange Communication System- „Kartentauschsystem" zum Erwerb der Austausch organisierenden Funktion der Kommunikation

[3] In Anlehnung an Leber 2009: 5. Phase der Kommunikationsentwicklung: Explosion des Vokabulars

[4] Einfaches Sprachausgabegerät mit mehreren Aufnahmeschritten, die nacheinander abgerufen werden können

[5] „…das Konzept der Barrieren für das Lernen und die Teilhabe. Damit werden teilende Zuschreibungen vermieden, denn mit Barrieren ist jeder Mensch konfrontiert, seien es in seiner Person liegende oder seien es im Umfeld lokalisierte; (…) Mit einem solchen Verständnis ist ein soziales Modell von Behinderung erreicht, das keine Abgrenzung von kategorisierten Gruppen mehr braucht, sondern auf einem unteilbaren Spektrum individueller Unterschiede beruht…" (Hinz 2007,17f)

[6] Nachdem es in Niedersachsen wie auch in anderen Bundesländern bis in die 90er Jahre nur vereinzelte Integrationsklassen für sehr wenige Kinder mit sonderpädagogischen Förderbedarf gab, ermöglichte das Niedersächsische Kultusministerium 1998 mit seiner „Rahmenplanung für die Fortführung der Integration von Schülerinnen und Schülern mit sonderpädagogischem Förderbedarf" die Einrichtung von Kooperationsklassen als eine Möglichkeit der Beschulung von Schülern mit dem Förderschwerpunkt geistige Entwicklung. Daraufhin ging die Schule am Knieberg Lüneburg, Förderschule mit dem Schwerpunkt geistige Entwicklung, auf Grundschulen zu und richtete seit 1999 nunmehr für jeden Jahrgang der Primarstufe eine Kooperationsklasse an einer Grundschule ein. Darüber hinaus bestehen weitere Kooperationen im weiterführenden und berufsbildenden Bereich.

[7] TEACCH: **T**reatment and **E**ducation of **A**utistic and related **C**ommunication handicaped **Ch**ildren (dt.: Behandlung und pädagogische Förderung autistischer und in ähnlicher Weise kommunikationsbehinderter Kinder)

Inklusives Lernen in komplexen Vorhaben

Eva Böhm, Daniel Bruning

Theoretische Einordnung

Als Grundlage für unsere didaktische Arbeit dient die Theorie des kommunikativen Handelns von Habermas. Lage zeigt die Bedeutung der Theorie für das pädagogische Handeln im Kontext ihrer behindertenpädagogischen Konzeption auf (2005, 40ff; 2006, 39ff). Demnach bietet Sprache „in der Kommunikation einerseits Zugang zur Lebenswelt und andererseits konstituiert sie Lebenswelt“ (2006, 42).

Lebenswelt strukturiert sich nach Habermas in die Komponenten Kultur, Gesellschaft und Person, die im kommunikativen Handeln durch die Prozesse der Kulturaneignung, der Sozialisation und der Persönlichkeitsentwicklung erschlossen werden. Eindringlich arbeitet Lage die zentrale Funktion kommunikativen Handelns heraus und kennzeichnet so die Bedeutung der Entwicklung kommunikativer Fähigkeiten für den Menschen. Wenn der Mensch also die Chance zu einer tragfähigen Lebensweltgestaltung bekommen soll, muss er Zugang zu dem Medium Sprache in sozialer Interaktion bekommen, muss er also partizipieren und selbstbestimmt Entscheidungen treffen können. Eine Grundvoraussetzung hierzu ist Verständlichkeit der Kommunikation (vgl. Horster 2010, 35), die wir unter anderem durch Unterstütze Kommunikation zu gewährleisten versuchen.

Auf dieser theoretischen Basis ist die Auseinandersetzung mit Mühls handlungsbezogenem Unterricht (1984, 2004) für uns richtungsweisend. Mühl stellt dar, dass „menschliches Denken aus elementaren Lebensbezügen (...) hervorgeht“ (Mühl 2004, 53). Dem folgend beschreibt er Handlungsfähigkeit als ein allgemeines Erziehungsziel, da sie die Kompetenz ist, die es dem Menschen ermöglicht, sich mit seiner Lebenswelt auseinanderzusetzen (ebd., 53). Betrachtet man Handlungsfähigkeit im Sinne Habermas als kommunikative Handlungsfähigkeit, wird der Bedeutungszusammenhang deutlich.

Neben Mühl zeigen unter anderem auch Schulte-Peschel/Tödter (1996) und Pitsch/Thümmel (2005) theoretische und praktische Grundlagen handlungsorientierten Unterrichts auf. Im Rahmen gemeinsamer Handlungsprozesse berücksichtigen wir, „dass psychische Strukturen zum Handeln durch das Handeln selbst und dessen Verinnerlichung entstehen. (...) Handeln wird (...) in als Handlungen strukturierten Lernsituationen erlernt“ (Mühl 2004, 57). Eine Didaktik, die auf etwas so zutiefst Grundlegendes wie gemeinsame Handlung als Voraussetzung für jegliche menschliche Entwicklung zurückgreift, berücksichtigt alle Schüler. Sie hat „die Intention, die Zielrichtung dieser Erziehung identisch zu sehen mit denen, die für jeden anderen Menschen gelten“ (Bach nach Schulte-Peschel/Tödter 1996, 60). Sie ist also keine „Sonderdidaktik“.

Didaktische Konsequenzen

Wir halten einen inklusiven Unterricht für unabdingbar, weil sich die „menschliche Entwicklung im sozialen Kontext und im kooperativen Handeln vollzieht“ (Lage 2007, 377) und gehen von der Notwendigkeit aus, uns einem gemeinsamen Handlungsthema zuwenden zu müssen, um keinesfalls in einem inhaltlich luftleeren Raum zu agieren. Wir begeben uns also mit allen Schülern unserer heterogenen Lerngruppe in einen gemeinsamen Handlungskontext, vor dessen Hintergrund wir die individuellen Bedürfnisse, Fertigkeiten und Fähigkeiten aller Schüler berücksichtigen können. Das Gemeinsame wird so zum Träger der Kommunikations- und Entwicklungsprozesse. Zur Unterstützung der Entwicklung gemeinsamer Handlungsebenen und gemeinsamer Interessen arbeiten wir häufig mit Werken der Kinderliteratur und Jugendliteratur.

Ritualisierung

Nicht allen Schülerinnen und Schülern wird sich von vornherein die Bedeutung unseres gemeinsamen Themas erschließen. Als Voraussetzung für unsere gemeinsame Arbeit müssen wir das Thema für alle Schüler bedeutsam werden lassen. Dabei unterstützen die Kriterien des „Strukturierten Unterrichtens“ (vgl. Degner 2005) sie in ihrem Regel- und Sprachverständnis und in der Einschätzung dessen, „was auf sie zukommt und was von ihnen erwartet wird“ (Degner 2005, 287).

Wir beachten die Erarbeitung vertrauter Abläufe, indem gemeinsame Handlungssituationen in einem vertrauten Rahmen vielfältig wiederkehrend angeboten und konsequent visualisiert werden – durch Realgegenstände, Objektsymbole, Bildsymbole (PCS – Picture Communication Symbols) und das lautsprachbegleitende Gebärden. Im Rahmen dessen erkennen die Schüler verwendete Objekte und Symbole als typische Zeichen, die eine soziale Situation kennzeichnen (vgl. Bedeutung „situationsrelevanter Merkmale“ Schatz/Schellbach/Degner 2007). Der Alltag kann sich so als eine Aneinanderreihung typischer Zeichen darstellen, die ständig Informationen über zu erwartende Inhalte, Handlungsmöglichkeiten und Anforderungen anbieten. Je vertrauter die Abläufe Schülern werden, desto erfolgreicher gelingt der Transfer der Symbole auf variierte Situationen. Zur Intensivierung und Durchdringung werden Inhalte wiederholt, dabei ist das fächerübergreifende Arbeiten hilfreich, das die Wiederholungen mit Variationen erlaubt: die Schüler erhalten Gelegenheit, vertraut gewordenen Inhalten, Methoden und Elementen immer wieder zu begegnen und kleinschrittige Veränderungen zu erleben.

Durch Wiederholung eines in Form und Inhalt über lange Zeit gleichbleibenden Angebots entstehen Situationen, in denen die Schüler Erwartungshaltungen entwickeln und so Gelegenheit haben, zu verstehen. Die so gelungene Ritualisierung unterstützt durch den eindeutig gewordenen sozialen und inhaltlichen Kontext die Entwicklung von Situationsdeutung im Prinzip der Kooperation. „Kommunikation – im Sinne von Mitteilen und Verstehen – ist immer eine kooperative Zusammenarbeit der Beteiligten, weil auch die Situationsdeutungen und Kontextinformationen einer Äußerung erschlossen werden“ (Lage 2005, 42).

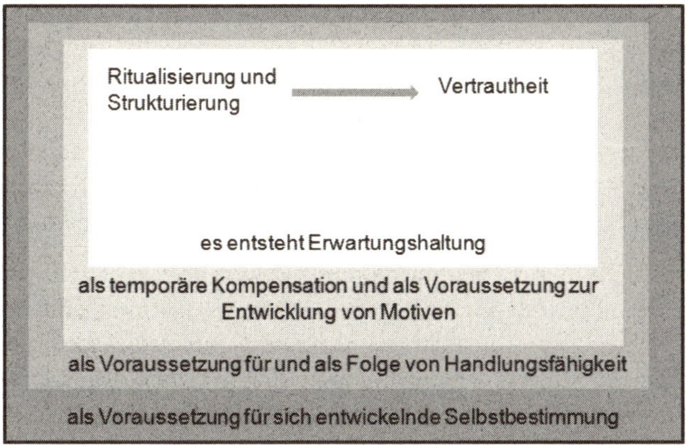

Abb.1: Erwartungshaltungen entwickeln

Motive entwickeln

Pitsch/Thümmel (2005, 59) rechnen die innerpsychischen Vorgänge bis zum Beginn einer Handlung zur Handlungsorientierung. Sie verweisen auf die Bedeutung der Orientierung als aktiver Tätigkeit, als der Wahrnehmung einer Situation. Orientierung kann durch Bedürfnisse oder auch durch Neugier, deren Entwicklung Wachheit und Aufmerksamkeit voraussetzt, ausgelöst werden. „Wird dem menschlichen Verhalten ein subjektiver Sinn zugeschrieben, wird das Verhalten intentional und muss als Handeln bezeichnet werden.“ (Lage 2005, 43) Auch Mühl erkennt Handlung schon im Ansatz („Handlungskerne“) an, an dem sich im Rahmen der Auseinandersetzung mit Umwelt die Handlungsmuster kristallisieren. Spontane erste Äußerungen betrachtet Mühl in ihrer Intentionalität als solche Handlungskerne (vgl. Mühl 2004, 70).

Mühl kennzeichnet Motive (vitale, mentale, soziale, normative) als „erste Bedingung oder Auslöser für Handeln“ (ebd., 60). Er bemerkt auch, dass ein Verhalten, das von außen initiiert wird, durch seine Fremdbestimmtheit nicht mehr die Kriterien des Handelns erfüllt (fremdbestimmtes Tun). Im Rahmen seiner didaktischen Überlegungen führt er aus, dass „der handlungsbezogene Unterricht (...) eine Lehrstrukturform [ist], bei der Handlungsziele in einem von der Lehrperson strukturierten und geführten Handlungsprozess angestrebt werden“ (ebd., 59). Er stellt weiter dar, dass die darin liegende Fremdbestimmung der Schüler durch den Lehrer abgefordert werden kann, allerdings nur dann, wenn sie zur Selbstbestimmung hinführt (ebd., 54).

Hat die Gruppe der Schüler kein gemeinsames Anliegen und vordringliches Verlangen, ein Thema zu durchdringen, dürfen und müssen wir uns auf unsere Lehrerrolle besinnen. Wir entwickeln ein Thema, mit dem wir die Neugier und das Interesse – die bewusster werdenden Motive – der Schüler unserer Gruppe wecken und fördern wollen. Dies geschieht im Sinne der Fremdbestimmung, die zur Entwicklung von Selbstbestimmung erlaubt ist.

Verständnis sichern

Durch konsequente Strukturierung und Ritualisierung entsteht die angestrebte Transparenz, die soziale Situationen erkennbar und verständlich macht, so dass angebotene Inhalte und Anforderungen vor vertrautem Hintergrund eingeschätzt und verstanden werden. Den notwendigen gelingenden Input als Voraussetzung für alle weiteren Prozesse können wir so gewährleisten. Entsprechend der Forderung nach einer Kultur der Unterstützten Kommunikation (Renner 2007, Lage 2006) kommunizieren wir konsequent multimodal, so dass durch die Parallelität der Angebote alle Mitglieder der Gruppe ständig Zugang zu einem unterstützten Sprachinput haben. Das Verstehen der gemeinsamen Angebote stellt die Voraussetzung für ein aktives Interesse und die Entwicklung von Intentionalität dar.

Wir nutzen die multimodale Kommunikation für die Entwicklung eigener Äußerungen und Äußerungsstrategien auf den unterschiedlichen Entwicklungsebenen gleichzeitig, inhaltlich getragen durch ein gemeinsames Thema und sozial entwickelt durch das Entstehen von Interaktionen.

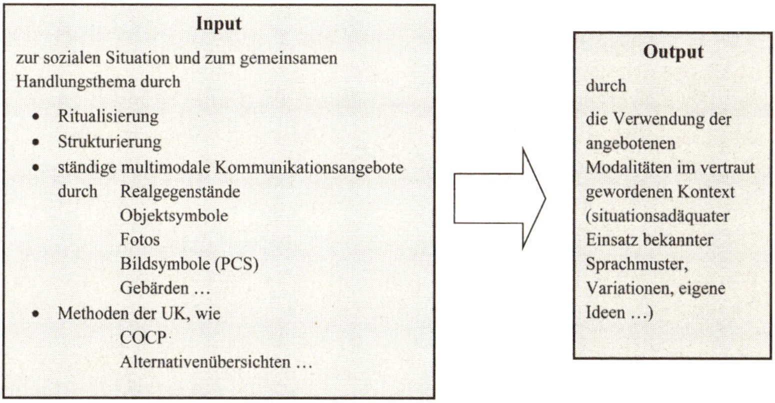

Abb. 2: Verständnis sichern

Förderziele ermitteln

Auch zur Ermittlung von Förderzielen begeben wir uns mit der Gruppe in unsere gemeinsamen Handlungsthemen. Dies erlaubt auf einer für alle zugänglichen Sachebene, diagnostische Überlegungen situationsimmanent anzuwenden. Nur hier, wenn wir die Schüler in diesen Kontexten betrachten, erhalten wir Informationen über die notwendige individuelle Unterstützung, die für Teilhabe an der sozialen Handlung und die Förderung ihres Handelns notwendig sind, und können sie so in ihrer Entwicklung fördern.

Um dem breiten Differenzierungsbedarf entsprechen zu können, setzen wir offene Unterrichtsformen ein. Die Schüler erhalten Raum für eigene Explorationen, können auf den unterschiedlichsten Abstraktionsstufen arbeiten und auch hier wiederkehrend in soziale Interaktionen eintreten (vgl. Mühl 2005, 67f), da sie auf einer für alle Teilnehmer zugänglichen Sachebene agieren. Nur hier, wenn wir die Schüler in diesen Kontexten betrachten, erhalten wir Informationen über individuelle Maßnahmen, die für die Förderung ihres Handelns notwendig sind. „Je mehr die Binnendifferenzierung dem offenen Typ entspricht, desto weniger notwendig sind Diagnosen im klassischen Sinne“ (Heymann 2010, 9).

Prinzipien unseres Unterrichts
Wir betrachten soziales Handeln in seiner Bedeutung für jegliche Entwicklung als Grundlage für unseren Unterricht - Wir dürfen ein Thema vorgeben und unterstützen die Entwicklung von Motiven - Wir schaffen Transparenz und Sicherheit durch Ritualisierung und Strukturierung - Wir kommunizieren stets multimodal - Wir arbeiten mit offenen Unterrichtsformen (vornehmlich Stationsarbeit) - Wir geben allen Schülern die Chance, ein gemeinsames Handlungsthema entsprechend ihren Möglichkeiten zu durchdringen

Abb. 3: Unterrichtsprinzipien

Praktische Umsetzung

Natürlich wissen wir, dass nicht nur die Einzelmethode oder Technik, nicht nur die Gebärden oder Kommunikationshilfen, sondern die über Dauer gewachsenen Strukturen und darin entstandenen Sicherheiten und Gewissheiten (vgl. Lage 2006, 52) die Schüler in der Entwicklung ihrer Handlungskompetenzen unterstützen. Unsere Kernfrage lautete daher: Wie lassen sich die zahlreichen Einzelmethoden und Techniken zu einem sinnvollen unterstützenden System, ohne das Ziel der Entwicklung von Handlungskompetenz aller Schüler aus den Augen zu verlieren?

Unsere komplexen Vorhaben sind langfristig angelegt und entwickeln sich über etliche Monate. Erst die Dauer lässt die Vertrautheit zu, die ein Durchdringen erlaubt, Variationen sinnvoll macht und selbstbestimmtes Handeln ermöglicht. Erst mit der Dauer des komplexen Vorhabens kann notwendige Methodenkompetenz entstehen. Die Bearbeitung der komplexen Vorhaben erfolgt fächerübergreifend.

Die in diesem Beitrag angegebenen Beispiele aus unserem Unterricht beziehen sich auf das Kinderbuch „Karni und Nickel oder Der große Krach" von Claude Boujon in einer deutschen Textfassung von Tilde Michels. In dieser Geschichte harmonieren die beiden Nachbarn „Karni und Nickel" zunächst, bevor sie Streit bekommen, weil einer der beiden Müll auf die gemeinsame Wiese wirft. Nach hin und her wogenden Provokationen und Revanchen gipfelt der Streit in einer Schlägerei, während der sie beinahe dem Fuchs zum Opfer fallen. In ihrer Not kooperieren sie so effektiv, dass sie nicht nur entkommen, sondern auch Freunde werden.

Intensiv beschäftigen wir uns mit jeder Seite des Buches, mit jedem Schritt, den die Geschichte vollzieht. Gemeinsam steigen wir in die erste Szene ein. Die dort vorhandenen Objekte werden durch zahlreiche Objektsymbole repräsentiert: die Wiese durch einen Teppich, die Löcher durch Bottiche, die Kaninchen durch graues und braunes Fell. Durch angemessene Betonung, Mimik und durch lautsprachbegleitende Gebärden machen wir den Kontext bedeutend – wenn auch noch nicht für alle Schüler der Gruppe bedeutsam. Wir haben, räumlich und zeitlich, Freiraum für die gründliche Auseinandersetzung mit den Objekten, bis sie ausreichend exploriert worden sind und dann von den Schülern der Szene entsprechend sachgerecht mit unterschiedlich viel Hilfe eingesetzt werden können. Bei der Erarbeitung der Szenen erfolgt eine Einnahme der Positionen aller beteiligten Figuren durch alle Schüler, eine Übernahme der Tätigkeiten der beteiligten Figuren mit unterschiedlich viel Hilfe, das Hören, Mitsprechen, Gebärden und Sprechen der Äußerungen der dargestellten Figuren. Hier entstehen Übungsmöglichkeiten für die nach oben offenen Abstraktionsebenen, aber auch Handlungs- und Lernsituationen, in denen sich auf Grundlage des gemeinsamen und für alle bedeutsamen Themas Handlungskerne entwickeln, indem dem Individuum bedeutungsvolle Intentionen im Kontext unterstellt werden. Dabei berücksichtigen wir, „dass die Entwicklung des Kindes von Anfang an auf den Erwerb von Handlungen ausgerichtet ist und nicht auf den Erwerb von Funktionen“ (Mühl 2004, 64).

Zu den Entwicklungsbereichen

Die Intensität und Dauerhaftigkeit der Auseinandersetzung mit dem gemeinsamen Inhalt gibt den Schülern die Chance, Muster zu erkennen.
„Wahrnehmen ist das Erfassen von Bedeutungen sinnlich gegebener Informationen. Es kommt dabei nicht so sehr darauf an, einzelne akustische, optische oder andere Reize zu erfassen, sondern Muster zu erkennen, die mit bestimmten Bedeutungen verknüpft werden. Muster lassen sich dann besser erkennen, wenn entsprechende Erfahrungen gemacht wurden. Wahrnehmen ist insofern ein überwiegend kognitiver Prozess“ (Mühl 2004, 68).
Also stellen wir das Angebot von Handlungschancen in das Zentrum unserer Planung und berücksichtigen auch die Notwendigkeit, Situationen so zu gestalten, dass Schüler mit schweren Behinderungen im Rahmen ihrer Teilhabe Handlungskerne entwickeln können. Wir unterstützen alle Mitglieder der Lerngruppe immer in erster Linie in der Weiterentwicklung der Kompetenzen, die zur Teilhabe am Handlungsprozess notwendig sind. Gemeinsam arbeiten wir damit genau in den Entwicklungsbereichen, durch die der Zugang zur Erschließung der Lebenswelt versperrt wird.
Es gibt Lern- oder Teilbereiche, deren Weiterentwicklung zunächst nicht die Teilhabe an der gemeinsamen Handlung versperren. Haben die Schüler im Rahmen ihrer Tätigkeiten begonnen, Interesse zu zeigen, Fragen zu stellen oder sich auf einzelne Tätigkeiten zu freuen, macht

dies die Berücksichtigung weiterer Lern- und Entwicklungsbereiche notwendig. Diese Bereiche können wir durch Beobachtung und im Rahmen von Reflexion und Evaluation erkennen. Entsprechend greifen wir diese Handlungskerne auf, bieten Wiederholungen an, wenn dies sinnvoll möglich ist, und bauen sie aus. Wir können auch beobachten, wo überall sonst im Schulalltag die so entdeckten Fertigkeiten genutzt und gezeigt werden und die Schüler spontan, ‚wie von selbst' einen Transfer erstellen.

Offene Stationen

In langfristig installierten Situationen ergeben sich nicht nur in der Ausgangslage, sondern auch im Prozess der Auseinandersetzung mit unserem Buch sich auseinanderentwickelnde Bedürfnisse. Diesen werden wir durch Einführungen von offenen Stationen gerecht. Im Rahmen einer der Stationen erhalten wir die Ausgangsszene als Gelegenheit zur Exploration der Objekte und szenischen Erarbeitung aufrecht. Das Angebot der Stationen als offene Stationen ermöglicht den Schülern den Zugang zu einer Vielzahl von Stationen mit unterschiedlichen Abstraktionsstufen. Damit sind den Schülern auch Abstraktionsstufen zugänglich, die für sie scheinbar nicht aktuell sind. Sie haben so die Möglichkeit ‚nach unten' abzusichern, ‚nach oben' zu explorieren und Entwicklungsverläufe im Sinne einer Spirale wiederholt zu durchlaufen.

Abstraktionsstufen „Auf einer Wiese wohnten zwei Kaninchen"

Wir explorieren Objekt symbole (Kübel als Loch, Felle)

→

Wir gestalten Modelle und arbeiten damit (aus Ton gestaltete Wiese)

→

Wir schreiben und lesen mit Bildern

→

Wir arbeiten mit Ganzwörtern

→

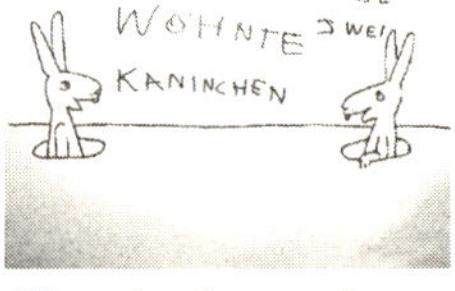

Wir schreiben und lesen

Die offenen Stationen ermöglichen zu Beginn aller Lernsituationen einen individuellen Einstieg. Die Orientierung in der transparenten Situation auf Grundlage des gemeinsamen Handlungsthemas erlaubt den Ängstlichen Sicherheit, den Herausfordernden ein Bezugssystem, den Wissbegierigen Arbeitsmaterial und den Zurückhaltenden zunehmend emotional bedeutendere Anforderungen. Die Gestaltung der verschiedenen Angebote mit gleichem inhaltlichem Kontext ergibt sich aus der Rückmeldung, die die Schüler durch ihre Tätigkeiten und Handlungen im Rahmen des Einstiegs in das Buch gegeben haben. Durch diese Rückmeldungen erhalten wir auch Hinweise zur Wahl von Methoden für die Gruppe oder einzelne Schüler – immer im Hinblick auf Handlungsfähigkeit und damit auch auf eine zunehmende Durchdringung des Themas. Pitsch/Thümmel ordnen unter Verweis auf Schulz den Begriff der Methode ein: „Das Ziel von Erziehung und Unterricht ist ‚Mündigkeit' und ‚Emanzipation'. So bekommt ‚Methode' die Bedeutung als „Weg zur Erlangung oder Wiedererlangung von Mündigkeit" (2005, 12). Also: UK und alle anderen Methodensammlungen sind nur Vehikel…

Abb. 9:
Individuelle Aspekte vor dem Hintergrund des gemeinsamen Handlungskontextes

Wir üben eine Vorgehensweise ein und wiederholen diese mit jeder weiteren Seite des Bilderbuches. Ist uns der Inhalt einer Seite vertraut geworden, beginnen wir mit der Erstellung einer eigenen Seite in Bild und Schrift. Über die gesamte Dauer entstehen so persönliche Bilderbücher mit Text. Gemeinsam begeben wir uns in jede weitere Szene, die Einstiegssituation bleibt nicht nur wieder allen Schülern zugänglich, sie erfährt nun – Seite für Seite, Szene für Szene - auch noch Variationen: die Kaninchen beginnen mithilfe großer Bildsymbole freundlich miteinander zu sprechen, sie werfen mit Müll und schimpfen miteinander, sie bauen Mauern und zerstören diese …
Für einige Schüler entspricht das Vertrautwerden mit dem Text zunächst der Qualität des Vor- und Nachsprechens. Durch die Ritualisierung beginnen sie aber bald, vertraute Texte, die sie mit der Szene und den Objekten assoziieren, eigenaktiv zu sprechen. Schüler, denen Lautsprache nicht zur Verfügung steht, zeigen große Freude beim Hören des vertraut gewordenen Textes und äußern sich mit Hilfe unterschiedlicher Kommunikationsmittel. Wir beobachten eine sich bereits entwickelnde Komplexität der Handlungskerne – wir unterstützen nicht mehr ausschließlich durch Reaktion auf unterstellte Intention. Es findet bereits eine Orientierung im Sinne einer Wahrnehmung des Kontextes statt (vgl. Pitsch/Thümmel 2005, 59). Dies entspricht den „Handlungskernen, die im weiteren Verlauf des Vorhabens weiter ausdifferenziert und zu komplexeren Einheiten zusammengefasst werden“ (vgl. Mühl 2004, 63).

Fachbezogenes Arbeiten

Durch die Ebene der inhaltlichen Gemeinsamkeit wirken „Synergien auf sozio-emotionaler, motivationaler und kognitiver Ebene“ (Hüning-Meier et al. 2007, 136). Aber auch die Verbindung unterschiedlicher Lernbereiche steigert die Effektivität „sowohl in qualitativer (Vernetzung von Lerninhalten, Motivation) als auch in quantitativer Hinsicht (mehr effektive Lernzeit)“ (ebd., 136).

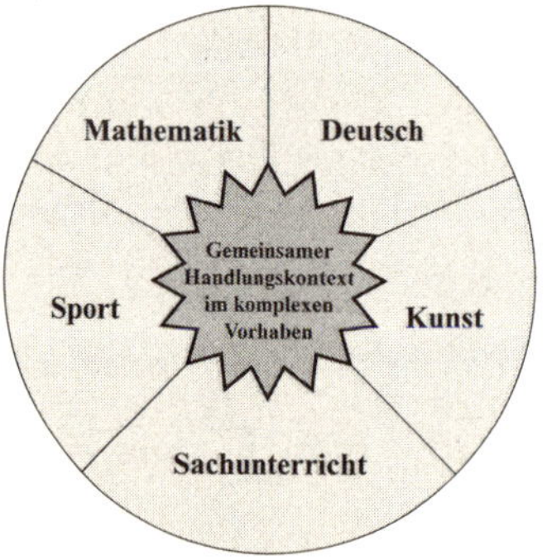

Abb. 10: Fachbezogenes Arbeiten vor dem Hintergrund des gemeinsamen Handlungskontextes

Deutsch	• den Text kennen lernen • den Text verschriftlichen • Kommunikationsstrategien erleben und erproben • nachsprechen und erzählen • im Snoezelraum Elemente des Textes erleben • ....
Kunst	• Bilder des Buches betrachten • Collagen erstellen: Materialien explorieren, sich Farben erschließen (Grün wie die Wiese, Grau wie das Fell, ...) • ... Gestaltung mit Ton • Material explorieren • Löcher formen • Werkzeuge kennen lernen • Techniken erkunden • Fachraum mit seinen Regeln kennen lernen • ...
Sachunterricht	• Müll als alltagsrelevant erkennen • Kategorien kennen lernen • Kategorien anwenden, Müll sortieren • ...
Sport	• in Löcher kriechen • „zusammen und allein", „dicht neben einander" • „schnell wie ein Fuchs laufen" • „hintereinanderher laufen" • „davon laufen" • Spiel „nachlaufen" kennen lernen • ...
Mathematik	• Mauern mit Klötzen bauen und dafür Reihen legen, Reihen stapeln • Mauern zweidimensional darstellen, Tonpapier entsprechend schneiden und anordnen • Mächtigkeiten vergleichen • Kategorien kennen lernen und anwenden (vgl. Sachunterricht) • ...

Tabelle 1: Exemplarische Darstellung der Umsetzung in verschiedenen Fächern zu folgendem inhaltlichen Kontext: Nickel wirft Müll auf die Wiese. Sie haben ständig Streit. Karni baut eine Mauer und Nickel reißt sie ab. Der Fuchs versucht die Kaninchen zu fangen.

Nicht jeder Fachbereich wird in jedes Komplexe Vorhaben integriert. Eine Integration findet nur statt, wenn sich diese inhaltlich und/oder durch die Materialien und Tätigkeiten anbietet. Dennoch sind im Rahmen aller anderen Unterrichtsangebote die Prinzipien der Ritualisierung, der Strukturierung und des Handlungsbezuges immer wirksam.

Im Laufe des gemeinsamen Entwicklungsprozesses finden sich bald auch außerhalb der Unterrichtssituation im engeren Sinne vielfältige Anknüpfungspunkte und Gelegenheiten, das Erfahrene auf die alltägliche reale Situation

zu übertragen: „Wir vertragen uns gut und sind nett und freundlich zueinander.“, „Wir streiten uns wie die Streitkaninchen.“, „Wir sitzen dicht beieinander – oder möchten das nach dem Streit nicht mehr.“, „Wir sind Freunde.“
Die Schüler entdecken die Anwendungsmöglichkeit dieses Begriffs auch außerhalb der Klasse und laden Freunde aus anderen Klassen ein. Sie haben an diesen Situationen teil und durch die gemeinsame Erfahrung und vielen Assoziationsmöglichkeiten einen Zugang zu ihnen. Exemplare der selbst erstellten Bilderbücher sind ständig zugänglich, auch die Arbeitsergebnisse der Komplexen Vorhaben zuvor und die nun bedeutsam gewordenen Originalbücher.
Mehrmals täglich erhalten die Schüler im Kreis Gelegenheit zu Situationen, in denen Bücher eingefordert, ausgewählt und sachgerecht angewendet werden. Die unterschiedlichen vertrauten Texte werden gehört, gesprochen, es wird gefragt, erzählt und kommuniziert. Auf diese Weise konnten wir Gelegenheits- und Zugangsbarrieren bezüglich der Tätigkeit des „gemeinsamen ein Bilderbuch lesen“ (vgl. Hallbauer 2007, 149) bearbeiten oder beseitigen. Die Schüler entwickeln Aufmerksamkeit für Müll, fühlen und explorieren ihn oder sie benennen und kategorisieren ihn. Die Mülleimer erhalten Bildsymbole und wir sortieren den in der Klasse anfallenden Müll sachgerecht.
Je länger und konsequenter wir im Rahmen Komplexer Vorhaben arbeiten, desto aufmerksamer und erfolgreicher gelingt den Schülern die Auseinandersetzung mit parallel angebotenen kleinen Vorhaben.

Literatur

Boujon, C.: Karni und Nickel oder Der große Krach. 4. Aufl. Landsberg, 2010

Degner, M.: Der TEACCH-Ansatz in der Schule für geistig Behinderte – theoretische Grundlagen und praktische Umsetzung. In: Boenisch, J.; Otto, K. (Hrsg.): Leben im Dialog. Karlsruhe, 2005: 286-305

Heymann, H. W.: Binnendifferenzierung - eine Utopie? in: Pädagogik H 11, Weinheim, 2010: 6 -11

Hallbauer, A.: Bücher lesen und Reime reimen – frühe Literacy-Erfahrungen für und mit UK Kids, in: Sachse, S.; Birngruber, C.; Arendes, S. (Hrsg.): Lernen und Lehren in der Unterstützten Kommunikation. Karlsruhe, 2007: 147 - 161

Horster, D.: Jürgen Habermas. Eine Einführung, 4. Aufl. Darmstadt, 2010

Hüning-Meier, M.; Bollmeyer, H.; Baunach, M.: Partizipation im Unterricht - Teilhabe an Bildung und Erziehung für alle Schüler einer Klasse, in: Sachse, S.; Birngruber, C.; Arendes, S. (Hrsg.): Lernen und Lehren in der Unterstützten Kommunikation. Karlsruhe, 2007: 135 - 146

Lage, D.: UK und ihre theoretischen Bezugssysteme – Auslegeordnung für eine behindertenpädagogische Konzeption, in: Boenisch, J. / Otto, K. (Hrsg.): Leben im Dialog. Karlsruhe, 2005: 40 -50

Lage, D.: Unterstützte Kommunikation und Lebenswelt. Eine kommunikationstheoretische Grundlegung für eine behindertenpädagogische Konzeption. Bad Heilbrunn, 2006

Lage, D.: Was wie wo welche Party? – Wie lehren und lernen wir Partizipation? In: Sachse, S.; Birngruber, C.; Arendes, S. (Hrsg.): Lernen und Lehren in der Unterstützten Kommunikation. Karlsruhe, 2007: 372 – 387

Mühl, H.: Handlungsbezogener Unterricht mit Geistigbehinderten. Materialien zur Planung und Organisation des Unterrichts. 6.Aufl. Bonn – Bad Godesberg, 1984

Mühl, H.: Handlungsbezogener Unterricht, in: Fischer, E. (Hrsg.): Welt verstehen. Wirklichkeit konstruieren. Dortmund, 2004: 53-74.

Pitsch, H.-J.;Thümmel, I.: Handeln im Unterricht. Oberhausen, 2005

Schatz, Y.; Schellbach, S.; Degner, M.: Kleine Wege. Ein Förderkonzept nach dem TEACCH Ansatz, in: Sachse, S.; Birngruber, C.; Arendes, S. (Hrsg.): Lernen und Lehren in der Unterstützten Kommunikation. Karlsruhe, 2007: 87 – 94

Schulte-Peschel, D.; Tödter, R.: Einladung zum Lernen. Dortmund, 1996

Renner, G.: Kultur der Unterstützen Kommunikation. In: Sachse, S.; Birngruber, C.; Arendes, S. (Hrsg.): Lernen und Lehren in der Unterstützten Kommunikation. Karlsruhe, 2007: 388 - 399

Bei dir klickt's wohl?

Lernsoftware in der Unterstützten Kommunikation

Claudia Pointner, Romana Malzer

Einleitung

„Katrin arbeitet fast eine Stunde begeistert und glücklich am Computer. Mit glühenden Wangen bemüht sie sich, die geforderten Cursortasten zu bedienen. Mehrfach bedeutet sie ihrer Mutter nachdrücklich, dass sie einen eigenen Computer wolle." (Buß 1999)

Das Eingangszitat zeigt, welche Motivation vom Computer ausgeht – sowohl für Kinder mit als auch ohne Lernschwierigkeiten. Renate Buß arbeitet in der Sonderschule von Katrin. Dort wird oft Lernsoftware im Unterricht eingesetzt. Katrin verwendet ein Kommunikationsgerät zum Kommunizieren und den PC zum Schreiben von Texten. Nach Aussage der Lehrerin „ist sie sich sicher, dass ohne den PC die Lernerfolge und die Möglichkeiten im Unterricht wesentlich geringer seien" (Buß 1999).
Dieses Praxisbeispiel zeigt sehr anschaulich, welche Möglichkeiten der Computer für Menschen mit Behinderung bietet – als zusätzliches Medium, das Katrin ungeahnte Möglichkeiten eröffnet, die sie sonst nicht hätte.

Die Einsatzbereiche von Lernsoftware in der Unterstützten Kommunikation sind sehr breit gefächert. Sie können beispielsweise in der Frühförderung zum Verstehen des Ursache-Wirkungsprinzips oder auch einfach nur mal zum „Spielen" (um den Computer als Medium kennen zu lernen) eingesetzt werden. Auch die Computerbedienung kann mit Hilfe von Lernprogrammen sehr gezielt trainiert werden – egal, mit welchem Eingabegerät der PC bedient wird. Ob nun ein Taster zur Steuerung verwendet wird oder ein alternatives Mauseingabegerät wie ein Trackball oder Joystick bis hin zur Augensteuerung. Jedes Eingabegerät muss erst kennen gelernt und verstanden werden. Doch damit sind die Möglichkeiten bei weitem noch nicht ausgeschöpft. Auch zum Erlernen von Kulturtechniken wie Lesen,

Schreiben oder Rechnen ist der Computer ein optimales Hilfsmittel – vor allem da das Material individuell ausgewählt und die Schwierigkeitsstufe ideal an die Bedürfnisse angepasst werden kann. Des Weiteren kann Lernsoftware für das Konzentrationstraining, zur Vermittlung lebensnaher Bildungsinhalte wie dem Umgang mit Geld oder auch zum weiterführenden kognitiven Training verwendet werden. Dem Einsatz von Lernsoftware sind kaum Grenzen gesetzt – noch dazu wo es viele Programme gibt, die mit den unterschiedlichsten Eingabegeräten gesteuert werden können und so für alle bedienbar sind.

Vorteile des Computereinsatzes

Welchen Vorteil bringt es, wenn der Computer zum Lehren und Lernen für Menschen mit Behinderung verwendet wird? Was bietet der PC, was herkömmliche Lernmaterialien nicht bieten? Im Folgenden werden einige der – für uns – essenziellen Vorteile aufgelistet.

Der Computer als ein zusätzliches Lernmedium

Der Einsatz des Computers kann eine sinnvolle Ergänzung zu herkömmlichen Lernmethoden und -materialien sein – er sollte diese ergänzen und nicht ersetzen. Zu seinen Stärken zählen hier u. a. die Möglichkeiten der multimedialen Aufbereitung von Lerninhalten (mit Bild, Text und Ton) sowie die Möglichkeit einer Testumgebung zum gefahrlosen Ausprobieren.

Der Computer als prothetisches Hilfsmittel

Gerade für körperlich beeinträchtigte Kinder kann ein Computer mit oder ohne spezielle Anpassungen ein unerlässliches Hilfsmittel sein, aktiv am Unterricht teilzunehmen und sich wichtige Inhalte des Lehrplans eigenständig anzueignen.

Der Computer als Werkzeug zur gezielten Förderung

Für die Förderung im kognitiven Bereich – auch für Menschen mit einer geistigen Beeinträchtigung – kann der Computer neue Zugänge öffnen und einen wertvollen Beitrag leisten. Ausschlaggebend hierbei sind gute Lernprogramme, die sich optimal an die Fähigkeiten und den Entwicklungsstand des Kindes anpassen lassen.

Erfahrungen der Selbstständigkeit und Wirksamkeit

Der Computer kann Menschen, die in vielen Bereichen starke Abhängigkeiten erleben, Erfahrungen der Selbstständigkeit und Wirksamkeit bieten, die sonst nicht möglich wären – sie können selbst etwas auslösen, ohne dass sie dazu die Hilfe eines Anderen brauchen.

Der Computer als „Pädagoge"

Ein Computer ist nie schlecht gelaunt, weist mit unendlicher Geduld auf Fehler hin, um schließlich – nach vielen falschen Eingaben – die erwartete, richtige Lösung mit einer lobenden Rückmeldung zu quittieren. So gelingt vielleicht auch eine Entlastung einer möglicherweise schon strapazierten Beziehung zu einem Kind mit Lernschwäche durch Auslagerung gewisser Bereiche auf den Computer, der geduldig immer das gleiche Feedback gibt.

Fehlermachen ist erlaubt

Der Computer reagiert stets sachlich und ist unermüdlich. Er lädt zum Probieren ein; Fehler sind nicht endgültig, sondern können korrigiert werden. Diese entspannte, spielerische Haltung fördert Neugier und vermindert Stress.

Motivation & Spaß

Computer sind „cool“ und üben eine große Faszination und Motivation aus. Immer wieder ist erlebbar, dass Fertigkeiten am Computer viel lieber trainiert werden als mit anderen Lernmaterialien, weil es einfach mehr Spaß macht!

Computerbedienung als Kulturtechnik

Der Umgang mit dem Computer ist mittlerweile zu einer wichtigen Kulturtechnik geworden. Ein PC begegnet uns häufig im Alltag (Fahrscheinautomat, Bankomat, Unterhaltungselektronik, ...). Deshalb ist es wichtig, dieses Medium kennen zu lernen und verwenden zu können.

Lern- und wahrnehmungspsychologische Überlegungen

Im Internet, in Technik-Shops und sogar in normalen Kaufhäusern wird eine Unmenge an Lernsoftware angeboten. Die Qualität dieser Software ist natürlich höchst unterschiedlich – was für ein Kind gut passt, ist für ein anderes völlig ungeeignet, da es zu leicht, zu schwierig, zu langweilig oder zu stressig ist. Was sind die Kriterien für Lernsoftware – speziell für Menschen mit Lernschwierigkeiten?

Lernen in Schritten

Ein Programm soll die Möglichkeit bieten, in kleinen Schritten bezüglich Schwierigkcit, Übungszeit oder Aufgabenanzahl lernen zu können. Hilfreich ist die Einstellung des Schwierigkeitsgrades, angepasst an die jeweiligen Fähigkeiten. Dazu ist meist ein erwachsener Begleiter (Elternteil, Lehrer, Therapeut, ...) notwendig. Nur Einstellungen, die optimal an das Niveau des Übenden angepasst sind, ermöglichen rasche Lernfortschritte. Diese Einstellungen sowie das aufmerksame Beobachten der Ergebnisse sind fachliche Herausforderungen, die kein Computer übernehmen soll.

Klarer Ablauf

Ein schneller Zugang zu den Übungen sowie klar und eindeutig erkennbare Aufgaben helfen, sich leicht im Programm zurechtzufinden. Auch die Anordnung und der Stil der Bedienelemente müssen möglichst intuitiv sein. Grundsätzlich sollte ein Handbuch (welches nur in den seltensten Fällen gelesen würde) nicht notwendig sein. Handlungsgeschichten rund um die eigentlichen Aufgaben sind aufgrund des zeitlichen Mehraufwands nur für das spielerische Üben zuhause geeignet.

Visuelle und auditive Gestaltung des Programms

Natürlich ist der erste Eindruck einer Software sehr wichtig. Viele handelsübliche Programme tendieren dazu, sehr bzw. zu viel an Hintergrundgrafik und -musik anzubieten. Um Neues zu lernen, muss die Aufgabe im Mittelpunkt stehen und die Musik und der Hintergrund dürfen den Benutzer nicht vom Lernen ablenken. Schon eine grelle Hintergrundfarbe oder ein schriller Ton können irritierend sein. Hilfreich ist es, wenn zwischen verschiedenen Versionen von Grafik und Musik (sowie der Feedbacks) gewählt werden kann. Zu den großen Herausforderungen an die Gestaltung einer Software gehört auch, die Medien, d. h. Bilder, Texte und Audiodateien, passend auszuwählen. Hier spielt die Zielgruppe eine wesentliche Rolle (Kinder, Jugendliche, Erwachsene).

Feedback

Die Rückmeldung bezüglich der Richtigkeit jeder Aktion soll akustisch und visuell eindeutig erfolgen. Auch nach einem Aufgabenblock (einer bestimmten Aufgabenanzahl oder Zeit) sollte dem Benutzer eine Rückmeldung gegeben werden, in der die Anzahl der richtigen und falschen Versuche sowie die Übungszeit dargestellt wird. Dies dient der Motivation für weiteres Üben beziehungsweise als Bestätigung für die erbrachte Leistung.

Ergebnisdokumentation

Auch wenn für viele Kinder eine Dokumentation der eigenen Leistungen nicht vordergründig wichtig ist, so kann diese langfristig eine höchst bestätigende Rückmeldung sein. Für Therapeuten ist die Dokumentation jeder Lernsitzung (Übungszeit und Datum, gelernte Themen, richtige Lösungen, ...) ihrer Klienten oft sogar verbindlich.

Am Computer lernen mit Begleitung

Auch wenn der Benutzer schon alleine am Computer üben kann; das Lernen sollte unbedingt von einem Erwachsenen begleitet werden. Dem Begleiter kommen hierbei bedeutende Aufgaben zu:

- Beobachtung der Bedienung: Kommt der Benutzer mit der Bedienung des Programms zurecht? Oder braucht er spezielle Einstellungen im Programm oder am PC?
- Beobachtung des Aufgabenverständnisses: Versteht der Benutzer die jeweilige Aufgabenstellung? Braucht er Hilfe durch die dargebotene Hilfsfunktion im Programm oder eine mündliche Erklärung?
- Wahl der richtigen (nicht zu leichten, aber auch nicht zu schwierigen) Einstellungen: Auch die Übungszeit oder die Aufgabenanzahl bestimmen den Aufforderungscharakter des Programms und müssen immer wieder kontrolliert und angepasst werden.
- Beobachtung der Lösungsstrategie: Kommen Lösungen nur nach dem Versuch-und-Irrtum-Verfahren zustande? Hier hilft oft geschicktes Nachfragen und Diskutieren mit dem Benutzer. Auch Vorzeigen und „Modell-Lernen“ ist hier eine Möglichkeit.

Mittlerweile gibt es eine ganze Reihe pädagogisch wertvoller Programme, die speziell für Menschen mit Behinderung entwickelt wurden. Sie berücksichtigen neben der didaktischen Aufbereitung der Inhalte auch die Tatsache, dass Menschen mit Behinderung oftmals einen Computer nicht mit der Standardmaus oder der normalen Tastatur bedienen können. Hierfür gibt es zahlreiche Mausersatzgeräte, die statt einer normalen Computermaus eingesetzt werden können – angefangen von relativ einfachen Geräten wie Trackball oder Joystick bis hin zu komplexeren Steuerungen wie Mundmaus oder Augensteuerung. Des Weiteren gibt es zahlreiche Arten von Tastaturen für die unterschiedlichsten Anforderungen. Aber auch die Bedienung des Computers nur mit einem, zwei oder drei Taster(n) ist möglich. Die hier vorgestellten Programme sind neben der Standardmaus mit allen genannten Eingabemöglichkeiten zu bedienen.

„KlickTool Literacy" - Bilderbuch am PC

Was haben Bilderbücher mit Literacy zu tun?

Seit einigen Jahren sind die Schlagwörter „Literacy" bzw. Schriftspracherwerb in aller Munde. Besonders hingewiesen wird hierbei oft auf frühe Literacy-Erfahrungen (z. B. Sachse 2006, Thiele 2007). Kinder sammeln laut Sachse schon früh Erfahrungen mit Schrift beim Anschauen und Vorlesen von Büchern, sie beobachten ihre Eltern beim Schreiben (z. B. eines Einkaufszettels) oder auch beim Lesen von Büchern und Zeitschriften. Das Lesen eines Bilderbuches wird von Snow und Goldfield als ideale Sprachlernform bezeichnet (Snow/Goldfield 1983).

Bilderbücher ansehen für Menschen mit Behinderung

Menschen mit Behinderung haben oft nicht die motorischen Fähigkeiten, selbst ein Buch in die Hand zu nehmen und durchzublättern oder beim Vorlesen selbst Einfluss zu nehmen (Hallbauer 2007). Hallbauer erwähnt, dass beim gemeinsamen Lesen eines Kinderbuches viele Faktoren eine Rolle spielen, wie zum Beispiel, dass der Benutzer sich selbst ein Buch aussucht, einfordern kann, dass etwas „noch einmal" gelesen wird oder auch das gezielte Beenden des Vorlesens („Ich mag nicht mehr!").
„KlickTool Literacy" ist ein Programm, das es dem körperlich eingeschränkten Benutzer ermöglicht, sich selbstständig Bilderbücher am Computer anzusehen und zu lesen.

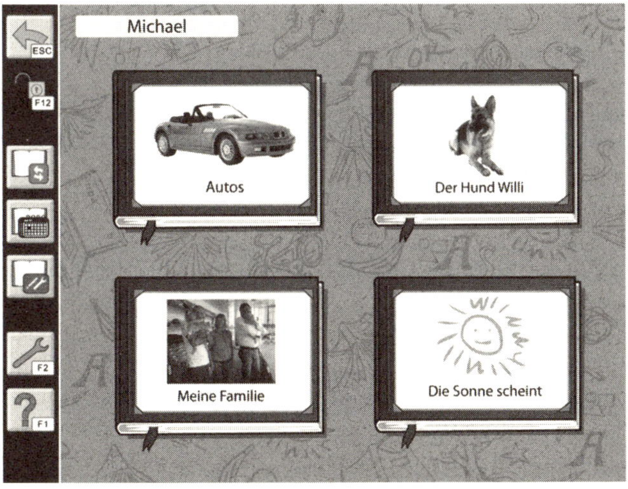

Abb. 1:Bilderbuchauswahl in „KlickTool Literacy"

Was kann „KlickTool Literacy"?

Das Programm enthält bereits einige fertige Bilderbücher für Menschen aller Altersgruppen, d.h. es ist sowohl für Kinder als auch für Erwachsene geeignet. Das Programm enthält aber nicht nur bereits mitgeliefertes Material, sondern bietet auch die Möglichkeit, Bilder und Videos einzupflegen und so eigene Bilderbücher zu erstellen.

Mit dem integrierten Editor kann sehr schnell und einfach ein eigenes Bilderbuch erstellt werden, das die Interessen des Benutzers individuell berücksichtigt. Es können Fotos und Videos in das Programm geladen und mit Text und Audioaufnahmen versehen werden. Eine besonders motivierende Anwendungsmöglichkeit ist es, Fotos von dem Benutzer zu machen und daraus dann ein Bilderbuch zu erzeugen – so existiert ein sehr individuelles Buch, in dem die Person selbst die Hauptrolle spielt.

Abb. 2: Beispiel für ein Bilder buch in „KlickTool Literacy"

Einsatzbereiche

Diese Software kann vom ersten Kontakt mit dem Computer an eingesetzt werden. Da das Programm auch nur mit einem Taster bedienbar ist und ein Bilderbuch so durchgeblättert werden kann, ist es hervorragend dazu geeignet, den Umgang mit dem Taster zu lernen.

Auch das Ursache-Wirkungsprinzip kann mit „KlickTool Literacy" gelernt bzw. das Verständnis nochmals gefestigt werden. Hierfür können beispielsweise Szenen aufgebaut werden, d. h. mit jedem Tastendruck kommt ein Element des Bildes dazu, bis das Bild komplett aufgebaut ist.

Ein weiterer großer Einsatzbereich ist natürlich der Schriftspracherwerb bzw. der Zugang zur Schrift für motorisch eingeschränkte Personen – speziell für diesen Anwendungsfall wurde das Programm konzipiert.

„Vorlesen ist toll! Je umfangreicher die frühen Literacy-Erfahrungen für ein Kind ausfallen, je umfassender und alltäglicher Schrift eine Rolle im

Leben seiner Familie spielt, umso größer ist die Chance, im Schriftspracherwerb erfolgreich voran zu kommen“ (Hallbauer 2007, 148).
Durch die – bereits aus dem Vorgängerprogramm „KlickTool AAC“ bekannte – 3-Klick-Technik ist individuellste Anpassung an das Lernziel möglich. Es kann beispielsweise eine Leseübung erstellt werden, d.h. beim ersten Klick erscheint der Text (welcher natürlich nur ein Wort, aber auch ein ganzer Satz sein kann), beim zweiten das Bild und erst beim dritten wird der Text vorgelesen. Ein weiterer möglicher Übungsablauf ist, dass Bilder benannt werden müssen. Das heißt, beim ersten Klick wird das Bild angezeigt, beim zweiten der Text und erst beim dritten wird der Text vorgelesen. Des Weiteren ist es genauso möglich, nur Bild und Ton zu verwenden und den Text wegzulassen.
Durch letztere Möglichkeit ergeben sich auch für die Therapie viele Möglichkeiten, das Programm einzusetzen, z. B. für Aphasiker, die ein Bild benennen müssen, bevor die „Auflösung“ als akustisches Feedback kommt.

„ChoiceTrainer AAC“ – Multiple-Choice-Tests am Computer

Der “ChoiceTrainer AAC” ist ein Programm zum Lernen und Üben mit Hilfe von Multiple-Choice-Tests. Die Übungen bestehen aus Bildern, Texten und Audioaufgaben und können breit gefächert eingesetzt werden. Auch das Erstellen von eigenen Übungen mit individuellem Material ist möglich.

Was kann „ChoiceTrainer AAC“?

Der „ChoiceTrainer AAC“ enthält bereits eine Reihe an Multiple-Choice-Übungen zum Thema „Jahreskreis“. Weitere Themenpakete sind in Arbeit, wie zum Beispiel „die Uhr“. (Dieses wird als Download zur Verfügung stehen.)

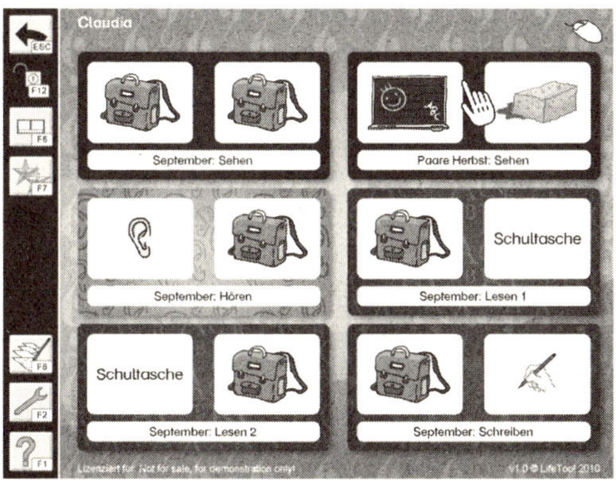

Abb. 3: Übungsauswahl im „ChoiceTrainer AAC“

Eine Übung besteht aus einem Frage- und mehreren Antwortkärtchen. Die Übungen lassen sich in vier Typen unterteilen:

- Sehen – Eine Sehübung wird zum visuellen Training eingesetzt. Das heißt, dass das Bild auf dem Fragekärtchen einem anderen Bild in den Antwortübungen zugeordnet werden muss. Anwendungsideen hier sind beispielsweise: Finden desselben Bildes, Bildhälften ergänzen, Bildausschnitte einem Bild zuordnen oder auch Assoziationsübungen (z. B.: "Was gehört zusammen?")

Abb. 4: Bildzuordnungsübung im „ChoiceTrainer AAC"

- Hören – Dieser Übungstyp wird zum auditiven Training eingesetzt. D. h. der Benutzer hört erst ein Geräusch oder ein gesprochenes Wort und muss dazu das richtige Bild finden. Oder umgekehrt: Als Fragekärtchen wird ein Bild angezeigt und der Benutzer muss aus mehreren Möglichkeiten das richtige Geräusch/das richtige Wort herausfinden. Für diesen Übungstyp können beispielsweise folgende Aufgabentypen erstellt werden: Geräusche zuordnen, Wortverständnistraining, Anlautübungen („Welches Wort beginnt mit …?"), Begriffe aus einem Satz heraushören oder das Auffinden von Reimwörtern.

- Lesen – Hier kann das Wort- oder auch Satzlesen trainiert werden. Als Fragekärtchen wird ein Bild angezeigt und als Antwortmöglichkeiten stehen mehrere geschriebene Wörter oder Sätze zur Verfügung. Auch hier kann die Übung umgekehrt durchgeführt werden, d. h. das Fragekärtchen ist der Text und die Antwortkärtchen sind die Bilder. Anwendungsbeispiele dieses Übungstyps sind das Kennenlernen von Buchstaben (Verwendung von Buchstabenkärtchen), das Erkennen gleicher Wörter, Trainieren des Ganzwortlesens oder auch Lese-Assoziationsübungen („Welche Begriffe gehören zusammen?" oder auch „Was ist das Gegenteil von …?").

- Schreiben – Mit dem "ChoiceTrainer AAC" kann auch das Schreiben trainiert werden. Oben wird das Bild angezeigt (und das Wort gesprochen) und unten muss das Wort geschrieben werden. Dazu werden für die Buchstaben Platzhalter angezeigt und darunter stehen mehrere Buchstaben zur Auswahl, die der Reihe nach in die Lücken eingefügt werden müssen. Diese Übung kann z. B. verwendet werden als Abschreibübung, für Diktate (Wörter oder Sätze nach dem Hören schreiben) oder auch für Rechenaufgaben, wo dann die Lösung eingegeben werden muss.

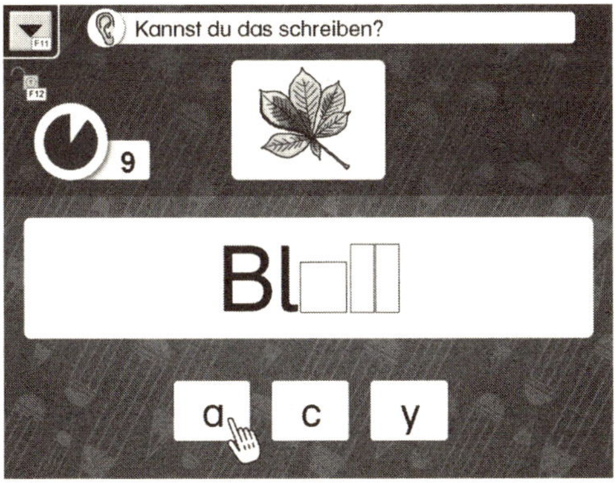

Abb. 5: Schreibübung im „ChoiceTrainer AAC"

Einsatzbereiche

Wie zuvor beschrieben, können die vier Übungstypen sehr breit eingesetzt werden. Außerdem können die Übungstypen auch sehr gut aufbauend verwendet werden. Hierfür sei folgendes Beispiel gegeben: Der Benutzer soll erst einmal eine Menge an Begriffen kennen lernen. Dazu kann er anfangs eine visuelle Übung lösen, bei der ein Bild vorgegeben wird. Hat er das gleiche Bild aus den Antwortkärtchen gefunden, wird das Wort gesprochen, und so lernt er den Begriff. Weiterführend kann eine auditive Übung durchgeführt werden – findet der Benutzer nach dem Hören des Begriffes das richtige Bild dazu? Wenn er die Begriffe gut kennt, kann man damit beginnen, dass er diese Begriffe als Schriftbild kennen lernt. Hier kann erst das Wort oben gezeigt und gesprochen und unten das Bild gefunden werden. Somit wird das gesprochene Wort mit dem Schriftbild gemeinsam präsentiert. Anschließend kann man die Übung so anbieten, dass oben das Bild und unten der richtige Text gefunden werden muss. Wenn der Benutzer das richtig gut kann, kann man versuchen, mit den gelernten Begriffen eine Schreibübung zu machen.

Mit dem „ChoiceTrainer AAC" können auch Mathematikaufgaben erstellt werden – zum Beispiel zum Erkennen von Mengen. Der Benutzer muss gleiche Mengen finden (3 Äpfel sind genauso viel wie 3 Birnen) oder auch

das Zuordnen von Zahlen zu Mengen. Es können auch Rechenaufgaben gestellt werden, d h. das richtige Ergebnis muss aus einer Auswahl herausgefunden oder selbst eingegeben werden. Eine weitere Möglichkeit ist, dass eine zweite Rechnung gefunden werden muss, die dasselbe Ergebnis liefert.
Im Fremdsprachenunterricht kann das Programm zum Vokabellernen eingesetzt werden. Viele kennen das Prinzip der „Lernkärtchen", wo auf einer Seite das deutsche und auf der anderen Seite beispielsweise das französische Wort steht. Für Menschen mit Beeinträchtigung kann man diese Lernkärtchen im „ChoiceTrainer AAC" als Lese- oder Schreibübung abbilden. Doch nicht nur „lautsprachliche Fremdsprachen" können so erlernt werden – auch Gebärden oder Symbole kann ein Benutzer mit Multiple-Choice-Tests trainieren.
Eine lustige und spannende Anwendungsmöglichkeit ist das Erstellen eines Wissenstests, mit dem man sich einerseits Wissen nach Lehrplan aneignen („Was frisst dieses Tier?" oder „Welches ist die Hauptstadt von …?"), andererseits aber auch die Interessen des Benutzers nutzen kann, um seine Aufmerksamkeitsspanne zu erhöhen („Wer spielt in diesem Film mit?", „Welcher Fußballspieler spielt in diesem Club?" oder „Wer singt dieses Lied?").
Besonders durch die Verwendung eigener Fotos, Bilder, Texte und Audiodateien können die Interessen der Benutzer zur Steigerung der Motivation individuell berücksichtigt werden und sie so zum Lernen motivieren.

Fazit

Lernsoftware in der Unterstützten Kommunikation hat sehr vielfältige Einsatzbereiche und bietet ungeahnte Möglichkeiten. Bei der Auswahl ist besonders wichtig, dass das Programm individuell an die Interessen, Fähigkeiten und Bedürfnisse des Benutzers angepasst werden kann. Mit Hilfe des Computers sind viele Ziele erreichbar, die ohne diesen nicht möglich wären – geht es nun um die Kommunikation, das Erwerben von Fertigkeiten (wie zum Beispiel Lesen oder Schreiben) oder einfach nur um die Teilhabe an (Freizeit-) Aktivitäten im Alltag.

Abb. 6: Begeisterung beim Arbeiten und Lernen am Computer (Foto: Claudia Pointner)

Literatur

Buß, R.: Katrin – Integration einer schwer mehrfach behinderten Schülerin in der Grundschule, in: Lamers, W. (Hrsg.): Computer und Informationstechnologie – Geistigbehindertenpädagogische Perspektiven, Düsseldorf, 1999: 222-230

Hallbauer, A.: Bücher lesen und Reime reimen – frühe Literacy-Erfahrungen für und mit UK Kids, in: Sachse, S.; Birngruber, C.; Arendes, S. (Hrsg.): Lernen und Lehren in der Unterstützten Kommunikation, Karlsruhe, 2007: 147-161

Sachse, S.: LiterAACy – Schriftspracherwerb und UK., in: Unterstützte Kommunikation, Karlsruhe, 4/2006: 13-17

Snow, C. E.; Goldfield, B. A.: Turn the page please. Situation-specific language acquisition, in: Journal of Child Language, 1983: 551-570

Thiele, A.: Interaktives Bilderbuchlesen als Fördermaßnahme der frühen Kommunikations-, Sprach- und Schriftsprachentwicklung unterstützt kommunizierender Kinder, in: Handbuch der Unterstützten Kommunikation, Karlsruhe, 2007: 07.008.008-07.008.015

Altes Wissen in neuen Rechnern

Unterstützte Inklusion mit der Lese- und Schreibsoftware Multitext[1]

Arvid Spiekermann

Lesen ist das grenzenloseste aller Abenteuer der Kindheit! – Astrid Lindgren
Lesen stärkt die Vorstellungskraft, ist ein Schlüssel zur Sprache, zum Denken, zum Lernen! – Prof. Dr. Michael Charlton, Universität Freiburg

Lesen und schreiben können sind unverzichtbare Kompetenzen, die berufliche Qualifikation, Selbstständigkeit und kulturelle Teilhabe sichern und ermöglichen. Insofern sind sie ein zentraler Bildungsinhalt, dessen Vermittlung als Grundrecht anzusehen ist. Der englische, die Sprach-, Lese- und Schreibfähigkeiten weit mehr umfassende Begriff „Literacy" hat sich in Deutschland bisher nicht durchsetzen können und es gibt immer noch kein vergleichbares deutsches Wort – die wörtliche Übersetzung Literalität hilft da auch nicht weiter. „Literacy" umfasst in seiner Bedeutung auch jene Kompetenzen, die dem Schriftspracherwerb im engeren Sinne vorausgehen, d. h. auch sehr basale Fähigkeiten. Dieser sehr weit gefasste Begriff führt dazu, dass es grundsätzlich keine behinderungsbedingten Kriterien gibt, die es rechtfertigen könnten, einer Person den Zugang zum Schriftspracherwerb zu verweigern. In diesem Beitrag soll dargestellt werden, wie sehr eine erfolgreiche inklusive Beschulung von der frühen Ermittlung des Hilfsmittelbedarfes abhängt und an welcher Stelle leider immer noch falsche Entscheidungen getroffen werden, wenn die notwendigen Hilfsmittel nicht bekannt oder vorhanden sind.

Fallbeispiel Jonas

Jonas ist ein aufgeweckter Junge, er wurde mit einer ICP geboren, kann nicht laufen und saß zum Zeitpunkt seiner Schulaufnahme im manuellen Rollstuhl. Bei der Schuluntersuchung wurden ihm Schreib- und Zeichenaufgaben gestellt, die er mit seiner funktionierenden Hand ausführen sollte. Weder Stifthaltung noch Stiftgebrauch war altersgerecht, eine Schere konnte er überhaupt nicht benutzen und die Rückschlüsse, die die beobachtende Sonderschulpädagogin machte, waren entsprechend. Jonas wurde als eher praktisch bildbar betrachtet, ein Erlernen der Schrift wurde als unwahrscheinlich gesehen. Daraufhin kam er in eine Sonderschulklasse für Kinder mit geistiger Behinderung, wie es damals noch hieß, und ein Schreibunterricht fand nur in winzigen Anteilen statt. Eine Integrationsmaßnahme an der nächsten Grundschule konnte wegen des Rollstuhls nicht umgesetzt werden. Dass Jonas sich Handy-Nummern problemlos merken konnte, wurde als Inselfähigkeit abgetan. Viele Jahre später wurde in der Beratung klar, dass der nicht betroffene Arm eigentlich der nicht dominante, also zum Schreibenlernen der falsche war, denn Jonas versuchte eigentlich immer noch, mit seinem betroffenen Arm zu schreiben, was aber durch die Spastik nicht möglich war. Das Umtrainieren auf den nicht-dominanten Arm blieb weiterhin erfolglos. Jonas kann aber auf Tastaturen tippen. In seiner Klasse gab es bis dahin jedoch keine Computer.

Verkannte Kompetenzen?!

In der Beratung unterstützt Kommunizierender ist die schulische Schreibförderung ein wichtiger Arbeitsschwerpunkt, besonders bei der Unterstützung von integrativen Beschulungen körperbehinderter Kinder.
Für den Bereich der Integration und Frühförderung von Kindern mit einer Infantilen Cerebralparese liegen immer noch zu wenige gesicherte Daten vor. Es gibt keine Übersicht über die Verteilung auf linksseitig oder rechtsseitig betroffene Hirnläsionen, was für diesen Arbeitsbereich entscheidend wäre. Die Kinder können auch erst statistisch erfasst werden, wenn sich die Behinderung sichtbar manifestiert. Der Datenschutz verhindert hier eine sehr früh ansetzende Weichenstellung, die bei vielen Eltern dann eher zufällig und oft durch engagierte Therapeuten und Pädagogen geschieht. Die schriftsprachlichen Probleme dieser Kinder mit einer leichten CP treten ja erst im Schulalter mit dem Misserfolg beim Lesen und Schreiben auf und dann ist es für eine systematische Erfassung und entsprechende Therapie sehr spät. Eine Auswertung von Integrationsmaßnahmen und eine detaillierte Auflistung der Punkte, die verbesserungswürdig sind, wären in Zukunft sicher wünschenswert.
Grundlage hier sind hauptsächlich die Auswertungen der externen Beratung von 545 Kindern im DRK Schul- und Therapiezentrum Raisdorf während der Jahre 1997 bis 2011. Durch den direkten Vergleich von Kindern mit ähnlichen Körperbehinderungen von der Frühförderung über die Einschulung bis zur Schulentlassung kann dargelegt werden, welche Förderangebote am erfolgreichsten waren. Gemeinsamkeiten wurden deutlicher und konnten von Zufällen getrennt werden.

Für das Verständnis der Schwierigkeiten, die ein Kind mit Cerebralparese (CP) beim Erlernen von Schriftsprache hat, müssen wir uns mit der Situation im Gehirn des Kindes beschäftigen, auch wenn dies kein neurobiologischer Fachartikel ist. Krüger (2011), der die kindliche Hirnentwicklung ausführlich darstellt, beschreibt besonders die Schwierigkeiten, bildhafte Objekte wie Buchstaben in den zuständigen Hirnarealen abzuspeichern, wenn die Strukturen nicht dafür ausgebildet oder biologisch angelegt wurden. Da die Gehirnzellen beim Baby bereits alle vorhanden sind, kommt es auf die Verbindungen zwischen den Zellen an, die ein höheres Denken ermöglichen. Mit jeder Aktion des Babys bilden sich erst die Synapsen, die nach einer gewissen Wiederholung dann gefestigt werden und später ein Abrufen von höheren, komplexen Hirnleistungen ermöglichen.

Bei Kindern mit einer CP verläuft die gesamte kindliche Entwicklung seit der Geburt anders. Wenn sich ein Kind seit der Geburt nicht richtig bewegen kann, bedeutet dies überhaupt nicht, dass es zu einer Einschränkung der Intelligenz kommen muss. Es bedeutet aber, dass dem Kind viele Erfahrungen fehlen, die im Gehirn die Bahnen und Synapsen anlegen, um später höhere kognitive Funktionen erledigen zu können. Einfach formuliert: Ein Baby, welches durch eine Fehlsteuerung der Grobmotorik nicht rollen und krabbeln kann, muss sich die Vorstellung des Raumes anders erarbeiten. Beim Erkennen des Buchstaben „O" ist er für dieses Kind nicht sofort als Kreis erkenntlich, denn die Erfahrung eines Kreises beim Robben und Krabbeln fehlt oft ganz. Vergleicht man CP-Kinder mit einem ähnlichen Stand und begleitet man diese über Jahre hinweg, wie wir es in unserem Förderzentrum können, so fällt auf, dass die Fähigkeit zur Kompensation einer zerebralen Schädigung mit der gesamtmotorischen Beweglichkeit korreliert (Spiekermann 2003). Je besser sich ein Kind bewegen kann, desto größere Entwicklungsschritte macht es im Vergleich zu den anderen Kindern, die bei der Einschulung als gleich eingestuft wurden. Hier setzen wir in der Therapie an und versuchen vielfältige Lage- und Raumerfahrungen zu unterstützen sowie frühe Hilfsmittelversorgungen mit Fahrrad oder E-Rollstuhl umzusetzen.

Während nichtbehinderte Kinder monatelang alle Gegenstände mit der Hand erkunden, um sie „begreifen" zu können und damit die Grundlage für höhere Erkenntnisstufen legen, z. B. ob etwas in einem Gegenstand versteckt ist oder was man damit machen könnte, fehlt dies den CP-Kindern wegen der oft persistierenden Reflexe oder eines erhöhten Muskeltonus.

Diese große Bandbreite an Vorläuferfähigkeiten wird im Babyalter selten mit dem Schreiben in Verbindung gebracht, man kann aber später sehen, wie sehr die Kinder dadurch gehindert werden, ihre Gedanken zu Papier zu bringen. Es hilft dem Kind nur wenig, wenn man ihm einen dicken Stift mit den bekannten Schreibhilfen in der Hand befestigt, eine solche Art zu schreiben mag zwar erfolgreich aussehen, sie wird aber immer zu langsam und viel zu anstrengend sein, um in einer Regelschulklasse mithalten zu können. Während die anderen Kinder neue Buchstaben durch Motorik, Sensorik, Sprache und viele spielerische Übungen erlernen, bleiben dem CP-Kind oft nur wenige Übungen, mit denen es zurechtkommen muss. Ganzheitliche Entwicklungen, wie sie von den meisten Kindern selbstverständlich durchlaufen werden (z. B. Buchstaben lesen, malen und mitsprechen), werden Kindern mit CP oft nur nacheinander und sogar auf verschiedene Therapie- und Förderangebote aufgeteilt angeboten.
In vielen therapeutisch-pädagogischen Konzepten wird bei schweren motorischen Problemen auf die Schreibförderung verzichtet. Z. B. wird nach einem neueren therapeutischen Ansatz mit dem Assistant Arm Assessment die motorisch funktionierende Hand in der Therapie trainiert, die spastische Hand wird dagegen als „Assistant Arm“ (Assistenzarm) eingestuft und entsprechend auch nur „assistierend“ eingesetzt (Romein 2008). Auch hierbei erlernen die Kinder das Schreiben mit der nichtparetischen Hand nicht, anders als bei neurologischen Erkrankungen im höheren Alter wie etwa bei Schlaganfallpatienten, wo sich dieses Vorgehen sehr bewährt hat. Die Händigkeit eines Menschen ändert sich nicht nachträglich (Siebner 2007).

Eine Förderung jedoch, die den ganzheitlichen Aspekt aus den Augen und sich im Training von Teilkompetenzen verliert, kann nicht zielführend sein. Es fehlt hier die Möglichkeit, diese ganzen senso-motorischen Bereiche zusammen zu bringen und aktive Schriftsprache untrennbar mit Lautbildung zu üben. Der komplexe, ganzheitliche Prozess des Schriftspracherwerbs wird hierdurch erschwert. Ohne eine Zusammenführung der Teilkompetenzen wird das Kind immer unterhalb seiner kognitiven Möglichkeiten bleiben (Spiekermann 2002).

Ohne die Möglichkeit, sich umfassend und seinen kognitiven Möglichkeiten entsprechend schriftsprachlich zu äußern, wird sich auch die schulische Laufbahn entscheidend verändern. Ohne diese wichtige Kulturtechnik kann ein körperbehindertes Kind zwar die Grundschule integrativ durchlaufen, spätestens ab dem Ende der vierten Klasse muss das Kind aber seinen Fähigkeiten entsprechend eingestuft werden. Bei diesen Kindern besteht zu dem

Zeitpunkt eine große Diskrepanz zwischen den körperlichen und den kognitiven Möglichkeiten. Lehrer an einer Regelschule sind mit dieser Problematik verständlicherweise selten vertraut bzw. noch viel seltener Experten für motorische Hilfsmittel und das Kind kann nur nach seinen offensichtlichen körperlichen Fähigkeiten weiterführend beschult werden.

Fallbeispiel Hannah

Hannah ist auch ein Kind mit Infantiler Cerebralparese, sie kann am Rollator oder im NF-Walker laufen. Bei Hannah ist das Sprechorgan von der Spastik mit betroffen, sie artikuliert sehr verwaschen. Trotz des sehr erfolgreichen Einsatzes des Kieler Leseaufbaus und seiner lautbegleitenden Gebärden kann sie gehörte Buchstaben nicht wieder erkennen. Wenn sie am PC schreibt, schaut sie sich nach jedem Wort zur Mutter um und fragt, ob das so richtig sei. Die Arbeit erscheint dabei viel mühsamer und fehlerhafter, als es bei ihrem wachen Charakter eigentlich nötig sein müsste, trotzdem fängt sie am nächsten Tag immer wieder sozusagen von vorne an. Konsonanten im Wort bleiben für sie nicht erkennbar.
Beim Schreiben mit Multitext hört sie fasziniert auf die Sprachausgabe, die sie über große Kopfhörer deutlich wahrnehmen kann. Sie genießt diese neue Möglichkeit, sich Wörter „vorzusprechen" und benötigt die Kontrolle durch andere Personen ab sofort überhaupt nicht mehr. Zur Pause muss sie aufgefordert werden, da sie sonst immer weiter schreiben möchte. Ihre Gedanken entwickeln sich immer weiter und sie beginnt, an Geschichten zu arbeiten.

Multitext als ein Baustein einer ganzheitlichen Förderung

Der Gebrauch der geschriebenen Schrift ist für die meisten Kinder und deren Eltern sicherlich das höchste Ziel des Schulbesuches. Neben den zahlreichen therapeutischen und pädagogischen Ansätzen, lautbegleitenden Gebärden, den Lernprogrammen und den bekannten Schreibhilfsmitteln arbeiten wir daher intensiv mit dem Programm Multitext. Es gibt auf dem Markt andere bzw. ähnliche Programme, aber wir haben uns in der Einrichtung auf das bei uns beliebteste fest gelegt, damit wir unsere Schüler und Lehrer nicht durch den Gebrauch von unterschiedlichen Schreibprogrammen in den Klassen unnötig verwirren. Es ist schon eine Herausforderung, mit den immer neuen Versionen der bekannten Office-Schreibprogramme Schritt zu halten und dann verschiedene Versionen auf ungleich alten Rechnern in einer Klasse einsetzen zu können. Daher wird also nur über den Einsatz von Multitext berichtet, die Punkte gelten inhaltlich aber auch für vergleichbare und gleich gute Software.

Kompensation motorischer und sensorischer Beeinträchtigungen

Multitext ist eine Kommunikationssoftware für das Erlernen und Nutzen der normalen Schriftsprache. Die zahlreichen Zusatzfunktionen erlauben Kindern mit Sprach- und Sprechstörungen in einer schneller lernenden Umgebung einer „Schule für Alle" mitzuhalten. Die Software kann bei der Krankenkasse als persönliches Hilfsmittel beantragt werden, sie soll nicht von den Eltern bezahlt werden.
Selbstverständlich setzen wir auch begeistert kindgerechte Spiele und Lernprogramme am PC ein, die an anderer Stelle beschrieben wurden (Spiekermann 2006), hier soll es jedoch nur um das Schreiben gehen. Auch der positive Effekt von Musik auf das Festigen von Buchstaben (ders. 2009) und das sehr zum Lautbilden motivierende Singen (Musselwhite 2003) wurde bereits an anderer Stelle beschrieben.

Besonders Kinder mit einer Infantilen Cerebralparese profitieren von diesem Hilfsmittel, da sie möglicherweise vor dem Hintergrund einer erworbenen falschen Händigkeit nicht flüssig mit der Hand schreiben können (Spiekermann 2005). In diesem Fall sind mit der Hand nur gerade Striche möglich, geschwungene Bögen gelingen nicht oder nur krakelig und großflächig, an einer Tastatur jedoch können sie durch geraden Tastendruck ohne Spastik schreiben.
Hintergrund ist der kurzzeitige Sauerstoffmangel während der Geburt, der zu der CP führte. Bei einer nur kurzzeitigen Unterversorgung von Nährstoffen und Sauerstoff leidet der motorische Bereich des Hirncortex, der unter der Geburt stark erregt wird, am meisten, während die zu diesem Zeitpunkt nicht aktiven Bereiche (z. B. schmecken, sehen usw.) nur selten betroffen sind. Da das Gehirn einen großen Anteil der aufgenommenen Nahrung benötigt und keine Reserven für solche Ausfälle (Nabelschnur wird z. B. im Geburtskanal abgedrückt) anlegen kann, ist der Schaden in den motorischen Zentren verständlicherweise größer (Krüger 2011). Zu diesem Zeitpunkt ist durch die motorische Beanspruchung im Geburtskanal nur das motorische Areal des dominanten Cortexes aktiv und deswegen auch von der Schädigung betroffen.

Eine entsprechende Befunderhebung gestaltet sich bei CP-Kindern sehr schwierig, nicht nur weil die Problematik immer erst viel später sichtbar wird. Denn mit einer spastischen Hand kann man keinen Händigkeitstest durchführen, für den grundsätzlich beide Arme gleichberechtigt und motorisch gleichwertig sein müssen. Es gibt aber deutliche Anzeichen, die man in einer reproduzierbaren Testsituation beobachten kann. Die "Indikatoren für eine unerkannte falsche Händigkeit“ sind in einer Broschüre des Deutschen Verbandes der Ergotherapeuten mit vielen anderen Therapiemöglichkeiten zusammen gefasst (Spiekermann 2007). Erst wenn die Frage der Händigkeit geklärt ist, wird deutlich, warum die Versuche, mit der Hand zu schreiben, nicht erfolgreich waren.

Ein großer Vorteil in der Schreibförderung am Computer liegt darin, dass die Buchstaben auf der Tastatur und damit zum Abruf bereit stehen, während das Kind bei der Handschrift bei jedem Buchstaben eines Wortes überlegen muss, in welche Richtung die Bewegung gehen soll und dann mit der Motorik kämpft. So kann das Kind am Computer zu einer wesentlich höheren Schreibgeschwindigkeit gelangen. Bei Integrationsklassen kann dann je nach Wunsch eine Tastatur mit kleinen oder großen Buchstaben eingesetzt werden, so wie die Schrift in dieser Klasse eingeführt wird. Auch eine farbig unterteilte Tastatur unterstützt die schnelle Erkennung von Buchstaben und Sonderzeichen und erleichtert die Bedienung.

Durch die inzwischen verbreiteten Netbooks lässt sich auch für Rollstuhlfahrer überall leicht eine Schreibsituation schaffen, z. B. in einer Turnhalle während eines Sportfestes. Ein Trackball erleichtert die Mausbedienung erheblich. Ein Drucker, eine Lautsprecheranlage oder der bei Jugendlichen so wichtige Internetanschluss lassen sich inzwischen leicht per Funk verbinden, und den Ideen sind dann kaum noch Grenzen gesetzt. Die weiteren Eingabemethoden hängen dann von dem Ausmaß der motorischen Behinderung ab, bei schweren Bewegungsstörungen kommen dann die erst seit wenigen Jahren sehr erfolgreichen Augensteuerungen ins Spiel. Wie bereits oben erwähnt, haben Kinder mit einem leichten perinatalen Hirnschaden in den meisten Fällen kaum Einschränkungen im Sehen, auch bei schweren Athetosen ist nur die äußere Augenmuskulatur betroffen, was diese Geräte inzwischen ausgleichen können. Diesen Menschen ermöglichen wir über eine Bildschirmtastatur einen Zugang zur Schrift.

Für ein Kind mit ICP bedeutet die Konsequenz möglicherweise, dass bereits ab dem ersten Schultag ein PC mit Multitext und Sprachausgabe vorhanden sein muss. Bei vielen Beratungen von Integrationsmaßnahmen wurde deutlich, dass die Betreuer diese Anschaffung auf später, wenn das Kind dann „richtig“ schreiben soll, vertagen. Bis dahin ist die Klasse aber sehr weit voran gekommen und der Abstand ist bereits unnötigerweise groß geworden.

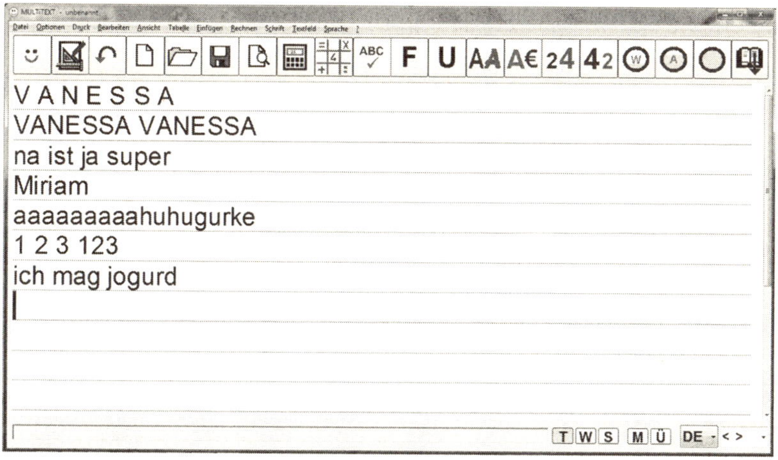

Abb. 1: Multitext mit größerer Schrift, großen Symbolen für die wichtigsten Befehle, einer reduzierten Menüauswahl und roten Hilfslinien

Kompensation sprachlicher Beeinträchtigungen

Die optional erhältliche Sprachausgabe von Multitext ermöglicht Kindern, sich das selber Geschriebene nach jedem Buchstaben neu vorlesen zu lassen. Besonders wenn es einen dysarthrischen Anteil der Behinderung gibt, kann sich das Kind Wörter nicht selber vorlesen und neue Synthesen bilden. Es hat sich gezeigt, dass gerade das deutliche Vorlesen von Fehlern den Kindern erst die selbstständige Korrektur ermöglicht. Hier erkennt man einen großen Unterschied zu kostenlosen Sprachausgabeprogrammen, deren Sprachausgabe dafür (immer noch) viel zu undeutlich ist und den Kindern nicht auf die nächste Entwicklungsstufe hilft. Über einen Kopfhörer kann die Funktion auch in einer ruhigen Klasse und ohne die Gefahr des Mithörens durch andere Kinder z. B. beim Rechnen genutzt werden.

Kompensation von Beeinträchtigungen im Bereich der Wahrnehmung

Hilfslinien auf dem Papier sind in der Grundschule eine Selbstverständlichkeit. Wird ein Rechner benutzt und ein übliches Schreibprogramm eingesetzt, lassen sich diese nicht darstellen. Multitext bietet Hilfslinien in verschiedenen Farben, damit auch Kinder mit Sehschwächen den Bildschirm besser lesen können. Es scheint so zu sein, dass Hilfslinien Kinder sehr zum Vollschreiben motivieren, anders als ein leeres Blatt oder ein weißer Bildschirm, was ein positiver Nebeneffekt ist. Auch die Kästchen des Rechenpapiers lassen sich auf dem Bildschirm darstellen, Multitext gibt eine große Unterstützung, wenn z. B. bei einer Summe die Schreibrichtung unter dem Strich umgedreht wird, um die Einer als erstes zusammen zu zählen. In den höheren Klassen werden Funktionen wie z. B. der Zirkel oder das Geodreieck genutzt, da die Kinder einen echten Zirkel nicht benutzen können.

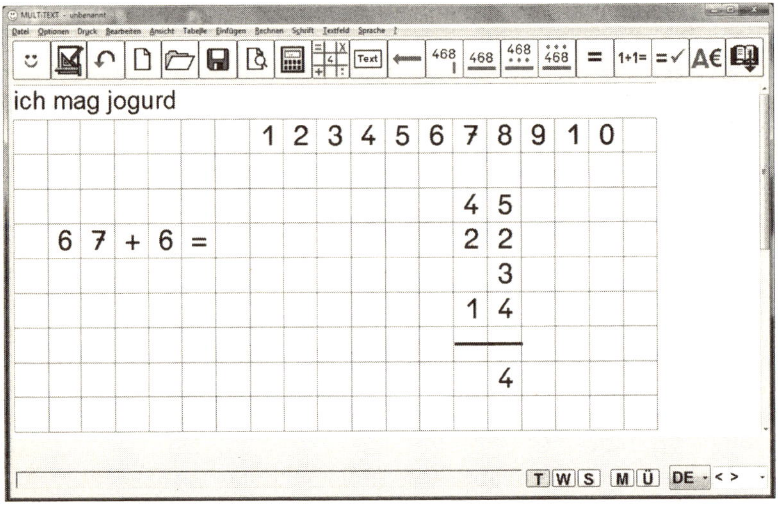

Abb. 2: Rechenkästchen und die Möglichkeit, verschiedene Rechenaufgaben manuell mit akustischer Rückmeldung durch zu führen

Multitext im Unterricht

Multitext wird einfach zum Schreiben benutzt und in den Unterricht integriert. Es ist kein Trainingsprogramm und erfordert keine Auswertung, weshalb die häufig gehörte Scheu vor einem Einsatz unbegründet ist. Denn was motiviert mehr zum Schreiben als ein fertig ausgedruckter Brief und die folgenden Reaktionen? Es ist auch keine Schulung notwendig, die Anpassung an den Schüler ist einmalig und schnell erledigt. Es bietet sich an, eine Kurzanleitung mit den in der Einrichtung üblichen Einstellungen zu verteilen. Es ist wichtig, zu vermitteln, dass Multitext den Unterricht bei dem unterstützt, was die Lehrer vorhaben und nicht vorgibt, was ab jetzt zu tun sei. Die Bereitschaft, sich auf ein neues Medium einzulassen und das Vermeiden von unbewussten Ängsten kann für den Erfolg einer Integrationsmaßnahme entscheidend sein.

Erst in den höheren Klassen wird sich jemand mit den vielen Möglichkeiten des Programms beschäftigen müssen, oft gibt es bereits eine Schulbegleitung, die dafür zuständig ist. In dem Programm kann ein schwer körperbehindertes Kind mit einem Zirkel zeichnen, mit einem Geodreieck arbeiten und Winkel berechnen, also alles Tätigkeiten, die am Tisch mit den echten Werkzeugen undenkbar wären. Für den integrativen Besuch eines Gymnasiums können diese Funktionen entscheidend sein.

Wenn ein Scanner vorhanden ist, können morgens die Arbeitsblätter, die die Lehrkraft an alle Schüler verteilt, eingescannt werden und als Datei in Multitext beschrieben werden, so dass am Ende ein Ausdruck vorliegt, der in keinster Weise reduziert ist oder weniger wertvoll erscheint. Das nimmt wiederum der Lehrkraft die Angst, dem behinderten Kind nicht gerecht zu werden, weil es dann ja auch keine speziellen Aufgaben und keine zusätzliche Vorbereitungszeit benötigt. Sollten im Alltag besondere Probleme auftauchen, die eine Änderung oder eine neue Funktion des Programmes erfordern, so kann man sich an den Hersteller wenden und dort diese Funktion anregen. Durch die Rückmeldungen aus den Einrichtungen entwickelt sich dieses Programm erfreulicherweise an der praktischen Arbeit orientiert immer weiter.

Fallbeispiel Finn

Den Eltern von Finn wurde bereits vor dem Kindergarten klar, dass Finn trotz seiner schweren Körperbehinderung alles verstand und seine Umgebung genau beobachtete. Sie suchten daher nach spielerischen Möglichkeiten, seine mangelnde Handmotorik zu ersetzen. Mit Schaltern und Adaptern konnte Finn seine technische Ader ausleben und bereits im Kindergarten an vielen Spielen und Projekten teilnehmen. So waren alle Beteiligten vor dem Schulantritt bereits vorbereitet und es fand eine gemeinsame Besprechung statt, auf der die notwendigen Hilfsmittel wie höhenverstellbarer Tisch, PC, Drucker, Kuschelecke zum Ausruhen usw. organisiert wurden. Eine spezielle Tastatur mit größeren Tasten und Multitext wurden bei der Kasse beantragt und genehmigt. Finn konnte ab der ersten Schulwoche gemeinsam mit den nichtbehinderten Kindern die Buchstaben üben und schreiben. Es stellte sich heraus, dass in der Klasse noch weitere Kinder waren, die erhebliche Lese-Rechtschreibschwierigkeiten hatten und die zusammen mit Finn erfolgreich sein Multitext nutzen, eine ganz neue Interpretation der Integration in Form einer Arbeitsgruppe an Finns PC!

Literatur

Krüger, R.: Homo Significans: Der Mensch als Zeichenerzeuger, in: uk & forschung 1, Beilage der Unterstützte Kommunikation 1/2011: 4-20

Musselwhite, C.: Music all day long! Using Music to Jump-Start Language, in: Boenisch, J. Bünk, C. (Hrsg.): Methoden der Unterstützten Kommunikation, Karlsruhe, 2003: 106-121

Romein, E.: Tests unter der Lupe: Das Assisting Hand Assessment - ein neues Testverfahren, um die Effektivität therapeutischer Interventionen darzustellen, in: Ergotherapie & Rehabilitation 5/2008: 20-25

Siebner, H.: Can Left-Handedness be Switched? Insights from an Early Switch of Handwriting, in: The Journal of Neuroscience, 27/ 2007: 7847-7853

Spiekermann, A.: Unterstützte Kommunikation, in: Steding-Albrecht, Ute (Hrsg.): Das Bobath-Konzept im Alltag des Kindes. Ergotherapeutische Prinzipien und Strategien, Stuttgart, 2002: 193-199

Spiekermann, A: Lesen und schreiben lernen am Computer, in: Boenisch, J.; Bünk, C. (Hrsg.): Methoden der Unterstützten Kommunikation, Karlsruhe, 2003: 170-179

Spiekermann, A.: Empirische Studie über den Zusammenhang zwischen Händigkeit und Infantiler Cerebralparese, Vortrag auf dem RehaKind-Kongress Karlsruhe 29.4.2005

Spiekermann, A.: Kinder mit Körperbehinderung lernen lesen und schreiben, in: Becker, Heidrun (Hrsg.): Ergotherapie im Arbeitsfeld Pädiatrie, Stuttgart, 2006: 245-247 u. 258-259

Spiekermann, A.: Unerkannte falsche Händigkeit, in: Deutscher Verband der Ergotherapeuten (Hrsg.) Ergotherapie in der Pädiatrie, Karlsbad 2007: 35-36

Spiekermann, A.: Let´s make music as friends – and everybody is included!, in: Unterstützte Kommunikation 3/2009: 40-42

---

[1] Bezugsquelle: Hersteller von Multitext und Ansprechpartnerin technischen Fragen ist die Firma Hindelang Software; Anton-Bruckner-Str. 1; 87616 Marktoberdorf; Telefon 08342 / 9 87 78; E-Mail: info@hindelang-software.de, Internet: www.hindelang-software.de

UK inklusive im Erwachsenenalter

Standards in Unterstützter Kommunikation & Partizipation

Umsetzung der Unterstützten Kommunikation in einer Einrichtung für Erwachsene mit kognitiven und körperlichen Beeinträchtigungen

Peter Zürcher

Wie lässt sich UK in einer Einrichtung, in der Erwachsene mit unterschiedlichsten kognitiven und körperlichen Beeinträchtigungen leben und arbeiten, umsetzen? Und wie kann garantiert werden, dass die Thematik „Teilhabe", bei der Kommunikationsmöglichkeiten und -fertigkeiten ja eine wesentliche Grundlage bilden, zu einem festen Bestandteil des Gesamtkonzeptes wird? Aus diesen beiden Grundfragen heraus sind vier Standards zur Unterstützten Kommunikation und Partizipation (UK & P) entstanden. Sie sind als Absichts- und Zielerklärungen zu verstehen.

Die Einrichtung

Der Wagerenhof ist eine für die Schweiz verhältnismäßig große Einrichtung, in der auf einem großflächigen Areal über 220 erwachsene Menschen ab achtzehn Jahren mit unterschiedlichsten kognitiven und körperlichen Beeinträchtigungen leben und arbeiten. Eingebettet ist die über hundertjährige Einrichtung in eine Kleinstadt im Zürcher Oberland mit rund 30.000 Einwohnern. Sie umfasst einen Bauernhof mit Tieren, eine Gärtnerei sowie ein Mehrzweckgebäude und ein Hallenbad, welche auch für externe Anlässe genutzt werden.
Seinen Grundauftrag sieht der Wagerenhof darin, dass er individuell angepassten Lebens- und Arbeitsraum in einem offenen sozialen Umfeld bis zum Lebensende anbietet. Die dabei benötigte Begleitung und Betreuung basiert auf den Grundwerten Gleichwertigkeit und Bereicherung und versucht so im Rahmen von Empowerment und Normalisierungskonzept ein möglichst selbstbestimmtes Leben zu ermöglichen. Als kleines „Dörfli" verfügt die Einrichtung einerseits über eine umfassende Infrastruktur mit medizinischer Versorgung, agogischem Fachdienst, technischen Diensten, Küche, Einkaufsgeschäft, Coiffeur und Kinderkrippe. Andererseits ermöglicht die in den letzten fünf Jahren angestrebte Öffnung nach außen vielfältige Begegnungen mit der Bevölkerung von Uster.

Damit bewegt sich der Wagerenhof konzeptionell in Richtung eines „partizipationsbezogenen Teilhabekonzeptes" (vgl. Oberholzer 2009). In Abgrenzung zu traditionellen individuumsbezogenen Kundensystemen, bei der für alle ein abgestimmtes Leistungspaket geschnürt wird, versucht ein solches Konzept möglichst normalisierte Lebensräume zu bieten und zusammen mit den Menschen zu klären, was sie brauchen, um möglichst kompetent daran zu partizipieren. Denn es zeigt sich, dass die Ressourcen des Hilfesystems wie auch die ausgebildeten Fachkräfte dem Bedarf und den Bedürfnissen nie restlos zu genügen vermögen[1].

UK und Partizipation (UK & P) im Wagerenhof

Unterstützte Kommunikation (UK) gehört zu den Aufgabenbereichen des internen Fachdienstes Agogik, einer Supportdienstleistung der Leitung Agogik. Der Zusatz „Partizipation" (P), im Sinne von: sich wirksam erleben und für seine eigenen Belange, sein eigenes Leben einstehen können, dient zur Verdeutlichung, dass Kommunikation ja auch dazu dient, sich einmischen und einbringen zu können. Gleichzeitig umfasst UK & P als Teil der Fachstrategie der Gesamtorganisation aber auch einen übergeordneten Auftrag. Nebst Fachberatung und Hilfsmittelunterstützung, dem klassischen Auftrag der UK, braucht es auch eine koordinierende Stelle, welche die Implementierung und die Weiterentwicklung der Thematik in der Gesamtorganisation vorantreibt. Denn um ein partizipationsbezogenes Teilhabekonzept umsetzen zu können, muss miteinander kommuniziert werden können und müssen die individuellen Bedürfnisse der in der Einrichtung lebenden und arbeitenden Menschen bekannt gemacht werden.

Somit umfasst der Schwerpunkt UK & P folgende Aufgaben:

- Beratung/Prozessbegleitung: niederschwellige Anlaufstelle für Fragen rund um UK & P sowie Fachberatungen und Prozessbegleitung
- Hilfsmittelausleihe und Support: Ausprobieren können von Hilfsmitteln, Suche nach neuen Hilfsmitteln und technische Unterstützung
- Fortbildungen: obligatorischer Einführungskurs, vertiefende Kurse sowie Angebote für Fachpersonen UK & P
- Koordination zur Implementierung von UK & P in der Gesamtorganisation: konzeptioneller Aufbau und Weiterentwicklung der Thematik, Koordination zwischen den verschiedenen Bereichen

Unterstützt wird die Fachdienststelle, der etwa 60% Stellenprozente zur Verfügung stehen, durch sogenannte Fachpersonen UK & P. In jedem Arbeitsteam gibt es eine solche Fachperson, deren Aufgabe es ist, die Thematik der

UK & P in ihren Teams zu hüten und immer wieder aktiv mit Anregungen darauf hinzuweisen. Sie kann auch für die Verwaltung und Aktualisierung von Hilfsmitteln und Materialen beigezogen werden. Durch den regelmäßigen Austausch zwischen den Fachpersonen und der Fachdienststelle (Qualitätszirkeln) ergeben sich wertvolle Hinweise und Anregungen für die Weiterentwicklung der Angebote und des Konzepts.

Herausforderungen im Bereich UK in einer Einrichtung für Erwachsene

Nicht, dass die Umsetzung von UK beispielsweise im Schulbereich einfach wäre. Doch es stellt sich die Frage nach den Besonderheiten, die in einer Einrichtung für Erwachsene, die auch noch über eine gewisse Größe verfügt, Auswirkungen auf die UK haben können. Natürlich gibt es Potentiale: vielfältige Begegnungen auf den Wohngruppen, in den Arbeitsstätten und unterwegs auf dem Areal öffnen die Lebenswelt jedes Einzelnen. Die Möglichkeit, beispielsweise mit Gleichgesinnten Freundschaften zu schließen, ist größer als in einer kleinen Einrichtung. Für die Mitarbeitenden andererseits kann die Größe der Einrichtung den Vorteil bringen, dass Kurse und insbesondere niederschwellige Beratungs- und Informationsangebote durch interne Dienste abgedeckt werden.
Für den zeitintensiven Aufbau und die Weiterwicklung von UK als erschwerend oder als besonders herausfordernd angesehen werden die Tatsachen, dass Förderangebote wie Logopädie und therapeutische Einzelbegleitungen stark eingeschränkt sind oder gar von den Versorgern selbst bezahlt werden müssen. Allgemein verschiebt sich der Schwerpunkt in der Betreuung weg von der Förderung/Unterstützung in der Lebensplanung und Lebensbewältigung (Prozessbegleitung) hin zur Betreuung der Menschen im und durch den Alltag (Alltagsbegleitung).[2] Dies wird auch durch die arbeitsteilige Arbeitsorganisation unterstützt, durch die sich der Kreis der Betreuungspersonen erweitert und auf einer Wohngruppe bis zu zehn Personen umfassen kann. Am Arbeitsplatz kommen noch weitere Personen hinzu.
Was im Sinne des Normalisierungsprinzips durchaus positiv gewertet wird, kann sich für die UK erschwerend auswirken. Umso dringlicher ist deshalb die Klärung der Zuständigkeiten und der Prozessführung, damit im Sinne der zu begleitenden Menschen ein kontinuierlicher Aufbau der Kommunikations- und Teilhabemöglichkeiten gewährleistet ist. Eine Möglichkeit ist die Einführung eines Bezugspersonensystems. Doch leider zeigt sich in der Umsetzung, dass sich eine solchermaßen organsierte Betreuungsarbeit vorwiegend in der Begleitung durch den Alltag (Kleiderkauf, Verwaltung des

Taschengeldes usw.) erschöpft und es nur um Rande um eine Prozessführung geht. Dazu fehlen ein klarer Auftrag und die notwendigen Kompetenzen. Das Modell der Kooperation von Haisch (1999; siehe auch Zürcher 2004) zeigt auf, dass bei der Arbeitsorganisation oft vermeintlich betriebswirtschaftliche Notwendigkeiten der Ausgangspunkt sind, anstatt die Interessen der betreuten Personen. So herrscht beispielsweise häufig die Meinung vor, dass alle Betreuungspersonen alles machen müssen, statt sie nach ihren individuellen Kompetenzen einzusetzen. Deshalb darf gefragt werden, ob sich wirklich jede Betreuungsperson für eine Prozessbegleitung eignet.
Einerseits könnte also die Bezugsperson eine besondere Rolle bei der Umsetzung von UK & P übernehmen, andererseits müssen die Prozesse auch auf höherer Ebene begleitet und gesteuert werden. Denn nur bereichsübergreifende Systeme können eine durchgehende Begleitung bei Personalfluktuation und Gruppenwechseln gewährleisten.[3]
Jedoch lassen sich auch in einer Einrichtung für Erwachsene zeitliche und fachliche Ressourcen finden, die mithelfen Prozessbegleitungen zu unterstützen und voranzubringen. So zeigte sich, dass im Arbeitsbereich schon allein durch kleinere Arbeitsteams und geringere Personalfluktuation mehr Ressourcen für Prozessbegleitungen zur Verfügung stehen.

Auf dem Weg zur Teilhabe

Teilhabe (Partizipation) ist mehr als eine Teilnahme, ein Dabeisein. Auch Menschen mit Beeinträchtigungen können im Rahmen ihrer Möglichkeiten ihr Leben selbstbestimmt mitgestalten und somit Verantwortung für sich und ihr Leben übernehmen. Sie sind dabei auf besondere Unterstützung und Begleitung angewiesen. Kommunikationsförderung ist ein wichtiger Teil davon. Damit sie aber auf einen fruchtbaren Boden fällt, d.h. damit es sich überhaupt lohnt zu kommunizieren, müssen die Bemühungen zur Implementation in eine Gesamtstrategie eingebettet werden. Diese umfasst drei Ansätze, die auch schon in der Stellenbeschreibung des Schwerpunktes UK & P zum Tragen kommen:

- Die Gesamtorganisation muss förderliche Strukturen für Kommunikation und Partizipation gewährleisten, Barrieren abbauen, fachliche und zeitliche Ressourcen zur Verfügung stellen, wie auch im Dienste der Bewohner eine Koordinationsfunktion (Prozesssteuerung, einheitliche Hilfsmittel wie Piktogramme, Gebärdensammlungen usw.) übernehmen.
- Die Mitarbeitenden müssen niederschwelligen Zugang zu Bildung, Beratung und Hilfsmitteln haben.

- Die zu begleitenden Personen und die betreuten Mitarbeitenden werden in ihrer Lebenswelt, bei ihren Aktivitäten und mit ihren Ausdrucksmöglichkeiten ernst genommen und bekommen dabei die nötige Unterstützung und Begleitung.

Daraus entstanden vier griffige Standards zur UK & P in einer bildlichen Darstellung. Es sind dies Absichts- und Zielerklärungen, die eine gewünschte Norm vorgeben ohne diese jedoch in der Umsetzung einzuengen.

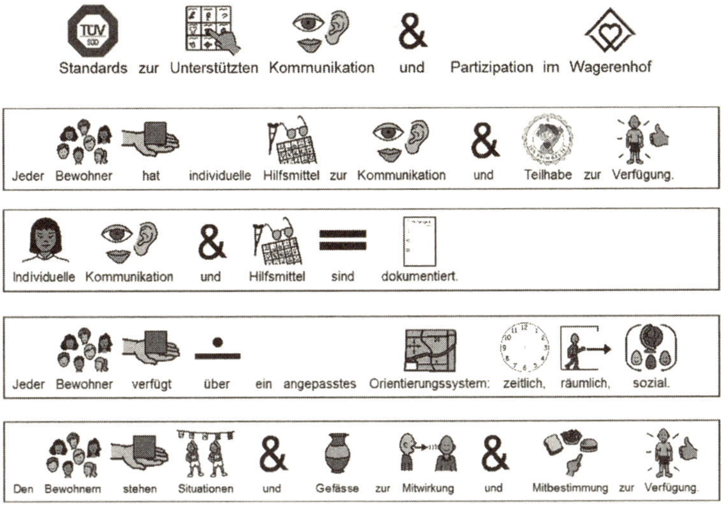

Abb. 1: Standards UK & P

Die Offenheit der Standards[4] auf einer übergeordneten Ebene ermöglicht einer lernenden Organisation, diese schrittweise anzugehen und umzusetzen. Sie stoßen unter Einbezug von Bewohnern und Mitarbeitenden Prozesse an, werfen Fragen auf und ermöglichen Wege, die so nicht hätten geplant werden können. Das heisst, dass bei der Formulierung bewusst darauf verzichtet wurde, all die zur Erreichung notwendigen Schritte, Maßnahmen und Hilfsmittel genau fest zu halten[5]. Dies entsprach auch der Einrichtung, die sich seit etwa zehn Jahren in einer dynamischen Aufbruchsstimmung befindet.
Durch die Festlegung von Standards werden diese überprüfbar. Ohne der überhandnehmenden Bürokratisierung der Betreuungsarbeit Wort reden zu wollen, muss sich auch eine dynamische und lernende Organisation immer wieder fragen: Wo stehen wir als Einrichtung? Kommen Projekte auch zu einem Abschluss?

Die Standards geben keine Maximalforderungen vor. Sie fordern vielmehr, angepasst an die jeweiligen Möglichkeiten einer Einrichtung, minimale Kriterien, um Teilhabe umsetzen zu können. Denn schlussendlich ist Teilhabe kein Ziel, das auf einen bestimmten Zeitpunkt hin erreicht werden kann, vielmehr muss jeden Tag darum gerungen werden!

Im Weitern sollen die vier Standards (Hilfsmittel, Dokumentation, Orientierung, Teilhabe) erläutert werden. Da sie alle irgendwie zusammen gehören, ist es nicht immer einfach, die Maßnahmen einem Standard zuzuweisen. Es gibt also einen Ermessensspielraum, der aber den jeweiligen Schwerpunkten in der Umsetzung entspricht.

Hilfsmittel

Jeder Bewohner hat individuelle Hilfsmittel zur Kommunikation und Teilhabe zur Verfügung.
Dieser erste Standard möchte sicherstellen, dass die betreuten Menschen zu den benötigten Hilfsmitteln für Kommunikation und Teilhabe kommen und diese zuverlässig zur Verfügung haben. Unter Hilfsmittel werden dabei jegliche körpereigene (Laute, Mimik, Gebärden) und körperfremde (Signale, Piktogramme, Kommunikationsgeräte) Medien, Materialien sowie technische Hilfsmittel verstanden. Sie sind lautsprachergänzend oder -ersetzend und sollen auch bei körperlichen Einschränkungen die eigenen Körperfunktionen unterstützen. Sie ermöglichen Orientierung und Kommunikation in der jeweiligen Lebenswelt sowie ein aktives Handeln. Geht es bei den einen Personen um Kommunikationsaufbau und Einführung von Hilfsmitteln, so steht bei anderen die Aktualisierung und Wartung der Hilfsmittel im Zentrum. Nicht jede Person braucht also eine teure elektronische Kommunikationshilfe, manchmal ist zum Beispiel ein rhythmisierter Alltag mit dem Einsatz von Signalen genau das Benötigte.
Auf dem Weg zur Umsetzung gilt es gemäß dem Partizipationsmodell (Beukelman/Mirenda 1998) die Ressourcen der betreuten Personen zu erkennen und Barrieren in der Umwelt abzubauen. Letzterem kommt, wie schon unter Herausforderungen erwähnt, eine besondere Bedeutung zu. Die sich immer wieder ändernde, vor allem personelle Umwelt mit ihren Einstellungen und ihrem Wissen kann neue Barrieren bei der Prozessbegleitung und bei der Umsetzung von Teilhabe aufbauen. Dadurch können sich aber auch neue Türchen öffnen. Diese gilt es dann zu nutzen!
Nebst Schulung und Beratung ist hier auch noch eine logistische Aufgabe zu lösen. Der Zugang zu Piktogrammen (evtl. mit entsprechender Software) und zur Gebärdensammlung muss möglichst benutzerfreundlich gewährleistet werden.

Dokumentation

Individuelle Kommunikation und Hilfsmittel sind dokumentiert.

Eine Dokumentation ist immer nur so gut, wie es ihr gelingt, Prozesse in der Begleitung zu unterstützen und voranzubringen. Grundlegend ist eine umfassende Einschätzung der Kommunikation. Diese umfasst Kommunikationsstrategien (Formen der Selbstbehauptung), individuelles Kommunikationssystem und Hilfsmittel sowie Sprachverständnis und Gesprächsthemen, die der Person wichtig sind. Hinzu kommt eine kurze Zusammenfassung der aktuellen Prozesse und Zielsetzungen. Versehen mit einem Datum und den Namen der zuständigen Personen unterstützt dies die verantwortliche Fachstelle, die Prozesse zu überprüfen und in regelmäßigen Abständen nach dem Verlauf zu fragen. Von Seiten der Mitarbeitenden wird dies sehr geschätzt. Es ist auch ein Zeichen, dass sich jemand für ihre Arbeit interessiert.

Die Dokumentation kann in ein bestehendes System eingegliedert werden oder beispielsweise in Form eines Ich-Buches ein eigenständiges Hilfsmittel werden.[6] Ergänzt mit weiteren, für die begleitete Person wichtigen Gesprächsanlässen (meine Person, meine Familie, das mag ich – das mag ich nicht, meine Arbeit, das kann ich besonders gut usw.) ist es auch eine gute Hilfe, ins Gespräch zu kommen und neuen Mitarbeitenden einen Einblick in die Lebenswelt der zu begleitenden Person zu geben. Die Initiative zum Gespräch kann dabei von beiden Seiten ausgehen. Auch bei Kundenbefragungen kann es genutzt werden, um teils überhaupt in ein Gespräch zu kommen und um gemeinsame Gesprächsthemen zu finden. Es zeigte sich, dass mit diesem Hilfsmittel Gespräche eindeutig länger dauern. Denn für außenstehende Personen, die nicht im täglichen Kontakt mit einer in der Kommunikation beeinträchtigen Person sind, ist es meist schwierig, Gesprächsthemen zu finden, die das Gegenüber interessiert und die über „Hallo!“, „Wie geht's“ und „Tschüss!“ hinausgehen. Ebenso sind Bilder, Fotos oder Piktogramme ideal, um sich den Fragenstellungen der befragenden Person anzunähern („Aha, dir gefällt dies!“). So können befragte und befragende Person eine gemeinsame Sprache finden.

Wünschenswert wäre es, wenn vorangehende Einrichtungen wie Schulen und Wohnheime bei Übertritten der zu betreuenden Person eine Dokumentation mitgeben würde, die obigen Anforderungen zu genügen vermag. Im Sinne dieser Personen könnten so Prozessabbrüche vermieden oder zumindest abgeschwächt werden. Hilfreich dabei sind auch Poster mit dem wichtigsten Wortschatz in Gebärden oder Piktogrammen. Diese können dann prominent aufgehängt werden und so das Thema UK stetig anwesend sein lassen.[7]

Orientierung

Jeder Bewohner verfügt über ein angepasstes Orientierungssystem: zeitlich, räumlich, sozial.

Eine wesentliche Grundbedingung von Lebenszufriedenheit ist, dass wir die Geschehnisse rund um uns einordnen können und ihnen nicht völlig ausgeliefert sind. Wir versuchen uns eine Orientierung in der Welt zu schaffen, Dinge und Ereignisse in unser Weltbild einzuordnen. Dies erlaubt uns, selbst auf die Welt einwirken zu können (vgl. Konzept der Salutogenese von Antonovsky 1997). Die Bedeutsamkeit der Orientierung lässt sich auch aus entwicklungspsychologischen Modellen der Sprachentwicklung ablesen. Insbesondere deutlich herauslesen lässt sich dies aus dem Poster „Kommunikation einschätzen und unterstützen" von Leber (2009). Dort gibt es bei den Unterstützungsangeboten das die Entwicklungsmotive durchziehende Thema der Sicherheit und des Verstehens.

Die Menschen in einer Einrichtung sind hierbei in hohem Maße von den Betreuungspersonen und ihrer Verlässlichkeit abhängig. Es zeigt sich das Paradox, dass der Alltag sehr strukturiert und wiederkehrend erscheint, doch andererseits das bewusste Angehen der Thematik nach wie vor vernachlässigt wird. Dies kann sich darin zeigen, dass die Bewohner versuchen, sich eine eigene Orientierung und Struktur zu schaffen. Passt diese jedoch nicht mit derjenigen zusammen, an der sich das Personal orientiert und ist diese unter Umständen für die betreute Person gar nicht lesbar, dann kann sich dies oft in unerwünschten Formen der Selbstbehauptung zeigen. Es fehlen gemeinsame sprachliche Zeichen.

Eine interne Analyse zeigte zwar, dass bezüglich des Standards Orientierung die meisten Hilfsmittel (vor allem Pläne) vorhanden sind. Doch sind diese noch zu wenig individuell angepasst oder werden zu wenig bewusst gestaltet.

Die Hilfsmittel gehen von Rhythmisierung und einer regelmäßigen Tages- und Wochenstruktur über das Gestalten der Jahreszeiten und Feste bis hin zu Tafeln mit Signalen, Abbildungen oder Symbolen. Somit geht es hier wie beim ersten Standard um Hilfsmittel, jedoch mit der Fragestellung, wie sie der Orientierung, respektive dem Aufbau derselben dienen können. Der Trend geht hier weg von Wochenplänen für die ganze Wohngruppe (was ja auch den Mitarbeitenden eine Orientierungshilfe ist!) zu individuell angepassten Plänen oder zum bewussten Einsatz von Rhythmisierung und Signalen. Je genauer man hinschaut, umso mehr stellen sich Fragen. Z.B.: Wie können sich Menschen orientieren, die (noch) kein Symbolverständnis zeigen oder die hör- und/oder sehbeeinträchtigt sind? Hier tut sich ein weites Feld auf, denn dass sie versuchen, sich zu orientieren, daran ist nicht zu zweifeln.

Seit kurzem wird bei uns die Frage nach Kriterien für bewohnergerechte Orientierungshilfen und -systeme immer dringender. Deshalb müssen nebst den Tagesfarben und standardisierten Piktogrammen noch weitere Kriterien festgehalten werden. Darin sollen die Bedeutungen von Orientierungshilfen für die Bewohner wie auch für die Mitarbeitenden festgehalten werden.
Das Thema Orientierung öffnet zudem ein Feld für Zusammenarbeit in der gesamten Organisation. Unter dem Stichwort „Integration von UK in die Gesamtorganisation“ ist es erstrebenswert, dass UK & P auch in den Bereichen, die nicht direkt mit den betreuten Menschen zu tun haben, zu einem Thema wird. So ist zu klären, wer für die Beschilderung des ganzen Areals zuständig ist oder wie allgemeine Informationen leserfreundlich gestaltet werden können.

Teilhabe

Den Bewohnern stehen Situationen und Gefäße[8] zur Mitwirkung und Mitbestimmung zur Verfügung.
Bei diesem Standard geht es um das bewusste Einplanen von Situationen und Gefäßen wie eine Bewohnersitzung, wo echte Mitwirkung gefragt ist. Es wird primär also nicht nach der Qualität gefragt, sondern nach einer quantitativen Planung. (Wobei in einem zweiten Schritt natürlich auch auf die Qualität geachtet werden muss.) Es gilt Mitwirkung und Mitbestimmung im Alltag unabhängig von individuellen Einstellungen zu verankern.
Dieser Standard ist wie eine Zusammenfassung der vorherigen. Denn zu einer Teilhabe gehören zwingend Orientierung und Kommunikationsmöglichkeiten sowie eine prozessorientierte Dokumentation. Wieder muss Teilhabe den individuellen Möglichkeiten angepasst sein.[9] Ist es für die einen das Genießen von Vorlieben oder die Akzeptanz, dass man nicht alles mag, so möchte ein anderer an der Versammlung sein Anliegen einbringen. Dazwischen liegen die üblichen Schritte beim Kommunikationsaufbau: Wahlen und Auswahlen, Bekleidungs- und Zimmergestaltung usw.
Dieser Standard wird unterstützt durch Entscheidungen auf der Ebene der Gesamtorganisation. So wurden nach Bedarf regelmäßige Einzelgespräche und Gruppensitzungen eingeführt, wie auch jährliche Interdisziplinäre Standortgespräche mit Beteiligung der Betroffenen. Auch gibt es regelmäßige Kundenbefragungen, bei denen alle betreuten Menschen im Wohn- und im Arbeitsbereich unabhängig von ihren kommunikativen Kompetenzen befragt werden.

Abb. 2: Nachtcafé

Exemplarisch sollen am Beispiel des „Nachtcafés" die verschiedenen Möglichkeiten zum Üben von Teilhabe dargestellt werden. Zweimal wöchentlich können sich die Bewohner am Abend in der Cafeteria treffen und austauschen. Dies ermöglicht vielfältige Begegnungen untereinander, aber auch mit den freiwilligen Mitarbeitenden, die sich Zeit für Gespräche nehmen können. Unterstützt durch ein Piktogramm in ihrem Wochenplan können sich die Bewohner für oder gegen den Besuch entscheiden, sie können ihren Sitzplatz wählen, die Bestellung aufgeben, das Bezahlen üben (Gutscheine mit Piktogramm oder Geld) usw. Seit kurzem zeigt eine Tafel, welche Personen am entsprechenden Abend bewirten. Schon allein durch diese Fotos können interessante Gespräche entstehen.

Schlusswort

Der Wagerenhof ist seit fünf Jahren auf dem Weg zur Umsetzung der Standards. Manchmal geht es zügig voran, manchmal eher zähflüssig und Extrarunden werden nötig. Doch rückblickend zeigt sich, dass der langsamere Weg oft der bessere ist. Mit kleinen Schritten lässt sich manchmal mehr erreichen und es können mehrere Leute in den Prozess eingebunden werden. Sowieso geht es nicht um den großen Wurf. Eine schöne Beschilderung allein oder das Verfassen von Ich-Büchern für alle, damit hat es sich noch nicht getan. Piktogramme müssen erlernt werden, Dokumentationen, seien sie noch so prozessorientiert, müssen genutzt werden.
Zu Beginn der Umsetzung stand eine kleine Bestandsaufnahme mittels Gesprächen mit den einzelnen Teams. Dadurch konnten die Mitarbeitenden wertschätzend abgeholt und für die Thematik sensibilisiert werden. Fünf Jahre später wurde dies im Rahmen einer Klausur mit den Gruppenleitungen wiederholt. Und sie haben sich gelohnt, die Bemühungen! Dies lässt sich u.a. an der steigenden Zahl der Prozesse und der Präsenz von Hilfsmitteln festmachen. Waren zu Beginn noch keine Co-Referenten für die

internen Weiterbildungsveranstaltungen zu finden (diese eine weitere Form der Teilhabe), so können heute mehrerer UK-Nutzer einbezogen werden. Das Projekt zur Einführung der Gebärden in der Gesamtorganisation soll nun vollständig, zusammen mit kompetenten, begleiteten Personen gestaltet werden.
Noch sind die Standards nicht in einem ausreichenden Maß erfüllt und es gilt auch in Zukunft offen zu sein für neue Projekte und Themenfelder, die aus den Bedürfnissen der begleiteten Menschen entstehen werden. Teilhabe soll aber immer mehr ermöglicht und selbstverständlicher gelebt werden!

Literatur

Antonovsky, A.: Salutogenese – Zur Entmystifizierung der Gesundheit, Tübingen, 1997

Appel, M.; Kleine Schaars, W.: Anleitung zur Selbständigkeit, Weinheim, 1999

Beukelman, D.R.; Mirenda, P.: Augmentative and Alternative Communication. Management of Severe Communication Orders in Children and Adults, 2. Aufl. Baltimore, 1998

Birchler, K.: Entwicklung einer Vorlage für ein Ich-Buch für die aktive Interaktionsgestaltung mit kognitiv und kommunikativ beeinträchtigten Menschen im Bereich der Unterstützten Kommunikation, unveröff. Bachelor-Thesis, Olten, 2009

Haisch, W.: Verhaltensauffälligkeiten und strukturelle Bedingungen in der Betreuung, in: Strubel, W.; Weichselgartner, H. (Hrsg.): Behindert und Verhaltensauffällig: Zur Wirkung von Systemen und Strukturen, Freiburg i. B., 1995: 28-68

Haisch, W.: Soziale Organisation – Übersicht, München (unveröffentlicht), 1999

Herdt, J.; Maier, M.; Claussen, V.: Das Bezugspersonensystem im Case Management der Psychiatrie, in: Psychiatrie & Neurologie, Ausgabe 2, 2007: 28-33

Leber, I.: Kommunikation einschätzen und unterstützen, 2. Aufl. Karlsruhe, 2009

Oberholzer, D.: Selbstbestimmte Teilhabe ermöglichen, in: Education permanente, Ausgabe 4, 2009: 4-7

Stiftung Wagerenhof (Hrsg.): Agogisches Konzept – Leben in der Stiftung Wagerenhof, 2007

Walther, H.: Selbstverantwortung – Selbstbestimmung – Selbständigkeit: Bausteine für eine veränderte Sichtweise von Menschen mit einer Behinderung, in: Hähner, U. et. al. (Hrsg.): Vom Betreuer zum Begleiter. Eine Neuorientierung unter dem Paradigma der Selbstbestimmung, Marburg, 1982: 69-90

Zürcher, P.: Qualitätsmanagement als Chance, in: Schweizerische Zeitschrift für Heilpädagogik, Ausgabe 7/8, 2004: 16-22

Piktogramme: PCS-Symbole erstellt mit boardmaker © 1981-2008 Mayer-Johnson.com

[1] Dies obwohl beispielsweise Haisch (1995) mit seinem Betreuungsplanungssystem GBM (Gestaltung der Betreuung von Menschen mit Behinderungen) die Orientierung am Minimalprinzip propagiert. Aufgrund eines entwicklungslogisch festgelegten Bedarfs wird zusammen mit den individuellen Bedürfnissen ein minimales Betreuungs- und Förderungspaket geschnürt. Dieses kann bei wirtschaftlicher Notwendigkeit, so eine seiner Motivationen zur Entwicklung des GBMs, bewusst und gezielt eingeschränkt werden.

[2] Siehe dazu das Konzept von Appel/Kleine Schaars (1999), das im Sinne von lebenslangem Lernen die zu begleitenden Menschen und ihre (zu unterstützende) Eigenständigkeit in das Zentrum stellt. Dies im Gegensatz zu den oft konfrontativen Anforderungen bei der Alltagsbewältigung.

[3] Siehe dazu Herdt/Maier/Claussen (2007).

[4] Der Begriff Standard versteht sich hier als Maßstab oder Richtschnur (vgl. Duden 2007) und lässt genügend Raum für eine kreative, den Bedürfnissen der begleiteten Personen angepassten Umsetzung.

[5] Natürlich müssen zur Umsetzung auch weitere Entscheidungen wie die Festlegung von Piktogramm- und Gebärdensammlungen oder von Tagesfarben getroffen werden.

[6] Im Rahmen ihrer Schlussarbeit zur Sozialpädagogin entwickelte Karin Birchler (2009), eine Mitarbeiterin in der Beschäftigung, ein gelungenes Ich-Buch, dass die Kriterien für eine prozessorientierte Dokumentation in einer ansprechenden Form erfüllt. Weiteres dazu und Bezugsadresse unter http://www.karin-birchler.ch/.

[7] Dies im Gegensatz zu Ordnern, die schnell einmal in einer Schublade verschwinden.

[8] In Abgrenzung zu wiederkehrenden Situationen im Alltag, bei der die Art der Teilhabe, beispielsweise eine Kleiderauswahl, weitgehend vorgegeben ist, meint hier der Begriff *Gefäß* mehr die Rahmenhandlung (Gesprächszeiten, Sitzungen, Einzelbegleitungen usw.), welche verschiedenste Möglichkeiten zur Teilhabe anbietet.

[9] Wertvolle Hinweise gibt uns hier das Modell der Selbstbestimmung von Walther (1982). Es zeigt die drei Schritte (Wollen, Wissen/Können, Tun/Handeln) auf, die Voraussetzung für selbstbestimmtes Handeln sind.

(Mit-)Sprache

Unterstütze Kommunikation bei erwachsenen Menschen mit kognitiver Beeinträchtigung als Grundlage für Selbstbestimmung, Empowerment und Partizipation

Claudia Spindler

Selbstbestimmung, Empowerment und Partizipation sind die Grundbausteine, auf denen die modernen theoretischen und praktischen Konzepte in der Arbeit mit kognitiv beeinträchtigten Menschen beruhen. In der alltäglichen Praxis stellt sich jedoch häufig die Frage, wie diese Leitlinien bei den Menschen umgesetzt werden können, die in ihrer Kommunikation eingeschränkt sind. Eine kognitive Beeinträchtigung geht häufig mit einer sprachlichen Beeinträchtigung einher. Für die Personengruppe der Erwachsenen mit kognitiver Beeinträchtigung liegen für Deutschland keine genauen Zahlen vor. Aus Untersuchungen bezüglich des UK-Unterstützungsbedarfs bei Schülern mit geistiger Behinderung lässt sich ableiten, dass 40 bis 60 Prozent (Adam 1996; Theunissen/Ziemen 2000) in ihren lautsprachlichen Fähigkeiten eingeschränkt sind. Garcia und DeHaven (1974) schätzten, dass 75 bis 85 Prozent der Menschen mit einer schweren geistigen Behinderung nur minimale Möglichkeiten haben, überhaupt mit anderen Personen systematisch zu kommunizieren. Das lat. Wort »communicare« bedeutet übersetzt »Gemeinschaft herstellen«. „Kommunikation ist eine Schlüsselqualifikation quer zu allen anderen Fähigkeiten und Fertigkeiten, die in jedes Lernthema hineinreicht und die Chancen, die jemand hat, grundlegend beeinflusst. Fehlende Lautsprache bedeutet nicht nur fehlende Verständigung, weniger verfügbare Begriffe und erschwerten Schriftspracherwerb, sondern gleichzeitig auch schwierige oder keine sozialen Kontakte, weniger Teilhabe in allen Lebensbereichen und Benachteiligung hinsichtlich der Berufswahl" (Graf-Frank 2005, 10.003.001). Kognitiv beeinträchtigt zu sein und nicht sprechen zu können bedeuten ein stark erhöhtes Risiko für nicht gelingende Partizipation. Von diesem Risiko der nicht gelingenden Partizipation ist ein beträchtlicher Anteil der Erwachsenen mit kognitiver Beeinträchtigung betroffen, insbesondere dann, wenn nicht versucht wird, die bestehenden Kommunikationsbarrieren abzubauen.

1 Selbstbestimmung, Empowerment und Partizipation als Leitprinzipien in der Arbeit mit erwachsenen Menschen mit kognitiver Beeinträchtigung

Die Forderungen nach Selbstbestimmung und Empowerment gehen Hand in Hand, da eine Erhöhung der individuellen Möglichkeiten einer Förderung des Empowermentgedankens entspricht. „Der Begriff ‚Empowerment' bedeutet Selbstbefähigung und Selbstbemächtigung, Stärkung der Eigenmacht, Autonomie und Selbstverfügung, in denen Menschen in Situationen des Mangels, der Benachteiligung oder der gesellschaftlichen Ausgrenzung beginnen, ihre Angelegenheiten selbst in die Hand zu nehmen, in denen sie sich ihrer Fähigkeiten bewußt werden, eigene Kräfte entwickeln und ihre individuellen und kollektiven Ressourcen zu einer selbstbestimmten Lebensführung nutzen lernen. *Empowerment* – auf eine kurze Formel gebracht – *zielt auf die (Wieder-)Herstellung von Selbstbestimmung über die Umstände des eigenen Alltags* [kursiv im Original fett gedruckt, Anm. d. Autorin]" (Herriger 2006, 20).

Empowerment beinhaltet neben der individuellen Seite der Selbstbestimmung auch eine politische Dimension gegenseitiger Unterstützung und des Engagements für die eigenen Rechte und Angelegenheiten gesellschaftlich benachteiligter Gruppen. „Die Fähigkeit zur Selbstbestimmung in eigener Sache entscheiden, handeln und eigene Angelegenheiten selbst regeln zu können, wird im Empowerment-Konzept bei jedem Menschen vorausgesetzt" (Theunissen/Plaute 1995, 61). Aber, so schreiben die Autoren weiter, gerade bei Menschen mit einer kognitiven Beeinträchtigung gehört es zum Empowermentprozess, dass verschüttete Potentiale einerseits aufgedeckt und ausgebaut werden, andererseits entwicklungshemmende Barrieren abzubauen sind. Die Betroffenen müssen in die Lage versetzt werden, Wünsche und Bedürfnisse zu äußern, dementsprechend sollen Lebensräume und Sozialisationsfelder gestaltet sein. Menschen mit kognitiver Beeinträchtigung brauchen dabei und bei der Bewältigung ihres Alltags eine entsprechende pädagogische Assistenz, die den Abbau von Abhängigkeiten und den Aufbau von Selbstbestimmungskompetenzen als zentrale professionelle Aufgabe versteht, ohne die Betroffenen zu überfordern (ebd., 61 ff.).

„Partizipation (lat: particeps: an etwas teilnehmen) kann übersetzt werden mit Begriffen wie Mitwirkung, Mitbestimmung, Einbeziehung, Beteiligung" (Niehoff 2007, 249). Behinderung wird als Einschränkung von Partizipation beschrieben. Die Beeinträchtigung körperlicher Funktionen kann zu Einschränkungen der Aktivitäten des Individuums führen, welche letztendlich in einer Einschränkung der Teilhabe am gesellschaftlichen Leben resultieren. Wesentlich sind dabei fördernde oder hemmende umweltbezogene und personenbezogene Faktoren. Partizipation wird hier als Einbezogen sein in eine Lebenssituation beschrieben, die Beeinträchtigung der Partizipation (Teilhabe) als ein Problem, welches ein Mensch in Hinblick auf sein Einbezogen sein in Lebenssituationen erleben kann. Den Aktivitäten kommt in diesem Modell eine Schlüsselposition zu. Aktivität bedeutet im Sinne der WHO-Definition die Durchführung einer Aufgabe bzw. Handlung durch einen Menschen, die Beeinträchtigung wiederum resultiert aus den Schwierigkeiten oder der Unmöglichkeit der Durchführung von Aufgaben und Handlungen, welche aus der Beeinträchtigung körperlicher Funktionen kurz- oder langfristig resultieren (WHO 2005, 155). Ebenso wie im Empowermentkonzept kann zwischen den Ebenen der politischen, institutionellen und alltäglichen Beteiligung an Gestaltungs- und Entscheidungsprozessen unterschieden werden.

2 Die Zielgruppe und ihre besonderen Herausforderungen für UK

In der Arbeit mit erwachsenen Menschen mit einer kognitiven Beeinträchtigung und Bedarf im Bereich der Unterstützten Kommunikation zeigen sich einige Besonderheiten, die im Folgenden näher erläutert werden:

a) Heterogenität der Zielgruppe

Wird die Zielgruppe der erwachsenen Personen mit kognitiver Beeinträchtigung hinsichtlich ihrer kommunikativen Fähigkeiten und dementsprechend bezüglich ihres Unterstützungsbedarfs kategorisiert, dann ergibt sich folgende Erweiterung und Differenzierung der Einteilung der UK-Zielgruppen, wie sie von Tetzchner und Martinsen (2000) vorgenommen haben:

- Personen, die sowohl in Laut- und Schriftsprache nur wenig eingeschränkt sind. Sie können ihren Alltag mit den vorhandenen Fähigkeiten gut bewältigen und brauchen in diesem Bereich nur wenig Unterstützung.
- Personen, die über eine gute Lautsprachkompetenz verfügen, aber keine oder nur eingeschränkte Schriftsprachkompetenzen aufweisen. Diese Personen benötigen in der Alltagsbegleitung eine umfangreichere Unterstützung, können sich aber im Alltag größtenteils selbständig bewegen und orientieren.

- Personen, die nicht primär über die Lautsprache kommunizieren, aber über Lautsprachverständnis und über komplexe, alternative Kommunikationssysteme (Gebärden, Symbolsysteme oder Schriftsprache) verfügen.
- Personen, die über eingeschränkte Lautsprachkompetenzen und keine Schriftsprache verfügen. Die Kommunikation erfolgt über einzelne Worte oder kurze Sätze, außerdem haben sie einen guten Zugang zu einfachen, alternativen Kommunikationssystemen und verfügen über Lautsprachverständnis.
- Personen, die über ein rudimentäres Lautsprachverständnis, aber über keine aktive Lautsprache verfügen und auch keinen Zugang zu einfachen, alternativen Kommunikationssystemen haben.
- Personen, bei denen nicht eindeutig feststellbar ist, ob sie über Lautsprachverständnis verfügen.

b) Asynchronität der Sprachentwicklung und fehlende Informationen zum Spracherwerb

Die Sprachentwicklung von Menschen mit kognitiver Entwicklung ist durch Asynchronität gekennzeichnet. Rauh (1996, 248) verweist bezüglich der Entwicklung von Kindern mit Down Syndrom darauf, dass nicht nur von einer langsameren Entwicklung ausgegangen werden kann, sondern auch anzunehmen ist, dass wichtige, qualitative Veränderungen in der Sprachentwicklung vorliegen. Eine kognitive Beeinträchtigung beeinflusst den Spracherwerb auf vielfältige Weise, z. B. durch Auswirkungen auf die Wahrnehmungsverarbeitung der Sprache, Lern- und Gedächtnisleistung, Abruf von Sprache, Verarbeitung der Komplexität sprachlicher Informationen etc. Noch komplexer wird die Situation, wenn weitere Beeinträchtigungen vorliegen.

Bei Erwachsenen kann die Entwicklung im Kindes- und Jugendalter kaum noch nachvollzogen werden. Die Aussagen in den Akten sind häufig nicht aussagekräftig. Anamnesen sind zeit- und personalaufwendig. Sie setzen die Kooperation und das Wissen von nahen Angehörigen, falls diese überhaupt noch Kontakte zum Klienten haben, voraus. Gerade bei Übergängen besteht die Gefahr von Brüchen in der (Sprach-) Entwicklung. Besonders hoch ist diese bei traumatisierenden Einschnitten, z.B. Krankenhausaufhalten aufgrund lebensbedrohlicher Erkrankungen oder Institutionseintritt bei Verlust eines Elternteils. Meist ist schon beim Übergang von der Schule in die Erwachseneninstitution das Risiko vorhanden, dass Kommunikationssysteme nicht mehr weiter geführt werden (Lage 2004). Aus diesen Einschnitten können Regressionen und Verschüttung einmal erworbener Fähigkeiten entstehen. Es ist wenig darüber bekannt, auf welche Weise die Fragmente vielleicht einmal erworbener Fähigkeiten wieder abgerufen werden und gefördert werden können. Typisch ist auch, dass die Sprachentwicklung bei Menschen mit kognitiver Beeinträchtigung nicht entsprechend der Stufenmodelle abgeschlossen wird. Es findet eine Plateaubildung statt, d. h. die betroffenen Personen lernen ihren Lebensalltag mit den eingeschränkten Kommunikationsmöglichkeiten zu bewältigen und sich entsprechend anzupassen.

c) Mangelnde Berücksichtigung der Zielgruppe in Fachpublikationen

Im deutschsprachigen Raum hat sich UK zunächst als Domäne der schulischen Körperbehindertenpädagogik als einem Teilgebiet der Sonderpädagogik etabliert (Braun 2005; Lage 2005). Somit behandelt ein Großteil der Literatur diese Bereiche. In der englischsprachigen Literatur bezieht sich dagegen ein großer Teil auf Menschen mit chronischen Erkrankungen oder Behinderungen aufgrund von Hirnverletzungen. Über erwachsene Menschen mit kognitiver Beeinträchtigung finden sich wenige Publikationen. Bei Menschen mit einer kognitiven Beeinträchtigung handelt es sich um die am stärksten stigmatisierte Form der Behinderung (Tröster 1990; Cloerkes 2007). Während bei Kindern immer noch von einer Fördereuphorie ausgegangen werden kann, zeigt sich bei Erwachsenen in Institutionen Ernüchterung. Fortschritte sind oftmals klein. Der Schwerpunkt liegt vor allem auf der möglichst selbständigen Bewältigung des Alltags (Arbeit, Haushalt, Freizeit). Eine Kommunikationsförderung als eigenständige Förder- oder Therapieform ist selten in den Institutionen vorgesehen. Zudem fehlt es in diesem Bereich an gut qualifiziertem Personal mit entsprechenden Kompetenzen im UK-Bereich (Lage 2004).

d) Kindgemäße Ausrichtung vieler UK-Hilfsmittel

Menschen mit geistiger Behinderung haben das Bedürfnis, Wortschatz und Sprachproduktion so normal wie möglich zu wählen (van Tatenhove 1999). Erwachsene Menschen lehnen die oftmals bunten Bilder einiger Zeichen- und Symbolsysteme häufig ab. Die meisten UK-Hilfsmittel sind bunt, auffällig und eben kindgemäß. Sie entsprechen zwar der Anforderung der guten Bedienung und Anschaulichkeit, aber nicht einer erwachsenengemäßen Orientierung. Dementsprechend kann es passieren, dass erwachsene Menschen vorhandene Symbolsammlungen, die sie z. B. in ihrer Lesekompetenz hinsichtlich der selbständigen Lebensbewältigung unterstützen würden, als »kindisch« ablehnen. Gerade die Personen, denen es mit wenig Unterstützung gelingt, ihren Alltag zu bewältigen, haben oftmals vor dem Hintergrund von Stigmatisierungserfahrungen eine ausgeprägt hohe Sensibilität dafür, was in ihrer Kultur als »normal, nichtbehindert und erwachsen« gilt.

e) Sozialisations- und Lerngeschichte der heutigen Erwachsenengeneration

Viele Erwachsene mit kognitiver Beeinträchtigung sind nicht in den Genuss einer adäquaten Förderung gekommen, besonders jene nicht, die nicht über die Lautsprache kommunizieren können. Bis heute hält sich in der heilpädagogischen Praxis das Vorurteil, dass alternative Kommunikationsformen den Lautspracherwerb verhindern, obwohl diese These wissenschaftlich als widerlegt angesehen werden kann (Lage 2005). Erst ab Mitte der 1990er Jahre fanden die Ansätze der UK Berücksichtigung in der Geistigbehindertenpädagogik (Theunissen/Ziemen 2000). Das bedeutet, dass maximal die heute 30jährigen von Vorläufern der kommunikativen Förderung oder von UK profitiert haben dürften. Es ist unklar, insbesondere unter den Bedingungen der asynchronen Entwicklung, ob und welche Defizite im Erwachsenenalter unter der Bedingung »kognitive Beeinträchtigung« noch aufgeholt werden können. Selbst bei einfacher Anwendung von Kommunikationshilfen oder Zeichen/Symbolen muss ein Mehraufwand des Lernens bei dieser Personengruppe eingeplant werden. „Nicht verstanden zu werden ist jedoch häufig eine über viele Jahre hindurch erfahrene Lebenssituation, die bei den einen zu einem fast völligen Rückzug führt, bei anderen Menschen ohne (verständliche) Lautsprache zu aggressivem und selbstverletzendem Verhalten. Dies ist insbesondere in Wohnheimen für Menschen mit (geistiger) Behinderung, Tagesförderstätten oder Werkstätten für Menschen mit Behinderungen zu beobachten“ (Boenisch 2007, 351). Die Sozialisations- und Lerngeschichte der heutigen Erwachsenensituation ist zudem häufig noch gekennzeichnet von Entmutigung, »biographischen Nullpunkterfahrungen« (Herringer 2006), fehlendem diagnostischen Wissen um Behinderungen, biographischen Brüchen und Krisen bis hin zur Erfahrung von menschenunwürdigen Lebensbedingungen. Die aggressiven oder passiven Verhaltensmuster aufzubrechen, stellt wahrscheinlich die schwerste Aufgabe dar. Dabei ergeben sich Schwierigkeiten in den Bereichen, die unmittelbar mit der Kommunikationsförderung zusammenhängen. Kommunikationserfahrungen, Identitätsbildung und Selbstbestimmung stehen in der Entwicklung des Menschen in einem interdependenten Wechselspiel. Wer Wünsche, Interessen, Bedürfnisse äußern will, der muss diese überhaupt erst einmal kennen, wer wichtige Entscheidungen für sein Leben treffen will, muss sich und die Welt gut kennen.

f) Institutionelle Zwänge

Die Kommunikationsförderung im Erwachsenenalter ist zeit- und personalintensiv. Kaum eine Einrichtung verfügt über hochspezialisiertes Personal. UK-Förderung findet, besonders in den Wohnbereichen, nebenbei statt und baut auf das Engagement des Personals. UK-Förderung braucht einen festen Platz im Kanon der Förderangebote für Menschen mit kognitiver Beeinträchtigung, effiziente Methoden der Implementierung des Gelernten in den Alltag, sehr gut ausgebildetes Personal, spezifische Weiterbildungsmöglichkeiten und Unterstützung in finanzieller Hinsicht. Bezüglich dieses Punktes kann auf den Artikel von Lage (2004) verwiesen werden, in dem die institutionellen Anforderungen und Probleme bezüglich der Umsetzung von UK-Konzepten diskutiert werden.

g) »Stellvertretende Deutung« als professionelle Herausforderung

Den Begriff der »stellvertretenden Deutung« hat Helsper als eine der besonderen Herausforderungen in die pädagogische Professionsdiskussion eingebracht. »Stellvertretende Deutung« bedeutet: „Professionelle nehmen stellvertretend und stellvertretend deutend für ihre Klienten/Adressaten/Schüler Aufgaben der Ermöglichung, der Sicherung bzw. Wiederherstellung seelischer, psychischer, sozialer und physischer Integrität, moralisch-ethischer Integrität, schließlich die Bearbeitung von Geltungs- und Gültigkeitsfragen wahr. Bezugspunkt ist dabei die Vermittlung eines zentralen, sozialen Gutes, von dem die Adressaten noch, wieder, vorübergehend oder irreversibel getrennt sind – z.B. Gesundheit, Bildung, Gerechtigkeit, Seelenheil" (Helsper 2004, 62). Dabei soll es sich eben nicht um eine Bevormundung oder Vertretung eigener Interessen handeln, sondern um hochsensibles Interpretieren und Vertreten der Interessen der Klienten im Sinne einer besten Lösung für sie. Gerade bei Menschen mit eingeschränkter Sprache und kognitiver Beeinträchtigung liegt das Risiko des Missverstehens sehr hoch. Im schlimmsten Fall wird Kommunikation nicht als Kommunikation verstanden, sondern sogar als Fehlverhalten. Zum Beispiel: Beim Frühstück in einer Einrichtung sagt eine Mitarbeiterin mehr zu sich selbst als zu einer Bewohnerin, was sie essen wolle. Die Bewohnerin greift darauf hin nach einer Scheibe Wurst. Die Mitarbeiterin kann keinen Zusammenhang zwischen ihrer Frage und der Reaktion der Bewohnerin herstellen, da sie davon ausgeht, dass die Bewohnerin kaum über Lautsprachverständnis verfügt. Demensprechend sanktioniert sie das »Fehlverhalten« der Bewohnerin, die Situation eskaliert.

h) Älterwerden und altersbedingte Veränderungen

Die Lebenserwartung von Menschen mit kognitiver Beeinträchtigung hat sich stark erhöht (Havemann/Stöppler 2004). Es ist davon auszugehen, dass auch in dieser Gruppe der Personenkreis von Menschen mit Förderbedarf im UK-Bereich zahlenmäßig nicht zu vernachlässigen ist. Da Kommunikation für die Lebensqualität ausschlaggebend ist, darf eine UK-Förderung nicht an eine Altersgrenze gebunden sein. Aber es ist zu berücksichtigen, dass ältere Menschen in ihrem Lernen, in ihrer Aufnahmefähigkeit und ihrem Bedürfnis nach Aktivitäten nicht mehr so ansprechbar sind wie jüngere Menschen. Gerade in dieser Personengruppe ist darauf zu achten, dass Überforderung vermieden wird.

3 Forschungsergebnisse zur Förderung der Kommunikation bei Menschen mit kognitiver Beeinträchtigung

Um sich dem Forschungsstand zu Methoden der Anbahnung, Differenzierung und Generalisierung von Kommunikation bei Erwachsenen mit kognitiver Beeinträchtigung anzunähern, wurden 14 englischsprachige Untersuchungen zu dieser Thematik aus den Jahren 1975 bis 1999 ausgewertet, bei denen mindestens eine der beteiligten Personen älter als 18 Jahre war und die Diagnose »Mentalretardation/intellectual disability« aufwies. Bei den Untersuchungen handelte es sich um Einzelfallstudien und/oder um Lernstudien mit experimentellem Charakter. Bei einer Publikation handelte es sich um eine qualitativ orientierte Falldarstellung (Møller/von Tetzchner 1997). Eine Schwierigkeit der Analyse bestand darin, dass häufig altersgemischte Gruppen oder Personengruppen mit verschiedenen Behinderungen untersucht wurden (z. B. Hobson/Duncan 1979; Keogh et al. 1987). Nur in drei Untersuchungen waren Zielpersonen involviert, die älter als 30 Jahre alt waren (Hobson/Duncan 1979; Light et al. 1999; Møller/von Tetzchner 1997). Die Mehrzahl der insgesamt 30 untersuchten Personen hatte eine schwere geistige Behinderung oder eine Mehrfachbehinderung. Alle lebten in Institutionen. Eine Übersicht zu den Untersuchungen gibt die untenstehende Tabelle.

Untersuchung	N	Untersuchungsfrage
Topper (1975)	1	Symbollernen
Hobson/ Duncan (1979)	9	Symbollernen
Schepis et al. (1982)	5	Festigung des Vokabulars durch Interaktionen mit Heimmitarbeitern im Alltag.
Duker/ Morsink (1984)	2	Symbollernen/Generalisierung
Hinderscheit/ Reichele (1987)	1	Symbollernen
Keogh et al. (1987)	1	Training von Interaktionsskripten
Sommer/ Whitman/ Keogh (1988)	(1)	Training von Interaktionsskripten
Romski/ Sevick/ Pate (1988)	2	Symbollernen
Foxx et al. (1988)	2	Frage - Antwort - Interaktionen
Romski/ Servcik (1989)	2	Symbollernen
Soto et al. (1992)	2	Symbollernen/Generalisierung
Heller et al. (1996)	1	Initiierung von Gesprächen mit Kollegen
Møller/ Tetchner (1997)	1	Einzelfallstudie zur Kommunikationsförderung
Light et al. (1999)	1	Partnerfokussierte Fragen/Generalisierung

Tab.: Übersicht über die analysierten Untersuchungen
N umfasst die Personen der Zielgruppe (Diagnose: geistige Behinderung und mindestens 18 Jahre alt, Ausnahme ist die Untersuchung von Hobson/Morsik (1975), die Personen im Alter von 16 bis 57 Jahre umfasste, wobei nicht nach Alter gefiltert werden konnte. Bei den Probandinnen in den Untersuchungen Keogh et al. (1987) und Sommer/Whitmann/Keogh (1988) handelt es sich um die gleiche Person namens »Kay«.

Die Ergebnisse der Untersuchungen zum Symbollernen sind, dass Menschen mit schwerer geistiger Behinderung Symbole durch regelmäßiges Training in einer Einzelförderung lernen können. Ausgangspunkt waren in den vorliegenden Studien bei der Kommunikationsanbahnung und Differenzierung Symbole zu den Themenbereichen Essen und Trinken, alltägliche und bevorzugte Aktivitäten sowie beliebte Objekte. Genutzt wurden in den Studien graphische Symbole auf Kommunikationstafeln oder Computern (mit oder ohne Sprachausgabe), Gesten und Handzeichen oder eine Kombination mehrerer Kommunikationsmodi. Unabhängig von Alter, Schwere der Behinderung, Art der Behinderung und den Kommunikationsvoraussetzungen zeigten die untersuchten Personen Lernerfolge, lediglich in der Untersuchung von Romski, Sevick und Pate (1988) lernte ein Jugendlicher keine der angebotenen Vokabeln. Bei der Mehrzahl der vorliegenden Untersuchungen wurde ein Wortschatz von 16 bis 20 festgelegten Vokabeln gelernt, die die Zielpersonen nach täglichen Trainingssequenzen über mehrere Wochen hinweg zu 80 bis 100 Prozent abrufen konnten. Bei Romski und Servik (1989) wurden zunächst fünf Symbole gelernt, anschließend 15 weitere. Eine der Probandinnen mit dem Namen S. B. brauchte 903

Durchgänge zum Erlernen des ersten Symbols und 1319 für das Zweite. Nachdem die ersten Symbole gelernt worden waren, brauchten die Personen weniger Durchgänge für das Erlenen der nächsten Symbole. S.B. brauchte nur noch 16 Durchgänge, um sich das elfte Symbol anzueignen (Romski/Servik 1989). Bei Hobson und Duncan (1979) konnte eine Person, die vor der Untersuchung über kein Vokabular verfügte, nach einem sechswöchigen Training sechs Zeichen reproduzieren, eine andere Person steigerte sich von 18 auf 42 Vokabeln. Nach zwei Monaten Unterbrechung konnte die erste Person noch zwei Zeichen abrufen, die zweite Person 34. Bereits vorhandenes Vokabular fördert das Lernen neuer Symbole. In Hoppers (1975) Untersuchung gelang es, dass der Proband am Ende der ersten Trainingseinheit ein Vokabular von 50 Gesten abrufen konnte. Nonverbale Trainingsprogramme zeigten außerdem Einfluss auf die lautsprachlichen Verbalisierungsversuche der beteiligten Personen (Hobson/Duncan 1979; Schepis et al. 1982). Für die praktische Umsetzung bedeuten diese Ergebnisse, dass bei der Kommunikationsanbahnung und der ersten Differenzierung von Symbolen ein ausreichend langer Zeitraum und entsprechende Übungseinheiten eingeplant werden müssen.

Nach dem Erlenen der Symbole gilt eine Generalisierung des Gelernten als eine erste Hürde in der weiteren Kommunikationsförderung. Bei Duker und Morsink (1984) gelang die Übertragung des im Labor Gelernten auf andere Situationen und bei Light et al. (1999) konnten sich die Probanden auf neue Kommunikationspartner einlassen. In der Untersuchung von Soto et al. (1993) gelang die Übertragung auf die Situation in einem Fast-Food-Restaurant nicht. Eine weitere Hürde stellt die Implementierung in den Alltag dar. Keogh et al. (1987) schildern das Training anhand von sozialen Verhaltensskripten, in denen die unterstützt kommunizierenden Menschen lernen sollen, in Gesprächen mit ihrem neuen Vokabular zu agieren. Diese Übungen, welche mit einem Trainer oder mit einem Peer durchgeführt wurden, führten zu Lernerfolgen, wenn auch nicht immer ein gesamtes Skript abgerufen werden konnte. Bei der Probandin Kay wurde eine solche Interaktion in 43 Sitzungen über einen Zeitraum von 52 Tagen geübt (ebd. 1987). Foxx et al. (1988) schildern ein Training mit zwei Personen, die das gelernte Vokabular zur Beantwortung von Fragen anwenden sollten. Auch in dieser Untersuchung gelang eine Generalisierung. Eine andere Variante der Implementierung berichten Schepis et al. (1982). Hier wurden die Mitarbeiter der Einrichtung aufgefordert, das erlernte Vokabular in Alltagsinteraktionen zu verwenden, was dazu führte, dass die Bewohner die Vokabeln in verschiedenen Situationen anwenden und üben konnten.

Die nächste Stufe, zu der allerdings nur eine Untersuchung vorliegt, ist die, dass die Personen mit kognitiver Beeinträchtigung lernen an Alltagskommunikation teilzunehmen und selbst Gespräche zu initiieren. Heller et al. (1996) beschreiben in ihrer Untersuchung die Anbahnung von Alltagsgesprächen zwischen Kollegen. Die Bewältigung dieser Stufe ist die Voraussetzung dafür, dass es möglich wird, Entscheidungen zu treffen und zu kommunizieren, Diskussionen, Meinungsverschiedenheiten und Konflikte auszutragen, über sich selbst und die eigenen Befindlichkeiten zu reden und Vorstellungen über die eigene Zukunft zu entwickeln. Neben der gezielten Einzelförderung sprechen diese Ergebnisse für eine zeitnahe Einbindung der Übungen in soziale Interaktionen im Alltag der Menschen.

4 Ein Plädoyer für Unterstützte Kommunikation bei Erwachsenen mit kognitiver Beeinträchtigung

Die Sinnhaftigkeit und Notwendigkeit einer Etablierung von kommunikativen Kompetenzen für erwachsene Menschen mit kognitiver Beeinträchtigung lässt sich anhand folgender Argumente unterstreichen:

Sicher ist es eine Illusion, dass alle Personen mit einer kognitiven Beeinträchtigung die letzte Stufe der selbstbestimmten Kommunikation erreichen. So ist davon auszugehen, dass trotz intensiver Förderung ein großer Teil der Betroffenen einen überschaubaren Symbolwortschatz von 20 bis 200 Vokabeln erreicht. Van Tatenhove (2005) geht von einer Zielzahl von 200-300 Wörtern für das individuelle Kernvokabular aus, welches Menschen mit kognitiver Beeinträchtigung für Kommunikationshilfen angeboten werden sollte. 100 Wörter eines linguistischen Samples entsprechen ca. 60 Prozent der meist genutzten Worte einer Sprache, 200 Wörter entsprechen 80 Prozent. Das heißt, selbst mit einem kleinen Vokabelumfang ist es möglich, große Ausdruckmöglichkeiten zu erreichen (Baker et al. 2000).

Mitunter findet sich in der Praxis die Argumentation, dass sich bei künftigen Generationen, die eine entsprechende UK-Förderung in der Schule erhalten haben, die Frage nach entsprechenden Angeboten im Erwachsenenbereich erübrigt. Dieser Argumentation muss deutlich widersprochen werden. In den Schulen fehlen bis heute häufig Angebote der kommunikativen Förderung. Zu erklären ist der Umstand an fehlenden Fördermöglichkeiten u. a. durch fehlende Verankerung von UK-Kompetenzen in der Ausbildung der Sonderpädagogen sowie dem immer noch vorherrschenden Dogma der oralen Methode in der Schulpädagogik, welche zu einer Ablehnung alternativer Kommunikationsförderung führt (Bönisch 2009).

Das bedeutet, dass der Förderbedarf auch bei künftigen Generationen vorhanden sein wird. Darüber hinaus sollte doch gerade auch bei erfolgreicher schulischer Förderung ein Erhalt der Kompetenzen im Erwachsenenalter in Verbindung mit spezifischen Angeboten stehen.

„Jeder noch so kleine Schritt zu einem Stück mehr individueller Autonomie ist als Bildungsschritt anzusehen“ (Krebs 1991, 10). Pädagogische Arbeit beinhaltet in der modernen Gesellschaft drei Ziele: Mündigkeit, Emanzipation und Aufhebung von Benachteiligung durch Bildung (Brezinka 1981, 85 f.). In der Arbeit mit Menschen mit einer kognitiven Beeinträchtigung können diese Ziele auch als Selbstbestimmung, Empowerment und Partizipation bezeichnet werden. Pädagogische Arbeit ist in ihrem Kern ein interaktiver bzw. kommunikativer Akt. Diese Ziele sind nicht immer auf allen Ebenen für jedes Individuum zu erreichen. So erscheint es wesentlich, dass eine möglichst gute Teilhabe und Mitbestimmung in den Dingen des Alltags erreicht werden kann. Auf der Ebene der primären Kommunikation (Mall 1998) kann das der Versuch des Verstehens und die Reaktion auf den Ausdruck des Menschen sein, dass es ihm (nicht) gut geht oder ihm etwas (nicht) gefällt. Durch die basalen Konzepte wird der Versuch unternommen, schwerstbehinderten Personen eine Zugehörigkeit zu vermitteln. Es wird der Person möglich, sich als agierendes Individuum zu erleben. Die nächste Stufe kann sein, dass eine Person sich entscheiden kann, z. B. für bestimmte Nahrungsmittel, Kleidung oder Aktivitäten. Weitere Schritte sind die Entscheidung über den Alltagsablauf, über Wohnangebote oder Arbeitsangebote. Politische Mitgestaltung in den Einrichtungen über Werkstatträte und Bewohnerräte sind heute eine Selbstverständlichkeit, gerade hier wären Kommunikationsmöglichkeiten wichtig, die die Schriftsprache ergänzen, ersetzen und übersetzen. Entwicklungs- und Bildungsprozesse, so das heutige Verständnis, sind auch im Erwachsenenalter nicht abgeschlossen. Es ist wichtig, darüber nachzudenken, innerhalb welcher organisatorischen Einheiten eine Entwicklung der kommunikativen Kompetenzen erfolgen soll, dabei sollten explizit die Prinzipien der UK-Interventionen nach Sachse (2009) herangezogen werden. Das trifft sowohl auf die Frage der spezifischen pädagogisch-therapeutischen Angebote als auch auf die der Implementierung von Kommunikations- und damit auch Selbstbestimmungskompetenzen in den Alltag zu. Damit ist nicht nur der Alltag der Menschen mit Behinderungen gemeint, sondern ausdrücklich auch der der professionellen Helfer.

Literatur

Adam, H.: Der Bedarf an Schulen für Kinder mit geistiger Behinderung in Sachsen, in: Unterstützte Kommunikation 1/1996: 24-25

Baker, B.R.; Hill, K.; Devyler, R.: Core Vocabulary is the same across environments, 2000, online: http://www.csun.edu/cod/conf/2000/proceedings/0259Baker.htm [Stand: 12. Mai 2010]

Brezinka, W.: Grundbegriffe der Erziehungswissenschaft, München, Basel, 1981

Boenisch, J.: Unterstützte Kommunikation, in: Theunissen, G.; Kulig, W.; Schirbort, K. (Hrsg.): Handlexikon Geistige Behinderung, Stuttgart, 2007: 351-353

Boenisch, J: Sprachtherapie oder Unterstützte Kommunikation, in: Birnhuber, C. ; Andres, S. (Hrsg.): Werkstatt Unterstützte Kommunikation, Karlsruhe, 2009: 257-278

Braun, U.: Was ist Unterstützte Kommunikation? in: ISAAC (Hrsg.): Handbuch Unterstützte Kommunikation, Karlsruhe, 2005: 01.003.001-01.005.001

Cloerkes, G.: Soziologie der Behinderten. Eine Einführung, 3. Auflage, Heidelberg, 2007

Duker, P.C.; Morsink, H.: Acquisition and Cross-Setting Generalization of Manual Signs with Severely Retarded Individuals, in: Journal of Applied Behavior Analysis 17/1984: 93-103

Foxx, R.M.; Kyle, M.S.; Faw, G. D.; Bittle, R.G.: Cues-Pause-Point Training and Simultaneous Communication to Teach the Use of Signed Labeling Report, in: American Journal of Mental Retardation 3/1988: 305-311

Garcia, E.; DeHaven, E.: Use operant techniques in establishment generalization of language: A review analysis, in: American Journal of Mental Deficiency, 79/1974: 169-178

Graf-Frank, E.: Unterstützte Kommunikation im Alltag lernen, in: ISAAC (Hrsg.): Handbuch Unterstützte Kommunikation. Karlsruhe: von Loeper Literaturverlag, 2005: 10.003.001 – 10.005.001.

Havemann, M.; Stöppler, R.: Altern mit geistiger Behinderung. Grundlagen und Perspektiven für Begleitung, Bildung und Rehabilitation, Stuttgart, 2004

Heller, K. W.; Allgood, M.H.; Davis, B.; Arnold, S.E.; Castelle, M.D.; Taber, T.A.: Promoting Nontask-Related Communication at Vocational Sites, in: Augmentative and Alternative Communication 12/1996: 169 – 178

Helsper, W.: Antinomien, Widersprüche, Paradoxien: Lehrerarbeit – ein unmögliches Geschäft? Eine strukturtheoretisch-rekonstruktive Perspektive auf das Lehrerhandeln, in: Kolbe, Koch-Piewe; Wildt (Hrsg.): Grundlagenforschung und mikrodidaktische Reformansätze, Bad Heilbrunn, 2004: 49 – 98

Herriger, N.: Empowerment in der Sozialen Arbeit, Stuttgart, 2006

Hinderscheit, L. R.; Reichle, J.: Teaching Direct Select Color Encoding to an Adolescent with Multiple Handicaps, in: Augmentative and Alternative Communication 3/1987: 137-142

Hobson, P. A.; Duncan, P.: Sign Learning and Profoundly Retarded People, in: Mental Retardation 2/1979: 33-37

Keogh, D.; Whitman, T.; Beeman, D.; Halligan, K.: Teaching Interactive Signing in a Dialogue Situation to Mentally Retarded Individuals, in: Research in Developmental Disabilities 8/1987: 39 – 53

Krebs, H.: Einleitung, in: Bundesvereinigung Lebenshilfe für geistig Behinderte e.V. (Hrsg.): Erwachsenenbildung für Menschen mit geistiger Behinderung, Marburg, 1991: 9-10.

Lage, D.: Organisatorische Rahmenbedingungen für eine langfristige Etablierung der Unterstützten Kommunikation in pädagogischen Dienstleistungsorganisationen der Behindertenhilfe, in: Behindertenpädagogik 3/2004: 298-313

Lage, D.: Entstehungsgeschichte der Unterstützten Kommunikation, in: ISAAC (Hrsg.): Handbuch der Unterstützten Kommunikation, Karlsruhe, 2005: 15.02.002 – 15.02.010

Light, J. C.; Binger, C., Agate, T. L.; Ramsay, K. N.: Teaching Partner-Focused Questions to Individuals Who Use Augmentative and Alternative Communication to Enhance Their Communicative Competence, in: Journal of Speech, Language and Hearing Research 42/1999: 241-255

Mall, W.: Kommunikation mit schwer geistig behinderten Menschen. Ein Werkheft, Heidelberg, 1998

Møller, S.; Von Tetzchner, S.: Allowing for developmental potential: A case study of intervention change, in: Von Tetzchner, S.; Jensen, M. H. (Hrsg.): Augmentative and Alternative Sommunication. European Perspectives, London, 1997

Niehoff, U.: Partizipation, in: Theunissen, G., Kulig, W.; Schirbort, K. (Hrsg.): Handlexikon Geistige Behinderung, Stuttgart, 2007: 249-250

Rauh, H.: Entwicklungsverläufe bei Kindern mit Down Syndrom, in: Geistige Behinderung, 3/1996: 206-218

Romski, M. A.; Sevcik, R. A.: An Analysis of Visual-Graphic Symbol Meanings for Two Nonspeaking Adults with Severe Mental Retardation, in: Augmentative and Alternative Communication 5/1989: 109-114

Romski, M. A.; Sevicik, R. A.; Pate, J. L.: Establishment of symbolic communication in persons with severe retardation, in: Journal of Speech and Hearing Disorders 53/1988: 94-107

Sachse, S.: Kern- und Randvokabular in der Unterstützten Kommunikation. in: Birnhuber, C.; Arendes, S. (Hrsg.): Werkstatt Unterstützte Kommunikation, Karlsruhe, 2009: 109-126

Schepis, M. N.; Reid, D. H.; Fitzgerald, J. R.; Faw, G. D., Van den Pol, R.A.; Welty, P. A.: A Program for Increasing Manual Signing by Autistic and Profoundly Retarded Youth within the Daily Enviroment, in: Journal of Applied Behavior Analysis 15/1982: 363-379

Sommer, K. S.; Whitman, T. L.; Keogh, D. A.: Teaching Severely Retarded Persons to Sign Interactively Through the Use of a Behavioral Script, in: Research in Developmental Disabilities 9/1988: 291-304

Soto, G., Belfore, P.J.; Schlosser, R.W.; Haynes, C.: Teaching Specific Requests: A Comparative Analysis on Skill Aquisition and Preference Using Two Augmentative and Alternative Communication Aids, in: Education and Training in Mental Retardation 6/1992: 169-178

Theunissen, G.: Empowerment - Paradigmenwechsel in der Behindertenhilfe, in: Zur Orientierung 3/1997: 4-8

Theunissen, G.; Plaute, W.: Empowerment und Heilpädagogik, Freiburg im Breisgau, 1995

Theunissen, G.; Ziemen, K.: Unterstützte Kommunikation - (k)ein Thema für den Unterricht mit geistig behinderten Kindern und Jugendlichen, in: Zeitschrift für Heilpädagogik 9/2000: 361-367

Topper, S.T.: Gesture Language For A Non-Verbal Severely Retarded Male, in: Mental Retardation 2/1975: 30-31

Tröster, H.: Einstellungen und Verhalten gegenüber Behinderten: Konzepte, Ergebnisse und Perspektiven sozialpsychologischer Forschung, Bern (u a.), 1990

Van Tatenhove, G.M.: Unterstützte Kommunikation mit geistig behinderten Menschen: ein Maximum an Kommunikation anstreben, in: ISAAC (Hrsg.): Unterstützte Kommunikation mit nichtsprechenden Menschen – Tagungsband der 5. Fachtagung in Dortmund, Karlsruhe, 1999

Von Tetzchner , S.; Martinsen, H.: Einführung in die Unterstützte Kommunikation, Heidelberg, 2000

WHO: ICF-Internationale Klassifikation der Funktionsfähigkeit, Behinderung und Gesundheit, Neu-Isenburg: Medizinische Medien-Informations-GmbH, 2005

Unterstützte Kommunikation nach Schlaganfall oder degenerativen Erkrankungen des motorischen Nervensystems[1]

Vergleich der Kommunikationsgeschwindigkeiten

Karl-Heinz Pantke, Christine Kühn, Gudrun Mrosack

Einleitung

Besonders schmerzlich wird von Betroffenen nach einem Schlaganfall der Verlust verbaler Kommunikation empfunden. Geht dieser einher mit einer Lähmung von den Augen abwärts, bei gleichzeitig erhaltenem Bewusstsein, so spricht man auch von einem Locked-in-Syndrom (Pantke 2011). Unterschieden werden ein klassisches, ein inkomplettes und ein totales Locked-in-Syndrom (Bauer et al. 1979). Dieser Zustand ist in der Regel transient (ebd.) und ein Teil der Betroffenen erlernt sogar das Sprechen wieder.

Aus einer Umfrage von LIS e.V. unter Betroffenen des Locked-in-Syndroms aus dem Jahr 2005 geht hervor, dass dieses für 67 % zutrifft, 33% können nicht sprechen. Der Anteil von Personen, die auf Hilfsmittel der Unterstützten Kommunikation angewiesen sind, ist jedoch doppelt so hoch, da wegen der Lähmung oft kein Schreibgerät oder keine normale Tastatur bedient werden kann. Er liegt bei 68% (Krüger-Brand 2008).

In der Zeit direkt nach dem Infarkt sind alle Betroffenen ohne verbale Kommunikationsmöglichkeiten. Sie können wegen der Lähmung auch nicht zeigen und nichts aufschreiben. Wir empfehlen für diese Übergangszeit eine Kommunikation über die Augensprache und eine Buchstabentafel (kostenlose Buchstabentafeln auf der Homepage von LIS e.V. (Onlinequelle 1)). Ersetzt man den nichtbetroffenen Kommunikationspartner bei der Verständigung mit einer Buchstabentafel durch einen Computer, so kommt man zu einem technischen Scanning-Verfahren. Vorteil ist, dass eine von einem Assistenten unabhängige Kommunikation möglich ist. Nachteil ist die Abhängigkeit von einem technischen Gerät, das jederzeit einer Störung unterliegen kann.

Es sollte in diesem Zusammenhang angemerkt werden, dass symbolorientiert konzipierte Kommunikationshilfen für diesen Kreis von Betroffenen nicht geeignet sind. Es kommt einer Entmündigung gleich, wenn Personen, die über ein vollständiges Sprachsystem verfügen, ausschließlich über ein Symbolsystem kommunizieren sollen. Die Arbeit im Verein LIS e.V. zeigt, dass Betroffene manchmal mit der Bemerkung „Man könne die symbolorientierte Kommunikation ausschalten und im Schriftmodus arbeiten“ von Vertretern der Hilfsmittelfirmen doch zu der Anschaffung eines solchen Gerätes gedrängt werden. Diese Vorgehensweise ist nicht akzeptabel, bedenkt man, dass das am Ende vorgestellte Scanningprogramm Mediwrite für wenige Euro über einen gemeinnützigen Verein bezogen werden kann.

Nach einem Schlaganfall findet aufgrund der Spontanremission fast immer eine Verbesserung des gesundheitlichen Zustands statt. Diese führt bei nichtsprechenden Betroffenen dazu, dass zumindest eine Restmotorik wiedererlangt wird. Das kann die Bewegung eines Fingers, des Knies usw. sein, die genutzt werden kann, um einen Kommunikationskanal aufzubauen.

Ganz anders ist die Situation bei einer progredienten, immer weiter fortschreitenden Erkrankung wie z. B. ALS (weitere Informationen auf der Homepage der Deutschen Gesellschaft für Muskelkranke DGM (Onlinequelle 2)). Es findet eine stete Verschlechterung des Gesundheitszustands statt. Was nach einem Schlaganfall der Anfangszustand ist, wird jetzt zum Endzustand. Dieser besteht in einer von Kopf bis Fuß reichenden Lähmung. Durch in Augenschein nehmen lässt sich kein Unterschied zu einem klassischen Locked-in-Syndrom erkennen. Da die Ursache jedoch eine andere ist als bei einem Schlaganfall, spricht man auch von einem Pseudo Locked-in-Syndrom (Leon-Carrion 2002). Eine Kommunikation kann jetzt nur über die erhalten gebliebene Beweglichkeit der Augäpfel durch ein Eye-gaze-System hergestellt werden.

Seltene Verlaufsformen von ALS enden in einer völligen Bewegungslosigkeit. Bis vor wenigen Dekaden war es unmöglich, zu diesen Betroffenen Kontakt aufzunehmen. Mittlerweile wurden Verfahren entwickelt, die es ermöglichen, Gedanken zur Generierung eines Kommunikationscodes zu benutzen. Mit dem notwendigen Brain-Computer-Interface können zwar keine Gedanken sichtbar gemacht werden. Wir können jedoch dem Gehirn bei der Arbeit zuschauen oder wie ein Neurowissenschaftler die Situation umriss: „Wir hören das Motorengeräusch des Gehirns“ (Curio 2009).

UK bei Tetraplegie nach einem Schlaganfall

Scanning-Systeme

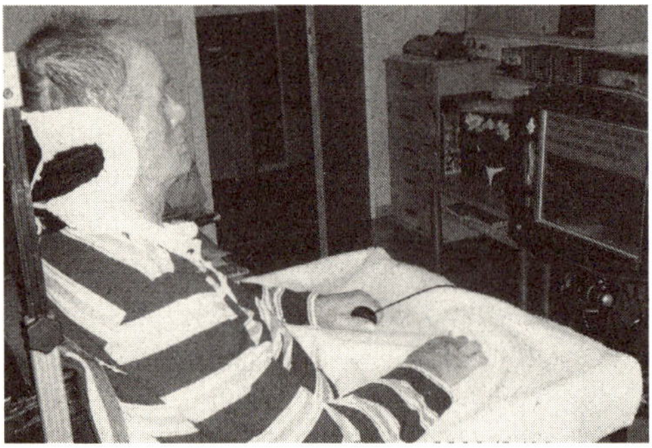

Abb. 1: Patient, dessen Sprach-/Schreibcomputer im Scanning-Modus Zeilen-Spalten arbeitet. Zu sehen sind das Display der Kommunikationshilfe und der Taster in der linken Hand des Betroffenen.
Foto: Gudrun Müller

Abbildung 1 zeigt einen Patienten, der mit einem Taster ein Programm im Scanning-Modus für Zeilen-Spalten bedient. Bei diesem leuchten nacheinander zu Zeilen angeordnete Buchstaben auf. Die Auswahl einer Zeile erfolgt durch Warten und einen einfachen Klick. Durch einen zweiten Klick erfolgt die Auswahl eines Buchstabens innerhalb einer Zeile. Bedingung für diese Methode ist das Vorhandensein von Restmotorik, mit der ein Taster bedient werden kann. Verschiedenartige Taster sind denkbar (ohne Anspruch auf Vollständigkeit): Lidschlagsensor, Gesichtsmuskelsensor, Wangensensor, Schalter für die Betätigung mit der Zunge, Saug-Blas-Schalter und natürlich einfache mechanische Taster, die mit einem Finger, Arm oder Bein bedient werden können. Weitere Erläuterungen zu den Scanningverfahren erfolgen im Kapitel „Kommunikationsgeschwindigkeiten".

Verschiedene Ausformungen einer Kopfmaus

Abb. 2: Einfache mechanische Ausführung: Mittels eines Mundstabes bedient die Betroffene eine normale PC-Tastatur.
Foto: Wolfgang Ufer

Abb. 3: Elektronische Ausführung: Mittels eines Lichtzeigers, der durch einen Reflektor zwischen den Brillengläsern erzeugt wird, kann eine Bildschirmtastatur bedient werden. Das Kamerasystem oberhalb des Computers misst die Position des reflektierten Strahles. Foto: Christian Tiede

Abb. 4: Elektronische Ausführung: Seitlich vom Kopf befindet sich ein Laserpointer, mit dem eine Tafeltastatur bedient wird. Foto: Tettricks 2007

Nach einem Schlaganfall gewinnt der Betroffene oft die Kontrolle über den Kopf zurück. Gelingt dies, so kann die Feinmotorik der Kopfbewegung als Mausersatz genutzt werden. Die Abbildungen 2 – 4 zeigen verschiedene Ausführungsformen von Kopfmäusen. Bei der einfachen mechanischen Ausführung bedient der Betroffene mit einem Mundstab eine normale PC-Tastatur. Das ist langsam, auch besteht bei intensivem Gebrauch die Gefahr der Deformation des Kiefers. Ähnlich problematisch ist es für die Nackenmuskulatur, wenn der Stab z. B. vorne an einem Helm befestigt ist. Dafür ist diese Methode unempfindlich gegen technische Störungen. Deutlich schneller sind elektronische Methoden, bei denen mittels eines Lichtstrahls berührungsfrei eine Bildschirmtastatur bedient werden kann.

UK bei Tetraplegie nach einer degenerativen Erkrankungen des motorischen Nervensystems

Eye-gaze-Systeme

In Abbildung 5 ist eine Betroffene mit ihrem Eye-gaze-System zu sehen. Die Dame ist als Folge von Amyotropher Lateralsklerose völlig gelähmt und kann lediglich ihre Augen bewegen. Sie fixiert einen Buchstaben auf einer Bildschirmtastatur und die Position der Pupille wird von einem Kamerasystem beobachtet. Aus der Geometrie der Anordnung kann geschlossen werden, welcher Buchstabe ausgewählt wurde. Die Bildschirmtastatur ist als Projektion im Hintergrund sichtbar.

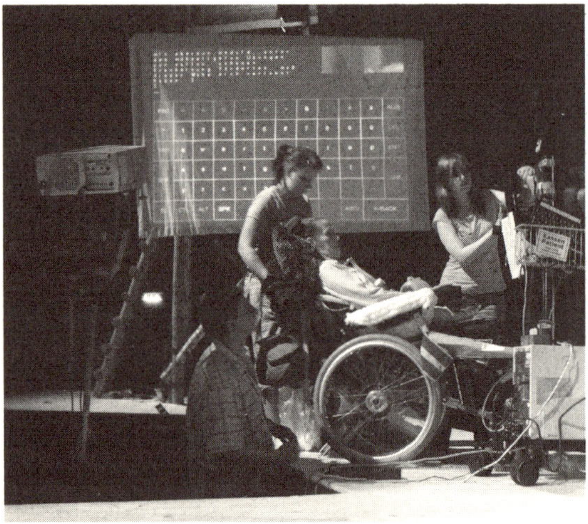

Abb. 5: Patientin mit einem Eye-gaze-System. Vorne an den Rollstuhl angeflanscht sind der Monitor, die Beleuchtungseinheit sowie die Kameraeinheit. Im Hintergrund zu sehen ist eine Projektion des Computerbildschirms.
Foto: Farah Lenser

UK bei vollständiger Lähmung

Bei ALS gibt es auch seltene Verlaufsformen, bei denen mit fortschreitender Erkrankung die Beweglichkeit der Augenmuskulatur nicht erhalten bleibt, d.h. die in einer kompletten Lähmung enden. Bis vor einigen Jahren war es nicht möglich mit Betroffenen, bei denen jegliche Willkürmotorik erloschen ist, zu kommunizieren. Es ist der Pionierarbeit von Birbaumer (Birbaumer et al. 2009) zu verdanken, dass Methoden entwickelt werden, die eine Kommunikation allein durch die Kraft der Gedanken ermöglichen. Das mutet futuristisch an. Ein vollständig gelähmter Mann, der Kraft seiner Gedanken ein Lichtsignal einmal blinken lässt für „ja“ und zweimal für „nein“, taucht auch bereits in den 80er Jahren in der Serie Raumschiff

Enterprise (Onlinequelle 3) auf. Die Grundzüge dieser Technik werden im nächsten Kapitel über Brain-Computer-Interface (BCI) erklärt. In den darauf folgenden Kapiteln wird erklärt, wie dieses zur Kommunikation genutzt werden kann. Zur Vertiefung sei das Buch von Pantke (2010 a) empfohlen.

Was ist ein Brain-Computer-Interface und welche Systeme gibt es?

Ein Brain-Computer-Interface (Gehirn-Computer-Schnittstelle) stellt eine Verbindung zwischen dem Gehirn und einem Computer her, ohne die Nutzung der Extremitäten oder irgendeiner motorischen Aktivität. Mit einem BCI können völlig Gelähmte einen Sprachcomputer bedienen, ihren Rollstuhl steuern oder anderweitig mit ihrer Umwelt in Interaktion treten.

Unser Gehirn verarbeitet hochdifferenzierte Sinneseindrücke und koordiniert komplexe Verhaltensweisen. Diese Aufgabenvielfalt hat ihren Preis. Das Gehirn macht nur etwa zwei Prozent der Körpermasse aus, verbraucht aber fast ein Viertel des Sauerstoffs (Onlinequelle 4). Vom Gehirn ausgehende Informationen sind als bioelektrische Impulse codiert. Damit wird klar, welche Möglichkeiten bestehen, dem Gehirn beim Denken zuzuschauen.

Eine Methode besteht darin, die Hirnfelder zu beobachten. Mit einem *elektrophysikalischen System* können entweder das elektrische oder das magnetische Feld gemessen werden, welche physikalisch gesehen gleichwertige Informationen liefern sollten. Das elektrische Feld wird nicht invasiv mit der Elektroenzephalographie (EEG) (Pschyrembel 2004) und invasiv mit der Elektrokortikographie (ECoG) (Pschyrembel 2004) sowie der intrakortikalen Elektrodenableitung gemessen. Nicht invasiv befinden sich die Elektroden außerhalb des Schädels, während bei den invasiven Techniken diese auf der Hirnhaut angeordnet bzw. in das Gehirn implantiert werden. Magnetenzephalographische Messungen (MEG) (Pschyrembel 2004), bei denen das kleine magnetische Feld des Gehirnes durch supraleitende SQUIDs (Lenk 1972) gemessen werden, sind zwar möglich, spielen wegen der besonderen Anforderungen an die Messtechnik für die Praxis jedoch keine Rolle. Als Beispiel für ein elektrophysikalisches System stellen wir weiter unten ein BCI vor, das über ein EEG (Elektroenzephalografie) arbeitet.

Eine weitere Methode besteht darin, den Energieverbrauch des Gehirns mit einem bildgebenden Verfahren sichtbar zu machen. Hierbei wird die Aktivität verschiedener Gehirnbereiche mit relativ hoher räumlicher Auflösung gemessen. Möglich wird dies durch den Umstand, dass Hämoglobin, welches den Sauerstoff im Blut transportiert, seine physikalischen Eigenschaften mit der Oxidation ändert und dieses mit einem *hämodynamischen System* beobachtet werden kann. Wir unterscheiden zwischen funktioneller Magnet-Resonanz-Tomographie (fMRT) (Faro 2006, Reul 2007) und funktioneller Nahinfrarotspektroskopie (fNIRS). Mit diesen Techniken kann allerdings nicht festgestellt werden, was gedacht wird, sondern sie zeigen auf, wo im Gehirn gedacht wird (Faro 2006, Reul 2007).

Ein MRT macht es sich zunutze, dass der menschliche Körper zu einem großen Teil aus Wasser und damit aus Wasserstoffkernen besteht. Der Kernspin der Protonen kann in einem statischen magnetischen Feld ausgerichtet werden. Ein zweites gepulstes elektrisches Feld stört diese Ausrichtung. In einem Magnet-Resonanz-Tomographen (MRT) wird das Abklingen dieser Störung gemessen. Man mache sich klar, dass ein MRT keine Organe dargestellt, sondern primär einen physikalischen Prozess, der einer Interpretation bedarf. Diese Erklärung mag vielen unverständlich sein. Ein tiefergehendes Verständnis setzt jedoch ein fundiertes physikalisches Wissen voraus, wie es dieser Artikel weder vermitteln will noch kann. Merken Sie sich einfach, dass die Bildgebung in einem MRT durch starke Felder erfolgt. In der funktionellen Magnet-Resonanz-Tomographie können physiologische Abläufe von Hirnfunktionen sichtbar gemacht werden, da oxydiertes und nicht oxydiertes Hämoglobin andere magnetische Suszeptibilitäten besitzen, also das angelegte Feld unterschiedlich schwächt. Der lokale Verbrauch von Sauerstoff im Gehirn signalisiert, welcher Teil des Gehirns aktiv ist.

Während die Funktionsweise eines MRTs nur schwer veranschaulicht werden kann, lässt sich die funktionelle Nahinfrarotspektroskopie gut erklären:
Arterielles, also sauerstoffreiches Blut, unterscheidet sich in seiner Farbe von venösem, also sauerstoffarmem Blut. In Aufsicht hat arterielles eine hellrote und venöses Blut eine dunkelrote Farbe. (In Durchsicht schimmert wegen der subtraktiven Farbmischung venöses Blut bläulich und gibt den Venen ihre Farbe.) Der Farbe des Blutes entsprechen Absorptionsbanden im Spektralbereich von ca. 600 bis 760 nm. Diese setzen sich im anschließenden Spektralbereich bis zu 1000 nm fort, der für fNIRS zur Anwendung kommt.

Sichtbares Licht wird vollständig von unseren Schädelknochen absorbiert. Nicht so die nahe Infrarotstrahlung; diese kann einige Zentimeter in unsere Schädeldecke eindringen. Gemessen wird die Schwächung von naher Infrarotstrahlung. Hieraus kann auf das Verhältnis von venösem zu arteriellem Blut geschlossen werden. Die räumliche Auflösung entspricht ungefähr der Eindringtiefe des Lichtes, also einige wenige Zentimeter. Die zeitliche Auflösung einer fNIRS-Messung entspricht der einer fMRT-Messung, also ungefähr eine Sekunde. Mit fNIRS kann also direkt das Verhältnis von venösem zu arteriellem Blut bestimmt werden. Bevor wir uns einzelnen Systemen zuwenden, möchten wir in Tabelle 1 einen Überblick über alle vorhandenen BCIs geben.

Art des Systems			**Auflösung**	
			räumlich	**zeitlich**
elektrophysiologische Systeme	*Elektrisch*	*EEG*	*einige cm*	*0,001 sec*
		ECoG	*unter 1 cm*	*0,001 sec*
		Intra. Elektrodenableitung	*einige mm*	*0,001 sec*
	Magnetisch	*MEG*	*Wie EEG*	*Wie EEG*
hämodynamische Systeme	*funktionelle Magnetresonanztomographie (fMRT)*		mm^3	*1 -2 sec*
	funktionelle Nah-Infrarot-Spektroskopie (fNIRS)		*2-3 cm Eindringtiefe*	*1 -2 sec*

Tab.1: Übersicht verschiedener Systeme, geeignet für ein Brain-Computer-Interface

Kommunikation mit einem BCI

Abbildung 6 verdeutlicht das generelle Prinzip von Brain-Computer-Interfaces (BCIs), wie sie für die bewegungsunabhängige Kommunikation zum Einsatz kommen können: Zwei unterschiedliche Gehirnaktivitätsmuster, die durch zwei verschiedene mentale Prozesse (z. B. sich in Gedanken bewegen oder sprechen) erzeugt werden können, werden als zwei unterschiedliche Informationsinhalte interpretiert (z. B. „ja“ und „nein“). Es wäre natürlich einfacher, wenn das Denken an verschiedene Buchstaben oder sogar Wörter in unterscheidbare Gehirnaktivitätsmuster münden würde. Eine Unterscheidung von sehr ähnlichen Gehirnaktivitätsmustern ist bislang allerdings noch nicht möglich (Sorger 2011).

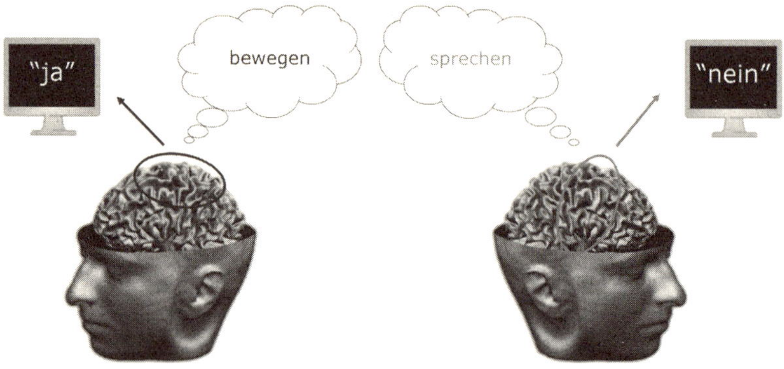

Abb. 6: Prinzip des Brain-Computer-Interface zur Kommunikation
Foto: Bettina Sorger

Bei der Kommunikation mit Hilfe des EEG bekommt der Patient eine Haube mit Elektroden auf bestimmte Punkte der Kopfhaut aufgesetzt. Von der Kopfoberfläche wird eine Spannung von 5 bis 100 µV (1 µV = 1 Millionstel Volt) abgegriffen, eine Größenordnung, die keine besonderen Anforderungen an die Messtechnik stellt. Ursache der Spannung sind physiologische Vorgänge der Gehirnzellen, die durch ihre bioelektrischen Zustandsänderungen zur Informationsverarbeitung des Gehirns beitragen. Details können der Literatur entnommen werden (Pantke 2010 a).

Abbildung 7 zeigt eine Person mit einer Elektrodenhaube. Links zu sehen ist ein Text, der von ihr geschrieben wurde. Solche Geräte werden auch „mentale Schreibmaschine" (engl. BCI speller) genannt.

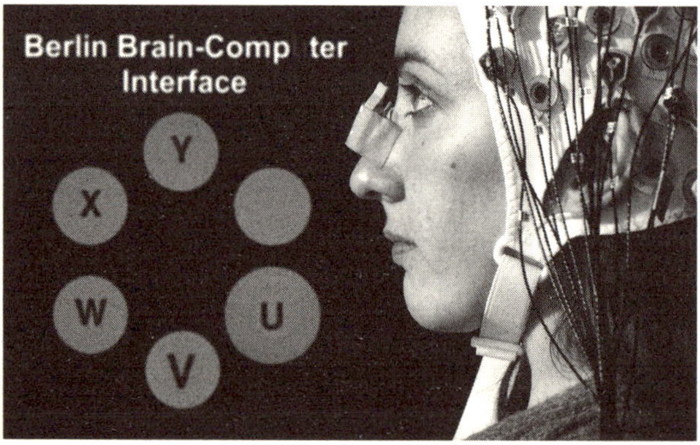

Abb. 7: Brain-Computer-Interface basierend auf dem EEG. Der Text wurde von der Person geschrieben. Foto: Michael Tangermann

Kommunikationsgeschwindigkeiten von Scanning-Systemen

Abgesehen von Menschen, die auf ein Brain-Computer-Interface angewiesen sind, werden Scanning-Methoden von fast allen Patienten benutzt. Das Partnerscanning, bei dem der Computer durch einen Menschen ersetzt wird, kann von Schlaganfallpatienten in der Zeit direkt nach dem Infarkt genutzt werden, aber auch von Menschen mit einer degenerativen Erkrankungen, falls ein raumforderndes Eye-gaze- oder Kopfmaussystem außerhalb des häuslichen Bereichs nicht eingesetzt werden kann.
Die elektronische Variante des Scannings wird häufig von Schlaganfallpatienten mit Restmotorik genutzt. Leider besteht ein großes Informationsdefizit bezüglich der Kommunikationsgeschwindigkeiten der verschiedenen Hilfsmittel. Deshalb haben wir uns dazu entschlossen, Scanning-Systeme etwas eingehender zu betrachten, um deren Kommunikationsgeschwindigkeiten dann im letzten Kapitel mit denen anderer Systeme zu vergleichen.

Für die Aufschlüsselung der Kommunikationsgeschwindigkeiten bei den Scanning-Systemen unterscheiden wir zwischen zwei ausgewählten Arten von Scanningverfahren: einer linearen Anordnung und einer Gruppierung von Buchstaben, zu denen das Zeilen-Spalten-Scannen gehört (jeweils mit und ohne Häufigkeit).

Für diese vier Anordnungen werden die durchschnittlichen Zeiten t berechnet, die notwendig sind, um einen Buchstaben auszuwählen. Die Abschätzungen erfolgen aus der Geometrie der Anordnung, den Wahrscheinlichkeiten $_{wi,\ i=A...Z,}$ mit der ein Buchstabe in einem deutschen Text auftaucht (Onlinequelle 5), wobei das „ß" nicht berücksichtigt wird. Aus der Analyse eines anderen Textes der gleichen Publikation folgt, dass jedes 7. Zeichen ein Leerzeichen ist (ebd.) und jedes 86. Zeichen ein Punkt ist (ebd.). Die für die Rechnung benutzten Wahrscheinlichkeiten w_i~=const.$*w_{i,i=A...Z}$ weichen geringfügig von den in Abbildung 10 angegebenen Werten ab, da diese ohne Berücksichtigung von Leerzeichen und Punkt berechnet wurden. Dieses führt zu etwas anderen Normierungsbedingungen, da die Summe aller Wahrscheinlichkeiten konstant eins bleiben muss. Wir erhalten: const. = 0,853. Die Verweildauer t_{scan} auf einem Buchstaben wird in allen Anordnungen zu einer Sekunde gesetzt.

Lineare Anordnung (ohne Häufigkeit)

Alle Buchstaben werden in alphabetischer Reihenfolge angeordnet, gefolgt von Leerzeichen und Punkt.

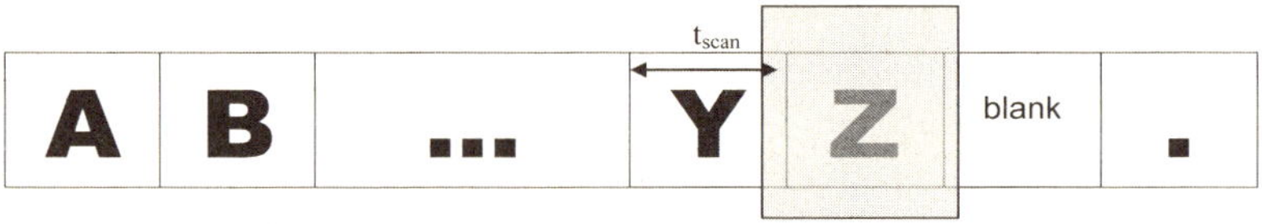

Abb. 8: Bildschirmtastatur, die im Scanning-Modus betrieben wird, in alphabetischer Anordnung.

Nacheinander leuchten alle Buchstaben auf. Der durch einen Klick ausgewählte Buchstabe ist durch ein graues Kästchen markiert. Ausgewählt wurde der Buchstabe „Z". „Blank" bezeichnet das Leerzeichen.

Für die Zeit $t_{linear,}$ die durchschnittlich für einen Buchstaben benötigt wird, erhalten wir:

Gl. 1: $t_{linear} = \{1_* \, w_A{}^{\sim}{}_* + 2_* wB^{\sim} \ldots 25_* w_Y{}^{\sim} + 26_* w_Z{}^{\sim} + 27_* w_{blank} + 28_* w.\}$ $_*$ tscan = 14 Sekunden

Lineare Anordnung (mit Häufigkeit)

Die Buchstaben werden entsprechend ihrer Häufigkeit angeordnet, das Leerzeichen und der Punkt bleiben jedoch in ihrer Position.

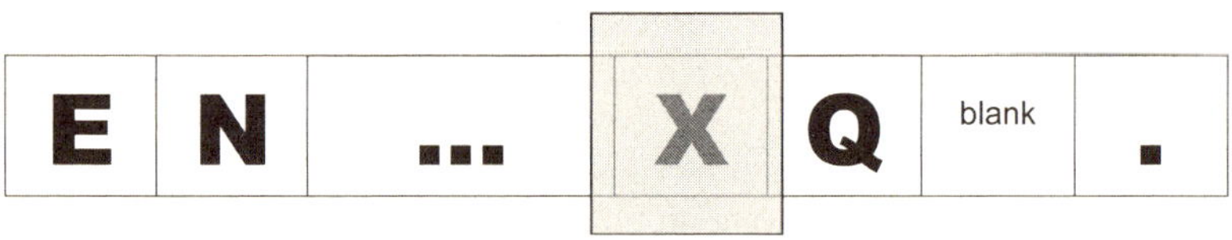

Abb. 9: Wie Abbildung 8, jedoch sind die Buchstaben entsprechend der Wahrscheinlichkeit ihres Auftretens ind der deutschen Sprache angeordnet.

Die Wahrscheinlichkeit kann Abbildung 10 entnommen werden. Der häufigste Buchstabe ist ein „E". Gewählt wurde „X".Eine leichte Modifizierung von Gl. 1 ergibt in Gl. 2 die Zeit t_W, die bei einer Anordnung entsprechend der Wahrscheinlichkeit $w_{n+1} > w_n$ benötigt wird. Die Reihenfolge kann Abbildung 10 entnommen werden.

Gl. 2: $t_{alpha} = \{1_* \, w_E{}^{\sim}{}_* + 2_* w_N{}^{\sim} \ldots 25_* w_X{}^{\sim} + 26_* w_Q{}^{\sim} + 27_* w_{blank} + 28_* w.\}$ $_* \, t_{scan}$ = 10 Sekunden

Zeilen-Spalten-Scannen (ohne Häufigkeit)

Bei einer Zeilen-Spalten-Anordnung wird mit dem ersten Klick eine Zeile und mit dem zweiten Klick innerhalb der Zeile ein Buchstabe ausgewählt, also in Abbildung 10 der Buchstabe „P".

	1. Buchstabe	2. Buchstabe	3. Buchstabe	4. Buchstabe	5. Buchstabe	6. Buchstabe	7. Buchstabe
1. Zeile	**A** 0,0651	**B** 0,0189	**C** 0,0306	**D** 0,0508	**E** 0,1740	**F** 0,0166	blank
2. Zeile	**G** 0,0301	**H** 0,0476	**I** 0,0755	**J** 0,0027	**K** 0,0121	**L** 0,0344	**.**
3. Zeile	**M** 0,0253	**N** 0,0978	**O** 0,0252	**P** 0,0079	**Q** 0,0002	**R** 0,0700	**S** 0,0727 + 0,0031
4. Zeile	**T** 0,0651	**U** 0,0435	**V** 0,0067	**W** 0,0189	**X** 0,0003	**Y** 0,0004	**Z** 0,0113

Abb. 10: Schematische Darstellung einer Bildschirmtastatur, die im Scanning-Modus betrieben wird. Erst wird eine Zeile, dann ein Buchstabe gewählt, symbolisiert durch die grauen Balken. Die Zahl unter dem Buchstaben gibt die Häufigkeit w_i des Auftretens in der deutschen Sprache an. Es gilt: $w_i^{\sim}$=const.$*w_{i,i=A...Z.}$

Wir möchten die Zeit bestimmen, die ein Patient durchschnittlich benötigt, um einen Buchstaben auszuwählen. Hierzu multiplizieren wir w_i in Abbildung 10 mit der Anzahl der Schritte St diesen zu erreichen (siehe Abbildung 11) und summieren über alle Buchstaben.

A 2	**B** 3	**C** 4	**D** 5	**E** 6	**F** 7	**blank** 8
G 3	**H** 4	**I** 5	**J** 6	**K** 7	**L** 8	**.** 9
M 4	**N** 5	**O** 6	**P** 7	**Q** 8	**R** 9	**S** 10
T 5	**U** 6	**V** 7	**W** 8	**X** 9	**Y** 10	**Z** 11

Abb. 11: Gleiche Tastatur wie in Abbildung 10. Die Zahl unter dem Buchstaben ergibt die Anzahl der Schritte St, die notwendig sind, um diesen zu erreichen. Diese entsprechen der Addition von Zeilen- und Buchstabenschritten in Abbildung 10. Z. B. kann der Buchstabe „P" nach 3 Zeilen- und 4 Buchstabenschritten, also St(P) in 7 Schritten erreicht werden.

In der Praxis können die Werte von Zeilenschritten t_{scan} (Zeile) und Buchstabenschritten t_{scan} (Buchstabe) unabhängig voneinander gewählt werden. Der Einfachheit halber werden beide Werte gleich gesetzt:

Gl. 3: t_{scan} (Zeile) = t_{scan} (Buchstabe) = 1 Sekunde

Wir erhalten für die Zeit $t_{Z\text{-}S\ linar}$ durch Berücksichtigung aller Zeichen in Abb. 10 zu:

Gl. 4: $t_{Z\text{-}S\ linar} = \{w_A{}^{\sim} * St(A) + \ldots + w_Z{}^{\sim} * St(Z)\} * t_{scan}$ = 7 Sekunden

Zeilen-Spalten-Scannen (mit Häufigkeit)

Bei einer Zeilen-Spalten-Anordnung mit Häufigkeit sind die Buchstaben entsprechend der Reihenfolge von St in Abbildung 12 angeordnet.

E 2	**N** 3	**S** 4	**T** 5	**L** 6	**O** 7	**blank** 8
I 3	**R** 4	**D** 5	**C** 6	**B** 7	**K** 8	**.** 9
A 4	**H** 5	**G** 6	**W** 7	**Z** 8	**V** 9	**Y** 10
U 5	**M** 6	**F** 7	**P** 8	**J** 9	**X** 10	**Q** 11

Abb. 12: Wie Abbildung 10, die Anordnung der Buchstaben erfolgt jedoch entsprechend der Reihenfolge der Schritte (unterhalb des Buchstaben angegeben) in Abbildung 11, die notwendig sind, um diese Position zu erreichen.

Die Berechnung der Zeit $t_{Z\text{-}S\ w}$ erfolgt entsprechend analog. Wir erhalten:

Gl. 5: $t_{Z\text{-}S\ w}$ = 5 Sekunden

In Tabelle 2 sind nochmals alle in diesem Abschnitt ermittelten Zeiten zusammengefasst.

Scanmodus bzw. Programm		Durchschnittliche Zeit benötigt für einen Buchstaben [Sekunden]	Kommunikations-geschwindigkeit [Buchstaben/Sekunde]
Lineares Scannen	*Ohne Häufigkeit*	14	0,07
	Mit Häufigkeit	10	0,10
Zeilen-Spalten-Scannen	*Ohne Häufigkeit*	7	0,14
	Mit Häufigkeit	5	0,20

Tab. 2: Überblick aller errechneten Geschwindigkeiten der Kommunikation mittels elektronischer Buchstabentafeln. Die Kommunikationsgeschwindigkeiten sind die Kehrwerte der durchschnittlichen Zeiten, die pro Buchstabe benötigt werden, und sind aus Gleichungen 1 bis 5 berechnet. Die Konstanz des Verhältnisses 14/10 = 7/5 in Spalte 2 liegt an der Struktur der Formeln.

Vergleich von Scanningprogrammen mit dem Partnerscanning

In der Praxis sollen die Kommunikationsgeschwindigkeiten möglichst groß sein. Erreicht werden kann dieses durch Wahl eines möglichst kleinen t_{scan} (Zeile) und t_{scan} (Buchstabe). Diese Zeiten geben an, wie lange auf einem Buchstaben bzw. einer Zeile verharrt wird. Hierzu wären aufwendige Testreihen mit verschiedenen Werten notwendig. Diese schwanken sicher individuell; wir sind jedoch nur daran interessiert, ob diese Werte näherungsweise richtig gewählt wurden.

Wir sind deshalb einen anderen Weg gegangen. Beim Partnerscanning mit einer Buchstabentafel wählt ein eingespieltes Team automatisch die richtigen Scanzeiten. Wir haben deshalb verschiedene Nutzer von Tafeln gebeten, einen kurzen Text zu buchstabieren (siehe Tabelle 3). Ergibt der Vergleich ähnliche Kommunikationszeiten, so haben wir in den Rechnungen t_{scan} (Zeile) und t_{scan} (Buchstabe) richtig gewählt. Alle Nutzer verwendeten ein Zeilen-Buchstaben-System ohne Berücksichtigung der Buchstabenhäufigkeit. Wir bekommen eine sehr gute Übereinstimmung, so dass t_{scan} = 1 Sekunde eine realistische Annahme ist. Bei der Anpassung eines Computersystems an einen Nutzer kann mit einer Scanzeit von einer Sekunde begonnen werden und dieser Wert individuell in kleinen Schritten variiert werden.

Person	**Benötigte Zeit [Sekunden]**	**Zeit pro Buchstaben [Sek.]**	**Kommunikationsgeschw. [Bu./Sek.]**
Frau J.	395	6	0,16
Herr M.	430	7	0,14
Frau U.	540	8	0,12
Herr W.	288	4	0,22
	Ø x = 413 ± 100 Δx/x = 30 %	Ø x = 6, 2 ± 1,5 Δx/x = 30 %	Ø x = 0,16 ± 0,04 Δx/x = 30 %

Tab. 3: Von verschiedenen Nutzern ermittelte Kommunikationsgeschwindigkeiten mit Buchstabentafeln, bei denen die Abfrage nach Zeilen und Buchstaben erfolgt. Buchstabiert wurde der Satz „Ich arbeite gerade an einem Artikel über UK. Scanning kommt auch vor." und die dafür benötigte Zeit gestoppt.

Die Streuung in Tabelle 3 wurde aus der Standardabweichung abgeschätzt. Alle Tafeln funktionierten nach einem Zeilen-Spalten-Prinzip. Herr M. und Herr W. kommunizierten ohne einen Papierausdruck der Tafel. Über Frau J. und Frau U. liegen diesbezüglich keine Informationen vor. Die Streuung von 30 % entspricht der eines biologischen Systems.

Die Bedienung eines Programms im Scanmodus erfordert ein hohes Maß an Konzentration, welche nur für 10 bis 20 Minuten durchgehalten werden kann. Die hier berechneten Kommunikationsgeschwindigkeiten können lediglich für kürzere Äußerungen erreicht werden. In Pantke (2011 b) ist z. B. ein Betroffener zu finden, der mit einem solchen Programm längere Texte schreibt. Er gibt an, für eine Seite 10-12 Stunden zu benötigen. Geht man von 2100 Buchstaben pro Seite aus, so benötigt er 17 bis 20 Sekunden für einen Buchstaben. Eine Nachfrage beim Patienten bestätigt unsere Vermutung. Der Betroffene gibt an, beim Schreiben längerer Texte oft die Wahl von der Zeile bzw. dem Buchstaben nicht beim ersten Durchgang zu treffen, d. h. das Programm läuft bis zum Schluss durch und scannt dann wieder von vorne.

Zum Abschluss dieses Kapitels möchten wir auf das Programm Mediwrite eingehen. Mediwrite ist ein lineares Scanningprogramm, das die Benutzerfreundlichkeit eines linearen Scanningprogrammes mit der Geschwindigkeit des Zeilen-Spalten-Scannens verknüpft. Der Bedienungsanleitung entnehmen wir: „Mediwrite beschleunigt die Texteingabe durch Buchstabenvorhersage. Ermöglicht wird dies durch einen integrierten umfangreichen deutschen Wortschatz. Die Buchstabenvorhersage passt sich im Laufe der Zeit automatisch dem Benutzer an. Neue Wörter werden automatisch in den Wortschatz aufgenommen und Wörter, die der Benutzer oft verwendet, werden bei der Buchstabenvorhersage stärker gewichtet“ (Onlinequelle 6).

Ein einfacher Test mit einer Scangeschwindigkeit von einer Sekunde ergibt, dass für einen Buchstaben 7,5 Sekunden benötigt werden oder eine Geschwindigkeit von 0,13 [Buchstaben/pro Sekunde]. Uns hat überzeugt, dass ohne jegliche Feinabstimmung Kommunikationsgeschwindigkeiten erreicht werden, die denen geübter Buchstabentafelnutzern entsprechen. Wahrscheinlich sind die fast identischen Kommunikationsgeschwindigkeiten kein Zufall, 0,14 [Buchstaben/Sekunde] beim Partnerscanning gegenüber 0,13 [Buchstaben/Sekunden] bei Mediwrite. Mensch und Programm ist die Fähigkeit gemein, das Ende eines Wortes zu bestimmen: Der Mensch rät die fehlenden Buchstaben, Mediwrite ordnet die fehlenden Buchstaben so, dass diese mit einem oder wenigen Scanschritten erreichbar sind.

Die Anpassung an einen Nutzer ist bei einem linearen Scanningprogramm einfacher als beim Zeilen-Buchstaben-Scannen. Ein Scanningprogramm mit Kommunikationsgeschwindigkeiten größer als beim Partnerscanning gibt es nicht. Mediwrite wird gemeinsam von Bokler und kommhelp e.V. kontinuierlich weiterentwickelt und kann von dort bezogen werden (Onlinequellen 6, 7).

Kommunikationsgeschwindigkeiten aller vorgestellten Systeme im Vergleich

Die Kommunikationsgeschwindigkeiten für die vorgestellten Hilfsmittel sind in Tabelle 4 zu finden. Außer bei BCIs wurden erfahrene Nutzer von Unterstützter Kommunikation gebeten, den Satz „Ich arbeite gerade an einem Artikel über UK. Scanning kommt auch vor." zu schreiben und die dafür benötigte Zeit zu stoppen (wie bereits bei Tabelle 3 erwähnt). Die Daten für BCI-Systeme wurden durch Befragung von Personen gewonnen, die solche Hilfsmittel öfter für Betroffene anpassen.

<table>
<tr><th colspan="2">System</th><th colspan="2">Zeit für einen Buchstaben [Sekunden]</th><th colspan="2">Kommunikations-geschwindigkeit [Buchstaben/Sekunde]</th></tr>
<tr><td colspan="6">Ohne Restmotorik</td></tr>
<tr><td colspan="2">Brain-Computer-Interfaces</td><td colspan="2">ca. eine Minute und länger bei ALS, nach Schlaganfall kürzer[1]; zwischen 20 Sekunden und gar keiner Schreibfähigkeit[2]</td><td colspan="2">0,01 - 0,02</td></tr>
<tr><td colspan="6">Mit Restmotorik – es besteht die Möglichkeit einen einfachen Schalter zu bedienen, oder aber die Beweglichkeit von Kopf oder Augen ist vorhanden</td></tr>
<tr><td colspan="2">Scanning-Systeme</td><td colspan="2">mindestens 6 Sekunden</td><td colspan="2">0,1 - 0,2</td></tr>
<tr><td rowspan="3">Kopfmäuse</td><td>mechanisch</td><td>1</td><td rowspan="3">Ø = 0,6</td><td>1</td><td rowspan="3">1 - 2</td></tr>
<tr><td>elektr. (mit Reflektor)</td><td>(2,5)[3]</td><td>(0,4)</td></tr>
<tr><td>elektr. (mit Lichtzeiger)</td><td>0,3</td><td>3</td></tr>
<tr><td colspan="2">Eye-gaze-Systeme</td><td colspan="2">0,5</td><td colspan="2">1 - 2</td></tr>
</table>

Tab. 4: Kommunikationsgeschwindigkeiten

[1] Birbaumer (Institute of Medical Psychology and Behavioral Neurobiology) persönliche Mitteilungen, 2011.

[2] Tangermann (BBCI, Berlin Brain-Computer Interface) persönliche Mitteilungen, 2011. Von Blankertz aus der gleichen Arbeitgruppe werden in (Blankertz 2007) durchschnittliche Übertragungsraten von bis zu 13 Bit pro Minute, sowie höhere peak-Übertragungsraten angegeben. Nach Kübler (1999) können mit 5 Bit ein Buchstabe dargestellt werden, so dass dieses einer Zeit von 23 Sekunden/Pro Buchstabe entspricht.

[3] Die Patientin hatte einen Kleinhirninfarkt. Die Nachfrage ergab, dass ein häufiges Verbessern der ausgewählten Buchstaben notwendig ist. Wahrscheinlich leidet die Patientin unter einer Ataxi (Störung der Bewegungskoordination) als Folge des Schlaganfalls. Wir berücksichtigen diesen Wert nicht. Andere Patienten mit Kopfmäusen bzw. einem Eye-gaze-System leiden unter ALS, den Folgen eines nicht näher spezifizierten Schlaganfalls und einer Hirnhautentzündung.

In der Praxis sind Brain-Computer-Interfaces ca. zehnmal langsamer als Scanning-Systeme oder auch ca. 100mal langsamer als Kopfmäuse oder Eye-gaze-Systeme, die ungefähr gleich schnell sind. Die Schreibgeschwindigkeiten der schnellsten Systeme liegen an der unteren Grenze eines Zehnfingersystems bei einer Schreibmaschine und sind damit deutlich langsamer als das gesprochene Wort.

Schluss

Nach Aristoteles' berühmten Diktums ist es die Sprache, die aus Lebewesen Individuen entstehen lässt. Menschen, die nicht sprechen können, werden nur sehr eingeschränkt als soziale Wesen wahrgenommen. Der Wiedergewinn verbaler Kommunikation nach einem Locked-in-Syndrom ist der wohl wichtigste Schritt zurück in ein menschenwürdiges Dasein.
Bei der Wahl eines Hilfsmittels sollte zunächst der weitere Krankheitsverlauf berücksichtigt werden. Kann ein Hilfsmittel in einem halben Jahr noch genutzt werden? Mit welchem Hilfsmittel kann eine große Kommunikationsgeschwindigkeit erreicht werden? Aber auch andere Aspekte spielen eine Rolle. Nach einem Schlaganfall ist eine Kopfmaus immer einem Eyegaze-System vorzuziehen, da dadurch verlorengegangene Motorik beübt werden kann. Allerdings ist oft eine Bedienung nicht möglich. Fällt die Wahl auf ein BCI-System, so sollte dessen Benutzung an ein größeres medizinisches Zentrum angeschlossen sein, da die Praxistauglichkeit von kommerziellen Systemen (noch) zu wünschen lässt.

Danksagung

Gedankt sei den zahlreichen Nutzern von Unterstützter Kommunikation sowie deren Partnern. Diese haben sowohl Bildmaterial wie auch Daten zu diesem Artikel geliefert. Ohne ihr Zutun wäre dieser Artikel nicht zu Stande gekommen. Genannt werden sollen Frau Anama Fronhof, Frau Angela Jansen, Herr Günter Müller, Herr Tettricks, Frau Sonja Ufer, Herr Norbert Wernitz und Herr Olaf Westphal. Für die Überlassung von Bildmaterial danken wir Frau Farah Lenser, Frau Dr. Bettina Sorger, Herrn Dr. Michael Tangermann und Christian Tiede. Unser Dank gilt auch Prof. Nils Birbaumer und Dr. Julius Deutsch, die Daten zu dieser Untersuchung lieferten.

Literatur

Bauer, G.; Gerstenbrand, F.; Rumpl, E.: Varieties of the locked-in-syndrome, in: J. Neurol., 221, 1979: 77-91

Birbaumer, N.; Murguialday, A. R.; Weber, C.; Montoya, P.: neurofeedback and brain- computer interface: clinical application, in: Int. rewiew of neurobiology, vol. 86, 2009: 107-117

Blankertz, B.; Dornhege, G.; Krauledat, M.; Müller, K.-M.; Curio, G.: The non-invasive Berlin Brain-Computer Interface: Fast acquisition of effective performance in untrained subjects, in: Neuroimage, 37, 2/2007: 539-550

Curio, G.: persönliche Mitteilung, 2009

Faro: Functional MRI, New York, 2006

Krüger-Brand, H.: Kommunikation bedeutet Lebensqualität, in: Deutsches Ärzteblatt, Jg. 106, 17/2009

Kübler, A. et al.: The thought translation device: a neurophysiological approach to communication in total motor paralysis, in: Exp Brain Res 124/1999: 223–232

Lenk, R. (Hrsg.): ABC der Physik. Hier siehe „Josephson-Effekt", Leipzig, 1972

Leon-Carrion, J.; Van Eeckhout, P.; Dominguez Morales, M.; Perez-SantaMaria, F.J.: The locked-in-syndrome, a syndrome looking for a therapy, in: Survey, Brain Inj. 16, 2002: 571-582

Pantke, K.-H. (Hrsg.): Mensch und Maschine, Frankfurt/Main, 2010 a

Pantke, K.-H.; Fronhof, A.; Ufer, S.; Wernitz, N.: Unterstützte Kommunikation bei erworbenen motorischen Einschränkungen, in: Pantke, K.-H. (Hrsg.): Mensch und Maschine, Frankfurt/Main, 2010 b

Pantke, K.- H.; Kühn, C.; Mrosack, G.; Scharbert, G.; LIS e.V. (Hrsg.): Das Locked-in-Syndrom. Geschichte, Erscheinungsbild, Diagnose und Chancen der Rehabilitation, Frankfurt/Main, 2011

Pschyrembel, W.: Klinisches Wörterbuch, Berlin & New York, 260. Aufl. 2004

Reul, J.: NeuroMRT. Ein praxisorientierter Leitfaden. Teil 1: Gehirn, Bad Honnef, 2007

Sorger, B.: persönliche Mitteilung, 2011

Onlinequellen

Onlinequelle 1: http://www.locked-in-syndrom.org [Stand: März 2011]

Onlinequelle 2: http://www.dgm.org [Stand: März 2011]

Onlinequelle 3: http://www.trekkiesworld.de [Stand: März 2011]

Onlinequelle 4: http://arbeitsblaetter.stangl-taller.at/news/102/energieverbrauch-des-gehirns [Stand: März 2011]

Onlinequelle 5: http://de.wikipedia.org/wiki/Buchstabenhäufigkeit [Stand: März 2011]

Onlinequelle 6: http://www.kommhelp.de/index.php/tastaturersatz [Stand: März 2011]

Onlinequelle 7: http://www.bokler.de [Stand: März 2011]

[1] Vollständiger Titel: Unterstützte Kommunikation bei Tetraplegie und vollständiger Lähmung nach einem Schlaganfall bzw. Amyotropher Lateralsklerose (ALS) oder anderen degenerativen Erkrankungen des motorischen Nervensystems

Dieser Artikel ist Christine Kühn gewidmet, die am 12. August 2011 verstorben ist.

UK inklusive bei Autismus

Inklusion beginnt

Mit autistischen Kindern Familie leben

Yvette Schatz, Silke Schellbach

Die Besonderheiten in der sozialen Interaktion und Kommunikation von Menschen mit Autismus beeinflussen das Zusammenleben in der Familie von Geburt an und stellen die Eltern vor große Herausforderungen.

Das Bedürfnis von Eltern, für das Wohl ihres Kindes zu sorgen, es zu ernähren, zu pflegen und ihm einen ausreichenden Schlaf zu geben, wird vor allem durch eine innige Bindung und Zuwendung zu ihrem Kind getragen und aufrechterhalten. Kinder zeigen von Geburt an Kontaktsignale und erhalten somit immer wieder soziale Ansprache und auch körperliche Zuwendung. Die „großen Augen" der Kinder, die sich bevorzugt auf die Personen richten, das „Begrüßungslächeln" bei Zuwendung und das Bedürfnis des Kindes nach Körperkontakt, nach „Anschmiegen" bei den Eltern, bestätigen diese in ihrer Elternrolle, fördern den Aufbau von Bindung und sich entwickelnde Interaktions- und Kommunikationsfähigkeiten.

Eltern autistischer Kinder erleben ihr Kind von Geburt an mit scheinbar wenig Interesse an sozialem Kontakt. Die „großen Augen" der Kinder richten sich nicht ausreichend an die Eltern. Ihr Kind lacht vielleicht viel weniger als andere und ist bei körperlicher Zuwendung angespannt oder lehnt diese durch Weinen ab. Das Kind reagiert nicht beständig auf die soziale Zuwendung und die Interaktionsangebote der Eltern. Es bemerkt ihre Zuwendung möglicherweise nicht oder die Eltern können den Kontaktwunsch ihres Kindes auf Grund der unzureichenden Kontaktsignale nicht erkennen. Sie sind verunsichert, irritiert und erleben in ihrer Familie Hilflosigkeit und Sorge. Die Frage, wie sie zu ihrem Kind eine tragfähige, liebevolle Bindung und Beziehung aufbauen können, beschäftigt die Eltern, Geschwister, Großeltern, Verwandten, Freunde … (vgl. Kastner-Koller/Rollett 2001, 26).

Eltern wollen den Familienalltag so gestalten, dass sowohl ihr Kind mit Autismus, dessen Geschwister als auch sie selbst einen möglichst natürlichen Lebensalltag nach ihren gemeinsamen Bedürfnissen gestalten können und ein Miteinander trotz Verschiedenheit erleben. Familien von Kindern mit Autismus möchten einfach dazugehören in den natürlichen Sozialräumen, sie möchten Inklusion. In vielen familiären und gesellschaftlichen Bereichen erleben sie jedoch auf Grund der komplexen Behinderung Autismus eher ein „geduldetes Miteinander" und auch zunehmende soziale Isolation.Beim Thema Integration/Inklusion denken Eltern oft an das Einbinden und die Teilhabe ihrer Kinder in verschiedene gesellschaftliche Bildungssysteme wie Kindergarten, Schule … Mit dem Anderssein ihres Kindes setzen sie sich jedoch bereits im vorinstitutionellen Rahmen auseinander und erleben direkte und indirekte Ausgrenzungen. Sollte die Inklusion, das gelebte Miteinander nicht in der kleinsten gesellschaftlichen Einheit, der Familie, beginnen? Welche Voraussetzungen braucht eine Familie, um miteinander zu leben? Welche Aufgaben muss die Familie in der Gesellschaft und welche die Gesellschaft für die Familie erfüllen?

Der Familienalltag

Auf den Spielplatz gehen

Anne (6 Jahre) geht gern mit ihrer Mutter auf den Spielplatz. Sie liebt es, auf der Schaukel zu sitzen, den Kopf weit nach hinten zu nehmen, um Himmel und Wolken zu sehen und den Wind in den Haaren zu spüren. Annes Mutter geht auch gern zum Spielplatz. Am liebsten jedoch sehr früh am Morgen. Der Spielplatz ist dann noch leer. Anne hat Autismus. Sie versteht nicht, dass andere Kinder auch schaukeln möchten, weint und jammert, wenn sie die Schaukel verlassen soll. Gern legt sie sich in den Sand und rieselt mit diesem – sehr lange und ausdauernd. Anne scheint dann die Welt um sie herum zu vergessen. Die fragenden Blicke der anderen Eltern machen Annes Mutter traurig. Nur selten werden die beiden angesprochen. Annes trotziges Verhalten beim Schaukeln kann sie noch gut erklären. So etwas machen andere Kinder auch. Aber warum sie auf dem Boden liegt, immer und immer wieder – dafür lassen sich nicht nur kurze Worte finden und Annes Mutter fühlt sich selbst sehr hilflos.

Das Einkaufen

Der Wocheneinkauf wird meist am Abend von einem Elternteil erledigt. Die Eltern sind erleichtert über die Öffnungszeiten bis teilweise Mitternacht. Zusammen mit Anne einzukaufen, bedeutet für alle Stress.

Manchmal lässt sich diese Situation nicht vermeiden. Die erste Herausforderungssituation ergibt sich schon beim Betreten des Marktes. Anne mag die geschlossenen Türen im Supermarkt. Sie ist vom Öffnen und Schließen fasziniert und probiert diesen Mechanismus immer und immer wieder aus. Sie wird wütend, wenn die Türen durch andere Kunden geöffnet werden. An manchen Tagen wartet Annes Mutter bis zu zehn Minuten, um eine geschlossene Tür zu erleben. Manchmal ist ein Kunde sehr freundlich und achtet auf Annes Wunsch. Manchmal kommt auch eine freundliche Mitarbeiterin des Supermarktes zur Hilfe. Im Supermarkt ist Anne mit den vielen Informationen überfordert. Sie sucht dann die Dinge, welche sie gut verstehen kann, sitzt gern vor den Ventilatoren der Kühlgeräte oder liegt unter einer Lampe auf dem Boden, schaut in den Lichtstrahl und bewegt ihre Hände vor dem Gesicht. Die Mutter braucht viel Geduld, um Anne zu bewegen, wieder aufzustehen. Die vielen Blicke der anderen. Was sie wohl denken?

In den Musikgarten gehen

Anne ist sehr musikalisch. Zu ihrem zweiten Geburtstag konnte sie bereits Lieder mit fast perfekter Melodieführung nachsummen. Da Anne zu diesem Zeitpunkt noch nicht in den Kindergarten ging, versuchte ihre Mutter, mit ihr gemeinsam in den „Musikgarten" der ortsansässigen Musikschule zu gehen. Dort singen und musizieren eineinhalb- bis dreijährige Kinder zusammen, erleben Freude an Musik durch gemeinsames Handeln und musikalische Spiele. Als Anne zum ersten Mal den Musikgarten besuchte, war sie sofort von den vielen Instrumenten und dem Singen begeistert. Es fiel ihr jedoch sehr schwer, den Aufforderungen der Musiklehrerin nachzukommen. Oft legte sie sich auf den Boden, mitten in den Kreis der Kinder und wedelte mit einem Rhythmiktuch oder dem Schellenkranz. Annes Mutter gelang es nicht, Anne immer wieder zum Platz zurück zu führen. Sie jammerte und weinte, wenn sie aus ihrem Spiel gerissen wurde. Nach drei Versuchen der Teilnahme brach Annes Mutter den Kurs ab.

Spazieren gehen

Am Sonntag ist Ausflugstag für die Familie und deren Freunde. Annes Bruder Tim möchte gern mit allen zum Eiscafé gehen. Ein schwieriger Weg. Anne ist zu groß für einen Kinderwagen. Läuft sie durch den Ort, bleibt sie oft stehen, wenn sich die Sonnenstrahlen auf glänzenden Oberflächen spiegeln. Abkürzungen und Wegänderungen kann sie nicht annehmen. Immer möchte Anne den gleichen Weg gehen. Ein Ausflugstag endet oft damit, dass Tim mit seinem Vater ein geplantes Vorhaben beendet und Anne mit ihrer Mutter wieder zum Elternhaus zurückkehrt.

Mit den Nachbarn plaudern

Ein kurzes Gespräch der Mutter mit den freundlichen Nachbarn ist kaum möglich. Anne kann nur sehr schwer warten. Sie möchte ihre Gedanken und Vorhaben umsetzen und lässt sich dann nicht davon abbringen. So kann es passieren, dass Anne einfach davon läuft, ohne auf Gefahren zu achten. Mit den Nachbarn hat Annes Mutter seit längerer Zeit nicht mehr gesprochen.

Gemeinsam zu Abend essen

Die Familie hat schon lange nicht mehr gemeinsam eine Mahlzeit eingenommen. Anne isst sehr schlecht. Nur wenige Sachen können auf dem Tisch stehen, um Anne in ihren Entscheidungen nicht zu überfordern. Geschirr und Nahrungsmittel bleiben oft nicht auf dem Tisch stehen. Am besten isst Anne, wenn sie ganz allein mit ihrer Mutter am Tisch sitzt und keiner während dieser Zeit die Küche betritt.

Inklusion beginnt in der Familie

Inklusion ist abgeleitet vom lateinischen Wort „inklusive“ und kann mit *„einschließlich“* oder *„inbegriffen“* übersetzt werden. Dem Konzept der Inklusion liegt der Gedanke zugrunde, dass die Differenz zwischen „normal“ und „behindert“ aufgehoben und die *normale Verschiedenheit von Menschen innerhalb einer Gruppe* erkannt und angenommen wird. Das Kind mit seinen ganz individuellen Begabungen, Bedürfnissen und Interessen findet Platz in einer Gemeinschaft. Zu einem Kind mit individuellen Merkmalen können somit auch eine Beeinträchtigung oder eine Behinderung und die sich daraus ergebende Notwendigkeit besonderer Kommunikations- und Lernwege gehören (vgl. Knauf, H., 2010, S.194).

Inklusion kann als ein *„Gelebtes Zusammensein“* in einer Gruppe, mit Rahmenbedingungen, die Verschiedenheit zulassen, verstanden werden. Das inklusive Miteinander innerhalb des sozialen Systems Familie ist ein grundlegendes Fundament, um Inklusion in einem größeren gesellschaftlichen Zusammenhang zu erfahren.

Die Eltern autistischer Kinder stehen in ihrem Lebens- und Familienalltag vor einer Summe von großen und kleinen Herausforderungen, welche die Stabilität innerhalb der Familie ins Wanken bringen können. Die wichtigsten Aufgaben der Eltern in den ersten Lebensjahren ihres

Kindes sind das Kennenlernen, der Bindungsaufbau, das Erleben ihres Kindes mit und ohne Behinderung und das Vertraut machen ihres Kindes mit seiner unmittelbaren und mittelbaren dinglichen und personellen Umwelt. Eltern müssen beobachten, erfahren und lernen, sowohl die Stärken und besonderen Bedürfnisse als auch Schwierigkeiten ihres Kindes zu erkennen.
Die Beratung und Unterstützung durch Pädagogen, Therapeuten und Psychologen kann ihnen helfen, ihre Rolle als Eltern mit einer besonderen Erziehungsaufgabe anzunehmen und zu tragen. Dies ist gerade im Hinblick auf das Zusammenleben in der Gesellschaft entscheidend, denn die Verantwortung für ihr Kind liegt lebensbegleitend bei den Eltern. Diese Verantwortung wiegt schwer, da von ihnen Entscheidungen abverlangt werden, die Eltern nichtbehinderter Kinder in diesem Ausmaß nicht treffen müssen. Die emotionale Belastung der gesamten Familie ist zeitlich nicht vorhersehbar und wird von Zukunftsangst begleitet. Der Lebensweg autistischer Kinder und ihrer Familien ist oft bestimmt von:

- dem Erleben, dass auf ihre Familie und ihr Erziehungsmodell durch eine gesellschaftliche „Bewertungsbrille“ geschaut wird und sich aus Unwissenheit oder Unsicherheit der Mitmenschen Situationen ergeben, die Eltern ausgrenzend wahrnehmen;
- einer Vielzahl von Personen, die mit ihren Ratschlägen und Fachmeinungen auf das Kind und seine Familie einwirken;
- Erziehungsstilen von Fachleuten, die zum Teil kontrovers sind und damit auf die Symptomatik der Behinderung positiv als auch negativ Einfluss nehmen;
- einer häufig unzureichenden Perspektivübernahme der Fachleute auf den Lebensort Elternhaus und unzureichender Einbeziehung der Eltern in das Aufstellen von Familien- und Zukunftsrelevanten Förderzielen;
- einer oft nur sequenzweisen Vernetzung von Unterstützungssystemen;
- meist langen Antragsverfahren, Erklärungen und Begründungen, um Unterstützungen zu erhalten.

Eine inklusive Gesellschaft kann den Lebensweg dahingehend unterstützen, dass diese Unterstützung/Begleitung möglichst unsichtbar, natürlich und nicht abhängig von Antragsverfahren ist. Dafür braucht es eine umfassende inklusive Pädagogik, die eine Pädagogik mit besonderen Wegen einschließt und sich vor allem an der Familie orientiert.

Inklusive Pädagogik im Förderkonzept Kleine Wege:

Familien profitieren von einer Unterstützung, die in einen sinnvollen und natürlichen Handlungskontext eingebunden ist. Der von Fröhlich (1998) geprägte Gedanke einer „Systematisierung des Naheliegenden“ im Zusammenhang mit dem Konzept der basalen Stimulation, ist im Konzept Kleine Wege der tragende Gedanke für alle Förder- und Entwicklungsbereiche (vgl. Degner/Schatz/Schellbach, 2007). Die Förderung in den jeweiligen Lebensraum des Kindes übertragen zu können, erfordert eine inhaltliche Orientierung an der Lebenswelt, den Entwicklungsaufgaben und den familiären Bedingungen des Kindes. Dabei sind die lebensbegleitenden Ziele sowie eine Verbindung von Nah- und Weitsicht, also ein Blick auf den Lebensweg gerade bei dem Thema Inklusion wichtig und notwendig. Zu den lebensbegleitenden Zielen gehört es, selbstbestimmt und eigenständig handeln zu können, mit anderen Menschen in Kommunikation zu treten, sich durch Lernen und Arbeiten weiterzuentwickeln und am Leben in natürlichen Sozialräumen teilzuhaben.

Wichtige methodische Bausteine im Konzept Kleine Wege sind:

- ☐ **Förderarbeit auf der Grundlage des TEACCH-Ansatzes im Lebensumfeld des Kindes, um das „Naheliegende zu systematisieren“**

Auf den Spielplatz gehen

Im Elterngespräch überlegen Annes Mutter und die Pädagogin gemeinsam, welche Dinge Anne bedeutsam auf dem Spielplatz erfahren kann. Vielleicht ist es hilfreich, immer eine zweite Sandmühle für ein anderes Kind mitzunehmen? Um Annes Mutter Mut zu machen und gemeinsam mit Anne Spielplatzideen zu entwickeln, werden während der Förderstunden „Sandkastenspiele“ erprobt und eingeübt.

Das Einkaufen

In der Förderung lernt Anne, eine Erinnerungshilfe anzunehmen. Ein Einkaufszettel soll ihr helfen, sich auf die wichtigen Abläufe im Supermarkt zu konzentrieren. Wichtiger als eine visuelle Unterstützung werden jedoch Überlegungen sein, die helfen sollen, Konflikte zu vermeiden. So ist es sicher ratsam, immer zur gleichen Zeit mit Anne einzukaufen. Im Supermarkt kann die Mutter nachfragen, um welche Zeit wenig Kundenverkehr ist. Auch ist es wichtig, nur wenige Nahrungsmittel zu kaufen, um sich auf die Abläufe konzentrieren zu können.

Abb.1: Warteband: An der Kasse bekommt Anne ihr Warteband. Sie mag es, die Perlen zu drehen und kann so die Wartezeit besser überbrücken.

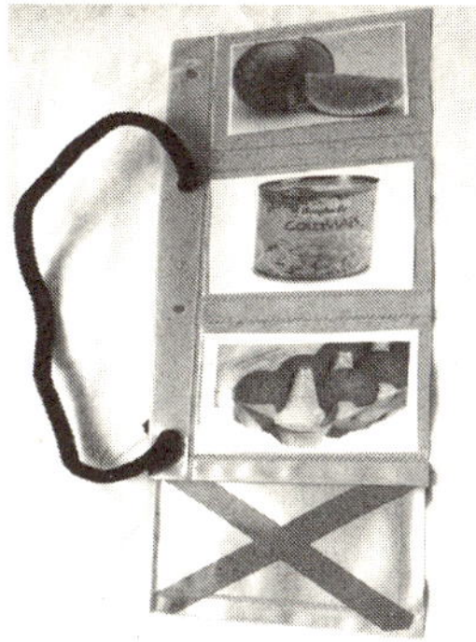

Abb. 2: Einkaufszettel: Mit Hilfe der Karten kann sich Anne besser orientieren und einen Einkaufsauftrag erfüllen. Sie nimmt eine Karte aus der Halterung und sucht gemeinsam mit der Mutter das entsprechende Nahrungsmittel. Dann wird die Karte in den „Fertigbereich" gesteckt.

In den Musikgarten gehen

Kinder mit Autismus können neue Dinge in einer vertrauten Umgebung besser annehmen. Die Idee, Kurse des „Musikgarten" als Einstieg und Übergang zur Musikschule im Autismuszentrum Kleine Wege durchzuführen, wurde nicht nur von Annes Familie gut angenommen. Sowohl Kinder mit Autismus als auch deren Geschwisterkinder und Freunde singen und musizieren zusammen. Die Musiklehrerin kann mit Unterstützung der Autismuspädagogin erfahren, wie sie die Aufmerksamkeit und Mitarbeit autistischer Kinder besser erreichen kann. Eltern, Kinder und auch die Musiklehrerin werden mutiger, aufeinander zuzugehen.

Abb. 3: Musikgarten im Autismuszentrum: Kinder, Eltern und Autismuspädagogen musizieren

Spazieren gehen

Gemeinsam mit den Eltern wurde beraten, wie der Spaziergang so gestaltet werden kann, dass Zusammensein erlebt wird. Der Vorschlag von Freunden, Anne mit dem Auto auf dem Rückweg zu begleiten, wurde gern von der Familie angenommen und zum neuen Ritual. Die Familie geht von nun an Annes Weg zum Kaffee oder anderen Ausflugszielen, der Rückweg jedoch wird von Tim bestimmt. Die Eltern können eine Zeit gemeinsam mit Tim verbringen, während ihre Freunde Anne nach Hause fahren. Obwohl die Familie nun auch nicht den gesamten Tag miteinander verbringt, ist der Tag durch die klaren Absprachen entspannter und die Eltern genießen das Zusammensein mit ihrem Sohn.

Mit den Nachbarn in Kontakt kommen

Annes Bruder Tim sammelt Altpapier. Die Nachbarn legen gern alte Zeitungen für ihn bereit. Dies ist für Anne, Tim und deren Eltern eine gute Möglichkeit, um in Kontakt mit den Nachbarn zu gelangen. Einmal wöchentlich geht Anne mit einem Körbchen in Begleitung ihres Bruders oder der Eltern zu den Nachbarn. Schon bald legte die Nachbarin für Anne ein Sitzkissen auf die Treppe und fädelte eine lustige Knopfkette für sie auf. Von Annes Mutter hatte sie erfahren, dass Kinder mit Autismus für eine Wartezeit eine Hilfe benötigen und die Nachbarin kam auf die Idee mit dem Kissen und der Kette.

Gemeinsam zu Abend essen

Um das Essen positiver zu erleben und gemeinsame Erlebnisse in der Küche zu schaffen, begann die Autismuspädagogin, kleine Aufgaben einzuüben. Ein erster kleiner Küchenauftrag war die Herstellung eines „Gurkenspießes". Anne übte in der Fördersituation eine Gurke zu schälen, zu schneiden und die Scheiben auf einen dicken Kochlöffelstiel zu stecken. Dieses lustige Rezept wurde schnell zum Abendritual. Auch Annes Vater und ihr Bruder Tim konnten Anne dabei begleiten. Alle hatten wieder ein positives Küchenerlebnis und aßen gemeinsam Gurke.

Abb. 4: Ein Gurkenspieß zum Abendessen; Foto aus Annes Kompetenzmappe

❑ Elternseminare, um Eltern zu stärken

Elternseminare sind wichtige Bestandteile der Förderung. Sie finden in Form einer Elternweiterbildung regelmäßig statt. Eltern erleben hier neben einem Austausch in Form einer Selbsthilfe vor allem die Vermittlung von Fachwissen. Dabei werden ihnen anhand der konkreten Förderwege ihrer Kinder verallgemeinerte Grundsätze bewusst.

- Eltern können Möglichkeiten erlernen, ihr Kind Autismus spezifisch zu bilden und zu erziehen.
- Durch Wissenserwerb werden Eltern Fachleute und Unterstützer für ihr Kind. Sie üben sich darin, anderen Autismus zu erklären.
- Wichtig für Eltern ist es zu erkennen, welche Verhaltensweisen vor dem Hintergrund des Autismus gesehen werden müssen und welche mit Erziehung zusammen hängen.

❑ Kompetenzmappen, um den Eltern und dem unmittelbaren Umfeld den Förderweg aufzuzeigen

Ein besonderer „kleiner Weg“ und wichtiges Arbeitsmittel in der Zusammenarbeit von Eltern und Unterstützern ist die KOMPETENZMAPPE (Schatz/Schellbach, 2005). Diese ist eine wichtige Verstehenshilfe für Eltern und das Umfeld. Sowohl die Inhalte der Förderung als auch der strukturierte Aufbau eines Förderweges werden visualisiert. Diese erste Förderdokumentation stärkt die Elternkompetenz, denn Eltern lernen, die Stärken und Entwicklungsschritte ihres Kindes genau zu beobachten, durch die aktive Mitgestaltung der Mappe den Lernweg des Kindes zu verstehen und in den Lebensalltag der Familie zu übertragen. Gerade mit dem Blick auf die Inklusion und ein „gelebtes Miteinander“ ist es für Eltern wichtig, Stärken und besondere Bedürfnisse ihres Kindes zu erkennen. Zu erleben, inwieweit und wie schnell es möglich ist, Unterstützungssysteme mit dem Kind zu erarbeiten, hilft ihnen dabei, Über- oder Unterforderungssituationen zu vermeiden.

Abb. 5: Kompetenzmappe

❑ Unterstützerkreise, um die Förderinhalte zu vernetzen

Der Unterstützerkreis ist ein wichtiger methodischer Baustein zur Vernetzung der Förderinhalte. In den Unterstützerkreisen werden allen an der Förderung Beteiligten die Rollen von Unterstützern zugeschrieben. Die Möglichkeit, sowohl Eltern als auch allen professionellen Unterstützern die Stärken und Fortschritte des Menschen mit Autismus, aber auch Schwierigkeiten innerhalb der einzelnen Lebens- und Lernbereiche zu berichten, ist für das Finden von zukünftigen Förderschwerpunkten wichtig und notwendig. Die Herausforderung eines Unterstützerkreises ist es, das Zusammentreffen von Eltern und Fachleuten verschiedener Professionen so zu gestalten, dass durch das Verstehen des Förderweges eine Motivation zum gemeinsamen Handeln aufgebaut wird.

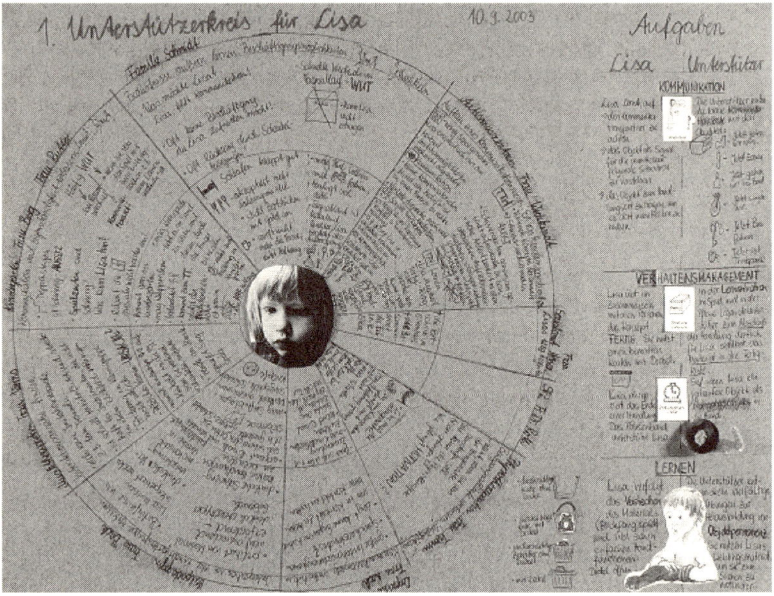

Abb. 6: Unterstützerkreis von Lisa: links die Visualisierung der Stärken und Schwierigkeiten, rechts die Verdeutlichung der Aufgaben

Methodisch wird auch hier die Strukturierung und Visualisierung genutzt. Aufbauend auf den für alle sichtbaren Stärken, die im Innenkreis um das Kind aufgezeigt sind, werden Förderinhalte und –ziele für einen überschaubaren nächsten Zeitraum abgeleitet. Die Förderabsprachen werden konkret, transparent und verbindlich durch Visualisierung verdeutlicht.

Gedanken zum Abschluss

Inklusion ist ein Weg, der von allen gemeinsam gebaut wird. Das Einbeziehen der Eltern in den Förderprozess, das Verstehen des Förderweges und die Vernetzung der Förderschwerpunkte fördern inklusives Denken aller Beteiligten.
Beide Seiten, sowohl Eltern und Kind als auch die Gesellschaft, sind verantwortlich für einen gelungenen Prozess des inklusiven Miteinanders. Dabei strebt vor allem die Familie nach einem „gelebten Zusammensein" in der Familie und nach einem Rückhalt in der Gesellschaft.
Inklusion beginnt – mit der Familie!

Literatur

Booth, T.; Ainscow, M.; Kingston, D.: Index für Inklusion. Spiel, Lernen und Partizipation in der inklusiven Kindertageseinrichtung entwickeln, 2. überarbeitete Auflage, Gewerkschaft Erziehung und Wissenschaft, Frankfurt am Main, 2007

Degner, M.; Müller, C.: Autismus. Besonderes Denken-Förderung mit dem TEACCH-Ansatz, 1.Auflage Verlag Kleine Wege, Nordhausen, 2008

Degner, M.; Schatz, Y.; Schellbach, S.: Kleine Wege. Ein Förderkonzept nach dem TEACCH-Ansatz, in: Sachse, S.; Birngruber, C.; Ahrends, S. (Hrsg.), Lernen und Lehren in der Unterstützten Kommunikation, Loeper, Dortmund, 2007

Fröhlich, A.: Basale Stimulation. Das Konzept, Verlag Selbstbestimmtes Lernen Düsseldorf, 1998

Frühauf, T.: Von der Integration zur Inklusion-ein Überblick, in: frühe Kindheit/die ersten sechs Jahre, 13-17, Deutsche Liga für das Kind, Berlin, 2010

Kastner-Koller, U.; Rollett, B.: Autismus. Ein Leitfaden für Eltern, Erzieher, Lehrer und Therapeuten, 2. Auflage, München, 2001

Knauf, H.: Pädagogik, in: Kinder erziehen, bilden und betreuen. Lehrbuch für Ausbildung und Studium, Cornelsen Verlag Berlin, 2010: 188

Kobelt, D.: Heterogenität als Motor für Bildungsprozesse- Kinder mit Behinderung beteiligen und mitnehmen, in: Wagner, P. (Hrsg.). Handbuch Kinderwelten, Verlag Herder, Freiburg, 2008

Schatz, Y.; Schellbach, S.: Einen Weg finden- die Heilpädagogik und der TEACCH-Ansatz in der Förderung autistischer Kinder, in: autismus. Zeitschrift des Bundesverbandes „autismus Deutschland e.V.", Hamburg, 2008

Schatz, Y.; Schellbach, S.: Kompetenzmappen. Entwicklung visualisieren – ein didaktischer Weg, Verlag Kleine Wege, Nordhausen, 2005

Schatz, Y.; Schellbach, S.: Unterstützerkreise, Verlag Kleine Wege, Nordhausen, 2009

Einsatz der Kommunikationshilfe zur Verhaltensunterstützung für Menschen mit Autismus-Spektrum-Störung

Sabine Ell

Die autistischen Störungen werden den tiefgreifenden Entwicklungsstörungen zugeordnet, wobei die individuelle Ausprägung sehr unterschiedlich aussehen kann. Der Bundesverband zur Förderung von Menschen mit Autismus (Autismus Deutschland e.V.) nennt Symptome in den drei Bereichen: sozialer Umgang mit Mitmenschen, Kommunikation und wiederholende Handlungen (Onlinequelle 3). Ungeachtet der Ausprägungen der Syndrome lassen sich häufig auffällige oder ungewöhnliche Verhaltensweisen bei Menschen mit Autismus-Spektrum-Störungen (ASS) beobachten. Unterschiedliche Therapie- und Förderansätze bieten Visualisierungen und Strukturierungshilfen (z. B. Symbolkarten zur Darstellung von Abläufen, ausgedruckte Kalender oder Regeln mit Symbolen) an, um Menschen mit ASS die Bewältigung des Alltags und die Integration in die Umgebung zu erleichtern. Im Folgenden wird aufgezeigt, wie die kommunikativen Inhalte auf elektronischen Kommunikationshilfen durch Elemente zur Verhaltensunterstützung ergänzt werden können.

Kommunikation – Soziale Fähigkeiten – Verhalten

Bereits 1979 wird Autismus von Lorna Wing als eine „Triade der Beeinträchtigungen" (triad of impairments) bezeichnet. Es werden die drei Bereiche soziale Interaktion, Kommunikation und soziales Verständnis angesprochen (vgl. Onlinequelle 1).

Durch die Studie von Wing und Gould (1979) rückte der soziale Aspekt in den Blickwinkel. Autistische Störungen wirken sich auf alle Lebensbereiche aus, in denen soziale und kommunikative Elemente einen hohen Stellenwert haben.

Auch für die Diagnose (Klassifikationen ICD-10 und DSM IV) werden die Auffälligkeiten drei Bereichen zugeordnet (vgl. Onlinequelle 4):

- Soziale Interaktion
- Kommunikation
- Verhaltensmuster

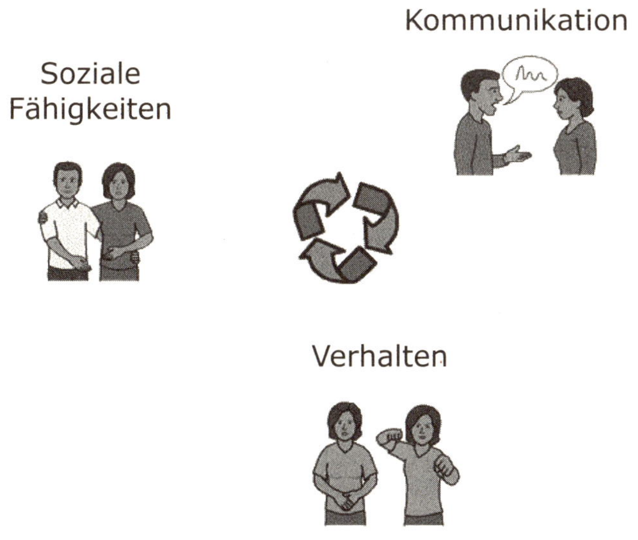

Abb. 1: Drei Bereiche: Kommunikation - Soziale Fähigkeiten - Verhalten

Die Abbildung verdeutlicht das Zusammenspiel der drei Bereiche. Eingeschränkte kommunikative Fähigkeiten können zu Frustration führen, da Bedürfnisse und Gedanken nicht ausgedrückt werden können. Auffälliges Verhalten (Schlagen, Wegrennen, Zwicken, Kneifen etc.) kann die Folge sein. In manchen Situationen sind Verhaltensweisen die einzige Möglichkeit zu kommunizieren. Das Aufbauen persönlicher Beziehungen mit Gleichaltrigen und das Verhalten in sozialen Situationen bereiten häufig Schwierigkeiten. Mit eingeschränkten sozialen Interaktionsmöglichkeiten sind jedoch auch kommunikative Handlungen eingeschränkt. Soziale Fähigkeiten, Kommunikation und Verhalten bedingen sich gegenseitig.

Die Bedürfnisse in den drei Bereichen können individuell sehr unterschiedlich ausgeprägt sein. Wird diese Triade als Basis für eine Förderplanung verwendet, so werden alle drei Bereiche mit unterschiedlichen Prioritäten

durch Förderangebote angesprochen. Nutzt der Mensch mit ASS eine elektronische Kommunikationshilfe, so sollten auch bei der Förderung mit der Kommunikationshilfe diese drei Bereiche berücksichtigt werden. Dies ist dann besonders wichtig, wenn Förderschwerpunkte auch in den Bereichen Verhalten und soziale Fähigkeiten liegen. Solange herausfordernde Verhaltensweisen die Situation dominieren, kann eine Kommunikationsförderung schwierig bis unmöglich sein. Werden soziale Kontakte vermieden, finden auch soziale Aussagen auf der Kommunikationshilfe kaum Gehör. Andererseits können verbesserte kommunikative Fähigkeiten neue Interaktions- und Verhaltensoptionen eröffnen.
Partizipation und Unabhängigkeit des unterstützt Kommunizierenden können gesteigert werden, indem die Elemente zur Unterstützung der sozialen Fähigkeiten, der Kommunikation und der Verhaltenssteuerung auf dem Kommunikationsgerät jederzeit abrufbar sind.

Stärken nutzen - Unterstützung anbieten

Die Stärken von Menschen mit ASS liegen häufig im visuellen Bereich. Bilder und visuelle Informationen können gut behalten und wiedergegeben werden. Auch werden Informationen besser verstanden, wenn sie mit visueller Unterstützung angeboten werden (Informationen werden nicht nur gehört, sondern auch gesehen).
Mirenda (2001) verweist auf Schuler und Baldwin. Sie waren 1981 mit die Ersten, die vorschlugen, die visuellen Fähigkeiten von Menschen mit Autismus zur expressiven Kommunikation zu nutzen und Symbole, Fotos und Zeichnungen einzusetzen.

Hodgdon (1995) empfiehlt ebenfalls den Einsatz von visueller Unterstützung (Visual Supports). Visuelle Unterstützung beschreibt sie als Dinge, die wir sehen können und die Kommunikation, Interaktion und Verstehen unterstützen. Das können Fotos, Symbole, Zeichnungen oder Wörter sein. Visuelle Unterstützung kann dazu beitragen, Unsicherheit, Verwirrung und Frustration, die Menschen mit Autismus in unbekannten Situationen empfinden, zu reduzieren.

Darüber hinaus können Menschen mit ASS häufig konkrete Konzepte und kontext-bezogene Sprache sehr gut verstehen. Konkrete Regeln und Sequenzen können gut umgesetzt werden.
Im Folgenden werden visuelle Unterstützungen für die drei Bereiche Kommunikation, soziale Fähigkeiten und Verhalten anhand der standardmäßigen Inhalte der DynaVox Kommunikationsstrategien vorgestellt.

Angebote – Kommunikation

Elemente zur Kommunikation sind auf der Kommunikationshilfe entweder als vorgespeicherte Aussagen abrufbar oder können aus einzelnen Elementen zusammengesetzt werden.

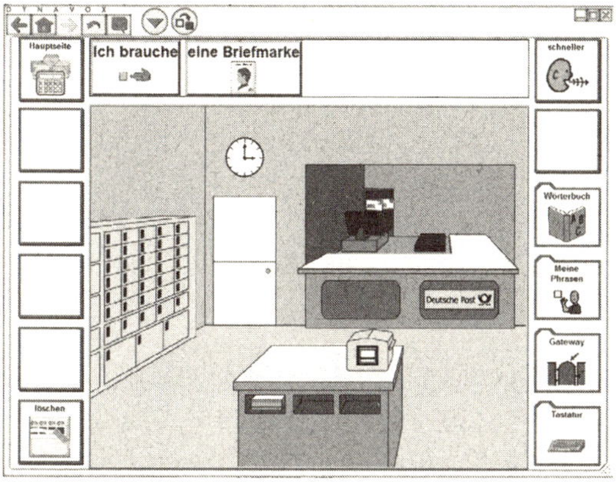

Abb. 2: DynaVox Series5 Software, Szenenbild Post

Die Situation „in der Post" ist relativ vorhersehbar. Benötigt werden mit aller Wahrscheinlichkeit Äußerungen wie „Ich hätte gerne 10 Briefmarken." „Wann kommt das Paket an?", „Wie teuer ist das?", „Haben Sie auch Sondermarken?".

Neben vorgespeicherten Aussagen, die eine schnelle Kommunikation ermöglichen, wird durch das Angebot von Einzelwörtern (z. B. in Wörterbüchern) oder in einer Einzelwortstrategie (z. B. Gateway) das Erstellen von individuellen Aussagen ermöglicht. Tastaturen bieten die Option, spezifische Inhalte zu ergänzen.

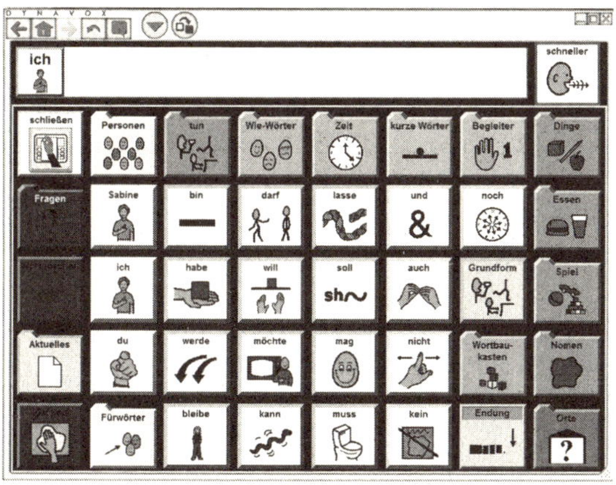

Abb. 3: DynaVox Series5 Software, Gateway 40

Angebote - soziale Fähigkeiten

Aussagen und Fragen, die es ermöglichen, Gedanken zu kommunizieren, Gespräche zu beginnen oder zu beenden, zu diskutieren oder Wünsche und Bedürfnisse zu äußern, können die sozialen Fähigkeiten unterstützen. Inhalte, die schnell abrufbar sind, fördern die Fähigkeit, Aufmerksamkeit zu erhalten, Interaktionen zu initiieren bzw. aufrecht zu erhalten oder etwas zu kommentieren.

Dabei können unterschiedliche kommunikative Funktionen erfüllt werden, z. B.:
Initiieren – „schau“
Fordern – „mehr“
Kommentieren – „eklig“
Fragen – „was?“
Beenden – „fertig“

Fotoalben bieten eine Möglichkeit, in sozialen Kontakt zu treten. Persönliche Fotos können zur Interaktion mit Gleichaltrigen motivieren. Die Fotos helfen dabei, die Aufmerksamkeit und das Interesse der Gesprächspartner zu erlangen. Das gleichzeitige Angebot von vorgespeicherten Phrasen, gibt dem unterstützt Kommunizierenden die Möglichkeit, die Fotos schnell zu kommentieren. Über einen direkten Zugriff auf Einzelwörter und Tastatur ist gewährleistet, dass die Unterhaltung weiter vertieft werden kann.

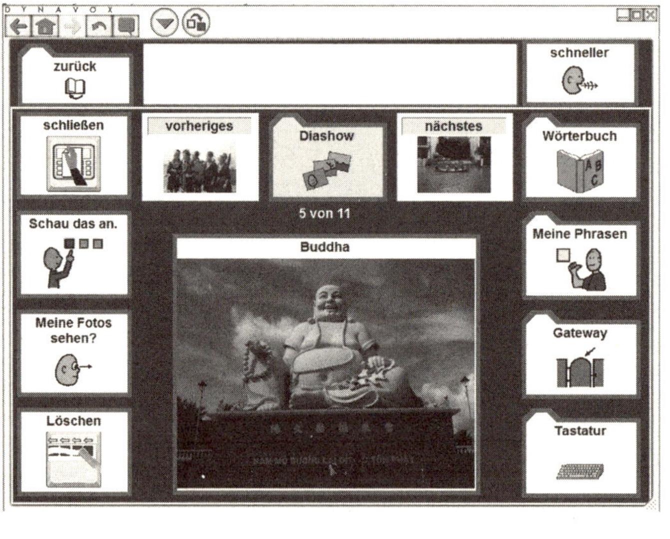

Abb. 4: DynaVox Series5 Software, Fotoalbum mit eigenen Fotos

Angebote - Verhalten

Bei Menschen mit ASS lassen sich häufig auffällige oder herausfordernde Verhaltensweisen beobachten. Nach Durand (1990) stecken hinter Verhaltensweisen häufig Funktionen und Bedürfnisse. Er unterscheidet folgende Funktionen:

Funktionen nach Durand:

- Aufmerksamkeit – Bedürfnis nach Beachtung (z. B.: Schreien)
- Vermeidung – Bedürfnis, eine Situation/Person zu vermeiden (z. B.: Situation durch Weglaufen verlassen)
- Konkretes Bedürfnis – Bedürfnis nach Aktivität oder Gegenstand (z. B.: Essen, Video)
- Sensorisches Bedürfnis – Bedürfnis nach Stimulanz/Sinneseindruck (z. B.: Schaukeln)

Eine ähnliche Zuordnung findet sich bei Bernard-Opitz (2007). Auch Bernard-Opitz verweist auf die Wichtigkeit, die Funktionen hinter Verhaltensweisen zu erkennen und diese als Voraussetzung zur Planung der adäquaten Interventionen heranzuziehen.
Das Lehren von schnellen und wirkungsvollen kommunikativen Fähigkeiten kann dem Menschen mit ASS neue Möglichkeiten eröffnen, Bedürfnisse auf anderem Wege als über herausfordernde Verhaltensweisen auszudrücken. Darüber hinaus können visuelle und konkrete Unterstützungen angeboten werden, die dem Nutzer die Möglichkeit geben, Verhaltensweisen vorzubeugen und Verhalten zu steuern.
In ihrem Artikel fasst Mirenda (2001) unterschiedliche Studien und deren Ergebnisse zusammen. Die Ergebnisse legen es nahe, dass Menschen mit Autismus lernen können, Pläne (geschrieben oder mit Symbolen) für ein unabhängiges Selbstmanagement einzusetzen. Zumindest können problematische Verhaltensweisen durch das Angebot von visuellen Unterstützungen reduziert werden.
Mögliche visuelle Verhaltensunterstützungen sind:
Kalender, Visualisierte Pläne, Zuerst…dann-Abläufe, Soziale Anleitungen, visuelle Regeln, Alternativübersichten.

Kalender

Menschen mit ASS können von Routinen und klaren Abläufen profitieren. Über Kalenderseiten auf der Kommunikationshilfe können regelmäßig stattfindende Termine (z. B. jeden Sonntag Besuch der Oma) mitgeteilt werden. Kalender können dabei helfen, den abstrakten Begriff der Zeit konkret darzustellen. Dies erleichtert häufig das Verständnis. Für Menschen mit Autismus können Routinen sehr wichtig sein. Das Ausfallen eines Termins oder eine Änderung in der Planung können große Unsicherheit und Verwirrung hervorrufen. Mit Hilfe eines Kalenders können diese Veränderungen im zeitlichen Ablauf dargestellt und besprochen werden.

Abb. 5: DynaVox Xpress Software, Kalender

Beispiel: Einsatzmöglichkeit Kalender

Moritz geht sehr gerne schwimmen. Für ihn war es schwierig zu verstehen, an welchen Nachmittagen er ins Schwimmbad fahren darf und an welchen nicht. Er fragte jeden Nachmittag danach. Moritz kann die Kalenderseiten auf seiner Kommunikationshilfe selbständig aufrufen. Dort kann er leicht erkennen, welcher Tag heute ist und an welchem Tag er ins Schwimmbad fahren darf.

Visualisierte Pläne

Visualisierte Pläne können das abstrakte Konzept der Zeit, die Dauer und Abfolge von Tätigkeiten konkret darstellen (wann ereignet sich was als nächstes). Somit können Ablaufpläne das Zeitverständnis erleichtern und dem Anwender konkrete und visuelle Informationen zum Tagesablauf anbieten. Dies kann dazu beitragen, dass der Wechsel zwischen den einzelnen Aktivitäten erleichtert wird. Die Pläne veranschaulichen die Abfolge in einer logischen und strukturierten Art und Weise. Sie können dem Anwender helfen, den Fokus auf die nächste folgende Aktion zu legen.

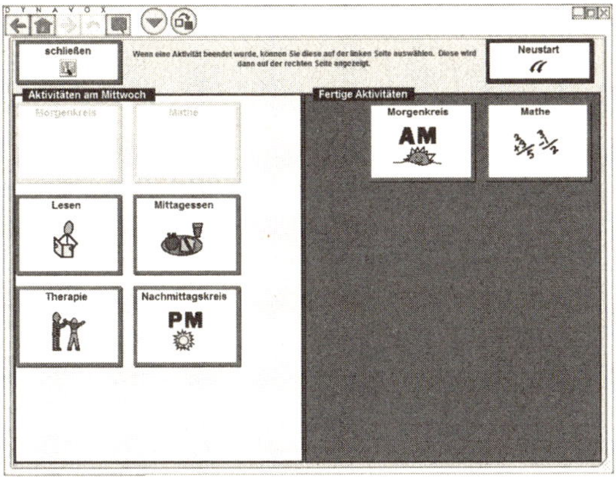

Abb. 6: DynaVox Series5 Software, Tagesplan 20 Button

Beispiel: Einsatzmöglichkeit Visualisierter Tagesplan

Konstantin liebt den Mathematikunterricht. Lesen mag er nicht besonders. Sehr gerne verlässt er die Klasse und geht zur Therapie. Der Tagesplan gibt Konstantin einen Überblick, was passiert, wann etwas passiert und was von ihm erwartet wird. Der Plan mit Symbolen verdeutlicht Konstantin, wann er arbeiten muss und wann die Pause beginnt. Der Tagesplan wird im Morgenkreis eingesetzt, um Änderungen im Tagesablauf zu verdeutlichen und Konstantin darauf vorzubereiten. Somit kann er inzwischen auch besser damit umgehen, wenn eine Therapiesitzung ausfällt oder verschoben wird. Der Tagesplan stellt für Konstantin eine konstante und konkrete Orientierungshilfe durch den Tagesablauf dar und trägt dazu bei, Verhaltensauffälligkeiten zu reduzieren.

Zuerst ... dann

Auch „Zuerst…dann“-Seiten verdeutlichen einen Ablauf. In diesem Fall werden schwierige oder unbeliebte Aufgaben mit einer motivierenden Tätigkeit verknüpft. Durch die visuelle Darstellung wird transparent, dass der gewünschte Gegenstand/die gewünschte Tätigkeit folgen wird.

Abb. 7: DynaVox Xpress Software, Zuerst schreiben…dann schaukeln

Beispiel: Einsatzmöglichkeit Zuerst...dann-Seiten

Elias sitzt mit seiner Lehrerin vor dem Schreibblock. Er schreit und wirft den Stift auf den Boden. Mit den Händen gestikuliert er immer wieder eine Schaukelbewegung. Frau Sommer öffnet die Seite auf dem Kommunikationsgerät und zeigt ihm die Zuerst…dann-Seite, die sie gemeinsam in der letzten Stunde erstellt haben. Elias benötigt noch ein paar Minuten Zeit, in denen er sich die Ansagen auf dem Gerät immer wieder anhört. Dann kann er sich auf die Schreibübung einlassen – denn im Anschluss darf er schaukeln.
Elias profitiert davon, dass die Aussage seiner Kommunikationshilfe immer gleich (und somit vorhersagbar) ist. Die Lehrerin berichtet, dass es Elias häufig schwer fällt, verbale Anweisungen umzusetzen. Die visuelle Darstellung des Ablaufs (Zuerst…dann) gibt Elias die notwendigen Informationen, um zu verstehen, dass er nach dem Schreiben schaukeln darf.

Soziale Anleitungen

Soziale Anleitungen enthalten klare Informationen über eine schwierige oder verwirrende Situation und geben konkrete Verhaltensanweisungen. Die Informationen sind visuell unterstützt (Szenenbilder, Fotos, Symbole) und erleichtern somit das Verständnis.
Soziale Anleitungen können eingesetzt werden, um den UK-Nutzer auf eine Situation vorzubereiten. Menschen mit ASS profitieren davon, wenn sie wissen, was sie in einer Situation erwartet und wie sie sich verhalten sollen. Eine Soziale Anleitung zum Thema „U-Bahn“ könnte Informationen enthalten, was zu erwarten ist (laute Geräusche, viele Menschen) und wie man sich in dieser Situation verhalten sollte (nahe bei der Begleitperson bleiben).

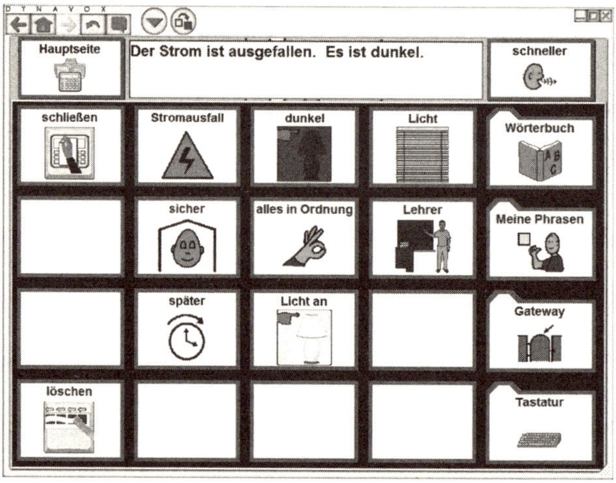

Abb. 8: DynaVox Series5 Software, Soziale Anleitung Stromausfall

Beispiel: Einsatzmöglichkeit Soziale Anleitung

Holden ist durcheinander. Der Strom ist ausgefallen und es ist dunkel in der Schule. Er kann die Situation nicht einschätzen, nicht damit umgehen und sich auch nicht mehr auf die Spielangebote der Therapeutin einlassen. Daraufhin öffnet Marleah die Seiten für Soziale Anleitungen auf der Kommunikationshilfe und ergänzt Inhalte zur aktuellen Situation des Stromausfalls. Holden kann sich nun die einzelnen Symbole anschauen und die gespeicherte Nachricht dazu anhören. Er wählt aktiv die einzelnen Elemente aus und lässt das Gerät immer wieder sprechen. Die Visualisierungen helfen ihm, die Situation zu verstehen und damit umzugehen. Nach vielen Wiederholungen ist er von sich aus bereit und wählt auf der Kommunikationshilfe den Button mit den „Seifenblasen". Die Therapie kann weitergehen.

Visuelle Regeln

In manchen Situationen gelten klare Regeln. Visuelle Regeln stellen Regeln bildlich dar und geben eine klare und konkrete Anweisung. Der Einsatz von visuellen Regeln bietet die Möglichkeit, an Erwartungen zu erinnern. Darüber hinaus machen sie klar auf die Konsequenzen aufmerksam.

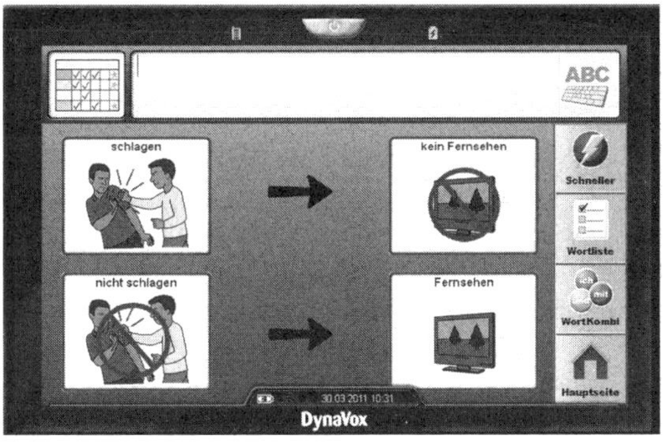

Abb. 9: DynaVox Xpress Software, Visuelle Regel-nicht schlagen

Beispiel: Einsatzmöglichkeit Visuelle Regel

Tino wird beim Autofahren häufig aggressiv und schlägt seinen Bruder. Die visuelle Regel zeigt ihm klar auf, welche Konsequenz es hat (kein Fernsehen), wenn er schlägt. Die visuelle Darstellung hilft ihm, sich in der Situation daran zu erinnern, dass er Fernsehen darf, wenn er seinen Bruder nicht schlägt.

Alternativenübersichten (Contingency Maps)

Regeln können auch mit Hilfe von sogenannten Alternativenübersichten dargestellt werden. Diese Pläne zeigen klar und deutlich eine Situation, die herausfordernde Verhaltensweisen auslösen kann und verknüpfen diese mit sowohl erwünschten und unerwünschten Verhaltensweisen, als auch den entsprechenden Konsequenzen. Die Folgen einer Handlung werden klar aufgezeigt und unterstützen bei der Steuerung des Verhaltens. Alternativenübersichten zeigen die Situation und zwei Verhaltensoptionen – gewünschte/ erwartete Verhaltensweisen mit der positiven Konsequenz und unerwünschte/herausfordernde Verhaltensweisen mit der negativen Konsequenz.

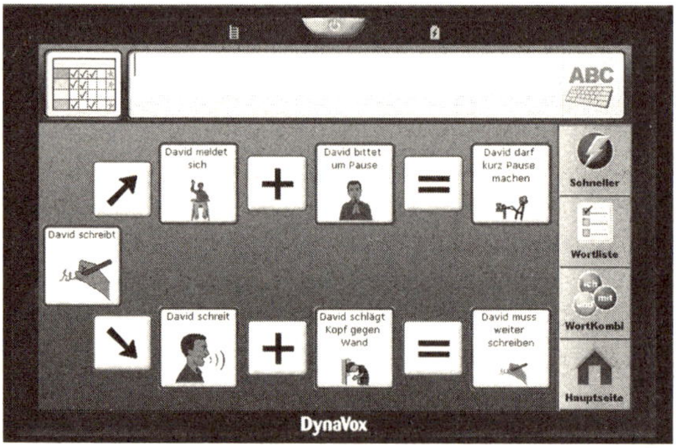

Abb. 10: DynaVox Xpress Software, Konsequenzplan-schreiben[1]

Beispiel: Einsatzmöglichkeit Alternativenübersicht

Hallbauer (2007) fasst in ihrem Artikel zur Internationalen ISAAC-Tagung einen Vortrag von Pat Mirenda zusammen und zeigt darin ergänzende visuelle Verstehenshilfen auf. Das Beispiel von Del beschreibt einen 6-jährigen Jungen, der angeleitet wurde, während der Schreibaufgaben bei Bedarf um eine kurze Pause zu bitten. Eine Verhaltensänderung wurde durch den Einsatz der bebilderten Übersichten erreicht, nachdem die rein verbalen Anweisungen keine Änderung bewirkt hatten. Del fing an, die gewünschten Verhaltensweisen zu zeigen: Er war in der Lage, den Lehrer um eine Pause zu bitten, ohne unerwünschte Verhaltensweisen zu zeigen.

Verhaltensunterstützung mit der Kommunikationshilfe

Visuelle Unterstützung wird häufig in verschiedenen Varianten (meist ausgedruckt und laminiert) eingesetzt. An den Wänden in Klassenzimmern und Therapieräumen hängen ausgedruckte Kalender und Tagespläne. Auch der Einsatz von Alternativenübersichten (auf Papier) ist verbreitet. Viele Kinder mit ASS arbeiten derzeit mit Symbolkarten, die sie durch den Tag begleiten und Verhaltensanweisungen zeigen.

Die gleichen, bereits bekannten Elemente können auch in elektronischer Form genutzt werden. Da diese Konzepte bereits im Einsatz sind, lassen sich diese auch sehr einfach in Verbindung mit einer Kommunikationshilfe einsetzen. So kann die Kommunikationshilfe alternativ oder als Ergänzung zur Papierform verwendet werden.

Ein Anbieten der verhaltenssteuernden Elemente auf der Kommunikationshilfe ermöglicht dem unterstützt Kommunizierenden, die Inhalte jederzeit schnell und selbständig aufzurufen. Um dies gewährleisten zu können, sollte die Kommunikationsstrategie so aufgebaut sein, dass die Inhalte zur Verhaltenssteuerung in den unterschiedlichen Situationen schnell und einfach abrufbar sind. Zusätzlich zur visuellen Unterstützung bietet die Kommunikationshilfe eine auditive Präsentation der Inhalte an. Unterstützend ist hierbei, dass die Kommunikationshilfe konsistent ist und zu jedem Symbol - bei jeder Wiederholung - die gleiche Aussage abruft. Für den Nutzer sind die Aussagen somit voraussagbar.

Die Fragebogenauswertung von Shane und Albert (2008) zeigt unter anderem, dass Bildschirme sehr faszinierend für Menschen mit ASS sind. Daraus lässt sich folgern, dass das Benutzen der Kommunikationshilfe motivierend sein kann und eine gute Konzentrationsfähigkeit im Umgang mit dem Gerät erreicht werden kann.
Interessant ist weiterhin, dass in der Studie hohe pragmatische Fähigkeiten herausgestellt werden konnten. Es wurde der Umgang mit elektronischen Medien untersucht. Menschen mit ASS waren sehr gut darin, die Technik selbständig zu bedienen und die gewünschten Inhalte nach Belieben abzurufen. Diese Stärken im pragmatischen Bereich sind eine gute Grundlage für eine effektive, effiziente und selbständige Nutzung der Kommunikationshilfe.

Voraussetzung für einen Einsatz in unterschiedlichen Situationen ist, dass das Kommunikationsgerät immer dabei ist und der unterstützt Kommunizierende vom Umfeld unterstützt wird.

In Anlehnung an Shane (2006) möchte ich abschließend feststellen:
Durch das Bereitstellen von Visuellen Strategien auf komplexen Kommunikationssystemen können Lernen und Kommunikation von Menschen mit ASS positiv beeinflusst werden.

Literatur

Bernard-Opitz, V.: Kinder mit Autismus-Spektrum-Störungen (ASS). Ein Praxishandbuch für Therapeuten, Eltern und Lehrer, Stuttgart 2007

Degner, M.: Strukturierung, Visualisierung und Individualisierungsmethoden aus dem TEACCH-Ansatz zur Förderung autistisch behinderter Menschen, in: Wegenke, M.; Castaneda, C. (Hrsg.): Gemeinsamkeit herstellen, Wege der Kommunikation zwischen Menschen mit und ohne Autismus, Karlsruhe 2006: 159-177

Durand, V. M.: Severe Behavior Problems: A Functional Communication Training Approach, New York 1990

Häußler, A.: Strukturierung als Hilfe zum Verstehen und Handeln: Die Förderung von Menschen mit Autismus nach dem Vorbild des TEACCH-Ansatzes, in: ISAAC (International Society of Alternative and Augmentative Communication) (Hrsg.): Unterstützte Kommunikation mit nichtsprechenden Menschen, Dortmund 2000: 72-85

Hallbauer, A.: „Lass mich sehen und verstehen, was du mir sagen willst.“, in: Unterstützte Kommunikation, Karlsruhe 2/2007

Hodgdon, L.: Solving social-behavioral problems through the use of visually supported communication, in: Quill, K. (Ed.): Teaching children with autism: Strategies to enhance communication and socialization, New York 1995

Johnston, S.; Nelson, C.; Evans, J.; Palazolo, K.: The use of visual supports in teaching young children with autism spectrum disorder to initiate interactions, Augmentative and Alternative Communication, 19, 2003: 86-103

Kusch, M.; Petermann, F.: Entwicklung autistischer Störungen, Göttingen, 3. Aufl. 2001

Mirenda, P.: Autism, Augmentative Communication, and Assistive Technology: What Do We Really Know?, in: Focus Autism Other Developmental Disabilities, Hammill Institute on Disabilities,16, 2001: 141-151; Online Version http://foa.sagepub.com/cgi/content/abstract/16/3/141

Schuler, A.; Baldwin, M.: Nonspeech communication and childhood autism, Language, Speech, and Hearing Services in Schools, 12, 1981: 246-257

Shane, H.C.; Albert, P. D.: Electronic Screen Media for Persons with Autism Spectrum Disorders: Results of a Survey, Journal of Autism and Developmental Disorders, Online First, Springerlink.metapress.com, 2008

Shane, H.C.: Using Visual Scene Displays to Improve Communication and Communication Instruction in Persons with Autism Spectrum Disorders, Perspectives on Augmentative and Alternative Communication, 15(1), 2006: 7-13

Wing, L.; Gould, J.: Severe impairments of social interaction and associated abnormalities in children: Epidemiology and classification. Journal of Autism and Childhood Schizophrenia, 9, 1979: 11-29

Onlinequellen

Onlinequelle 1: Autismus-Kultur [Stand: 30.03.2011] http://autismus-kultur.de/autismus/autipedia/asperger-syndrom.html

Onlinequelle 2: Autism Community [Stand: 30.03.2011] http://www.autism-community.com/

Onlinequelle 3: Autismus Deutschland e.V. [Stand: 30.03.2011] http://w3.autismus.de/pages/startseite/was-ist-autismus.php

Onlinequelle 4: Autismus Köln/Bonn e.V. [Stand: 30.03.2011] http://autismus-koelnbonn.de/autismus/diagnostik.htm

Onlinequelle 5: Das Familienhandbuch des Staatsinstituts für Frühpädagogik (IFP) [Stand: 30.03.2011] http://www.familienhandbuch.de/cmain/f_Aktuelles/a_Behinderung/s_1065.html

Onlinequelle 6: DynaVox Materialkiste [Stand: 30.03.2011] http://de.dynavoxtech.com/toolkit/default.aspx

Abbildungen

Mit freundlicher Genehmigung der Firma DynaVox Mayer-Johnson.

[1] Konsequenzplan wird i. S. Alternativenübersicht benutzt.

„Lass mich sehen, was du denkst!"

Visuelle Verstehenshilfen bei der Vermittlung von sozialen und kommunikativen Zusammenhängen

Claudio Castaneda

Viele Menschen mit Autismus-Spektrum-Störungen (ASS) erleben in ihrem alltäglichen Zusammenleben mit uns neurotypischen Menschen häufig Irritationen und unbefriedigende Interaktionen. Diese Schwierigkeiten hängen u. a. ursächlich mit autismusspezifischen Besonderheiten im Verstehen zwischenmenschlichen Miteinanders zusammen. Das Verstehen sozialer Kontexte gehört jedoch für ein Mitglied sozialer Gemeinschaften zu den notwendigen Bedingungen, um in diesen bestehen zu können.

Insbesondere in der Kommunikation und in der sozialen Interaktion finden sich viele Unterschiede und daraus resultierende Schwierigkeiten, gegenseitige Missverständnisse sowie als Herausforderung erlebte Verhaltensweisen, die vom Umfeld erkannt und berücksichtigt werden müssen. Die Förderung der Kommunikation und der sozialen Interaktion gehört somit zu einem der wesentlichen Aspekte in der Arbeit mit Menschen mit ASS. Hierzu gehört als wichtige Voraussetzung zum einem das Erleben, dass Kontakt mit anderen Menschen etwas Positives ist und als persönlich bedeutsam erlebt werden kann. Zum anderen brauchen viele autistische Menschen aber auch erst einmal die Möglichkeit, soziale und kommunikative Zusammenhänge überhaupt erfassen und verstehen zu können.

Visuelle Verstehenshilfen

Der Einsatz von visuellen Verstehenshilfen wie Alternativenübersichten, Social Stories oder Comic Strip Conversations, in Kombination mit Interventionen der Unterstützten Kommunikation (UK), stellt eine Möglichkeit dar, Prinzipien menschlichen Miteinanders mit all ihren Regeln und Feinheiten in individuell passender Form veranschaulichen und erklären zu können.

Die Tatsache, dass viele Menschen mit ASS gut auf Visualisierung ansprechen, ist inzwischen bekannt. So wird dieses Prinzip z. B. im Rahmen des TEACCH-Ansatzes aufgegriffen, wobei bis heute in der Praxis jedoch meist der Fokus darauf gelegt wird, dass Visualisierungshilfen räumliche und zeitliche Orientierung vermitteln. So werden teilweise die Möglichkeiten von Visualisierung nicht komplett ausgeschöpft und der Bereich des sozialen Lernens bleibt auf visuelle Hilfen wie z. B. Regelvisualisierungen (Verbote) begrenzt. Dies ist sicher eine große Hilfe, stellt jedoch nur einen kleinen Teil der eigentlichen Möglichkeiten dar.

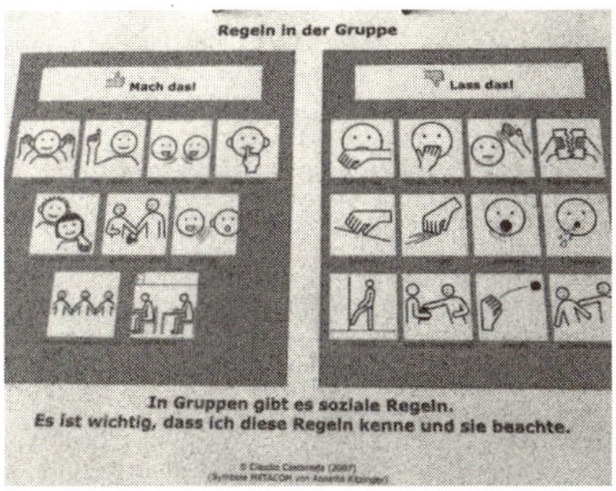

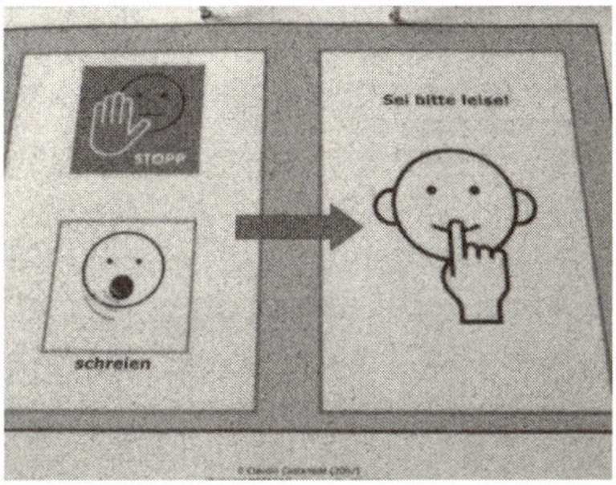

Abb. 1 & 2: Beispiele für Visualisierung von Verhaltensregeln

Die Idee, über den Einsatz von visuellen Hilfen Verstehen zu ermöglichen oder zu erleichtern, kann dabei jedoch erfolgreich gerade bei der Vermittlung sozialer Kontexte und Zusammenhänge eingesetzt werden.

Dabei folgen visuelle Verstehenshilfen trotz ihrer teils unterschiedlichen visuellen Darstellungsformen immer den wesentlichen Prinzipien der Visualisierung: Sie sind visuell, in ihrer Art und Weise der Erklärung beständig und sollen es durch eine wiederkehrende Vermittlung der Person mit Autismus ermöglichen, ein eigenes soziales Skript für die spezifische Situation anzulegen, um dann im Alltag die Situation spontan bewerten und den Einsatz eigener Strategien daran anpassen zu können.

Alternativenübersichten & Social Stories

Der Ansatz der Alternativenübersichten (Contingency Maps) von Miranda (vgl. Hallbauer 2007) stellt eine Möglichkeit der visuellen Verstehenshilfen dar und wird im deutschsprachigen Raum in den letzten Jahren zunehmend bekannter. Dabei stellt eine Alternativenübersicht in planmäßiger Form eine soziale Situation bzw. den Auslöser eines Verhaltens dar, welche/r in der Regel zu unerwünschten Konsequenzen führt. Gleichzeitig wird der Person jedoch auch visualisiert, dass sie über ein anderes, alternatives Verhalten zu anderen, erwünschten Konsequenzen kommen kann.

Das Konzept der Social Stories stammt von Gray (2000), die in ihrer Arbeit mit autistischen Kindern verschiedene visuelle Unterstützungsangebote einsetzt, um soziale Orientierung und Verstehen zu erleichtern.
Die Social Story stellt eine visuelle Verstehenshilfe in Form einer schriftsprachlichen Geschichte dar. Der erfolgreiche Einsatz einer Social Story ist dabei jedoch nicht an die Lesekompetenz der Person mit Autismus gebunden. So kann diese Form auch für Personen, die noch nicht lesen können, ein geeignetes Medium darstellen, wenn sie z B. sehr interessiert sind, wenn man ihnen vorliest. Die Texte können hierbei individuell durch Bilder, Symbole oder Fotos ergänzt und unterstützt werden. Die Social Story folgt in ihrer Form einem gewissen Muster an Wortwahl und Satzbau und vermittelt in einer konkreten, einfachen und positiven Art und Weise eine bestimmte Situation, die für die Person mit ASS relevant ist.

Zuhören

Ich bin gerne im Unterricht. Ich lerne da viel Neues.
Im Unterricht ist es wichtig, dass ich meinem Lehrer zuhöre.
Wenn ich im Unterricht zuhöre, verstehe ich, was mein Lehrer erklärt und ich weiß, was ich tun soll. Wenn ich etwas nicht verstehe, melde ich mich und frage meinen Lehrer.
Mein Lehrer erklärt mir alles ganz genau.
Wenn mein Lehrer erklärt, höre ich ihm zu.
Ich schaue zu meinem Lehrer, wenn ich zuhöre. Mein Lehrer weiß dann, dass ich zuhöre.
So kann ich im Unterricht gut lernen.
Mein Lehrer findet es gut, wenn ich im Unterricht zuhöre.

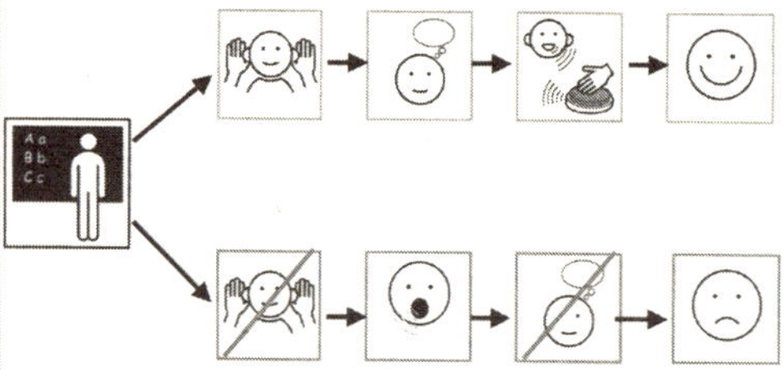

© Claudio Castaneda (2007)
(Symbole METACOM von Annette Kitzinger)

Abb. 3: Beispiel für die Kombination einer Social Story mit einer Alternativenübersicht zur Vermittlung der Bedeutung des Verhaltens „Zuhören im Unterricht"

Comic Strip Conversations

Auch der Ansatz der Comic Strip Conversations stammt von Gray (1994) und wurde von ihr insbesondere entwickelt, um mit Kindern und Jugendlichen mit Autismus soziale Situationen zu besprechen und zu reflektieren. Auch hier stehen wieder die Prinzipien visueller Verstehenshilfen im Vordergrund. Als Medium werden, wie der Name schon sagt, Comics, Zeichnungen oder Fotos verwendet. Dies erlaubt es, visuell zu veranschaulichen, wie Menschen in sozialen Situationen handeln: was sie sagen und v. a. was sie denken.

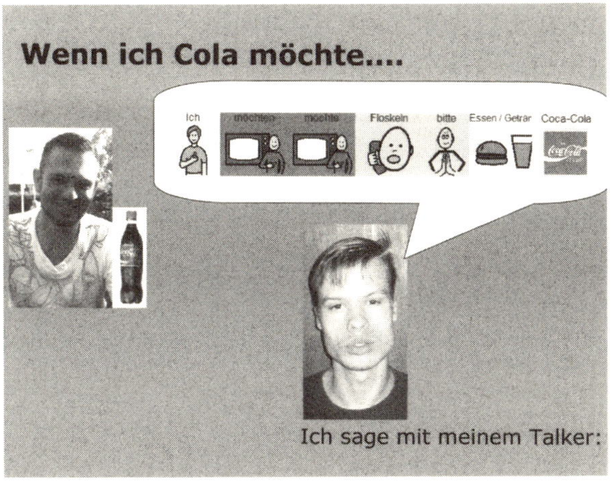

Abb. 4: Beispielseite aus einer Comic Strip Conversation in Form einer Fotostory: Emanuel wird vermittelt, wie er durch die Nutzung seines Talkers und sozial erwünschter Kommunikationsstrategien seine Ziele durchsetzen kann.

Abb. 5: Beispielseite aus einer Comic Strip Conversation: Daniel hat große Angst vor dem Toilettengang. Der Comic soll ihm dabei helfen, seine Ängste abzubauen, indem er erlebt, wie sein persönlicher Superheld Spiderman seine Angst vor der Toilette besiegt.

Praxisbeispiele in Anlehnung an die Comic Strip Conversations

Die Idee, zwischenmenschliche Feinheiten von Interaktionen durch Comic-Merkmale wie Sprech- und Gedankenblasen sichtbar zu machen, hat sich in der Alltagspraxis vielfach bewährt. Sicherlich stellt auch dieser Ansatz kein Patentrezept für alle dar, aber er ist ein weiteres „Werkzeug“ im Methodenkoffer, der es uns ermöglicht, Menschen mit Autismus in all ihren Lernprozessen im Leben sinnvoll zu unterstützten und zu begleiten.

Eine weitere Möglichkeit, soziales Verstehen zu erleichtern, stellt der Einsatz von Rollenspielkisten dar, mit denen Situationen nachgespielt und mit der Person besprochen werden können (s. Abb. 6 & 7).

Abb. 6 & 7: Einsatz einer „Rollenspielkiste“, z. B. wie man seine Kommunikationshilfe einsetzen kann, damit andere wissen, was man möchte oder wie man sich verhält, wenn man beim Spaziergang einen Hund trifft.

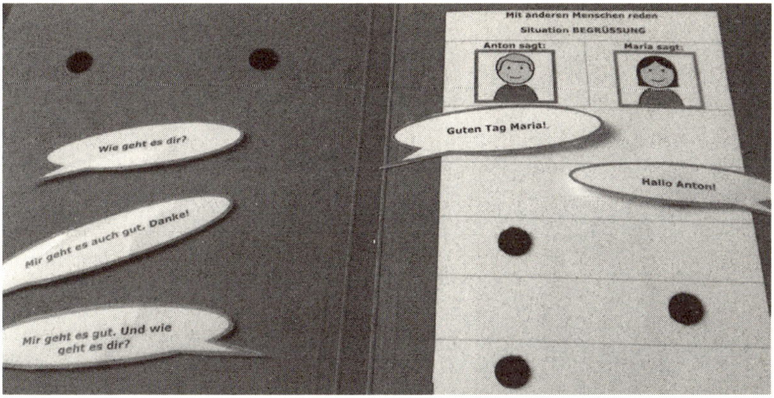

Abb. 8: Üben von dialogischen Prinzipien in Form einer Aufgabenmappe zum Thema „Begrüßung"

Abb. 9 & 10: Zuordnung der passenden Gedankenblase zu dem Foto (Emotionskarten). Anschließend können die Gedanken mittels eines audiodigitalen Vorlesestifts[1] nicht nur sichtbar, sondern auch hörbar gemacht werden.

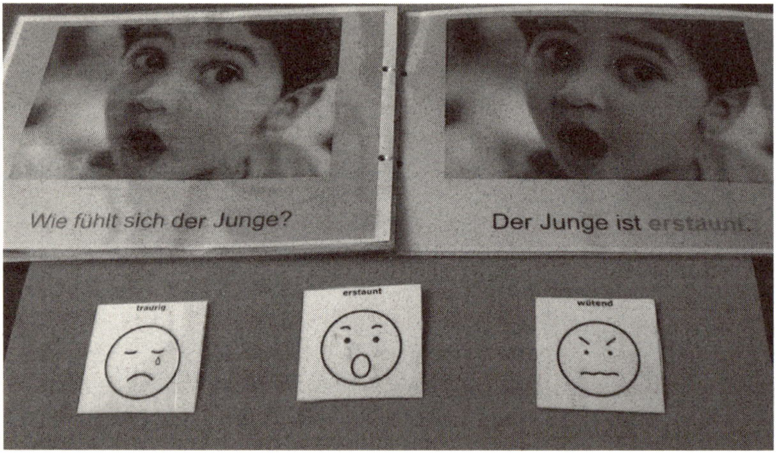

Abb. 11: Gefühlebuch: Zuordnung der passenden Gefühlkarte zum Gesichtsausdruck auf dem Foto.

Einsatz von elektronischen Kommunikationshilfen

Da viele autistische Menschen neben ihren Schwierigkeiten in der Gestaltung sozialer Interaktionen mit anderen Menschen auch in ihren aktiven Möglichkeiten zur Kommunikation Beeinträchtigungen erleben, stellt die Arbeit mit Unterstützter Kommunikation (UK) für einen Teil dieser Personen ein essentielles Angebot dar. So gibt es immer mehr Menschen mit Autismus, die erfolgreich mit elektronischen Kommunikationshilfen kommunizieren. Dabei bieten elektronische Hilfen nicht nur die Möglichkeit der Förderung und Erweiterung der aktiven Möglichkeiten zur Kommunikation, sondern sind ein ebenso interessantes Medium für den Einsatz visueller Verstehenshilfen. So können z. B. Stunden- oder Tagespläne ebenso mittels des Gerätes visualisiert werden wie z. B. auch Alternativenübersichten. Als Ergänzung bisheriger Möglichkeiten zur Visualisierung stellt dies sicherlich eine im individuellen Fall bereichernde Option dar, die sich in vielen Fällen anbietet, da autistische Menschen, die mit einer elektronischen Kommunikationshilfe kommunizieren, häufig ein großes Interesse an technischen Medien zeigen und sich gerne damit beschäftigen. Zum anderen bietet sich so die Möglichkeit, dass sich die Person mit ASS durch die Sprachausgabe diese visuelle Verstehenshilfe bei Bedarf selbst vorlesen und anhören kann.

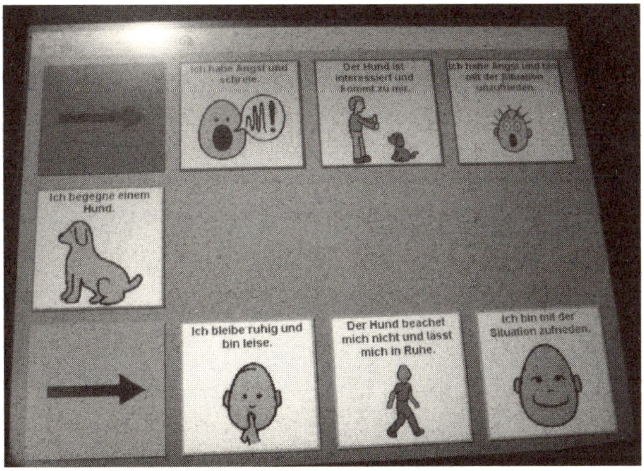

Abb. 12: Beispiel für eine Alternativenübersicht auf einer elektronischen Kommunikationshilfe zum Thema „Angst vor Hunden"

Ausblick

Der Mythos vom einsamen autistischen Kind, das in seiner scheinbar selbst gewählten Abgeschiedenheit glücklich ist, hält sich leider bis heute hartnäckig in vielen Köpfen. Diese Klischee-Vorstellung von Autismus wird hierbei von Darstellungen in den Medien aber auch der Fachwelt selbst bedient. Tatsächlich scheinen viele autistische Menschen durch ihr von uns beobachtetes und interpretiertes Verhalten zufrieden, wenn sie den Anforderungen sozialer Situationen ausweichen und entfliehen können. Es stellt sich jedoch die Frage, inwiefern dies wirklich eine freie Wahl oder Entscheidung darstellt oder die Isolation nicht vielmehr Folge von gegenseitigen Missverständnissen ist.

Erfahrungen aus der Praxis verdeutlichen vielmehr, dass viele Menschen mit ASS ohne Unterstützung durch uns nicht genügend soziale Intuition erwerben, die es ihnen ermöglicht, in unserer Gemeinschaft Freude, Spaß und Bedeutsamkeit zu erleben. Haben Menschen mit ASS erst einmal den Zugang und die Möglichkeiten eröffnet bekommen, diese positiven Erfahrungen mit uns neurotypischen Menschen zu machen, zeigen sie in der Regel ebenso Interesse und Bereitschaft an der Gestaltung sozialer Kontakte wie alle anderen Menschen auch. Wir dürfen hierbei nicht vergessen, dass die Qualität und Quantität sozialer Kontakte auch bei nichtautistischen Menschen individuell verschieden sind. Nicht jeder Mensch ist im hohen Maße gesellig. Jedoch ist jeder Mensch froh, wenn er soziale Kontakte besitzt und deren Ausmaß, Art und Weise bestimmen kann.

Es ist unsere Aufgabe, Menschen mit ASS bei diesem Lernprozess zur Seite zu stehen. Der Einsatz von Methoden und Ansätzen wie z. B. Unterstützter Kommunikation (UK) oder Angeboten nach dem TEACCH-Ansatz stellen dabei nur mögliche Werkzeuge dar. Es liegt maßgeblich an uns, ob wir durch unsere Bereitschaft und Freude an der Interaktion mit autistischen Menschen diese erfahren und lernen lassen, wie viel Spaß ein soziales Miteinander macht!

Literatur

Adolph, S.; Castaneda, C.: "Heute haben wir SoLe-Gruppe!" Soziales Lernen (nicht nur) für Kinder mit Autismusspektrumstörungen (ASS), in Unterstützte Kommunikation 1/2009: 12-18

Castaneda, C.; Hallbauer, A.: „Lass mich sehen und verstehen!" UK bei Menschen mit Autismusspektrumsstörung (ASS), in: Unterstützte Kommunikation 1/2009: 6-10

Gray, C.: The New Social Story Book, 2. Auflage. Arlington, Texas, 2000

Gray, C.: Comic Strip Conversations. Illustrated interactions that teach conversation skills to students with autism and related disorders, Arlington, Texas, 1994

Hallbauer, A.: „Lass mich sehen und verstehen, was du mir sagen willst!" Ergänzende visuelle Verstehenshilfen für Menschen mit Autismus und problematischen Verhaltensweisen. Zusammenfassung des Vortrages „Augmented Input Supports for Individuals with Autism and Problem Behavior" von Dr. Pat Miranda, University of British Columbia, Internationale ISAAC Tagung, Düsseldorf 2006, in Unterstützte Kommunikation 2/2007: 18-23

Theunissen, G.; Paetz, H.: Autismus. Neues Denken – Empowerment – Best-Practice, Stuttgart, 2011

[1] Audiodigitale Vorlesestifte ermöglichen das Speichern von kurzen Texten auf dafür vorgesehenen Stickern. Über den Vorlesestift können diese abgerufen und angehört werden.

Bildkarten und Kartenhalter selber herstellen und im Alltag anwenden

Markus Buitkamp

Vorwort

Ich möchte am Beispiel der Bildkartenkommunikation meines Sohnes Henri darstellen, wie man einfach und günstig variables und angepasstes Material zur alltäglichen Anwendung fertigt. Mein Sohn und ich nutzen zusätzlich Zeigetafeln, Kataloge (z. B. zur DVD-Auswahl) und einen Talker. Das o. g. Thema klingt zunächst sehr einfach. Die Herangehensweise und die Umsetzung im privaten Alltag können jedoch für die Motivation zum Einsatz und die erfolgreiche Anwendung entscheidend sein. Bei der „Entwicklung" habe ich auf eine sehr einfach zu handhabende Halterung sowie schnell und leicht zu fertigende Karten Wert gelegt.
Das Kartenformat ist in allen vorgestellten Anwendungen einzusetzen, wodurch der Materialeinsatz optimiert ist. Die Karten sind vom PECS-Einstieg bis zur Anbahnung des Satzbaus mit der Kölner Kommunikationstafel, also für verschiedene Förderstufen, geeignet. Die Materialien sind mit ein wenig handwerklichem Geschick einfach selber zu bauen. Bis auf die Software Boardmaker, welche man benutzt, um am PC die Symbole in Rahmen einer Formatvorlage auszudrucken, ist man so auch unabhängig von Hilfsmittelherstellern und Kompromisslösungen wie etwa Bilderrahmen. Die persönliche Normung ist vorteilhaft, wenn auch andere Personen, z. B. in der Schule, Karten fertigen.
Wir haben angefangen, Bildkarten mit PECS einzusetzen. Dabei begannen wir mit zwei Karten. Die Milchkarte und die Bananenkarte wählte ich aus, weil Henri beides gerne mag und ein regelmäßiger und häufiger Einsatz möglich ist.
Um dabei meinem Sohn die Karten ansprechend anzubieten und ihm einen leichten Umgang mit diesen zu ermöglichen, habe ich mir die Kartenhalter mit den Steckfächern ausgedacht.

Herstellung

Software

Mit Boardmaker v.6 (Boardmaker™ is a trademark of Mayer-Johnson) ist schnell eine Formatvorlage (Abb. 1) erstellt, und der umfangreiche Symbolwortschatz ist schnell durch Bearbeitung anzupassen. Andere Symbole und eigene Bilder können leicht importiert werden. Mit einer Verordnung vom Hausarzt und ergänzenden Berichten oder Stellungnahmen zur Empfehlung von Bildkarten werden die Kosten in der Regel von der Krankenkasse getragen und man braucht nur einen PC mit Drucker.

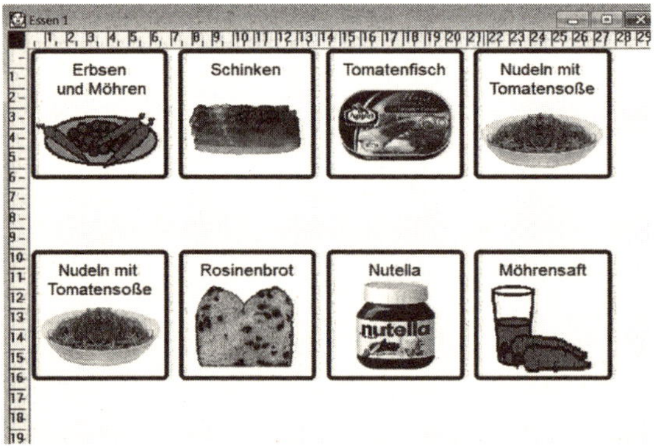

Abb. 1

Die Karte

Abb. 2

Die Karte hat das Format DIN A7. Der Zuschnitt des Ausdrucks ist 100 x 70 mm. Der „Button" ist 65 x 65 mm groß. Das Bildsymbol ist so groß wie möglich zu machen und die Schriftgröße ggf. anzupassen (Abb. 2). Schnittlinien sind nicht nötig, wenn man mit einem Hebelschneider arbeitet, der eine Messskala hat. Die Folien haben gleich das richtige Format und sind an den Ecken abgerundet (Unfallverhütung).

Die unteren 30 mm der Karte sind frei. Das ist notwendig, weil dieser Bereich durch das Holz verdeckt ist, aber auch, weil man die Karte so anfassen kann, ohne das Symbol zu verdecken. Der Rahmen um das Symbol ist wie im Kölner Kommunikationsordner farbkodiert, um es leichter einer Wortart zuordnen zu können. Die Karten sind

in Boxen sortiert gut zu lagern. Trennblätter sind dabei nützlich, wenn verschiedene Wortarten oder Themen in einer Box sind.
Von einer Bildkarte sollten gleich mehrere Exemplare angefertigt werden. Oft wird eine verlegt und man hat für verschiedene Einsatzorte oder für unterwegs eine eigene Karte.
Die Laminiertaschen sollten die Stärke 2 x 125 mic haben, damit sie stabil sind. Diese sind im Internet besonders günstig zu bestellen.

Werkzeug

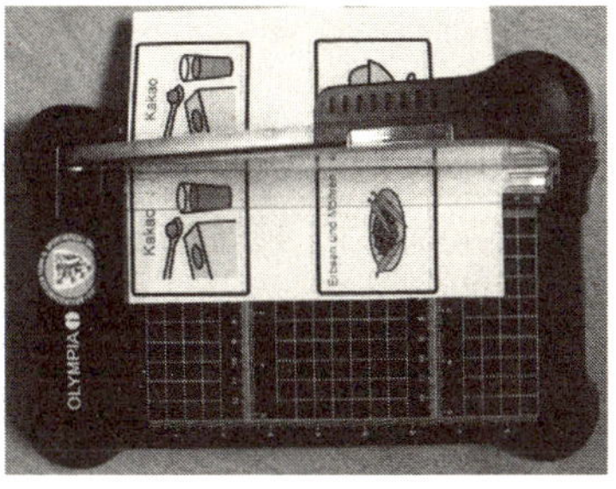

Zum Schneiden der ausgedruckten Symbole bietet sich ein Hebelschneider (Abb. 3) an, bei dem man das Maß direkt und sogar mehrere Lagen Ausdrucke gleichzeitig zuschneiden kann.

Abb. 3

Es empfiehlt sich unbedingt ein leistungsstarkes Laminiergerät zu benutzen. Dieses zeichnet sich durch gute Ergebnisse beim einmaligen, schnellen Durchlauf und eine wasserdichte, blasenfreie Laminierung aus (Abb. 4). Auch hier sind günstige Angebote im Internet zu ersteigern.

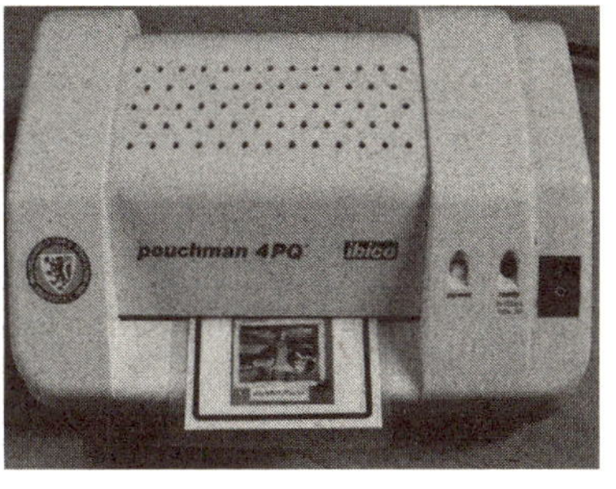

Abb. 4

Abb. 5

Ein „Laminiertablett“ (Abb. 5) erleichtert geordnetes Arbeiten beim Herstellen größerer Stückzahlen in den verschiedenen Arbeitsschritten: Schneiden, in die Folie stecken und laminieren. Folien, Zuschnitte und vorbereitete Laminiertaschen lassen sich so auch gut aufbewahren.

Der Kartenhalter

Der Kartenhalter besteht aus einer nach Bedarf auf Maß gesägten Sperrholzplatte von 4 mm Stärke. Auf diese werden an den Seiten längs und quer Holzleisten von 5 x 10 mm geleimt. Auf die Leisten wird eine Tapetenleiste von 5 x 40 mm geleimt. So entstehen die Steckfächer.
Als Variante kann man eine Leiste anbringen, welche die Karte oben etwas abstehen lässt, um diese leichter greifen zu können.
Es ist auch möglich, oben ein Steckfach anders herum mit einer etwas schmaleren Deckleiste anzubringen, um die Karte auch oben dahinterzustecken.
Die Karten sind so zwischen der oberen und unteren Leiste verschiebbar und können nicht herausfallen (Abb. 9).
Die Abmessungen richten sich nach Karten- und Reihenanzahl, je nach Anwendungsfall.
Der kleine Kartenhalter mit zwei Reihen und drei Karten misst z. B. 270 x 260 mm und die Steckfachplattenvariante der Kölner Kommunikationstafel ist 1250 x 1250 mm groß.

Werkzeug

Die Sperrholzplatte wird im Baumarkt auf das passende Format zugeschnitten. Die großen Kartenhalter können aus zwei Platten zusammengefügt werden, wobei die Stoßkante hinter einer Querleiste einzuplanen ist.
Für die Leisten benötigt man nur eine kleine Säge, und zum Leimen der Bauteile sind kleine Leimklemmen oder Schraubzwingen nötig. Bei den großen Platten ist in der Mitte auch ein Gewicht nützlich.

Laminiertaschen

Man kann auch Steckfächer in laminierte Blätter einbauen. Dazu falzt man einen stärkeren Papierstreifen so, dass eine Längsseite etwas übersteht. Diese klebt man dann auf einen Papierbogen und laminiert beides ein.
Anschließend schneidet man die Folie mit einem scharfen Messer vorsichtig gerade an der Kante entlang ein. An den Seiten schneidet man nicht bis zum Ende, damit die Tasche nicht so leicht einreißt.

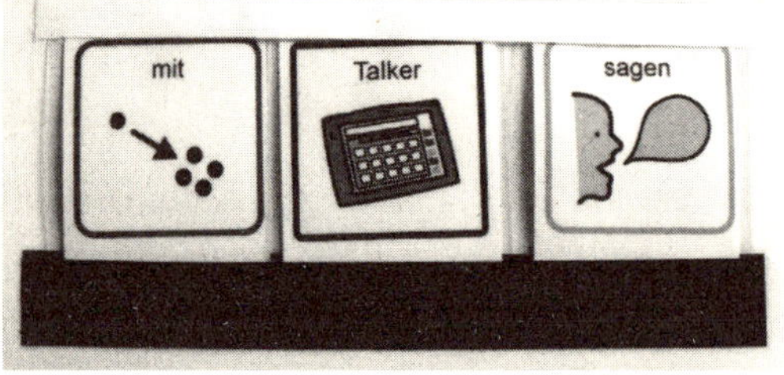

Zusätzlich ist auch hier oben mit einem etwas schmaleren Streifen ein Einklemmen der Karten möglich (Abb. 6).

Abb. 6

Die Anwendungsbereiche

Tischkartenhalter

Abb. 7

Als Tischkartenhalter bei Mahlzeiten dient ein Kartenhalter mit rückseitig angebrachtem Ständer oder ein modifizierter Buchständer, in den ein mobiler Kartenhalter gestellt wird (Abb. 7). Nach dem Einstieg in die Stufe 1 beim PECS mit der Milch- oder der Bananenkarte erweiterte sich der Umfang der Karten bald, und so kamen wir zur Auswahl zwischen zwei Brotsorten. Nachdem eine Karte gewählt und an mich übergeben wurde, stecke ich den Belag zur Auswahl in das untere Fach des Halters. Bekomme ich nach der Frage "Was möchtest du denn drauf haben?" die Karte mit dem Wunschbelag, lege ich mir beide zur Seite, wenn ich das Brot mache. Beim Aushändigen der gewünschten Brotvariante stecke ich beide Karten in das obere Fach, um Henri deutlich zu machen dass er bekommt, was er „bestellt" hat (Abb. 7).

Wenn ich etwas ohne Aufforderung überreiche, stecke ich die jeweilige Karte auch beim Geben in die obere Leiste, damit die Zuordnung deutlich wird. So versuche ich, das Prinzip des Modellings umzusetzen.

Mittlerweile stecke ich ein gemischtes Angebot in den Halter und Henri gibt mir nun schon oft die Toastkarte und die Salamikarte zusammen bzw. hintereinander, womit wieder ein Schritt zum Satzbau gemacht ist.

Tagesplaner

In den Tagesplaner wird der Tagesablauf gesteckt (Abb. 8). So nimmt Henri den Wochenablauf wahr und ist informiert, wenn sich etwas Abweichendes ereignet, z. B. die Tagesmutter kommt. Der Plan hängt im Flur und bildet mit den zwei daneben montierten Aufnahmen für die mobilen Kartenhalter eine Station zur Kommunikation. In die Reihen werden, wie auch bei den anderen Kartenhaltern, Tonpapierstreifen zur Farbcodierung als Hintergrund eingeklebt.

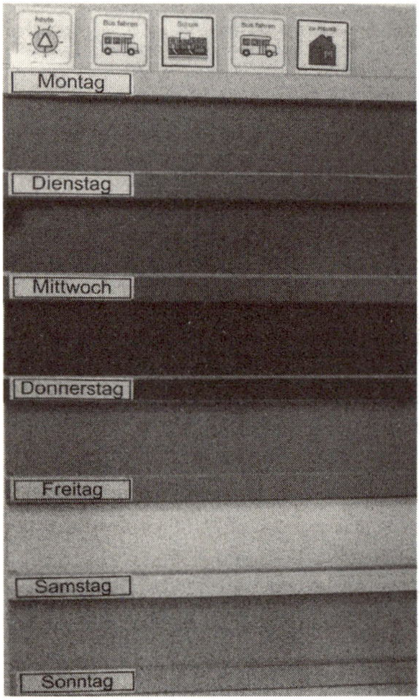

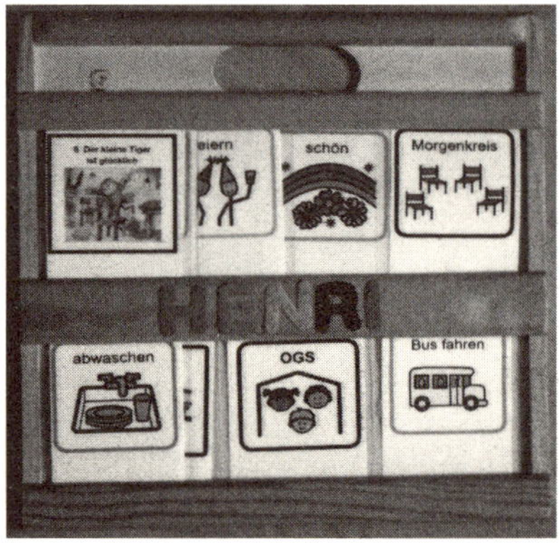

Abb. 8 und 9

Mobiler Kartenhalter

Der mobile Kartenhalter dient der Kommunikation zwischen Schule und Elternhaus. Das Format ist dem Ranzen angepasst. In der Schule werden Karten in den Kartenhalter (Abb. 9) gesteckt, über die ich mich mit Henri unterhalte, wenn er nach Hause kommt.

Ich stecke morgens Karten von Henris Aktivitäten/Erlebnissen des voran gegangenen Tages in den mobilen Kartenhalter. Mit diesen wird dann im Morgenkreis darüber berichtet.

Zu Hause steckt der mobile Kartenhalter neben dem Tagesplaner in einer Wandhalterung nach dem Prinzip eines Steckfaches.

Stundenplan

Der Stundenplan in der Schule wird morgens gesteckt. So wird der Schultag überschaubar und strukturiert (Abb. 10).

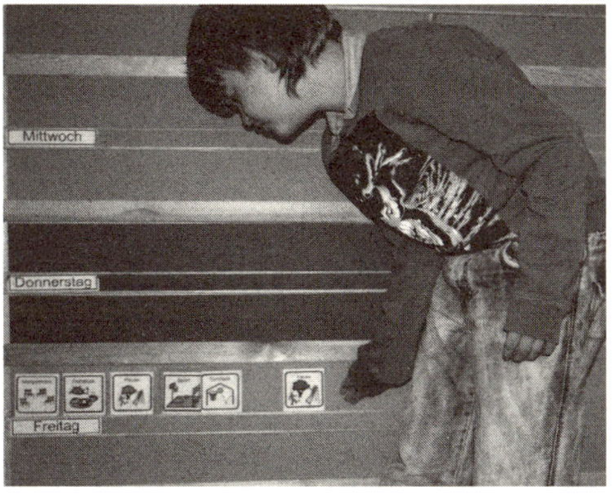

Abb. 10

Im Gegensatz zum Tagesplaner zu Hause hat der schulische Plan nur fünf Tage. Jeder Tag hat zwei Reihen. In der oberen wird der allgemeine Ablauf gesteckt und in der unteren können abweichende Aktivitäten, z. B. Einzelförderung-Karte mit der Foto-Karte des jeweiligen Kindes parallel dazu gesteckt werden.

Das Maß entspricht dem der Steckvariante der Kölner Kommunikationstafel von 1250 mm x 1250 mm.

Die Steckvariante der Kölner Kommunikationstafel

Eine Steckvariante der Kölner Kommunikationstafel (Abb. 11 u. 12) hängt bei uns im Wohnzimmer.

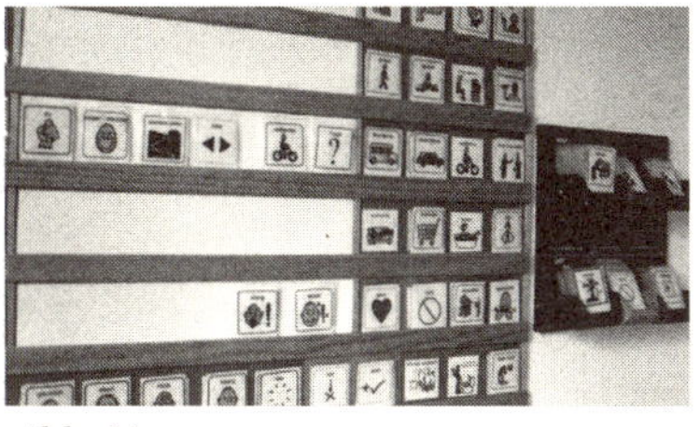

Abb. 11

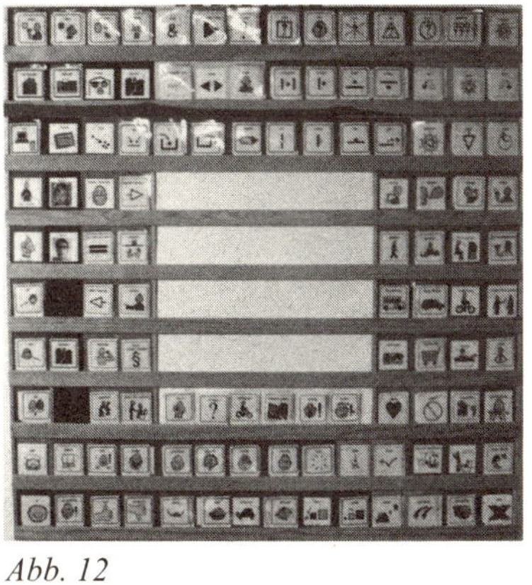

Abb. 12

Sie ist eine Kommunikationsstation, an der im mittleren Bereich Sätze und Fragen gesteckt werden können. Mit den daneben befindlichen Kartenkisten bietet sie auch eine Möglichkeit, die Karten für PECS ab Stufe 2 einzusetzen. So kann Henri sich dort z. B. die „DVD sehen Karte" nehmen, zu mir kommen, um mir die Karte zu übergeben, damit ich ihm den PC anmache und er sich eine DVD aussucht.

In der Schule ist der gleiche Kartenhalter im Klassenraum montiert. Er unterscheidet sich dort aber in einigen Inhalten. Dort befinden sich z. B. im linken schwarzen Nomen-Bereich die Foto-Karten der Kinder und Lehrer der Klasse und anstelle von „baden" wurde an dieser Stelle „aufräumen" aufgenommen.

Auf der Farbcodierung der Tafel sind zusätzlich noch einmal die Symbole als Platzhalter aufgebracht, damit die Karten immer wieder an ihren Platz gesteckt werden können.
Es können mehrere Karten an ihrem Ort gesteckt sein. Dadurch sind häufig benötigte Symbole mehrfach vorhanden. Das ist bei Artikeln (der/die/das) sowie bei „und“ besonders nützlich. Ihr Zweck, den Satzbau zu fördern, wird durch die beim PECS erschlossene Kombination von Brot und Belag als Beispiel unterstützt. (Ich/mag/will) Toast (und/mit) Salami (essen/haben).
Die Kombination des Vorgehens nach PECS mit der Wörterstruktur der Kölner Kommunikationstafel erlaubt es uns, auf diese Weise Kommunikation über den Einsatz von Ich-möchte-Sätzen hinaus weiter zu entwickeln.

Kommunikationsbuch in Tagesfarben und Kernvokabulartafel mit Laminiertaschen

Das Kommunikationsbuch (Abb.13) haben wir eingesetzt um zwischen Schule und Elternhaus Informationen auszutauschen. Mit der Ringbindung ergeben die tagesfarbenen Seiten einen Wochenkreislauf.
Inzwischen haben wir stattdessen den mobilen Kartenhalter aus Holz (Abb. 9) für diesen Zweck eingeführt.

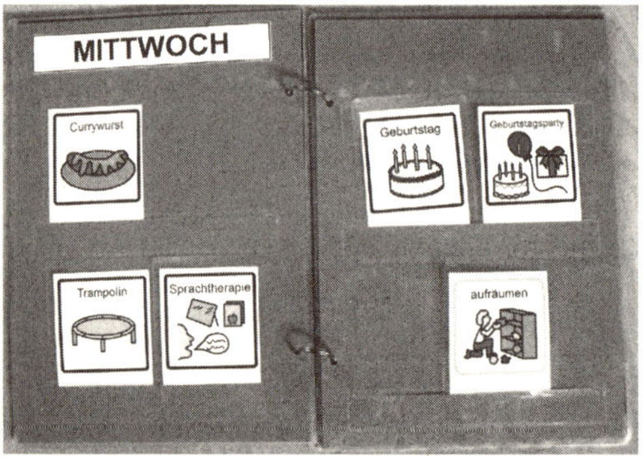

Abb. 13

Mit den Laminiertaschen lassen sich auch Tafeln mit einem Rand aus Kernvokabular gestalten (Abb 14). Dieses Beispiel ist für Essen und Beschäftigung ausgelegt.

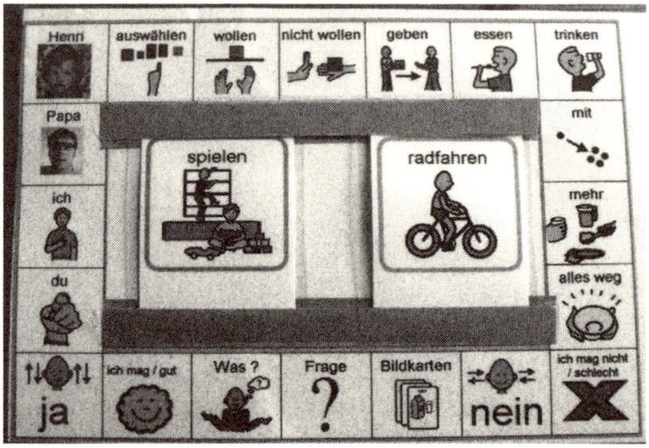

Abb. 14

Kalender

Ein Kalender lässt sich mit einem Kartenhalter für Zahlen Wochentage, Monate und Jahreszeiten variabel gestalten.

Schlussbemerkungen

Ich möchte mit diesen Beispielen besonders Eltern motivieren, mit dem Kommunikationsmittel „Bildkarte" Kommunikation anzubahnen und im Alltag einzusetzen.
Ich habe selber viele Erfahrungen gesammelt und erinnere mich noch gut an den Anfang mit Boardmaker und den ersten Karten.
Bei PECS habe ich mit dem Einsatz der „offenen Hand", angefangen und dabei darauf geachtet, die Fragen direkt und einfach zu formulieren. Also z. B. die Milchkarte vor Henri auf den Tisch gelegt, ihm eine Hand mit der Handfläche nach oben vorgehalten und „Möchtest du etwas trinken?" gefragt. Ich habe mich dabei an dem Buch von Bach (2006) orientiert. Allerdings denke ich, dass man immer auch die eigenen Umstände bei der Methodik einbringen kann und muss aber auch einige Regeln einzuhalten sind. So halte ich mich z. B. fest an die Regel nicht „gib mir die Karte" zu sagen. Zudem habe ich die Anbahnung alleine begonnen obwohl lt. Buch drei Personen (PECS-Nutzer, Kommunikationspartner und Kommunikationsassistent) empfohlen sind.
Für den Einsatz habe ich Themen ausgewählt, die Henri wichtig sind.
Ich mache immer sofort Notizen, wenn mir im Alltag eine Karte fehlt oder ich eine Idee bekomme. So entwickelt sich das Spektrum immer weiter. Man hat eine konkrete Liste, die man abarbeiten kann, wenn man am PC sitzt, ohne eine Idee zu vergessen.

Eine gewisse Planung ist auch notwendig damit man, wenn man die Bildkarten in einer bestimmten Situation einsetzen will, spontan die nötigen Karten zur Hand hat, z. B. wenn man Essen geht. Die Kategorisierung der Karten in den Aufbewahrungskisten erleichtert es, sich diese vorher zurechtzulegen.
Auch ist trotz effizienter Herstellung der Materialien die Anwendung mit einigem Aufwand verbunden, den man unbedingt beachten muss. Daher ist es ratsam, ein Hilfsmittel nach dem anderen in den Alltag einzubringen, damit kein unnötiger Stress entsteht.

Sind die Kartenhalter gebaut und Karten im Einsatz, ist die Herstellung von neuen Karten die einzige Folgearbeit neben der Anwendung.

Mit den Karten kann Henri die Mitteilung seiner Wünsche in die eigene Hand nehmen. Schon die Auswahlmöglichkeit bei Getränken und Speisen bringt Henri viel Lebensqualität.
Aggressionen durch Unzufriedenheit und unüberschaubare Strukturen werden reduziert.
Andere Personen, besonders andere Kinder, lernen schnell die Karten als Mittel zur Kommunikation einzusetzen. Dadurch wird gleichzeitig die Integration von Henri gefördert.

Der regelmäßige Austausch mit der Schule und dem Hort ist wichtig, um z. B. Änderungen und Ergänzungen von Symbolen abzustimmen. Auch Fortschritte und Schwierigkeiten können zu Hause und in der Schule unterschiedlich sein und Zusammenarbeit erfordern.

Ich biete selber eine UK-Arbeitsgemeinschaft an, weil ich eine gute Werkstatt für Bildkarten und Kartenhalter habe und ich anderen Eltern gerne Unterstützung anbiete, bei der ich auch selber neue Ideen bekomme und lernen kann.

Literatur

Bach, H.: Wer tauscht mit mir? - Kommunikationsförderung autistischer Menschen mit dem „Picture Exchange Communication System", Stuttgart, 2006

Boenisch, J.; Sachse, S.; Musketa, B.: Kölner Kommunikationsordner mit Kern- und Randvokabular, Universität zu Köln, 2007

UK inklusive Gebärden machen es möglich

Zeig´s mir ... mit Gebärden[1]

Gebärden in der Kommunikationsförderung / Sprachtherapie

Birgit Appelbaum

Gebärden erfreuen sich in der Arbeit mit Menschen mit Behinderung immer größerer Beliebtheit und werden inzwischen ganz selbstverständlich in verschiedenen Bereichen genutzt. Umso wichtiger ist es, sich auch einen Überblick über die verschiedenen zur Verfügung stehenden Systeme zu verschaffen, um diese dann entsprechend den Möglichkeiten der Patienten gezielt anzuwenden und einzusetzen. Gerade im Bereich der Sprachtherapie hat zudem eine differenzierte und umfängliche Diagnostik mit entsprechender Dokumentation ihren festen Platz. Aber ist das auch umsetzbar im Bereich Gebärden? Welche Screenings, Tests oder Beobachtungsverfahren stehen überhaupt zur Verfügung? Und wie verwertet man dann die Ergebnisse? Wie werden sie interpretiert und welche therapeutischen Konsequenzen können abgeleitet werden? Und Kernvokabular? Wie integriere ich das? Viele Fragen, auf die es nicht immer eine Antwort gibt!

Überblick über den Einsatz von Gebärden

In Deutschland stehen folgende Möglichkeiten zum Gebrauch von Gebärden zur Verfügung:

Deutsche Gebärdensprache (DGS)
Hierbei handelt es sich um ein eigenständiges linguistisches Sprachsystem, dessen Aufbau und Satzstruktur anders sind als in der Lautsprache. Besonders die Grammatik der DGS unterscheidet sich deutlich von der Grammatik der DLS (= Deutsche Lautsprache). Als (Mutter-)Sprache der Gehörlosen ist die DGS der Lautsprache ebenbürtig und als eigenständige Sprache seit 2002 in Deutschland anerkannt. Neben dem Fingeralphabet, welches in verschiedenen Zusammenhängen eingesetzt wird, kommt zwar wenig Stimmeinsatz, wohl aber das Mundbild zum Tragen.

Lautsprachbegleitende Gebärden (LBG)
LBG sind kein eigenständiges Sprachsystem und besitzen demnach keine eigene Grammatik. Der Aufbau und die Struktur gestalten sich analog zur Lautsprache. Demnach ist durchgehender Stimmeinsatz zu beobachten, die Lautsprache wird durch begleitende(s) Gebärden 1:1 visualisiert. Das Fingeralphabet wird in zahlreichen Zusammenhängen genutzt, z. B. um grammatische Strukturen zu verdeutlichen.

Fingeralphabet (FA)
Jedes Handzeichen repräsentiert einen Buchstaben (Graphem) und bietet so die Möglichkeit, manuell etwas zu „fingern" (= zu buchstabieren). Damit ist das Fingeralphabet mit dem Alphabet der Lautsprache vergleichbar.

Lautsprachunterstützende Gebärden (LUG)
In Ergänzung zur Lautsprache werden mit LUG die bedeutungstragenden Wörter parallel gebärdet. Die Gebärden werden dabei dem Wort z. T. rhythmisch angepasst und enthalten keine grammatischen Strukturen. LUG helfen dabei, wichtige Begriffe einer lautsprachlichen Äußerung zu visualisieren.

In welcher Form Gebärden letztendlich verwendet werden und für welche Gebärdensammlung sich entschieden wird, hängt von folgenden Kriterien ab:

- Ist die Anzahl der Gebärden ausreichend?
- Sind die für die Person benötigten Gebärden vorhanden?
- Sind die Gebärden von der Person ausführbar?
- Sind die Nachschlagewerke praktikabel?
- Welche Gebärden werden in den Nachfolgeeinrichtungen verwendet?

Auf dieser Entscheidungsgrundlage gilt es dann, die entsprechenden Materialien zu nutzen bzw. selbst zu erstellen. Aktuell setzen sich die Gebärden der DGS zunehmend durch. Sie sind bestens geeignet, den vielfältigen Bedürfnissen der unterschiedlichen Benutzer gerecht zu werden. Darüber hinaus geht es auch darum, ein mehr oder weniger einheitliches System in den beteiligten Einrichtungen nicht nur zu installieren, sondern auch zu etablieren.

Ausführung der Gebärden

Das Ausführen der Gebärden ist, wie bei der gesprochenen Sprache, von Persönlichkeitsmerkmalen durchzogen. Die Sprache der Hände, die Sprache des Körpers und die gesprochene Sprache (ausschließlich bei der Verwendung von LBG bzw. LUG) bilden dabei eine Einheit. Neben der Exaktheit der Gebärden in angemessener Geschwindigkeit sollte nach Möglichkeit das sogenannte Gebärdendreieck (Schulter-Ellenbogen-Taille) den Gebärdenrahmen setzen, d. h. die Hände bewegen sich während des Gebärdens möglichst innerhalb dieses Dreiecks. Wichtig ist zudem eine eindeutige Körpersprache. Stimmen Körpersprache und Gebärde nicht überein, kann es zu Missverständnissen kommen oder die Echtheit der kommunikativen Situation geht verloren. Der Gesichtsausdruck differenziert die Gebärden weiter aus. Bei der Verwendung von LBG bzw. LUG kommt der Lautsprache darüber hinaus eine besondere Bedeutung zu: eindeutige, kurze Sätze, möglichst keine Nebensätze, einfaches Vokabular und möglichst wenig „verbales Beiwerk", dazu angemessenes Sprechtempo sowie eine deutliche (keine überdeutliche!) Artikulation und damit ein eindeutiges Mundbild sind besonders wichtig. Pausen an den Satzenden sind zum besseren Verständnis zwingend erforderlich. Die Auswahl der benutzten Gebärden hängt maßgeblich vom Kontext ab, in denen sie benutzt werden. Beim Gebärden kommuniziert man also nicht nur mit den Händen, sondern Gebärden, gesprochene Sprache, Körpersprache und Gesichtsausdruck bilden eine Einheit.

Welche Zielgruppen werden in der Sprachtherapie mit Gebärden angesprochen?

- Gehörlose Eltern, die bzgl. Sprachentwicklung ihrer Kinder und anderer Themen in DGS beraten werden müssen
- Hörgeschädigte bzw. hörende Kinder von gehörlosen Eltern, deren Erstsprache/Familiensprache die DGS ist und bei denen in der spezifischen Sprachtherapie die Probleme in der DGS bzw. in der DLS behoben werden sollen
- Hörgeschädigte bzw. gehörlose Kinder, die trotz optimaler Hörsysteme und lautsprachlichem Umfeld keine oder nur wenig Lautsprache erwerben und deren Kommunikation dann ausschließlich in DGS stattfindet
- Hörgeschädigte bzw. gehörlose Kinder, die trotz optimaler Hörsysteme und lautsprachlichem Umfeld zwar lautsprachlich kommunizieren, deren Kompetenzen aber in der DLS nur langsam wachsen und als eher gering einzuschätzen sind. Sie brauchen neben der DLS zusätzlich LUG, je nach Zielsetzung (in Anteilen) auch LBG
- Hörende Kinder, deren Sprache durch eine spezifische Sprachentwicklungsstörung (SSES) gekennzeichnet ist, die sich nur langfristig verbessern lässt. Diese Kinder haben z. T. auch andere Behinderungen, z. B. Down-Syndrom, Autismus-Spektrum-Störung, kognitive und/

oder emotionale Einschränkungen, Sprechdyspraxien[2] und schwere phonologische Auffälligkeiten u.v.m. Ihnen allen ist gemeinsam, dass man sie nicht/kaum versteht und sie neben der DLS zur Verbesserung des „Verstanden-Werdens" Gebärden nutzen. Auch diese Gruppe profitiert von der Kombination von DLS und LUG, je nach Zielsetzung (in Anteilen) auch von LBG.

- Hörende Kinder, die sehr spät in die DLS starten und als späte Sprecher, sogenannte Late Talker, diagnostiziert sind, sowie Kindern mit Migrationshintergrund, die die DLS als Zweitsprache erlernen und sowohl in ihrer Muttersprache als auch in ihrer Zweitsprache (= DLS) Probleme haben. Ihnen ist gemeinsam, dass sie für den Einstieg in die DLS vorübergehend mit LUG kommunikative Hürden überbrücken können. Da die Entwicklung der DLS bis zum Erreichen eines entsprechenden Niveaus Zeit braucht, sind diese Kinder weniger „kommunikativem Stress" ausgesetzt, da sie sich mithilfe von Gebärden verständlich machen können. Ziel ist das Erlernen der DLS. Die Benutzung der LUG ist als vorübergehende „Brücke" in die Lautsprache zu sehen.

Damit ergeben sich drei Gruppen von Klientel, welche unterschiedlichste Bedürfnisse haben und bei denen der Gebrauch der Gebärden als Kommunikationsmittel drei Funktionen erkennen lässt (in Anlehnung an Dies 2005, 02.018.001, vgl. auch Appelbaum 2010, 35):

1. sprachersetzende Funktion:

Bei Menschen, die aufgrund einer Behinderung oder aufgrund anderer Faktoren keine Lautsprache erlernen oder produzieren, dienen die Gebärden als Lautsprachersatz. Dabei kommt dem Aufbau eines differenzierten Gebärdenwortschatzes und darüber hinaus der Nutzung der Deutschen Gebärdensprache (DGS) als eigenständigem Sprachsystem eine besondere Bedeutung zu. Dies gilt nicht nur für hörgeschädigte, sondern ebenso für hörende Menschen. Ihr Kommunikationssystem ist die DGS.

Abb. 1

2. sprachanbahnende Funktion:

Das Gebärden kann auch einen Weg zur Sprache darstellen, da durch die Vermittlung des Gebärdens gleichzeitig das Sprachverständnis sowie der Sprachgebrauch gefördert werden. Diese Hilfestellung zur Lautsprachanbahnung gilt z. B. für Kinder, die in der lautsprachlichen Entwicklung verzögert sind. Das Medium bietet Sicherheit, weil es besonders bei unsicherem und nicht eindeutigem Sprachgebrauch zum Gelingen der Kommunikation beiträgt. Sobald sich die Lautsprache verbessert, verringert sich der Gebärdeneinsatz. Dem Gebärden kommt damit eine „Brückenfunktion" auf dem Weg zu Lautsprache zu und es kann als wertvolle Ergänzung in der Kommunikationsförderung genutzt werden. Ihr Kommunikationssystem ist die DLS, einzelne Gebärden der DGS werden vorrübergehend eingesetzt.

Abb. 2

3. sprachunterstützende Funktion:

Bei Menschen, die aufgrund einer Behinderung nur schwer verständlich sprechen oder sich über Lautsprache nicht ausreichend differenziert ausdrücken können, ermöglicht der Gebärdeneinsatz eine eindeutige Begriffsbestimmung und unterstützt die Lautsprache. Durch die verbesserte Verständigung werden darüber hinaus auch Interaktionsprozesse positiv unterstützt. Die verwendeten Kommunikationssysteme sind LUG/LBG und DLS.

Erst mit der Verwendung der Gebärden wird sich zeigen, auf welche Funktion sie sich hin entwickeln. Die Übergänge sind dabei fließend und zeitlich unbegrenzt.

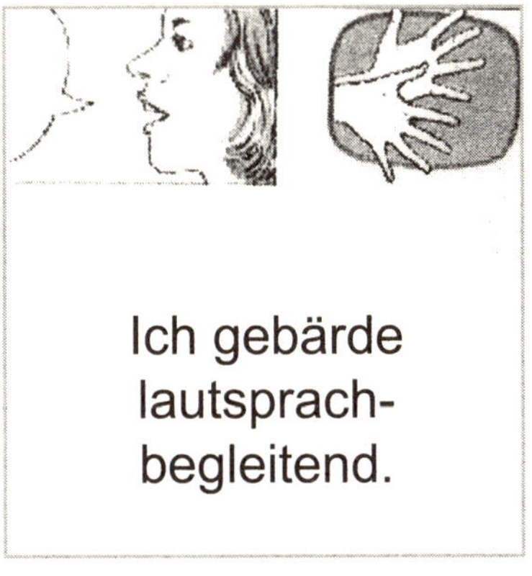

Abb. 3

Diagnostik - aber wie?

Ist in diesen doch sehr unterschiedlichen Gruppierungen eine verlässliche Diagnostik möglich? Diese Frage lässt sich inhaltlich nicht so einfach beantworten, ist aber für die in Freien Praxen tätigen Sprachheilpädagogen formal keine Fragestellung, da eine umfängliche Anamnese und Diagnostik von den Kostenträgern zur Kostenübernahme verpflichtend ist. Was ist also zu tun?

Eine Voraussetzung ist auf jeden Fall eine gute Gebärdensprachkompetenz seitens der Therapeuten. Ohne diese sind das Zusammentragen von Anamnesedaten und die Durchführung einer Diagnostik sowie die Ableitung von entsprechenden therapeutischen Konsequenzen nicht möglich. Dass damit auch solide Kenntnisse in den konventionellen sprachwissenschaftlichen Kategorien, z. B. Phonologie, Morphologie, Morphosyntax und Syntax der DGS einhergehen müssen, versteht sich von selbst.

Eine weitere Voraussetzung ist das Vorhandensein eines entsprechenden Diagnostikums. Es gibt meines Wissens im deutschsprachigen Raum allerdings kein Screening, Testverfahren o. ä., welches die Gebärdensprachkompetenz von Kindern in der Sprachentwicklung untersucht. Daher muss man auf die Möglichkeit zurückgreifen, Verfahren zur Beurteilung der Lautsprache entsprechend zu adaptieren bzw. in DGS (und DLS) durchzuführen. Diese Möglichkeiten bestehen u. a. bei folgenden Verfahren:

- Leber (2011): Kommunikation einschätzen und unterstützen
  Es handelt sich hierbei um die Möglichkeit, kommunikative Funktionen zu beobachten und zu beschreiben, um sie schließlich in eine Skala von fünf Stufen einzuordnen. Je nach Fähigkeiten des Patienten ergeben sich daraus wertvolle Hinweise auf weitere mögliche Angebote und weitere Unterstützungsmöglichkeiten, z. B. für Gebärden.

- Appelbaum (unveröffentlicht): Wortlisten für Gebärden und DLS
  Erstellen einer Wörterliste, die die ersten Begriffe (u. a. Nomen, Verben, Adjektive) und deren Umsetzung/Gebrauch mit Gebärden bzw. DLS dokumentierbar macht und sich auf das gesamte benutzte Kern- und Randvokabular bezieht. Es handelt sich dabei um eine zunächst leere Tabelle, in die nach und nach das individuelle Vokabular eines Sprechers eingeordnet werden kann.

Schreiben Sie Wörter so auf, wie sie ausgesprochen wurden, z.B. "lala" = Banane. Notieren Sie ggf. die Bedeutung der Wörter.							
DGS Nomen/Namen		Verben		Adjektive		Sonstiges	
Datum	Wort	Datum	Wort	Datum	Wort	Datum	Wort
DLS Nomen/Namen		Verben		Adjektive		Sonstiges	
Datum	Wort	Datum	Wort	Datum	Wort	Datum	Wort

Abb. 4: Wörterlisten für Gebärden und DLS

- Grimm/Doil (2000a): ELFRA-1 (Elternfragebogen 1)
  Bei Kindern im Alter von zwölf Monaten misst der ELFRA-1 bedeutsame Meilensteine in der Entwicklung, die den Entwicklungsskalen Sprachproduktion, Sprachverständnis, Gesten und Feinmotorik zugeordnet sind.
  Es handelt sich hierbei um ein Screening, welches eigentlich Eltern ausfüllen sollen. Die Werte können Aufschluss darüber geben, ob es sich um ein Risikokind handelt. Der ELFRA-1 erweist sich aber oft zusätzlich als ein wichtiges Instrumentarium, die Möglichkeiten eines Kindes (und zwar unabhängig vom Lebensalter) einzuschätzen und ggf. die Einschätzung der Eltern mit denen der Therapeuten zu vergleichen. Dabei notiere man (bei Bedarf) zusätzlich oder ausschließlich die Möglichkeiten des Kindes in der Benutzung von Gebärden.

- Grimm/Doil (2000b): ELFRA-2 (Elternfragebogen 2)
  Der ELFRA-2 ist für Kinder im Alter von 24 Monaten standardisiert. Es werden neben dem produktiven Wortschatz auch morphologische und syntaktische Fähigkeiten abgefragt. Die Antworten zum produktiven Wortschatz sind sicher hilfreich, um den Gebärdenwortschatz eines Kindes abzuschätzen. Der Bereich Morphologie ist nicht verwendbar, da sich die Grammatik der DGS von der der DLS grundsätzlich unterscheidet und eigenen Gesetzmäßigkeiten unterliegt. Die Auflistung von 260 Begriffen im Bereich des produktiven Wortschatzes lässt den Therapeuten zusätzlich die Möglichkeit, sich anhand der aufgelisteten Nomen, Verben, Adjektive u. a. über die weiter zu erlernenden Begriffe/Randvokabular zu orientieren.

- Grimm (2010): SETK-2 und SETK 3-5 in einer von Aktas (2004) adaptierten Version
  Dieses bisher leider nicht veröffentlichte Material wurde ursprünglich für Kinder mit Down-Syndrom erstellt. Es enthält auch einen diagnostischen Leitfaden, in dem die o. g. Verfahren bzw. Teile aus diesen Verfahren so zusammengestellt wurden, dass man Informationen für überwiegend vorsprachlich kommunizierende Kinder, beginnend sprachlich kommunizierende Kinder sowie verbal-sprachlich kommunizierende Kinder erhält.

- Kauschke, Ch./Siegmüller, J. (2010): Patholinguistische Diagnostik bei Sprachentwicklungsstörungen (PDSS)
  Die PDSS umfasst 23 normierte Untertests, die spezifische Teilleistungen auf den einzelnen sprachlichen Ebenen untersuchen. Das betrifft die Phonologie & Phonetik (Phonologische Prozessanalyse, Phonemdifferenzierung, Prosodische Strukturen, Mundmotorik), den Bereich Semantik & Lexikon (Wortverständnis von Nomen, Verben, Adjektiven, Präpositionen, Begriffsklassifikation, Wortproduktion von Körperteilen, Verben, Adjektiven, Präpositionen) sowie Syntax & Morphologie (Verstehen von Satzstrukturen, Verständnis von W-Fragen, Satzproduktion zu Situationsbildern, Bildergeschichten, Artikeleinsetzung vor Unika, Produktion von Kasusmarkierungen – (Akkusativ, Dativ), Produktion von Pluralmarkierungen). Die PDSS lässt sich als Orientierungshilfe in der Abschätzung von sprachlichen Fähigkeiten in Anteilen in DGS übertragen. Besonders gut aber lassen sich der Bereich Semantik und Lexikon sowie große Teile im Bereich Syntax nutzen, um die DGS-Kompetenz (rezeptiv, teilweise auch expressiv) besser einschätzen zu können. Eine parallele Diagnostik in der DLS (falls möglich!) hat sich in der praktischen Arbeit bewährt, um die Fähigkeiten eines Patienten sowohl in der DGS als eigenständige Sprache als auch in der DLS beschreiben zu können und um einen möglichst umfassenden Überblick über die rezeptiven und expressiven Möglichkeiten zu bekommen. Interessant kann auch das Ergebnis sein, wenn man die Fähigkeiten im Umgang mit Gebärden (DGS, LBG und/oder LUG) und DLS zusammenfasst. Im Einzelfall kann das bedeuten, dass die kommunikativen Möglichkeiten insgesamt recht gut sind, wenn nämlich das gesamte Spektrum an Kommunikationsmöglichkeiten erfasst und berücksichtigt wird. Äußerungen, die in beiden Sprachen getätigt wurden, werden allerdings nicht doppelt, sondern nur einmal berücksichtigt.

Abschließend zum Bereich Diagnostik einige Äußerungen von anderen Autoren: „Betrachtet man die ICF und ihre Ebenen und vergleicht die einzelnen Diagnostikverfahren, zeigt sich, dass nur eine Kombination verschiedener Verfahren zu einer ausreichenden Beschreibung der einzelnen Ebenen führt. Deutlich wird auch, dass der Bereich der Linguistik mit seinen Ebenen Phonetik-Phonologie, Semantik-Lexikon und Morphologie-Syntax eine wesentlich genauere Beschreibung verlangt, als dies in den meisten Diagnostikverfahren erfolgt" (Giel/Liehs 2010, 10). „Kommunikative Kompetenz ist eine komplexe Integrationsleistung und beruht nicht nur auf dem Wissen über die Strukturen der Sprache auf den Ebenen Phonetik-Phonologie, Semantik-Lexikon und Morphologie-Syntax, sondern auch auf dem Wissen über die Prinzipien, die die Benutzung von verbalen und nonverbalen Fähigkeiten in der alltäglichen Interaktion regulieren" (Dohmen 2009, zitiert nach Giel/ Liehs, a. a. O.). Damit ist der Bereich Diagnostik an sich und in besonderem Maße die Diagnostik mit Gebärden als eine echte Herausforderung zu sehen, die entsprechend spezifisch ausgebildeten Personengruppen überlassen werden sollte.

Auswahl der Gebärden oder: Wie fange ich denn an?

„Natürlich ist es gut, ein umfangreiches Gebärdenrepertoire zu besitzen, aber die Kenntnis eines kleinen Satzes an wichtigen Grundvokabeln reicht aus, um einen Anfang zu wagen. Wichtig ist nur, dass diese Vokabeln auch wirklich dazu taugen, im Alltag eines bestimmten Menschen wirksam zu sein!" (Braun, 2003, 3). Demnach kommt der ersten Auswahl der Gebärden eine besondere Bedeutung zu. Sie sollten sich an individuellen Interessen, Vorlieben und Bedürfnissen sowie der individuellen Ausdruckform orientieren. Darüber hinaus ist zu beachten, dass nicht oder kaum sprechende Kinder Dialogsituationen erst lernen müssen, d. h. erst die Erfahrung machen müssen, dass sich die Anwendung von Gebärden lohnt. Das wiederum bedeutet, dass das Kind unmittelbare Erfolgserlebnisse und sich wiederholende Gelegenheiten braucht, um die Gebärden immer wieder einzusetzen. Damit ist auch klar, dass der Erwachsene zu Beginn u.U. viel Geduld braucht, bis das Kind den Sinn von Kommunikation erkannt hat bzw. erste Gebärden versteht. Noch länger kann es dauern, bis das Kind von sich aus Gebärden benutzt und gezielt einsetzt (vgl. Appelbaum 2010, 38).
Die Unterteilung in Kern- und Randvokabular erscheint vor diesem Hintergrund als eine längst überfällige und notwendige Konsequenz. Als Kernvokabular werden die Wörter bezeichnet, die situationsunabhängig am häufigsten gebraucht werden. Mit ihnen allein kann man kaum Informationen

oder spezifische Inhalte vermitteln. Boenisch, Sachse (2007) verweisen darauf, dass ca. 200 Wörter einer jeden Sprache zum sogenannten Kernvokabular gehören. „Das sind vorrangig sog. kleine Wörter (ich, du, und, auch, oder, nicht, mit, bin, was ...) und einige (Hilfs-)Verben (haben, möchten, können, sein,...), die in der mündlichen und schriftlichen Kommunikation immer Anwendung finden" (Sachse 2007, 7). Da aber Gespräche immer in einem inhaltlichen Kontext stattfinden, kann man sich bereits mit Kernvokabular an Gesprächen spontan und flexibel beteiligen, Fragen stellen und Interesse teilen. Dieses sind zentrale Funktionen zur Aufrechterhaltung des sozialen Dialogs (vgl. Boenisch 2010, 75). Randvokabular wird genutzt, um sich über Themen differenzierter auszudrücken. Dabei handelt es sich vorrangig um Inhaltswörter (Nomen, Verben, Adjektive), also um themenspezifische Begriffe.

Wichtige Entscheidungshilfen für die Auswahl des Vokabulars lassen sich zudem von folgenden Faktoren ableiten:

- eine hohe kommunikative und/oder inhaltliche Bedeutsamkeit für das Individuum, d. h. die Begriffe sollten interessenbezogen, lebensbedeutsam sein
- die Anzahl an Gebärden sollte überschaubar sein – weniger ist oft mehr!
- eindeutige und anschauliche Gebärden sind leichter zu verstehen und sollen deshalb bevorzugt eingesetzt werden
- die Ausführbarkeit sollte möglichst leicht sein
- die Auswahl an Begriffen orientiert sich am frühen Lautspracherwerb.

Beispiele im Umgang mit Kernvokabular

Bilderbücher bieten unendlich viele Möglichkeiten, um mit Kindern zu sprechen, zu spielen und zu gebärden. Natürlich müssen sich dabei der Umfang, die Art der Bilder und das mögliche Vokabular den Bedürfnisse und Möglichkeiten des Kindes anpassen.
„Durch die visuelle Anregung eines Bilderbuches und die visuelle Unterstützung der Sprache mit Gebärden kann dem Kind die Aufmerksamkeit erleichtert werden" (Mayer, 2007, 63). Dem Kind werden dabei die DLS und die Gebärde in DGS unterstützend angeboten.

Beispiel 1:

Roether (2003): Paulchen, der kleine Bär
Man bewegt eine Kugel durch ein Labyrinth bis ins Loch der nächsten Seite, blättert schnell um und rollt die Kugel weiter durch das zweite Labyrinth. So geht es Seite für Seite, bis die Kugel am Ende hinten aus dem Buch herausfällt.

Folgendes Kernvokabular kann (nach und nach!) erarbeitet werden: stopp – weiter – oh nein! – Mist! – weg ...

Abb. 5: Stopp

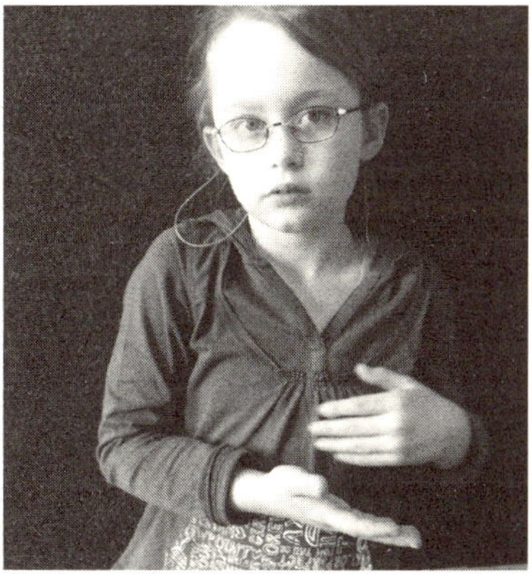

Abb. 6: weiter

Beispiel 2:
Tidholm (1999): Klopf an!
Man steht bei jeder Seite vor einer farbigen Tür und klopft an. Dann schaut man nach, was in dem Zimmer los ist, das man betritt. Wenn man die Tür entdeckt, geht´s wieder von vorne los.

Mögliches Kernvokabular: Hallo - Komm (rein)!

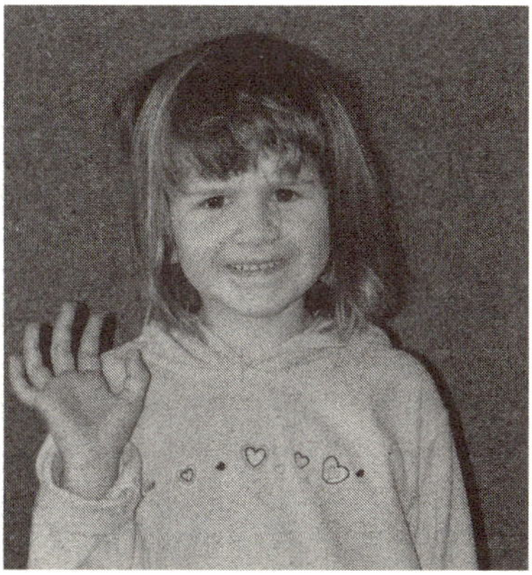

Abb. 7: Hallo!

Abb. 8: Komm

Beispiel 3:

Brown/Ziefert (1989): Warum kann Nicky nicht schlafen?

Die kleine Katze Nicky kann nicht schlafen, weil sie immer durch so viele Geräusche gestört wird und diese nicht zuordnen kann. So geht Nicky mit der Mutter jedem Geräusch nach, wobei die Kinder die Geräuschquelle auf jeder Seite neu aufklappen können. Am Ende des Buches kann Nicky dann beruhigt (ein)schlafen.

Mögliches Kernvokabular:
kann nicht schlafen – laut – was? – wer? – Ach so! – nicht schlimm! – weiter

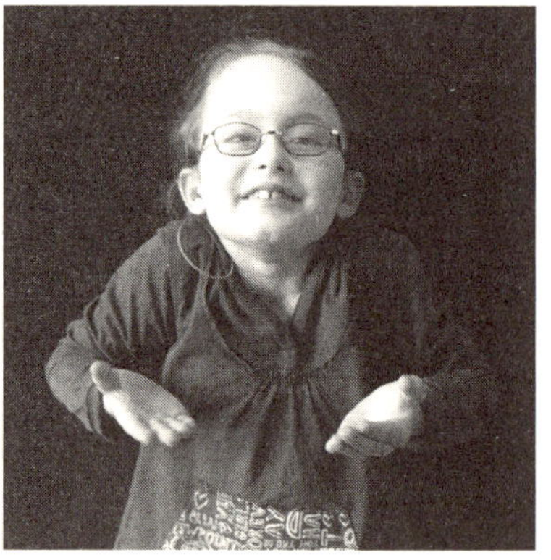

Abb. 9: was?

Abb. 10: Ach

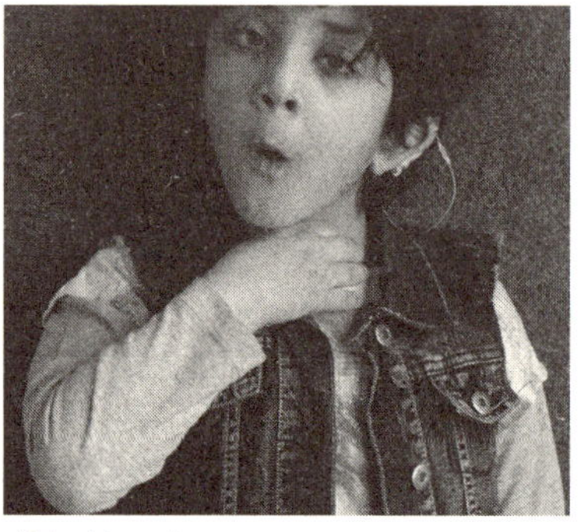

Abb. 11: so!

Beispiel 4:

Hansen/Grimm (2006): Bist du meine Mama?

Ein kleines Küken schlüpft aus dem Ei und läuft los, seine Mama zu suchen. Die unterschiedlichsten Tiere werden gefragt, ob sie die Mama sind – aber erst am Ende findet das Küken seine Mutter und überraschenderweise auch noch seinen Vater.

Mögliches Kernvokabular: Du bist meine Mama! – Bist du meine Mama? – Ich? – Nein! – Ich bin.... – Oh! – Komm – Hilf mir – (Mama) suchen – fertig

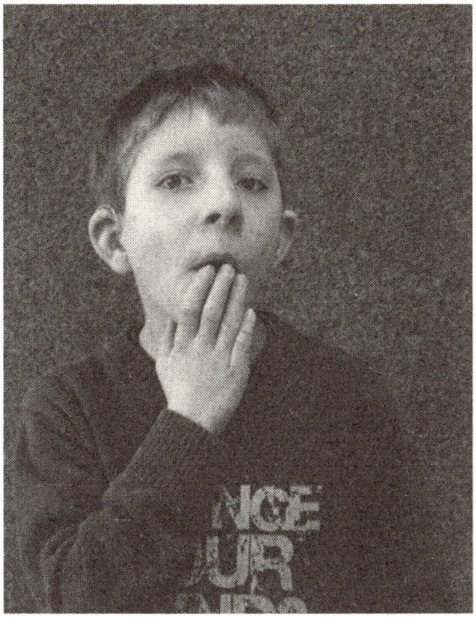

Abb.: 12 Oh!

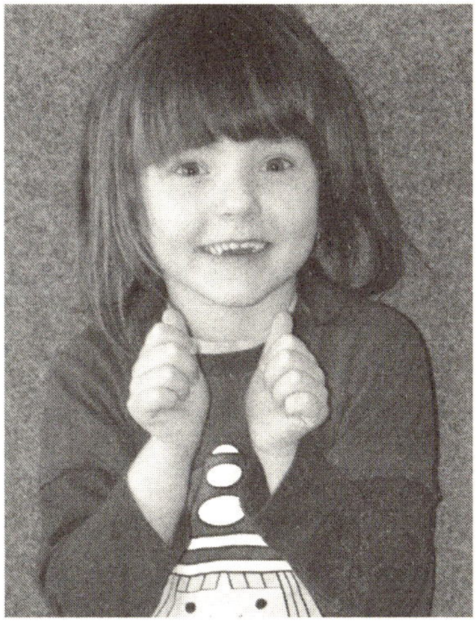

Abb. 13: Hilf mir!

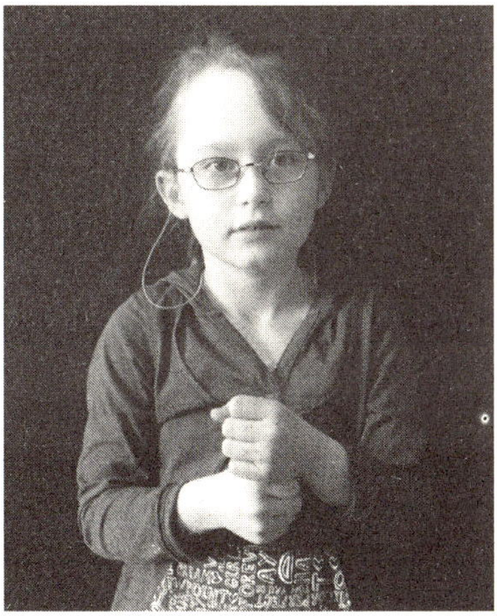

Abb. 14 Fertig

In diesem Sinne, viel Spaß bei der Arbeit mit den Kindern und den Gebärden. ☺

Literatur

Aktas, M.: Sprachentwicklungsdiagnostik bei Kindern mit Down-Syndrom. Universität Bielefeld: Dissertation im Fachbereich Psychologie, Bielefeld, 2004

Aktas, M.: Zum theoriegeleiteten Einsatz standardisierter Sprachtests bei Kindern mit geistiger Behinderung, in: Frühförderung interdisziplinär, 2/2006: 79 – 92

Appelbaum, B.: Gebärden in der Sprachtherapie. in: Forum Sprache (Rundbrief dgs Niedersachsen), 2/2009: 22 – 27

Appelbaum, B.: Gebärden in der Sprachtherapie, in: Unterstützte Kommunikation, 2/2010: 34 – 41

Biermann, Viering, M.: Was hat die Avocado mit Gebärden zu tun? in: Unterstützte Kommunikation, 1/2011: 16 – 21

Boenisch, J.;Sachse, St.: Diagnostik und Beratung in der Unterstützten Kommunikation, Karlsruhe, 2007

Boenisch, J.: Sprachförderung körperlich und geistig behinderter Kinder und Jugendlicher ohne (verständliche) Lautsprache, in: Frontzek, G. (Hrsg.): Zur Sprache bringen – Disziplinen im Dialog, Dortmund, 2010: 73 – 79

Braun, U.: Mit den Händen reden – zum Einsatz von Gebärden bei Unterstützter Kommunikation, in: Unterstützte Kommunikation, 4/2003: 3 – 7

Dies, A.: Gebärden – Kommunikationsmittel für Menschen mit geistiger Behinderung, in: Handbuch der Unterstützten Kommunikation, Karlsruhe, 2005: 12.008.001 - 12.012.001

Giel, B.;Liehs, A.: Unterstützte Kommunikation als Bestandteil der Sprachtherapie, in: Unterstützte Kommunikation, 2/2010: 7 – 11

Grimm, H.; Doil, H.: ELFRA-1 (Elternfragebogen 1), Göttingen, 2000a

Grimm, H.; Doil, H.: ELFRA-2 (Elternfragebogen 2), Göttingen, 2000b

Grimm, H.; Aktas, M.; Frevert, S.: SETK-2, Sprachentwicklungstest für zweijährige Kinder, Göttingen, 2000

Grimm, H.; Aktas, M.; Frevert, S.: SETK – 3 – 5, Sprachentwicklungstest für drei- bis fünfjährige Kinder, 2. Aufl. Göttingen, 2010

Kauschke, C.; Siegmüller, J.: Patholinguistische Diagnostik bei Sprachentwicklungsstörungen (PDSS) mit computergestützter Auswertung, 2. Aufl. München, 2010

Leber, I.: Kommunikation einschätzen und unterstützen, 3. Aufl. Karlsruhe, 2011

Mayer, M: Lautsprachunterstützendes Gebärden, Karlsruhe, 2007

Nonn, K.; Päßler, D.: ICF in der Unterstützten Kommunikation, in: Grötzbach, H./ Iven, Cl. (Hrsg.): ICF in der Sprachtherapie, Umsetzung und Anwendung in der logopädischen Praxis, Idstein, 2009: 227 – 237

Sachse, S.: Zur Bedeutung von Kern- und Randvokabular, in: Unterstützte Kommunikation, 3/2007: 7 – 10

Weiterführende Literatur und Materialien:

Brown, R.; Ziefert, H.: Warum kann Nicky nicht schlafen? Ravensburg, 1989

Glück, Chr. W.: Wortschatzdiagnostik bei mehrsprachigen Kindern, in: Frontzek, G. (Hrsg): Zur Sprache bringen – Disziplinen im Dialog, Dortmund, 2010: 317 – 321

Hansen, Chr.; Grimm, S.: Bist du meine Mama? Hamburg, 2006

Kestner, K: Das große Wörterbuch der Deutschen Gebärdensprache (DVD-ROM), Guxhagen, 2009

Kitzinger, A.; Kristen, U.; Leber, I.: Jetzt sag ich´s dir auf meine Weise! Karlsruhe, 2003

Köhnen, M.; Roth, H.: So können wir uns besser verstehen, Dortmund, 2007

Leber, I.: Plädoyer für Schoßreiter und Fingerspiele in der Unterstützen Kommunikation, in: Unterstützte Kommunikation, 2/2009: 30 – 32

Maisch, G.; Wisch, F.-H: Gebärdenlexikon. Band 1 – 4: Grundgebärden, Mensch, Natur, Aufbaugebärden, Hamburg, 1996

Michel, A.: Wer die Wahl hat ... Kriterien zur Auswahl von Gebärden, in: Unterstützte Kommunikation, 4/2003: 18 – 19

Roether, Chr.: Mein lustiges Kugel-Spiel-Buch: Paulchen, der kleine Bär. Wer rollt am schnellsten durch´s Labyrinth? Münster, 2003

Schülerfirma memo – Medien Mosaikschule: Zeig´s mir ... mit Gebärden. Gebärdenvideos und Karteikarten, Düsseldorf, 2010

Szagun, G.: Sprachentwicklung beim Kind, 6. Aufl. Berlin, 2000

Tidholm, A-C.: Klopf an! München, 1999

Websites zum Thema

www.kestner.de
www.verlag-hk.de
www.gebaerden-forum.de
www.sonderpaed-forum.de/seiten/themen.htm
www.meta.besondere-kinder.de
www.sign-lang.uni-hamburg.de/ALex

[1] Benannt nach dem gleichnamigen Gebärdenmaterial „Zeig´s mir mit Gebärden". Es handelt sich dabei um eine Sammlung von über 1100 Gebärden-Videos der Deutschen Gebärdensprache sowie entsprechender Fotokarteikarten. Dieses Material ist ein Gemeinschaftsprojekt von 7 Schulen mit dem Förderschwerpunkt Geistige Entwicklung aus Düsseldorf, Ratingen, Mettmann, Langenfeld und Velbert.

[2] Sprechdyspraxien sind zentral bedingte Sprach- und Sprechstörungen im Kontext von fehlender / eingeschränkter Lautsprache.

Gelebte Inklusion von Anfang an mit MAKATON-BabyGebärdenkursen

Bettina Müller, Gudrun Siegel

Was ist MAKATON?

MAKATON ist ein Sprachförderansatz, der mit Gebärden, Symbolen und Lautsprache arbeitet. Er wurde 1970 in England unter der Mitarbeit von MArgaret Walker, KAthy Johnston und TONy Conforth entwickelt und ist dort und in vielen weiteren Ländern sehr erfolgreich im Einsatz. Da die Vokabularauswahl sowohl unter entwicklungspsychologischen Aspekten (acht Stufen mit aufsteigender Komplexität plus Erweiterungsvokabular), als auch personalisierten Aspekten gestaltet wird (welches Vokabular benötige ich und welches mein Gegenüber), kann es über die gesamte Lebensspanne Anwendung finden.

Darüber hinaus lassen sich mit MAKATON verschiedene Level der Nutzung erarbeiten. Während auf der „funktionalen Ebene" nur eine Gebärde oder ein Symbol für eine ganze Aussage stehen kann, können auf der Schlüsselwortebene bereits zwei bis drei Wörter gebärdet und/oder symbolisiert werden. Auch die Vollgrammatikalische Version - jedes Wort wird gebärdet und/oder symbolisiert – ist mit MAKATON möglich.

MAKATON hat seit Anbeginn das so genannte „Kern- und Randvokabular", wie es aktuell u. a. von Boenisch und Sachse (2007) postuliert wird, verwendet. Die so genannten „kleinen Wörter" sind seit den 70iger Jahren fester Bestandteil des Kern-, Grund- und Aufbauvokabulars, was das Konzept effektiv über die gesamte Lebensspanne macht.

Das MAKATON Grundvokabular umfasst ca. 450 Wortkonzepte, die Aufbauvokabulare sind nach Themen geordnet (z. B.: Tiere und Transportmittel, Essen und Trinken, Gesundheit und Soziales, Tod und Trauer, Sexualität, Kunst und Künstler, Berufe). Das Aufbauvokabular ist unlimitiert, wird ständig erweitert und erfasst derzeit ca. 7000+ Begriffe.

MAKATON ist eine visuelle und stimulierende Methode, um (frühe) Kommunikationsfähigkeiten zu entwickeln. MAKATON hilft Sprache zu verstehen, indem es dem unterstützt Kommunizierenden zum gesprochenen Wort zusätzliche visuelle Informationen bietet.

Gebärden, die mit MAKATON in Deutschland verwendet werden, sind der Deutschen Gebärdensprache (DGS), der Sprache der Gehörlosen, entnommen. Im Unterschied zur DGS gibt es keine regionalen Variationen (Dialekte) der Gebärden. Zudem wird Grammatik analog zur Lautsprache benutzt. Damit arbeitet MAKATON lautsprachunterstützend und die Gebärden finden entsprechend der lautsprachunterstützenden Gebärden (LUG) Anwendung.

MAKATON-Symbole sind einfache Zeichnungen, die die Bedeutung eines Wortes verdeutlichen. Symbole sind permanent, das heißt sie bleiben ständig sichtbar, so dass Kinder (und Erwachsene) mehr Zeit haben, die Bedeutung eines Wortes zu erfassen.

MAKATON ist in England ein feststehender Begriff und wurde 2004 in das Oxford English Dictionary aufgenommen.

Abb.1: Symbole und Gebärden aus dem BabyGebärdenkurs

MAKATON BabyGebärdenkurse

Neu für MAKATON-Deutschland sind BabyGebärdenkurse, die seit 2010 von ausgebildeten MAKATON- Repräsentanten angeboten werden können. Damit lebt MAKATON den inklusiven Gedanken von Anfang an, weil MAKATON-BabyGebärdenkurse ein gemeinsames Angebot für Kinder mit und ohne Behinderung/Entwicklungsverzögerung und deren Bezugspersonen darstellen.

Wichtig: MAKATON-BabyGebärdenkurse greifen nicht in die individuelle Entwicklung von Kindern ein, sondern begleiten und unterstützen diese. Es ist kein Trainingsprogramm, das geübt werden sollte. Ziel ist es, Lautsprache, Gebärden und Symbole spielerisch und mit Spaß in den Alltag zu integrieren, um Kommunikation zu erleichtern und zu fördern. Langfristiges Ziel bleibt das Erreichen der Lautsprache.

Obwohl Symbole für Babys zunächst nicht passend erscheinen, sind sie doch ein wichtiger Bestandteil des MAKATON-Förderansatzes und werden deshalb auch bei BabyGebärdenkursen nicht weggelassen. Sie werden eingesetzt zur Kennzeichnung von Räumlichkeiten, Spielsachen, als Handlungsplan und zur Liedankündigung und Liedauswahl. Bezugspersonen werden im Kurs ermuntert, ein individuelles Familienbuch zu erstellen, indem die wichtigsten Personen, Orte, Gegenstände und Handlungen für ihr Kind abgebildet sind, die mit MAKATON Gebärden und Symbolen versehen werden. Dies unterstützt nicht nur das Umfeld, die Gebärden und Symbole aktiv mit einzusetzen, es ist auch eine langfristige Unterstützung für Babys und Kleinkinder mit Entwicklungsrisiken, die im MAKATON BabyGebärdenkurs herzlich willkommen sind.

Warum hilft MAKATON auch Babys?

Gebärden und Symbole geben visuelle Hinweise zu der Bedeutung von Worten

Viele Gebärden sehen wie der Gegenstand oder die Aktion aus, die sie darstellen. Zum Beispiel sieht die Gebärde ‚Haus' aus wie das Dach eines Hauses. Die Gebärden geben oft Hinweise, die man durch das gesprochene Wort nicht bekommt. Zum Beispiel die Gebärde ‚schau mal' zeigt in welche Richtung geschaut werden soll. Die Gebärde ‚waschen' zeigt, was gewaschen werden soll.
Auch die Symbole geben Informationen zur Bedeutung des Wortes. Wenn wesentliche Informationen zusätzlich zur Lautsprache visuell angeboten werden, kann das Baby sehr viel besser verstehen, wovon gesprochen wurde.

Unsere Kommunikation wird verlangsamt

Wenn Sie zu einem Baby sprechen und das wichtigste Wort im Satz gebärden, werden sie wahrscheinlich langsamer sprechen. Sie werden zu Beginn die Gebärde auch langsamer ausführen, weil es – im Vergleich zum gesprochenen Wort – zu keinem Bedeutungsverlust des Inhaltes kommt. Wenn Sie das Wort „Auto" z. B. ganz langsam aussprechen, klingt es sehr

verändert und verzerrt. Die Gebärde für „Auto“ können Sie sehr langsam ausführen, ohne dass dabei der Inhalt verändert wird.
Symbole sind haltbar und beständig (permanent) und geben dem Baby/Kleinkind noch mehr Zeit, um Informationen aufzunehmen. Dies verlangsamt die Kommunikation, weil wir langsamer sprechen und dem Kind mehr Zeit lassen zum „Antworten“.

Visuelle Informationen sind leichter zu verstehen

Wenn wir beim Sprechen gebärden und Symbole einsetzen, machen wir es dem Baby/Kleinkind leichter in die Kommunikation einzusteigen. Bewegungen erregen die Aufmerksamkeit eher und werden schneller wahrgenommen als rein auditive Reize. Darüber hinaus wendet sich der Kommunikationspartner dem Baby gezielter zu, wenn er zusätzlich gebärdet. Dabei achtet er bewusster auf Blickkontakt als nur beim Sprechen.

Verringert Frustrationen
(für das Baby und die Kommunikationspartner)

Es gibt nichts Schlimmeres als nicht in der Lage zu sein, seine Wünsche und Bedürfnisse ausdrücken zu können. Babys und Kleinkinder sind in dieser Situation und werden oft bekümmert, da sie sich nicht verständlich machen können, weil sie noch nicht sprechen können. Die Gebärden und Symbole machen ihnen das Leben leichter und geben ihnen eine Möglichkeit, uns deutlicher zu zeigen, was sie brauchen und wollen. Dies können sie noch nicht zu Beginn des Gebärdeneinsatzes und auch noch nicht vor dem 8./9. Lebensmonat, aber es wird sich entwickeln. Wenn Ihr Kleinkind sich für Hunde interessiert und es die Gebärde für Hund kennengelernt hat, werden sie überrascht sein, wie viele Hunde sie auf einem Spaziergang entdecken können.
Wenn ein Kleinkind beginnt zu sprechen, ist oft seine Aussprache noch schwer zu verstehen. Wenn Sie mit Ihrem Baby Gebärden benutzt haben, können diese auch hier helfen, die undeutliche Aussprache zu kompensieren.

Macht die Kommunikation bewusster

MAKATON hilft uns darüber nachzudenken, was wir unserem Baby sagen wollen; wie wir es mit passenden Worten, Gebärden und Symbolen auf seinem Sprachniveau ansprechen können. Es ist wichtig, dass die Gebärden und Symbole, die Ihr Baby lernt, die wichtigsten und nützlichsten für Sie und Ihr Baby sind. Fangen Sie auf simplen Wegen an, und es wird für Sie und Ihr Baby einfacher sein, die Gebärden und Symbole zu erinnern.

Verringern den Druck, sprechen zu müssen

Es ist schwierig für jeden von uns gelassen und ruhig zu bleiben, wenn wir damit kämpfen, etwas sagen zu müssen. Die motorische Entwicklung geht der sprachlichen voran. Somit ist es für Babys zunächst einfacher, einen Begriff durch eine Gebärde auszudrücken, als diesen auszusprechen. Das wird einen beruhigenden Einfluss haben und macht es dem Baby schließlich sogar leichter mit dem Sprechen zu beginnen.

Ermutigt zu Interaktion

Das Benutzen von Gebärden und Symbolen wird Ihr Baby ermutigen, umgänglicher zu sein und sich einzubringen. Babys haben ab der Geburt das Potential zu kommunizieren und entwickeln es durch ihre Interaktionen mit Menschen und der Umwelt weiter.

Bietet einen zweiseitigen Wortschatz

Die Begriffe im MAKATON BabyGebärden-Wortschatz sind einerseits für die Bedürfnisse Ihres Babys und andererseits für Ihre eigenen Bedürfnisse und die aller anderen Interaktionspartner ausgewählt worden. Das ermöglicht es, eine Zwei-Wege-Kommunikation zu entwickeln.
Dieser zweiseitige Wortschatz ist ein Prinzip im MAKATON-Sprachförderprogramm und findet über die gesamte Lebensspanne Anwendung. Die Bewusstmachung dessen, dass jeder Mensch andere Interessen und Bedürfnisse hat und dementsprechend neben einem gemeinsamen Wortschatz auch individuelles und spezifisches Vokabular benötigt, ist für gelingende Kommunikation in jedem Alter sehr wichtig.

MAKATON lässt sich gut mit anderen Baby-„Programmen" kombinieren

MAKATON können Sie gleichzeitig/begleitend einsetzen, z.B. mit dem PEKIP-Programm, bei Aktionen in Eltern-Kind-Gruppen, der Montessori-Pädagogik oder anderen Förder-Programmen, die von Frühförderinnen und Therapeuten eingesetzt werden.

MAKATON ermutigt zur Sprach- und Sprechentwicklung,

weil es die vorhandenen Fähigkeiten von Kindern aufgreift und verstärkt. Lange Zeit bestand Sorge, dass der Einsatz von Gebärden und Unterstützter Kommunikation die Lautsprachentwicklung verhindere (vgl. Braun 1994). Zum Glück sind wir heute schlauer, wissen es besser, beraten anders und handeln dementsprechend.

Abb.2: Symbole und Gebärden aus dem MAKATON Kern- und Grundvokabular

Wie entwickelt sich Kommunikation?

Bereits mit dem ersten Atemzug kommuniziert ein Säugling mit uns und zeigt uns entweder lautstark „hier bin ich" oder etwas leiser „hier bin ich und ich benötige Unterstützung". Er ist mit angeborenen Verhaltensweisen ausgestattet, die ihm das Überleben sichern. Die kommunikative Entwicklung von Säuglingen lässt sich je nach Autor in fünf bzw. sechs unterschiedlichen Stufen beschreiben, die aufeinander aufbauen. Wir orientieren uns hier an dem Entwicklungsmodell von Kane (2003), ergänzt nach Wilken (2006), Zollinger (2007).

1. ungezieltes Verhalten (ab Geburt)

In den ersten fünf Monaten ist ein Säugling unter regulären Bedingungen damit beschäftigt, sich in dieser Welt heimisch zu fühlen, seine Bezugspersonen, seine Pflegeroutinen und seinen Körper kennen zu lernen. Aus unwillkürlichen Bewegungen werden willkürliche Bewegungen, was es ihm ermöglicht, seinen Kopf mittig zu halten, einen Hand-Hand-, einen Hand-Mund- und einen Auge-Hand-Kontakt herzustellen.
Bereits sehr junge Säuglinge können Blickkontakt halten, lächeln, Mimik nachahmen und sich, wenn sie eine Pause brauchen, wieder abwenden.
Noch sind sie darauf angewiesen, dass ihnen der Blickkontakt aktiv angeboten wird, damit sie ihn halten und gestalten können.
Bezugspersonen deuten von Anfang an jedes Verhalten von Säuglingen als absichtsvolles, zielgerichtetes Handeln. Diese Bedeutungszuschreibung ist Grundvoraussetzung für jede weitere kommunikative Entwicklung. Über das abwechselnde Zusammenspiel von Aktivität (Baby weint) und Reaktion (Bezugsperson kommt) erfährt das Kind allmählich, dass es einen Zusammenhang zwischen seinem Verhalten und den Reaktionen der Umwelt gibt.

2. gezieltes Verhalten (ab fünf Monaten)

Mit etwa fünf Monaten hat das Baby gelernt, dass es mit seinem Verhalten die Umwelt beeinflussen kann. Es ist jetzt aktiver, beginnt nach Dingen zu greifen, die es haben möchte. Bezugspersonen deuten dieses Greifen intuitiv als „gib mir" und geben Babys nach individueller Abwägung den gewünschten Gegenstand. Die Aufmerksamkeit des Babys ist nur einseitig möglich. Es kann entweder mit etwas spielen oder mit einer Person kommunizieren. Dies bedeutet, dass das Baby mit seiner Greifbewegung noch gar nicht die Absicht verfolgen kann, etwas zu bekommen. Aber indem Eltern dies so deuten, bereiten sie den nächsten Entwicklungsschritt vor. „Meine Handlungen können auch eine Botschaft sein." Damit lernt das Baby allmählich, die Aufmerksamkeit gleichzeitig auf Gegenstand und Person zu beziehen, was eine wichtige Voraussetzung ist, um Kommunikation gezielt einsetzen zu können.

3. gezielte Kommunikation (ab 8/9 Monaten)

In dieser Entwicklungsphase beginnt das Baby mit dem so genannten „triangulären" bzw. „referentiellen" Blickkontakt. Dies bedeutet, dass das Baby seine Bezugspersonen in seine Handlungen aktiv mit einbeziehen kann. Wenn es jetzt einen Gegenstand haben möchte, der zu weit entfernt ist, kann es zwischen dem Gegenstand und der Bezugsperson hin und her schauen, um zu signalisieren: „ Das möchte ich, gib es mir." Jetzt kann es auch aktiv den Blickkontakt zu den Bezugspersonen suchen und ihm folgen. Intuitiv verwenden viele Eltern eine einfache Sprache, spielen Finger- und Kniereiterspiele, benutzen einfache kulturabhängige Gesten und machen im Dialog bewusst Pausen, um Kindern Zeit zum „Antworten" zu geben (TurnTaking).
Das Baby lernt jetzt, dass Gegenstände immer noch da sind, auch wenn es sie gerade nicht sehen kann (Objektpermanenz).

4. konventionelle Kommunikation (ab 10/11 Monaten)

Die Mitteilungen von Babys verändern jetzt ihre Funktion. Aus der Greifbewegung entwickelt sich nach und nach eine Zeigebewegung, die jetzt nicht mehr nur der Zielerreichung (das will ich haben) dient, sondern nun eine Signalfunktion, verbunden mit der nonverbalen Frage: „Was ist das, erzähl mir was dazu", erhält. Das Baby hat bereits so viele Erfahrungen mit dieser Welt gesammelt, dass es innerhalb eines Kontextes viel versteht. Sein erstes Wortverständnis entwickelt sich. Es kann jetzt viel nachahmen, sowohl Gesten als auch Sprachmelodien und Laute. So kann ein Auto schon ein „brmm brmm" sein, und auf die Frage „Wie groß bist du" kann es mit Arme hochnehmen antworten. Auch das „Winke, winke" oder „Bitte, Bitte" sind in dieser Entwicklungsphase gut möglich.

5. symbolische Kommunikation (ab 13-15 Monaten)

Nach und nach lernt das Kind, dass die Sprache nicht nur eine repräsentative (Wörter stehen stellvertretend für die Realität), sondern auch eine kommunikative Funktion hat (mit Wörtern kann ich etwas bewirken). Einzelwörter werden zuerst übergeneralisiert (Mama z. B. als Ausdruck für alle Situationen, in denen das Kind Hilfe braucht), später spezifiziert (Mama ist nur die eigene Mama). Gesten entwickeln sich parallel zur Sprache weiter.

6. lautsprachliche Kommunikation (ab 24 Monaten)

Ab 24 Monaten hat das Kind so viele Einzelwörter kennen gelernt, dass es diese miteinander verbinden lernt. Es entwickeln sich Mehrwortäußerungen und mit der Explosion des Vokabulars entwickelt sich die Grammatik. Die Artikulation wird zunehmend normentsprechend.

Grimm 2003 (zit. nach Jahn 2006) beschreibt die (Laut-)Sprachentwicklung zwischen 8 und 28 Monaten wie folgt:

8-10 Monate: Wortverständnis
10-13 Monate: Wortproduktion
18-20 Monate: Wortexplosion
20-24 Monate: Wortkombination
Ab 28 Monate: Grammatik

In dieser Auflistung wird die Lautsprachentwicklung zwischen 13 und 28 Monaten differenzierter betrachtet, da bereits viele Kinder mit 18 Monaten 50 Einzelwörter sprechen können. Nach Grimm (2003) haben sie mit dieser „50-Wortgrenze“ erst die Vorraussetzung erworben, diese Einzelwörter zu Zwei- und Mehrwortäußerungen kombinieren zu können, was den weiteren Wortschatzaufbau enorm anregt.
Sollten Kinder mit 24 Monaten noch keine 50 Wörter aktiv sprechen können, werden sie als so genannte „Late Talker“ beschrieben (Grimm 2003).

Wie lernen Babys Gebärden?

So wie ein Kind nur sprechen lernt, wenn mit ihm gesprochen wird, so lernen Kinder nur lautsprachunterstützende Gebärden, wenn mit ihnen gebärdet und gesprochen wird. Damit wird deutlich, dass es ohne Vorbild und viele Wiederholungen im Alltag und in Alltagsroutinen nicht geht.

Ähnlich wie sich Sprache in verschiedenen Stufen entwickelt, so bedarf es auch zum Gebärden lernen unterschiedlicher Fähigkeiten, die aufeinander aufbauen.

Die erste Fähigkeit ist das Erkennen einer Gebärde, damit die Gebärde mit einem Gegenstand oder einer Tätigkeit in Verbindung gebracht werden kann. Die zweite Fähigkeit ist die Nachahmung und die dritte Fähigkeit ist die Anwendung zunächst innerhalb und später außerhalb eines Kontextes.
Dies kann sich natürlich nur entwickeln, wenn das Baby/Kleinkind auch Erfolgserlebnisse hat und alle seine Bemühungen erkannt, kommentiert und mit dem begehrten Objekt/der begehrten Handlung in Beziehung gebracht werden.

Wann ist ein günstiger Zeitpunkt zum Gebärden Lernen?

Günstig ist es, die Kommunikationsbereitschaft von Säuglingen früh zu unterstützen, z. B. Aufnahme von Blickkontakt, Laute vom Baby nachahmen, Pausen machen, gemeinsame Aufmerksamkeit erzeugen, gemeinsam Spaß haben, Finger- und Kniereiterspiele einführen, das Kind führen lassen und den Alltag ritualisieren, damit das Baby Erwartungen aufbauen kann und weiß, was als nächstes passiert.
Sie können ab drei Monaten anfangen, ihrem Baby einzelne Gebärden in Routinesituationen parallel zur Lautsprache anzubieten. Mit Gebärden antworten lernt es erst, wenn es gezielt kommunizieren kann, d.h. ab dem 8/9. Lebensmonat. In diesem Alter hat ein Kind ein erstes Sprachverständnis aufgebaut und seine Handmotorik ist so weit entwickelt, dass es seine Hände bewusst und differenziert bewegen kann. (Für die Mundmotorik trifft dies noch lange nicht zu.)
Es ist also nie zu früh, mit der Einführung von Gebärden zu beginnen. Genauso wie beim Sprechen müssen Kinder Gebärden erst wahrnehmen und verstehen, bevor sie anfangen, sie selbst zu benutzen. Jedoch spüren die Babys schon lange bevor sie Gebärden und Worte verstehen können, die liebevolle sprachliche und „gebärdliche“ Zuwendung durch Sie. Wenn Sie früh mit dem Gebärden beginnen, haben Sie die Gelegenheit, sich an das Gebärden zu gewöhnen und sie werden Teil Ihres Alltags und ein natürlicher Kommunikationsbestandteil.

Welche Gebärden sind hilfreich?

Gebärden, die die Lebenswelt des Babys betreffen sind Gebärden, die Spaß machen, das Baby motivieren und das Interesse des Babys wecken.
Eine Liste der wichtigen Gebärden für ihr Kind ist hilfreich und könnte folgendermaßen aussehen.

Gebärden, die ich für mein Kind ausgewählt habe	Tragen Sie die Gebärden hier ein
Wichtige Menschen für mein Kind	
Lieblingsessen und Getränk	
Lieblingsspielzeug und -Spiele	
Andere Dinge, die mein Kind mag	
Dinge, die mein Kind nicht mag	
Anderes	
Wichtige Wörter für mich	
Wann möchte ich diese Gebärden benutzen?	
Aktivitäten	

Tab. 1: Liste wichtiger Gebärden für das Kind

Tipps:

- Denken Sie daran, die Gebärden für sich zu üben.
- Zeigen Sie Ihrem Kind zuerst nur wenige Gebärden.
- Benutzen Sie die Gebärden jeden Tag, so oft wie möglich.
- Wenn Ihr Kind beginnt Interesse zu zeigen, führen Sie wenige neue Gebärden ein.
- Helfen Sie Ihrem Kind bei der Ausführung der Gebärden spielerisch und liebevoll.

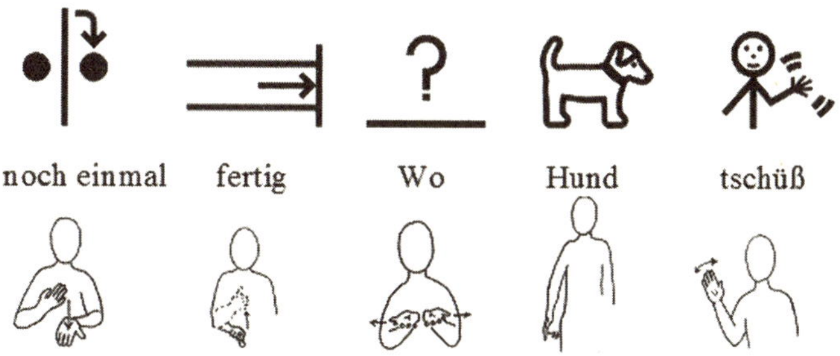

Abb. 3: Weitere Gebärden und Symbole aus dem MAKATON Grund- und Kernvokabular

Wie ist ein MAKATON-BabyGebärdenkurs aufgebaut?

Der Kursaufbau eines BabyGebärdenkurses sieht typischerweise wie folgt aus:

Zielgruppe: Familien, und alle Menschen, die kleine Kinder im Alltag begleiten.

Gruppengröße: optimal 6-8 Babys

Alter der Kinder: empfohlen ab 6 Monate und älter

Umfang des Kurses: 6 Stunden à 60 Minuten

Inhalte: Es wird eine Mischung angeboten aus Theorie (was ist MAKATON, was ist die Deutsche Gebärdensprache, wie entwickelt sich Kommunikation) und viel Praxis. Gelehrt werden ca. 100 Gebärden aus dem Lebensalltag von Babys und Kleinkindern. Die Teilnehmer werden unterstützt, eigene Ideen zu entwickeln, wie sie die ausgewählten Gebärden und Symbole im Alltag mit ihrem Baby/Kleinkind einsetzen können. Für die Babys ist natürlich das mittel- und langfristige Ziel das Erreichen der Lautsprache. Sollte ihnen das aus unterschiedlichen Gründen nicht möglich sein, so haben sie mit dem MAKATON BabyGebärdenkurs einen fundierten Anfang für ihre weitere Sprach- und Kommunikationsentwicklung kennen gelernt.

Was hat das mit Inklusion zu tun?

Wir wünschen uns alle, dass unsere Babys sprechen lernen. Für manche ist dies jedoch ein Problem, sie benötigen mehr Unterstützung. Dies können BabyGebärden und Symbole sein wie sie mit MAKATON benutzt werden. MAKATON-BabyGebärdenkurse bieten ein gemeinsames Angebot von Anfang an für alle Babys, egal, ob sie sich „regulär" entwickeln werden oder mit Entwicklungsbesonderheiten. Alle Babys fangen quasi bei null an, egal, ob sie später fließend sprechen werden können oder Probleme in der Sprachentwicklung haben werden. Unter den Babys ist eben der Unterschied zwischen einem Baby, das noch nicht spricht und einem Baby, das erst spät sprechen kann, sehr gering. Auch die Bezugspersonen erleben einen gemeinsamen BabyGebärdenkurs ihres beeinträchtigten Babys mit anderen nicht beeinträchtigten Babys als inklusives Element in der Sozialisation ihres Kindes. Regulär entwickelte Kinder beginnen mit ca. 9 Monaten (vgl. Kane 1993) über Gesten und Gebärden aktiv zu kommunizieren. Im Alter von zwei Jahren schleichen sich die Gebärden nach und nach aus, weil die Kinder immer sicherer in die Lautsprache kommen. Kinder mit Entwicklungsverzögerungen bleiben länger bei den Gebärden

und Symbolen. Sie konnten aber schon mit dem Angebot des BabyGebärdenkurses ihre Kommunikationsentwicklung deutlich erweitern und ihre Bezugspersonen haben Ideen bekommen, wie die weitere Förderung aussehen kann. Durch den frühen Kontakt mit Gebärden und Symbolen als Mittel der Kommunikation steigt nicht nur unter den Bezugspersonen der beeinträchtigten Babys die Akzeptanz von Gebärden und Symbolen, sondern auch das Verständnis dafür, dass Lautsprache nur eine Möglichkeit des miteinander Kommunizierens ist. Studien von Ford (2006) zeigen, dass Kursteilnehmer mit (beeinträchtigten) Babys mehr an Sicherheit und Selbstverständlichkeit gewinnen konnten, selbst dann, wenn das (beeinträchtigte) Baby nicht das Eigene war. Der Weg für alternative und ergänzende Formen der Kommunikation kann dadurch schon früh geebnet werden.
Eine Teilhabe am gesellschaftlichen Leben durch Unterstützte Kommunikation wird über das MAKATON-Sprachförderprogramm in Form von BabyGebärdenkursen bereits im Baby- und Kleinkindalter angebahnt. Das ist gelebte Inklusion von Anfang an.

Literatur

Boenisch, J.; Sachse S.: Sprachförderung von Anfang an: Zum Einsatz von Kern- und Randvokabular in der frühen Förderung, in: Zeitschrift für Unterstützte Kommunikation 3/2007: 12-20

Braun, U.: Kleine Einführung in Unterstützte Kommunikation, in: Unterstützte Kommunikation, Düsseldorf 1994: 4-5

Ford, J.: Enhancing Parent and Child Communication: Using Makaton Signing for Babies, 12th Biennal Conference of ISAAC, Duesseldorf 2006

Gericke, W.: babySignal – mit den Händen sprechen, Kösel 2009

Jahn, T.: Die kindliche Sprachentwicklung von der U3 bis zur U9. Deutscher Bundesverband für Logopädie e.V. (Hrsg.), 3. Auflage 5/2006

Kane, G.: Diagnostik von Kognition und Kommunikation, in: Handbuch der Unterstützten Kommunikation, Karlsruhe 2003: 14.011.001 – 14.021.001

MAKATON-BabyGebärden - interner Kursleitfaden für MAKATON-Repräsentanten, Deutschland 2010

Wilken, E.: Präverbale sprachliche Förderung und Gebärden-unterstützte Kommunikation in der Frühförderung, in: Wilken, E. (Hrsg.): Unterstützte Kommunikation – Eine Einführung in Theorie und Praxis, 2. Auflage 2006: 29-38

Zollinger, B.: Die Entdeckung der Sprache, Bern, 7. Auflage 2007

Internetadressen

www.makaton-deutschland.de
www.makaton.org

Gebärdeneinsatz ja! Aber für wen und ab wann ist er überhaupt nützlich?

Ergebnisse aus der Forschung für die Praxis

Carina Lüke, Dagmar Slickers

Einleitung

„Und sagen Sie mal, haben Sie da irgendwie Gebärden benutzt oder so etwas? Das habe ich nämlich gedacht und mich gefragt, ob das gut für ihn ist oder ob ihn das nicht dabei hindert, sprechen zu lernen. Glauben Sie denn, dass er gar nicht mehr sprechen lernt? Gebärden sind doch eigentlich für gehörlose Kinder, oder? Aber naja, dann habe ich gedacht, auch wenn er nicht sprechen lernt, kann er mir dann wenigstens mitteilen, was er möchte, und dann habe ich das auch schon mal zuhause versucht. Ich wusste ja aber nicht, ob das so richtig ist."

Diese Fragen und Beobachtungen schilderte eine Mutter in einem Elterngespräch im Sprachtherapeutischen Ambulatorium der Technischen Universität Dortmund. Zuvor hatten zwei Diagnostiksitzungen mit ihrem 2;7 Jahre alten Sohn Jan stattgefunden, der in seiner kognitiven und motorischen Entwicklung völlig unauffällig ist, sprachlich allerdings eine erhebliche Verzögerung vorweist und bislang noch kein Wort spricht.
Solche Bedenken und Fragen zum therapeutischen Einsatz von Gebärden werden von Eltern häufig geäußert. Als Fachperson für die Förderung und Therapie von Kindern mit sprachlichen und kommunikativen Beeinträchtigungen ist es daher notwendig und hilfreich, empirische Evidenzen über den Einsatz von Gesten und Gebärden zu kennen und die existierenden Befunde in die praktische Umsetzung zu tragen. Ebenso notwendig ist die Verwendung eindeutiger Begrifflichkeiten.

Unterschieden wird zwischen
- deiktischen Gesten, zu denen u. a. die Zeigegeste gehört,
- ikonischen Gesten, bei denen zwischen der Geste und dem Bezeichneten eine bildhafte Form-Bedeutungszuordnung vorliegt,

- Emblemen, deren Form-Bedeutungszuordnung in einer Kultur lexikalisiert ist, wie beispielsweise das Kopfnicken für „ja",
- Beats, bei denen es sich um rhythmische Handbewegungen handelt, welche parallel zur Lautsprachproduktion ausgeführt werden, ohne eine eindeutige Referenz oder eigene Bedeutung herzustellen und
- Gebärden, welche typischerweise im Rahmen einer Gebärdensprache von gehörlosen Menschen eingesetzt werden und somit meist ohne Bezug zur Lautsprache produziert werden. Sie sind in ihrer Form, Ausführungsweise und Bedeutung festgelegt und werden im Rahmen von Therapie und Förderung lautsprachbegleitend eingesetzt. Eine detailliertere Begriffsbestimmung findet sich bei Lüke et al. (2011).

Gesten in der Sprachentwicklung

Gesten sind eine der wichtigsten Vorläuferfähigkeiten der Lautsprache (Crais et al. 2009; Goldin-Meadow et al. 1999). Ab dem neunten bis zwölften Lebensmonat stehen Kindern deiktische Gesten zur Verfügung, welche sie einsetzen und so aktiv mit ihren Bezugspersonen kommunizieren, noch bevor sie in der Lage sind, erste Wörter zu produzieren (Bates 1976, Greenfield/Smith 1976, Iverson/Goldin-Meadow 2005, Liszkowski et al. 2004). Im Alter von zehn nutzen sie zu 75% Gesten, um auf ein Objekt zu referieren und in nur 25% der Fälle verwenden sie einen sprachlichen Ausdruck (Goldin-Meadow et.al. 2007).

Insbesondere die Wortschatzentwicklung und der Beginn der Grammatikentwicklung sind in hohem Maße mit der frühen Gestenverwendung verbunden: Rowe/Goldin-Meadow (2009) sowie Roweet al. (2008) konnten zeigen, dass anhand der Verwendung von deiktischen Gesten eines 14 bis 18 Monate alten Kindes dessen Lexikonumfang mit 42 Monaten vorausberechnet werden konnte. In Bezug auf einzelne Items zeigten Iverson/Goldin-Meadow (2005), dass drei Monate nach dem Auftreten einer Geste für ein Objekt das entsprechende Wort vom Kind produziert wurde.

Der Einstieg in die syntaktische Entwicklung verläuft zunächst ebenfalls mittels Gesten. Erste Kombinationen einer deiktischen Geste und eines Wortes treten spontan im Alter von 14 bis 18 Monaten auf (Rowe/Goldin-Meadow 2009). Durchschnittlich 4,7 Monate später produzieren die Kinder erste Zweiwortsätze, wobei der Zeitpunkt der ersten Geste-Wort-Kombinationen signifikant mit dem Zeitpunkt der ersten Zweiwortäußerungen korreliert (Iverson/Goldin-Meadow 2005).

Weitere Untersuchungen weisen auf einen starken Zusammenhang zwischen (laut-) sprachlichen Verzögerungen von Kindern und ihrer Gestenentwicklung und -verwendung hin: Thal/Tobias/Morrison (1991) untersuchten die

Gestenentwicklung von zehn *late talkers* im Alter von 18 bis 29 Monaten. Sie stellten fest, dass sich die vier Kinder, die ihren sprachlichen Rückstand nicht innerhalb eines Jahres aufholen konnten, sondern eine umschriebene Sprachentwicklungsstörung (USES) ausbildeten, bereits zu Beginn der Studie in ihrer Gestenproduktion signifikant von den sechs Kindern unterschieden, die ein Jahr später ihre sprachliche Verzögerung aufholen konnten (*late bloomers*). Die *late bloomers* schnitten in allen Tests zur Gestenentwicklung deutlich besser ab. Diese Ergebnisse konnten in einer weiteren Studie allerdings nicht repliziert werden (Thal/Tobias 1994), sodass der spezifische Zusammenhang der Gestenentwicklung und der Entstehung von sprachlichen Auffälligkeiten bislang nicht eindeutig definiert werden konnte.
Retrospektive Untersuchungen haben darüber hinaus gezeigt, dass anhand der Gestenentwicklung von Kindern im Alter von neun bis zwölf Monaten zwischen altersgerecht entwickelten Kindern und Kindern mit einer tiefgreifenden Entwicklungsstörung, wie beispielsweise einer Autismusspektrumstörung, differenziert werden kann (Watson et al. 2005 zitiert nach Crais et al. 2009).
Die enge Verbindung von Gesten und Lautsprache kann zunehmend mit Studien zur neurophysiologischen Verankerung dieser beiden Modalitäten im Gehirn erklärt werden. In zahlreichen Studien mit bildgebenden Verfahren (u. a. Barbieri et al. 2009, Gentilucci/Dalla Volta 2008) konnte eine Aktivierung des Broca Areals, welches an der Lautsprachproduktion maßgeblich beteiligt ist, während der Präsentation von bedeutungsvollen Gesten nachgewiesen werden. Die Forschergruppe um Gentilucci und Dalla Volta geht daher davon aus, dass Gesten und Lautsprache Anteile des gleichen motorischen Kontrollsystems sind und dass sie miteinander interagieren, wenn sie parallel zueinander ausgeführt werden (Barbieri et al. 2009, Gentilucci/Dalla Volta 2008).

Babyzeichen

Babyzeichen sind einfache Gebärden, welche Kindern im ersten und zweiten Lebensjahr angeboten werden und die Kommunikation zwischen Eltern und Kindern verbessern sollen (König 2008, Onlinequelle 1). Die Einfachheit wird diesen Gebärden aufgrund ihrer Ikonizität zugeschrieben. Seit mittlerweile mehr als zwanzig Jahren werden in Amerika Kurse für Eltern und Kinder angeboten, in denen die Familien die *babysigns* lernen sollen. In den vergangenen Jahren ist dieses Konzept auch immer stärker nach Deutschland gekommen. Mittlerweile werden in ganz Deutschland zahlreiche Kurse für Eltern und Kinder angeboten. Eine Fülle von Kursanbietern und Homepages informieren über Babyzeichen und deren (sprachförder-

liche) Wirkung (u. a. König 2008, Onlinequellen 2 - 4). Es werden viele verschiedene Vorteile für den Einsatz von Babyzeichen in der alltäglichen Kommunikation genannt. So könne das Kind beispielsweise „seine Bedürfnisse, Gedanken und Gefühle gezielt mitteilen“ und einen „größeren Wortschatz“ entwickeln (König 2008, 21). Auch für die Eltern seien einige Vorteile mit dem Einsatz von Babyzeichen verbunden, da sie ihr Kind besser verstünden und so weniger unsicher im Umgang mit ihrem Kind seien (König 2008, 22). Es stellt sich allerdings die Frage, wie hilfreich und sinnvoll der Einsatz von Gebärden bei Kindern unter zwei Jahren und ohne jegliche Auffälligkeiten in ihrer sprachlichen Entwicklung wirklich ist.
Die Befürworter der Babyzeichen berufen sich häufig auf eine Studie von Goodwyn, Acredolo und Brown (2000). Die Autorinnen untersuchten insgesamt 103 altersgerecht entwickelte Kinder im Alter von elf Monaten. Fragestellung der Studie war es, herauszufinden, ob sich ein Gestentraining positiv auf die Lexikonentwicklung der Kinder auswirkt. Hierzu wurden die Kinder in drei Gruppen aufgeteilt und ihre Entwicklung über einen Zeitraum von 25 Monaten erfasst. Die Eltern der ersten Gruppe (*sign training group*) wurden dazu angehalten, vermehrt ikonische Gesten in der Kommunikation mit ihrem Kind zu verwenden. Diese Gesten sollten in einer sinnvollen Beziehung zum Referenzobjekt stehen und zeitgleich zur Wortäußerung ausgeführt werden. Die zweite Gruppe (*non-intervention control group*) erhielt keinerlei Anleitung oder Hinweise, wie sie die Kommunikation mit ihrem Kind gestalten sollte. Um auszuschließen, dass mögliche Effekte des Gestentrainings lediglich auf die vermehrte Aufmerksamkeit der Eltern für die Sprachentwicklung ihres Kindes zurückgeführt werden können, erhielten die Eltern der dritten Gruppe (*verbal training group*) eine Anleitung, durch die sie sich ihrem Kind gegenüber besonders sprachförderlich verhalten sollten. Mit diesem Studiendesign konnten die Autorinnen zeigen, dass der rezeptive Wortschatz der Kinder der Gestentrainingsgruppe im Alter von 19 und 24 Monaten signifikant größer war als bei denen der Kontrollgruppe (*non-intervention control group*). Der expressive Wortschatz der Kinder, deren Eltern Gesten in der Kommunikation mit ihnen einsetzten, ist im Alter von 15 und 24 Monaten signifikant größer, als bei den Kindern der Kontrollgruppe. Die dritte Gruppe, die eine rein lautsprachliche Förderung erhalten hatte, schnitt im Vergleich zur Kontrollgruppe nicht besser ab. Ein direkter Vergleich zwischen den beiden Interventionsgruppen wird nicht berichtet (Goodwyn et al. 2000).
Es ist also festzuhalten, dass der Einsatz von ikonischen Gesten in der Eltern-Kind-Kommunikation die lautsprachliche Entwicklung nicht hemmt, sondern bis zum Alter von 24 Monaten dazu führt, dass der Wortschatz im

Vergleich zu Kindern, deren Eltern keine Gebärden in der Kommunikation mit ihrem Kind einsetzen, größer ist. Die Ergebnisse von Goodwyn et al. (2000) verdeutlichen allerdings auch, dass die Kinder der Gestentrainingsgruppe in ihrer Lexikonentwicklung keinen dauerhaften Vorsprung im Vergleich zur Kontrollgruppe vorweisen. Im Alter von 30 und 36 Monaten unterscheiden sich die Kinder der Gestentrainingsgruppe und die Kinder der Kontrollgruppe weder in ihrem rezeptiven noch in ihrem produktiven Wortschatzumfang.

Gesten und Gebärden in der Therapie und Förderung von Kindern mit sprachlichen Auffälligkeiten

Gebärdeneinsatz bei Kindern mit primären Behinderungen

Der Einsatz von Gebärden in der Kommunikations- und Sprachförderung von Kindern mit primären Behinderungen als Bestandteil von Unterstützter Kommunikation kann mittlerweile als etabliert angesehen werden: Seit den 1970er Jahren stehen im deutschsprachigen Raum unterschiedliche Gebärdensammlungen zur Sprachförderung zur Verfügung, die mittlerweile weiterentwickelt und überarbeitet wurden. Als Beispiele sind der Sprachförderansatz MAKATON, welcher auf einer Verbindung von Gebärde, Wort und Symbol basiert sowie die Gebärdensammlung „Schau doch meine Hände an“ (Bundesverband evangelischer Behindertenhilfe e.V. 2007) zu nennen sowie die Gebärden-unterstützte Kommunikation (GuK) von Etta Wilken (2008). Alle Gebärdensammlungen beziehen sich anteilig auf den Wortschatz der deutschen Gebärdensprache (DGS). Die DGS stellt eine eigenständige Sprache dar, welche von gehörlosen Menschen eingesetzt wird und somit unabhängig von der Lautsprache Verwendung findet. Der Einsatz von Gebärden in der Sprachförderung hörender Kinder mit einer verzögerten oder ausbleibenden Lautsprachentwicklung soll hingegen das Sprachverstehen und die Verständigung unterstützen und nicht die Lautsprache ersetzen. Gebärden werden somit parallel zur Lautsprachproduktion und ausschließlich bei zentralen Begriffen ausgeführt. Für die Entwicklung kindlicher Kommunikation sind vielfältige gelungene Interaktionen in gemeinsamen bedeutungsvollen Situationen unbedingte Voraussetzung. Spezifische Schwierigkeiten wie motorisch-funktionelle und kognitive Beeinträchtigungen, Wahrnehmungsstörungen, ein vermindertes Kurzzeitgedächtnis - insbesondere für auditive Eindrücke - erschweren den Spracherwerb in besonderer Weise. Mit dem Einsatz von Gebärden bei Kindern, die noch nicht oder nur deutlich eingeschränkt verbal kommunizieren, wird,

wie bereits beschrieben, eine natürliche und köpereigene Kommunikationsform aufgegriffen und erweitert. In der entwicklungsbegleitenden Förderung von Kindern mit Trisomie 21 hat sich der Einsatz von Gebärden bewährt (Wilken 2008). Schwierigkeiten der auditiven Diskrimination und des auditiven Kurzzeitgedächtnisses können kompensiert werden, indem Gebärden als Speicher- und Abrufhilfe dienen (Wilken 2008).
Der Einsatz von Gebärden in der Sprachförderung findet in verschiedenen therapeutischen und pädagogischen Kontexten statt. Eine Befragung von Eltern von Kindern mit Trisomie 21, die bereits Gebärden mit ihren Kindern eingeführt hatten, ergab, dass 17 von 24 Eltern sich selbst durch Internet- oder Literaturrecherche mit dem Thema vertraut gemacht hatten. Weiterhin gaben die Eltern an, durch die Frühförderstelle (11), die Logopädin (8) oder die Erzieherin im Kindergarten (4) angeleitet worden zu sein (Kiesel et al. 2009). Als besonders hilfreich wurden eine anschauliche Vermittlung durch Videofilme oder spezifische Einführungskurse zum Thema Gebärden bewertet. Die Akzeptanz von Gebärden in der frühen Förderung von Kindern, die noch nicht sprechen aber schon deutlich mehr verstehen, scheint von Seiten der Eltern eher hoch zu sein (a. a. O.). Die Verfügbarkeit von Fachinformationen über das Internet, DVDs oder die Nutzung von Gebärdensammlungen als Apps für das Smartphone erleichtern sowohl interessierten Eltern als auch Fachleuten den Zugang zu spezifischen Informationen. Kiesel, Mees und Sarimski (2009) weisen auf die Bedeutung einer systematischen und kompetenten Anleitung durch Frühpädagogen oder Logopäden mit (syndrom-)spezifischem Fachwissen hin. Auf diese Weise könne sichergestellt werden, dass Gebärden frühzeitig in verschiedenen Alltagsituationen, in denen sich Kommunikationsgelegenheiten bieten, eingeführt und kommunikativ genutzt werden. Besonders geeignet für die Einführung und Festigung von Gebärden und darauf aufbauende Wörter sind beispielsweise Singkreise in Kindertageseinrichtungen, wie das Beispiel von Paula zeigt:
Paula ist 3;4 Jahre alt und aufgrund ihrer Trisomie 21 sprachlich verzögert. Sie besucht seit sechs Monaten eine integrative Kindertageseinrichtung. Während eines gemeinsamen Liedes, bei dem die Kinder sich in Tiere „verwandeln" dürfen, sitzt Paula neben der Erzieherin auf der Matte und verfolgt das Geschehen aufmerksam und interessiert. Nachdem der vierjährige Tim die Rolle des Löwen eingenommen hatte, ist Paula an der Reihe und wird gefragt, welches Tier sie spielen möchte. Paula hat zwar verstanden, worum es geht, kann lautsprachlich allerdings noch keine adäquate Antwort geben und antwortet mit „Ja", wobei sie ganz leicht die Nase rümpft. Das Naserümpfen setzt Paula ein, um auf den Hasen zu referieren.

Sie hat durch vergangene Vorlesesituationen eines Buches, in dem ein Hase vorkommt, das Naserümpfen mit dem Tier verknüpft und nutzte dieses Wissen, um sich kommunikativ mitzuteilen. Die Erzieherin verstand Paulas Kommunikationsabsicht und modellierte diese sprachförderlich. Sie bot Paula eine Auswahl an, indem sie fragte, ob Paula den Hasen oder die Katze spielen möchte, wobei die Erzieherin die Worte „Hase" und „Katze" mit den entsprechenden Gebärden begleitete. Paula freute sich, dass sie verstanden wurde und imitierte die Gebärde *Hase*, indem sie die Hände an den Kopf führte.

Insbesondere wiederkehrenden Situationen wie hier beim Singkreis, bei den Mahlzeiten, bei beliebten Aktivitäten oder bei Tagesritualen können gut zur Etablierung von Gebärden genutzt werden. Die spielerische Wiederholung und die Verbindung von Gebärden und Handlungen führen zu einer Festigung der Verknüpfung von Wort und Gebärde. Um den Transfer der erlernten Gebärden in alltägliche Kommunikationssituationen eines Kindes zu gewährleisten, ist es notwendig, dass die Gebärden möglichst allen Kommunikationspersonen in der institutionellen Umgebung sowie den privaten Bezugspersonen zugänglich gemacht und von diesen eingesetzt werden.

Gebärdeneinsatz bei Kindern mit einer umschriebenen Sprachentwicklungsstörung

Kinder, deren expressive und/oder rezeptive Sprachleistungen auffällig und verzögert sind, welche nicht auf sensorische, neurologische, emotionale oder kognitive Beeinträchtigungen zurückgeführt werden können, weisen eine umschriebene Sprachentwicklungsstörung (USES) auf (DGPP 2008).

Der Einsatz von Gebärden in der Sprachtherapie oder Sprachförderung von Kindern mit einer USES ist bislang bedeutend weniger erforscht. Ellis Weismer und Hesketh (1993) untersuchten die Wirkung von ikonischen Gesten auf die *fast mapping*[1]-Leistungen von acht Kindern mit einer USES sowie acht unauffällig entwickelten Kindern im Alter von 5;1 bis 6;7 Jahren. Den Kindern wurden drei Pseudowörter zur Bezeichnung von räumlichen Konzepten präsentiert. Diese Pseudowörter (/pod/, /gib/, /wug/) waren alle einsilbig und wiesen eine einfache Silbenstruktur (Konsonant-Vokal-Konsonant) auf. Ihnen war die Bedeutung von *weg von, auf* und *neben* zugewiesen worden. Die Bedeutung der drei Pseudowörter wurde den Kindern durch einmalige Demonstration mit einer Spielzeugfigur aus dem Weltall (aus dessen Sprache die Pseudowörter stammten) präsentiert. Dabei wurde das Pseudowort entweder nur lautsprachlich oder in Verbindung mit einer passenden, ikonischen Geste genannt. Zur Überprüfung der rezeptiven *fast mapping*-Leistungen wurden die Kinder dazu aufgefordert, die Spielzeugfigur in eine der drei Positionen zu bringen. Zur Überprüfung der Produktionsleistungen stellte der Versuchsleiter die Spielzeugfigur an eine der drei Positionen und fragte das Kind, wo sich die Figur befand. Die Autorinnen konnten einen positiven Effekt von ikonischen Gesten auf das Sprachverstehen feststellen. Sowohl die entwicklungsunauffälligen Kinder als auch die Kinder mit USES erzielten signifikant bessere rezeptive Ergebnisse durch den Einsatz von ikonischen Gesten. Die Verwendung von Gesten hatte demgegenüber keine Auswirkung auf die produktiven Leistungen der Kinder.

In einer eigenen, explorativen Studie wurde in diesem Zusammenhang geprüft, ob Gebärden eine sinnvolle Komponente in der sprachtherapeutischen Intervention von drei- bis fünfjährigen Kindern mit USES und Auffälligkeiten in ihrer Wortschatzentwicklung darstellen können (Lüke et al. 2011).

Drei zentrale Fragestellungen wurden untersucht:

1. Übernehmen die Kinder die ihnen angebotenen Gebärden ohne Aufforderung in ihr eigenes produktives Sprachhandeln?
2. Nutzen die Kinder die Gebärden, um sich kommunikativ mitzuteilen, wenn sie noch keine korrekte lautsprachliche Produktion generieren können?
3. Wirken sich die Gebärden positiv auf das *slow mapping* beim Wortlernen aus?

An der Studie nahmen 12 mono- und bilinguale Kinder mit USES und einer semantisch-lexikalischen Störung im Alter zwischen 3;1 und 5;9 Jahren (*M* = 57,5 Monate, *SD* = 11,8 Monate) teil. Die fünf Mädchen und die sieben Jungen wurden randomisiert in eine Interventionsgruppe und eine Kontrollgruppe eingeteilt. In einem Prätest wurden die sprachlichen Kompetenzen und Auffälligkeiten der Kinder erhoben. Im Abstand von jeweils einer Woche folgten drei Interventionseinheiten mit anschließender Testung der Lernfortschritte sowie ein Posttest zur Erfassung der *slow mapping*-Leistungen.

In den drei Interventionen lernten die Kinder beider Gruppen neun ein- bis dreisilbige Pseudowörter, die die Namen von eigens für die Studie erfundenen Comicfiguren darstellten und sowohl einfache, als auch komplexe Silbenstrukturen enthielten. Den Kindern der Interventionsgruppe präsentierte die Therapeutin ergänzend zu den lautsprachlichen Benennungen der Figuren Gebärden mit einer ikonischen Form-Bedeutungszuordnung. Die Kinder der Interventionsgruppe erhielten nur diese zusätzliche, visuelle Information. Sie wurden nicht dazu aufgefordert die Gebärden zu imitieren. Das Vorgehen, die Spielmaterialien sowie die Benennhäufigkeit der Figuren wurden kontrolliert.

Es zeigte sich, dass alle sechs Kinder der Interventionsgruppe die ihnen angebotenen Gebärden ohne Aufforderung durch die Therapeutin in ihr eigenes produktives Sprachverhalten übernahmen und die Gebärden nutzten, um die neun Comicfiguren auch dann zu benennen, wenn sie den (lautsprachlichen) Namen der Figuren noch nicht produzieren konnten. Um zu überprüfen, ob die Kinder der Interventionsgruppe durch die Gebärdenverwendung bessere Ergebnisse im Vergleich zur Kontrollgruppe erzielten, wurde ein Summenwert aus allen korrekten lautsprachlichen Benennungen und allen korrekten Benennungen durch Gebärden (ohne Gebärdenbenennungen, die parallel zur lautsprachlichen Benennung gezeigt wurden) gebildet (Md = 16,5, R: 7-22) und mit den korrekten Benennungen der Kontrollgruppe verglichen (Md = 5,5, R: 0-14). Durch den Gebärdeneinsatz konnten die Kinder der Interventionsgruppe die neun Comicfiguren signifikant häufiger korrekt benennen, als die Kinder der Kontrollgruppe ($U = 5, p = .037$).

In Bezug auf die dritte Fragestellung konnten keine signifikanten Unterschiede bezüglich der Lernleistungen zwischen der Interventions- und der Kontrollgruppe gefunden werden. Die Kinder der Interventionsgruppe hatten im Posttest, also eine Woche nach der letzten Intervention, im Gruppenmedian 8,5 Wörter (R: 6-9) in ihren rezeptiven und 4 Wörter (R: 1-7) in ihren produktiven Wortschatz aufgenommen. Die Kinder der Kontrollgruppe hatten im Posttest im Gruppenmedian hingegen nur 6 Wörter (R: 1-9) in ihren rezeptiven und 2 Wörter (R: 0-5) in ihren produktiven Wortschatz aufgenommen.

Gebärdeneinsatz bei late talkern

Die Sprachentwicklung von Kindern im zweiten und dritten Lebensjahr verläuft außerordentlich variabel. Als *late talkers* bezeichnet man Kinder, die mit 24 Monaten über einen produktiven Wortschatz von weniger als 50 Wörtern verfügen und bei denen noch keine Zwei-Wort-Kombinationen zu beobachten sind (Schlesiger 2009). Ein Teil dieser Kinder entwickelt bis zum Alter von drei Jahren eine USES, während ein anderer Teil die sprachlichen Verzögerungen aufholen kann (*late bloomers*). Wie groß der Anteil der *late bloomers* ist, kann aufgrund von unterschiedlichen Methoden und Beurteilungskriterien bei der Datengewinnung noch nicht abschließend beurteilt werden. Die Angaben variieren zwischen 15% und 59% (Kauschke 2008). Des Weiteren zeigen aktuelle Untersuchungen, dass auch bei den *late bloo-*

mern während der Schulzeit sprachliche und schriftsprachliche Schwächen zu identifizieren sind (Rescorla 2002 u. 2009). Der deutlich reduzierte Wortschatzumfang im 24. Lebensmonat stellt somit einen wesentlichen Risikofaktor für die Ausbildung einer umschriebenen Sprachentwicklungsstörung dar. Eine Zielsetzung für die frühe sprachtherapeutische Intervention bei *late talkern* ist der Lexikonaufbau bis zum Erreichen der ersten stabilen Wortkombinationen. Ein Einsatz von Gebärden bei *late talkern* erfüllt damit, anders als bei einigen Kindern mit einer komplexen Entwicklungsstörung, eine primär sprachanbahnende Funktion.
Die Sprach- und Kommunikationsförderung mit Gebärden bei *late talker* findet meist im Kontext von sprachtherapeutischen Interventionen statt. Das Vorgehen orientiert sich dabei am Modell des frühkindlichen Wortschatzerwerbs. Die Einzelsituation erlaubt eine individuelle Vorgehensweise, welche für die Erarbeitung eines individuellen, kindzentrierten Wortschatzes, welcher sowohl Nomen, als auch Verben, Adjektive und kommunikationslenkende Wörter (z. B. nochmal, fertig) umfasst, notwendig ist.

Das Fallbeispiel von Frederic verdeutlicht das individuelle Vorgehen:
Frederic ist 2;6 Jahre alt. Die Eltern äußerten sich besorgt über die Sprachentwicklung ihres Sohnes: Frederic spreche nur wenige Einzelworte und diese eher unverständlich. Es falle den Eltern auf, dass er zunehmend unzufrieden reagiere, wenn er nicht verstanden werde. Anamnestisch liegen keine Risikofaktoren für eine Sprachentwicklungsstörung vor. Frederic kommt seit einigen Wochen einmal wöchentlich für 45 Minuten zur Sprachtherapie. Die Mutter ist während der Therapie im Raum anwesend. Die basalen kommunikativen Fähigkeiten, d. h. die Fähigkeit einen Wechsel im Spiel einzuhalten (*turn taking*) sowie die Fähigkeit zum referentiellen Blickkontakt und zur Herstellung eines gemeinsamen Aufmerksamkeitsfokus (*joint attention*) sind sicher beobachtbar. Die Kommunikation ist intentional und zielgerichtet. Frederic zeigt sowohl die Fähigkeit zur direkten Imitation als auch zu autosymbolischem und zu dezentriertem Spiel (telefoniert mit einem Spielzeugtelefon, lässt die Puppe einen Ball schießen). Die verbal-rezeptiven Fähigkeiten wurden mittels des standardisierten Diagnostikverfahrens SETK-2 (Grimm 2000) erfasst und waren altersentsprechend. Spontan äußert Frederic im Spiel Lautmalereien und wenige Partikel wie „au" im Sinne von auch, „Mama" oder „diti", womit er sich selbst bezeichnete. In den ersten drei Therapiestunden konnte Frederic bereits einige Spielmaterialien kennen lernen (z. B. die Eisenbahn, ein Geräuschespiel, ein Angelspiel, Malstifte etc.). Die Therapeutin hat in allen Spielsituationen bereits Gebärden für einige relevante Spielobjekte sowie

kommunikationssteuernde Begriffe (fertig, nochmal) und relevante Verben (warten, aufräumen, spielen) eingeführt. Diese wurden von Frederic im therapeutischen Setting aber noch nicht übernommen. Die Mutter berichtete nach einigen Wochen, dass Frederic zu Hause beginne, die Gebärden aus der Therapiestunde zu produzieren und dass anschließend auch einige Worte folgten. Von Woche zu Woche war ein deutlicher Wortschatzzuwachs zu verzeichnen. Die meisten neu erlernten Wörter waren Begriffe aus der Therapiestunde, die mit Hilfe von Gebärden eingeführt wurden. In dem Maße, in dem Frederic sich lautsprachlich mitteilen konnte, verringerte sich der Gebärdeneinsatz. Die Therapie wurde nach vier Monaten beendet, da Frederic bereits sicher erste Wortkombinationen bildete.

Diskussion

Die Sichtung der bisher vorliegenden empirischen Untersuchungen sowie die aufgeführten Fallbeispiele zeigen, dass die Entwicklung von kommunikativen Gesten und die Lautsprachentwicklung eng miteinander verbunden sind und dass der Einsatz von Gesten und Gebärden in unterschiedlichem Maße sprachförderlich ist. Die Untersuchung von Goodwyn, Acredolo und Brown (2000) macht allerdings ebenfalls deutlich, dass der Gebärdeneinsatz bei Säuglingen und Kleinkindern nicht notwendig ist, da sie dadurch keinen dauerhaften Entwicklungsvorteil erfahren. Wie das Beispiel von Frederic zeigt, scheinen Gebärden vielmehr ein Motor der kindlichen Sprachentwicklung zu sein, dessen Nutzen verloren geht, wenn die lautsprachlichen Kompetenzen ausreichend entwickelt sind. Daher empfiehlt sich der Gebärdeneinsatz insbesondere für Kinder mit sprachlichen Verzögerungen. In weiteren längsschnittlichen Untersuchungen und Interventionsstudien gilt es, die Effektivität des Gebärdeneinsatzes für Kinder verschiedener Genese zu überprüfen und die Wirkungsweise detailliert zu analysieren. Für die Beratung und Intervention von einzelnen Kindern muss betrachtet werden, ob Gebärden eine von mehreren geeigneten Methoden für die Kinder darstellen und ob sie vom jeweiligen Bezugssystem des Kindes mitgetragen werden. Abwehrhaltungen, welche auf unbeantwortete Fragen und Ängste seitens der Familien zurückzuführen sein können, hindern den Interventionserfolg. Die Beratung und Anleitung der Bezugspersonen ist daher ebenso wichtig, wie die sprachförderliche Arbeit mit dem Kind. Beides, Anleitung der Eltern und Intervention mit dem Kind, sollte evidenzbasiert erfolgen.

Literatur

Barbieri, F.; Buonocore, A.; Dalla Volta, R.; Gentilucci, M.: How symbolic gestures and words interact with each other, in: Brain & Language, (110) 1/2009: 1–11.

Bates, E. Language and context: the aquisition of pragmatics. New York, 1979

Bundesverband evangelischer Behindertenhilfe e.V.: Schau doch meine Hände an, Reutlingen, 2007

Crais, E. R.; Watson, L. R.; Baranek.G. T.: Use of gesture development in profiling children´s prelinguistic communication skills, in: American Journal of Speech-Language Pathology, (18) 1/2009: 95–108

Deutsche Gesellschaft für Phoniatrie und Pädaudiologie (DGPP): Leitlinie: Sprachentwicklungsstörungen bei Kindern, 2009, online: http://www.uni-duesseldorf.de/AWMF/ll/049-006.html [Stand: 08.05.2011]

Ellis Weismer, S.; Hesketh, L. J.: The influence of prosodic and gestural cues on novel word acquisition by children with specific language impairment, in: Journal of Speech and Hearing Research, (36) 5/1993: 1013–1025.

Gentilucci, M.; Dalla Volta, R.: Spoken language and arm gestures are controlled by the same motor control system. In: The Quarterly Journal of Experimental Psychology, (61) 6/2008: 944–957

Goldin-Meadow, S.: The role of gesture in communication and thinking, in: Trends in Cognitive Science, (3) 11/1999: 419–429.

Goldin-Meadow, S.; Goodrich, W.; Sauer, E.; Iverson, J. M.: Young children use their hands to tell their mothers what to say, in: Developmental Science, (10) 6/2007: 778–785.

Goodwyn, S. W.; Acredolo, L. P.; Brown, C. A.: Impact of symbolic gesturing on early language development, in: Journal of Nonverbal Behavior, (24) 2/2000: 81–103

Greenfield, P.; Smith, J.: The structure of communication in early language development, New York, 1976.

Grimm, H.: SETK-2 - Sprachentwicklungstest für zweijährige Kinder, Göttingen, 2000

Iverson, J. M.; Goldin-Meadow, S.: Gesture paves the way for language development, in: Psychological Science, (16) 5/2005: 367–371

Kauschke, C.: Frühe lexikalische Verzögerung als Indikator für SES?: Entwicklungsverläufe von Late Talkern, in: M. Wahl; J. Heide; S. Hanne (Hrsg.), Spektrum Patholinguistik, Band 1, Potsdam, 2008: 19 - 38

Kiesel, J.; Mees, K.; Sarimski, K.: Frühe Kommunikationsentwicklung bei Kindern mit Down-Syndrom: Variabilität der Spiel- und Sprachfähigkeiten und Erfahrungen bei der Anbahnung von Gebärden, in: Frühförderung interdisziplinär, (28) 3/2009: 124–129

König, V. Das große Buch der Babyzeichen, Guxhagen, 2008

Liszkowski, U.; Carpenter, M.; Henning, A.; Striano, T.; Tomasello, M.: Twelve-month-olds point to share attention and interest, in: Developmental Science, (7) 3/2004: 297–307

Lüke, C.; Rohlfing, K. J.; Stenneken, P.: Gebärden und kommunikative Mitteilung bei Kindern mit umschriebener Sprachentwicklungsstörung, zur Publikation eingereicht, 2011

Maisch, G.; Wisch, F.-H.: Gebärden-Lexikon, 6. Auflage, Hamburg, 2006

Rescorla, L.: Language and reading outcomes to age 9 in late-talking toddlers, in: Journal of Speech, Language, and Hearing Research, (45) 2/2002: 360–371

Rescorla, L.: Age 17 language and reading outcomes in late-talking toddlers. Support for a dimensional perspective on language delay, in: Journal of Speech, Language, and Hearing Research, (52) 1/2009: 16–30.

Rothweiler, M.: Wortschatz und Störungen des lexikalischen Erwerbs bei spezifisch sprachentwicklungsgestörten Kindern, Heidelberg, 2001

Rowe, M. L.; Goldin-Meadow, S.: Early gesture selectively predicts later language learning. Developmental Science, (12) 1/2009: 182–187

Rowe, M. L.; Öz□aliskan, S.; Goldin-Meadow, S.: Learning words by hands: Gesture's role in predicting vocabulary development, in: First Language, (28) 2/2008: 182–199

Schlesiger, C.: Sprachtherapeutische Frühintervention für late talkers: Eine randomisierte und kontrollierte Studie zur Effektivität eines direkten und kindzentrierten Konzeptes, Idstein, 2009

Thal, D.; Tobias, S.; Morrison, D.: Language and gesture in late talkers: A 1-year follow-up, in: Journal of Speech and Hearing Research, (34) 3/1991: 604–612

Thal, D.; Tobias, S.: Relationships between language and gesture in normally developing and late-talking toddlers, in: Journal of Speech and Hearing Research, (37) 1/1994: 157–170

Watson, L.; Baranek, G.; Crais, E.: Gesture development in infants with autism spectrum disorders. Paper presented at Gatlinburg conference on theory and research in intellectual and developmental disabilities, Annapolis, MD, 2005

Wilken, E.: Sprachförderung bei Kindern mit Down-Syndrom, 10. Auflage, Stuttgart, 2008

Onlinequellen:

1. www.babysignlanguage.com
2. www.sprechende-haende.de
3. www.zwergensprache.de
4. www.babyzeichen.de

[1] Fast mapping bezeichnet einen ersten Abbildungsprozess, bei dem Wörter bereits nach ein- bis zweimaligem Hören ins mentale Lexikon aufgenommen werden. Die Wortform wird dabei einem Objekt, einer Handlung oder einer bereits erworbenen Kategorie zugeordnet. Diese Aufnahme ins mentale Lexikon findet oberflächlich statt, so dass hierbei nur eine ungenaue Wortbedeutung abgespeichert wird (Rothweiler, 2001).

UK inklusive in Projekten

Zielgruppen Unterstützter Kommunikation

Beschreibung orientiert an Kommunikationskompetenzen

Bärbel Weid-Goldschmidt

1. Grundlagen für eine neue Einteilung

Von Tetzchner unterscheidet „anhand der Funktion des alternativen Kommunikationssystems“ drei Zielgruppen:

- „diejenigen, die ein Ausdrucksmittel,
- diejenigen, die eine unterstützende Sprache und
- diejenigen, die eine Ersatzsprache benötigen“ (von Tetzchner 2006, 15.002.020).

Menschen, die für den kommunikativen Austausch auf Unterstützung angewiesen sind, sind in Bezug auf ihr Lebensalter, die Ursache für ihre Beeinträchtigung und ihre individuellen Fähigkeiten äußerst verschieden.
Die Beschreibungen von vier Zielgruppen sollen helfen, den jeweiligen Kompetenzbereich, der einer Person zur Verfügung steht, einzuschätzen und die entsprechenden Schlussfolgerungen für eine förderliche Gestaltung der Kommunikationssituation zu ziehen.

Gruppe 1: Es handelt sich um Menschen, die über nicht-intentionale Vorläuferfähigkeiten kommunikativ-sprachlicher Kompetenzen verfügen und bei denen der Dialog in erster Linie über die körpernahen Sinne möglich ist.

Gruppe 2: Es geht um Menschen, die zwar intentional kommunizieren, dies aber weitestgehend auf prä-symbolischem Niveau. Das Verständnis für „nackte“ Lautsprache ist extrem eingeschränkt. Ein situatives Sprachverständnis kann in gewissem Maße genutzt werden. Die Ansprache innerhalb von Handlungen wird vom Gesprächspartner meist von Gesten begleitet. Deshalb gehen Laien oft davon aus, dass diese Menschen viel verstehen. Aber man kann im Gespräch kaum oder gar keine

rein lautsprachlich übermittelten Ja–/Nein–Fragen stellen, die nicht in der Situation verankert und mit Gesten verdeutlicht sind.
Bei Menschen mit sehr schweren Aphasien können trotz massiver Sprachverständnisschwierigkeiten kognitive Fähigkeiten dennoch erhalten geblieben sein.

Gruppe 3: Zu ihr werden Menschen gezählt, die gehörte Lautsprache oder andere Formen bedeutungstragender Symbole mit Vorstellungen und Sprachstrukturen in Verbindung setzen können. Allerdings bedingen kognitive oder schwere linguistische Beeinträchtigungen das Niveau sprachlicher Inhalte und entsprechen nicht (oder nicht mehr) dem, was andere Personen im vergleichbaren Lebensalter verstehen können und sagen möchten.

Gruppe 4: Diese Menschen können altersgemäß kommunizieren und mit geeigneten Hilfen „sprechen".

Kurz zusammengefasst lassen sich die Gruppen folgendermaßen charakterisieren:

- **Gruppe 1:** Es sind prä-intentional kommunizierende Menschen.
- **Gruppe 2:** Es sind intentional, aber weitestgehend prä-symbolisch kommunizierende Menschen mit extrem eingeschränktem Sprachverständnis.
- **Gruppe 3:** Es sind verbal-symbolisch kommunizierende Menschen mit deutlichen Beeinträchtigungen des Sprachgebrauchs.
- **Gruppe 4:** Es sind verbal-symbolisch kommunizierende Menschen ohne gravierende Beeinträchtigung des Sprachgebrauchs.

Der pragmatische Aspekt kommunikativen Austauschs, wie er sich in Kommunikationsfunktionen operationalisieren lässt, steht im Mittelpunkt der Betrachtungen, weil er menschliches Miteinander vom ersten bis zum letzten Atemzug umfasst. Er bedient sich nichtsprachlicher und sprachlicher Mittel. Kommunikationsfunktionen lassen sich nicht befriedigend verwirklichen, wenn jemand nicht über die seiner Persönlichkeit angemessenen Ausdrucksmöglichkeiten verfügt.

Den Zielgruppenbeschreibungen wird die Auflistung der Kommunikationsfunktionen des COCP-Programms zugrunde gelegt (Heim 2001, 35; Heim et al. 2005, 01.026.010; Hervorhebungen von B. W.-G.).

Kommunikationsfunktionen:

1. Aufmerksamkeit für den Partner
2. Bemerken, dass eine Aktivität unterbrochen wird
3. Wechselseitiges Handeln (turn-taking)
4. Akzeptieren eines angebotenen Objektes
5. Protestieren oder Abweisen
6. *Sich entscheiden/zwischen Alternativen wählen*
7. Grüßen im Sinne von „Hallo“ und „Tschüss“
8. Um Hilfe bitten
9. Um ein Objekt/eine Aktivität bitten
   - in der direkten Umgebung
   - nicht in der direkten Umgebung
10. Um Aufmerksamkeit bitten
11. *Ja-/Nein-Fragen beantworten*
12. Auskunft erteilen über etwas oder jemanden
    - in der direkten Umgebung
    - nicht in der direkten Umgebung
13. um Auskunft bitten
14. Gefühle/Gedanken/Meinungen ausdrücken
15. Spaß machen/“so als ob“-Handlungen/necken

Die Gruppeneinteilungen orientieren sich an „Meilensteinen“ von Kommunikationskompetenzen. Deshalb sind sie in dieser Liste hervorgehoben. Es ist selbstverständlich, dass kommunikative Kompetenzen nur punktuell eingeschätzt werden können und Unterstützte Kommunikation immer als ergebnisoffener Prozess verstanden werden muss, innerhalb dessen jedoch bestimmte Phasen, kommunikative Möglichkeiten und das entsprechende Verhalten der Kommunikationspartner besondere Relevanz haben.
Auf keinen Fall soll mit dieser Einteilung ein neues „Schubladen-Denken“ unterstützt werden.
Die Spannbreite der Fähigkeiten ist auch innerhalb der einzelnen Gruppen groß. Ebenso sind die Übergänge zwischen den Gruppen niemals starr sondern fließend. Der sehr genaue Blick auf den einzelnen Menschen ist unabdingbar.

2. Kommunikationskompetenzen

Voraussetzung für gute Kommunikationsbedingungen ist die Verfügbarkeit von Kompetenzen in den verschiedenen vom Gehirn gesteuerten Bereichen des Individuums innerhalb des sozialen Umfeldes, in dem ein Mensch lebt.

Marle Scheller (2007, 35) bringt das Bedingungsgefüge der Einflusskomponenten für Kommunikation in das folgende adaptierte Schaubild:

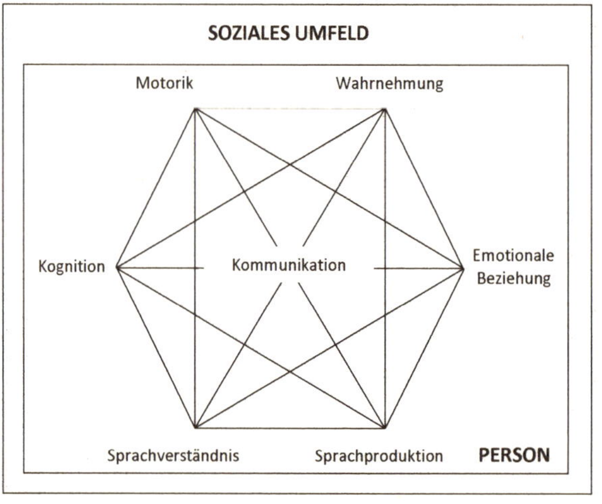

Abb. 1: Bedingungsgefüge der Einflusskomponenten für Kommunikation modifiziert von Weid-G. (2011) und Scheller (2007) nach Haupt (zit. nach Fröhlich 1985: 19) und Kane 1992: 314

Dieser „neurotypischen" (vgl. Krüger 2011) Verflechtungen muss man sich bewusst sein, wenn man Kommunikationsmöglichkeiten von Menschen betrachtet. Sie spielen für die Gruppeneinteilung die entscheidende Rolle.[1] Beschrieben werden im Folgenden bei jeder Gruppe

- allgemeine Voraussetzungen
- kommunikativ-sprachliche Kompetenzen
  - Grundsätzliches
  - rezeptive Möglichkeiten: Was versteht dieser Mensch?
  - expressive Möglichkeiten: Wie teilt dieser Mensch sich mit?
  - kommunikativ-pragmatische Verhaltensweisen: Was teilt dieser Mensch mit und warum?
- Was verstehen die Kommunikationspartner?
- Welche Förderziele leiten sich ab?

Bei Menschen mit Autismus-Spektrum-Störung (ASS) sind die Fähigkeiten innerhalb des Gefüges so anders gewichtet, dass man bei ihnen keine Zielgruppen-Zuordnung im beschriebenen Sinne vornehmen sollte.

3. Gruppenbeschreibungen

Gruppe 1

Allgemeine Voraussetzungen

Bei den Menschen, die wir der Gruppe 1 zuordnen, handelt es sich um Personen mit schwersten Beeinträchtigungen in allen Bereichen des Beziehungsgefüges. Diese sind hervorgerufen durch angeborene schwere Hirnschädigungen oder auch durch später eingetretene Ereignisse, die das Zentral-Nervensystem massiv geschädigt haben; z. B. schwere Schädel-Hirn-Traumata, die ein Wachkoma zur Folge haben, oder weit fortgeschrittene Stadien degenerativer Erkrankungen wie z. B. Mucopolysaccharidose (MPS), Chorea Huntington oder Alzheimer.
Die Schädigungen bewirken schwere Mehrfachbehinderungen und in vielen Fällen zusätzliche Sinnesbeeinträchtigungen bis hin zu Ausfällen einzelner Sinneskanäle. Allerdings gibt es niemanden, dem keinerlei Sinneswahrnehmungen möglich wären. Eine bewusste Wahrnehmung der eigenen Person sowie der Umwelt ist nur sehr eingeschränkt oder gar nicht zu beobachten.

Kommunikativ - sprachliche Kompetenzen

Grundsätzliches

Das zentrale Kommunikationsmedium dieser Menschen ist der gesamte Körper (vgl. Braun/Kristen 1997, 7). Es handelt sich um sehr basale, präintentionale Formen der Kommunikation.

Rezeptive Möglichkeiten: Was versteht die Person?

Es ist davon auszugehen, dass Informationen primär global über die Sinneskanäle aufgenommen werden.
Ähnlich wie im ganz frühen Kindesalter ist von einem Verstehen sprachlicher Inhalte nicht auszugehen. Dagegen rücken die paraverbalen Aspekte gesprochener Sprache in den Vordergrund, wie z. B. Sprachmelodie (Prosodie), Rhythmus und Tempo, Lautstärke (Dynamik), … .

Expressive Möglichkeiten: Wie teilt die Person sich mit?

Die von Menschen der Gruppe 1 gesendeten expressiven Signale sind zunächst direkte körperliche Reaktionen auf aktuelle intra- und interpersonelle bzw. situative Ereignisse.
Zustände und Bedürfnisse zeigen sie z. B. durch

- veränderte Atmung,
- veränderte vegetative Zeichen,

- neurologische Veränderungen,
- Veränderung des Muskeltonus,
- durch Gesichtsbewegungen, Mundbewegungen, Augenbewegungen, Produktion von Lauten und Tönen sowie Körperbewegungen.

Kommunikative Bedeutung haben diese Verhaltensweisen dann, wenn sie vom Kommunikationspartner wahrgenommen und beantwortet werden.

Kommunikativ-pragmatische Verhaltensweisen: Was teilt die Person mit und warum?
Man kann davon ausgehen, dass eine Reaktion sich immer auf eine konkrete Situation, ein konkretes Angebot in der Gegenwart bezieht.

Zeichen und Reaktionen der betroffenen Personen können in einer Form auftreten, die den gesellschaftlichen Normen nicht entsprechen und dadurch von der Umwelt negativ interpretiert werden. So kann z. B. Erbrechen oder Schreien bedeuten:

- Ich bitte um Aufmerksamkeit.
- Du hast mich falsch verstanden.
- Ich bin überfordert.
- Ich weiß nichts anderes, wie ich mich mitteilen soll.
- Ich will Kontakt zu dir.
- ...

Was verstehen die Kommunikationspartner?

Zunächst steht im Kontakt mit Menschen dieser Personengruppe im Vordergrund:
Die Kommunikationspartner verstehen kaum etwas! Und sie werden auch kaum verstanden. Um in eine kommunikative Situation mit Menschen dieser Personengruppe eintreten zu können, ist es unerlässlich, ihnen kommunikative Bedürfnisse, Ausdrucksmöglichkeiten und evtl. eine Entwicklungsfähigkeit zuzutrauen und sich in Interaktionen auf die Kommunikation mit ihnen einzulassen.

Förderziele

Übergeordnetes allgemeines Ziel für Personen der Gruppe 1 ist es, eine bewusste(re) Wahrnehmung für die eigene Person sowie für die personale und dingliche Umwelt aufzubauen (oder evtl. zu erhalten).
Im Einzelnen bedeutet das:

- die eigene Person in Kommunikation zu erleben und das als positiv erfahren,

- Sicherheit zu erfahren und den Alltag ein wenig transparenter und vorhersehbarer erleben zu können (vgl. Leber 2009),
- in Gruppengeschehen aktiv eingebunden zu sein, also Partizipation zu erleben,
- die eigene Person als – zunehmend eigenaktiven – Verursacher von Wirkungen zu erfahren.

Das wesentliche übergeordnete kommunikativ-sprachliche Ziel für Gruppe 1 ist es – wenn möglich – die ersten fünf Kommunikationsfunktionen von einer unbewusst-reaktiven Ebene auf eine verlässlichere, intentionalere Ebene zu transferieren.

Bei Menschen dieser Gruppe mit erworbenen Beeinträchtigungen geht es nicht mehr um Entwicklung, sondern um Erhaltung von Kompetenzen und mitmenschliches Miteinander.

Vielfältige Erfahrungen zeigen, dass auch bei Menschen dieser Personengruppe 1 positive Veränderungen verzeichnet werden können, wenn auf der Grundlage eines stärkenorientierten Menschenbildes (vgl. Donhauser 2006) der Anspruch dieser Personengruppe auf Kommunikationsunterstützung anerkannt wird und mit einem breiten Spektrum von Kommunikationsangeboten verwirklicht werden kann.

Gruppe 2

Allgemeine Voraussetzungen

Die so genannte „Gruppe 2“ verfügt (im Gegensatz zu den Menschen, die mit Gruppe 1 gemeint sind) über die prä-intentionalen Kompetenzen hinaus auch über Intentionalität.

Das Bedingungsgefüge für neurotypisches Verhalten ist dennoch durch hirnorganische Schädigung so stark beeinträchtigt, dass eine Repräsentation von Konzepten durch gesprochene Wörter (die häufigste Form von Symbolen) höchstens ansatzweise zur Kommunikation genutzt werden kann. Deshalb können auch Ja–/Nein–Fragen (z. B.: Möchtest du ....haben? Möchtest du ...tun? Stimmt es, dass...?) kaum oder gar nicht zur Klärung von Sachverhalten dienen.[2]
Fragen sollen Unterschiedliches ermitteln. Intentionale Fragen sind Fragen nach dem Wunsch, etwas haben oder etwas tun zu wollen. Bei assertiven Fragen geht es um den Wahrheitsgehalt einer Mitteilung.

Um eine rein lautsprachlich gestellte Frage mit Ja oder Nein beantworten zu können, ist eine innere Repräsentanz des Gegenstandes oder der Handlung bzw. eines Sachverhalts, transportiert über die gehörten Symbole und die syntaktisch-morphologisch geordneten Einzelwörter des Fragesatzes, erforderlich.
Zunächst muss man konzentriert zuhören, das Gehörte in seinen Einzelaspekten verstehen und verarbeiten, „in sich gehen“, d. h. nicht mehr impulsiv auf alle Reize oder auf einzelne Schlüsselwörter sofort reagieren, das Gehörte genau erinnern und auch die eigenen Wünsche bzw. das eigene Wissen bezüglich eines Sachverhalts erkennen und beurteilen. Dann erst kann man entscheiden, wie man auf die Frage reagieren will.

Die frühe Entwicklung ist bei Menschen dieser Personengruppe, deren Beeinträchtigung von Geburt an besteht, oft dadurch auffällig, dass kaum ein explorierendes Neugierverhalten zu beobachten ist. Die starke Passivität des Kindes wiederum irritiert die Eltern und beeinträchtigt deren intuitiv interaktives Verhalten.
Ein anderer Grund dafür, dass Ja-/Nein-Fragen nicht zur Klärung dienen können, kann eine verloren gegangene linguistische Kompetenz sein. Menschen mit progredienten Erkrankungen wie Alzheimer oder Chorea Huntington können auf eine vergleichbare kommunikative Stufe zurückgefallen sein. Bei Kindern können Erkrankungen wie beispielsweise MPS oder Rett-Syndrom zum Abbau schon entwickelter Fähigkeiten führen.

Bei Menschen, deren Beeinträchtigungen in erster Linie im linguistischen Bereich liegen, weil sie z. B. wegen schwerster Aphasie Verbalsprache kaum verstehen und deshalb keine Ja-/Nein-Fragen beantworten können, kann dennoch das, was sie mitteilen möchten, mehr oder weniger komplex sein. Es muss nicht bedeuten, dass ihre kognitiven Fähigkeiten ebenfalls verloren wären, auch wenn es so wirkt. Oliver Sacks (2011, 43ff) hat das sehr anschaulich dargestellt.
Bei all diesen Menschen mit erworbenen Beeinträchtigungen, die auf das eingeschränkte Kommunikationsniveau zurückgeworfen worden sind, bedingt der Sprachverlust zusätzlich oft Trauer mit den dazugehörigen Folgereaktionen bei Betroffenen und Angehörigen.

Kommunikativ - sprachliche Kompetenzen

Grundsätzliches

Den Menschen der Personengruppe 2 stehen – natürlich individuell verschieden – grundlegende kommunikativ-sprachliche Kompetenzen zur

Verfügung, und somit sind die Voraussetzungen für intentionale einfache Mitteilungen gegeben:

- Im sozial-emotionalen Bereich zeigt sich die Kompetenz, aufmerksam einem Kommunikationspartner gegenüber zu sein. Blickkontakt und Abwechseln in der Interaktion – vielleicht stark verlangsamt – sind zu beobachten.
- Die Menschen haben ein Verständnis von sich selbst als Verursacher von Handlungen, zeigen Aufmerksamkeit für Gegenstände und erforschen diese mehr oder weniger variationsreich.
- Unerwartete Ereignisse werden wahrgenommen.
- Die Menschen besitzen ein Konzept von Objektpermanenz und haben so auch grundsätzlich eine innere Repräsentanz von Dingen und Geschehnissen in der Welt.
- Funktionale und/oder soziale Handlungen können nachgeahmt werden.
- Die Funktionen „Akzeptieren eines angebotenen Objektes“ und „Protestieren oder Abweisen“ als direkte Vorstufen von Ja und Nein können im Hier und Jetzt mit Re-Aktionen umgesetzt werden.

Man kann also davon ausgehen, dass die ersten zehn Kommunikationsfunktionen potentiell umsetzbar sind.
Gesunde Kinder, die in einem anregenden Milieu leben, haben erst mit ca. 15 Monaten soviel symbolische Vorstellungskraft, dass man ihnen rein verbal gestellte Fragen stellen kann, wie z. B.: „Möchtest du Milch?“, „Möchtest du schlafen?“ oder beim Bilderbuch-Anschauen „Ist das ein Affe?“

Rezeptive Möglichkeiten: Was versteht die Person?
Das Sprachverständnis eines Menschen in Gruppe 2 ist zunächst eng an die konkrete Situation gebunden. Er orientiert sich überwiegend an nonverbalen Elementen der Kommunikation wie Gestik oder Mimik und Prosodie. Einzelne Schlüsselworte können im Zusammenhang mit der Handlung verstanden werden.

Expressive Möglichkeiten: Wie teilt die Person sich mit?
Die expressiven Möglichkeiten sich mitzuteilen, werden natürlich stark von den motorischen und sensorischen Gegebenheiten und den individuell zur Verfügung stehenden kommunikativ-sprachlichen Kompetenzen beeinflusst.
Über Stimmäußerungen, Mimik und Gestik, Zeigeblicke und Zeigegesten, Berührungen und Bewegungen werden Reaktionen und Intentionen vermittelt. Eine Hilfs-Person wird evtl. z. B. zu einem gewünschten Gegenstand hingeführt. Eine Person der Gruppe 2 kann manchmal auch Sprachlaute, Silbenketten oder einzelne Wörter produzieren.

Über das Hier und Jetzt hinaus (z. B., dass man zu einer bestimmten Person möchte, die sich nicht im Raum befindet) kann diese Personengruppe nur dann kommunizieren, wenn sie das mit alternativsprachlichen Mitteilungsformen (deutlich interpretierbaren Gesten, verständlichen Gebärden, Miniaturgegenständen, Fotos und anderen Abbildungen, Sprachausgabegeräten) zum Ausdruck bringen bzw. mit diesen alternativen Formen unterstützt gestellte Fragen („Möchtest du dies oder das?") anderssymbolisch beantworten kann.

Kommunikativ-pragmatische Verhaltensweisen: Was teilt die Person mit und warum?

Menschen dieser Zielgruppe können deutlich machen, dass sie etwas haben wollen, dass sie etwas tun wollen oder auch etwas ablehnen, wenn die Repräsentanten im Hier und Jetzt vorhanden sind. Und sie können zeigen, ob es ihnen überwiegend gut geht oder nicht.

Etwas nicht haben oder tun wollen, kann zwar gegebenenfalls körpersprachlich ausgedrückt werden, das „Warum" mitzuteilen, ist aber nicht möglich, weil auch das Fragen danach „ins Leere läuft". Ebenso gilt das für die Gründe von Befindlichkeit.

Die eingeschränkten Verständigungsmöglichkeiten können zu kommunikativ gemeinten autoagressiven und fremdagressiven Verhaltensweisen führen oder zu großer Passivität.

Was verstehen die Kommunikationspartner?

Die Verständigungsmöglichkeiten der Personen der Gruppe 2 sind in hohem Maße abhängig von der Aufmerksamkeit und Zuwendung des Kommunikationspartners und von seinem Wissen über die biografischen Gegebenheiten der Personen. Die Abhängigkeit kann geringer werden, wenn der Person lautsprachergänzende bzw. alternativsprachliche Kommunikationsformen zur Verfügung stehen. (Von Tetzchner (2006) spricht bei seiner dritten Zielgruppe von „UK als Ersatzsprache").

Förderziele

Übergeordnetes allgemeines Ziel ist bei dieser Personengruppe mit angeborenen oder in früher Kindheit erworbenen Beeinträchtigungen die Prävention bzw. Beeinflussung erlernter kommunikativer Hilflosigkeit.

Das wesentliche übergeordnete kommunikativ-sprachliche Ziel ist bei den Menschen mit frühen Schädigungen die Erweiterung der Symbolisierungsfähigkeit und dadurch auch das Wachstum der sprachlichen und damit wiederum der geistigen Fähigkeiten allgemein. Bei Menschen mit spät erworbenen

Schädigungen geht es darum, auf der sehr reduzierten Basis Kommunikation noch so weit wie möglich im Austausch lebendig zu erhalten. Sicherlich ist nicht für alle Menschen der Gruppe 2 das Ziel einer verlässlichen verbalen Ja-/Nein-Kommunikation erreichbar. Auch dann würden die kommunikationsunterstützenden Hilfen das Spektrum ihrer Möglichkeiten erweitern können.

Beispiel:
Herr R., 35 Jahre alt, lebt seit seiner Kindheit in einem Heim. Er spricht nicht und antwortet auch nicht auf Ja-Nein-Fragen. Jeden Nachmittag geht er in das Cafe auf dem Heimgelände. Da er nicht abstrakt gefragt werden kann, gibt man ihm gewohnheitsmäßig eine Tasse Kaffee. Jeden Tag wieder zeigt er deutliche Zeichen von Unzufriedenheit, wenn er in seine Gruppe zurück kommt. Als er eine Tafel bekommt, auf der verschiedene Getränke abgebildet sind und er sich durch Zeigen damit nun im Cafe Cola bestellt, ist er zufrieden.

Gruppe 3

Allgemeine Voraussetzungen

Als Mitglieder dieser Gruppe werden in dieser Betrachtung Menschen mit solchen hirnorganischen Beeinträchtigungen verstanden, durch die kognitive und spezifisch sprachliche Fähigkeiten wesentlich beeinflusst werden. Der Grund dafür können angeborene oder früh erworbene Schädigungen oder auch Folgen von später eingetretenen Beeinträchtigungen sein, verursacht z. B. durch ein schweres Schädel-Hirn-Trauma oder auch durch degenerative Prozesse. Die Einschränkungen sind allerdings geringer als die bei den Menschen von Gr.1 und Gr. 2. Die Menschen dieser Gruppe 3 sind fähig, auf symbolisch-verbalem Niveau zu kommunizieren. Das kognitive bzw. linguistische Niveau für den kommunikativen Austausch entspricht aber nicht (oder nicht mehr) dem durchschnittlichen vergleichbaren Altersniveau.

In Bezug auf Menschen mit Aphasie können jedoch „bei einigen Patienten, selbst wenn sie vollkommen unfähig sind, zu sprechen oder Sprechen zu verstehen, die geistigen Fähigkeiten vollständig erhalten bleiben – die Fähigkeit, logisch und systematisch zu denken, zu planen, sich zu erinnern, zu antizipieren, zu vermuten." (Sacks 2011, 48).
Die Bandbreite innerhalb der Gruppe ist sehr groß; von fließenden Übergängen zu den Fähigkeiten der sog. Gr. 2, aber auch zu denen der Gr.4 ist im Einzelfall auszugehen. Allgemein ist zu sagen, dass in dieser Gruppe Lernen erschwert ist.

Für Menschen mit erworbenen Beeinträchtigungen kommt hinzu, dass NEU-Lernen auf dem Hintergrund der alten Erfahrungen und der Auseinandersetzung mit der veränderten Allgemeinsituation besonders schwierig sein kann.

Kommunikativ - sprachliche Kompetenzen

Grundsätzliches

Die Auseinandersetzung mit Sprache erfolgt bei diesen Personen auf einem überwiegend konkreten und erfahrungsgebundenen Niveau.
Wesentlich für die Kommunikation sind daher individuelle Erfahrungen und persönliche Erlebnisse der unterstützt Kommunizierenden.
Der Abstraktionsgrad sprachlicher Inhalte bewegt sich zwischen dem konkret situationsgebundenen Bezug (im Hier und Jetzt) und der Reflexion über erlebte und wahrgenommene Ereignisse (z. B. beim Erzählen über zu Hause, die Werkstatt, Urlaub, Arztbesuche, Vergangenes, ...).
Spezifische Beeinträchtigungen der sprachstrukturellen Kompetenzen sind ebenfalls bei vielen Menschen dieser Gruppe wahrscheinlich, werden aber wohl bisher selten genau erfasst (vgl. Scheller 2007, 8).
Die Kompetenzen eines Menschen dieser Gruppe können in Bezug auf sprachstrukturelle Faktoren vergleichbar denen von „Sprachanfängern" sein oder sich in Bezug auf Wortschatz und syntaktisch-morphologische Fähigkeiten auf einer der weiteren Stufen des Kompetenzspektrums bis hin zur vollständigen Verfügung über die linguistischen Fähigkeiten bewegen.

Rezeptive Möglichkeiten: Was versteht die Person?

Eine Person verfügt dann über ein vollständiges Ja-/Nein-Konzept, wenn sie intentionale und assertive rein lautsprachlich gestellte Fragetypen (ohne die gleichzeitige Sichtbarkeit des Objekts oder andere Informationen aus dem Kontext) ebenfalls lautsprachlich und/oder anders symbolisch eindeutig beantworten kann.
Im Vergleich mit der oben beschriebenen Gruppe 2 gehen wir bei den Menschen dieser Gruppe davon aus, dass sie ein Ja-/Nein-Konzept entwickelt haben.
Fragen können beantwortet werden, wenn sie an den individuellen kognitiven und sprachlichen Entwicklungsstand angepasst sind. Sprache wird in Bezug auf den konkreten Erfahrungsbereich auch über den situativen Kontext hinausgehend verstanden.
Der passive Wortschatz kann durch vielfältige kommunikative Erfahrungen quantitativ (Lexikon) und qualitativ (Wortbedeutung, Begriffsschärfe und semantische Felder) in gewissem Rahmen entwickelt oder erhalten sein.

Morpho-syntaktische Kompetenzen ermöglichen u. U. das Verstehen auch von nicht sehr vereinfachten Sätzen.

Das Kompetenzspektrum in der Gruppe 3 reicht bis hin zur Dekodierung umfangreicher sprachlicher Äußerungen. Zum Beispiel können die Personen im Rahmen ihres konkreten Erfahrungsbereiches

- einfache Erzählungen (z. B.: vorgelesene Geschichten),
- humoristische oder witzige Äußerungen,
- unvollständige Äußerungen oder
- paradoxe und falsche Äußerungen verstehen und entsprechend situationsadäquat reagieren.

Außerdem zeigen die Personen in der Regel ein reges Interesse an audiovisuellen Medien und können ihrem Interessens- und Erfahrungsbereich entsprechenden Radio- oder Fernsehsendungen Informationen entnehmen und diese erinnern.
Manchmal – v. a. bei spät erworbenen Schädigungen – kann eingeschränktes oder vollständiges Schriftsprachverständnis vorhanden sein.

Expressive Möglichkeiten: Wie teilt die Person sich mit?
Menschen der Gruppe 3, die nicht ihren rezeptiven Möglichkeiten entsprechend reden können, können potentiell in der Lage sein, alle Kommunikationsfunktionen umzusetzen, eigene Inhalte in kommunikative Prozesse einzubringen und Erlebnisse, Wünsche, Bedürfnisse oder Fragen zu thematisieren.
Manchmal benutzen die Menschen auch schwer verständliche Lautsprache. Allerdings ist die dann oftmals nur von engen Bezugspersonen zu entschlüsseln.
Das Kompetenzspektrum umfasst dabei die gesamte Skala der Sprachentwicklung und aller Störanfälligkeiten.
Allerdings: Erst Formen aus dem Spektrum der Unterstützten Kommunikation ermöglichen es auch diesen Menschen, sich ihren individuellen Bedürfnissen und Fähigkeiten entsprechend differenziert, personenunabhängig und über den situativen Kontext hinausgehend sprachlich mitzuteilen.

Kommunikativ-pragmatische Verhaltensweisen: Was teilt die Person mit und warum?
Die Verfügbarkeit grundlegender kommunikativ-pragmatischer Strategien kann durch behinderungsspezifische Beeinträchtigungen (z. B.: reduzierte Aufmerksamkeitsspanne, Wahrnehmungsstörungen, sozial schwierige Verhaltensweisen, ...) erschwert sein.

Allerdings ist durch die vorhandenen kognitiven und sprachlichen Kompetenzen eine deutlich intensivere aktive selbstbestimmte Mitgestaltung der persönlichen Lebenssituation möglich als bei Gr. 1 und Gr. 2.
Wenn nicht gravierende soziale Beeinträchtigungen dies erschweren oder verhindern, zeigen die Menschen Interesse an ihrem sprachlich-kommunikativen Umfeld und äußern häufig den Wunsch, sich an Gesprächen mit Themen aus ihrer unmittelbaren Lebenswelt zu beteiligen.

Was verstehen die Kommunikationspartner?

Da die Personen selbst oft viel mitteilen wollen, werden sie nur gut verstanden, wenn sich die Kommunikationspartner mit Geduld auf die ungewohnten unterstützenden Formen einlassen und evtl. aus wenigen Hinweisen komplexere Inhalte kokonstruieren können.

Förderziele

Das übergeordnete allgemeine Ziel, möglichst viel Selbstbestimmung in kommunikativen Prozessen zu erlangen, ist in dieser Gruppe sehr eng mit dem übergeordneten kommunikativ-sprachlichen Ziel verknüpft:
Mehr Selbstbestimmung zu verwirklichen ist wesentlich davon abhängig, wie differenziert sich jemand Anderen gegenüber mitteilen kann. Da die Personen dieser Gruppe mehr oder weniger viel verstehen und zu sagen haben, brauchen sie ein ausreichendes bzw. variabel einsetzbares Kernvokabular und Systeme, die ihnen bei entsprechendem Potential auch auf der morphologischen Ebene differenzierte Mitteilungen ermöglichen.
Bei Menschen mit erworbenen oder sogar degenerativen Schädigungen ist das Wichtigste, das Interesse an kommunikativem Austausch auf der Basis von Wertschätzung möglichst (lange) zu erhalten und umsetzbar zu machen.
Förderziel ist demnach, es Menschen trotz erschwerter Lernbedingungen zu ermöglichen, die „Fremdsprache UK“ als hilfreiches Ausdrucksmittel für größere Selbstbestimmung und lebendigen Austausch mit anderen Menschen im eigenen Leben kennen-, schätzen und benutzen zu lernen.
Die Heterogenität dieser Personengruppe macht die Umsetzung der Förderziele und -inhalte besonders anspruchsvoll.
Die besondere Herausforderung für die Umsetzung der Förderziele bei diesem Personenkreis liegt darin, dass einerseits im Vergleich zu Gruppe 2 linguistisch weit höhere Anforderungen zu erfüllen sind und dass andererseits die Schwierigkeiten der Umsetzung weitaus größer sind als bei Menschen, die „nur“ nicht sprechen können, die aber leichter über Lernpotential verfügen können, so wie es bei Gruppe 4 der Fall ist.

Gruppe 4

Allgemeine Voraussetzungen

Die Einschränkungen bei Menschen der Gruppe 4 sind in erster Linie durch den gesamten Körper betreffende oder auch lokal begrenzte motorische Funktionsbeeinträchtigungen begründet. Das Beziehungsgefüge für kommunikative Entwicklung wird von den motorischen Beeinträchtigungen nicht grundsätzlich beeinflusst. Die Menschen können bei angeborenen Beeinträchtigungen (oft durch Sauerstoffmangel bei der Geburt hervorgerufen) in der Regel schon als kleine Kinder nahezu altersgerechte kommunikative und kognitive Fähigkeiten zeigen. Ihre motorischen Behinderungen bedingen meist Hilfe in allen Bereichen des Alltags. Ihr äußeres Erscheinungsbild führt häufig zu massiven Fehleinschätzungen bezüglich der geistigen Fähigkeiten.

Die Bandbreite der zu beobachtenden Kompetenzen entspricht der „Durchschnittsbevölkerung", schließt also durchaus auch Lernschwierigkeiten mit ein. Bei Personen der Gruppe 4 können zusätzliche Sinnesbehinderungen, spezifische Teilleistungsstörungen oder emotional-psychosoziale Beeinträchtigungen auch die Einschätzung ihrer kognitiven und kommunikativen Kompetenzen erschweren.

In den folgenden Ausführungen werden solche zusätzlichen Beeinträchtigungen nicht berücksichtigt, da sie sich in der Regel nur bedingt auf die dargestellten grundlegenden Kompetenzen auswirken. Sie sind dennoch im Diagnose- und Förderprozess stets gesondert zu beachten.

Auffallend ist, dass auch unter sehr erschwerten Bedingungen ein starkes Interesse an den Ereignissen der personellen und sächlichen Umwelt besteht. Diese Kinder, Jugendlichen oder Erwachsenen verfolgen ihren Möglichkeiten entsprechend das Geschehen in ihrer Umwelt konzentriert und begeben sich auf die aktive Suche nach Informationen und dialogischen Austauschbeziehungen.

Erwachsene mit erworbener Sprechunfähigkeit bei erhaltenen kognitiv-linguistischen Kompetenzen (wie z. B. bei Sprechverlust durch ALS oder Locked-in-Syndrom) haben „die Welt im Kopf" (vgl. Katz-Bernstein 1998) wie vor dem Verlust und können „nur" nicht sprechen.

Kommunikativ - sprachliche Kompetenzen

Grundsätzliches

Sprachliche Interaktion ist – zumindest die rezeptive Seite betreffend – in der Regel auf einem in etwa altersangemessenen Niveau möglich.

Auf der Basis der grundsätzlichen Fragehaltung kann sich bei Menschen der Gruppe 4 bei guten förderlichen Bedingungen Sprache als „Welt im Kopf" aufbauen.

Rezeptive Möglichkeiten: Was versteht die Person?
Die rezeptiven Möglichkeiten sind in der Regel nicht wesentlich eingeschränkt, so dass bei einem angemessenen kommunikativen und sprachlichen Input nahezu altersentsprechende Kompetenzen beobachtet werden können.
Kinder zeigen oft schon früh ein Interesse an sprachlichen Inhalten, die über den eigenen Erfahrungs- und Erlebnishorizont hinausgehen (z. B. Geschichten, Erzählungen, Hörkassetten, ...).
Jenseits der sprachlich vermittelten Inhalte können auch formale Aspekte der Sprache zum Gegenstand der Betrachtung werden. Sprachspiele, Reime, Quatschwörter, aber auch Schrift als Medium werden schon früh interessant. Dieses metasprachliche Interesse gilt als eine wesentliche Voraussetzung für den Schriftspracherwerb.

Expressive Möglichkeiten: Wie teilt die Person sich mit?
Körpereigene expressive Möglichkeiten – durch motorische Behinderung auch nur eingeschränkt verfügbar - werden von Menschen der Gruppe 4, deren Beeinträchtigungen vom Beginn an ihre Entwicklung beeinflusst, früh deutlich und ausdauernd eingesetzt.

Mütter von inzwischen erwachsenen, auf hohem Niveau unterstützt kommunizierenden Menschen berichten, dass sie bereits in den ersten Monaten am wachen Augenausdruck ihrer Kinder das Bedürfnis nach Kommunikation und Interaktion erkannt und darauf reagiert haben. So bekommen die Mütter die Anregungen zur Kommunikation ähnlich wie bei Kindern ohne Behinderung. Der Augenausdruck und die Blickbewegungen lenken die Eltern zu den Dingen oder Tätigkeiten, an denen die Kinder interessiert sind.
Allmählich können die Kinder auf dieser Basis ihre internen sprachproduktiven Fähigkeiten auch schon ohne zusätzliche UK-Formen erweitern. (Evtl. können Spiegelneuronen als Erklärung für das Lernen durch Beobachtung dienen.)
Die Menschen können ihrem Alter und ihren Möglichkeiten entsprechend eigene Inhalte in kommunikative Prozesse einbringen und Erlebnisse, Wünsche, Bedürfnisse oder Fragen thematisieren. Dabei nutzen sie sämtliche ihnen zur Verfügung stehenden körpereigenen Kommunikationsmöglichkeiten (Mimik, Gestik und evtl. vorhandene Lautsprache) oft sehr kreativ, hartnäckig und z. T. abstrahierend. Die Mütter berichten, dass ihre Kinder schon in den ersten beiden Lebensjahren symbolische Kommunikation genutzt haben. Wenn das Kind z. B. gezielt zum Fenster schaute, rieten sie, wonach es fragen oder was es erzählen wollte.

Das abstrakte Ja-/Nein-Konzept war bereits im zweiten Lebensjahr verfügbar. Darüber konnten dann Gedanken des Kindes näher entschlüsselt werden.

Auf der Grundlage guten Sprachverstehens sind über das strukturierte Fragen lebenslang viele Inhalte mitzuteilen, wenn die Kommunikationspartner sich gut kennen.
Ihre komplexen kommunikativen Bedürfnisse können Kinder, aber auch erwachsene Personen dieser Gruppe jedoch nur mit Hilfe von Formen aus dem Spektrum der Unterstützten Kommunikation befriedigen. Erst sie ermöglichen es ihnen, sich differenziert, personen-unabhängig und über den situativen Kontext hinausgehend sprachlich mitzuteilen, aktiv an Diskussionen teilzunehmen sowie Wissen zu erwerben. Nur damit können sie alle Kommunikationsfunktionen auf einem individuell angemessenen Niveau umsetzen.

Die Spannbreite der Formen Unterstützter Kommunikation, die zum Einsatz kommen können, umfasst die Nutzung komplexer nicht-elektronischer und elektronischer Kommunikationshilfen.
Schrift als Kommunikationsmedium stellt insbesondere für diesen Personenkreis eine wesentliche Ergänzung dar, weil darüber jede Formulierung inhaltlich präzise mitteilbar wird.
Teilleistungseinschränkungen wie z. B. spezifischer Dysgrammatismus oder Dyslexie können jedoch auch bei dieser Personengruppe vorkommen.

Kommunikativ-pragmatische Kompetenzen: Was teilt die Person mit und warum?
Kinder ohne Beeinträchtigungen verfügen in der Regel bereits vor Ende ihres 2. Lebensjahres über die Kommunikationsfunktionen 1-12, die Funktionen 13-15 entwickeln sich dagegen meist erst später (vgl. Heim 2001, 35).
Kinder der Gruppe 4 entwickeln diese Funktionen in etwa altersgleich.

Menschen der Gruppe 4 sind grundsätzlich in der Lage,

- situative Bedingungen als „Kommunikationshilfe“ zu nutzen, indem sie z. B. räumliche Gegebenheiten kommunikativ gebrauchen (etwa zur Stereoanlage blicken, um das Thema „Musik“ anzusprechen...).
- grundlegende kommunikativ-pragmatische Strategien durch Beobachtung zu erwerben und an ihre individuellen Bedingungen anzupassen, wie z.B.
  - Hörer-Sprecher-Wechsel
  - grundlegende Kommunikationsrituale wie Begrüßung und Verabschiedung

  - das Wissen um die wesentlichen Gesprächsphasen (Initiierung, Fortführung und Beendigung)
  - etc..
- komplexe Kommunikationshilfen effektiv und effizient kommunikativ zu nutzen.
- inhaltlich auf ihre Gesprächspartner einzugehen.
- das Ziel, Inhalte möglichst unmissverständlich zu vermitteln, stringent zu verfolgen und auch bei Missverständnissen nicht direkt aufzugeben.
- ein Bewusstsein für ihre individuelle kommunikative Situation zu entwickeln und so einzuschätzen, welcher Gesprächspartner welche Kommunikationsform(en) ihres multimodalen Systems versteht. Bei Verstehenskrisen (z. B. aufgrund einer Fehleinschätzung des Gegenübers) können sie flexibel reagieren und z. B. die Kommunikationsform wechseln.
- ein Bewusstsein für die Besonderheiten des „unterstützten Sprechens" zu entwickeln und grundlegende Kompensationsstrategien, wie z. B. die Aufklärung der Gesprächspartner über diese individuellen Kommunikationsformen oder den offensiven Umgang mit den Einschränkungen zu erlernen.
- ihre Dezentralisierungsfähigkeit auch kommunikativ umzusetzen, indem sie sich von den eigenen (Mitteilungs-)Bedürfnissen distanzieren und soziales Interesse zeigen (z. B. Interesse daran, etwas über das Gegenüber zu erfahren).
- angemessene Reaktionen auf diskriminierendes Verhalten „nichtbehinderter" Menschen zu erlernen (z. B. freundlich-bestimmte Kritik äußern).
- zu lernen, ihr eigenes kommunikatives Verhalten und das ihrer Kommunikationspartner auf einer Metaebene zu analysieren, um daraus allgemeine Gesprächsregeln und/oder Optimierungsmöglichkeiten für die individuelle kommunikative Situation abzuleiten.

Was verstehen die Kommunikationspartner?

Wenn die unterstützt sprechenden Gesprächspartner die notwendigen Hilfen zur Verfügung haben, können sie das, was sie wollen, mitteilen. Ob sie verstanden werden, hängt davon ab, ob die Kommunikationspartner in der Lage sind, sich auf die Besonderheiten bei unterstütztem Kommunizieren (vgl. Braun 2005) einzulassen.

Förderziele

Übergeordnetes allgemeines Förderziel ist die Ermöglichung entwicklungsadäquater Äußerungsformen und damit auch größtmöglicher Auto-

nomie im Hinblick auf ein „selbstbestimmtes Leben". Dies ist – wie bei Gruppe 3 – eng verbunden mit dem übergeordneten kommunikativ-sprachlichen Ziel, nämlich Wege zu eröffnen, durch die die „Welt im Kopf" mit anderen Modi als denen der „Mundsprechenden" (Begriff geprägt von der unterstützt sprechenden Kathrin Lemler) mitgeteilt werden kann.
Eine Optimierung der körpereigenen Kommunikationsmöglichkeiten und die Vermittlung auch von komplexeren nicht-elektronischen und elektronischen UK-Formen sind bereits sehr früh unabdingbar, damit nicht Verzögerungen in der kognitiven und sprachlichen Entwicklung sekundär verursacht werden.

Die Vermittlung von Kulturtechniken und altersadäquaten Wissensinhalten dient dem Ziel, das individuelle Bildungspotential auszuschöpfen und z. B. einen Regelschulabschluss zu erlangen.
Erwachsene mit schwerer Cerebralparese und Anarthrie, durch Geburtsschädigung verursacht, zeigen, dass solche Ziele nicht nur Wünsche bleiben müssen.
Ziel wäre, im Vorschulalter mit UK „sprechen" zu lernen, um danach dem individuell möglichen Schulunterricht folgen zu können.
Für Erwachsene sollten berufliche Möglichkeiten gesucht werden, die diesen Menschen trotz ihrer Einschränkungen ihnen entsprechende anspruchsvolle Tätigkeiten zugänglich machen.

Für Menschen, die allmählich (etwa durch ALS) oder plötzlich (z. B. durch ein Locked-in-Syndrom) die Sprechfähigkeit einbüßen, ist beim Ausgleich durch unterstützende Formen immer auch der damit verbundene Trauerprozess zu berücksichtigen.

Literatur

Braun, U.; Kristen, U.: Basale Stimulation, Basale Kommunikation, Unterstützte Kommunikation – Was ist eigentlich was?, in: Unterstützte Kommunikation. 4/1997: 6 – 12.

Braun, U.: Besonderheiten der Gesprächssituation, in: Handbuch der Unterstützten Kommunikation, Karlsruhe, 2005: 01.026.002-01.026.006

Donhauser, R.: Zusammen und gemeinsam… UK bei Menschen mit schwersten Mehrfachbehinderungen, in: Zeitschrift Unterstützte Kommunikation, 3/2006: 10 – 14

Fröhlich, A.: Ganzheitliche Schwerstbehindertenförderung: Kommunikation – Wahrnehmung - Umwelterfahrung, in: Verband Deutscher Sonderschulen e.V. - Fachverband für Behindertenpädagogik (Hrsg.): Bewegen - Erleben– Lernen. Bericht über die Bundesfachtagung Sonderpädagogik in Mainz am 29. und 30. Mai 1985. Zeitschrift für Heilpädagogik, Nienburg, Beiheft 12/1985: 7 – 13.

Heim, M.: Nauwelijks sprekend veel te zeggen, Utrecht, LOT. 2001

Heim, M.; Jonker, V.; Veen, M.: COCP: Ein Interventionsprogramm für nicht sprechende Personen und ihre Kommunikationspartner, in: Handbuch der Unterstützten Kommunikation Karlsruhe, 2005: 01.026.007-01.026.015

Kane, G.: Entwicklung früher Kommunikation und Beginn des Sprechens, in: Geistige Behinderung. Fachzeitschrift der Bundesvereinigung Lebenshilfe für geistig Behinderte,31. Jahrgang, 4/1992: 303 – 319

Katz-Bernstein, N.: Die Sprachentwicklung des Kindes: Als eine Interaktion von Kognition und Emotion. „Der Bau des Hauses der Welt, die im Kopf wohnt", in: Rapp, F. (Hrsg.): Globalisierung und kulturelle Identität, Bochum, 1998: 1-24

Krüger, R.: homo significans: Der Mensch als Zeichenerzeuger, in: UK & Forschung_ 1 – Hirnforschung und Autismusspektrumstörung, 1. Jg. Karlsruhe, 2011: 4-20

Leber, I.: Kommunikation einschätzen und unterstützen – Poster und Begleitheft zu den Fördermöglichkeiten in der Unterstützten Kommunikation, Karlsruhe, 2009

Sacks, O.: Das innere Auge – Neue Fallgeschichten, Hamburg, 2011

Scheller, M.: Sprachdiagnostik für Unterstützt Kommunizierende Vorschul- und Schulkinder. Unveröffentlichte Diplomarbeit; Technische Universität Dortmund - Fakultät Rehabilitationswissenschaften Bereich Rehabilitation und Pädagogik bei Sprach-, Kommunikations- und Hörstörungen, Dortmund, 2007

von Tetzchner, S.: Unterstützte Kommunikation in Europa: Forschung und Praxis, in: Handbuch der Unterstützten Kommunikation, Karlsruhe, 2006: 15.002.019 – 15.002.035

---

[1] In einer geplanten ausführlichen Veröffentlichung werden Kompetenzen und vor allem Fördermöglichkeiten detailliert beschrieben. Im Rahmen dieses Artikels geht es lediglich um eine kurze beschreibende Darstellung der Gruppen und daraus abgeleitete Förderziele.

[2] Vorzustellen ist diese Problematik, wenn wir eine Frage in einer uns völlig oder weitgehend fremden Sprache beantworten sollten, ohne Hinweise aus der Situation dabei zu Hilfe nehmen zu können. Wir erkennen an der Stimmführung, dass es sich um eine Frage handelt. Wenn uns die Sprache vollkommen fremd ist, verstehen wir nichts. –„Chtjauabich jabuko?" ist polnisch und meint „Möchtest du einen Apfel?": Wenn wir nur Einzelwörter verstehen, ziehen wir leicht falsche Schlussfolgerungen, z.B. beim Niederländischen:„Klopt `t, dat je deze trui mooi vindt?" Hier verstehen wir vielleicht etwas wie „Meinst du, dass…" „deze" als „diese" und „vindt" als „finden". Die genaue Bedeutung versuchen wir irgendwie aus dem Zusammenhang der Situation, die wir hier nicht kennen, zu erraten. Die Frage: „Stimmt es, dass du diesen Pullover schön findest?" verstehen wir nicht wirklich.

Wird das Kernvokabular überhaupt genutzt?

UK-Nutzerbefragung zum Einsatz komplexer elektronischer Kommunikationshilfen

Karolin Schäfer

Für unterstützt Kommunizierende steht mittlerweile eine umfangreiche Produktpalette an komplexen elektronischen Kommunikationshilfen zur Verfügung. Die Hilfsmittel zeichnen sich zumeist durch unterschiedliche Hardwareeigenschaften aus und können sowohl über eine symbol- als auch schriftsprachgestützte Vokabularstruktur oder eine Kombination aus beidem verfügen. Unterschiede bestehen zumeist im Aufbau und Umfang des vorhandenen Vokabulars und der Vokabularkodierung. Während ein großer Teil der Hilfsmittel eine Sortierung nach Oberbegriffen und semantischen Feldern aufweist, greifen andere auf Kodierungen zurück, welche die Kombination von Symbolfeldern zum Abrufen von Wörtern und Sätzen erfordert. Andere arbeiten hauptsächlich mit Schriftspracheingabe und verfügen über intelligente Wortvorhersagen und umfangreiche Speicherfunktionen.

Die Versorger von komplexen elektronischen Kommunikationshilfen sind in hohem Maße daran interessiert, dass die Nutzer die Hilfsmittel alltagsgerecht einsetzen und ihre kommunikativen Möglichkeiten stetig verbessern können. Wissenschaftliche Erkenntnisse (z. B. hinsichtlich Kern- und Randvokabular (Boenisch/Sachse 2007b)) werden daher von den Herstellern und Händlern mit großem Interesse verfolgt, um diese auf den praktischen Einsatz von Hilfsmitteln zur Unterstützten Kommunikation zu übertragen. Dennoch endet die Beschäftigung mit dem „Erfolg" des Einsatzes der Kommunikationshilfe für den Hilfsmitteldienstleister in der Regel mit Abschluss der Versorgung. Die Möglichkeit, Nutzer über einen längeren Zeitraum intensiv zu beobachten und zu begleiten und einen detaillierten Überblick über Einsatz der Hilfsmittel und individuelle Fortschritte der Nutzer zu gewinnen, kann aus zeitlichen und organisatorischen Gründen häufig nicht gewährleistet werden. Dabei würden die Rückmeldungen der Nutzer zur langfristigen Verbesserung der Hilfsmittel und deren Ausstattung beitragen und die Gelegenheit eröffnen, auf mögliche Nutzungsprobleme bereits vor deren Entstehung einwirken zu können.

Aufbau der UK-Nutzerbefragung

Um einen Überblick darüber zu gewinnen, wie komplexe elektronische Kommunikationshilfen von UK-Nutzern im Alltag eingesetzt werden, wurde vom Sanitätshaus Bültzingslöwen im Jahr 2010 eine großangelegte Kundenbefragung initiiert. Insgesamt wurden 130 Fragebögen an UK-Nutzer verschickt, die über eine komplexe dynamische Kommunikationshilfe verfügen. Ein weiteres Exemplar des Fragebogens erhielten die unmittelbaren fachlichen Bezugspersonen des UK-Nutzers wie Lehrer, Therapeuten oder sonstiges betreuendes Fachpersonal. Bis Ende des Jahres 2010 kamen insgesamt 54 doppelte Fragebögen von UK-Nutzern und deren fachlichen Bezugspersonen zurück, das entspricht einer Rücklaufquote von 41%. Die Teilnehmer der Kundenbefragung wurden zum Einsatz der Hilfsmittel im Alltag befragt. Bei einigen ausgewählten Nutzern wurde darüber hinaus eine genaue Analyse darüber erhoben, wie das Hilfsmittel eingesetzt wird und auch genau protokolliert, welche Wörter und Sätze damit getätigt werden. Dabei wurden sowohl die Quantität der Eingaben (d. h. wie oft und zu welchen Zeitpunkten) als auch die Qualität derselben (Satzbau, Ausdruck) näher analysiert. Auf diese Weise sollte festgestellt werden, welche Wortarten und Satzstrukturen von den UK-Nutzern bevorzugt eingesetzt werden und wie sich die Kommunikation der unterstützt Kommunizierenden von der Kommunikation lautsprachlich Kommunizierender unterscheidet.
Uns ist bewusst, dass bei der vergleichsweise geringen Anzahl von 54 befragten UK-Nutzern keine allgemeingültigen Aussagen getroffen werden können, die zwangsläufig für alle Menschen mit UK-Bedarf gelten müssen. Dennoch können aus der Befragung wertvolle Ansätze für den Alltag und die Förderung von Menschen mit komplexen dynamischen Kommunikationshilfen gezogen werden.

Bei der Auswahl der zu befragenden UK-Nutzer wurde darauf geachtet, dass die Kommunikationshilfen vergleichbar sind, um annähernd allgemeine Aussagen treffen zu können. Von der Befragung wurden UK-Nutzer ausgeschlossen, die über Hilfsmittel mit den folgenden Eigenschaften verfügen:

- Einfache statische Kommunikationshilfen wie Super Talker, GoTalk o. Ä.
- Kommunikationshilfen mit reiner Tastatureingabe wie Lightwriter, Speak Out etc.
- Kommunikationshilfen, die über keine Grammatikfunktion verfügen
- Kommunikationshilfen, die keine synthetische Stimme haben, sondern besprochen werden müssen.

Es wurden ausschließlich Hilfsmittel ausgewählt, die folgende Kriterien erfüllen:

- Komplexe, dynamische Kommunikationshilfen
- Kommunikationshilfen mit hohem Vokabularumfang und Grammatikfunktion
- Kommunikationshilfen mit synthetischer Sprachausgabe.

Insgesamt wurde aus der Gesamtgruppe von UK-Nutzern, die über ein Hilfsmittel mit den genannten Eigenschaften verfügen und die durch das Sanitätshaus Bültzingslöwen betreut werden, eine zufällige Stichprobe von rund 130 Kunden ausgewählt. Das Hilfsmittel sollte seit mindestens 4 Monaten bei den Kunden im Einsatz sein. In die Befragung wurden auch UK-Nutzer mit einbezogen, die ihre Kommunikationshilfe ursprünglich nicht vom Sanitätshaus Bültzingslöwen, sondern von anderen Versorgern erhalten haben. Diese befinden sich in der Kundenkartei, da sie z. B. einen Rollstuhl, Orthesen oder eine Adaption zur Befestigung oder Ansteuerung für die Kommunikationshilfe vom Sanitätshaus Bültzingslöwen erhalten haben.
Die 130 Fragebögen wurden jeweils in doppelter Ausführung versandt: Einen Bogen erhielten die UK-Nutzer selbst, der andere wurde an das begleitende Fachpersonal, d. h. Lehrer, Therapeuten etc. (sofern bekannt) versandt. Nach abgeschlossenem Rücklauf wurden ausschließlich Fragebögen mit in die Auswertung einbezogen, die nicht allein von den UK-Nutzern selbst, sondern auch von begleitendem Fachpersonal ausgefüllt wurden. Wenn jeweils nur der Fragebogen des Nutzers oder der des Therapeuten/Lehrers vorlag, wurde dieser nicht mit in die Auswertung einbezogen.
Wir erhielten Antworten von Nutzern, die die folgenden Kommunikationssysteme nutzen:

- Human Kommunikator 2 mit Agilis 3x4, 6x8 und Mobilis
- Human Kommunikator 3 mit Agilis 3x4 und Schriftsprachraster für Erwachsene
- DynaVox VMax mit Gateway 20 und 40
- Small Talker mit Quasselkiste 45, 60 und Wortstrategie 84
- Augensteuerung Human Kommunikator mit Quick Glance und Schriftsprachraster für Erwachsene
- Augensteuerung Tobii C12 mit Sono Lexis 7x5 und Agilis 3x4
- Augensteuerung Tobii P10 mit Agilis 3x4

Auf die Eigenschaften der genannten Kommunikationshilfen und deren Vokabularstrategien soll im Folgenden nicht näher eingegangen werden. Obwohl es Unterschiede im Aufbau des Vokabulars und der Kodierung bei

den genannten Hilfsmitteln gibt, sind die Vokabularinhalte und der Umfang innerhalb der unterschiedlichen Niveaustufen vergleichbar. Die Art der Ansteuerung des Hilfsmittels wurde nicht als Unterschied gewertet; so wurden Nutzer befragt, die ihre Hilfsmittel per direkter Selektion, Augensteuerung, Kopfsteuerung und Scanning bedienen. Die Störungsbilder der befragten UK-Nutzer waren sehr heterogen; zu den Befragten gehörten sowohl Menschen mit verschiedenen Syndromerkrankungen, cerebralen Bewegungsstörungen, geistiger Behinderung, Autismus-Spektrum-Störung, progredienten Motoneuron- und Muskelerkrankungen, schweren Mehrfachbehinderungen und Menschen mit Zustand nach (Z. n.) Apoplex. Auf die Störungsbilder soll nicht näher eingegangen werden, auch wenn diese unter Umständen eine andere Herangehensweise an ein Hilfsmittel oder eine andere Ausstattung desselben implizieren. In die Befragung wurden sowohl Kinder als auch Erwachsene mit UK-Hilfsmitteln einbezogen. Um Unterschiede zwischen der Nutzung von Hilfsmitteln von Kindern und Erwachsenen festzustellen, wurden deren Ergebnisse zunächst zusammen und dann getrennt voneinander betrachtet. Dabei konnten deutliche Unterschiede zwischen Kindern und Erwachsenen hinsichtlich Nutzung der Hilfsmittel, Begleitungsaufwand und didaktischen Fragestellungen beobachtet werden. Auf die getrennte Betrachtung kann in diesem Artikel leider nicht näher eingegangen werden.
Für die Befragung orientierten wir uns eng an dem Diagnosebogen „Beobachtungen zum Einsatz von Kommunikationshilfen“ (Boenisch/Sachse 2007; mit freundlicher Genehmigung von Sachse 2010).

Ergebnisse der UK-Nutzerbefragung

Die Ergebnisse der Befragung erlauben einen Rückschluss darauf, wie Kommunikationshilfen im Alltag eingesetzt werden und liefern wichtige Antworten auf die Frage, wie Hilfsmittel ausgestattet sein müssen und wie eine sinnvolle Förderung damit gestaltet werden kann. Auch Probleme im täglichen Einsatz wurden durch die Befragung deutlich. Augenfällig waren die oftmals deutlichen Abweichungen der Einschätzung von den UK-Nutzern selbst und deren Lehrern/Therapeuten.

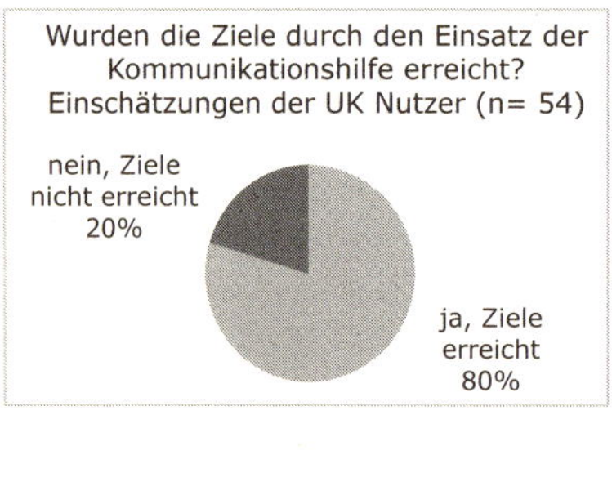

Abb. 1: Formulierung individueller Ziele: Wurden die Ziele durch den Einsatz der Kommunikationshilfe erreicht? Antworten der UK-Nutzer

Insgesamt gaben 80% der UK-Nutzer an, dass die vorformulierten Ziele durch den Einsatz der Kommunikationshilfe erreicht werden konnten. Zu berücksichtigen ist dabei, dass nicht immer der Nutzer selbst den Fragebogen ausgefüllt hat – oftmals erfolgte dies durch Angehörige (Eltern, Partner, sonstige Bezugspersonen).

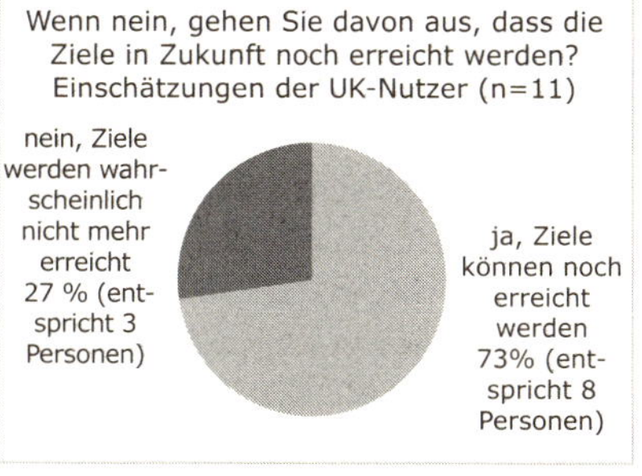

Abb. 2: Können die Ziele noch erreicht werden? Antworten der UK-Nutzer

Von den 20% der UK-Nutzer, die angegeben haben, dass die Ziele nicht erreicht seien, ging der Großteil davon aus, dass diese in der nächsten Zeit noch erreicht werden können. Nur 3 von 54 befragten UK-Nutzern gaben an, dass die vorformulierten Ziele für den Einsatz der Kommunikationshilfe ihrer Einschätzung nach nicht mehr erreicht werden können. Folgende Gründe wurden genannt:

- „Verweigerungshaltung – Kommunikationshilfe wird nicht regelmäßig genutzt“
- „Die Oberfläche ist zu komplex und muss zunächst an die Fähigkeiten angepasst werden“
- „Pflegepersonal hat Berührungsängste bei der Augensteuerung, das Gerät wird daher zu selten eingeschaltet“

Nicht immer war ersichtlich, wer den Fragebogen stellvertretend für den UK-Nutzer ausgefüllt hat, so dass über die oben genannten Gründe und deren mögliche Lösungsansätze nur spekuliert werden kann. Deutlich wird, dass bei Unzufriedenheit seitens der UK-Nutzer häufig ein entsprechender Nachschulungs- und Fortbildungsbedarf besteht, welcher allen Beteiligten bei der Nutzung des Hilfsmittels im Alltag vermutlich weiterhelfen und Frustrationen vermeiden könnte.

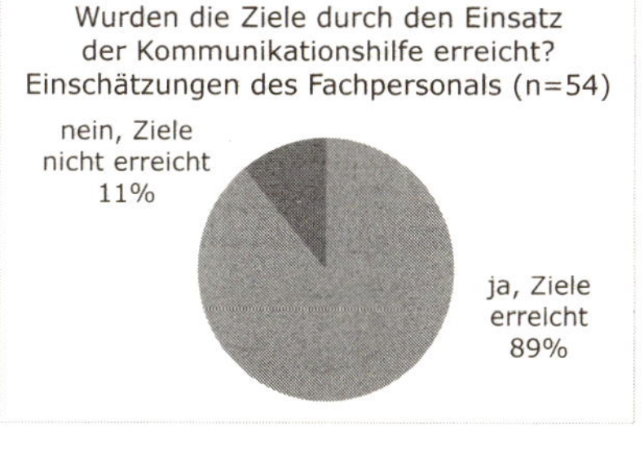

Abb. 3: Formulierung individueller Ziele: Wurden die Ziele durch den Einsatz der Kommunikationshilfe erreicht? Antworten des UK-Fachpersonals

Bei der Befragung des Fachpersonals gaben 89% der 54 befragten Lehrer und Therapeuten an, dass die Ziele ihrer Meinung nach erreicht worden seien.

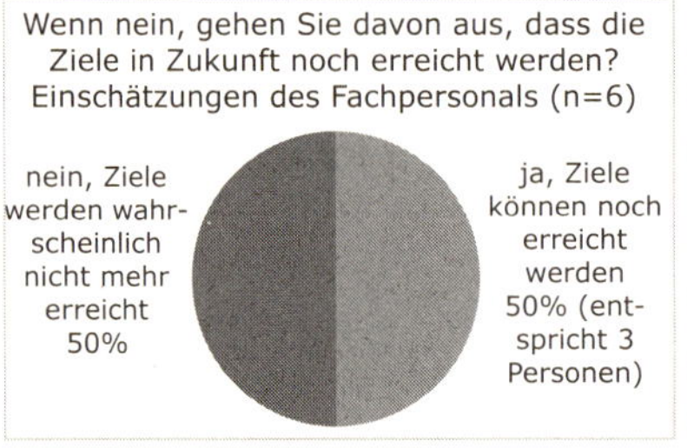

Abb. 4: Können die Ziele noch erreicht werden? Antworten des UK-Fachpersonals

Von den 6 Befragten, die die Ziele nicht erreicht sahen, gingen 3 davon aus, dass die Ziele in Zukunft noch zu erreichen seien. 3 befragte Personen gingen nicht davon aus, dass die Ziele noch zu erreichen sind. Dafür wurden folgende Gründe angegeben:

- „Die Beschäftigung mit dem Gerät und die Einrichtung der Oberfläche ist zu zeitintensiv und im schulischen Alltag nicht zu leisten"
- „Der Talker wird leider nicht mit in die Therapie gegeben"
- „M. will das Gerät nicht benutzen"

Auch hier wird deutlich, dass eine entsprechende Schulung und Aufklärung für alle Beteiligten unter Umständen eine wichtige Hilfestellung darstellen kann.

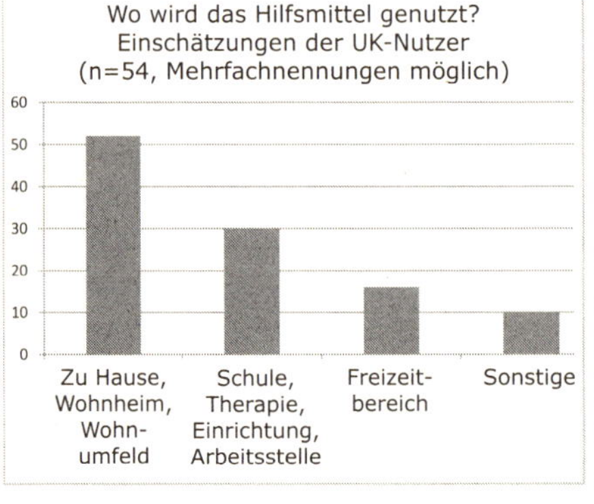

Abb. 5: Wo wird das Hilfsmittel eingesetzt (Mehrfachnennungen möglich)? Antworten der UK-Nutzer

Laut Einschätzung der UK-Nutzer wurde die Kommunikationshilfe am häufigsten im häuslichen Bereich und seltener in Therapie, Schule oder Arbeitsstelle eingesetzt. Überraschend ist, dass wenige Nutzer angaben, das Hilfsmittel im Freizeitbereich, d. h. unter anderem auch außerhalb des Hauses einzusetzen (16 von 54 Befragten). Den Einsatz der Hilfsmittel im Freizeitbereich gilt es dringend zu fördern. Seitens der Hilfsmitteldienstleister kann dies durch eine Verbesserung der Hardwareeigenschaften der Geräte (z. B. hinsichtlich Robustheit, Wetterbeständigkeit etc.) geleistet werden.

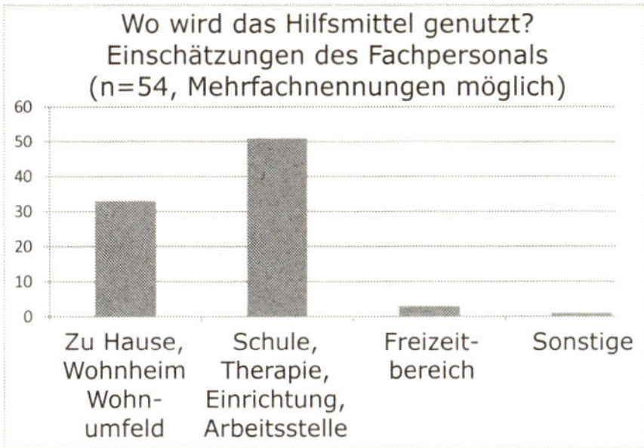

Abb. 6: Wo wird das Hilfsmittel eingesetzt (Mehrfachnennungen möglich)? Antworten des UK-Fachpersonals

Das befragte UK-Fachpersonal gab abweichend von der Einschätzung der UK-Nutzer an, dass das Hilfsmittel häufiger in der Schule, Therapie oder Einrichtung eingesetzt wurde als im häuslichen Rahmen. Auch hier wurde der Freizeitbereich kaum als Einsatzort für die Kommunikationshilfe benannt.
Warum die Einschätzungen der Nutzer selbst und die des Fachpersonals in diesem Punkt so stark voneinander abwichen, konnte im Rahmen der Befragung nicht geklärt werden. Möglich ist neben verschiedenen Erklärungsansätzen wie unzureichender Austausch zwischen Einrichtung und zu Hause auch, dass nicht immer alle Einschätzungen zwangsläufig zutreffend sind.

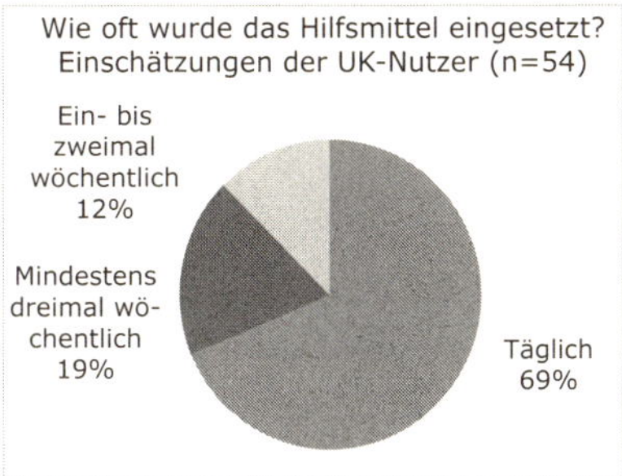

Abb. 7: Wie oft wurde das Hilfsmittel eingesetzt? Antworten der UK-Nutzer

Weit über die Hälfte der UK-Nutzer sagte aus, dass das Hilfsmittel täglich eingesetzt wird (69%). Gut ein Fünftel der Befragten gab an, dass das Hilfsmittel mindestens dreimal pro Woche zum Einsatz kommt. 12% der Befragten nutzten die Kommunikationshilfe ein- bis zweimal wöchentlich. Niemand gab an, dass das Hilfsmittel gar nicht eingesetzt wird.

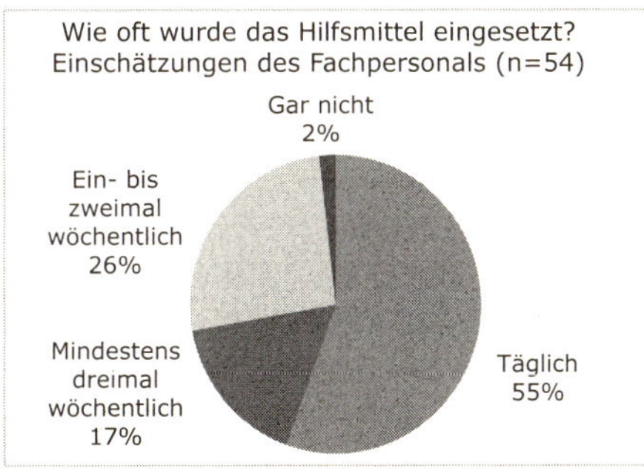

Abb. 8: Wie oft wurde das Hilfsmittel eingesetzt? Antworten des UK-Fachpersonals

Bei den Lehrern und Therapeuten berichtete knapp über die Hälfte der Befragten von einem täglichen Einsatz des Hilfsmittels (55%). Während nur 17% davon ausgingen, dass das Hilfsmittel mindestens dreimal wöchentlich eingesetzt wird, berichtete knapp ein Viertel der Befragten von einer Nutzung ein- bis zweimal in der Woche. 2% der Befragten gaben an, dass das Hilfsmittel überhaupt nicht eingesetzt wurde.
Auch hier wurden Unterschiede in der Einschätzung zwischen UK-Nutzern und Fachpersonal deutlich.

Auf die Frage hin, ob die Kommunikationshilfe von dem Nutzer akzeptiert wird, gaben erfreulicherweise sowohl die befragten UK-Nutzer als auch die befragten Lehrer und Therapeuten jeweils zu 100% ausnahmslos an, dass die Kommunikationshilfe vollständig akzeptiert werde. Dies ist ein wichtiger Ansatz für die weitere Nutzung des Hilfsmittels im Alltag.

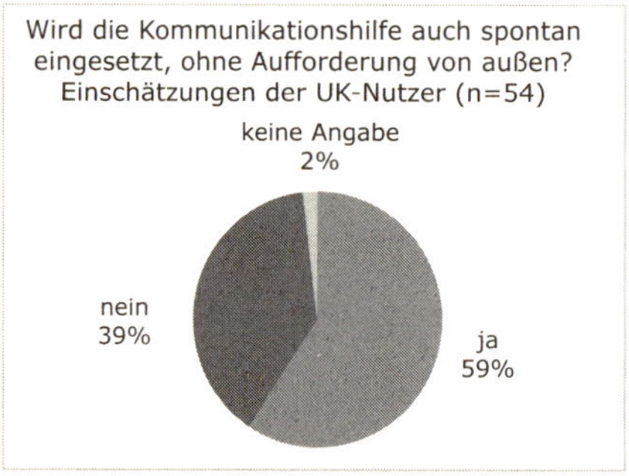

Abb. 9: Wird die Kommunikationshilfe auch spontan eingesetzt, d.h. ohne Aufforderung von außen? Antworten der UK-Nutzer

Die Kommunikationshilfe wurde laut Einschätzung der UK-Nutzer von mehr als der Hälfte der befragten Personen ohne Aufforderung von außen spontan im Alltag eingesetzt (59%). 39% gaben an, dass das Hilfsmittel nicht spontan eingesetzt werde. Da wie schon an anderer Stelle erwähnt nicht immer ersichtlich war, wer den Fragebogen ausgefüllt hat, kann nur darüber spekuliert werden, warum dies so ist und wie der spontane Einsatz verbessert werden könnte.

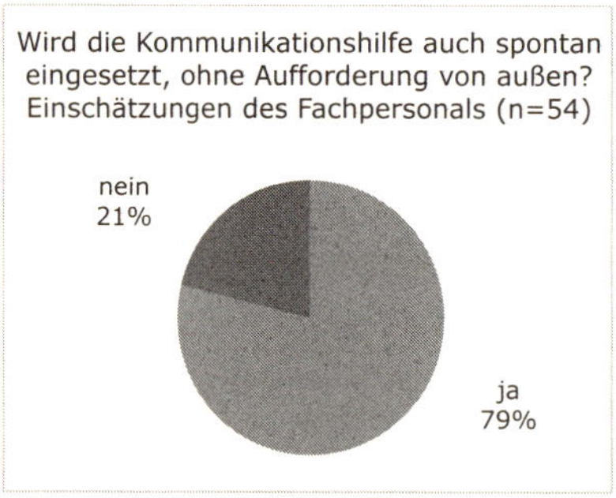

Abb. 10: Wird die Kommunikationshilfe auch spontan eingesetzt, d. h. ohne Aufforderung von außen? Antworten des UK-Fachpersonals

Die Einschätzung des UK-Fachpersonals fiel wesentlich positiver aus als die der UK-Nutzer selbst: 79% der befragten Lehrer und Therapeuten gaben an, dass die Kommunikationshilfe von den Nutzern auch spontan im Alltag ohne Aufforderung von außen eingesetzt werde.

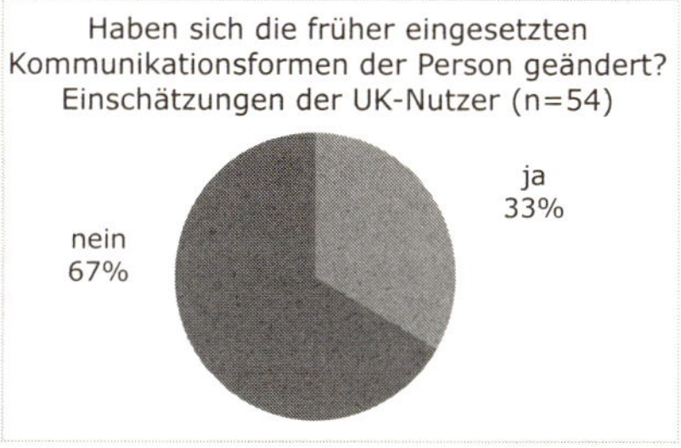

Abb. 11: Haben sich die früher eingesetzten Kommunikationsformen der Person verändert (z. B. hinsichtlich Gestik, Mimik, Gebärden, Laute, Lautsprache)? Antworten der UK-Nutzer

Ziel der Frage war es zu analysieren, ob die UK-Nutzer nach der Versorgung mit einer Kommunikationshilfe häufiger oder seltener körpereigene kommunikative Versuche als zuvor unternehmen. Der Einsatz eines Hilfsmittels wird von Skeptikern oftmals noch als „Bremse" für die (laut-) sprachliche Entwicklung angesehen, obwohl zahlreiche Untersuchungen das Gegenteil bewiesen haben (u. a. Boenisch 2008). Dennoch gaben in unserer Befragung 67% der UK-Nutzer an, dass sich die Kommunikationsformen nach der Versorgung mit dem Hilfsmittel nicht verändert hätten. Von den 33%, die eine Veränderung festgestellt haben, gab etwa ein Drittel an, dass sich die früher eingesetzten Kommunikationsformen aufgrund einer progredienten Erkrankung sogar verschlechtert hätten (z. B. bei ALS, Amyotrophe Lateralsklerose). Nur ein sehr geringer Anteil sieht eine Verbesserung der Kommunikationsformen abseits des Hilfsmittels (z. B. vermehrte Versuche, sich mitzuteilen über Mimik und Gestik). Fraglich bleibt, inwiefern und in welchem Maße eine mögliche Veränderung von den Nutzern und deren Bezugspersonen im häuslichen Rahmen wahrgenommen wird und anhand welcher Faktoren die Befragten die Veränderung beurteilen (z. B. hinsichtlich Quantität und Qualität der Äußerungen).

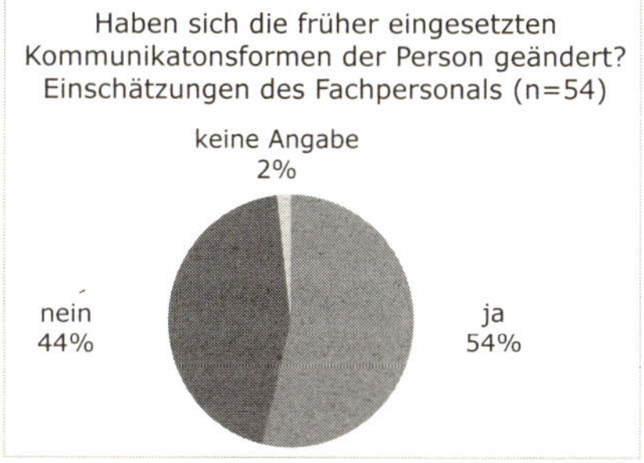

Abb. 12: Haben sich die früher eingesetzten Kommunikationsformen der Person verändert (z.B. hinsichtlich Gestik, Mimik, Gebärden, Laute, Lautsprache)? Antworten des UK-Fachpersonals

Bei den Lehrern und Therapeuten gaben immerhin 54% der Befragten an, dass sich die früher eingesetzten Kommunikationsformen verändert hätten. Die meisten Ausführungen dazu fielen sehr positiv aus, d. h. dass die Nutzer durch den Einsatz der Kommunikationshilfe deutlich offener und kommunikativer geworden seien. 44% konnten keine Veränderungen beobachten.

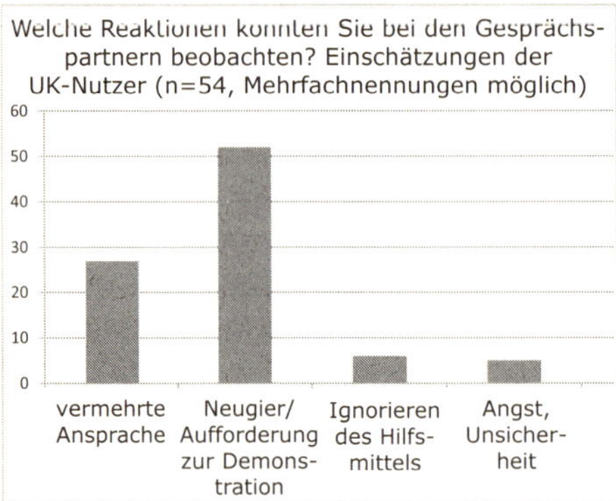

Abb. 13: Welche Reaktionen auf das Hilfsmittel konnten Sie bei den Gesprächspartnern beobachten (Mehrfachnennungen möglich)? Antworten der UK-Nutzer

Ein Großteil der befragten UK-Nutzer konnte bei den Gesprächspartnern vor allem Neugier und Aufforderung zur Demonstration des Hilfsmittels beobachten. Der Anteil der vermehrten Ansprache war laut der Befragten ebenfalls recht ausgeprägt, könnte aber durchaus höher sein, wenn die aktive Teilhabe und Partizipation von UK-Nutzern in der Gesellschaft weiter unterstützt werden soll. Aufklärungsarbeit erscheint auch dort angezeigt, wo einige UK-Nutzer angaben, dass das Hilfsmittel von Gesprächspartnern ignoriert wurde, was auch als Ausdruck von Angst und Unsicherheit gewertet werden kann.

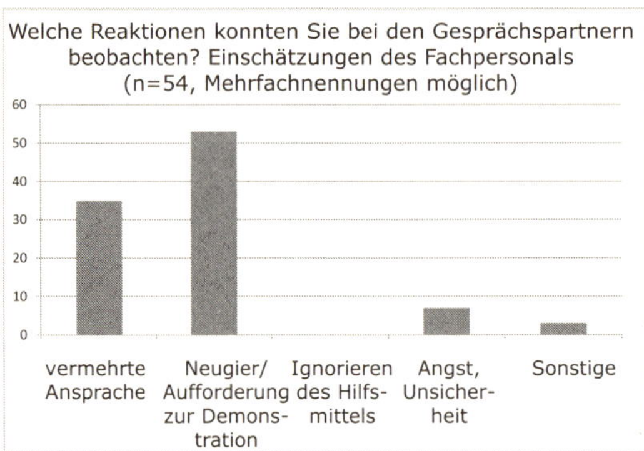

Abb. 14: Welche Reaktionen auf das Hilfsmittel konnten Sie bei den Gesprächspartnern beobachten (Mehrfachnennungen möglich)? Antworten des UK-Fachpersonals

Die Einschätzungen des UK-Fachpersonals fielen in diesem Fall sehr ähnlich aus wie die der UK-Nutzer. Die meisten Lehrer und Therapeuten gaben an, dass die Kommunikationshilfe zu Neugier und Aufforderung zur Demonstration geführt habe. Eine vermehrte Ansprache konnte ebenfalls von einem Großteil der Befragten beobachtet werden.

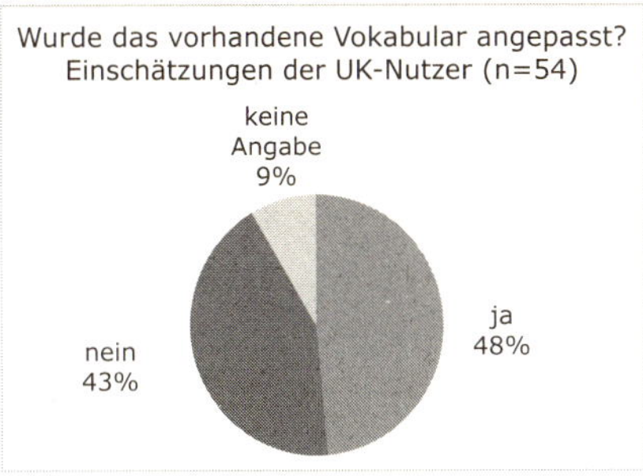

Abb. 15: Wurde das vorhandene Vokabular angepasst/erweitert? Antworten der UK-Nutzer

Bei der Frage, ob eine Anpassung und Änderung des Vokabulars durchgeführt wurde, gab etwa die Hälfte der UK-Nutzer (48%) an, dass Anpassungen vorgenommen worden seien. Weitere 43% gaben an, dass keine Änderungen vorgenommen worden seien. Da die Einschätzung des UK-Fachpersonals so deutlich von der Angabe der UK-Nutzer abweicht, muss davon ausgegangen werden, dass die den Fragebogen ausfüllende Person über Änderungen evtl. nicht informiert war oder diese trotz Information durch das UK-Fachpersonal noch nicht gesehen hatte. Unsere Erfahrung im Bereich der Unterstützten Kommunikation zeigt, dass die Hilfsmittel in der Regel auch bei vorhandener Vokabularstruktur kontinuierlich um persönliche Inhalte (z. B. Familie, Hobbies, Unterrichts- und Therapieinhalte) erweitert werden.

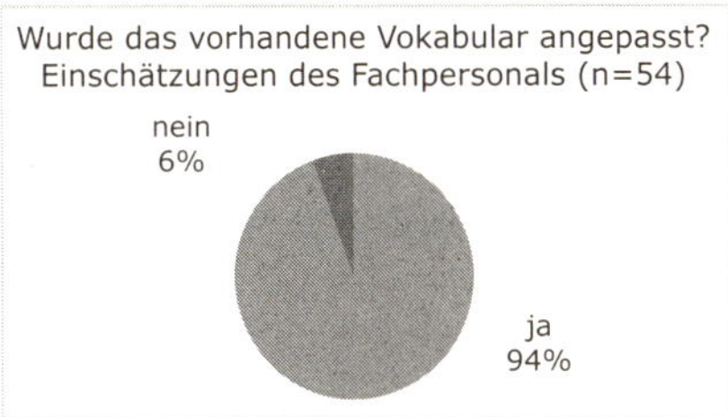

Abb. 16: Wurde das vorhandene Vokabular angepasst/erweitert? Antworten des UK-Fachpersonals

Bei den befragten Lehrern und Therapeuten gaben 94% an, dass das Vokabular auf der Kommunikationshilfe angepasst wurde. Als Gründe dafür wurden unter anderem genannt:

- „veränderte Themen durch Schulwechsel"
- „ein logopädischer Ordner wurde angelegt, in dem therapierelevante Items abgelegt wurden"
- „neue Bedürfnisse, Klasse, Unterricht, Erlebnisse"
- „angepasst an die Struktur des Tagesablaufs"

Die Änderungen wurden laut Aussagen des UK-Fachpersonals häufig nicht von den Angehörigen der UK-Nutzer vorgenommen, sondern von anderen Bezugspersonen außerhalb des Hauses. Der Schulungsbedarf scheint also für das UK-Fachpersonal ebenso, wenn nicht sogar noch deutlicher ausgeprägt zu sein als für die Angehörigen des UK-Nutzers selbst.

Aus den Kundenkarteien unseres Systems konnten wir ersehen, dass die Bezugspersonen des UK-Nutzers in Schule, Einrichtung und Therapie sehr häufig wechselten (z. B. durch Schulwechsel, Lehrer- und/oder Therapeutenwechsel, Weggang eines Zivildienstleistenden, Mutterschutz, Elternzeit etc.). Bei 67% aller unserer 130 Kunden, für die Fragebögen verschickt wurden, hatte innerhalb der letzten 9 Monate ein dokumentierter Wechsel bei den Bezugspersonen (betreuendes UK-Fachpersonal) stattgefunden. Mit dem Wechsel ergaben sich häufig neue oder veränderte Fragestellungen hinsichtlich der Nutzung des Hilfsmittels und didaktische Fragen, die häufig auch an uns herangetragen und entsprechend dokumentiert wurden. Für die UK-Nutzer stellt ein Wechsel von betreuenden Bezugspersonen immer dann ein Problem dar, wenn die neuen Bezugspersonen nicht in die Handhabung und Nutzung der zumeist hochkomplexen dynamischen Hilfsmittel eingewiesen wurden. Ein häufiger Wechsel des didaktischen Konzeptes trägt ebenfalls nicht dazu bei, dass kontinuierliche Fortschritte erzielt werden können. Hilfsmitteldienstleister können dem insofern begegnen, als dass regelmäßige Seminare zur Nutzung und Bedienung der Geräte angeboten werden, um die Angehörigen der Nutzer und die betreuenden Fachpersonen bei der Arbeit zu unterstützen.

Detaillierte Protokolle ausgewählter UK-Nutzer

Von fünf ausgewählten UK-Nutzern wurden über einen Zeitraum von drei Monaten detaillierte Datenprotokolle erhoben, wie die Hilfsmittel im Alltag eingesetzt und welche Eingaben zu welchen Zeitpunkten damit getätigt wurden. Langfristiges Ziel war es herauszufinden, inwiefern unter anderem die Ausstattung und die didaktische Hilfestellung für den Einsatz von Kommunikationshilfen verbessert werden könnten. Die Nutzer selbst und deren Angehörige wurden angesprochen und um schriftliche Bestätigung gebeten, ob ein solches Datenprotokoll innerhalb der Software über einen längeren Zeitraum für Analysezwecke erhoben werden dürfe. Die Nutzer bestätigten außerdem, dass die Daten anonymisiert veröffentlicht werden durften. Innerhalb der Software der Geräte wurde daraufhin die Aufzeichnung gestartet und die Nutzer konnten die Geräte weiterhin im gewohnten Umfeld ohne Beobachtung oder Testung durch eine fremde Person wie gewohnt nutzen. Zu den ausgewählten Nutzern gehörten drei Kinder und zwei Erwachsene, die jeweils ein komplexes Vokabular mit über 2000 Wörtern nutzten. Alle fünf Nutzer verfügten über einen Human Kommunikator, welcher entweder mit der Agilis 6x8 Strategie oder dem Erwachsenenraster ausgestattet war. Die drei Kinder wiesen unterschiedliche Störungsbilder bei annähernd vergleichbarem Sprachentwicklungsstand auf: Z. n. infantiler Cerebralparese,

Z. n. Meningitis und eine Autismus-Spektrums-Störung. Die Kinder waren zum Zeitpunkt des Beginns der Datenanalyse 7;6, 8;2 und 8;9 Jahre alt. Einer der beiden untersuchten Erwachsenen hatte Amyotrophe Lateralsklerose und der andere wies einen Z. n. Schädel-Hirn-Trauma auf. Es wurden bewusst fünf Nutzer gewählt, die das Hilfsmittel häufig und umfangreich nutzten. Die Ergebnisse wurden etwa drei Monate nach Beginn der Aufzeichnung aus den Geräten ausgelesen und anschließend weiterbearbeitet. Dabei muss berücksichtigt werden, dass innerhalb der Auswertung der automatisierten Daten nicht festgestellt werden kann, ob die Inputs stets von dem Nutzer selbst oder evtl. auch durch Bezugspersonen getätigt wurden.

Aktivität der Hilfsmittel pro Tag

Bei den erwachsenen Nutzern wurde eine Nutzung der Geräte über den gesamten Tag beobachtet (ca. 10-12 Stunden), d. h. dass das Hilfsmittel ständig eingeschaltet und auch regelmäßig genutzt wurde (Eingaben mindestens einmal pro Stunde).

Bei den Kindern konnte beobachtet werden, dass die Hilfsmittel nicht über den gesamten Tag aktiv waren, sondern vor allem zu ritualisierten Alltagssituationen. Die Analyse eines Kindes ist in der folgenden Abbildung dargestellt

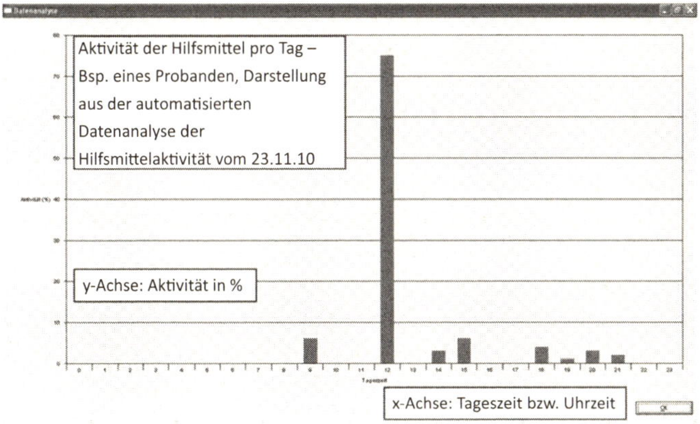

Abb. 17: Beispiel eines UK-Nutzers: Hilfsmittelaktivität pro Tag

Um 9 Uhr wurde das Hilfsmittel während des Frühstücks in der Einrichtung eingesetzt, um 12 Uhr zur UK-Förderung, zwischen 14 und 15 Uhr zum Mittagessen, und zwischen 18 und 21 Uhr zu Hause bei der Familie. Die meisten Eingaben wurden innerhalb der UK-Förderung getätigt.

Rasteraktivität

Innerhalb der Datenanalyse wurde ermittelt, welche Seiten und Themen des Hilfsmittels am häufigsten genutzt wurden. Bei den Erwachsenen waren dies vor allem Themen, die mit „Bedürfnissen", „Unterhaltung" und „Alltägliches" assoziiert sind. Dabei wurden alle Wortgruppen genutzt, die zur Erstellung von komplexen Sätzen notwendig sind.
Bei den Kindern wurden die Themenbereiche „etwas tun", „Essen", „Schule/ Morgenkreis", „Anlauthilfe", „kurze Worte" und „Dinge" besonders häufig besucht.

Häufige Wortarten und Kombinationen

Die häufig besuchten Felder auf der Kommunikationshilfe und deren Kombination mit anderen Feldern werden in der Datenanalyse farblich dargestellt und können daher für die gesamte Oberfläche schnell ausgewertet werden.
Die erwachsenen Nutzer setzten häufig Adverbien, Pronomen und Verben zur Kommunikation ein. Häufige Satzanfänge waren u. a. „Ich", „Wann", „Warum", „Kannst", „Wenn" und „Weil".

Die Wortart der Verben wurde von den Kindern insgesamt am häufigsten eingesetzt, danach folgten Substantive in Kombination mit Adverbien und/oder Adjektiven zur Beschreibung der Verben und Substantive (z. B. „mehr essen", „nicht Auto", „Mama schnell" etc.). Verben wurden häufig in Zusammenhang mit einem Personalpronomen (z. B. „ich möchte", „hast du", „ich kann" etc.), aber auch isoliert eingesetzt, um ein Bedürfnis zum Ausdruck zu bringen („verstecken", „aufhören" etc.).
Aus dem Kernvokabular (kurze Worte, Wortlisten mit schnellem Zugriff) wurden von den Kindern insbesondere die folgenden Wörter häufig eingesetzt:
„Nochmal" / „Fertig" / „Nicht" / „Mehr" / Auch" / „Danke" / „Bitte" / „Doch" / „An" / „Aus" / „Auf" / „Zu".
„Ja" und „nein" wurden wenig eingesetzt, da die Kinder dafür körpereigene Zeichen verwendeten. Bei den Personalpronomen wurden bevorzugt „ich" und „du" eingesetzt, was für eine Kommunikation oder Übungssituation zwischen zwei Partnern spricht. Wörter, die mit „Zeit" assoziiert sind, wurden überraschend wenig eingesetzt (z. B. jetzt, später, morgen, heute), obwohl deren Zugang nicht schwieriger war als bei anderen Wörtern des Kernvokabulars (maximal 2 Eingaben zum Abruf der Wörter). Pronomen wurden ebenfalls sehr selten verwandt (z. B. „der", „die", „das", „mein", „dein" etc.). Konjunktionen wie „aber", „obwohl" und „weil" wurden im Gegensatz zu „und" sehr selten eingesetzt. Komplexe Sätze mit mehr als vier aufeinanderfolgenden Wörtern wurden von

den Kindern im Gegensatz zu den erwachsenen Nutzern nahezu überhaupt nicht eingesetzt. Kinder wiederholten häufig ihre Eingaben, um möglicherweise auf deren Dringlichkeit hinzuweisen („Eis“, „Eis“, „Eis“).

Bei den Verben wurden von den Kindern erfreulicherweise besonders häufig die sogenannten Hilfsverben eingesetzt („haben“, „möchten“, „sein“, „wollen“, „können“, „werden“ etc.), welche weitere Eingaben erfordern, um einen kompletten Satz zu bilden. Mit verschiedenen Zeitformen arbeiteten die Kinder trotz vorhandener automatischer Grammatikfunktion fast überhaupt nicht. Vergangenheit und Zukunft wurden innerhalb der gebildeten Sätze kaum verwandt, die Kommunikation fand offenbar hauptsächlich über Alltägliches in der Gegenwart statt. Erwachsene zeigten hier ein differenzierteres Bild und bedienten sich deutlich häufiger der verschiedenen Grammatikformen.

Zusammenfassung der Ergebnisse, Einschränkungen und Ausblick

Aus der Befragung können interessante Rückschlüsse für die tägliche Arbeit mit komplexen elektronischen Kommunikationshilfen gezogen werden. Die Ergebnisse sind sowohl für die UK-Nutzer und deren Bezugspersonen als auch für die Versorger von Kommunikationshilfen von besonderem Interesse. Bei der Betrachtung der Ergebnisse müssen jedoch auch klare Einschränkungen in Kauf genommen werden: Die Anzahl der befragten UK-Nutzer ist nicht ausreichend, um allgemeine Aussagen zu treffen, die auf alle UK-Nutzer übertragen werden können. Insbesondere die detaillierte Datenauswertung beschränkt sich auf fünf ausgewählte Nutzer und kann daher nicht als repräsentativ gelten.
Es hat uns überrascht, dass die Aussagen der UK-Nutzer und die des betreuenden UK-Fachpersonals oftmals so deutlich voneinander abwichen. Hier sollte die Kommunikation intensiviert und auch engmaschiger begleitet werden. Die Hilfsmittel werden laut Aussage aller Beteiligten leider noch zu selten im Freizeitbereich eingesetzt, sondern bevorzugt in den eigenen vier Wänden und in der Einrichtung. Dies muss sich dringend ändern, auch um das Thema UK für „Außenstehende“ bekannter zu machen und Berührungsängste abzubauen.
Bei vielen Nutzern und deren Bezugspersonen wurde ein Nachschulungsbedarf deutlich, der nicht unbedingt mit den Themen Programmierung und Handhabung der Geräte zusammenhing, sondern eher didaktische Fragestellungen oder Unsicherheit über den richtigen Einsatz des Hilfsmittels im

Alltag umfasste. Hier sind Seminare wünschenswert, die sowohl von den Versorgern, aber auch bevorzugt von erfahrenem Fachpersonal angeboten werden können, die täglich mit UK-Nutzern in Schule und Therapie arbeiten und ihre eigenen Konzepte und Vorgehensweisen anderen, weniger erfahrenen Therapeuten und Lehrern vorstellen können.
Bei der detaillierten Datenanalyse der ausgewählten UK-Nutzer wurde deutlich, dass die Hilfsmittel von Erwachsenen und Kindern und auch abhängig vom Störungsbild der Nutzer quantitativ und qualitativ unterschiedlich eingesetzt werden. Der recht provokative Titel dieses Artikels kann aber mit einem klaren „Ja" beantwortet werden: Das Kernvokabular wird genutzt! Dennoch ließ sich vor allem bei den analysierten Daten der Kinder beobachten, dass nicht alle Wortarten (auch innerhalb des Kernvokabulars) adäquat wie bei lautsprachlich Kommunizierenden eingesetzt werden. Dies mag einerseits mit der Ausstattung des Hilfsmittels, dem jeweiligen Störungsbild der Nutzer (zusätzliche Sprachstörung, Entwicklungsverzögerung, Wahrnehmungsbeeinträchtigung) als auch mit der begleitenden Förderung durch das Umfeld zusammenhängen – Näheres konnte in der Analyse nicht geklärt werden. Des Weiteren konnte bei den Datenprotokollen nicht unterschieden werden, ob es sich bei den getätigten Eingaben stets um Eingaben durch die Nutzer selbst oder um modellierten Input durch den Gesprächspartner handelte. Die Kinder setzten neben „kurzen Worten" bevorzugt Verben und Substantive ein und tätigten hauptsächlich Ein-, Zwei- und Dreiwortäußerungen, aber selten Sätze mit mehr als vier aufeinanderfolgenden Wörtern, obwohl die Hilfsmittel dies durchaus ermöglichten. Hier muss in einer genaueren Analyse noch geklärt werden, ob es am Aufbau und der Gestaltung der Vokabularstruktur auf den Hilfsmitteln liegt, oder ob die Erweiterung von Aussagen durch weitere didaktische Hilfestellung gefördert werden kann. Die Frage, warum so selten Vergangenheits- und Zukunftsformen und auch Wörter, die mit dem Thema „Zeit" assoziiert sind, eingesetzt wurden , konnte von uns noch nicht abschließend aufgeklärt werden. Hier sind weitere Analysen notwendig, um die Nutzer und deren Bezugspersonen bei ihrer täglichen Arbeit wirksam zu unterstützen und die Wichtigkeit der narrativen Fähigkeiten, vor allem im Bezug auf die Erweiterung von Aussagen und die zeitliche Einordnung derselben, weiter zu betonen.

Wir möchten uns an dieser Stelle ganz herzlich für die zahlreichen Antworten unserer Kunden und die vielen positiven Rückmeldungen zum Einsatz und zur Zufriedenheit mit den Hilfsmitteln bedanken. Die Ergebnisse helfen uns dabei, Hilfsmittel und deren Ausstattung langfristig zu verbessern. Vielen Dank an alle Beteiligten!

Literatur

Boenisch, J.: Verhindert Unterstützte Kommunikation die Entwicklung von Lautsprache?, in: Unterstützte Kommunikation 2/2008: 25-31

Boenisch, J.: Kinder ohne Lautsprache. Grundlagen, Entwicklungen und Forschungsergebnisse zur Unterstützten Kommunikation, Karlsruhe, 2009

Boenisch, J.; Sachse S.: Diagnostik und Beratung in der Unterstützten Kommunikation. Theorie, Forschung und Praxis, Karlsruhe, 2007a. Diagnosebögen, online: www.vonloeper.de/Diagnostikundberatung/pdf/Diagnoseb%F6gen%20Boenisch%20Sachse.pdf [Stand: 27.04.11]

Boenisch, J.; Sachse, S.: Sprachförderung von Anfang an. Zum Einsatz von Kern- und Randvokabular in der frühen Förderung, in: Unterstützte Kommunikation 3/2007b: 12-19

Sprechen auf Tastendruck – Was bringt es wirklich?

Quantitativer Nachweis der positiven Effekte des Einsatzes eines LightTalkers auf die gesamte Kommunikationsentwicklung

Susann Pohl, Anne Hartkemeyer

1. Einleitung

„Kommunikation ist ein menschliches Grundbedürfnis und subjektiv für Lebensqualität von entscheidender Bedeutung. Sie ist eine wesentliche Bedingung für soziale Partizipation und Selbstbestimmung und zudem eine wichtige Grundlage jeder Entwicklung" (Wilken 2002, 1).

In unserer Gesellschaft erfährt insbesondere die Lautsprache eine hohe soziale Relevanz. Hieraus ergeben sich häufig erhebliche Barrieren bei der Umsetzung von Formen der Unterstützten Kommunikation (UK) in der Praxis, denn auch heute noch findet die Annahme, UK verhindere die Entwicklung der Lautsprache, weite Verbreitung. So ist es nicht verwunderlich, dass Förderungen im Bereich Unterstützter Kommunikation trotz umfassender Bestrebungen um eine feste Verankerung des Fachgebiets im deutschsprachigen Raum noch keine Selbstverständlichkeit sind und damit zahlreichen nicht oder kaum sprechenden Menschen das Recht auf Selbstbestimmung und soziale Teilhabe verwehrt bleibt. Oft erfolgen Maßnahmen der UK auch erst nach Jahren vergeblicher sprach- und sprechtherapeutischer Bemühungen, wenn bereits wesentliche Entwicklungsschritte ohne ein effektives Kommunikationssystem durchlaufen wurden. Hingegen belegen zahlreiche Erfahrungsberichte aus der Praxis die positiven Auswirkungen von Unterstützter Kommunikation auf die Entwicklung körpereigener Kommunikationsfähigkeiten, insbesondere der Lautsprache. Im deutschsprachigen Raum finden sich jedoch bisher nur wenige Studien, die die Effektivität Unterstützter Kommunikation quantitativ nachweisen. Um dem derzeitigen Mangel an Wirksamkeitsstudien zu begegnen und einen Beitrag zum Forschungsfeld UK zu leisten, sollen im Folgenden die Ergebnisse einer kontrollierten Einzelfallstudie vorgestellt werden, welche im Rahmen einer Masterarbeit entstanden. Den Fokus der Studie bildet ein Schüler mit Beeinträchtigung der geistigen

Entwicklung, in deren Zentrum eine schwerwiegende Einschränkung des Kommunikationsvermögens steht. Der Schüler wurde mit einer komplexen elektronischen Kommunikationshilfe, dem LightTalker, versorgt und auf der Basis einer ganzheitlichen Diagnostik im Bereich der Unterstützten Kommunikation gefördert. Handlungsleitend war die Fragestellung, inwieweit die kommunikativen Fähigkeiten des Schülers erweitert und auf diese Weise seine Teilhabe im Interaktionsfeld Schule erhöht werden kann.

2. Die kontrollierte Einzelfallforschung

„Einzelförderung ist eine notwendige Ergänzung der Erziehung oder Bildung von größeren Gruppen" (Mühl 2002a, 5). Die Effektivität der individuellen Fördermaßnahmen kann jedoch nur auf empirischem Wege überprüft werden. Hier bietet sich der forschungsmethodische Zugang der kontrollierten Einzelfallforschung an. Anders als bei qualitativen Einzelfallstudien erfolgt die Kontrolle auf der Grundlage quantitativer Daten. Die kontrollierte Einzelfallstudie zielt in der Regel auf die Analyse bestimmter Verhaltensweisen einer Person unter verschiedenen Bedingungen. Hierbei erfolgt die Dokumentation des Verhaltens sowohl vor, während als auch nach der Durchführung einer Intervention sowie ein Vergleich der Ergebnisse der jeweiligen Phasen mit dem Ziel der Ermittlung von Regelhaftigkeiten (vgl. Mühl 2002a, 5). Kontrollierte Einzelfallstudien finden auch in der internationalen UK-Forschung häufig Anwendung, was im Wesentlichen auf die Uneinheitlichkeit des Programms der Unterstützten Kommunikation sowie die enorme Heterogenität der Zielgruppe zurückzuführen ist. Im deutschsprachigen Raum scheint der Ansatz der kontrollierten Einzelfallforschung auf dem Gebiet der UK hingegen weniger verbreitet. Hier lassen sich vorwiegend anekdotische Berichte finden. Generell wird die geringe Qualität der vorhandenen Untersuchungen kritisiert. Designs und Instruktionen sind häufig unangemessen, die Daten meist unvollständig und Lehr- oder Lernkriterien werden nur selten aufgeführt (vgl. Nußbeck 2008, 218). Die folgenden Ausführungen beziehen sich auf die Publikationen von Julius et al. (2000) und Kern (1997).

Bei der kontrollierten Einzelfallforschung handelt es sich um ein experimentelles Untersuchungsverfahren. Die Methode des Experiments hat das Ziel, kausale Zusammenhänge zu ermitteln. Das Ursache-Wirkungsverhältnis bezieht sich auf die Auswirkungen einer Intervention (eine unabhängige Variable) auf Veränderungen im Zielverhalten (in der abhängigen Variablen). Eine empirische Studie beginnt in der Regel mit dem Kennenlernen des Probanden und seiner Lebensumstände. Anschließend erfolgt die Erhebung der Anamnesedaten sowie eine umfassende Diagnostik, um den Ist-Stand der aktuellen Problematik zu erfassen. Nachdem der Entschluss für eine Intervention getroffen wurde, erfolgt die Formulierung einer konkreten Fragestellung. Hieran anknüpfend werden die unabhängige (UV) sowie die abhängige Variable (AV) definiert. Die UV beschreibt die Wirkvariable, in der Regel eine pädagogisch-psychologische Maßnahme, welche von einer psychologischen oder pädagogischen Theorie abgeleitet wird. Die AV kann als Indikator für den Erfolg bzw. Misserfolg einer pädagogischen Intervention betrachtet werden. Bei ihr handelt es sich um eine oftmals problematische Verhaltensweise, welche im Rahmen der Untersuchung systematisch beobachtet und verändert werden soll. Dabei wird die unabhängige Variable systematisch variiert mit der Intention, die Auswirkungen dieser Variation auf die abhängige Variable zu ermitteln. Obligatorische Voraussetzung hierfür sind die Operationalisierung des Zielverhaltens (AV) sowie standardisierte Messungen der abhängigen Variablen. Um Ursache-Wirkungszusammenhänge zwischen UV und AV nachweisen zu können, ist es zudem erforderlich, über die Kontrolle von Störvariablen weitere mögliche Einflussfaktoren auszuschließen.

Die kontrollierte Einzelfallforschung bedient sich zahlreicher Versuchspläne, welche je nach Fragestellung ausgewählt und an die jeweiligen Bedürfnisse des Probanden angepasst werden können. In der Regel beginnen die Versuchspläne kontrollierter Einzelfallstudien mit der Erhebung einer Grundrate (A-Phase), an die sich mindestens eine Interventionsphase (B-Phase) anschließt. Während der A-Phase (Phase der Nicht-Intervention) wird der Ist-Stand der ausgewählten Verhaltensweise systematisch beobachtet, quantifiziert und zumeist grafisch visualisiert. Um als Maßstab für anschließende Interventionen fungieren zu können, muss die Grundrate die Kriterien der Kontinuität, Stabilität und Dauer erfüllen. Ein stabiler Trend in den Daten der Grundrate erfordert einen konstanten Einfluss aller relevanten Störvariablen. Im Anschluss an die Grundratenphase erfolgt die kontrollierte Durchführung der pädagogischen Intervention. Die systematisch erhobenen Daten beschreiben das zuvor operationalisierte Verhalten der zu untersuchenden Person während der Maßnahme.

Bei dem A-B-Versuchsplan handelt es sich um das am häufigsten verwendete Design in der sonderpädagogischen Einzelfallforschung. Mit der Grundratenphase ist ein Vergleichskriterium vorhanden, an dem die Wirksamkeit der Intervention gemessen werden kann. Dennoch lässt ein A-B-Design lediglich vorläufige Schlussfolgerungen bezüglich der Effektivität des Ursache-Wirkungsgefüges von pädagogischen Maßnahmen zu, da die

gemessenen Verhaltensänderungen während der Intervention auch auf nicht kontrollierbare Einflüsse zurückgehen können. Eine Replikation mit demselben Probanden ist nicht möglich. Folglich ist die interne und damit auch die externe Validität eines A-B-Versuchsplans als gering einzustufen. Mühl zufolge liefert ein A-B-Design jedoch „verwertbare Ergebnisse, wenn abrupte Veränderungen im Niveau und im Trend nach Einführung einer pädagogischen Maßnahme eintreten“ (Mühl 2002b, 93). Eine Intervention kann demnach als erfolgreich beurteilt werden, wenn die während der B-Phase erhobenen Daten der abhängigen Variablen signifikant über bzw. unter denen der A-Phase liegen. Das Design der A-B-Anordnung lässt sich erweitern durch eine sogenannte Follow-Up-Phase (A-B-E-Design). Hierbei erfolgt nach Beendigung der Intervention zu einem späteren Zeitpunkt eine erneute kontrollierte Beobachtung des Zielverhaltens, um die Nachhaltigkeit der pädagogischen Maßnahme zu überprüfen.
Eine Möglichkeit, die interne Validität quantitativer Einzelfallstudien zu erhöhen, ist die Verwendung von Umkehr-Designs. Hierbei wechseln sich Nicht-Interventions- und Interventionsphasen in verschiedenen Konstellationen ab (A-B-A, B-A-B, A-B-A-B, B-A-B-A etc.). Diese Art der Versuchspläne ist in der Regel durch die wiederholte Rückkehr zu Grundratenbedingungen gekennzeichnet, d. h. die UV wird zurückgenommen. Erste kausale Aussagen über die Effektivität einer pädagogischen Maßnahme lassen sich treffen, wenn sowohl die Bedingungen der Grundrate als auch der Interventionsphase mindestens zweimal untersucht werden. Auf diese Weise kann die Wirksamkeit der Maßnahme zweifach demonstriert werden. Die externe Validität kann durch Wiederholung mit anderen Probanden überprüft werden. Trotz einer Gefährdung der inneren Validität basiert die vorliegende Einzelfallstudie auf einem basalen A-B-Forschungsdesign, da sowohl praktische als auch ethische Bedenken gegenüber einer Rücknahme der vermutlich wirksamen Fördermaßnahme vorliegen. „Es ist in der Praxis kaum vertretbar, ein Problem auf sich beruhen zu lassen, nachdem zuvor effektive Förderung demonstriert wurde“ (Mühl 2002b, 94). Um die Nachhaltigkeit der Intervention zu überprüfen, wurde der A-B-Versuchsplan um eine Follow-Up-Phase ergänzt, sodass die Einzelfallstudie schließlich auf einem A-B-E-Design fußt.
Nach der Durchführung der pädagogischen Maßnahme erfolgt die Auswertung der erhobenen Daten mittels visueller Inspektion. Demnach sind die Bausteine Diagnostik, Intervention und Evaluation in der Einzelfallforschung theoretisch und praktisch eng miteinander verknüpft. Die einzelnen Schritte werden nach der Evaluation gegebenenfalls modifiziert und erneut durchlaufen. Diese Vorgehensweise entspricht in ihren Grundzügen dem sonderpädagogischen Verständnis von Förderdiagnostik.

3. Methodisches Vorgehen

Interventionsprozesse im Handlungsfeld der Unterstützten Kommunikation erfordern eine gezielte Planung und systematische Vorgehensweise. Nur mit einer umfassenden förderbegleitenden Diagnostik ist es möglich, konkrete Ziele zu formulieren, effektive Interventionen durchzuführen sowie das eigene Handeln zu begründen, zu reflektieren und hinsichtlich der Ziele zu überprüfen (vgl. Antener/Lage 2003, 300). Daher erfolgte im Rahmen der kontrollierten Einzelfallstudie zunächst eine ganzheitliche differenzierte Diagnostik zur Analyse und Darstellung des momentanen kommunikativen Entwicklungsstandes, um auf dieser Grundlage adäquate Fördermaßnahmen ableiten und ein geeignetes Kommunikationssystem entwickeln zu können. Neben der Anamnese fand eine freie Beobachtung im Schul- und Unterrichtsalltag zur Analyse der Kommunikation und Interaktion zwischen dem Probanden und seinen Gesprächspartnern statt. Darüber hinaus erfolgten strukturierte Befragungen der Eltern und des Klassenteams anhand von Auszügen aus den Diagnostikverfahren „Handreichung UK-Diagnostik“ (Boenisch/Sachse 2007) und „Soziale Netzwerke“ (Blackstone/Hunt Berg 2006). Zur Abklärung des Symbol- und Sprachverständnisses des Probanden wurde der „Diagnostiktest TASP“ (Bruno/Hansen 2009) durchgeführt. Im Rahmen einer explorativen Diagnostik wurde zudem überprüft, inwieweit der Schüler motorisch in der Lage ist, Gebärden differenziert auszuführen. Ferner fand eine Erprobung verschiedener elektronischer Kommunikationshilfen statt. Der Proband zeigte insbesondere im Umgang mit dem LightTalker großes Interesse, hohe Aufmerksamkeit und gute Nachahmungsfähigkeit, sodass er schließlich mit dieser Kommunikationshilfe versorgt wurde. Gemäß der vom Partizipationsmodell (Beukelman/Mirenda 1992) empfohlenen Vorgehensweise, eine Aktivität aus einer vorher erstellten Aktivitätenliste auszuwählen, wurde die schulische Frühstückssituation für die Förderung ausgewählt, da die kommunikativen Möglichkeiten des Schülers sowie die Effektivität seiner Partizipation hier als vergleichsweise gering beurteilt wurden.

Um die Auswirkungen der UK-spezifischen Intervention (UV) auf das kommunikative Verhalten des Probanden (AV) untersuchen zu können, sind standardisierte Messungen der abhängigen Variablen eine unverzichtbare Voraussetzung (vgl. Julius et al. 2000, 25). Hierfür wurde aufbauend auf den Ergebnissen der freien Beobachtung die Methode der systematischen Beobachtung gewählt. Die systematische Beobachtung erfolgt im Vergleich zur freien Beobachtung planvoller und selektiver, da lediglich ausgewählte Aspekte des Wahrnehmungsfeldes gezielter beobachtet werden.

Mithilfe eines Beobachtungsbogens wurde die Häufigkeit des kommunikativen Verhaltens (AV) des Probanden während der schulischen Frühstückssituation in Form von Ereignisstichproben erfasst. Bei der Operationalisierung der abhängigen Variablen wurde zwischen vier Kommunikationsformen unterschieden: *Gestik/Körpersprache, Gebärden, Lautsprache, LightTalker*. Darüber hinaus wurde die Art des Gebrauchs der Kommunikationsform ermittelt, wobei zwischen *spontanem* und *reaktivem* Einsatz differenziert wurde. Zur Ermittlung der nachfolgenden Bedingungen des Zielverhaltens wurde zudem die *Reaktion* der Gesprächspartner auf die kommunikative Äußerung notiert. Auf diese Weise erfolgte die Erfassung der Effektivität der Kommunikation. Demnach wurden kommunikative Akte als erfolgreich (+) dokumentiert, wenn sie eine Reaktion aufseiten der Kommunikationspartner auslösten. Blieb eine Reaktion des Umfeldes aus, wurde dies mit einem (-) vermerkt. Um Interventionseffekte identifizieren zu können, wurde die systematische Beobachtung zur Erfassung des kommunikativen Verhaltens während der kontrollierten Durchführung der UK-spezifischen Intervention fortgesetzt. Zur Überprüfung der Nachhaltigkeit der Fördermaßnahme erfolgte – entsprechend des gewählten A-B-E-Designs – nach Beendigung der Intervention an zwei Schulvormittagen eine erneute kontrollierte Beobachtung des Zielverhaltens (Follow-Up-Phase).

4. Planung und Durchführung der Intervention

Die UK-spezifische Intervention zielte auf die gemeinsame Entwicklung eines umfassenden Kommunikationssystems, welches dem Schüler ermöglicht, in Situationen des täglichen Lebens spontaner und effektiver zu kommunizieren. Betrachtet man den Prozess des kindlichen Spracherwerbs, so befindet sich der Proband zwischen den Stufen der symbolischen und sprachlichen Kommunikation. Er teilt sich über einige Wörter mit, die er teilweise genau nachahmt bzw. spontan ausspricht. Sein aktiver Wortschatz umfasst derzeit 80 – 100 Wörter, wobei dieser auf wenige klar artikulierte Begriffe beschränkt ist. Ein Großteil seiner Äußerungen erfolgt noch über Lautmalereien und nonverbale körpereigene Kommunikationsformen wie Mimik, allgemeinverständliche Gesten und manchmal Gebärden, die er mit Wörtern und Lauten kombiniert. Der Schüler äußert sich überwiegend im Ein-, vereinzelt im Zweitwortsatz, und ist sich der kommunikativen und repräsentativen Bedeutung von Sprache bewusst. Er verfügt über ein Symbolverständnis und ist in der Lage, durch Zeigen auf bestimmte Symbole Objekte und Handlungen zu fordern. Der Proband kann Symbole einfachen inhaltlichen Kategorien (Lebensmittel, Fahrzeuge, Tiere etc.) zuordnen. Er verfügt bereits über umfassende kommunikative Fähigkeiten, die sich insbesondere in der Interaktion mit vertrauten Gesprächspartnern als erfolgreich erweisen, in der Kommunikation mit fremden Personen hingegen häufig an Grenzen stoßen. Einfache Gebärden kann er durch Abschauen nachahmen, bei komplizierteren benötigt er taktile Unterstützung. Bei dieser Kommunikationsform verfügt der Proband über eine kurze Aufmerksamkeitsspanne und hat Schwierigkeiten, den Blick auf das kommunikative Gegenüber zu fokussieren. Da jedoch mithilfe von körpereigenen Ausdrucksformen vertrauten Personen schnell und unabhängig von Position und dem Vorhandensein von Hilfsmitteln Nachrichten übermittelt werden können, erfolgte ergänzend zur Intervention mit dem LightTalker eine Förderung des Gebärdeneinsatzes durch das Klassenteam. Ein wesentlicher Nachteil bei der Nutzung von Gebärden im schulischen Interaktionsfeld besteht in der nicht immer möglichen körperlichen Nähe, totalen Aufmerksamkeit und Ko-Konstruktion des Klassenteams. Aufgrund der aktuell recht lebhaften Klassensituation und der geringen personellen und zeitlichen Ressourcen wurde somit die sofortige Bereitstellung eines Sprachausgabegerätes als unerlässlich erachtet. Der Proband verfügt über ein großes Kommunikationsbedürfnis und kann nur auf diese Weise unabhängig von der Unterstützung seines Umfeldes Aufmerksamkeit auf sich lenken und Kommunikation initiieren. Aufgrund der Anfälligkeit elektronischer Kommunikationshilfen für technische Störungen erhielt der Proband zudem eine Kommunikationsmappe mit den ausgedruckten Oberflächenseiten des LightTalkers, welche eine zusätzliche Hilfe bei der Verinnerlichung der Anordnung des Vokabulars sowie der Prinzipien und Inhalte des Gerätes darstellte.

Zur Erhöhung der aktiven Teilhabe des Schülers und zur Steigerung seiner kommunikativen Unabhängigkeit während der schulischen Frühstückssituation wurde ein Vokabular ausgewählt, welches ihm ermöglicht, Wünsche und Bedürfnisse durch Auswahl und Einfordern von Lebensmitteln, Getränken, Geschirr und Besteck zu übermitteln, soziale Routinen durch den Einsatz von Höflichkeitsfloskeln zu erfüllen, soziale Nähe herzustellen bzw. Aufmerksamkeit zu wecken sowie Kommentare bezüglich des Frühstücks zu tätigen.
Zur Vermittlung eines adäquaten und erfolgreichen Einsatzes des LightTalkers fanden die Prinzipien einer ganzheitlichen Kommunikationsförderung Anwendung (Sachse/Boenisch 2009). Da Formen der Unterstützten Kommunikation vorwiegend durch implizites Lernen erworben werden, wurde mit der schulischen Frühstückssituation eine routinierte Alltagssituation genutzt (Prinzip der Routine und Alltagsorientierung), in der bewusst Gesprächssituationen mit den Mitschülern und dem Klassenteam geschaffen wurden (Prinzip der sozial-kommunikativen Interaktion, Prinzip der kontextgebundenen Kommunikation).

Auf der Grundlage des Partizipationsgedankens wurde die Förderung der Kommunikation über den LightTalker so früh wie möglich in die Klasse integriert (Prinzip der Partizipation). Demnach erfolgte die Intervention sowohl in Einzelfördersitzungen als auch in einer natürlichen Lernsituation, dem schulischen Frühstück. Während die Einzelförderung auf die Erarbeitung des Vokabulars und die Anbahnung der Nutzung des LightTalkers zielte, ging es beim Einsatz der elektronischen Kommunikationshilfe im Klassenraum um die Anwendung des Vokabulars (Prinzip der Unterscheidung von UK-Förderung und UK-Einsatz). Zur Erleichterung des Transfers der erlangten Fertigkeiten in den schulischen Alltag erfolgte vor der Integration der Kommunikationshilfe in die Klasse zusätzlich eine Förderung in der Kleingruppe. Das wichtigste Prinzip im Rahmen der UK-spezifischen Intervention war das des kontinuierlichen Modelings, da der Schüler verstärkt über Nachahmung lernt. Demzufolge benutzten die Förderinnen den LightTalker beiläufig mit, um Beispiele und Modelle für den Einsatz des Sprachausgabegerätes zu liefern.

5. Darstellung der Untersuchungsergebnisse

Zur Evaluation der UK-spezifischen Intervention wurde das Verfahren der visuellen Inspektion verwendet. Hierzu erfolgte zunächst eine grafische Aufbereitung der erhobenen Daten in Form von einfachen Liniendiagrammen. Während die Häufigkeit des Zielverhaltens für jeweils eine Zeiteinheit (Tag) auf der Ordinate abgetragen wurde, wurden die Zeiteinheiten auf der Abszisse abgebildet. Die beiden senkrechten Linien innerhalb der Diagramme kennzeichnen jeweils das Ende der vorangegangenen experimentellen Phase bzw. den Anfang der nachfolgenden Phase. Während die ersten vier Datenpunkte die Grundrate (A) markieren, erfolgte die Intervention (B) in der Klasse an sieben Tagen. Nach Beendigung der Fördermaßnahme fand die Follow-Up-Phase (E) am zwölften und dreizehnten Termin der systematischen Beobachtung statt. Der Fokus der visuellen Datenanalyse liegt im Wesentlichen auf Veränderungen im Mittelwert, Niveau und Trend.

Entsprechend der Operationalisierung und systematischen Beobachtung des Zielverhaltens wurden die Kommunikationsformen Gestik/Körpersprache, Gebärden, Lautsprache und LightTalker in die visuelle Datenanalyse einbezogen. Da der Proband in der Regel verschiedene Ausdrucksformen miteinander kombiniert, wurde neben der Anzahl der gesamten kommunikativen Äußerungen auch die Summe der einzelnen Kommunikationssituationen in der Frühstückssituation erfasst.

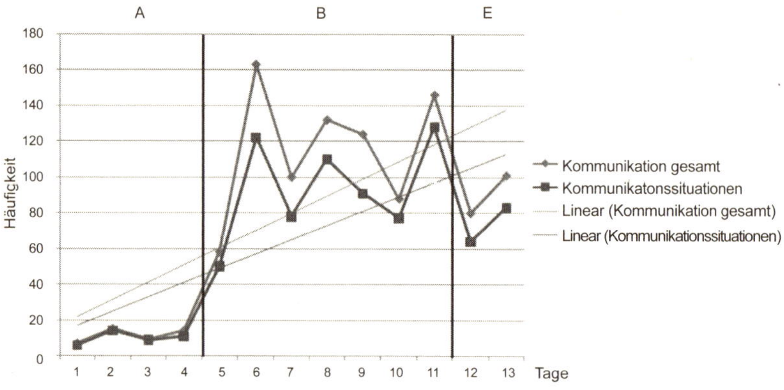

Abb. 1: Kommunikation gesamt und Kommunikationssituationen

Abbildung 1 visualisiert einen relativ parallelen Verlauf beider Datenkurven. So weisen beide Datenverläufe eine nahezu stabile Grundrate sowie jeweils einen leichten Aufwärtstrend in der Interventions- und Follow-Up-Phase auf. Insgesamt ist ein deutlicher Trendanstieg beider Kurvenverläufe erkennbar, sodass von einer Zunahme der Häufigkeit der kommunikativen Äußerungen in der Frühstückssituation ausgegangen werden kann. Sehr viel eindrücklicher wird diese Entwicklung über den Vergleich der mittleren Häufigkeiten der einzelnen experimentellen Phasen. Während der Mittelwert der gesamten kommunikativen Äußerungen in der Grundratenphase 11,3 beträgt, liegt dieser in der Interventions- und Follow-Up-Phase bei 115,9 bzw. 90,5. Demnach kommunizierte der Proband seit Beginn der Fördermaßnahme etwa zehnmal und nach Abschluss der Intervention noch achtmal häufiger als zuvor. Darüber hinaus ist zu Beginn der Förderung in der Klasse eine signifikante Veränderung im Niveau nach oben zu konstatieren. Ähnliche Ergebnisse ergeben sich für den Datenverlauf der Kommunikationssituationen, wobei die mittlere Häufigkeit unter Grundratenbedingungen bei 10 liegt, während sie in der Interventions- und Follow-Up-Phase 93,7 bzw. 73,5 beträgt (vgl. Abb. 1). Betrachtet man die Trendlinien beider Datenkurven, so nimmt die Differenz zwischen der Kommunikation insgesamt und den Kommunikationssituationen zu, weshalb davon auszugehen ist, dass der Proband seit Beginn der Intervention vermehrt verschiedene Kommunikationsformen während des schulischen Frühstücks miteinander kombiniert. So verwendete er neben der Kombination seiner bisherigen Ausdrucksformen mit Einsetzen der Fördermaßnahme zusätzlich häufig den LightTalker parallel zur Lautsprache.

Um genauer beurteilen zu können, inwieweit sich die kommunikativen Fähigkeiten des Probanden durch die diagnosegeleitete Förderung erweitert haben, wurden die Datenverläufe der jeweiligen Kommunikationsformen analysiert (vgl. Abb. 2).

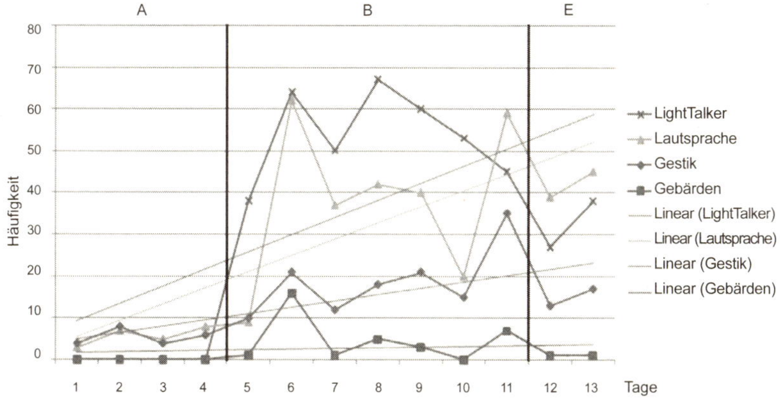

Abb. 2: Häufigkeit des Einsatzes der verschiedenen Kommunikationsformen

Während der Einsatz von Gebärden bis auf zwei Ausnahmen am sechsten und elften Termin über den gesamten Beobachtungszeitraum relativ konstant bleibt, nimmt die Verwendung von Gestik/Körpersprache leicht zu. Ein deutlicher Anstieg ist hingegen bei den Kommunikationsformen LightTalker und Lautsprache zu verzeichnen, wobei die elektronische Kommunikationshilfe bis zum vorletzten Termin der Interventionsphase die am häufigsten verwendete Ausdrucksform darstellt, bevor sie ab der elften Sitzung von der Lautsprache abgelöst wird. Setzte der Proband den LightTalker während der Grundratenphase gar nicht ein, so verwendete er diesen in der Interventionsphase im Durchschnitt 53,9-, in der Follow-Up-Phase noch 32,5-mal. Zudem ist eine signifikante Niveauveränderung nach oben von der A- zur B-Phase erkennbar, wodurch auf einen starken Interventionseffekt geschlossen werden kann. Da für die Lautsprache eine ähnliche Entwicklung konstatiert werden kann, ist davon auszugehen, dass der LightTalker den Probanden vermehrt zum Sprechen motiviert. Die positiven Veränderungen der körpereigenen Kommunikationsfähigkeiten des Probanden durch die UK-spezifische Fördermaßnahme werden zudem durch den Anstieg von Gestik/Körpersprache zu Beginn der Interventionsphase belegt. Insgesamt liegen die Daten der einzelnen Kommunikationsformen in der Follow-Up-Phase unter denen der Interventionsphase.

Dennoch befinden sie sich bis auf die Gebärden noch deutlich über dem jeweiligen Niveau der Grundrate, womit auf die Nachhaltigkeit der pädagogischen Maßnahme geschlossen werden kann.

Abbildung 3 verdeutlicht zudem eine enorme Zunahme selbstinitiierter Kommunikation, während der reaktive Gebrauch von Kommunikation nahezu konstant bleibt. Dies lässt sich vorrangig auf die vermehrt spontane Verwendung des LightTalkers sowie der Lautsprache seit Beginn der Fördermaßnahme zurückführen. Diese Entwicklung wird insbesondere über den Vergleich der mittleren Häufigkeiten ersichtlich. Äußerte sich der Proband in der Grundrate 6,5-mal spontan, so initiierte er während der Intervention im Durchschnitt 81,1- und in der Follow-Up-Phase noch 66,5-mal von sich aus Kommunikation.

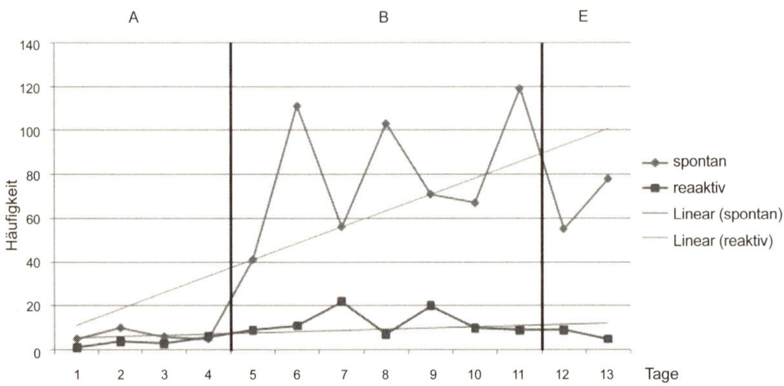

Abb. 3: Spontaner und reaktiver Gebrauch von Kommunikation

Entsprechend einer engen Betrachtungsweise des Kommunikationsbegriffs, nach der neben den Momenten der sozialen Wechselseitigkeit und der Intentionalität auch die Wirksamkeit als wesentliches Merkmal zwischenmenschlicher Kommunikation gilt, erfolgte zudem eine Analyse der Effektivität der spontanen Kommunikationsäußerungen des Probanden. Demnach liegt Kommunikation vor, wenn der Proband gelernt hat, „ein Zeichen intentional einzusetzen, um einen bestimmten Effekt zu erzielen […] und der kommunikative Akt gelingt“ (Adam 2000, 30f.).

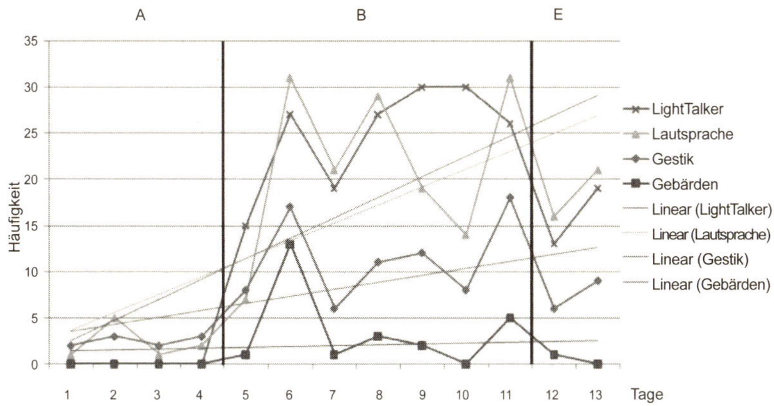

Abb. 4: Spontaner, effektiver Einsatz der verschiedenen Kommunikationsformen

Betrachtet man die Datenverläufe der jeweiligen Ausdrucksform in Abbildung 4, wird erneut der vorrangige Einsatz der elektronischen Kommunikationshilfe und der Lautsprache ersichtlich. So zeigt sich auch hinsichtlich des spontanen und effektiven Gebrauchs beider Kommunikationsformen ein deutlicher Aufwärtstrend. Über den Vergleich der Mittelwerte ist ein signifikanter zahlenmäßiger Anstieg dieser Ausdrucksformen erkennbar. Setzte der Proband den LightTalker während der Grundrate noch gar nicht ein, so beläuft sich der spontane und erfolgreiche Einsatz des Gerätes während der Intervention auf eine mittlere Häufigkeit von 24,9 und in der Follow-Up-Phase von 16. Eine ähnliche Entwicklung lässt sich in Bezug auf die spontane und effektive Verwendung der Lautsprache konstatieren. Dies lässt vermuten, dass der Proband während der Fördermaßnahme neben der Lautsprache den LightTalker als effektives Kommunikationsmedium für sich entdeckt hat und somit die beiden Ausdrucksformen vorrangig in der Frühstückssituation verwendet hat.
Insgesamt lässt die visuelle Datenanalyse auf starke und offensichtliche Interventionseffekte schließen.

6. Resümee und Ausblick

Im Rahmen der kontrollierten Einzelfallstudie konnte die Wirksamkeit von Maßnahmen der Unterstützten Kommunikation hinsichtlich der Erweiterung der kommunikativen Fähigkeiten eines Schülers mit Beeinträchtigung der geistigen Entwicklung quantitativ nachgewiesen werden. Die Verbesserung der Ausdrucksmöglichkeiten des Probanden führte zu einer Erhöhung seiner Teilhabe im Interaktionsfeld Schule. Die UK-spezifische Intervention bewirkte neben einem spontaneren und effektiveren Gebrauch des LightTalkers auch eine Erweiterung und Verbesserung der körpereigenen Kommunikationsfähigkeiten. Der Einsatz einer komplexen elektronischen Kommunikationshilfe mit Sprachausgabe führte aufseiten des unterstützt Kommunizierenden insbesondere zu einer vermehrten und aktiveren Verwendung von Lautsprache.

Darüber hinaus konnten positive Auswirkungen der Fördermaßnahme auf andere Entwicklungsbereiche des Probanden konstatiert werden. So sei der Schüler nach Aussage der familiären und schulischen Bezugspersonen seit Beginn der Intervention deutlich aktiver und kommunikativer, suche mehr Kontakt zu seinen Mitschülern, zeige mehr Aufmerksamkeit und wirke selbstbewusster, aufgeschlossener und interessierter. Er sei insgesamt schneller geworden und verfüge über einen höheren Muskeltonus. Demnach fand die beobachtete kommunikative Entwicklung des Probanden – entsprechend der Theorie des Ganzheitlichen Entwicklungsmodells von Fröhlich/Haupt (1987) – unter gleichzeitiger Beteiligung weiterer Entwicklungsbereiche (Sozialerfahrung, Bewegung, Gefühl etc.) statt. Insgesamt wurde mit der UK-spezifischen Intervention eine wichtige Etappe auf dem Weg zu kommunikativer Unabhängigkeit erreicht.

Die wesentliche Herausforderung in der Zusammenarbeit mit dem familiären und schulischen Umfeld bestand darin, gemeinsam neue Wege der Verständigung zu gehen und Unterstützte Kommunikation im Alltag umzusetzen. Die Fördermaßnahme setzte in einer eingespielten kommunikativen Situation ein, in der der Proband und seine Bezugspersonen bereits Möglichkeiten gefunden hatten, miteinander zu kommunizieren. Aufgrund von mangelndem Fachwissen existierten große Unsicherheiten im Umgang mit der elektronischen Kommunikationshilfe sowie die Annahme, der LightTalker beeinträchtige die lautsprachliche Entwicklung. Aus der UK-spezifischen Intervention resultierte jedoch letztendlich eine veränderte Einstellung und Haltung der Bezugspersonen gegenüber dem Gebrauch eines Sprachausgabegerätes und damit die Bereitschaft, die von den Autorinnen begonnene Förderung fortzusetzen und den Einsatz des LightTalkers auf weitere Bereiche des Schulalltags auszudehnen. Hieraus ergibt sich die Notwendigkeit, für eine flächendeckende Realisierung von Unterstützter Kommunikation – wie es bereits 1996 von Arnusch/Pivit gefordert wurde – noch stärker ein interdisziplinär angelegtes theorie- und praxisbezogenes Bezugssystem zu etablieren, welches sich aus den Elementen Aus- und Weiterbildung sowie Beratung und Forschung zusammensetzt.

Literatur

Adam, H.: Mit Gebärden und Bildsymbolen kommunizieren. Voraussetzungen und Möglichkeiten der Kommunikation von Menschen mit geistiger Behinderung. 3. unveränderte Auflage, Würzburg, 2000

Antener, G.; Lage, D.: UK-Interventionen – wer systematisch plant, irrt gezielter, in: Boenisch, J.;Bünk, C. (Hrsg.): Methoden der Unterstützten Kommunikation. Karlsruhe, 2003: 284-301

Arnusch, G.;Pivit, C.: Was ist Unterstützte Kommunikation? Eine Einführung, in: Isaac-Deutschland. Gesellschaft für Unterstützte Kommunikation (Hrsg.): „Edi, mein Assistent" und andere Beiträge zur Unterstützten Kommunikation. Reader der Kölner Fachtagungen. Düsseldorf, 1996: 9-48

Beukelman, D.R.; Mirenda, P.: Augmentative and Alternative Communication. Management of Severe Communication Disorders in Children and Adults. Baltimore, 1992

Blackstone, S.W.; Hunt Berg, M.: Manual Soziale Netzwerke. Ein Instrument zur Erfassung der Kommunikation unterstützt kommunizierender Menschen und ihrer Kommunikationspartnerinnen und –partner. Deutsche Ausgabe herausgegeben und übersetzt von S. Wachsmuth. Karlsruhe, 2006

Boenisch, J.; Sachse, S.: Diagnostik und Beratung in der Unterstützten Kommunikation. Theorie, Forschung und Praxis. Karlsruhe, 2007

Bruno, J. (Autorin); Hansen, F. (Hrsg., Übersetzung): Diagnostiktest TASP – Zur Abklärung des Symbol- und Sprachverständnisses in der Unterstützten Kommunikation. Berlin, 2009

Fröhlich, A. D.; Haupt, U.: Förderdiagnostik mit schwerbehinderten Kindern. 4. überarbeitete und erweiterte Auflage, Dortmund, 1987

Hartkemeyer, A.; Pohl, S.: Möglichkeiten zur Erweiterung der kommunikativen Fähigkeiten eines Schülers mit geistiger Beeinträchtigung unter Verwendung eines komplexen elektronischen Hilfsmittels - Eine Einzelfallstudie im Rahmen der Unterstützten Kommunikation. Unveröffentlichte Masterarbeit an der Universität Oldenburg

Julius, H.; Schlosser, R. W.; Goetze, H.: Kontrollierte Einzelfallstudien. Eine Alternative für die sonderpädagogische und klinische Forschung. Göttingen, 2000

Kern, H. J.: Einzelfallforschung. Eine Einführung für Studierende und Praktiker. Weinheim, 1997

Mühl, H.: Einzelförderung und Einzelfallstudien in der Geistigbehindertenpädagogik, in: Lernen konkret. Unterricht bei geistiger Behinderung. Jg. 21, Heft 1, 2002a: 5-7

Mühl, H.: Einzelfallstudien in der Geistigbehindertenpädagogik, in: Mühl, H.: Einzelfallstudien zum pädagogischen Umgang mit Verhaltensstörungen bei Menschen mit geistiger Beeinträchtigung. Oldenburg, 2002b

Nußbeck, S.: Unterstützte Kommunikation, in: Fingerle, M.; Ellinger, S. (Hrsg.): Sonderpädagogische Förderprogramme im Vergleich. Orientierungshilfen für die Praxis. Stuttgart, 2008: 214-232

Sachse, S.; Boenisch, J.: Kern- und Randvokabular in der Unterstützten Kommunikation: Grundlagen und Anwendung. 6. Nachlieferung, 1.Auflage, in: Handbuch der Unterstützten Kommunikation, Karlsruhe, 2009: 01.026.030-01.026.040

Wilken, E.: Unterstützte Kommunikation. Eine Einführung in Theorie und Praxis. Stuttgart, 2002

LiterAACy

Ein Lesen und Schreiben integrierendes Vokabular

Lars Tiedemann

Der Wortschatz von umfangreichen Vokabularen auf elektronischen Sprachausgabegeräten muss in irgendeiner Form auf verschiedenen Ebenen kategorisiert werden. Dies kann z. B. semantisch oder syntaktisch erfolgen. Ursprünglich in der Arbeit mit der unterstützt kommunizierenden jungen Frau Nele Diercks entwickelte der Autor ein erstes nach Anfangsbuchstaben kategorisiertes Vokabular, um ihre schriftsprachlichen Kompetenzen aufzugreifen und weiter auszubauen. Bei Treffen mit anderen Menschen, die auf unterstützte Kommunikation angewiesen sind, gab es großes Interesse an diesem Vokabular. Dieses wurde daraufhin weiter ausgebaut, die Wörter angepasst und das Vokabular in verschiedenen Größen (Anzahl der Felder auf einer Seite) und mit unterschiedlichen Unterstützungsmöglichkeiten weiter entwickelt. Das Vokabular wird unter dem Namen „LiterAACy" von der Firma Tobii vertrieben. Es ist auf den dynamischen Geräten (Hardware) der Firma Tobii installiert, benötigt „Tobii Communicator" (Software) und ist einer der Inhalte (Content).

Zunächst ein Vokabular für Nele Diercks

Frau Diercks arbeitet am Zentrum für Unterstützte Kommunikation (ZUK) der Katholischen Hochschule Freiburg und ist dort für die Ausleihe von Materialien und Hilfsmitteln zuständig. Diese werden von den Studentinnen und Studenten des Studienganges Heilpädagogik mit Schwerpunkt Unterstützte Kommunikation für die Arbeit mit deren Klienten und Klientinnen benötigt. Seit ihrer Geburt hat Nele Diercks eine zerebral bedingte Bewegungsstörung, vor allem in Form der Athetose. Sie ist auf Unterstützte Kommunikation als Ausdrucksmittel angewiesen, benötigt einen Rollstuhl und kann ihre Hände nicht funktionsgerecht einsetzen. Sie nutzt daher seit einigen Jahren eine Augensteuerung der Firma Tobii. In ihrem Alltag wird sie von persönlichen Assistentinnen unterstützt.

Schon im integrativen Kindergarten hatte die heute 21-jährige Nele Diercks ihre ersten Beratungen durch Hilfsmittelberater von Firmen für Kommunikationshilfsmittel. Die damals gezeigten komplexen Vokabulare erschienen ihren Eltern nicht nachvollziehbar. Das dann erhaltene Gerät hatte zwar eine Kommunikationssoftware installiert, aber keine vorgefertigten Kommunikationsoberflächen mit Struktur, Vokabular und Aufbau von Seiten (Content). So entstand ihr erstes Vokabular, welches in Personen, Aktivitäten, Orte, Gefühle und Dinge unterteilt war. Aufgrund ihrer cerebralen Bewegungsstörung war ihr nur ein Ansteuern im Scanning mit einer und später zwei Tasten am Kopf möglich. Die Schwierigkeiten, eine einfache und schnelle Ansteuerung für Nele Diercks zu finden, war das vorherrschende Thema und einer der Hauptgründe, warum sich der Einsatz des elektronischen Sprachausgebegerätes so gut wie nie in den Alltag übertragen ließ und fast nur in den Fördereinheiten in der Schule genutzt wurde. Im Alltag hatten ihre körpereigenen Kommunikationsformen eine weit größere Bedeutung.

Nele Diercks hatte schon als Kleinkind ein körpereigenes Zeichen- und Lautsystem entwickelt. Durch Blicken auf sich selbst (Ich), den Bauch des Gesprächspartners (Du) und Objekte war sie früh in der Lage, Objekte zu erhalten und Aktivitäten auszulösen. Sie entwickelte dann auch schnell ein sicheres Ja/Nein-System und war damit mit vertrauten Personen effektiv im Ko-Konstruieren und hatte Möglichkeiten, zu interagieren. Die vorhandenen technischen Kommunikationsmittel waren dagegen zu langsam, zu wenig differenziert und in ihren Lernanforderungen zu hoch.
Nach dem Übergang in die Grundschule lernte Nele Diercks die Buchstaben kennen, ganze Wörter wurden an die Objekte im Klassenzimmer geklebt, um ihr Ganzwortlesen zu ermöglichen. Auf dem Computer nutzte sie Bildschirmtastaturen mit Sprachausgabe. Das Schreiben im Scanning-Modus führte aufgrund der geringen Schreibgeschwindigkeit zu erheblicher Frustration, zudem kam es aufgrund von motorischen Problemen immer wieder zu fehlerhaften Eingaben. In der Grundschule wurde alternativ zu den technischen Möglichkeiten ein Körper-ABC entwickelt. Ziel war es, mit körpereigenen Mitteln die Buchstaben darstellen zu können, die Nele Diercks nicht über Laute ausdrücken konnte. Ein Blick nach oben ist das „S“ (wie die Sonne), ein Blick nach unten ist das „E“ (wie Erde), ein Bewegen der Beine ist das „G“ (wie gehen) oder ein Blick hoch und runter ist das „I“ (wie ein langer Strich). Darüber war es ihr möglich, einzelne Buchstaben schneller als mit dem Scanning auf ihrer elektronischen Kommunikationshilfe mitzuteilen.

Dieses führte in der Interaktion mit einem vertrauten Kommunikationspartner zu einer effektiveren Ko-Konstruktion und damit auch zu einer insgesamt verbesserten Kommunikation. Wenn ihr Gesprächspartner den Anfangsbuchstaben eines Wortes von ihr erfährt, dann schränkt dies die inhaltlichen Möglichkeiten, die sich aus dem Anfangsbuchstaben und dem Kontext ergeben enorm ein. Mittlerweile kennt Nele Diercks von vielen Wörtern den ersten und auch den zweiten Buchstaben. Ist ihrem Gesprächspartner nicht klar, welches Wort sie meint, dann kann er zusätzlich Kategorien wie Personen, Tätigkeiten, Dinge, beschreibende Wörter abfragen.
Erst als Nele Diercks 15 Jahre alt war, hatte sich die Technologie so weit entwickelt, dass sie sich bei der Nutzung ihrer elektronischen Kommunikationshilfe vom Scanning lösen konnte. Seither verwendet sie ein Gerät mit Augensteuerung. Sie konnte damit das erste Mal entspannter und etwa zehnmal so schnell ein Vokabular bedienen wie vorher mit dem Scanning. Die elektronische Kommunikationshilfe bot dadurch jetzt interessante neue Möglichkeiten, die ihr einen subjektiven Mehrwert brachten. Dadurch kam auch wieder die Frage auf, wie ein Vokabular gestaltet sein muss und was für Kategorien verwendet werden, um einen großen Wortschatz zu organisieren.

Zunächst verwendete sie ein semantisch-syntaktisch kategorisiertes Vokabular. Hier gab es zum einen Bereiche mit Wörtern, die zu einem bestimmten Thema passten und zum anderen Bereiche, in denen die Wörter in Anlehnung an Wortarten sortiert waren. Die Navigationswege zu den Wörtern waren nicht selbsterklärend und mussten gelernt werden. Der Lernaufwand dafür war hoch und gleichzeitig bestätigte sie die Erkenntnis, dass sie dieses Wissen nur dafür benötigte, um ihre elektronische Hilfe bedienen zu können. Ansonsten hatte dieses Wissen keinen Mehrwert. Ein semantisch oder syntaktisch orientiertes Vokabular lässt sich ohne elektronische Hilfe mit körpereigenen Zeichen nicht oder nur bedingt nutzen. Wäre es nicht besser, eine Kommunikationsstrategie zu nutzen, die auf einem Sprachausgabegerät effektiv nutzbar ist und ihr gleichzeitig einen Zugewinn in der Kommunikation ohne elektronische Hilfe bietet? Schnell stellte sich die Frage, wie ein solches Vokabular aufgebaut sein müsste. Wäre es nicht ohnehin besser, eine Kommunikationsstrategie zu verwenden, die sich an den allgemeingültigen Regeln und dem Wissen der Umwelt orientiert? Lesen und Schreiben ist für sie auch weiterhin ein wichtiges Ziel. Warum nicht ein Vokabular entwickeln, mit dem sie ihre vorhandenen schriftsprachlichen Fähigkeiten aktiv nutzt und dabei die nötige Unterstützung durch Piktogramme bekommt? Kann ein Vokabular, welches Wörter nach Anfangsbuchstaben kategorisiert, schnell genug sein? Alles offene Fragen am Anfang der LiterAACy Entwicklung im Frühling 2009.

Entwicklung des LiterAACy-Grundwortschatzes

In der Entwicklung von Vokabularen stellt sich als Erstes die Frage nach den Wörtern, die in diesem System verwendet werden sollen. Bei der Erstellung eines individuellen Vokabulars für einen Anwender gibt es die Möglichkeit, den Anwender oder die Menschen in seiner nahen Umgebung zu fragen, den Anwender und seine Peergroup zu beobachten, Kommunikationstagebücher zu führen oder sich an vorgefertigten Wortlisten zu orientieren (Leber, 2010). Bei einem Vokabular im Umfang von Tausenden von Wörtern, wie es in LiterAACy für eine relativ heterogene Zielgruppe organisiert ist, kommen diese vorgefertigten Wortlisten zur Erstellung des Grundwortschatzes zum Einsatz. Mit Grundwortschatz ist hier der Basiswortschatz im System gemeint, der dann noch individuell ergänzt werden kann.

Für die deutsche Sprache gibt es diverse Listen mit deutlichen Unterschieden. Einige Wortlisten erfassen die Frequenz von Wörtern in der gesprochenen oder geschriebenen Sprache. Je nach analysiertem Datenmaterial sind unter den 100 oder 1000 häufigsten Wörtern einer Liste andere Wörter als auf einer anderen Wortliste, die andere Quellen nutzt. Es gibt auch weitere Unterschiede in den Daten, je nach Zeitraum, Region oder Kontext, in denen die Daten erhoben worden sind. Je nach untersuchter Gruppe spielen personenbezogene Faktoren, wie Alter oder soziale Zugehörigkeit eine weitere wichtige Rolle.

Neben dem beschriebenen, rein frequenziellen Ansatz zur Gewinnung eines Grundwortschatzes gibt es auch die Möglichkeit, nach kommunikativ-pragmatischen Aspekten, nach Wichtigkeit zu gehen. Wichtigkeit kann sich zum Beispiel danach definieren, wie kommunikativ wirksam ein Wort ist oder wie unentbehrlich oder gebrauchswichtig es ist. Der „Gemeinsame Europäische Referenzrahmen“ stellt solch einen kommunikativ-pragmatischen Grundwortschatz zur Verfügung (Glaboniat 2005). Dieser unterteilt sich in die drei Niveaustufen:

- A: Elementare Sprachverwendung
- B: Selbstständige Sprachverwendung
- C: Kompetente Sprachverwendung

In LiterAACy wurden Wörter aus den Niveaustufen A und B verwendet, da diese Wortlisten umfangreich genug und sortiert sind, um ein Vokabular mit mehr als 5000 Wörtern daraus zu erstellen. Ein weiterer Abgleich fand statt mit:

- Themenwörterbuch der deutschen Sprache (Langenscheidt 1999),
- Liste der gesprochenen Sprache im Grundschulalter (Pregel 1987),

- Liste der gesprochenen Sprache (Ruoff 1990),
- 100 häufigste gesprochene Wörter körperbehinderter Kinder (Boenisch/ Sachse 2007).

Layout und Organisation des Wortschatzes

Nach der Gewinnung des Grundwortschatzes ist die nächste Frage, wie dieser Wortschatz organisiert sein soll. Kommunikationsoberflächen der Unterstützten Kommunikation (UK) sollen möglichst schnell bedient werden können und dabei geringe Lernanforderungen stellen. In einer idealen UK-Welt könnte der Anwender mit einem Klick auf jedes einzelne Wort oder jede einzelne Phrase direkt zugreifen und wüsste immer genau, wo sich ein Wort befindet. Derzeitige Kommunikationsoberflächen repräsentieren oft die Modelle von erwachsenen Menschen ohne Beeinträchtigung (Light/Drager 2002, 17 f.). Je mehr Wörter auf einer Seite dargestellt werden, desto kleiner werden die Felder und desto unübersichtlicher wird der Aufbau und es wird ggf. mehr Zeit zum Suchen verwendet. Die motorischen, visuellen und kognitiven Bedingungen des Klienten entscheiden über das Layout (Größe und Anzahl der Felder) einer komplexen dynamischen Kommunikationsoberfläche. Da auf einer Bildschirmseite nicht genug Platz ist, um alle Wörter gleichzeitig darzustellen, müssen diese auf verschiedene Seiten aufgeteilt und damit kategorisiert werden.

Mentale Modelle

In der Organisation von Wörtern in der UK können diese situativ, taxonomisch, semantisch-syntaktisch oder alphabetisch kategorisiert werden, um eine bessere Übersicht zu erreichen. Die Navigationswege, also Wege, die der Anwender zurücklegen muss, um das Wort oder eine Funktion auswählen zu können, sind nur dann für diesen selbsterklärend, wenn sie den mentalen Modellen dieses Klienten entsprechen. Mentale Modelle sind individuelle Denkmodelle, „mit deren Hilfe wir planen und entscheiden, vorausschauen und erklären, kurz: mit deren Hilfe wir denken“ (Hasebrook 1995, 124).

Erfahrungen, die jemand mit einer Art des Zugriffes auf ein Wort und damit der Kategorisierung gemacht hat, prägen sich ein, und er kann diese nutzen, um daraus Regeln abzuleiten, die ihm einen weiteren Zugriff ermöglichen. Mentale Modelle sind dynamisch, durch das aufgrund von Erfahrung dazugewonnene Wissen kann das Modell überprüft und weiter entwickelt werden. Eine unterstützt kommunizierende Person hat dann am ehesten den Zugriff auf ein Wort, wenn dieses so auf der Kommunikationsoberfläche abgespeichert ist, dass es die bisherigen Erfahrungen dieser Person widerspiegelt und sich damit an seinem Modell orientiert. Die Klienten in der Unterstützten Kommunikation sind sehr verschieden und haben unterschiedliche Erfahrungen und damit gedankliche Vorstellungen entwickelt, die uns in der Entwicklung von Kommunikationsoberflächen nicht oder nur erschwert zugänglich sind. Umgekehrt erschließt sich eine dynamische Kommunikationsoberfläche der Umwelt nur so gut, wie es deren mentalem Modell entspricht.

Kategorien zur Organisation von Wörtern

Forschungsergebnisse sagen recht eindeutig, dass kleine Kinder am besten auf Wörter zugreifen können, wenn diese Wörter situativ angeordnet sind (Drager 2004, 1142). Bei einem situativen Wortschatz sind alle Wörter auf einer Seite, die für eine bestimmte Situation benötigt werden. Bei einer Kommunikationstafel zum Thema Geburtstag sind z. B. die Wörter „Geburtstag, Herzlichen Glückwunsch, schenken, geben, besuchen, verstecken, suchen, essen, trinken, spielen, Tee, Kuchen, da, nochmal, fertig" alle auf einer Seite und können konkret in der Situation genutzt werden (Beukelman/Mirenda 2007, 336 f.). Bekommen Kinder die Aufgabe, einen Wortschatz selber zu organisieren, dann kategorisieren sie die Wörter situativ (Drager 2003, 300). Ein Rasterdisplay kann anstelle von einer situativen Organisation auch nach hierarchischen Kategorien, semantisch-syntaktisch oder auch alphabetisch aufgebaut werden.

Situative und auch semantische Wortschätze stoßen bei einem weiteren Ausbau des Vokabulars an die Grenze, weiter nachvollziehbar zu sein. Bestimmte Wörter sind als Prototypen besonders eindeutige Vertreter einer Kategorie und lassen sich gut reproduzieren (Wilkinson/McIlvane 2002, 284). Andere Wörter, die der gleichen Kategorie zugeordnet sind, sind keine typischen Vertreter dieser Kategorie und auch entsprechend schwerer zu erklären und von den Klienten schwerer zu reproduzieren. Viele Kinder haben Schwierigkeiten, effektiven Gebrauch von Strategien zu machen, bei denen sie sich Sequenzen merken müssen, um ein Wort zu enkodieren (Light/Drager 2002, 25).

Taxonomische Displays mit einer hierarchischen Kategorisierung von Wörtern eignen sich erst ab einem Alter von sechs bis sieben Jahren (Beukelman/Mirenda 2007, 336). Sie repräsentieren eher Modelle der Erwachsenen. Kinder unter fünf Jahren können taxonomische Kategorien lernen, wenn die Objekte sehr vertraut sind und die Kategorien angemessen bezeichnet sind (Drager et al. 2003, 300).
Eine syntaktische Kategorisierung erfordert Wissen über die Wortarten. Um ein größeres Vokabular abzubilden, ist es auch hier erforderlich,

weitere Kategorisierungen einzufügen (z. B. bei „Verben" Unterkategorien mit „Bewegung", „Sinne", „Hand"). In der Allgemeinbevölkerung gibt es nur ein bedingtes Wissen über Wortarten. Das Einfügen von weiteren Unterkategorien macht ein syntaktisches Vokabular für den Klienten und sein Umfeld noch schwerer nachvollziehbar. Wissen über situative, semantische und syntaktische Kategorisierung von Wörtern kann eine Hilfe sein, um die Kommunikationshilfe zu bedienen, aber unterstützt nicht primär den Lese- und Schreibprozess.

Alle Arten von Vokabularorganisation lassen sich irgendwie lernen. Die Frage ist hier, wie schwierig dies für den einzelnen Anwender ist und welche Lernanforderungen es an ihn stellt. Eine Kommunikationshilfe sollte für den Anwender sofort nutzbar sein und gleichzeitig Ausbaumöglichkeiten für zukünftige Entwicklungen bieten. Selbsterklärend sind komplexe Vokabulare für den Anwender in der Regel nicht und dieser muss die Kategorisierung (mentales Modell) und die Navigationswege (motorisches Lernen) einüben. Eine weitere Frage ist, was der Klient und sein Helfersystem in der Zukunft erreichen möchten und bei welchem Wissen und bei welchen Denkstrukturen ihm seine Kommunikationshilfe eine Unterstützung sein kann, um möglichst gut partizipieren zu können.

Nachdem ein unterstützt kommunizierendes Kind mit einem konkreten situativen Wortschatz umgehen kann und es deutlich ist, dass es einen weiteren Ausbau des Vokabulars benötigt, stellt sich die Frage, ob bei den Lernanforderungen, die semantisch-syntaktische Vokabulare stellen, nicht gleich ein Vokabular gewählt werden kann, welches sich eng an Lesen und Schreiben orientiert und bei dem Anfangsbuchstaben von Wörtern als Kategorie eingesetzt werden. Es hat den Vorteil, dass der Klient und sein Umfeld unnützes Wissen im Sinne von Navigationswegen und Kategorien von semantisch-syntaktischen Vokabularen, die sie sonst im Alltag auch nicht benötigen, nicht lernen müssen. Das Alphabet stellt ein Modell dar, das unsere Gesellschaft prägt und an dem wir uns orientieren. Es ist allgemeingültiges Wissen über den Navigationsweg und die Kategorie (den Anfangsbuchstaben), unter dem der Klient ein Wort finden kann. Das kann ihm helfen, sein eigenes Modell soweit zu entwickeln, dass er Wörter auch ohne Sprachausgabegerät mittels Lauten, Blickbewegungen, Buchstabentafel in einer allgemein verständlichen Kodierung mitteilen kann. Buchstabenbasierte Kodierungen konnten besser wiedergegeben werden als eine Kodierung über Ikonen (Light/Lindsay 1990; Light/Lindsay 1992).

LiterAACy

LiterAACy - was ist das?

Das Wort „LiterAACy“ setzt sich aus den englischsprachigen Begriffen „literacy“ und AAC (Augmentative and Alternative Communication) zusammen. LiterAACy ist eine komplexe dynamische Kommunikationsoberfläche in verschiedenen Rastergrößen, welches als Ordnungssystem die Anfangsbuchstaben von Wörtern nutzt. Bis zu mehrere Tausend Wörter sind über eine Bildschirmtastatur auswählbar. Wird z. B. der Buchstabe „A“ auf der Tastatur gedrückt, dann erscheinen Wörter, wie „Apfel“, „auf“, „Anna“, „Angst“, „an“ oder „angeln“. Die geschriebenen Wörter sind zusammen mit grafischen Zeichen dargestellt. Die Felder mit der Wort-/Bildkombination erscheinen immer an der gleichen Stelle. Der Anwender erhält ein orthografisches, auditives und visuelles Feedback.

LiterAACy kann mit dem Ansatz, sich an allgemeingültige kategoriale Vorstellungen zu halten, zum einen den Schreiblernprozess unterstützen, da zur täglichen Kommunikation Wissen über Anfangsbuchstaben eingesetzt wird und zum anderen ermöglicht es dem Umfeld einen einfach nachvollziehbaren Zugang zu einem komplexen Vokabular.

Integrierender Faktor

Das Lernen von schriftsprachlichen Kompetenzen ist zeitintensiv. UK-Intervention zum Umgang mit einer vorhandenen komplexen Vokabularstrategie auf einem elektronischen Sprachausgabegerät ist auch sehr zeitaufwändig. Zeit, die den Lehrkräften, den Eltern und dem Klienten zum Lesen und Schreiben lernen möglicherweise fehlt (Drager et al. 2004, 1142). Kann mit einer anderen Strategie der gleiche kommunikative Erfolg erreicht werden, bei deutlich geringeren Lernanforderungen für das Umfeld und einer gleichzeitigen Unterstützung des Schreibprozesses durch das Lernen von Anfangsbuchstaben?

In der Entwicklung von LiterAACy erschien es sinnvoll, eine allgemeingültige Kategorisierung nach dem ABC durch die Anfangsbuchstaben der Wörter vorzunehmen.
LiterAACy hat den Ansatz, schriftsprachliche Fähigkeiten und effektive Kommunikation zu integrieren. Auch Menschen im Umfeld, die nicht mit dem Vokabular vertraut sind, können schnell Wörter finden, da es auf deren vorhandenem Wissen aufbaut und sie so dem Klienten in seinem Lernprozess direkt wertvolle Hilfestellung geben können. Die Hemmschwelle, sich mit einem komplexen System auseinanderzusetzen, sinkt.

Größen des Layouts

Von LiterAACy gibt es derzeit drei Rastergrößen:

- 7 mal 5 mit über 1000 Wörtern und der Wortauswahl nach dem Anfangsbuchstaben,
- 9 mal 6 mit über 5000 Wörtern und der Wortauswahl nach dem Anfangsbuchstaben oder auch den ersten beiden Buchstaben eines Wortes,
- 12 mal 9 mit über 5500 Wörtern und der Wortauswahl nach den ersten beiden Buchstaben eines Wortes.

Es gibt alle drei Rastergrößen einmal mit einer Kombination von Anlautbild und Buchstaben auf der Tastatur und einmal ohne Anlautbilder, nur mit den Buchstaben. Neben der Entscheidung, ob die Kategorisierung über Anfangsbuchstaben der richtige Zugang für einen Klienten zu einem komplexen Vokabular ist, sollte im diagnostischen Prozess vor der Versorgung getestet werden, welche Rastergröße ein Klient sicher bedienen kann und ob Anlautbilder zur besseren Orientierung notwendig sind.

LiterAACy als Kommunikationsstrategie

LiterAACy ist primär eine dynamische Kommunikationsoberfläche, bei der sekundär Lesen und Schreiben unterstützt wird. LiterAACy ist nicht primär als Lernsoftware konzipiert. Als Kommunikationsoberfläche muss LiterAACy ein hohes Maß an Orientierung ermöglichen, um auch motorisches Lernen zu ermöglichen. Dies ist durch die immer an der gleichen Stelle auszulösenden Buchstabenkategorien, Wörter und Funktionen gewährleistet. Ebenso muss LiterAACy zur Kommunikation einen schnellen Zugriff auf Wörter erlauben. Dies kann über das Zählen von Auslösevorgängen zur Erreichung eines Wortes geschehen. Bei der Zählung von Auslösevorgängen zum Schreiben von vom Autor ausgewählten Beispielsätzen war LiterAACy 12 mal 9 mit 1,70 Auslösevorgängen pro Wort bei 102 vom Vokabular genutzten Feldern schneller als vergleichbare Kommunikationsoberflächen.

Vokabular	**Anzahl der Felder**	**Auslösevorgänge pro Wort**
LiterAACy 7by5	32	2,29
LiterAACy 9by 6 - 1. Buchstabe	49	2,06
LiterAACy 9by 6 - 2. Buchstaben	49	2,31
LiterAACy 12by9	102	1,70

Hilfen zum Lesen und Schreiben

Bei LiterAACy muss der Anwender nicht in der Lage sein, ein ganzes Schriftbild eines Wortes lesen zu können. Über den Anfangsbuchstaben wird die zur Verfügung gestellte Auswahl an Wörtern eingegrenzt.

Jetzt kann die Orientierung auf das gewünschte Wort anhand von Schriftbild und piktografischem Zeichen erfolgen. Wörter auf einer Seite sind zusätzlich mit einer Farbkodierung in Anlehnung an den Fitzgerald-Schlüssel unterlegt. Bei dieser Farbkodierung sind einzelne Wortarten mit einer bestimmten Farbe hinterlegt. Pronomen sind z. B. gelb und Verben sind grün.

In der deutschen Sprache gibt es eine ganze Reihe von unmöglichen oder seltenen Buchstabenkombinationen. Die möglichen und unmöglichen Bi- und Trigramme werden in LiterAACy während des Schreibens erkannt und die Tasten auf der Tastatur im Raster 9 mal 6 und 12 mal 9 ausgeblendet. Das Ausblenden gibt dem Anwender wertvolle Hilfestellung, senkt Lernanforderungen, da unmögliche Worte nicht geschrieben werden können, gibt mehr Sicherheit bei visuellen und motorischen Ansteuerungsproblemen und erhöht die Kommunikationsgeschwindigkeit beim Scanning. Es ist immer möglich, alle Tasten wieder einzublenden, um auch für die deutsche Sprache ungewohnte Wörter (z. B. ausländische Namen) schreiben zu können. Ebenso kann diese Funktion auch ganz ausgeschaltet werden.
Um dem Anwender während des Schreibens ein auditives Feedback geben zu können, kann die Bildschirmtastatur so genutzt werden, dass sie während des Schreibens die einzelnen bisher geschriebenen Buchstaben zusammenfügt und ausspricht. Neben dem orthografischen Feedback erhält der Anwender so eine auditive Rückmeldung über das bisher geschriebene Wort.

Es gibt in LiterAACy auch Wortvorhersage- und Wortergänzungsfelder. Wenn ein Anwender noch nicht genug schriftsprachliche Fähigkeiten hat, um sich ein Wort durch Lesen zu erschließen, dann kann er eine Funktion nutzen, bei der er mit dem ersten Klick auf das Wortvorhersagefeld das Wort hört und dieses erst bei dem zweiten Klick auf das gleiche Wort geschrieben wird. Die gleiche Funktion kann für den Einstieg in LiterAACy auch bei Feldern, die mit Symbolen dargestellt werden, angewendet werden und gibt auch Rückmeldungen bei der Beugung von Verben.

Weitere Funktionen

Neben dem reinen Vokabular gibt es in LiterAACy einen vorgefertigten Bereich, der thematisch orientiert ist (z. B. „Bei der Arbeit“, „Beim Arzt“) und genauso wie das Vokabular inhaltlich an die Erfordernisse des Klienten angepasst werden kann.
Ebenso gibt es auch die Möglichkeit, Texte zu speichern, zu drucken, einen Taschenrechner zu nutzen, E-Mails zu lesen und zu schreiben, vorbereitete Seiten für Infrarotfernbedienung zu nutzen und einige weitere Funktionen.

Ein Vokabular für Nele Diercks und Andere

Im Herbst 2009 war die erste Betaversion des Vokabulars für Nele Diercks so weit entwickelt, dass sie diese testen konnte. Schnell zeigte sich, dass sie damit ihr in der Schule gelerntes schriftsprachliches Wissen einsetzen konnte. Sie konnte auf die ihr bekannten Wörter ohne große Umstellungsprobleme zugreifen.

Von Anfang an bemerkenswert war ihre hohe Motivation, weiter Lesen und Schreiben zu lernen. Diese Motivation hatte es bei den semantisch-syntaktischen Vokabularen nicht in der Form gegeben. Möglicherweise lag das auch an den positiven und wertschätzenden Rückmeldungen von den Menschen im Umfeld, da diese Nele Diercks mit einer Tastatur anstelle von Symbolkategorien als kompetenter wahrgenommen haben und der Sinn des Schriftspracherwerbs offensichtlich wurde.

Die Begleitung von Nele Diercks im Umgang mit ihrem neuen Vokabular war sowohl für den Autor als auch für ihre Assistentinnen relativ einfach, da das System auf vorhandenem Wissen aufbaute und das Suchen von Wörtern, um ihr Hilfestellung zu geben, weitgehend entfiel. Wenn Nele Diercks Wörter nicht wusste, dann konnte man ihr diese deutlich artikuliert vorsprechen und sie hat diese dann im richtigen Bereich gesucht und gefunden. Eine Sternstunde war ein von Nele Diercks eingefordertes Diktat. Ein Text konnte ihr mit zum Teil deutlicher artikulierter Unterstützung vorgelesen werden und sie hat ihn dann wortweise geschrieben. Der Ablauf war sehr viel interaktiver und direkter als mit früheren Vokabularen.

Nele Diercks hat insgesamt gelernt, mehr Wörter mit den Anfangsbuchstaben zu benennen. Sie kann auch mehr Wörter ganz buchstabieren. Sie bringt diese Wörter zudem vermehrt in die alltägliche Kommunikation mit ein und die Äußerungslänge hat zugenommen. Sie kommuniziert dabei kontextabhängig und gibt mit ihrem schriftsprachlichen Wissen wichtige Hinweise und aktive Impulse für die Ko-Konstruktion. Sie nutzt dabei ihr elektronisches Sprachausgabegerät und ihr Körper-ABC. Mit dem Vokabular hat sie anscheinend einen Weg gefunden, mit dem Sprachausgabegerät gelerntes Wissen auch für ihre anderen Kommunikationsformen im Sinne eines multimodalen Kommunikationssystems einzusetzen.

Während der Entwicklung gab es immer mehr interessierte Fachleute und Angehörige, die das Vokabular von Nele Diercks auch gerne einsetzen wollten. Von einem sehr individuellen Vokabular mit speziellen Funktionen und

Einstellungen in einer Größe ist es zu einem Vokabular mit deutlich mehr Wörtern, mit Funktionen und unterschiedlichen Größen für eine breite Anwendergruppe geworden - dem LiterAACy, wie es heute existiert.

Ein Ausblick

LiterAACy wird von der Firma Tobii auf deren Kommunikationsgeräten seit Januar 2011 vertrieben und ist als Ansatz recht neu. Bei allen in Deutschland zurzeit verfügbaren Kommunikationsoberflächen stellen sich zum einen die Fragen, ob es direkt für Interaktion eingesetzt werden kann, ob es Lesen und Schreiben unterstützt und weiteren Kompetenzgewinn samt notwendigen Erweiterungen ermöglicht und zum anderen, welche Möglichkeiten wir Menschen bieten, die mit den existierenden vorgefertigten Vokabularen nichts anfangen können und durch das Raster fallen.
Es gibt hoffnungsvolle Berichte von Anwendern, die LiterAACy nutzen. Die Hypothese, dass es nach dem ausgereizten Nutzen eines situativen Vokabulars gleich sinnvoller sei, sich an Lesen und Schreiben direkt zu orientieren, als semantisch-syntaktische Vokabulare zu nutzen, um effektiv kommunizieren zu können und schriftsprachlichen Kompetenzgewinn zu haben, muss sich im Laufe der Jahre und durch weitere Untersuchungen bewähren. Die Entwicklung einer zum Teil noch zielgruppenspezifischeren Kommunikationsoberfläche mit angemesseneren Inhalten und Wörtern und eine noch einfachere Navigation ist als nächster Schritt nötig, um den Einstieg in lesen- und schriftsprachorientierte effektive Kommunikation noch weiter zu vereinfachen.

Literatur

Beukelman, D. R.; Mirenda, P.: Augmentative & Alternative Communication. Baltimore, 2007

Boenisch, J. ; Sachse, S.: Sprachförderung von Anfang an. Zum Einsatz von Kern- und Randvokabular in der frühen Förderung, in: Unterstützte Kommunikation 3/2007: 12-19

Drager, K.; Light, J.; Speltz, Fallon, Jeffries: The Performance of Typically Developing 2 ½-Year-Olds on Dynamic Display AAC Technologies With Different System Layouts and Language Organizations, in: Journal of Speech, Language, and Hearing Research 46/2003: 298 – 312

Drager; Light; Carlson; D´Silva; Larsson; Pitkin; Stopper: Learning of Dynamic Display AAC Technologies by Typically Developing 3-Year-Olds: Effect of Different Layouts and Menu Approaches, in: Journal of Speech, Language, and Hearing Research 47/2004: 1133-1148

Glaboniat, M.; Müller, M.; Rusch, P.: Profile Deutsch. Gemeinsamer europäischer Referenzrahmen, München, 2005

Hasebrook, J.: Multimedia-Psychologie: Eine neue Perspektive menschlicher Kommunikation, Heidelberg, Berlin, Oxford, 1995

Langenscheidt: Basic German Vocabulary, München, 1999

Leber, I.: Wege der Vokabularauswahl in der Unterstützten Kommunikation, in: Handbuch der Unterstützten Kommunikation, Karlsruhe, 2010: 01.038.001-01.049.001

Light, J.; Lindsay, P.: The effects of message encoding techniques on recall by literate adults using AAC systems, in: Augmentative and Alternative Communication 3/1990 184-201

Light, J.; Lindsay, P.: Message-Encoding Techniques for Augmentative Communication Systems: The Recall Performances of Adults With Severe Speech Impairments, in: Journal of Speech and Hearing Research 1992: 853-863

Light, J.; Drager, K.: Improving the Design of Augmentative and Alternative Technologies for Young Children, in: Assistive Technology, 2002: 14, 17 – 32

Pregel D.; Rickheit G.: Der Wortschatz im Grundschulalter. Hildesheim, 1987

Ruoff, A.: Häufigkeitswörterbuch gesprochener Sprache. Tübingen, 1990

Wilkinson; McIlvane: Teaching graphical Symbols to beginning Communicators, in: Reichle, Beukelman & Light. 2002: 273 - 321

Unterstützte Information

Selbstbestimmter Zugang zu alltäglichen Informationen mit Hilfe eines computergestützten Portals am Beispiel des CABito

Alfons Regler, Christine Borucker

1 Selbstbestimmt Information konsumieren

Der Zugang zu Informationsmedien und Informationsquellen aller Art ist wohl unbestritten eine der größten gesellschaftlichen Errungenschaften der letzten Jahrzehnte. Dieser Zugang ist uns so vertraut und selbstverständlich geworden, dass wir im Alltag kaum darüber reflektieren, wenn wir nebenbei die Tageszeitung lesen, Plakatwerbungen im Unterbewusstsein wahrnehmen oder im Multitasking Auto fahren und gleichzeitig über das Radio Nachrichten konsumieren. Dieser alltägliche Nachrichten- oder allgemeiner Informationskonsum prägt im Verlauf des Tages ganz wesentlich unsere Kommunikation mit anderen Mitmenschen. Er gibt uns Stichworte für die Gespräche in der Kantinenschlange, für die politische Diskussion mit den Kollegen, für das Gespräch mit der Familie oder für die Kontaktaufnahme mit der Angebeteten.
Stellen wir uns nun vor, unser Informationsangebot würde drastisch eingeschränkt.

1.1 Nur 10 Informationen pro Tag

Aus nicht näher benannten Gründen sei für die nächsten Wochen Ihr Informationskonsum auf zehn Informationen pro Tag eingeschränkt. Dies gilt für alle Informationen, die Sie sich selbständig, also ohne die Hilfe anderer, beschaffen. Achtung: auch der Blick auf die Uhr zählt dazu und das jedes Mal; die Zeit ändert sich ja und wird damit ständig zur neuen Information!

Beginnen wir den Tag:
- Aufstehen: Ja nicht in die Zeitung gucken, sonst sind alle zehn Informationen auf einmal weg!
- Frühstücken: Radio aus, sonst passiert das Gleiche!

- Zur Arbeit fahren: Der Blick auf die Uhr und den Zugplan muss leider sein. Zwei Informationen sind damit verbraucht.
- In der Arbeit angekommen: Der Blick auf den Speiseplan und auf die Abwesenheitsliste muss auch sein - Nummer drei und vier ...

Schon der Start unseres Experiments macht klar, dass ein Tag mit nur zehn selbstbeschafften Informationen kaum erstrebenswert wäre. Würde man das Experiment über einen größeren Zeitraum betreiben, würde sich dies auch unweigerlich auf das Spektrum der Themen, die wir mit anderen diskutieren können, auswirken. Vielleicht blieben zum Schluss nur noch das Wetter und die Qualität des Kantinenessens übrig. In genau dieser Situation befinden sich viele Menschen mit kognitiven oder körperlichen Einschränkungen, die Informationen nur in aufbereiteter Form oder nur mit Hilfe anderer Menschen erreichen, verarbeiten und reflektieren können.

1.2 Technik hilft - oder Hilfe Technik?

Angewiesen sein auf andere und das in einem Zeitalter, in dem sich die Informationsflut nahezu täglich zu vervielfachen scheint und die Kommunikationsmittel schier unüberschaubar und allgegenwärtig sind. Die Informations- und Kommunikationstechnologien haben sich in den vergangenen Jahren schnell entwickelt und durchdringen inzwischen alle Lebensbereiche. Während bisher für die verschiedenen Kommunikationsdienste (Telefon, Mobiltelefon, Internet, Fernsehen, Radio) jeweils separate Netze verwendet wurden, wird sich mit der Verfügbarkeit von größerer Bandbreite und der weiteren Verbreitung von Funknetzwerken das Internet oder Intranet zum hauptsächlichen Kommunikationsmedium entwickeln (IP-Telefonie, Messaging, E-Mail, Internetradio/-TV). Die „Konvergenz der Kommunikationsmedien" hat Auswirkungen auf die verwendeten Geräte, aber vor allem auch auf die Formen der Nutzung (vgl. Revermann 2010).
Diese Möglichkeit zur Bündelung von Informationskanälen in nur einem Ausgabegerät kann, je nach Ausgestaltung und Nutzerperspektive, segensreich sein, weil die Aufbereitung der Informationen und die Darstellungsformen schematisiert und vereinheitlicht und damit leichter erlernt werden können. Sie kann aber auch zu einer deutlichen Steigerung der Komplexität bei der Informationsselektion und bei der Handhabung der Technik führen. Bei der Gestaltung von unterstützenden, elektronischen Informationssystemen für Menschen mit starken kognitiven oder/und körperlichen Einschränkungen gilt es deshalb ein ausgewogenes Verhältnis zwischen den angebotenen Möglichkeiten zur Interaktion und einer dennoch möglichst breiten und umfassenden Informationsvermittlung zu finden.

1.3 Unterstützte Information

Ein wesentlicher Aspekt der Kommunikation ist die Information und das sich entwickelnde Wissen, sog. Weltwissen (Lage 2006), welches dem Menschen in seinem Austausch mit anderen zur Verfügung steht und Inhalte dieser Interaktion bestimmt.

„Kultur nenne ich den Wissensvorrat, aus dem sich die kommunikativ Handelnden, in dem sie sich über etwas in der Welt verständigen, mit konsensträchtigen Interpretationen versorgen.“ (Habermas, zit. nach Lage 2006, 53). Habermas prägt in diesem Zusammenhang den Begriff der „Lebenswelt“ (Lage 2006, 54), in der sich kulturelle, gesellschaftliche und persönlichkeitsbildende Prozesse bilden und zugleich als Ressource für Kommunikation zur Verfügung stehen. Hierfür ist es jedoch notwendig, am Informationszugang einer Gesellschaft zu partizipieren und in Kommunikationssituationen Wissen zu entwickeln durch einen fortlaufenden Prozess des Austausches, der Reflexion und der Erneuerung.

Informationen sind demnach wichtige Voraussetzung für eine gelingende Kommunikation und bilden einen wesentlichen Aspekt in der Entwicklung eines Menschen. Wer „mitreden“ kann ist akzeptiert und erfährt Erfolg in der Kommunikation.

Somit kann Unterstützte Information als Teilbereich der Unterstützten Kommunikation betrachtet werden mit dem Anspruch, Informationen so zu gestalten und anzubieten, dass Menschen mit Beeinträchtigungen die Aufnahme und/oder Verarbeitung von Informationen bedarfsorientiert ermöglicht wird.

Als Unterstützte Information (UI) seien hier Formen der Informationsvermittlung und Informationsaufbereitung definiert, bei deren Entwicklung folgende Kriterien Berücksichtigung finden:

- Übergeordnetes Ziel soll die Entwicklung von Systemen und Konzepten sein, die Menschen eine selbstbestimmte Informationsbeschaffung ermöglichen. Die Selbstbestimmung bezieht sich dabei sowohl auf den Zeitpunkt des Konsums als auch auf den Inhalt der konsumierten Information.
- UI ermöglicht Menschen, die aufgrund kognitiver und/oder körperlicher Einschränkungen nicht in der Lage sind, die gängig zur Verfügung stehenden Informationssysteme (TV, Radio, Zeitung, Internet, Aushänge an schwarzen Brettern, elektronische Serviceportale auf Bahnhöfen oder in Kaufhäusern, ...) ohne Hilfe Dritter zu benutzen, den selbstbestimmten Zugang zu Informationen.

- UI stellt Informationen multimodal (s. Definition in Lage 2006, 86) und redundant zur Verfügung.
- UI stellt Informationen in leichter Sprache und nach den Regeln der UK zur Verfügung.
- UI achtet beim Einsatz technischer und elektronischer Hilfen auf eine möglichst einfache Bedienbarkeit und einen barrierefreien Zugang.
- UI ist konzipiert für die Informationsversorgung vieler Nutzer und grenzt sich dadurch von den Kommunikationshilfen (Tafeln, Talker etc.) für Einzelpersonen ab.

2 Welche Barrieren sind zu überwinden?

Die folgenden Überlegungen beziehen sich auf ein elektronisches Informationsportal, das tagesaktuelle Informationen aller Art und aus verschiedenen Quellen einer breiten Öffentlichkeit als UI anbieten soll.

2.1 Kognitive Hürden

Nicht nur die oben beschriebene Informationsarmut, sondern auch die Art und Weise des Informationsangebotes stellt einen Behinderungsaspekt (Staub-Bernasconi 1996) für Menschen mit kognitiven Beeinträchtigungen und Menschen mit ASS (Autismus-Spektrum-Störung) dar.
So ist es häufig die Menge oder die ungeeignete Form und „Zubereitung“ an Informationen, die Schwierigkeiten macht und überfordert. Hierzu gehören verbale Anweisungen und Instruktionen mit umfassender Wortfülle und anspruchsvoller Wortwahl ebenso wie mediale Informationssendungen oder Bildungsangebote, die temporeich und mit vielen Fachbegriffen das angesprochene Klientel nicht erreichen.
Diese Informationssituation überfordert häufig Menschen mit kognitiven Beeinträchtigungen oder ASS relevante Informationen auszugliedern und in Verbindung mit Erfahrungen und angereichertem Wissen zu einer Aussage zusammenzuführen.

Es kommt zu einer Überforderung des Gehirns, bei der die Vernetzung von vielen einzelnen Informationen zu einer Aussage nicht gebündelt werden kann. Die Bearbeitung jeder Information für sich überlastet jedoch die Möglichkeiten eines Menschen und er erfährt den sog. „Overload“ (Krüger 2011, 6).
Folglich sollten Informationen reduziert, strukturiert und in leichter Sprache formuliert sein, damit sie verarbeitet und verwendet werden können. Die Möglichkeit der Wiederholung sollte zudem gegeben sein, um Verknüpfungen zu festigen und abrufbar zu machen.

2.2 Geometrische und haptische Hürden

Bei elektronischen Geräten und Bedienelementen aller Art sind für bewegungseingeschränkte Menschen nicht nur die geometrischen Abstände zu überwinden, auch die Berührungsempfindlichkeit, der Kraftaufwand und die Taktung von Steuerimpulsen (Doppelklick bei der Maus) können zu Stolpersteinen bei der Anwendung der Geräte werden. Bei der Entwicklung von Systemen zur UI sind diese Hürden zu bedenken, zu vermeiden oder so individuell zu gestalten, dass sie der jeweiligen Nutzergruppe über die Veränderung von Einstellparametern angepasst werden können.

3 Technische Lösung am Beispiel des CABito

Auf die Anfrage der Mitarbeitervertretung[1], die Informationen am Schwarzen Brett künftig in leichter Sprache anzubieten, wurde in den Werkstätten für behinderte Menschen (WfbM) in Schwabmünchen[2] damit begonnen, alle Aushänge entsprechend zu formulieren, die Möglichkeiten der UK zu nutzen und Texte als Sprachausgabe zur Verfügung zu stellen. Das geforderte Ziel, auch diejenigen an den Informationen partizipieren zu lassen, die nicht lesen oder komplexe Inhalte nicht verstehen können, wurde weitgehend erfüllt. Schnell wurde allerdings klar, dass der tägliche Aufwand für eine umfassende Informationsversorgung auf diesem Weg alle Personalressourcen sprengt. Zusammen mit einem Beirat, dem vor allem die Konsumenten der so aufbereiteten Informationen angehörten, wurden weitergehende Lösungen gesucht und ein weiteres Entwicklungsziel formuliert: *Das gesuchte System muss auch denjenigen, die die Informationen aufbereiten und einstellen, eine Aufwandsersparnis gegenüber den bisherigen Lösungen bieten.*

Nach einigen Umwegen über verschiedene Ansätze mit handelsüblichen elektronischen Hilfen und Softwarelösungen, konkretisierte sich der Bedarf auf

- ein elektronisches Anzeigeportal, das ähnlich dem Schwarzen Brett ganztägig für alle zugänglich ist
- ein Portal, das Informationen so redundant und multimodal anbietet, dass alle Mitarbeiter im Haus ohne Hilfe Dritter an die gewünschte Information gelangen
- ein Portal, das Interaktion erlaubt
- ein Portal, das barrierefrei zugänglich ist
- ein Portal, das in das hauseigene Netzwerk eingebunden und damit von allen PC-Arbeitsplätzen aus befüllt werden kann
- ein Portal, das eine eigene Zeitsteuerung besitzt, so dass kein täglicher Pflegebedarf entsteht

Als Lösung entstand ein softwaregestütztes System mit Touchscreen, das in Anlehnung an das Firmenlogo CAB CABito genannt wurde (zusätzliche Informationen siehe Onlinequelle 1). Die oben genannten Anforderungen wurden wie folgt erfüllt:

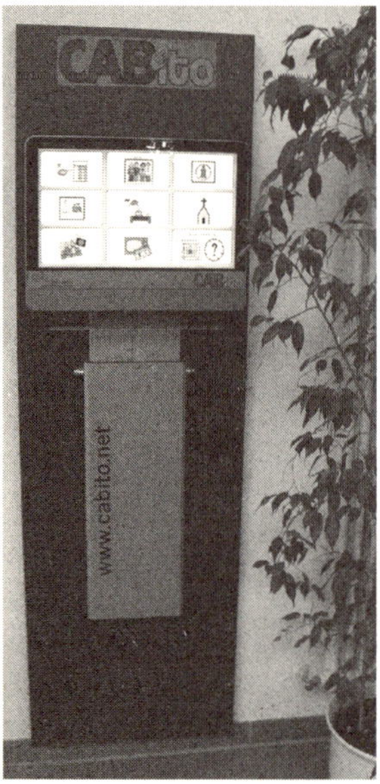

Abb. 2: CABito-Hauptmenü

Abb. 1: CABito an Wandhalterung (Foto: Ulrich Schmerold)

3.1 Barrierefreiheit

Die Frage der Barrierefreiheit wurde aus drei Perspektiven beleuchtet:

1. Barrierefrei im Sinne der körperlichen Zugänglichkeit und Bedienbarkeit

Hierfür wurden alle Systeme konsequent höhenverstellbar gestaltet und bei der Anordnung der Bedienelemente auf möglichst kurze Reichweiten und geringen Kraftaufwand geachtet. Zudem erlaubt der Aufbau der Oberfläche als Föderierte Benutzeroberfläche[3] eine weitgehende Anpassung an den Nutzerbedarf. Durch die Anschlussmöglichkeit von handelsüblichen Eingabegeräten (Intellikey, Einhandtaster, Großtasten etc.) kann ein Großteil der körperlichen Zugangshürden überwunden werden.

2. Barrierefrei im Sinne sensorischer, haptischer Zugänglichkeit

Durch die weitgehend frei gestaltbare Benutzeroberfläche des Touchscreens ist eine Anpassung an die Möglichkeiten der Nutzergruppe realisierbar.

Die Fläche einer Taste zur Informationsauswahl kann bis zur gesamten Größe des Bildschirms ausgedehnt werden. Zusätzlich können Hilfsmittel wie ein Zeigestab oder ähnliches zur Aktivierung der Tasten genutzt werden. Weiter wurde für Menschen mit starken körperlichen Einschränkungen ein Scanningverfahren entwickelt, das die Bedienung aller Steuerfunktionen mit einer einzigen Taste (Kopftaster, Fingertaster, Brailletastatur etc.) erlaubt. Die Geschwindigkeit von Bilderpräsentationen und die Lautstärke kann vom Benutzer gesteuert werden.
„Insbesondere im Umfeld sehbehinderter Menschen ist es wichtig, [...] dass zeitgesteuerte Inhalte - wie etwa Audio- und Videoanimationen - durch den Nutzer kontrollierbar sein müssen. D. h. er muss in der Lage sein, die zeitgesteuerte Änderung selbst zu beenden. Das trifft z. B. auf blinde Nutzer zu, die gezwungen sind, Animationen anzuhalten, da sie sonst die Informationen der Sprachausgabe nicht wahrnehmen können, wenn nebenbei etwa eine Animation mit unterlegter Tonspur abläuft" (Müller 2007, 28-29).

3. Barrierefrei im Sinne der kognitiven Zugänglichkeit

„Ein Ansatz, um die Benutzerfreundlichkeit einer Oberfläche zu verbessern, ist es, mehr als nur eine Modalität als Kanal für die Kommunikation zwischen Mensch und Maschine zu benutzen. [...] Von solchen multimodalen Benutzeroberflächen verspricht man sich bessere Benutzbarkeit. Man kann für jede Aufgabe den Kanal wählen, der dafür am besten geeignet ist. [...] Zusätzliche Kanäle vermögen manches genauer auszudrücken als der Hauptkanal. Wird etwas durch mehrere Kanäle ausgedrückt, steigt die Wahrscheinlichkeit, es korrekt zu erkennen und Mehrdeutigkeiten und Ungenauigkeiten können aufgelöst werden. Effektiv übertragen sich diese Vorteile wieder in die üblichen Benutzbarkeitskriterien wie schnellere Benutzung oder geringere Fehlerhäufigkeit" (Braun 2009, 19).
In diesem Sinne sieht auch das in der Softwareprogrammierung des CABito zugrunde gelegte Bedienkonzept vor, dass alle Informationen gleichzeitig als lesbarer Text, in Lautsprache und als Bild dargestellt werden können. Lautsprachliche Wiedergaben können über Audioaufnahmen oder über ein Text to Speech (TtS) Modul[4] erzeugt werden. Alle gängigen Formate an Darstellungsprogrammen (Audio, Video, Powerpointpräsentationen, ...) sind implementierbar.
Die Gestaltungsspielräume für die Belegung des Systems mit neuen Informationen wurden so offen wie möglich gestaltet und es liegt in der Hand des Anwenders, die Oberflächengestaltung und die Komplexität der verschachtelten Ebenen an das Nutzerklientel anzupassen.

Abb. 3: *CABito an Wandhalterung mit Höhenverstellung (Fotos: Ulrich Schmerold)*

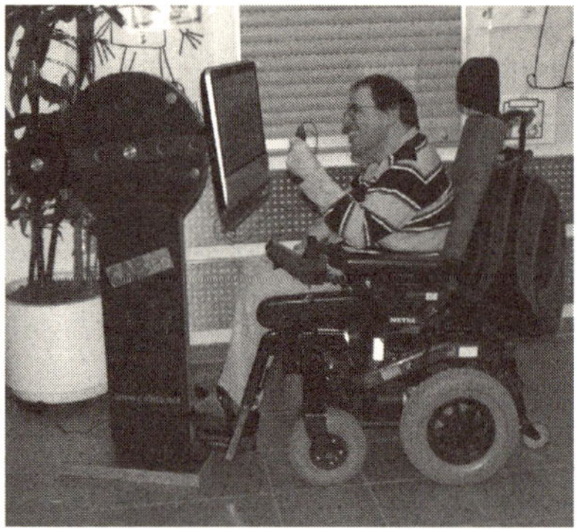

Abb.4: CABito an Schwenkständer, freistehend und höhenverstellbar

3.1 Selbstbestimmung

Die Frage der Selbstbestimmung ist weniger in der technischen Ausgestaltung des Systems zu suchen, sondern eher im redaktionellen Konzept, das der Informationsauswahl zugrunde liegt.
Ähnlich der Tageszeitung oder der Radio- und Fernsehnachrichten sollte ein Querschnitt der Themen angeboten werden, die die Endnutzer fordern. Am Beispiel des CABito werden die redaktionellen Aufgaben auf mehrere Fachbereiche des Hauses verteilt. Die folgende Tabelle gibt dazu einen Überblick.

Themenbereich	verantwortlich
Speiseplan	Redaktionsgruppe Speiseplan: Gruppe von fünf Beschäftigten (d. h. Mitarbeiter mit Behinderung), die selbstorganisiert das Einpflegen der Speiseplandaten verantwortet.
Geburtstagstaste	Beschäftigte aus dem Verwaltungsbereich/Pforte
Seelsorgeangebote	Zentral für mehrere Einrichtungen belegte Taste. Belegung erfolgt durch den Betriebsseelsorger
Gästebegrüßung	Taste kann von jedem Büroarbeitsplatz aus belegt werden.
Nachrichten	Redaktionsgruppe exzerpiert täglich Meldungen aus der Tageszeitung

Der Zugang ist für alle Nutzer zu allen Themenbereichen und zu allen Tasten uneingeschränkt möglich.

Abb. 5: Redaktionsgruppe beim Einsprechen der Speisepläne (Foto: Ulrich Schmerold)

3.2 Zugänglichkeit

Hier ist die zeitliche Zugänglichkeit gemeint. Durch die Netzwerktauglichkeit des Geräts ist der Standort grundsätzlich frei und unabhängig vom Personenkreis derer, die die Inhalte einpflegen, wählbar. Die integrierte Zeitsteuerung vieler Funktionen, wie Ein- und Ausschalten oder die Datenbankaktualisierung erfordert ebenfalls keine tägliche Präsenz autorisierter Personen. Das Gerät und somit der Zugang zum Informationsangebot ist damit zu allen gewünschten Zeiten realisierbar.

3.3 Ressourcen

Gegenüber herkömmlichen Formen zur Informationsverbreitung über Schwarze Bretter, Aushänge, auf Band gesprochene Texte, Symboltafeln etc. bietet ein softwaregestütztes System vor allem bei standardisierbaren Vorgängen große Einsparungspotentiale im Bereich zeitlicher Ressourcen von Mitarbeitern. An drei Themenbereichen sei dies exemplarisch verdeutlicht.

■ Speiseplan

Um einen täglich wechselnden Speiseplan über Schwarze Bretter UK-gestützt zu verbreiten, werden sowohl bei der Aufbereitung der Aushänge, als auch bei der Verteilung der Aushänge Personalressourcen benötigt, ganz zu schweigen von Papier- und Druckkosten. Soll zusätzlich noch eine Sprachausgabe erzeugt werden, steigt der Aufwand noch einmal. Im Fall des CABito können Speiseplandaten, also digitale Fotografien und eine Beschreibung der Speisen in einem Arbeitsgang und für einen beliebig langen Zeitraum im Voraus eingepflegt werden. Die Sprachausgabe kann sowohl über eine reale Aufnahme als auch über ein TtS-Modul erzeugt werden. Die integrierte Zeitsteuerung aktiviert dann zum jeweiligen Tag den entsprechenden Speiseplan automatisch, d. h. über einen Zeitraum von mehreren Wochen werden keine Ressourcen für die Informationsverbreitung des Speiseplans benötigt.

■ Geburtstagstaste
Mit einmaligem Befüllaufwand (digitales Foto, Name und Geburtsdaten der Person und Einwilligung zur Veröffentlichung der Daten) kann eine Informationstaste erzeugt werden, die über viele Jahre ohne weiteren Pflegeaufwand am betreffenden Tag die Geburtstagskinder des Hauses z. B. mit einem Lied begrüßt.

■ Nachrichten oder allgemeine Informationen
Durch eine Netzeinbindung des Systems kann erreicht werden, dass von jedem beliebigen PC-Arbeitsplatz aus, Informationen an das Anzeigesystem geleitet und dort unmittelbar dargestellt werden. Im einfachsten Fall reicht ein geschriebener Text, der dann als Text- und Sprachausgabe wiedergegeben wird. Vergleicht man diesen Aufwand mit der Verteilung einer Meldung über Papieraushänge, wird das Einsparungspotenzial deutlich. Denkbar wäre auch, auf diesem Weg täglich eine bestimmte Zahl an Beiträgen der örtlichen Tageszeitung zu verbreiten.

4 Welche Begleitung braucht ein unterstütztes Informationssystem?

4.1 Keine Begleitung

Im Idealfall sollte zumindest beim Akt des Konsumierens der Information keinerlei Begleitung nötig sein. Alle unter Punkt 2 beschriebenen Hürden sollten beseitigt und der Zugang ohne Hilfe Dritter möglich sein. Ein wünschenswertes Ziel wäre, dass auch die Auswahl der Informationen und Themenkreise, die über das System verbreitet werden, über eine Redaktionsgruppe, die aus Mitgliedern der späteren Nutzer besteht, festgelegt wird. Um dieses Ziel zu erreichen, bedarf es sicher einer Form von Schulung oder pädagogischer Begleitung der Anwender, um den technischen Umgang mit dem System und den selbstbestimmten Umgang mit Information zu erlernen.

4.2 Pädagogische Begleitung

Zwischen Zielorientierung und Spiel, zwischen Starrheit und Oberflächlichkeit findet jeder Computernutzer in jedem Moment der Interaktion mit dem Gerät seinen eigenen persönlichen Stil, sein Gleichgewicht. Es ist die eigentliche Aufgabe der Computermedienpädagogen, ohne Bewertung der Polaritäten, die Teilnehmer beim Finden ihres Gleichgewichts zu unterstützen. Sie ermutigen die Teilnehmer, mit der eigenen Haltung zum Computer zu experimentieren. Wer von den Lernenden all zu starr an vorgegebenen

Erwartungen festhält, kann aufgefordert werden, sich ohne bestimmtes Ziel Software anzuschauen und zu testen, um vielleicht etwas zu finden, was ihm gefällt. Wer allzu spielerisch von Funktion zu Funktion hüpft, kann angeregt werden, sich ein Ziel zu stecken, um es mit Beharrlichkeit, Geduld und Kontinuität zu erreichen. Indem das Feld zwischen Mensch und Computer als ein erfahrbares Feld gestaltet wird, kann jeder Teilnehmer spüren, wie wichtig es ist, sich bei den fast grenzenlosen Möglichkeiten der Maschine selbst seinen persönlichen Weg zu erarbeiten (vgl. Bader 1995, 129).
Angelehnt an diesen Ansatz, der aus dem Bereich der Computerschulung stammt, ist auch bei einem Angebot der UI eine pädagogische Begleitung im Sinne einer Schulung, die zum Umgang mit technischen Medien, zur Selektion von Informationen und letztendlich zur selbstbestimmten Informationsbeschaffung befähigt, sinnvoll.

5 Effekte durch einen barrierefreien, selbstbestimmten Informationszugang am Beispiel einer Werkstatt für behinderte Menschen

5.1 UI schenkt Themen für Kommunikation

Wie allgemein bekannt, braucht Kommunikation Themen und Anlässe, die einen Austausch auf der Inhaltsebene ermöglichen und sinnvoll machen. Doch wo kommen diese Themen her?

Weit verbreitet in der Kommunikation mit beeinträchtigten Menschen sind sog. personenbezogene Kommunikationsthemen. Da kann es schon mal passieren, dass eine betreute Person tagsüber mehrmals auf die Fußballergebnisse seines Lieblingsvereins angesprochen und abends im Wohnheim dann auch wieder damit konfrontiert wird. Und das jahrelang – möglicherweise mit dem Ergebnis, dass die betreute Person irgendwann Langeweile in der Kommunikation erfährt oder auch Engführung[5] der Inhalte auf einige wenige Hauptthemen entwickelt.
UI kann die Not der beschränkten Themen der Kommunikation im Arbeits- und/oder Lebensbereich aufweichen und durch den vielseitigen Informationsgehalt Impulse für Gesprächsthemen über die Einrichtung oder die Gesellschaft geben.

Der Austausch über ein „Hast Du schon gehört ..." bis hin zu sachbezogenen Diskussionen und einer damit verbundenen Meinungsbildung ist in den Einrichtungen beobachtbar, die vielseitige Themen für Kommunikation barrierefrei anbieten.

Kritik, dass die wenige Kommunikation, die mit beeinträchtigten Personen stattfindet, durch ein elektronisches Hilfsmittel noch mehr abnimmt, kann hier nicht bestätigt werden: UI fördert Kommunikation – insbesondere auch Kommunikation mit den Kollegen oder den Mitbewohnern in den Einrichtungen der Behindertenhilfe durch Themenimpulse und Neuigkeiten. Die Kommunikation wird belebt.

5.2 UI macht selbstbewusst und unabhängig

Wie fühlt es sich an „unwissend" zu sein? Wie wirkt es auf einen Menschen immer wieder, die „Wissenden" um Information zu bitten? Und das möglicherweise als Erwachsener?

Viele der betreuten Menschen erleben sich in einer dauerhaft abhängigen Situation vom Betreuer und richten ihr Verhalten, ihre Meinungen und ihr Wissen an dem des Betreuers aus.

Durch UI wird dieses Abhängigkeitsverhältnis punktuell spürbar abgebaut werden. Sich täglich wiederholende Fragen – wie etwa was es zu Essen gibt, wann die Gäste kommen und andere Themen – können nun selbständig eingeholt werden. Die Wirkungen umfassen ein spezifisches Selbstbewusstsein als informierte und wissende Person, die bei den Einrichtungsthemen mitreden kann und „Bescheid weiß". Ein Gewinn – auch für das Verhältnis zum Betreuer: der betreute Mensch wird als interessanter Gesprächspartner wahrgenommen und die Auseinandersetzung mit ihm ist weniger Pflicht als Vergnügen.

5.3 UI ermöglicht Mitgestaltung

Die Entwicklung in der Gesetzgebung in den letzten 15 Jahren in der Betreuung und Förderung von Menschen mit Beeinträchtigungen zeigt insgesamt die Tendenz, dass die aktive Beteiligung der Klienten bei ihrer persönlichen Lebensgestaltung gefördert werden soll. Der Klient soll gefragt und mit einbezogen werden in die Planung seiner Betreuung und seiner Zukunft. Dass dies in der Praxis durchaus schwierig sein kann, hat sich vielfach bei der Umsetzung dieses Vorhabens gezeigt. Zum einen sind die Organisationen, Instrumentarien und auch die professionellen Betreuer in der Behindertenhilfe teilweise überfordert, mit den betreuten Menschen zu sprechen – und nicht über sie zu sprechen.
Zum anderen sind aber auch teilweise die Betreuten überfordert mit dem Rollenwechsel vom Passiven zum Aktiven, vom Angeleiteten zum Gestalter, vom Zuhörer zum Sprecher.

Für die Rolle des aktiven Gesprächspartners bedarf es dem Erlernen von Kommunikationskompetenzen und einer umfassenden Aufklärung und Information über die persönliche Lebensumgebung/Lebenssituation sowie gesellschaftliche Themen und Entwicklungen.

Vor allem die Bereiche der Aufklärung und Information werden hierbei von Medien wie dem CABito übernommen – die eigene Person, die Einrichtung oder die Gesellschaft betreffend.
Mitgestaltung wird durch Ausstattung mit Wissen (Staub-Bernasconi 1996) und der Ermöglichung von Partizipation in bedeutsamen Entscheidungsprozessen erreicht. In der Praxis ist dies dann auch deutlich beobachtbar in Einrichtungen mit informierten und aufgeklärten Werkstatt-Beschäftigten oder Heim-Bewohnern: Sie reden mit, sie kritisieren Entscheidungen, sie fordern ein und kennen ihre Möglichkeiten.

Diese Vorgänge werden auch als „Funktionale Partizipation“ (Lage 2006, 208 ff) bezeichnet, bei der vor allem die Möglichkeiten für eine selbsttätige Teilnahme in den Fokus rücken. Hierfür müssen u. a. Hilfsmittel zur Verfügung gestellt werden, welche eine Eigentätigkeit und aktive Teilnahme ermöglichen.

6 Ausblick

Der Spielraum an technischen Möglichkeiten in der Aufbereitung von Informationen ist für den Nutzerkreis Menschen mit Behinderung sicher bei weitem noch nicht ausgereizt.
Benutzeroberflächen müssten noch mehr kontextbezogen gestaltet werden. D. h. ein Benutzer mit starken körperlichen Einschränkungen (das kann auch der nichtbehinderte Autofahrer sein, der während der Fahrt die Hände nicht vom Steuer und die Augen nicht von der Straße nehmen kann) hat andere Ansprüche an die Bedienmöglichkeiten der Benutzeroberfläche als z. B. der hörgeschädigte Nutzer. Im Idealfall erkennt das System den aktuellen Kontext und passt sich an (vgl. Braun 2009, 22-23).
Auch im Bereich der Informationsaufbereitung für Medien der UI stehen wir erst am Anfang. Hier wäre es wünschenswert, wenn Standards gefunden würden, nach deren Kriterien Nachrichtenagenturen oder die Redaktionen der örtlichen Zeitung Informationen (Nachrichten, Wetter, Veranstaltungshinweise etc.) für UI-Systeme online zur Verfügung stellten, die dann ohne weitere Bearbeitung eingespielt werden könnten. Dann erst wäre eine gleichberechtigte Nachrichten- und Informationsversorgung erreicht.

Literatur

Bader, R.: Technisches Wissen – Soziale Kompetenz, in: Schindler, W.: Bader; R. (Hrsg.): Menschen am Computer. Zur Theorie und Praxis der Computermedienpädagogik in Jugendarbeit und Erwachsenenbildung, Bd.1, Hamburg, 1995

Braun, E.: Föderierte Benutzungsoberflächen, München, 2009

Haisch, W.: Pädagogische Grundlagen in der Betreuung, Skript, München, 1993

Krüger, R.; Schirmer, B.: UK & Forschung 1: Hirnforschung und Autismus-spektrumsstörung, Karlsruhe, 2011

Lage, D.: Unterstützte Kommunikation und Lebenswelt. Eine kommunikationstheoretische Grundlegung für eine behindertenpädagogische Konzeption, Bad Heilbrunn, 2006

Müller, S.: Zugänge zur Ressource Information, Potsdam, 2007.

Renner, G.: Theorie der unterstützten Kommunikation. Eine Grundlegung, Berlin, 2007

Revermann, C.: Technologien im Kontext von Behinderung. Bausteine für Teilhabe in Alltag und Beruf, Berlin, 2010

Schindler, W.; Bader, R. (Hrsg.): Menschen am Computer. Zur Theorie und Praxis der Computermedienpädagogik in Jugendarbeit und Erwachsenenbildung, Hamburg, 1995

Schmocker, B.: Liebe, Macht und Erkenntnis. Silvia Staub-Bernasconi und das Spannungsfeld Soziale Arbeit, Luzern, 2006

Shneiderman, B.: Designing the user interface; strategies for effective human-computer interaction, 3. Aufl., Reading, Mass., 1998

Staub-Bernasconi, S.: Methodisches Handeln in der Sozialen Arbeit, 3. Aufl., Freiburg, 1996

Onlinequellen

Onlinequelle 1: http://www.cab-b.de/66774.html [Stand 24.05.2011]

[1] Vertretung der Mitarbeiter mit Behinderung, vergleichbar mit dem Personal- oder Betriebsrat.

[2] Die Ulrichswerkstätten Schwabmünchen sind eine Einrichtung der CAB - Caritas Augsburg Betriebsträger gGmbH und bieten Arbeitsplätze für ca. 200 Menschen mit einer geistigen Behinderung an.

[3] Die Nutzung sowohl multimodaler Ein- und Ausgabemöglichkeiten in Verbindung mit der Interaktion mehrerer Geräte wird auch als Föderatives Konzept bezeichnet. Näheres dazu siehe unter Braun (2009).

[4] Ein geschriebener Text (Word, Texteditor etc.) wird über diese Softwarekomponente automatisiert gelesen. Sprechgeschwindigkeit und das Geschlecht des digitalen Sprechers können frei gewählt werden.

[5] Der Begriff wurde geprägt von Prof. Werner Haisch und wird als Folge mangelnder Bildungs- und Unterhaltungsmöglichkeiten verwendet. Engführung ist zugleich eine Ursache für stereotypes Verhalten.

Alle würfeln mit

Gemeinsam spielen und dabei Kernvokabular anwenden

Marcel Feichtinger

Ziel der UK ist (...) die Normalisierung der Lebensbedingungen der betroffenen Person und ihres Umfeldes, ihre soziale Teilhabe" (Graf-Frank 2010, 10.003.001).

Grundsätzliches zum Spiel „Alle-würfeln-mit"

Mangels Alternativen müssen Menschen mit Behinderung oftmals auf Spiele aus dem Kleinkindbereich zurückgreifen. Dies hat unter anderem zur Folge, dass Erwachsene mit „Schnecken-" oder „Schneemännerfiguren" hantieren müssen – oftmals ein Unding für die Betroffenen. Hier verhält es sich anders: aus dem Kontext der Arbeit und Freizeit mit Menschen mit Behinderung entwickelte sich das Spiel „Alle-würfeln-mit". Dieses wird mittlerweile auch in der Arbeit und Freizeit mit Menschen ohne Behinderung eingesetzt – sowohl in Kindertageseinrichtungen als auch im Seniorenbereich. Am besten spielen jedoch alle zusammen - daher auch der Name des Spiels: „Alle würfeln mit!"

Das Holzbrettspiel wird in der Werkstatt für behinderte Menschen (WfbM) Westfalenfleiß in Münster gefertigt. Dies ist Teil des Konzeptes, da die ursprüngliche Idee zum „Spiel für alle" 1990 im Rahmen meines Zivildienstes in einer WfbM entstand. Die Werkstatt ist sowohl Hersteller als auch Herausgeber und leitet den Vertrieb an Privatpersonen und Händler. Der Begriff „Alle-würfeln-mit" steht ebenfalls für das Spiel „Wer-ist-schneller?", das auf der Wendeseite des Holzspielbretts zu finden ist.

1. „Alle-würfeln-mit" ist ein „Leichtes Spiel"

Die Spiele „Alle-würfeln-mit" und „Wer-ist-schneller?" besitzen drei spezifische Merkmale, die das Spielen „leicht" machen:

1.1 Merkmal 1: Ein übersichtliches Spielfeld

Insbesondere für Menschen mit Wahrnehmungsschwierigkeiten sind viele handelsübliche Spielfelder zu komplex gestaltet. Dies betrifft gleichermaßen visuelle Fähigkeiten als auch kognitive Fähigkeiten oder Aspekte der Reizverarbeitung. Dies kann sich durch Probleme im intuitiven Erkennen einer logischen Gestaltung im Spielaufbau bemerkbar machen. Das herkömmliche *Mensch ärgere dich nicht* hat in dieser Hinsicht eindeutige Barrieren: Der Spielweg beschreibt in der Spielmitte einen 90° Winkel, unmittelbar benachbart sind die Zielfelder zweier Farben. In den meisten Spielfeldausgaben sind die Abstände zwischen Wegfeldern und Zielfeldern identisch, sodass Spieler sich verlaufen können: „muss ich nun geradeaus, links oder rechts laufen?“. Eine weitere Barriere ist, dass die Spieler vier Spielfiguren gleichzeitig im Auge behalten müssen. „Alle-würfeln-mit“ hingegen besitzt ein visuell „ruhiges“ und einfach strukturiertes Spielfeld.

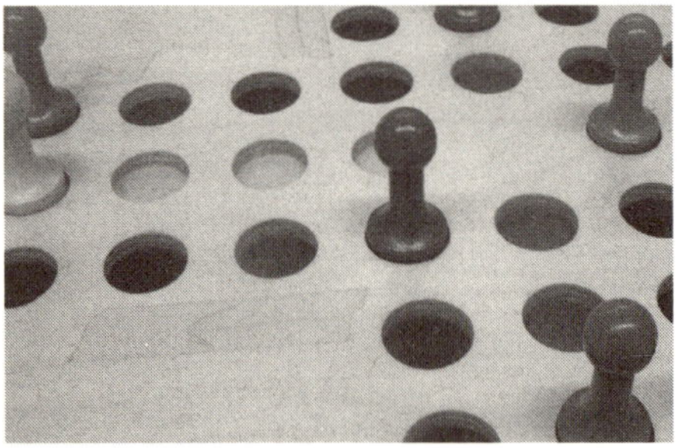

Abb. 1: Barrieren im Spiel „Mensch ärgere dich nicht“

1.2 Merkmal 2: Eine kurze Spieldauer

Eine Partie „Alle-würfeln-mit“ dauert, je nach Spielverlauf und Würfelgestaltung, acht bis fünfzehn Minuten. Sofern die Konzentration und Ausdauer der Spieler dies zulassen, können mehrfach Runden gelaufen werden und entsprechend mehrfach Sieger gekürt werden. Die Wahrscheinlichkeit Erfolge zu erleben, wird erhöht, denn herkömmliche Brettspiele erlauben aufgrund der langen Spieldauer oftmals nur einen Spieldurchgang.
Das Spiel „Wer-ist-schneller“ dauert, je Spielverlauf und Würfelgestaltung, 3 bis 8 Minuten. Dieses Spiel kann oftmals hintereinander und besonders gut in Turnierform gespielt werden („K.O.-Runden“). Beide Spiele eignen sich, aufgrund der kurzen Spieldauer, hervorragend als Pausenspiele.

1.3 Merkmal 3: Einfache Regeln

Ausgehend von der People-first-Bewegung aus den USA etablierte sich seit 2006 in Deutschland das „Netzwerk leichte Sprache“ (vgl. www.leichte-sprache.org). Leichte Sprache sollte nach Auffassung des Netzwerks ein Recht werden und in Gesetzestexten, Verträgen und Anträgen, Amtsbriefen und Internet-Seiten gebraucht werden. Auch die Bremer Lebenshilfe ist

Mitglied im Netzwerk und unterhält ein Büro für Leichte Sprache, das „Informationen zur Übersetzung" oder auch eigene „Übersetzungstätigkeiten" anbietet. Im Downloadbereich der Homepage des Büros findet man eine kurze Zusammenstellung von „Kriterien der Leichten Sprache". Dazu gehört unter anderem, dass nur kurze Sätze mit jeweils einer Aussage pro Satz verwendet werden sollten. Der Konjunktiv sollte nicht verwendet werden, ebenso wie abstrakte Begriffe und Fremdwörter. Der Einsatz von Bildern oder Symbolen wird ausdrücklich empfohlen. Die Spielregeln von „Alle-würfeln-mit" entsprechen den Kriterien Leichter Sprache.

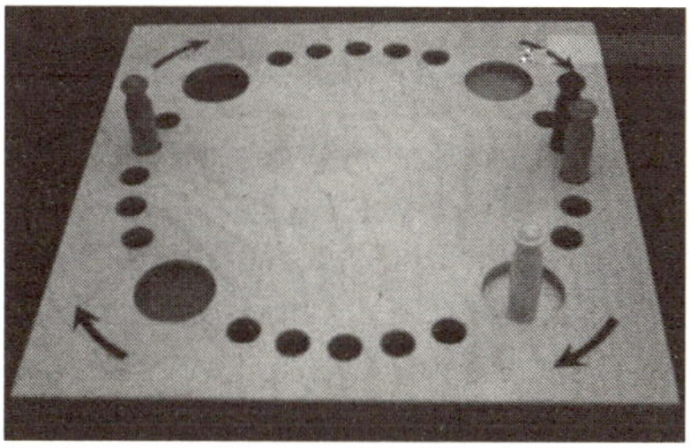

Abb.2: „Alle-würfeln-mit"

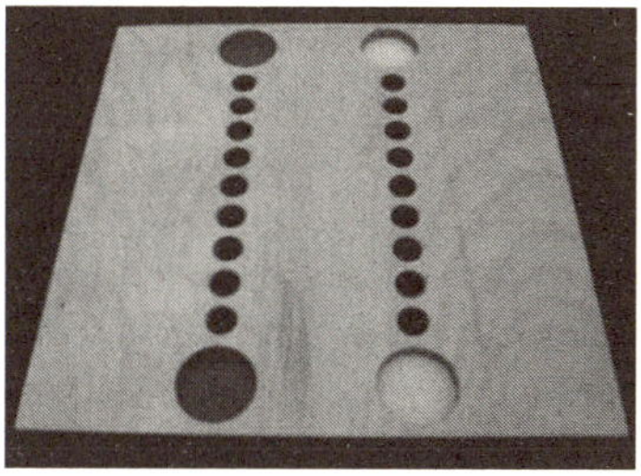

Abb.3: „Wer-ist-schneller"

2. „Alle-würfeln-mit" ist ein Inklusives Spiel

„Alle-würfeln-mit" erhebt den Anspruch ein „Inklusives Spiel" zu sein. Damit ist gemeint, dass das Spiel aufgrund seiner Kürze und wahrnehmungsfreundlichen Gestaltung vielen Menschen spielbar gemacht wird, weitestgehend ungeachtet des Alters, der sprachlichen, körperlichen und kognitiven Fähigkeiten.

Erleichterungen für Menschen mit motorischen Schwierigkeiten können unterschiedlichste Würfelvarianten sein, vom Großwürfel über individuelle selfmade Baumarkt-Varianten (Würfelrutschen oder selbst hergestellte elektrische Würfelmaschinen) bis zur Würfelmaschine der Rehaanbieter. Einige Hilfsmittelfirmen und Rehaanbieter bieten praxisbezogene Ideensammlungen an, mit Themen wie „würfeln" oder „zählen adaptieren" (vgl. „Alle machen mit" von Prentke Romich Deutschland oder „Ideenkisten" von Rehavista). Das Spielbrett hat etwa 8mm tiefe Felder, dies erleichtert oftmals das Setzen der Figuren.

Mittels Würfelgestaltung kann insbesondere auf kognitive oder sprachliche Voraussetzungen der Spieler eingegangen werden. So wird das Spiel absichtlich mit einem Blankowürfel geliefert, so dass die Würfelgestaltung notwendigerweise bedacht werden muss. Anregungen findet man durch eine Vorlagenseite auf der Homepage des Spiels, so kann man beispielsweise den Zahlenraum den kognitiven Voraussetzungen der Spieler anpassen oder einen eigenen Farbwürfel gestalten und Funktionsfelder können kommunikative Handlungen anregen. Die Würfelvorlage ist so gedacht, dass die gewählten Felder ausgeschnitten und auf den Blankowürfel geklebt werden können. Es ist ausdrücklich erwünscht, die Regeln des Spiels den Spielern individuell anzupassen.

Abb.4: Würfelvorlagen für mögliche Aktivitäten mit METACOM-Symbolen

Die Möglichkeiten mittels „Alle-würfeln-mit" Teilhabe zu realisieren, sind offensichtlich. In Turnierform gespielt, können so genannte schwerstbehinderte Schüler auf nichtbehinderte Spieler treffen - und das bei gleicher Gewinnchance! In der schulischen Praxis vollzogen, wundert sich so mancher vermeintlich „fitte" Schüler über eine Niederlage gegen einen meist als „schwächer" erlebten Mitschüler. Hier offenbart sich für alle Spieler das Ziel „gewinnen wollen, aber auch verlieren können".
Die oben genannten Aspekte lassen das Spiel zu einem Generationen übergreifenden Spiel werden.

3. „Alle-würfeln-mit" und Unterstützte Kommunikation

Aus der praktischen Arbeit mit unterstützt kommunizierenden Kindern und Jugendlichen an der Förderschule mit dem Förderschwerpunkt körperliche und motorische Entwicklung in Münster (Regenbogenschule des Landschaftsverbandes Westfalen-Lippe), entstanden nachfolgende Erfahrungen und Kenntnisse. Diese wurden in Einzelförderungen, Gruppenförderungen und in der unterrichtsimmanenten Kommunikationsförderung variiert und modifiziert.

In den vergangenen drei bis vier Jahren beschäftigte deutschsprachige Fachleute im Arbeitsbereich Unterstützte Kommunikation kaum ein Thema mehr als das des „Kern- und Randvokabulars". Der zugrunde liegende Ansatz war nicht neu, doch konnten so Zusammenhänge zwischen dem Scheitern oder Gelingen und den durchgeführten Kommunikationsförderungen dargestellt werden (vgl. Boenisch et al. 2007). Im Vorteil scheinen diejenigen unterstützt kommunizierenden Menschen zu sein, die situationsunabhängig, spontan und flexibel passende Worte finden.

Das ist einleuchtend: Ein Kernwortschatz von 200 bis 300 Wörtern reicht aus, um 80% unserer Sprache darzustellen – und das unabhängig vom Alter und Thema der Kommunizierenden (vgl. Sachse 2007, 7). Folglich sollten Nutzer von Sprachersatzgeräten (SAGE) vermehrt Kernvokabular erwerben. Doch der Erwerb allein bringt noch keinen Erfolg: Die Anwendung des Kernvokabulars muss dauerhaft gefestigt werden. Am besten gelingt dies, indem unterstützt kommunizierende Menschen die Wirksamkeit der Sprache aktiv erleben können.
Wie dies erreicht werden kann, ist eine didaktische und methodische Fragestellung. Aufgrund der Heterogenität der Nutzer und der individuellen multimodalen Kommunikationssysteme existieren keine durchlaufbaren „Lehrgänge". Konsens ist jedoch, dass das so genannte *kontinuierliche Modeling* (das Korrigieren und Erweitern der Aussagen durch Bezugspersonen im Kommunikationssystem des Nutzers, vgl. Sachse/Boenisch 2010, 01.026.034) erfolgreich ist. Dabei geht es beim Modeling weniger darum, „zu zeigen, *wo* ein Wort auf einer Tafel zu finden ist, sondern *wie* man diese Wörter in der Kommunikation einsetzt" (ebd., 01.026.037) und Wörter miteinander kombiniert. Paul Andres übersetzt „Modeling" mit „Vorbild sein" und schreibt „Ziel dieser Technik ist es, dem Kind die Art der Benutzung, die wir von ihm erwarten, vorzumachen" (Andres 2000, 13). Zentrale Bedeutung erhält auch das Lernen, „Kommunikationsgelegenheiten zu erkennen und zu benutzen" (ebd., 14). Experten zufolge müssen Wörter und Wortverbindungen bis zu 100 Mal am SAGE „Modell" gestanden haben, bevor sie in das Repertoire des Nutzers aufgenommen werden.

Der ursprüngliche Sinn jeglichen Spielens ist jedoch die Zweckfreiheit. Planen wir Förderungen mit Hilfe von Spielen, wird der Weg der Zweckfreiheit verlassen. Dennoch offenbart sich hier eine Stärke von Lernarrangements rund um „Alle-würfeln-mit": echte Kommunikation kann ermöglicht werden. Ausdrücklich soll auf die „Unterstützende Didaktik in der Zusammenarbeit mit körperbehinderten Kindern" verwiesen werden, innerhalb derer die „Zone der nächsten Entwicklung" eine wichtige Rolle als potentieller Anreiz zum Lernen zukommt (Hansen 2002, 26). Die Unterstützende Didaktik orientiert sich am realen, sinnlich erfahrbaren Leben und steht „funktionsorientierten, trainingsähnlichen Fördermaßnahmen mit mehr oder weniger künstlichen Materialien skeptisch gegenüber" (ebd., 27). „Alle-würfeln-mit" bleibt immer ein Spiel und somit immer auch ein Ort kommunikativer Begegnung und des Lebens. „Alle-würfeln-mit" bietet eine hervorragende Möglichkeit als Strukturierungshilfe in der „Nichtplanbarkeit von Unterricht mit körperbehinderten Kindern" (ebd., 27) zu fungieren. Das Ziel sollte immer die Implementierung der unterrichtsimmanenten Kommunikationsförderung sein (vgl. Bünk/Baunach 2002, 93f). Elisabeth Graf-Frank beschreibt im Handbuch der Unterstützten Kommunikation trefflich die Bedeutung des Lernens im Alltag und misst der „Anleitung" des Lernprozesses eine hohe Bedeutung bei (Graf-Frank 2010, 10.003.001). „Alltagssituationen bieten echte Sprechanlässe, echte Konflikte und echte Erfolge" (ebd., 10.004.001). Inwiefern „Alle-würfeln-mit" Echtheit in Fördersituationen bewahren kann, hängt schlussendlich auch von den inneren Einstellungen der Lehrenden ab (hilfreich ist das Konzept der konstruktivistischen Erkenntnistheorie), der Gestaltung der Lernatmosphäre (z. B. Zwangfreiheit, Humor) und der Transparenz: Das Spiel „Alle-würfeln-mit" kann gleichermaßen zur Vokabularanwendung (*UK-Einsatz*) als auch zur Erweiterung der vorhandenen Fähigkeiten (*UK-Förderung*) genutzt werden (vgl. Sachse/Boenisch 2010, 01.026.036).

3.1 UK-Einsatz und UK-Förderung gestalten

Mit Bezug auf Irene Lebers Systematik „Kommunikation einschätzen und unterstützen" (2009) werden im Folgenden praktische Hinweise zu Nutzungsmöglichkeiten der Spiele gegeben. Kernstück der von Irene Leber, mit Unterstützung zahlreicher Fachleute entwickelten Systematik ist ein DIN A1- Poster mit der Darstellung verschiedener Kommunikationsstufen. Auf einen Blick können aufeinander aufbauende Entwicklungsschritte analysiert und nachvollzogen werden. Daraus können sich Folgen für den weiteren Planungsverlauf von Förderungen ergeben, so dass schrittweise Lernziele - oder, um es erneut mit Hansen (2002) zu sagen: „die Zone des nächsten Entwicklungsschrittes" - antizipiert werden können. Die Stufeneinteilung muss dementsprechend flexibel gesehen werden. In den folgenden Unterkapiteln werden lediglich einige wesentliche Merkmale der Kommunikationsstufen wiedergegeben und meist in einem direkten Bezug zum Spiel gesetzt. Eine vertiefende Auseinandersetzung mit der Systematik von Irene Leber ist selbstverständlich empfehlenswert. Wenn im Folgenden von „Alle-würfeln-mit" gesprochen wird, ist (wie eingangs erwähnt) auch das Spiel „Wer-ist-schneller" gemeint.

3.1.1 Stufe 1: „Ich – Nichtintentionale Kommunikation"

In dieser Stufe finden wir Personen, denen es schwer fällt für eine kurze Zeit eine Aktivität in einer Gruppe durchzuführen. Aufgrund der kurzen Spieldauer und mittels Würfelmaschine kann jedoch (beinahe) voraussetzungslos am Spiel teilgenommen werden. Im Spielverlauf richtet sich der Blick der Mitspieler auf den Spieler - dadurch wird dieser wahrgenommen und angesprochen. Blickkontakt kann aufgebaut werden, gegebenenfalls können Reaktionen auf Ansprachen beobachtet werden. Die Aufmerksamkeit erhöht sich, wenn der Spieler an der Reihe ist. Die Drehbewegung der Würfelmaschine, das Setzen der Figuren, die Reaktionen der Mitspieler werden möglicherweise kurz mit dem Blick verfolgt. Unterstützend kann das Auslösen der Würfelmaschine mit einer visuellen, taktilen oder vibratorischen Erfahrungsmöglichkeit verbunden werden.

UK in der Stufe 1 zum Übergang in die Stufe 2:

- Die Aufmerksamkeit der Mitspieler auf den unterstützt kommunizierenden (uk) Spieler der Stufe 1 lenken.
- Den uk Spieler durch Zufallsmechanismen als Losfee für Spielpaarungen einsetzen.
- Eine Würfelmaschine nutzen.
- Körper und Emotionen ansprechen (anfeuern, gratulieren, bedauern).
- Motorische Handlungen können ggf. unterstützt werden.

Abb. 5: „Jetzt würfel ich!", der Blick des Mädchens geht zur Würfelmaschine

3.1.2 Stufe 2: „Ich und Du – Auf dem Weg zur intentionalen Kommunikation"

„Die Person weiß, dass sie Menschen oder Dinge beeinflussen kann" (Leber 2009). Allerdings spielen sich die Interaktionen zwischen Ich und Du ab; das Du kann hier auch ein Objekt sein. In dieser Stufe bietet sich ebenfalls das Nutzen einer Würfelmaschine an – nun allerdings um Mittel-Zweck-Zusammenhänge zu verdeutlichen. Die Person führt eine Handlung aus und etwas passiert. Das Ganze hat im Spielverlauf einen Rhythmus, wiederkehrend wird der Name des Spielers genannt und erkannt. Es können individuelle Würfellösungen gefunden werden: je nach motorischen Möglichkeiten kann beispielsweise ein großer Schaumstoffwürfel geworfen, eine Würfelrutsche oder ein Würfelbecher mit Würfelschale genutzt werden. Nach Konzeption ist in dieser Stufe die „beginnende Objektpermanenz" verankert. Eine Auswahl aus zwei Dingen zu treffen, ist ein probates Mittel, diese Entwicklung zu unterstützen.

Die Auswahl aus zwei Spielmöglichkeiten, zum Beispiel „Seifenblasen machen“ und „Alle-würfeln-mit spielen“, sollte zunächst über die Realmedien getroffen werden. Mit Blick auf die nächste Stufe können die Realmedien beizeiten durch Fotos ersetzt werden oder einzelne Spielelemente teilverdeckt angeboten werden. Auch der Einsatz der geschlossenen Würfelrutsche kann bei entsprechender Bereitstellung die Objektpermanenz fördern.

UK in der Stufe 2 zum Übergang in die Stufe 3:

- Den uk Spieler in die Spielauswahl einbeziehen.
- Den uk Spieler in die Spielfigurauswahl einbeziehen.
- Den uk Spieler in die Gegenspielerwahl einbeziehen.
- Den Eigenanteil beim Würfeln erhöhen, teilversteckte Würfel oder Würfelrutsche oder Würfeladaptionen der Hilfsmittelfirmen anbieten.
- Das Würfeln mit einem Feedback verbinden (taktil, auditiv, verbal: „Jetzt würfel ich!“).
- Den uk Spieler namentlich im Spielrhythmus rufen.
- Einfache technische Hilfen einsetzen, sprechende Tasten mit der Würfelmaschine verbinden.
- Motorische Handlungen können ggf. unterstützt werden.

3.1.3 Stufe 3: „Ich und Du und die Dinge“

Der „Trianguläre Blick“ ist entwickelt, die Person kann mit einem Partner über Dinge kommunizieren. Situationsabhängig werden erste Wörter und die Objektpermanenz entwickelt. Hier bietet es sich an, den Spieler in das Geben und Nehmen der Würfelweitergabe einzubeziehen. Dies kann unterstützend durch Gebärden oder sprechende Tasten (Blick auf die nächste Stufe) stattfinden. „Ich bin“ und „Du bist“ sind hier wichtige Bedeutungsträger und sorgen für einen sicheren Spielrhythmus. Den kommunikativen Aktivitäten des Spielers wird große Aufmerksamkeit geschenkt, gegebenenfalls werden Aktivitäten durch die Würfelgestaltung eingeplant („sag`was“-Seite oder „alle hören dir zu“-Seite auf dem Würfel einrichten).

UK in der Stufe 3 zum Übergang in die Stufe 4:

- Thematische Gebärden können eingesetzt werden.
- Motorische Handlungen können ggf. unterstützt werden.
- Technische Hilfen können genutzt werden („Ich bin“, „Du bist“, „Jetzt ich“, siehe auch Onlinequelle 2).
- Die Lautäußerungen des Spielers können durch eine entsprechende Würfelgestaltung (Aktionsfelder) aufgegriffen werden.

Abb. 6: „Ich bin – du bist“

3.1.4 Stufe 4: „Ich und Du und die Dinge und ein Symbol"

Die Person weiß, dass sie „mit einem Partner über Symbole (...) über Dinge, Personen und Handlungen kommunizieren kann, auch wenn diese nicht sichtbar sind (Quadrangulärer Blick)“ (Leber 2009). Die Fähigkeit, Aussagen und verschiedene Kommunikationsformen zu kombinieren hat sich entwickelt. Einfache Anweisungen werden auch verstanden, wenn sie nicht mehr von der jeweiligen Situation abhängig sind. Protest und Forderung können Hinweise für den Aufbau eines individualisierten Kommunikationssystems geben. Einfache elektronische Kommunikationshilfen mit zwei bis mehreren Feldern bieten sich hier an. Ein Augenmerk bleibt in dieser Stufe beim Sprachverständnis und der Klärung der Wortbedeutungen, zum Beispiel durch Vollzug konkreter Handlungen.

Das Erlernen des *Kernvokabulars* gewinnt in dieser Stufe eine große Bedeutung. Auf statischen Benutzeroberflächen kann das Kombinieren von kleinen Wörtern sehr gut nachvollziehbar demonstriert werden. Die Nutzer dynamischer Kommunikationshilfen sollten von Beginn an über die ganze Bandbreite ihres Vokabulars verfügen können. Unter bestimmten Voraussetzungen, die durch den Förderschwerpunkt Geistige Entwicklung oder Frustrations- oder Nichtwirksamsein- Erfahrungen begründet sein können, kann ein didaktischer Dreischritt hilfreich sein, der in 3.2 beschrieben wird.

UK in der Stufe 4 zum Übergang in die Stufe 5:

- Zunächst wenige, aber aktivitätssteuernde Wörter einsetzen.
- Das Kernvokabular mit Gebärden unterstützen (vgl. Michel 2010).
- Sätze erweitern, korrigieren, ergänzen lassen (vgl. Binger/Light 2007, zit. nach Sachse 2009, 122): „Du gewinnst __“, „Jetzt ist das Spiel __“, „Das ist __“.
- Technische Hilfen nutzen („Ich bin“, „Du bist“, „Jetzt ich“).
- Motorische Handlungen können ggf. unterstützt werden (Würfel annehmen und weitergeben, Figuren gemeinsam setzen und abzählen).
- Ein Symbol für „noch mal“ in die Würfelgestaltung einbeziehen, weitere Aktionsfelder ausprobieren.
- Die Lautäußerungen des Spielers können durch eine entsprechende Würfelgestaltung (Aktionsfelder) aufgegriffen werden.

3.1.5 Stufe 5: „Explosion des Vokabulars"

Das Anbieten komplexer Sprachausgabegeräte mit dynamischem Display wird durch die explosionsartige Entwicklung des Vokabulars notwendig. Die Person „versteht Adjektive, Einzahl und Mehrzahl, kontextunabhängige Aktionswörter und zeigt Interesse an kurzen Erzählungen von Erlebtem“ (Leber 2009). Es wurde verstanden, dass „Begriffe unabhängig von Raum und Zeit durch Worte, Gebärden, Dinge oder grafische Symbole repräsentiert werden können“ (ebd. 2009).

UK in der Stufe 5 zum Übergang in die Stufe 6:

- Ein Symbol für „noch mal“ in die Würfelgestaltung einbeziehen, weitere Aktionsfelder ausprobieren.
- Strukturierte Wortspielereien mit verschiedenen Sprachmodulen ermöglichen (vgl. Onlinequelle 1).
- Die Wirkung verschiedener Wortarten und Aussagen testen (Fragen, Adjektive, gesprächssteuernde Aussagen, „Wunderwörter“ wie „Unglaublich?!, Woher weißt du das?, Oh nein!, Wirklich?, Bist du sicher?, Wahnsinn!“.
- Erfahrungshalber mal ein Spiel nur mit Substantiven bestreiten!
- Das multimodale Kommunikationssystem fortlaufend der kommunikativen Entwicklung anpassen (neue Wörter speichern und dokumentieren).
- Kontinuierliches Modeling.

Abb. 7: „Ich - will – nochmal. Jetzt!“

3.1.6 Stufe 6: „...und darüber hinaus"

Der Schriftspracherwerb, das Kombinieren von symbol- und schriftunterstützter Kommunikation, das Erlernen des Grammatikgebrauchs im Kommunikationssystem stehen in dieser Stufe im Fokus der Kommunikationsentwicklung. Dadurch wird vermehrt unabhängige und differenzierte Kommunikation möglich. Die „Gestaltung eines selbstbestimmten Lebensalltags, in dem mit allen Menschen immer und überall kommuniziert werden kann" (Leber 2009), wird realistisch.

UK in der Stufe 6:

- Der uk Spieler kann eigene Spielregeln erstellen.
- Der uk Spieler steht Modell für andere Personen.
- Der uk Spieler schärft sein „Profil" mittels individueller charakteristischer Aussagen.
- Der uk Spieler legt sich ggf. selbst ein Kommunikationsprofil für Spielsituationen zurecht.

3.2 Der didaktische Dreischritt

Der Dreischritt ist eine zeitweise didaktische Reduzierung bei dynamischen Kommunikationshilfen, deren Nutzer die Macht der Worte noch nicht durchdringen konnten. Paul Andres beschrieb bereits 2000 in „Unterstützte Kommunikation mit nichtsprechenden Menschen" ein vergleichbares Vorgehen im direkten Zusammenhang mit „Modeling" und der Anwendung von Kernvokabular.

Schritt 1 (Stufe 4):
Anlegen einer statischen Seite mit einer begrenzten Auswahl kombinierbarer Wörter. Zum Beispiel *ich, du, gewinnen, verlieren, nicht, nochmal, auch, Ferkel.*
Ich, du, nicht, auch, nochmal gehören zum Kernvokabular. Gewinnen und verlieren gehören zum Zielvokabular vieler unterstützt kommunizierenden Spieler. *Ferkel* gehört zum Randvokabular, kann hier jedoch, wohldosiert, das „Salz in der Suppe sein". Die Position und die Farbgebung der Wörter auf dieser statischen Seite sollten Bezüge zur Position innerhalb des Anwendungsprogramms haben. Die Symbole können jedoch verändert werden. Die Bezugspersonen geben den Aussagen durch korrektives Feedback die grammatikalisch richtige Form.

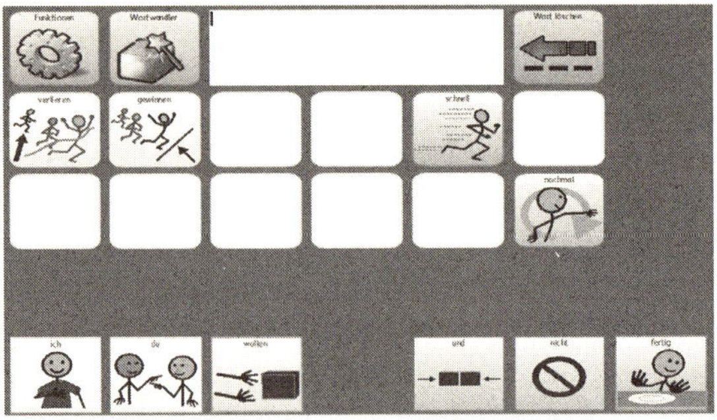

Abb. 8: Schritt 1 mit „Sono Lexis 7x5"

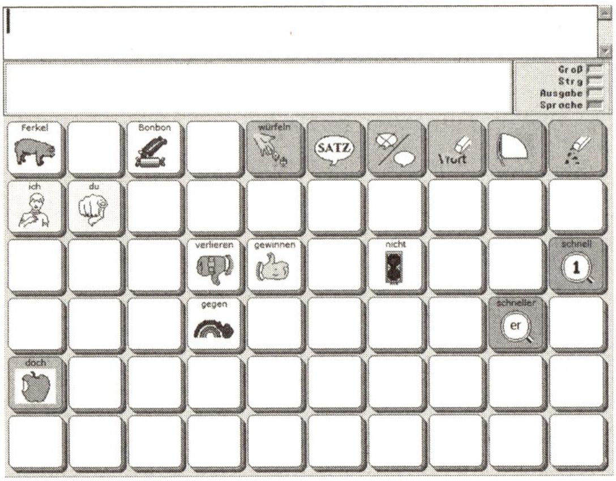

Abb. 9: Schritt 1 mit der „Quasselkiste 60"

Schritt 2 (Stufe 5):

Ausbau der Seite mit Funktionen zum Ebenenwechsel. Die Symbol-, Farbgebung und Position wird möglichst dem Gesamtsystem angepasst. Je nach Kommunikationssystem können hier grammatikalische Formen einbezogen werden, ansonsten gilt es auch hier das korrektive Feedback anzuwenden.

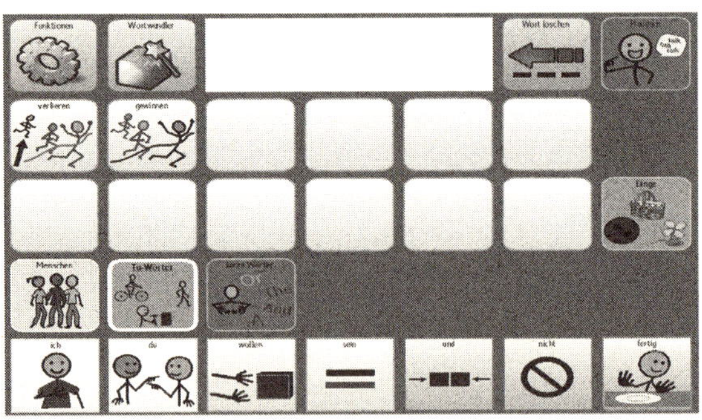

Abb. 10: Schritt 2 mit „Sono Lexis 7x5"

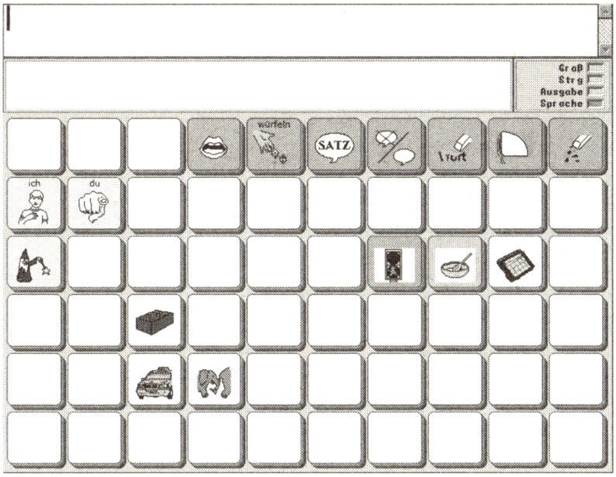

Abb. 11: Schritt 2 mit der „Quasselkiste 60"

Schritt 3 (Stufe 5/6):
Herstellen von „Spickzetteln" und Visualisierungshilfen, kontinuierliches Modeling der nun bekannten Worte (auch grammatikalisch) im kommunikativen Gesamtsystem.

Die zeitliche Nähe einer Aussage zum Ereignis
Bezüglich der sozialen Interaktion ist es gut, wenn ein Ereignis möglichst zeitnah kommentiert werden kann. Dies hängt einerseits von den Ansteuerungs- und Anwendermöglichkeiten eines uk Spielers ab und andererseits von den Zuhörerqualitäten der Mitspieler (damit wird der Begriff „zeitnah" dehnbar). Dreischritt bzw. das Anlegen von Modulen für bestimmte (Spiel-) Situationen kann das Kommunikationstempo deutlich erhöhen. In Schritt 1 werden die Aussagen mit einem einzigen Tastendruck abgerufen, ähnlich den so genannten „Assen" (Andres 2000, 12). Das wichtige motorische Lernen der Bewegungsmuster der Aussagen wird in den Schritten 2 und 3 erlernt; nach zeitweise intensiver Anwendung sollte ebenfalls das Kommunikationstempo erhöht sein. Unter dem Zeitaspekt wird das Gebärden des Kernvokabulars besonders wertvoll (vgl. Michel 2010)

4. Würfeln alle mit?

- Bereitet das Spiel Freude?
- Möchte ich noch mal spielen?
- Finde ich Mitspieler?
- Verstehen mich meine Eltern?
- Verstehen mich meine Mitschüler?
- Verstehen mich Fremde?
- Erlebe ich das Würfeln als fair?

- Erleben meine Mitspieler das Würfeln als fair?
- Fühle ich mich durch Aussagen der Mitspieler gekränkt?
- Spielen (Schul-)Kameraden noch nicht mit, obwohl sie es könnten?
- Woran liegt das? Kann ich vielleicht andere zum Spiel bewegen?

Das Aufspüren von Barrieren ist vor dem Hintergrund des Partizipationsmodells (vgl. Lage 2006) sicherlich eine notwendige Aufgabe in der Bewertung des Spiels „Alle-würfeln-mit". Die Betrachtung der Sozialen Netzwerke (vgl. Wachsmuth 2010) ist in jedem Fall ein guter Indikator, weitere Förderziele zu antizipieren und „die Normalisierung der Lebensbedingungen der betroffenen Person und ihres Umfeldes, ihre soziale Teilhabe" (Graf-Frank 2010, 10.003.001) zielgerichtet umzusetzen.

Zusammenfassung

Mit dem vorliegenden Beitrag, in Verbindung mit dem Holzbrettspiel „Alle-würfeln-mit", liegt ein methodisch und didaktisch verwendbares Material vor, das von Personen aller Kommunikationsstufen der Unterstützen Kommunikation genutzt werden kann. Insbesondere die Anwendung und der Nutzen des Kernvokabulars werden erlebbar. Mit Hilfe Irene Lebers „Kommunikation einschätzen und unterstützen" (2009) wird das Spiel in eine Systematik gebracht, die einen individuellen und zugleich zielgerichteten Einsatz ermöglicht.

Literatur

Andres, P.: Kommunikation gemeinsam lernen, in: Zeitschrift Unterstützte Kommunikation: Unterstützte Kommunikation mit nichtsprechenden Menschen, 2. erw. und erg. Aufl. Karlsruhe 2000: 8-15

Boenisch, J.; Musketa, B.; Sachse, S.: Die Bedeutung des Vokabulars für den Spracherwerb und Konsequenzen für die Gestaltung von Kommunikationsoberflächen, in: Sachse, S.; Birngruber, C.; Arendes, S. (Hrsg.): Lernen und Lehren in der Unterstützten Kommunikation, Karlsruhe 2007: 355 – 371

Bünk, C.; Baunach, M.: Unterstützte Kommunikation mit körperbehinderten Schülern, in: Boenisch, J.; Daut, V. (Hrsg.): Didaktik des Unterrichts mit körperbehinderten Kindern, Stuttgart 2002: 92-105

Graf-Frank, E.: Unterstützte Kommunikation im Alltag lernen, in: Handbuch der Unterstützten Kommunikation, Karlsruhe, 4. Auflage 2010: 10.003.001-10.005.001

Hansen, G.: Grundzüge einer Unterstützenden Didaktik in der Zusammenarbeit mit körperbehinderten Kindern, in: Boenisch, J.; Daut, V. (Hrsg.): Didaktik des Unterrichts mit körperbehinderten Kindern, Stuttgart 2002: 20-33

Lage, D: Unterstützte Kommunikation und Lebenswelt - eine kommunikationstheoretische Grundlegung für eine behindertenpädagogische Konzeption, Bad Heilbrunn 2006

Leber, I.: Kommunikation einschätzen und unterstützen, Karlsruhe 2009

Michel, A.: Gemeinsam Sprache (er)leben. Vermittlung von Kernvokabular mit Gebärden, in: Handbuch der Unterstützten Kommunikation, Karlsruhe, 4. Auflage 2010: 02.027.001-02.029.001

Prentke Romich Deutschland (Hrsg.): Alle machen mit. Mit einfachen Hilfen Partizipation im Alltag ermöglichen, Kassel 2008

Rehavista (Hrsg.): Ideenkiste Erste Schritte. Berlin 2010

Sachse, S.: Kern- und Randvokabular in der Unterstützten Kommunikation. Sprachentwicklung unterstützen, Förderung gestalten, in: Birngruber, C.; Arendes, S. (Hrsg.): Werkstatt Unterstützte Kommunikation, Karlsruhe 2009: 109-126

Sachse, S.: Zur Bedeutung von Kern- und Randvokabular in der Alltagskommunikation, in: Zeitschrift Unterstützte Kommunikation 3/2007: 6 – 10

Sachse, S.; Boenisch, J.: Kern-und Randvokabular in der Unterstützten Kommunikation: Grundlagen und Anwendung, in: Handbuch der Unterstützten Kommunikation, Karlsruhe, 4. Auflage 2010: 01.026.030-01.026.40

Wachsmuth, S.: Soziale Netzwerke – Erfassung der Kommunikation unterstützt kommunizierender Menschen unter besonderer Berücksichtigung ihrer Kommunikationspartnerinnen und -partner, in: Handbuch der Unterstützten Kommunikation, Karlsruhe, 4. Auflage 2010: 14.031.001-14.037.001

Onlinequellen

Onlinequelle 1:

Prentke Romich Deutschland: Förderung des Kernvokabulars. Unterlagen UK-Symposium 2010 der Stiftung für elektronische Hilfsmittel (Schweiz), online: http://www.fst.ch/FST/index.php/deutsch/downloads.html [Stand: 27.03.2011]

Onlinequelle 2:

Rehavista (Hrsg.): Oberflächen für Alle-würfeln-mit und andere Spiele, online: http://www.rehavista.de/dwl/zus/dm/rehavista-wuerfelspiel.pdf [Stand: 27.03.2011]

Abbildungen

METACOM-Symbole © Annette Kitzinger

UK inklusive in Wissenschaft und Forschung

Fokuswörter in der Unterstützten Kommunikation

Ein Konzept zum sukzessiven Wortschatzaufbau

Stefanie K. Sachse, Melanie Willke

Abb. 1: Überblick über die Themen im Zusammenhang mit dem Konzept der Fokuswörter

Ein Ziel der UK-Interventionen ist der Aufbau und die Erweiterung des aktiven Wortschatzes der UK-Anwender. Dabei wird das Ziel verfolgt, dass die Kinder, Jugendlichen und Erwachsenen

a) die Bedeutung der Wörter kennen lernen,
b) die Wörter zu Mehrwortäußerungen kombinieren lernen und
c) diese Kombinationen im Alltag anwenden.

Im vorliegenden Beitrag wird mit dem *Konzept der Fokuswörter* ein Vorschlag unterbreitet, wie dieses Ziel erreicht werden kann – unabhängig davon, ob Gebärden, nichtelektronische oder elektronische Hilfen zum Einsatz kommen.

Im Folgenden wird zunächst auf Fragen der Vokabularauswahl und in diesem Zusammenhang auf Kern- und Randvokabular eingegangen. Im Anschluss daran werden relevante Informationen zur Sprach- und Wortschatzentwicklung thematisiert. Diese Informationen liefern wichtige Hinweise für die Förderplanung und die Nutzung des ausgewählten Vokabulars im Alltag. Nach der Erläuterung der Grundlagen der Förderplanung wird eine Fokuswörterliste vorgestellt und anhand von Beispielen das praktische Vorgehen illustriert.

Vokabularauswahl und Wortschatzaufbau in der UK

Dem Thema ‚Vokabularauswahl' wird im Kontext von UK-Interventionen viel Aufmerksamkeit gewidmet (vgl. Andres et al. 2007; Banajee et al. 2003; Beukelman et al. 1991; Clendon/Erickson 2008; Leber 2008; Sachse/Boenisch 2009). Nicht nur bei der Gestaltung von Kommunikationshilfen, auch bei der Auswahl der in der Förderung und im Alltag anzuwendenden Wörter spielen entsprechende Fragen eine wichtige Rolle. Während sprechende Kinder ihren aktiven Wortschatz mit einer erstaunlichen Geschwindigkeit erweitern (mit 18 Monaten ca. 50 Wörter; mit zwei Jahren ca. 300 Wörter; mit sechs Jahren ca. 5.000 Wörter, vgl. Bunse/Hoffschildt 2008, 67), verläuft der Aufbau des aktiven Wortschatzes für unterstützt kommunizierende (u. k.) Kinder und Jugendliche oft deutlich langsamer (z. B. in Form von Symbolnutzung). Sprechende Kinder können aus einer großen Menge von gehörten Wörtern diejenigen auswählen und nutzen lernen, die für sie bedeutsam sind. U. k. Kindern steht dagegen oft nur ein sehr kleines Angebot zur Verfügung, weil die Bezugspersonen die Kommunikationsform der Kinder kaum nutzen.
Dieser Umstand führt zu der Frage, welche Wörter sowohl für die Alltagskommunikation als auch für die Sprachentwicklung von besonderer Bedeutung sind und demzufolge unbedingt im Rahmen der UK-Interventionen berücksichtigt werden müssen.
Untersuchungen zum Sprachgebrauch liefern eindeutige Hinweise darauf, dass eine kleine Anzahl von Wörtern deutlich häufiger verwendet wird als andere Wörter (vgl. z. B. Boenisch/Sachse 2007; Boenisch 2008 u. 2011). Für die am häufigsten gebrauchten Wörter einer Sprache wird international der Begriff ‚core vocabulary' bzw. ‚Kernvokabular' verwendet (vgl. Baker et al. 2003; Trembath et al. 2007; Clendon/Erickson 2008; Sachse/Boenisch 2009; Zangari/van Tatenhove 2009). Das Kernvokabular bezeichnet die 200-300 Wörter einer Sprache, die situationsunabhängig am häufigsten gebraucht werden. Nach Baker et al. (2003) machen die am häufigsten gebrauchten 100-200 Wörter ca. 80% des Gesprochenen

aus – unabhängig vom Gesprächsthema oder Alter des Sprechers. Im Deutschen gehören dazu vorrangig Funktionswörter, d. h. Artikel, Konjunktionen, Pronomen, Hilfsverben, Adverbien[1] wie z. B. *das, und, ich, du, wollen, auch, nicht, können* etc. Die Kombinations- und Ausdrucksmöglichkeiten mit diesen Wörtern sind sehr vielfältig: *ich kann nicht, ich kann das nicht, das will ich nicht, was willst du nicht?, und du?, ich auch* usw. Aussagen wie die genannten können in ganz unterschiedlichen Situationen gebraucht werden: z. B. beim Essen, Spielen, Singen, Arbeiten, Fernsehen, Anziehen (ausführlicher bei Sachse 2007).

Um sich über die genannten Themen differenziert austauschen zu können, wird zusätzlich das sog. Randvokabular genutzt. Dabei handelt es sich vorrangig um Inhaltswörter (Substantive, Verben und Adjektive).

- Bei der Vokabularauswahl in der UK gilt es, vielfältig einzusetzende Kernvokabularwörter mit einem, an den Interessen der u. k. Person orientierten Randvokabular zu kombinieren.

Ausgewählte Informationen zur Sprach- und Wortschatzentwicklung

Forschungsergebnisse zur Sprachentwicklung liefern wichtige Anhaltspunkte für den angeleiteten Wortschatzaufbau in der UK. In diesem Zusammenhang werden im Folgenden

(1) die Rolle der Inputsprache,
(2) der passive und der aktive Wortschatz,
(3) die Wortverständnisentwicklung,
(4) die Entwicklung der Wortarten und
(5) der Übergang zu Zwei- und Mehrwortäußerungen näher betrachtet.

Zur Rolle der Inputsprache

Erwachsene nutzen im Umgang mit kleinen Kindern intuitiv eine Sprache, die sich unter anderem durch besondere Betonung, langsames Sprechen, viele Wiederholungen, einen Bezug zum Hier und Jetzt sowie eine geringe Äußerungslänge auszeichnet (ans Kind gerichtete Sprache: KGS; vgl. Szagun 2008, 172). Untersuchungen zur Input-Sprache geben Hinweise darauf, dass einige Aspekte der KGS mit ihren typischen Merkmalen im positiven Zusammenhang mit den sprachlichen Fähigkeiten der Kinder stehen. So sind z. B. sog. *Erweiterungen* im Besonderen dazu geeignet, die Aufmerksamkeit der Kinder auf formale Aspekte einer Aussage zu lenken. So fordert Judith (1;8) z. B. Papa auf, die Brille, die er in der Hand hält, wieder auf die Nase zu setzen. Sie sagt ‚Nase' und der Papa erweitert ‚auf die Nase'. Judith nickt. In dieser Situation kann man davon ausgehen, dass das Kind die selbst produzierte Äußerung (‚Nase') versteht. Somit sind informationsverarbeitende Kapazitäten frei, um sich auf formale Aspekte (z. B. die Mehrwortäußerung) konzentrieren zu können – wenngleich das natürlich nicht bewusst geschieht (vgl. Szagun 2008, 187).

Entsprechende Strategien werden auch ganz bewusst in der Kommunikationsförderung eingesetzt, um die Kinder im Spracherwerbsprozess zu unterstützen. Entsprechend sind die Bezugspersonen aufgefordert, die Aussagen der Kinder zu korrigieren oder zu erweitern und so ein korrektes Modell zu bieten. Hier leitet sich auch der Begriff ‚Modellierungstechniken' ab. Dannenbauer (1997, 191) unterscheidet verschiedene Modellierungstechniken, die mit unterschiedlichen Zielen verwendet werden (vgl. Tab. 1).

Bezeichnung	**Funktion**	**Beispiel**
der kindlichen Äußerungen vorausgehende Sprachmodelle		
Präsentation	wiederholtes Nutzen der Zielform	*Ich* will das *auch*; *Ich auch*; *Ich* kann das *auch*…
Parallelsprechen	Versprachlichung kindlicher Intentionen	Ah, du willst den *Saft haben*.
der kindlichen Äußerungen nachfolgende Sprachmodelle		
Expansion	Erweiterung bzw. Vervollständigung kindlicher Äußerungen unter Einbau der Zielstruktur	K: mehr (Kind hält das Glas hin) Oma: du willst *mehr Saft*.
Korrektives Feedback	Wiedergabe kindlicher Äußerungen mit berichtigter Zielstruktur	K: umfallt (Kommentar zum umgefallenen Glas) Oma: Oje, das Glas ist *umgefallen*.

Tab. 1: Ausgewählte Modellierungstechniken nach Dannenbauer (1997, 191)

Die verschiedenen Modellierungstechniken werden auch in der UK-Förderung eingesetzt.

Nach Möglichkeit sollen die Bezugspersonen die Kommunikationsform des Kindes mit nutzen, um so ein Modell zu bieten und die Kinder bei der Aneignung ihrer Kommunikationsform zu unterstützen.

Die angebotenen Modelle können von den u. k. Personen zunächst auch imitiert werden. Nach Szagun (2008, 265) ist Imitation ein wirksamer Lernmechanismus, bei dem Kinder sprachliche Strukturen nachahmen, die sie zumindest teilweise verstehen und die sie gerade beginnen zu erwerben. Für die UK-Interventionen heißt das, dass besonders zu Beginn des angeleiteten Wortschatzaufbaus die häufige Nutzung der Modellierungstechniken sehr hilfreich sein kann (vgl. auch Tab. 1).

Das sind im Einzelnen:

- die Präsentation der Zielform: z. B. nutzen die Eltern immer die Kommunikationstafel, wenn sie ICH AUCH sagen.
- das parallele Formulieren der Intention des Kindes: z. B. sagen die Eltern in entsprechenden Situationen auch mit der Tafel:‘ Ach, du sagst, ‚ICH will AUCH SAFT.‘
- die Expansion der Äußerungen: zeigt das Kind z. B. mit der Tafel MEHR, sagen die Eltern: ‚Du sagst, ‚ICH will MEHR SAFT.‘
- das korrektive Feedback: z. B. möchte das Kind selbst mehr Saft, zeigt aber auf der Kommunikationstafel ’DU SAFT’. Die Eltern geben jetzt das Feedback: ‚Ok, du sagst, ICH möchte MEHR SAFT.‘ (Hinweis: Die Wörter in Großbuchstaben werden parallel zur Lautsprache auch auf der Kommunikationstafel verwendet.)

So wird sichergestellt, dass die u. k. Personen auch den sprachlichen Input erhalten, den sie brauchen. Im Unterschied zu einem Kind, das Lautsprache hört und sich mittels Lautsprache äußert (= Input-Output-Symmetrie), hören u. k. Kinder zwar Lautsprache, ihre expressive Ausdruckform ist aber eine andere (z. B. Kommunikationstafel mit Symbolen) (= Input-Output-Asymmetrie). Um auch in der UK eine Input-Output-Symmetrie gewährleisten zu können, müssen die Bezugspersonen der u. k. Kinder die jeweiligen Kommunikationsformen mitnutzen (vgl. z. B. Einert 2000, 17). So können die betreffenden Kinder auch ihr sog. *‚kommunikationsformspezifisches Sprachverständnis‘* (hier: Symbolverständnis) entwickeln: Das u.k. Kind kann erleben, dass man mit den Symbolen auf der Tafel das Gleiche erreichen kann, wie mit gesprochener Sprache. Ohne ein solches kommunikationsformspezifisches Sprachverständnis – so die hier formulierte Annahme – fehlt die Basis für die Nutzung z. B. von Symbolen.

Passiver und aktiver Wortschatz

Für den Spracherwerbsprozess ist der passive Wortschatz von großer Bedeutung. Dieser ist immer größer als der aktive Wortschatz (vgl. Bunse/ Hoffschildt 2008, 65).

Alter	Passiver Wortschatz/ Sprachverständnis	Aktiver Wortschatz/ Sprachproduktion
ca. 11-12 Monate	ca. 50 Wörter (vgl. Szagun 2008, 123)	erste Wörter (vgl. Szagun 2008, 117)
ca. 18 Monate	ca. 200 Wörter (vgl. Rothweiler/Meibauer 1999, 16)	ca. 50 Wörter (vgl. Bunse/Hoffschildt 2008, 67)
ca. 6 Jahre	über 20.000 Wörter (vgl. Füssenich 1997, 80)	ca. 5.000 Wörter (vgl. Bunse/Hoffschildt 2008, 67)

Tab. 2: Passiver und aktiver Wortschatz in Zahlen

Die Tab. 2 zeigt eindrücklich, wie groß der Unterschied zwischen verstandenen und produzierten Wörtern ist: Wenn die Kinder ihre ersten Wörter sprechen lernen, verstehen sie schon ca. 50. Diese Wörter haben sie über einen längeren Zeitraum in ganz unterschiedlichen Situationen und mit hoher Frequenz immer wieder gehört. Die Bezugspersonen nutzen diese Wörter auch schon in Mehrwortäußerungen. Sie bieten also Modelle, die dem sprachlichen Entwicklungsstand des Kindes einige Schritte voraus sind. So kann das Kind den linguistischen Input für den Aufbau seiner sprachlichen Kompetenz nutzen (vgl. Einert 2000, 17). *Hier stellt sich die Frage, ob auch u. k. Kinder und Jugendliche im Besonderen zu Beginn der UK-Interventionen die Nutzung z. B. ihrer elektronischen Kommunikationshilfe über einen längeren Zeitraum und in einem entsprechenden Umfang erleben können, bevor erste Äußerungen von ihnen erwartet werden?* Oft wird ein entsprechender Input nicht angeboten – im Gegenteil: Innerhalb kürzester Zeit nach der Bereitstellung der Kommunikationshilfe wird die Produktion von Äußerungen erwartet. Rahmenbedingungen, die ausreichend Input ermöglichen, wären in jedem Fall wünschenswert und sind bei der Förderplanung sicherzustellen (weitere Informationen dazu im gleichnamigen Abschnitt weiter unten).

- Die u. k. Personen sind besonders zu Beginn der Förderung auf Modelle angewiesen, die mit hoher Frequenz und über einen längeren Zeitraum zeigen, wie man die neuen Kommunikationsformen erfolgreich und sinnvoll nutzen kann.
  Ein entsprechendes Modellverhalten zeichnet sich u. a. dadurch aus, dass die verwendeten Äußerungen dem Entwicklungsstand der jeweiligen Person immer einige Schritte voraus sind, so dass mit dem Input die nächsten Entwicklungsschritte angeregt werden können. Die Bezugspersonen sind demzufolge aufgefordert, immer ein bisschen mehr anzubieten, als die u. k. Person bereits selbst anwenden kann.

Wortverständnisentwicklung

Die Frage, wie Kinder *Wörter* verstehen lernen, ist im Kontext der Sprachverständnisentwicklung von Bedeutung.
Besonders die ersten Wörter und deren Bedeutungen werden in ganz eindeutigen Situationen gelernt. Damit ist gemeint, dass die möglichen Bedeutungen eines Wortes durch das, was passiert oder gezeigt wird, so stark eingeschränkt werden, dass Falsch-Verstehen nahezu unmöglich ist (vgl. Szagun 2008, 147). Zwei Beispiele dazu:

Beispiel 1:

Mit einem Kind werden wiederholt Kniereiterspiele ausgeführt und zwischendurch wird immer wieder gefragt: ‚Willst du NOCHMAL?‘ ‚Nochmal‘ ist hier das letzte Wort in der Äußerung und wird besonders betont. Es werden viele Wiederholungen angeboten. In dieser Situation wird nach und nach verstanden, was nach ‚nochmal‘ passiert. Zu diesem Zeitpunkt wird das Wort allerdings noch nicht in verschiedenen Situationen verstanden, sondern zunächst nur situationsabhängig.

Beispiel 2:

Ein junger Erwachsener (Toni, 23 Jahre) mit einer Schwäche für Kaffee hat seinen GoTalk 20+ ganz neu. Er soll in für ihn bedeutsamen Situationen verstehen und erleben können, wie man mit diesem Hilfsmittel um einen Kaffee bitten kann. Die Mitarbeiterin im Wohnheim nutzt aus diesem Grund den GoTalk, wenn sie fragt, ob er AUCH einen KAFFEE möchte oder ob er einen KAFFEE TRINKEN möchte (Wörter in Großbuchstaben werden mit dem GoTalk gesagt). Auch bevor sie sich selbst eine Tasse einschenkt, sagt sie mit dem GoTalk, dass sie AUCH einen KAFFEE TRINKEN möchte.
Durch dieses Vorgehen wird ein Modell angeboten, das a) das Verstehen der Wörter in dieser Situation ermöglicht (Semantik/Bedeutung); b) verdeutlicht, wie man diese Wörter in der bestimmten Situation anwenden kann (Pragmatik) und c) sicherstellt, dass Toni mehr Wörter verstehen lernt, als er dem aktuellen Förderziel entsprechend aktiv produzieren lernen soll (AUCH, KAFFEE).

„In der Tat lernen wir die meisten unserer Wörter nicht über Zeigen oder Instruktion, sondern aus Kontexten, deren Sinn wir verstehen“ (Sternberg 1987, zit. bei Szagun 2008, 169). Das konnte auch für Kinder mit Down-Syndrom nachgewiesen werden: Nach Kauschke (2000, 58ff.) lernen die beobachteten Kinder neue Wörter besser, wenn diese in Spielkontexten eingeführt wurden. Die Bedeutung der Wörter aus einer Geschichte zu erschließen, fiel den Kindern vergleichsweise schwerer.

- Besonders zu Beginn der UK-Förderung ist es wichtig, dass Wörter in klar strukturierten, eindeutigen Situationen eingeführt werden und die Verwendung die Bedeutung erfahrbar macht (Wörter wie ‚nochmal‘, ‚nicht‘ oder ‚mehr‘ sind hier besonders geeignet). So erleben u. k. Kinder neben der Bedeutung eines Wortes auch dessen Einsatz in der Interaktion.

Zur Entwicklung der Wortarten

Bei den Überlegungen zum angeleiteten Aufbau eines Gebrauchswortschatzes spielen auch Informationen zur Entwicklung der Wortarten eine Rolle. Es ist wichtig, Angebote zu unterbreiten, die sich an der regulären Erwerbsfolge orientieren.

In der Literatur wird z. T. angegeben, dass Nomen früher erworben werden als andere Wortarten; dass Nomen den größten Teil des kindlichen Wortschatzes ausmachen und meist Benennungen für Objekte sind. Diese, auch als ‚Noun-bias-Hypothese' bezeichnete Auffassung (vgl. Kauschke 1999, 134) ist möglicherweise ein Artefakt der Untersuchungstechniken (vgl. Kauschke 2000, 31; Nussbeck 2007, 25): Bezeichnungen für Gegenstände lassen sich leichter untersuchen und werden auch bei Elternbefragungen besser erinnert. Entsprechend liefern Befragungen stets höhere Zahlen für Nomen als die direkte Analyse kindlicher Spontansprache (vgl. Kauscke 2000, 31). Spontansprachanalysen zeigen dagegen, dass Kinder von Anfang an verschiedene Wortarten nutzen. Mit kleinen Wörtern wie ‚da', ‚tschüss' oder ‚noch mal' lernen sie, Reaktionen bei ihren Bezugspersonen hervorzurufen (vgl. Tracy 2008, 70). Wörter wie ‚weg' oder ‚auf' begleiten Situationen oder Handlungen (vgl. Rothweiler 2001, 45). Nach und nach lernen die Kinder auch Eigennamen (Mia, Papa), Nomen bzw. Bezeichnungen für konkrete Objekte (Hund, Ball, Haus), Adjektive (groß, heiß) und Verben (machen, malen, essen) (vgl. Tracy 2008, 70). Trotz großer individueller Unterschiede bei den ersten 50 Wörtern kann festgehalten werden, dass die Kinder von Anfang an die verschiedenen Wortarten (Nomen, Funktionswörter, Verben und Adjektive) nutzen (Szagun 2008, 121).

- In der UK-Förderung müssen von Anfang an die verschiedenen Wortarten Berücksichtigung finden.

Der Übergang zu Zwei- und Mehrwortäußerungen

Als wichtiger Meilenstein in der Sprachentwicklung gilt die Produktion von Zweiwortäußerungen. In der Literatur wird in diesem Zusammenhang darauf verwiesen, dass die Kinder ungefähr dann, wenn sie ca. 50 Wörter aktiv nutzen können, beginnen, Zweiwortäußerungen zu produzieren (vgl. Bunse/ Hoffschildt 2008, 67ff.). Es kann jedoch oft beobachtet werden, dass u. k. Kinder, Jugendliche und Erwachsene nur Einwortäußerungen nutzen – z. T. auch dann, wenn ihr aktiver Symbolwortschatz über diese 50-Wortgrenze hinaus geht. Wo liegen die Gründe für diesen Umstand? Auf der Basis der hier zusammengetragenen Informationen wird angenommen, dass die Bezugspersonen kaum Zwei- und Mehrwortäußerungen verwenden und die u. k. Person

kein Modell hat. Bei der Mitnutzung der Kommunikationsformen müssen die Bezugspersonen demzufolge direkt von Anfang an Mehrwortäußerungen bilden, die die u. k. Person ggf. auch schon imitieren kann. Bevor anhand eines Beispiels das konkrete Vorgehen erläutert wird, noch ein wichtiger Hinweis: Aus der Lautsprachentwicklung ist bekannt, dass die Kinder besonders in den frühen Phasen des Spracherwerbs dazu neigen, ihre Aufmerksamkeit auf das Ende einer Äußerung zu richten: „Was am Ende des Satzes steht, wird besser in Erinnerung behalten als Elemente mitten im Satz" (Tracy 2008, 839). Diesen Umstand können sich Bezugspersonen beim Erweitern zu Nutze machen, indem an die Einwortäußerungen noch ein Wort angehängt wird.
Ein Beispiel:
Eine jugendliche Tafelnutzerin zeigt auf das Symbol COLA.
Die Bezugsperson erweitert, indem sie sagt und ZEIGT: ‚OK, du sagst, ich MÖCHTE COLA HABEN'. Jetzt hat die Jugendliche die Gelegenheit HABEN oder sogar COLA HABEN zu zeigen. Dieses Angebot entspricht auch dem regulären Grammatikerwerb, bei dem zunächst die Verbendstellung dominiert (vgl. Clahsen 1988, 44). Hätte die Bezugsperson im Beispiel mit ‚OK, du sagst, ICH MÖCHTE COLA' reagiert und die Jugendliche ihre Aufmerksamkeit auf das Ende des Satzes gerichtet, würde sie evtl. nur COLA noch einmal bestätigend wiederholen.

- Beim Mitnutzen der Kommunikationsformen müssen direkt von Anfang an Mehrwortäußerungen gebildet werden, um eine ausreichende syntaktische Komplexität anbieten zu können. Erweiterungen sind dann besonders hilfreich, wenn am Ende der Aussage der u. k. Person ein Wort ergänzt wird.

Das Mitnutzen der Kommunikationsformen erfordert ein in höchstem Maße reflektiertes Handeln. Ziel ist es, unter pädagogischen und sprachtherapeutischen Gesichtspunkten ausgewählte Strukturen zu verwenden, um so ein Modell für die Imitation und Anwendung der Wörter zu bieten und auf diese Weise die Sprachentwicklung der u. k. Kinder und Jugendlichen zu unterstützen. Konkrete Hinweise zur Umsetzung folgen.

Förderplanung

Gail van Tatenhove (2008) schlägt vor, im Rahmen der UK-Interventionen über mehrere Jahre einen Wortschatz zu erarbeiten, der vorrangig aus situationsunabhängig zu gebrauchenden Wörtern bzw. aus Kernvokabular besteht. In Anlehnung an diese Idee wird hier ein Vorschlag zum konkreten Vorgehen unterbreitet.

Das Konzept der Fokuswörter umfasst zunächst einen Zielwortschatz von 100 sog. Fokuswörtern. Diese bestehen vorrangig aus Kernvokabular (70). Individuell zu ergänzen ist hier ein Randvokabular (Vorschlag: 30 Inhaltswörter), das sich an den Interessen und den Lebensbedingungen der u.k. Person orientiert (vgl. Leber 2008, 01.039.001ff.).
Im Rahmen der UK-Interventionen rücken nach und nach jeweils 5-6 Wörter aus dem Zielwortschatz in den ‚Fokus', d. h. dass diese Fokuswörter über einen bestimmten Zeitraum verstärkt von den Bezugspersonen in der jeweiligen Zielkommunikationsform mitgenutzt werden. In diesem Zeitraum werden die Fokuswörter konsequent verwendet– unabhängig davon, ob ein Kind evtl. auch nach vier Wochen noch keine Wörter imitiert oder selbst produziert. Die Evaluation findet immer erst nach dem festgelegten Zeitraum statt. Dann wird im Team entschieden, ob die gleichen Wörter über einen längeren Zeitraum weiterverwendet werden oder ob schon erste Imitationen und Produktionen beobachtet werden konnten, so dass die nächste Reihe in den Fokus rücken kann.

Beispiel:
Die erste Fokuswörterreihe besteht aus den Fokuswörtern NOCH MAL, FERTIG, NICHT, WOLLEN, GUCKEN/SEHEN. Über einen Zeitraum von 6 Wochen sind die Bezugspersonen von Mia (2;5 Jahre) angehalten, diese Fokuswörter in der Zielkommunikationsform (hier: Gebärden, im Beispiel durch Großbuchstaben gekennzeichnet) verstärkt mitzuverwenden. Dabei ist es wichtig, dass die Bezugspersonen diese Wörter häufig und in unterschiedlichen Kombinationen/ in Mehrwortäußerungen verwenden:

WILLST du NOCHMAL?
WILLST du NICHT?
Bist du FERTIG?
MIA ist FERTIG.
GUCK mal, MIA.
WILLST du NICHT GUCKEN?
...

Neben den Fokuswörtern können vereinzelt auch schon andere Gebärden mitverwendet werden, um – ähnlich wie in der Lautsprachentwicklung – die Entwicklung des Wortschatzes (aktiv und passiv) und der Syntax (hier: Mehrwortäußerungen) zu unterstützen. So wird immer schon ein bisschen mehr angeboten, als das Kind aktuell ausdrücken kann. Ein solches Vorgehen bietet dem u. k. Kind ein Modell, und es

kann in vielfältigen Alltagssituationen erleben, was diese Wörter bedeuten, wie sie kombiniert und verwendet werden können.
Dieses Vorgehen kann ganz unabhängig von der verwendeten Kommunikationsform zur Anwendung kommen. Wichtig ist, von Anfang an auch auf den Kommunikationshilfen etwas mehr Vokabular zur Verfügung zu stellen, so dass die Bezugspersonen unterschiedliche Mehrwortäußerungen bilden und die Beiträge der Kinder erweitern können.

Fokuswörterliste

Mit der vorliegenden Liste wird ein Vorschlag für die Einführung der ersten 100 Wörter unterbreitet. Bei den ausgewählten Fokuswörtern handelt es sich vorrangig um Kernvokabular. Dieses ist durch individuelles Randvokabular (Nomen, Verben, Adjektive) zu ergänzen (vgl. Tab. 3). Sowohl bei der Auswahl des Randvokabulars als auch bei der Entscheidung, ob die Fokuswörterreihen evtl. in einer abweichenden Reihenfolge bearbeitet werden, ist die Orientierung an den Interessen der u. k. Person von größter Bedeutung. Die hier vorgelegte Reihenfolge orientiert sich zum einem an der Sprachentwicklung (Nutzung verschiedener Kommunikationsfunktionen, erste Wörter und Zweiwortäußerungen usw.). So können Kinder und Jugendliche z. B. mit den Wörtern der ersten Fokuswörterreihe erleben, wie sie ihr Umfeld beeinflussen und wie sie Handlungen steuern können.

Zum anderen orientieren sich Auswahl und Reihenfolge an den von Kindern und Jugendlichen am häufigsten gebrauchten Wörtern (vgl. Boenisch/ Sachse 2011; Datenbasis ca. 130.000 Wörter von Kindern und Jugendlichen im Alter von 2-18 Jahren).

Des Weiteren wurde darauf geachtet, dass die Wörter einer Fokusreihe sowohl miteinander aber auch mit den Wörtern der vorangegangenen Reihen kombiniert werden können. Auf diese Art und Weise wird nach und nach ein immer größerer Wortschatz erarbeitet und verwendet. Auch wenn im Einzelfall nicht alle Wörter einer Reihe gleichzeitig in den Fokus genommen werden, sondern jeweils z. B. nur 3 Wörter verstärkt mitbenutzt werden, vergrößert sich der Gebrauchswortschatz der u. k. Person stetig.

FWR	Fokuswörter	Empfohlene individuelle Ergänzungen	Kommunikations-funktionen
1	noch mal, fertig, nicht, wollen*, gucken	* bei der Nutzung von Verben auf elektronischen Kommunikationshilfen mit natürlicher Sprachausgabe können auch finite Verbformen verwendet werden (vgl. Tonis Bsp.: statt WOLLEN wurde WILL gespeichert)	Umfeld beeinflussen, erstes Steuern von Aktivitäten
2	ich*, auch, mehr, haben	* für jüngere Kinder kann es hilfreich sein, statt ICH den eigenen Namen zu nutzen (vgl. Mias Bsp.)	Um eine Handlung/ einen Gegenstand bitten
3	du, machen, was, wir	+ 2 Lieblingsgegenstände/-aktivitäten	
4	wer, möchten, andere/s, jetzt	+ 3 Lieblingsgegenstände/-aktivitäten	Auswählen
5	mit, kein/e, mein/e, kommen, aus	+ 3 Personen aus Umfeld	
6	das, sein (Verb), da, weg	+ 3 Adjektive (blöd, toll, falsch)	Beschreiben, Kommentieren
7	Quatsch*, so, gehen, alle/s, aber	* bzw. eine ansprechende, altersentsprechende Alternative	
8	war/en, zu, noch, dürfen, mir	+ 3 Adjektive (böse, lieb, klein, groß)	Über eine andere Person sprechen/ persönliche Eigenschaften/ Gefühle ausdrücken
9	wann, schon, können, ein	+ 3 Kommentare	
10	in, sollen, bitte, allein	+ 3 Aktivitäten	Eine Handlung steuern
11	auf, warten, ganz, und	+ 2 Präpositionen	
12	heute, fahren, ge-, dann, hier	+ 3 Aktivitäten	Erzählen/ Berichten
13	sagen, es, der, die		
14	oder, wo, wie, wissen	+ 2 Ortsangaben	Um Informationen bitten/ nachfragen
15	warum, immer, müssen, dein/e, gern	+ 3 individuelle Ergänzungen	Etwas aushandeln
16	wenn, weil, doch, welche/r		

Tab. 3: Fokuswörterreihen (FWR) und Fokuswörter. Hinweis: Da ‚Ja' und ‚Nein' nach Möglichkeit kontinuierlich mitverwendet werden sollten, finden diese Wörter in der Tabelle keine Berücksichtigung. Individuelle Adaptionen sind jedoch immer denkbar

Praktische Tipps

Individuellen Zielwortschatz planen und Entwicklungsfortschritte bzw. Wortschatz dokumentieren: Nachdem im Team Umfang und Inhalte des individuellen Zielwortschatzes festgelegt wurden, kann auf dieser Liste dokumentiert werden, welche Wörter aktuell Fokuswörter sind, welche Wörter bereits im Fokus standen, welche Wörter nach Einschätzung der Bezugspersonen verstanden und welche aktiv verwendet werden (jeweils mit einem Hinweis zur Kommunikationsform) (vgl. Abb. 2).

Bei Übergängen (z. B. vom Kindergarten in die Schule oder von einer Klasse in die andere) ist ein entsprechender Überblick über den Wortschatz einer Person von großer Bedeutung. Ein kontinuierliches Weiterarbeiten am Zielwortschatz ist so problemlos möglich.

Zielwortschatz von Mia fbz uk

Fokusw.-Reihe begonnen am	Fokuswörter		Sprachverständnis	☑	Aktive Nutzung	☑
1 4.7.11	noch mal	dgs		8.8.	nur nach Modell } 8.8.	
	fertig	GUK		8.8.	nach dem Essen } 8.8.	12.9.
	nicht	dgs		8.8.	schüttelt den Kopf } 8.8.	12.9.
	wollen	"	unsicher (8.8.)	12.9.		
	gucken	"		8.8.		
2 8.8.11	~~ich~~ Mia			12.9.	! „Mia auch" imitiert (20.8.)	12.9.
	auch	dgs		12.9.	imitiert (12.9.)	
	mehr	"	beim Essen (12.9.)		eigene Gebärde (12.9.)	
	haben	"				
	/					
3 12.9.11	du	"				
	machen	"				
	was	"				
	wir	"				
	Buch	"				

Abb. 2: Beispiel einer Wortschatzdokumentation

Fokuswörter markieren: Die Erfahrungen aus der Praxis zeigen, dass die aktuellen Fokuswörter nach Möglichkeit immer markiert oder ausgehangen werden sollten. Auf Kommunikationstafeln können diese eingekreist werden oder einen farbigen Klebepunkt bekommen. Es bietet sich an, z. B. für die erste Fokuswörterreihe gelbe Punkte zu nutzen und an den Rand auch einen gelben Punkt zu kleben (siehe Abb.3). Rücken nach 6 Wochen die nächsten Wörter in den Fokus, werden diese mit einem grünen Punkt gekennzeichnet; ein grüner Punkt kommt auch an den Rand unter den gelben Punkt. So wird für alle Bezugspersonen schnell deutlich, welche Wörter gerade im Fokus stehen und welche Wörter schon bekannt sein sollten, weil sie zu einem früheren Zeitpunkt schon Fokuswörter waren. Nach und nach wird so ein immer umfangreicherer Wortschatz aufgebaut, der in vielen Alltagssituationen genutzt werden kann, weil die Fokuswörter zu einem maßgeblichen Teil aus situationsunabhängigem Kernvokabular bestehen.

Abb. 3: Markierte Fokuswörter auf einer reduzierten Kölner Kommunikationstafel

Werden Gebärden verwendet, können die Fotos der aktuellen Fokusgebärden an unterschiedlichen Stellen groß und gut sichtbar aufgehängt werden. Neue Übersichten werden immer rechts ergänzt, auch so werden aktuelle Fokusgebärden und der Fortschritt sichtbar. Bei elektronischen Kommunikationshilfen können die Fokuswörter z. B. auf dem Zielvokabularposter der Wortstrategie 84[2] markiert, Ikonensequenzen in den Deckel geklebt oder die jeweiligen Symbole auf den Rand der Kommunikationshilfe geklebt werden.

Ein Hinweis dazu: Es geht beim Mitnutzen nicht darum, dem Kind zu zeigen, *wo* ein Wort auf der Kommunikationshilfe gespeichert ist. Es soll gezeigt werden, *wie* man diese Wörter in Kommunikationssituationen anwenden kann. Wenn die Fokuswörter für die verschiedenen Bezugspersonen transparent gemacht werden, wird das Mitnutzen der Wörter deutlich erleichtert. Gleichzeitig lernen auch die Bezugspersonen nach und nach den zur Verfügung stehenden Wortschatz kennen und anwenden. So fällt auch schneller auf, welche Wörter im Alltag immer wieder fehlen. Diese sollten dann natürlich ergänzt und bei Bedarf auch über einen gewissen Zeitraum als Fokuswörter verstärkt verwendet werden.

Anwenden: Da ein möglichst hochfrequentes Angebot an kommunikationsformspezifischem Input angestrebt wird, bietet sich hier besonders die Nutzung von wiederkehrenden Situationen und Routinen an. An dieser Stelle soll das Beispiel von Mia noch einmal aufgegriffen werden.

Nach einigen Wochen mit den Wörtern der ersten Fokuswörterreihe (NOCH MAL, FERTIG, NICHT, WOLLEN, GUCKEN/SEHEN) wird von Mias Umfeld die zweite Fokuswörterreihe verstärkt mitgenutzt. Die Wörter ICH bzw. der eigene Name, AUCH, MEHR, HABEN werden zu Hause und bei der Tagesmutter gut sichtbar aufgehängt und in verschiedenen Situationen des Alltags immer wieder mitverwendet und auch mit den bereits bekannten Wörtern kombiniert.

Die Tagesmutter nutzt diese Gebärden oft, wenn sie Mia und die anderen Kinder anspricht:

MIA AUCH/WILL MIA AUCH?
WAS WILLST DU HABEN?
WILL MIA MEHR HABEN?
MIA WILL MEHR.
MIA WILL das AUCH HABEN.
DU WILLST NOCH MAL.
DU bist FERTIG.
…

Besonders bei den letzten Äußerungen werden am Ende Wörter verwendet, bei deren Imitation Mia eindeutige Reaktionen auf ihre Äußerung erleben könnte.

Bei Fragen (hier z. B. ‚Was willst du haben?‘) können die Gegenstände (Instrumente, Essen, Stifte, …), zwischen denen Mia in den verschiedenen Situationen auswählen kann, gezeigt/angeboten oder ergänzend gebärdet werden. Das gilt auch für Handlungen (mit dem Ball spielen, noch mal Seifenblasen machen, den Turm bauen usw.).

Wird die gleiche Fokuswörterreihe dagegen mit Toni, dem 23-jährigen Mann, der seinen GoTalk 20+ erst relativ neu hat, erarbeitet, unterscheiden sich die Kontexte und damit das Randvokabular maßgeblich. Obwohl die Kernvokabularwörter die gleichen sind, wird ihm natürlich ein ganz anderes Randvokabular angeboten, so dass er sich seinen Interessen entsprechend ausdrücken kann (siehe Abb. 4).
Mit der ersten (NOCH MAL, FERTIG, NICHT, WOLLEN, GUCKEN/ SEHEN) und der zweiten Fokuswörterreihe (ICH, AUCH, MEHR, HABEN) können sein Umfeld und er jetzt z. B. folgende Aussagen zusammenstellen:

Wer WILL* MEHR KAFFEE?
MEHR KAFFEE?
Du sagst, ICH WILL MEHR HABEN/MEHR KAFFEE.
ICH WILL AUCH noch KAFFEE.
ICH WILL NICHT.
Wer WILL das GUCKEN? (im Fernsehen)
Soll ICH UMSCHALTEN?
Soll ICH NOCH MAL UMSCHALTEN?
…

* Hier wurde die Entscheidung getroffen, statt ‚wollen‘ die finite Form ‚will‘ aufzunehmen, um zumindest einige grammatisch korrekte Aussagen formulieren zu können.

Abb. 4 a & b: GoTalk 20+ Deckblätter mit Randvokabular zum Thema ‚Kaffee trinken' und ‚Fernsehen'. Hinweis: Auf den verschiedenen Deckblättern werden jeweils nur vier Felder für Randvokabular verwendet.

In beiden Beispielen werden die Hinweise von van Tatenhove (2008) beachtet: Es werden ca. zwei bis drei Wörter mehr genutzt als Mia oder Toni aktuell pro Aussage formulieren. (Bisher nutzen beide nur erste Wörter/ Einwortsätze). Es werden vollständige, z. T. kurze Sätze und viele Wiederholungen angeboten, zentrale Konzepte besonders betont. Gleichzeitig werden nicht nur die Wörter der ersten beiden Fokuswörterreihen genutzt, sondern auch ein paar andere Wörter (z. T. aus der dritten Reihe: WAS, DU, individuelles Randvokabular wie KAFFEE, UMSCHALTEN).

In einem letzten Beispiel geht es um Fatih, 11 Jahre alt. Er verwendet aktuell die Kölner Kommunikationstafel mit 140 Feldern. Es wird eine Einzelsituation während der Arbeit an der 4. Fokuswörterreihe (WER, MÖCHTEN, ANDERE/S, JETZT) und eine Gruppensituation während der 5. Reihe (MIT, KEIN/E, MEINE/E, KOMMEN, AUS) dargestellt. Die Wörter aus den vorangegangenen Fokuswörterreihen werden dabei mitverwendet:

Fatih ist in einer Einzelsituation mit einer FSJ-lerin. Sie hat ein paar Spielangebote für ihn vorbereitet und überlegt, wie man die Wörter der 4. Fokuswörterreihe (WER, MÖCHTEN, ANDERES, JETZT) gut und häufig verwenden kann. Beim Kegeln oder bei einigen PC-Spielen lassen sich z. B. die Aussagen WER ist JETZT DRAN? MÖCHTEST DU? JETZT ICH, MÖCHTEST DU WAS ANDERES MACHEN? verstärkt mitnutzen. Allerdings hat FATIH keine Lust auf diese Angebote. Die FSJ-lerin nutzt die Tafel, um ihm zu zeigen, wie er das mit der Tafel ausdrücken kann.

FSJ Ich seh' schon, du sagst ICH WILL NICHT.
Fatih *lautiert ein ablehnendes hm.*
FSJ Du sagst, ICH WILL JETZT NICHT. (Kurze Pause.) Du sagst, ICH WILL NICHT.
Fatih NICHT.
FSJ WOLLEN WIR WAS ANDERES MACHEN? (Kurze Pause.) Etwas ANDERES?
Fatih *nickt.*
...

Eine Situation in der Klasse: Letzte Woche wurden türkische Lebensmittel besprochen und gekostet. Bevor am heutigen Tag spanische Lebensmittel vorgestellt und probiert werden, geht es zunächst darum, welche Schüler aus welchen Ländern kommen. Eine türkische, eine spanische und eine deutsche Flagge werden an die Tafel gehängt und vom Lehrer (L.) benannt.

L. WER KOMMT denn AUS der Türkei? *zeigt auf die entsprechende Flagge*
Fatih ICH.
L. RICHTIG, Fatih, du sagst, ICH KOMME AUS der Türkei.
Fatih ICH *zeigt auf die entsprechende Flagge*
L. WER KOMMT noch AUS der Türkei?
Sch. ICH.
L. Nein, Deniz, DU NICHT. Aber DEINE MAMA KOMMT AUS der Türkei. Das kannst du auch mit der Tafel sagen: MEINE MAMA KOMMT AUS der Türkei.
...

Nach diesem Einstieg können die Schüler entscheiden, ob sie jetzt mit der FSJ-lerin den Tisch decken oder mit dem Lehrer die Lebensmittel aus der Küche holen.

L. WER KOMMT MIT in die Küche?
Keiner meldet sich.
L. KOMMT/WILL KEINER MIT? Sagt ihr, WIR WOLLEN NICHT MIT-KOMMEN? Fatih, KOMMST DU MIT?
Fatih nickt.
L. Du kannst sagen, ICH KOMME MIT.
...

In den verschiedensten Kontexten können die Wörter mit hoher Frequenz verwendet werden. Auch, wenn es darum geht, WAS JETZT auf dem

Wochenplan steht, WAS im Fernsehen KOMMT, dass man KEINE Karten MEHR HAT, WAS man zu ESSEN MIT-HAT?... Fehlt an dieser Stelle spezifisches Randvokabular, können die Gegenstände oft gezeigt werden. Besonders zu Beginn der Interventionen besteht häufig die Möglichkeit, Gegenstände und Visualisierungen in der Umwelt mit dem Kommunikationssystem zu verknüpfen, um sich so effektiv ausdrücken zu können. So z. B. auch, wenn in der 12. Reihe u.a. die Wörter HEUTE und DANN in den Fokus rücken: In Verbindung mit den Symbolen auf dem Wochenplan, der in der Klasse aushängt, können die Schüler/-innen auf die Fragen: ‚WAS HABEN WIR HEUTE?' oder ‚WAS DANN?' antworten; sie können mit den bis dahin erarbeiteten Wörtern auch selbständig fragen, ‚WANN HABEN WIR Schwimmen?' oder ‚KÖNNEN WIR NICHT HEUTE schwimmen GEHEN?' usw. Die flexiblen Kombinationsmöglichkeiten der Fokuswörter bieten im Zusammenhang mit den individuellen Inhaltswörtern vielfältige Ausdrucksmöglichkeiten.

Zusammenfassung

Bei den Fokuswörtern handelt es sich um einen Vorschlag, welche Wörter nach und nach von den Bezugspersonen verstärkt mitbenutzt werden können, um den u. k. Kindern, Jugendlichen und Erwachsenen ein Modell zu bieten und so den Aufbau eines aktiven Wortschatzes zu unterstützen (jeweils fünf bis sechs Wörter über einen Zeitraum von einigen Wochen). Bei den ausgewählten Wörtern handelt es sich zu einem großen Teil um Kernvokabular, da mit diesen, situationsunabhängig zu gebrauchenden Wörtern ein Wortschatz aufgebaut werden kann, der die flexible Kombination der nach und nach eingeführten Wörter ermöglicht. D. h., dass gleichzeitig der Spracherwerb (z. B. Mehrwortäußerungen) und der Sprachgebrauch (Nutzung hochfrequenter, situationsunabhängiger Wörter) unterstützt werden. Mit den Fokuswörtern wird ein Konzept zum sukzessiven Wortschatzaufbau vorgelegt, das – unabhängig von der Kommunikationsform – als Basis für individuelle Förderpläne dienen kann.

Literatur

Andres, P.; Gülden, M.; Stahl, M.: Der Elefant am Frühstückstisch. Oder: Von der Kraft einfacher, flexibler Wörter in der Unterstützten Kommunikation, in: Sachse, S.; Birngruber, C.; Arendes, S. (Hrsg.): Lernen und Lehren in der Unterstützten Kommunikation, Karlsruhe, 2007: 174-183

Baker, B.; Hill, K.; Devylder, R.: Core vocabulary is the Same Across Environments. Online: http://www.csun.edu/cod/conf/2000/proceedings/0259Baker.htm, 2000 [Stand: 24.03.2003]

Banajee, M.; DiCarlo, C.; Buras-Stricklin, S.: Core Vocabulary Determination for Toddlers, in: Augmentative and Alternative Communication, 2, 2003: 67-73

Beukelman, D.; McGinnis, J.; Morrow, D.: Vocabulary Selection in Augmentative and Alternative Communication, in: Augmentative and Alternative Communication, 1, 1991: 171-185

Boenisch, J.: Unterstützte Kommunikation neu denken. Sprachförderung mit Kern- und Randvokabular. In: Lernen konkret 1, 2011: 16-20

Boenisch, J.: Sprachförderung unterstützt kommunizierender Kinder, in: Zeitschrift für Heilpädagogik 12, 2008: 451-460

Boenisch, J.; Sachse, S.: Sprachgebrauch von Kindern und Jugendlichen ohne und mit Behinderung (Förderschwerpunkte körperliche/motorische und geistige Entwicklung). Unveröff. Zwischenbericht, Köln, 2011

Boenisch, J.; Sachse, S.: Sprachförderung von Anfang an: Zum Einsatz von Kern- und Randvokabular in der frühen Förderung, in: Unterstützte Kommunikation 3/2007: 12-20.

Bredel, U.: Sprachbetrachtung und Grammatikunterricht. Paderborn, 2007

Bunse, S.; Hoffschildt, C.: Sprachentwicklung und Sprachförderung im Elementarbereich. München, 2008

Clahsen, H.: Normale und gestörte Kindersprache. Amsterdam, 1988

Clément, D.: Linguistisches Grundwissen. Eine Einführung für zukünftige Deutschlehrer. 2. Aufl. Wiesbaden, 2000

Clendon, S., Erickson, K.: The Vocabulary of Beginning Writers. Implications for Children with Complex Communication Needs, in: Augmentative and Alternative Communication, 4, 2008: 281-293

Dannenbauer, F. M.: Grammatik. In: Baumgartner, S./Füssenich, I. (Hrsg.): Sprachtherapie mit Kindern. München, 1997: 123-203

Einert, K.: Spracherwerb und Grammatikentwicklung. In: ISAAC (Hrsg.): Unterstützte Kommunikation bei nichtsprechenden Menschen. Karlsruhe, 2000: 16-27

Füssenich, I.: Semantik. In: Baumgartner, S.; Füssenich, I. (Hrsg.): Sprachtherapie mit Kindern. München, 1997

Kauschke, C.: Der Erwerb des frühkindlichen Lexikons. Eine empirische Studie zur Entwicklung des Wortschatzes im Deutschen. Tübingen, 2000

Kauschke, C.: Früher Wortschatzerwerb im Deutschen: Eine empirische Studie zum Entwicklungsverlauf und zur Komposition des kindlichen Lexikons, in: Meibauer, J./Rothweiler, M. (Hrsg.): Das Lexikon im Spracherwerb. Tübingen, 1999: 128-153

Kemp, R.; Bredel, U.; Reich, H. (2008): Morphologisch-syntaktische Basisqualifikation, in: Ehlich, K.; Bredel, U.; Reich, H. (Hrsg.): Referenzrahmen zur altersspezifischen Sprachaneignung. Bonn, Berlin, 2008: 63-82

Leber, I.: Wege der Vokabularauswahl in der Unterstützten Kommunikation, in: Handbuch der Unterstützten Kommunikation, Teil 1: Grundlagen, Karlsruhe, 2008: 01.038.001-01.044.001

Newport, E.; Gleitman, H.; Gleitman, L.: Mother, I'd rather do it myself: Some effects of and noneffects of maternal speech style, in: Snow, C./Ferguson, C. (Eds.): Talking to children: Language input and acquisition. Cambridge, 1977: 109-149

Nußbeck, S.: Sprache - Entwicklung, Störungen und Intervention. Stuttgart, 2007

Paul, R.: Facilitating Transitions in Language Development for Children Using AAC, in: Augmentative and Alternative Communication, 3, 1997: 141-148

Rothweiler, M.: Wortschatz und Störungen des lexikalischen Erwerbs bei spezifisch sprachentwicklungsgestörten Kindern. Heidelberg, 2001

Rothweiler, M.; Meibauer, J.: Das Lexikon im Spracherwerb. Ein Überblick, in: Meibauer, J.; Rothweiler, M. (Hrsg.): Das Lexikon im Spracherwerb. Tübingen, 1999: 9-31

Sachse, S.: Zur Bedeutung von Kern- und Randvokabular in der Alltagskommunikation. In: Unterstützte Kommunikation, 3, 2007: 6-10

Sachse, S.; Boenisch, J.: Kern- und Randvokabular in der Unterstützten Kommunikation: Grundlagen und Anwendung, in: Handbuch der Unterstützten Kommunikation, Teil 1: Grundlagen, Karlsruhe, 2009:01.026.030-01.026.040

Schirmer, B.: Language and literacy development in children who are deaf. New York, 1994

Schumacher, F.; Steiner, P.: Aspekte der Bedeutung: Semantik, in: Müller, H. (Hrsg.): Arbeitsbuch Linguistik. Paderborn u. a., 2002: 170-198

Sternberg, R.J.: Most vocabulary is learned from context, in: McKeown, M.G./Curtis, M.E. (Eds.): The nature of vocabulary acquisition. Hillsdale, 1987: 89-105

Szagun, G.: Sprachentwicklung beim Kind. Vollständig überarb. Neuausgabe. Weinheim und Basel, 2008

Tracy, R.: Wie Kinder Sprachen lernen und wie wir sie dabei unterstützen können. 2. überarb. Aufl. Tübingen, 2008

Trembath, D.; Balandin, S.; Togher, L.: Vocabulary Selection for Australian Children who Use Augmentative and Alternative Communication, in: Journal of Intellectual and Developmental Disability, 4, 2007: 291-301

van Tatenhove, G.: Encore on Core. Vortrag in Köln am 31.05.2008

Zangari, C.; van Tatenhove, G.: Supporting More Advanced Linguistic Communicators in the Classroom, in: Soto, G.; Zangari, C. (Eds.): Practically Speaking. Language, Literacy and Academic Development for Students with AAC Needs. Baltimore, 2009: 173-193

[1] Hinweis zur Zuordnung der Adverbien zu den Funktionswörtern (vgl. z. B. Kemp/Bredel/Reich 2008, 79; Szagun 2008, 116; Bredel 2007, 252). Diese Zuordnung wird nicht einheitlich vorgenommen. Andere Autoren zählen die Adverbien zu den Inhaltswörtern (vgl. z. B. Schumacher/Steiner 2002, 179; Clément 2000, 35).

[2] Didaktisches Material der Firma Prentke Romich

Konversationsanalyse (conversation analysis) und ihre Instrumente

Potential und Grenzen für die Unterstützte Kommunikation (UK)

Gregor Renner

Einleitung

Gespräche mit unterstützt kommunizierenden Personen unterscheiden sich in einer Reihe von Punkten von Gesprächen zwischen oral-lautsprachlich kommunizierenden Partnern. Insbesondere gehören mangelnde Gesprächsinitiative, Passivität, niedrige Kommunikationsgeschwindigkeit, Asymmetrie, Multimodalität, atypisches Rollenverhalten und Ko-Konstruktion sowie Verstehenskrisen zu den immer wieder genannten Charakteristika der Unterstützten Kommunikation (Braun 1994, 68ff., von Tetzchner/Martinsen 2000, 277).
Unterschiede zwischen unterstützter und lautsprachlicher Kommunikation empirisch zu untersuchen, erfordert ein geeignetes Analyseinstrument. Die Konversationsanalyse bietet solche Instrumente. Die Anwendung bezieht sich traditionell auf Gespräche zwischen Menschen ohne Kommunikationseinschränkungen und später auch auf die Gespräche mit Menschen mit Aphasie (Bauer/Auer 2010). Seit einigen Jahren wird sie auch bei der Verwendung alternativer Kommunikationsmittel eingesetzt (Bloch 2011, Bloch/Wilkinson 2004, Clarke/Wilkinson 2007, 2008).
Welche Möglichkeiten die Konversationsanalyse für die Unterstützte Kommunikation bietet, wie sie möglicherweise eingesetzt werden kann und wo es Grenzen ihrer Anwendung in der UK gibt, ist Thema dieses Artikels.

Forschungsstand beim Einsatz der Konversationsanalyse in der UK

Die Konversationsanalyse ist in den 1960er Jahren aus der Soziologie entstanden mit dem Ziel, soziale Organisation anhand realer Interaktionen zu untersuchen. Pioniere auf diesem Gebiet waren Harvey Sacks und Emanuel Schegloff. Sacks' Vorlesungen über Konversation 1964-1972 (Sacks 1995) gelten als Grundlagenwerk der Konversationsanalyse.

Die Untersuchung von Interaktionsvorgängen hat auch in der Unterstützten Kommunikation eine lange Tradition, wie etwa die Dissertation von Braun (1994) zeigt. Braun hat die Frage, ob ein Sprachausgabegerät im Vergleich zu einer Kommunikationstafel die Interaktionschancen von schwer dysarthrischen Menschen verbessert, empirisch durch die Analyse von entsprechenden Interaktionsvorgängen untersucht. Für Interaktionsvorgänge mit gesprochener Sprache gibt es aus der Konversationsanalyse linguistische Instrumente, Interaktionsvorgänge im Detail zu dokumentieren (transkribieren) und zu analysieren. Bei Braun kommt das linguistische Transkriptionssystem HIAT (halb-interpretative Arbeits-Transkription) zum Einsatz, das allerdings keine Unterscheidung zwischen nonverbaler Kommunikation (NVK) und Unterstützter Kommunikation (AAC) zulässt. Daher hat Braun AAC in folgender Weise in die NVK-Zeilen integriert: NVK1 enthält „nonverbale Kommunikationshandlungen im Kopfbereich (Blickrichtung, Kopfnicken, -schütteln, mimische Besonderheiten)", NVK2 „Gestikulationen der oberen Extremitäten mit Kennzeichnung aus der Rechts-Links-Perspektive der Probanden" und NVK3 „behinderungsbedingte Aktivitäten der AAC-Benutzerinnen" (Braun 1994, 96).
Auch in der internationalen Forschung der Unterstützten Kommunikation wird zunehmend mit Instrumenten der Konversationsanalyse gearbeitet (Clarke/Wilkinson 2007, 2008; Bloch/Wilkinson 2004; Bloch 2011). Daher war beim internationalen ISAAC-Forschungssymposium 2010 die Konversationsanalyse eines von drei Schwerpunktthemen (Higginbotham et al. 2010).
Ausgangspunkt der Konversationsanalyse ist eine umfangreiche und detaillierte Dokumentation der zu analysierenden Konversation. Diese erfolgt in der Regel durch die Verschriftlichung (Transkription) von Aufnahmen der Konversation auf Film oder Video nach einem bestimmten Transkriptionssystem. Diese Transkription von aufgezeichnetem Videomaterial wurde beim ISAAC-Forschungssymposium 2011 in aller Ausführlichkeit behandelt. Eine Lösung für die von Braun (1994) genannten Grenzen bei der Transkription multimodaler Interaktionsvorgänge wurde allerdings nicht angeboten. Die Transkription erfolgt an kurzen Sequenzen von wenigen Sekunden Dauer, die in mehreren Durchgängen immer verfeinert werden. Zusätzlich gehört zur Systematik die Arbeit in einem Team von Konversationsanalytikern, die in Datensitzungen (data sessions) die Transkriptionsergebnisse diskutieren und ergänzen.
Auch wurde dort die Analyse der Transkription weitaus weniger detailliert behandelt. Das absichtsfreie Zuhören (unintentional listening) wird als Grundhaltung in der Konversationsanalyse vorausgesetzt. Entsprechend sind auch Hypothesen, die am empirischen Material geprüft werden, in diesem

Ansatz nicht vorgesehen. Bei den Präsentationen wurde allerdings teilweise deutlich, dass die Analyseergebnisse etwa zur Frage, wie eine bestimmte unterstützt kommunizierende Person die Aufmerksamkeit für eine Gesprächsinitiation auf sich zieht, durchaus implizite Hypothesen enthält. Vor diesem Hintergrund scheint eine explizite Formulierung von Hypothesen (wie bei Braun 1994) folgerichtig.

Auf eine UK-spezifische Schwierigkeit der Konversationsanalyse hat bereits Braun (1994, 98) hingewiesen. Die Analyseeinheit ‚turn' gilt als Gesamtheit aller Äußerungen eines Sprechers bis zum Sprecherwechsel. Das wird allerdings der Ko-Konstruktion von Äußerungen der unterstützt kommunizierenden Person nicht gerecht. Im Ko-Konstruktionsprozess kommt es zu Sprecherwechseln, während die unterstützt kommunizierende Person gemeinsam mit dem Kommunikationspartner ihren turn-Inhalt entwickelt. „Das Ende einer Kokonstruktionseinheit wird von den AAC-Benutzerinnen in der Regel durch Beendigung des Kodierungsvorgangs angezeigt. Die natürlichsprechenden Partnerinnen wiederholen dann häufig die gesamte Proposition oder Teile der Proposition, um ihr korrektes Verständnis zu sichern." (Braun 1994, 98). Auch wenn die Grenzen hier nicht immer leicht zu ziehen sind, müssen Ko-Konstruktionsvorgänge in der Analyse identifiziert und von anderen Sprecherwechseln unterschieden werden.

Durch die Transkription und Analyse von aufgenommenen Interaktionsvorgängen konnte Braun ihre Hypothesen zu den quantitativen Kommunikationsanteilen, zur Gesprächssteuerung, zu Häufigkeit und Art der Ko-Konstruktionen sowie zu Häufigkeit und Art von Verstehenskrisen empirisch prüfen.

Clarke und Wilkinson (2007, 2008) untersuchen die Interaktionsvorgänge von unterstützt kommunizierenden Kindern mit Sprachausgabegerät und oral sprechenden Gleichaltrigen. „Welche Rolle spielen die Sprachausgabegeräte in der Kommunikation von Kindern mit Gleichaltrigen und welche Rolle spielt der sprechende Kommunikationspartner bei der Organisation der Interaktion?"[1] (ebd.) ist ihre Forschungsfrage. Für die Transkription nutzen sie die in der Konversationsanalyse üblichen Konventionen mit Anpassungen an die Unterstützte Kommunikation entsprechend von Tetzchner und Jensen (1996, s. Abb. 1), die aber nicht genauer spezifiziert werden. Auch zur Art der Analyse werden wenig Informationen gegeben. Als Ergebnis wird festgehalten und an Beispielen verdeutlicht, dass die Konversation hauptsächlich von den sprechenden Kindern strukturiert wird und der Einsatz der Sprachausgabegeräte vor allem im Rahmen von Frage-Antwort-Paaren erfolgt (Clark/Wilkinson 2007, 344ff.). Zwar werden auch Gesprächssequenzen erkannt, die mit dem Sprachausgabegerät initiiert werden. Diese führen jedoch häufig zu Verstehensproblemen (Clark/Wilkinson 2008, 12).

Offene Fragen zur Anwendung der Konversationsanalyse in der UK

Aus dem Forschungsstand lassen sich insbesondere zwei wesentliche Fragen zur Anwendung der Konversationsanalyse auf Interaktionsvorgänge der Unterstützten Kommunikation ableiten.
Bezogen auf die Transkription stellt sich die Frage, ob und wie die Multimodalität der Äußerungen in der Unterstützten Kommunikation in Anlehnung an die Konventionen in der Konversationsanalyse angemessen erfasst werden kann.
Im Hinblick auf die Analyse ist offen, wie Ko-Konstruktionsprozesse und insbesondere die Anteile der oral sprechenden Kommunikationspartner darin sinnvoll erfasst und von den originären Gesprächsanteilen unterschieden werden können.

Bisherige Notation in der UK

Die umfangreiche und detaillierte Dokumentation von Kommunikationsvorgängen ist nicht nur in der Konversationsanalyse, sondern auch in der Unterstützten Kommunikation eine wichtige Grundlage für Untersuchungen. Für nachvollziehbare Beschreibungen von Kommunikationsvorgängen haben von Tetzchner und Jensen (1996, 11f.) folgende Notation vorgeschlagen:

"*Natürlich gesprochene Äußerungen* sind kursiv geschrieben

‚*Wörter und Sätze, die von einer digitalisierten oder synthetischen Sprachausgabe gesprochen werden*' werden kursiv geschrieben und stehen in Anführungsstrichen

GEBÄRDEN werden in Großbuchstaben geschrieben.

GRAPHISCHE ZEICHEN und *BILDER* werden in kursiv gesetzten Großbuchstaben geschrieben.

Einige manuelle oder graphische Zeichen lassen sich nicht mit einem Wort übersetzen. Wenn die Erklärung zwei oder mehr Wörter er**fordert, werden sie durch Bindestriche verbunden, zum Beispiel: DU-UND-ICH**

Um auf ganze Wörter und vorgefertigte geschriebene Sätze hinzuweisen, werden diese unterstrichen.

B-u-c-h-s-t-a-b-i-e-r-t-e-s wird unterstrichen und mit Bindestrichen zwischen den Buchstaben geschrieben.

Anführungsstriche werden für ‚Interpretationen oder Übersetzungen von Bedeutungen' bei Äußerungen über Gesten, Gebärden oder **graphischen Zeichen verwendet. Sie werden auch verwendet für die Bedeutungen von Gesichtsausdruck, Gesten, Zeigen und so weiter, zum Beispiel ‚ja' (nicken) oder ‚nein' (Kopfschütteln).**

{...} steht für simultane Ausdrucksformen, beispielsweise gleichzeitiges Sprechen und Gebärden oder gleichzeitiges Gebärden und Zeigen **auf graphische Zeichen.** {**ICH FROH** Ich bin froh} **bedeutet, dass die Gebärden für ICH und FROH gezeigt wurden, während gleichzeitig** *Ich bin froh* **gesprochen wurde.**"

Abb. 1: Notation von von Tetzchner und Jensen 1996, 11f.; Übersetzung durch den Verfasser

Diese Notation wurde vom Wissenschaftsjournal Augmentative and Alternative Communication übernommen. Sie erfasst die wesentlichen Aspekte der Unterstützten Kommunikation und hat sich insofern in den letzten 15

Jahren bewährt. Allerdings ist diese Darstellungsweise nicht mit der Konversationsanalyse kompatibel.

Das Gesprächsanalytische Transkriptionssystem 2 – GAT2

In der Konversationsanalyse haben sich im Lauf der Zeit unterschiedliche Transkriptionssysteme entwickelt, so dass ein Bedarf an Vereinheitlichung entstand. Mit dem Ziel der Vereinheitlichung wurde das Gesprächsanalytische Transkriptionssystem geschaffen, das in Deutschland einige Verbreitung gefunden hat und inzwischen in einer zweiten, überarbeiteten Version vorliegt – GAT 2 (Selting et al. 2009).

Zu den Rahmenvorgaben für GAT2 gehört, dass Transkriptionen mit einem einfachen Textprogramm erstellt werden können, so dass Formatierungen wie Unterstreichung, Kursiv- und Fettschrift ausgeschlossen sind.

Ein Transkript enthält im Kopf die Metadaten Quellkorpus und Quellaufnahme, Anfangs- und Endzeiten des Ausschnitts sowie ggf. kurze Situationsbeschreibung in (( )). Generell werden Kommentare in doppelte runde Klammern gesetzt.

Zeitangaben können in geschweiften Klammern an den linken Rand gesetzt werden (z. B. {1:24:07}). Rechts davon erfolgt die Beschreibung der Konversation. Parallele Vorgänge werden in unterschiedlichen Zeilen untereinander in eckige Klammern geschrieben, so dass die zeitliche Überlappung deutlich wird (s. Abb. 1).

```
{1:04}  01    A:    hier fängt der transkripttext an
        02    B:    ja genau
        03          (- -)
        04    A:    wenn du mir ins Wort fä[llst]
→       05    B:                           [ich ] fall dir ja
```

Abb. 2: Transkriptionsbeispiel aus Selting et al. 2009, 358

Um ungewollte Verschiebungen zu vermeiden, werden ausschließlich äquidistante Schriftarten wie Courier 10 und keine Tabulatoren verwendet. Wort- oder Silbentrennungen erfolgen nicht. Hinweise auf bestimmte Vorgänge können mit einem Pfeil am linken Rand erfolgen. Die gesprochene Sprache wird in Kleinschrift notiert. Großbuchstaben werden für Akzente verwendet.

„Das Transkript wird in Segmente untergliedert. Die Segmente werden nummeriert. Braucht die Transkription eines Segments mehr Platz als in einer einzigen Zeile zur Verfügung steht, so wird in der Folgezeile keine neue Nummer verwendet; die Folgezeile wird ggf. eingerückt." (Selting et al. 2009, 358).

Die Aussprache wird in der Transkription berücksichtigt, ohne dass die Lautumschrift eingesetzt wird (z. B. „haste ma ne mak"). Für Pausen wer-

den folgende Zeichen eingesetzt: Kurze Pausen werden gemessen oder geschätzt: (.) bis ca. 0.2 Sek., (-) ca. 0.2-0.5 Sek., (--) ca. 0.5-0.8 Sek., (---) ca. 0.8-1.0 Sek., (0.4) gemessene Pause von ca. 0.4 Sek. Dauer.
Handlungen während des Sprechens werden in folgender Weise dargestellt: „<<sich erhebend> aber du hast es> so gesagt“. Dabei dauert das Erheben bis einschließlich zum Wort ‚es‘. Lachendes oder weinendes Sprechen wird mit spitzen Klammern entsprechend dargestellt: <<lacht> soo>. Ohne Lautsprache werden doppelte runde Klammern verwendet: ((lacht, 10 Sek.)). Verbunden gesprochene Wörter werden mit dem Gleichheitszeichen verbunden „ja=das geht“ (Selting et al. 2009).
Für unverständliche Äußerungen werden einfache leere runde Klammern verwendet ( ). Die Anzahl der unverständlichen Silben kann mit xxx dargestellt werden (xxx xxx xxx). Vermuteter, aber nicht rekonstruierbarer Wortlaut wird ebenfalls in einfache runde Klammern gesetzt (solche).
GAT2 sieht abhängig von der jeweiligen Fragestellung unterschiedliche Detailliertheitsstufen vor, die in mehreren Stufen nach dem Zwiebelprinzip erarbeitet werden können. Die kurzen Ausführungen hier beziehen sich auf das Minimaltranskript, d. h. die Angaben, die in jedem Fall erforderlich sind. Das Basistranskript (Selting et al. 2009, 369), das Feintranskript (a. a. O. 377) und die Darstellung komplexer Phänomene in Sonderzeilen (a. a. O. 382) enthalten zunehmend präzisere Informationen über die Art des Sprechens, insbesondere zur Prosodie. Im Basistranskript werden beispielsweise Großbuchstaben für Betonungen eingesetzt: “das ist MEIN platz”.

Vorschlag für ein neues Notations- bzw. Transkriptionssystem in der UK

Die Nutzung eines bereits als Standard etablierten Transkriptionssystems in der Unterstützten Kommunikation ist einerseits wünschenswert, erfordert aber andererseits, dass die oben beschriebenen Notwendigkeiten der UK angemessen berücksichtigt werden. Neben den “natürlich gesprochenen Äußerungen” sind das insbesondere auch die anderen von von Tetzchner und Jensen (1996) genannten Modalitäten: von einer digitalisierten oder synthetischen Sprachausgabe gesprochene Äußerungen, Gebärden und Gesten mit Bedeutungen, grafische Zeichen einschließlich eventueller Beschriftungen und buchstabierter Text.
Dafür gibt es bisher in der Konversationsanalyse keine Konvention. Auch eine Unterscheidung von oraler Lautsprache und technischer Sprachausgabe ist bisher in GAT2 nicht vorgesehen. Um diese in einem einheitlichen, an GAT2 orientierten Transkriptionssystem zu berücksichtigen, schlage ich folgende Transkriptionsleitlinien für die Unterstützte Kommunikation vor:

Partiturschreibweise für die Multimodalität

Für die unterstützt kommunizierende Person wird für jede Modalität eine separate Zeile vorgesehen (vgl. Braun 1994, 96). Schon bisher gibt es in GAT2 eine Partiturschreibweise für parallel stattfindende Vorgänge. Da unterschiedliche Modalitäten oft gleichzeitig eingesetzt werden, ist die Lösung von mehreren Zeilen für eine Person eine schlüssige Lösung.
Neben der Lautsprache wird für Blick, Mimik, Gestik/Gebärden, die Kommunikationsoberfläche mit piktografischen Zeichen und Schrift sowie Sprachausgabe je eine eigene Zeile vorgesehen. Diese erhalten einheitliche, international anwendbare Stichworte zur Kennzeichnung:

Blick	((e))	eye gaze
Mimik	((f))	facial expression
Gestik	((g))	gesture
Gebärden	((m))	manual signs
Piktografische Zeichen	((p))	pictograms
Schrift	((w))	writing
Synthetische Sprachausgabe	((s))	synthetic speech output
Natürliche (digitalisierte) Sprachausgabe	((n))	natural (digitized) speech output

Abb. 3: Zeilennamen für die einzelnen Modalitäten der Unterstützten Kommunikation

Blick, Mimik und Gestik werden beschrieben. Bei eigenen Zeilen für diese Modalitäten kann in der Beschreibung auf die Kommentar-Klammer (()) verzichtet werden.
Bei den Gebärden ist die Beschreibung der einzelnen Gebärden bei jeder Gebärdenäußerung zu aufwändig. Hier werden sinnvollerweise die Gebärdenbeschreibungen bzw. -darstellungen als Foto oder Zeichnung in einer Legende zusammengefasst und mit einem Stichwort versehen, das dann in der Transkription die umfangreiche Beschreibung ersetzt.
Diese Vorgehensweise findet auch bei piktografischen Benutzeroberflächen Anwendung. Die grafischen Zeichen, die in der Transkription zum Einsatz kommen, werden in einer Legende abgedruckt und mit jeweils einem Stichwort versehen. Wichtig ist, dass dabei klar zwischen Stichwort und Bedeutung unterschieden wird. Zum einen sind die Zeichenbedeutungen in der Unterstützten Kommunikation häufig weniger festgelegt als in der Laut- und der Gebärdensprache, zum anderen wird in der Konversationsanalyse davon ausgegangen, dass die Bedeutung erst in der Reaktion des Kommunikationspartners entsteht.
Bei grafischen Kommunikationsoberflächen ist in der Logik der Konversationsanalyse zu unterscheiden, ob beide Kommunikationspartner die Oberfläche wahrnehmen oder ob sie nur dem Nutzer zur Ansteuerung dient und der Partner nur die Sprachausgabe hört. Im letzteren Fall genügt die Dokumentation der Sprachausgabe. Manchmal ist allerdings auch der Artikulationsvor-

gang mit Suchbewegungen bei der Navigation zu einem Zeichen und damit der Produktion einer Bedeutung von Interesse. In diesem Fall ist zusätzlich die Transkription der Bewegungen auf der Benutzeroberfläche notwendig.
Je nach Fragestellung kann also auch für die Unterstützte Kommunikation abhängig von der Fragestellung das Zwiebelprinzip (Selting et al. 2009, 356) einer zunehmenden Verfeinerung der Transkription angewandt werden.

Transkription unter Verwendung von linguistischer Software

Dieser Vorschlag ist auch kompatibel mit häufig eingesetzten Audio- oder Videotranskriptionssystemen wie dem Programm ELAN - Linguistic Annotator (Onlinequelle 1), da auch hier häufig reiner Text zum Einsatz kommt und mit mehreren Zeilen gearbeitet wird.

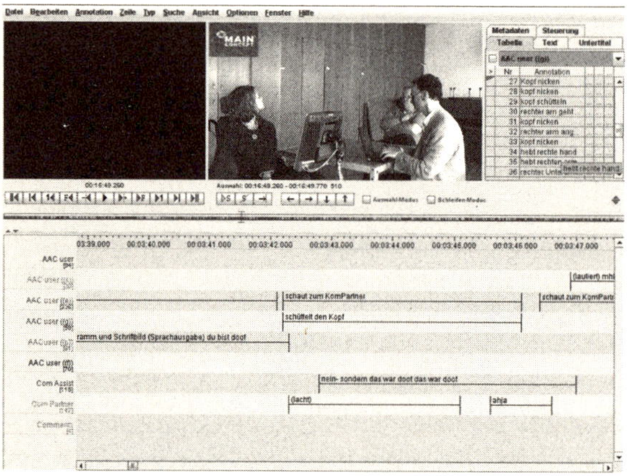

Abb. 4: Beispiel für eine Transkription mit der Software ELAN

Einzeilige Variante

Zusätzlich zur mehrzeiligen Transkription in Partiturschreibweise wird im praktischen Einsatz auch eine einzeilige Variante für kurze Konversationssequenzen oder einfache Darstellungen verwendet. Hier kann entweder mit der Notation von von Tetzchner und Jensen (1996) gearbeitet werden, mit dem Nachteil, dass Formatierungen zum Einsatz kommen und dieses Verfahren nicht mit den linguistischen Transkriptionssystemen kompatibel ist. Daher wird vorgeschlagen, für diese Anwendung die Kommunikationspartner und die Modalität der Äußerung durch einen Kommentar in doppelten runden Klammern zu kennzeichnen, wie es auch in GAT2 vorgesehen ist.
Ein wichtiger Nachteil der einzeiligen Variante ist die Schwierigkeit, parallele Vorgänge darzustellen. In Anlehnung an GAT2 können hier eckige Klammern eingesetzt werden, wobei die geöffneten Klammern den Beginn und die geschlossenen Klammern das Ende der parallelen Vorgänge kennzeichnet. Das in Abb. 1 genannte Beispiel von Selting et al. (2009) stellt sich dann so dar: "((A:)) wenn du mir ins Wort fä[llst] ((B:)) [ich] fall dir ja gar nicht ins Wort".

Perspektiven für Forschung und Praxis

Die Ergebnisse der Studie von Clark und Wilkinson (2007, 2008) über Gespräche von unterstützt kommunizierenden Kindern mit Gleichaltrigen sind wenig überraschend, da ähnliches bereits für Gespräche mit Erwachsenen festgestellt wurde – meist ohne den Einsatz der Konversationsanalyse. In der Tat lässt sich die Beschreibung, die deskriptive Erfassung von Vorgängen der Unterstützten Kommunikation mit der Konversationsanalyse präzisieren. Darin erschöpft sich jedoch nicht ihr Potential.

Als Forschungsinstrument liegt eine Stärke darin, dass die häufig genannten Charakteristika der Unterstützten Kommunikation (vgl. Braun 1994, 68ff.; von Tetzchner/Martinsen 2000, 277: mangelnde Gesprächsinitiative, Passivität, niedrige Kommunikationsgeschwindigkeit, Asymmetrie, Multimodalität, atypisches Rollenverhalten, Verstehenskrisen) nicht nur beschreibend, sondern auch quantitativ zu erfassen und zu bestimmen sind (wie etwa bei Braun 1994).

Das ist auch für die Praxis relevant, indem Assessment-Instrumente entwickelt werden können, die die Fähigkeiten in diesen Bereichen erfassen, und damit im Rahmen entsprechender Interventionsmaßnahmen auch Veränderungen messen können. Das ist umgekehrt auch für die Forschung wieder von Bedeutung, da damit die Möglichkeit für Wirksamkeitsuntersuchungen unterschiedlicher Interventionsansätze gegeben ist.

Erhebliches Potential hat die Konversationsanalyse auch bei der Untersuchung von Ko-Konstruktionsprozessen, wie sie für die Unterstützte Kommunikation typisch sind. Ko-Konstruktion bietet sich als Strategie insbesondere dann an, wenn die gewünschten Inhalte im Kommunikationssystem einer Person nicht vorhanden sind und daher damit eigenständig nicht produziert werden können.

Hierbei bieten sich zwei Forschungsperspektiven an. Zum einen kann analysiert werden, welche Ko-Konstruktionsstrategien effektiv und effizient sind, also welche Strategien zum Ziel führen und wie schnell sie zum Ziel führen. Eine zweite Forschungsperspektive untersucht, welche der ko-konstruierten Inhalte kommunikativ von so hohem Nutzen sind, dass eine Aufnahme in das eigenständig verfügbare Vokabular des Kommunikationssystems sinnvoll ist. Daraus könnte eine Interventionsstrategie zur kontinuierlichen Optimierung der Vokabulare von Kommunikationssystemen entwickelt werden. Dem steht jedoch bisher der hohe Aufwand der Konversationsanalyse entgegen. Der Einsatz in der Praxis erfordert Transkriptions- und Analyseinstrumente, die für solche Ziele optimiert sind und idealerweise teil-automatisiert erfolgen können.

Gemeinsames Forschungsprojekt Linguistik und Heilpädagogik/UK

Ein hohes Potential der Konversationsanalyse für die Unterstützte Kommunikation sehen Peter Auer (School of Language and Literature/Linguistics am Freiburg Institute for Advanced Studies – FRIAS) und der Autor (Zentrum für Unterstützte Kommunikation der Katholischen Hochschule Freiburg). In Vorbereitung befindet sich daher ein entsprechendes Forschungsprojekt, wobei bereits eine Reihe unterschiedlicher Interaktionssituationen von unterstützt kommunizierenden Menschen mit oral sprechenden Menschen teilweise unter Einbezug eines Kommunikationsassistenten auf Video aufgenommen und ausschnittsweise transkribiert und analysiert wurden (vgl. Hörmeyer, in Vorb. 2011).

Ziel des Projektes ist es, die Bedingungen der erfolgreichen Verwendung elektronischer Kommunikationshilfen durch Menschen mit schwerer Infantiler Cerebralparese (ICP) unter natürlichen Bedingungen zu untersuchen. Es soll der Gebrauch elektronischer Kommunikationshilfen in spontanen Gesprächen analysiert und mit dem Gebrauch körpereigener Interaktionsmodalitäten verglichen werden. Dadurch sollen Erkenntnisse darüber gewonnen werden, für welche kommunikativen Anforderungen eine elektronische Kommunikationshilfe geeignet ist und wann sie aufgrund der Veränderungen, die sie für die face-to-face-Interaktion mit sich bringt, an ihre Grenzen stößt.

Zusammenfassung und Ausblick

Die linguistische Konversationsanalyse bietet gute Instrumente für die Untersuchung auch von Interaktionsvorgängen, die in der Unterstützten Kommunikation eingesetzt werden. Dabei gibt es qualitativ beschreibende Untersuchungen wie von Clarke und Wilkinson (2007, 2008) und auch quantitative Studien wie von Braun (1994).

Für den breiteren Einsatz der Konversationsanalyse in der Forschung der Unterstützten Kommunikation sind einige Anpassungen erforderlich, die bei der Transkription insbesondere die Multimodalität und bei der Analyse die Ko-Konstruktionsprozesse betreffen. Erste Vorschläge dafür wurden vorgestellt.

Das größte forschungsbezogene Potential sehe ich vor allem bei quantitativen Untersuchungen zu Fragen der spezifischen Charakteristika der Unterstützten Kommunikation. Erkenntnisse hier sind insofern von praktischer Relevanz, als dass von Erkenntnissen in diesen Bereichen Optimierungen bei den Kommunikationssystemen und Interventionsstrategien abgeleitet werden können.

Literatur

Bauer, A.; Auer, P.: Gesprächsanalyse - ein Instrument für Aphasieforschung und –therapie, in: Sprache, Stimme, Gehör 34, 2/2010: 92-99

Bloch, S.: Anticipatory other-completion of augmentative and alternative communication talk. A conversation analysis study, in: Disability & Rehabilitation, Vol. 33, 3/2011: 261-269

Bloch, S.; Wilkinson, R.: The Understandability of AAC: A Conversation Analysis Study of Acquired Dysarthria, in: Augmentative and Alternative Communication, Vol. 20, 4/2004: 272-282

Braun, U.: Unterstützte Kommunikation bei körperbehinderten Menschen mit einer schweren Dysarthrie. Eine Studie zur Effektivität tragbarer Sprachcomputer im Vergleich zu Kommunikationstafeln, Frankfurt/M., 1994

Clarke, M.; Wilkinson, R.: Interaction between children with cerebral palsy and their peers 1: Organizing and understanding VOCA use, in: Augmentative and Alternative Communication, Vol. 23, 4/2007: 336-348

Clarke, M.; Wilkinson, R.: Interaction between children with cerebral palsy and their peers 2: Understanding initiated VOCA-mediated turns, in: Augmentative and Alternative Communication, Vol. 24, 1/2008: 3-15

Higginbotham, J.; Bloch, S.; Clarke, M.; Soto, G.; Fulcher, K.; Pilesjo, M.: Conversation Analysis. Workshop at the 2010 Research Symposium of the International Society for Augmentative and Alternative Communikation (ISAAC), July 30-31, 2010, Barcelona, 2010

Hörmeyer, I.: The role of gaze in the constitution of units in interaction with an electronic communication aid, in: Bergmann, P.; Brenning, J.; Pfeiffer, M.; Reber, E. (Hrsg.): Interaction and usage-based grammar theories. What about prosody and visual signals? Berlin, in Vorb. 2011

Sacks, H.: Lectures on conversation, Oxford, 1995

Selting, M.; Auer, P.; Barth-Weingarten, D.; Bergmann, J.; Bergmann, P.; Birkner, K.; Couper-Kuhlen, E.; Deppermann, A.; Gilles, P.; Günthner, S.; Hartung, M.; Kern, F.; Mertzlufft, C.; Meyer, C.; Morek, M.; Oberzaucher, F.; Peters, J.; Quasthoff, U.; Schütte, W.; Stukenbrock, A.; Uhmann, S.: Gesprächsanalytisches Transkriptionssystem 2 (GAT 2), in: Gesprächsforschung - Online-Zeitschrift zur verbalen Interaktion, Nr. 10, 2009: 353-402, online: http://www.gespraechsforschung-ozs.de/heft2009/px-gat2.pdf [Stand: 06.10.2010].

von Tetzchner, S.; Jensen, M. H.: Introduction, in: von Tetzchner, S.; Jensen, M. H. (Hrsg.): Augmentative and Alternative Communication: European Perspectives, London, 1996: 1-18

von Tetzchner, S.; Martinsen, H.: Introduction to Augmentative and Alternative Communication, London, 2. Aufl. 2000

Onlinequellen

Onlinequelle 1: http://www.lat-mpi.eu/tools/elan/ [Stand: 23.04.2011]

[1] "How does VOCA use come about in children's peer conversation, and what is the role of the speaking partner in organizing the interaction?"

Fc heute

Kommunikativ zeigen lernen, nicht gestützt schreiben können

Andrea Alfaré, Thekla Huber

EFCIC (effective communication through interactional coordination) ist ein systematisches Förderprogramm im Bereich UK, das sich einerseits als Weiterentwicklung von fc (facilitated communication) versteht, andererseits jedoch auch einen neuen Ansatz darstellt in der Förderung von Menschen, die sich nicht oder nur sehr eingeschränkt kommunikativ zeigen. Die Weiterentwicklung versteht sich vor allem in Bezug auf die Hilfestellungen, die eingesetzt werden, um autonome kommunikative Zeigehandlungen mit den Nutzern zu erreichen. Sie werden bei EFCIC unter dem Begriff der ‚kooperativen Koordination' zusammengefasst und unterscheiden sich maßgeblich vom immer noch weit verbreiteten Bild der ‚Stütze' bei fc. ‚Kooperative Koordination' führt dazu, dass die Nutzer oft von Anfang an ihre Zeigebewegungen ohne physische ‚Begleitung' während der Bewegung ausführen. Abgesehen davon strebt EFCIC jedoch auch eine viel umfassendere Förderung interaktionaler, kommunikativer und sprachlicher Fertigkeiten an als dies bei den üblicherweise unter fc verstandenen Praktiken der Fall ist. Das hat gegenüber diesen im Bereich Autonomie und Alltagstauglichkeit - entscheidende Faktoren, wenn es um Inklusion geht - große Vorteile. Zudem reiht sich das Konzept der kooperativen Koordination, das aus einem empirischen Forschungsprojekt hervorgegangen ist (Alfaré 2010), nahtlos in die wissenschaftlichen Erkenntnisse neuerer Arbeiten aus dem Bereich Handlungs- und Spracherwerb ein und die Vorgehensweisen von EFCIC orientieren sich stark an diesen Entwicklungen. Ein kurzer Abriss der Geschichte von fc soll die nachfolgenden Erläuterungen aktueller Vorgehensweisen verdeutlichen helfen.

Geschichte von fc

Fc wurde in verschiedenen Ländern, so auch im deutschsprachigen Raum, Anfang der 90er Jahre als Methode bekannt, die einigen Menschen mit eingeschränkter Lautsprache und Schwierigkeiten bei der körperlichen

Realisierung von (kommunikativen) Handlungen oder Handlungsabläufen ermöglichen sollte, sich mit Hilfe eines 'Facilitators' durch Zeigen und Tippen auf Piktogramme und Buchstaben zu äußern. Hier wie auch in anderen Sprachregionen nahm fc eine sehr wechselhafte und teilweise unglückliche Entwicklung. Die Art der Hilfestellungen, die zu erfolgreichem Zeigen führen sollten und die Begründungen, warum gerade diese Hilfestellungen überhaupt nötig sein sollten, waren unterschiedlich. Die Anleitung möglicher Hilfspersonen war zudem oft nur sehr rudimentär. Im deutschsprachigen Raum kam die in der Folge wohl mehr irreführende als hilfreiche ‚Übersetzung' von ‚facilitated communication' als ‚gestützte Kommunikation' hinzu. Dies verstärkte die Idee, dass die physische Begleitung und Unterstützung der Zeigebewegung durch die ‚Stützperson' bei der Methode im Vordergrund stehe und letztlich das ‚Spezifische' der Methode darstelle. In Störungen der Eigenwahrnehmung und Schwierigkeiten bei bestimmten motorischen Aufgaben – vor allem bei autistischen fc-Nutzern – fand sich dann auch schnell eine passende Begründung, warum eine physische ‚Stützung' der Bewegung für eine gezielte Zeigehandlung notwendig sei. Es galt demnach vor allem, die richtige Technik der Stütze zu erlernen und diese Stütze dann über mehrere Jahre wieder ‚auszublenden', bis ein Nutzer das kommunikative Zeigen und Tippen auf Begriffsfelder oder Buchstaben selbständig meisterte. Dies gelang jedoch nur wenigen fc-Nutzenden, zumindest ist es nur für wenige dokumentiert.

Neben der physischen Begleitung der Zeigebewegung durch eine Hilfsperson machte die Methode schnell auch dadurch auf sich aufmerksam, dass damit nicht-sprechende Menschen, die als kognitiv stark beeinträchtigt diagnostiziert waren, oft sehr schnell anfingen, sich schreibend zu äußern, häufig ohne dass dieser Fertigkeit ein beobachtbarer Aneignungsprozess vorangegangen wäre. Aber die Beherrschung der Schriftsprache, eine orthographisch und syntaktisch meist recht kompetente Ausdrucksweise, die Verwendung eines sehr großen und reichen Wortschatzes sowie die in der Mehrheit eher alltagsfernen und teilweise intellektuell sehr anspruchsvollen Themen, die in den mit fc produzierten Texten zum Vorschein kamen, schienen doch sehr weit von dem entfernt zu liegen, was man den so ‚gestützten' Menschen aufgrund ihrer Diagnose und vor allem ihres sonstigen Verhaltens und Handelns an kognitiven Leistungen zutrauen konnte. So ist es nicht verwunderlich, dass Kritiker bald zu Recht auf die Gefahren dieser ‚Produktionsmethode' hinwiesen, dass Zweifel aufkamen, dass die behinderten Menschen tatsächlich die Autoren des gestützt Geschriebenen waren und der Vorwurf der Manipulation und Beeinflussung durch die Stützpersonen im Raum stand.

Als dann noch sogenannte Validierungsstudien belegten, dass es den fc-Nutzenden oft schwer viel, eine Information zu äußern, die der Stützperson nicht bekannt war, sie teilweise sogar Informationen gestützt wiedergaben, die nur der Stützperson, nicht aber ihnen bekannt sein konnten, war für viele Kritiker klar, dass fc nicht funktionierte, ja sogar schädlich sein konnte. Die Debatte darum, wer denn hier schreibe, ob die ‚gestützten' Menschen die Fähigkeiten, die sie anscheinend in den fc-Texten zeigten, tatsächlich hätten oder erwerben könnten oder warum und in welcher Form eine physische Hilfe während der Zeigebewegung nötig sei, ist in der umfangreichen Literatur zum Thema nachzulesen (vgl. Literaturliste).

Der Fokus auf die physische Unterstützung während der Bewegung – oft über mehrere Jahre an Hand oder Unterarm – als wichtigstes Element der Unterstützung und notwendig für ein erfolgreiches Zeigen der Nutzer sowie die meist sehr einseitige Konzentration auf das buchstabierende Schreiben für die Produktion von Äußerungen führte für viele ‚Gestützte' dazu, dass sie aus Mangel an Zeit und Stützpersonen generell viel zu wenig und vor allem viel zu wenig alltagsintegriert kommunizieren konnten. Im Extremfall – der aber leider nicht selten vorkam – hieß dies, dass fc-Nutzer vielleicht 1 x pro Woche 1 Stunde mit einer ‚Stützperson' isoliert ‚fc machten'. Die Förderung von Interaktionskompetenzen insgesamt als Basis des kommunikativen Zeigens, die Verwendung von Hilfsmitteln, die selbständigeres, schnelleres und damit selbstverständlicheres und alltäglicheres kommunikatives Verhalten ermöglichen könnten, die Förderung sprachlich-pragmatischer Kompetenzen, ja nur schon die Arbeit an der Reduktion der physischen ‚Stütze', traten dabei fast zwangsläufig in den Hintergrund oder wurden ganz vernachlässigt. Dass fc in der Praxis tatsächlich sehr oft – nicht immer - so ausgeführt wurde und teilweise heute noch wird, ist hier nicht etwa eine Unterstellung von fc-Kritikern ohne genaue Kenntnisse des Feldes, sondern stellt die empirisch belegbare Erkenntnis aus eigener, langjähriger Anschauungspraxis des Alltags durch UK-Beratungen in vielen verschiedenen Einrichtungen dar.

Kooperative Koordination

Die geschilderten Probleme, die durch die bei fc stattfindende gemeinsame Ausführung der Zeigebewegung durch zwei beteiligte Personen entstanden, wurden schon früh klar. Erstaunlicherweise versuchten sich jedoch Forschungsarbeiten der Frage nach der Validität der Methode fast ausschließlich durch die Untersuchung der Endprodukte (Text, Äußerung) und hauptsächlich mithilfe von Testanlagen zum Thema ‚message passing' zu nähern (siehe für eine Darstellung der Forschung z. B. Nussbeck 2000; Biermann 1999).

Jeder Sprachgebrauch – nicht nur in der UK – ist jedoch ein kontextgebundenes, lokal situiertes interaktionales Geschehen und kann deshalb nur durch Einbezug interaktionaler Aspekte wirklich verstanden werden. Dies ist aus der Sprach- und Gesprächsforschung schon länger bekannt (z. B. Clark 1996; Deppermann 2007). Wenn nun, wie bei fc, auch die physische Realisierung der nicht lautsprachlichen Äußerungen interaktiv zustande kommt, „ist offensichtlich, dass sich nur klären lassen wird, wie fc funktioniert, was beim Stützen wirklich vor sich geht, wenn der Fokus auf die tatsächlich stattfindenden Interaktionsprozesse gerichtet wird und nicht nur auf die entstandenen Produkte, die Nutzenden oder die Stützpersonen allein“ (Alfaré 2009, 142). Unabhängig von den jeweiligen Inhalten und der Frage nach der Autorenschaft einzelner Sprachprodukte stellt fc in jedem Fall ein interaktives Geschehen dar, das sich wie jede Interaktion in ihren sequenziellen und simultanen Prozessen daraufhin untersuchen lässt, wie in ihr und durch sie von den Teilnehmenden Sinn und Ordnung konstituiert wird, wie Bedeutungen hergestellt und Handlungen realisiert werden.

In ihrer empirischen Forschungsarbeit (Alfaré, laufendes Forschungsprojekt. Erste veröffentlichte Resultate sind nachzulesen in Alfaré 2010.) untersucht Alfaré unter anderem Fragen nach der Interaktionsstruktur und dem Zeigeprozess bei fc-Interaktionen mit der Methodik der Gesprächsforschung. Das zur Verfügung stehende Datenmaterial besteht aus vielen hundert Stunden Videoaufnahmen natürlich stattfindender Interaktionen aus den 90er Jahren bis heute, mit Aufnahmen von über 100 verschiedenen Nutzern und Interaktionspartnern in unterschiedlichen Situationen und mit unterschiedlicher Ausgangslage. Die detaillierte Analyse sequenzieller und simultaner Prozesse in Interaktionen, wie sie Alltäglicherweise stattfinden, ermöglichen es zu beschreiben, wie die Interaktion von den Teilnehmenden in Bezug auf die jeweiligen Aufgaben (z. B. Wochenend-Planung) strukturiert wird, welche Aufgaben (z. B. Zeigehandlungen des UK-Nutzenden) überhaupt bewältigt werden und welche Praktiken dafür tatsächlich angewendet werden. Die vorhandene sehr breite Datenbasis erlaubt, vom Einzelfall ausgehende Hypothesen fallübergreifend zu testen und so Erkenntnisse generalisieren zu können.

Bei den Datensichtungen wurde früh klar, dass bei den Interaktionen, die unter dem Namen fc stattfinden, nicht von einer einheitlichen Praxis gesprochen werden kann – weder in Bezug auf die Interaktionsstruktur, noch in Bezug auf sprachlich-kommunikative Praktiken oder verwendete Hilfsmittel. Dasselbe gilt auch für die Praktiken zur Ausführung der Zeigehandlungen der UK-Nutzenden. Konkret zeigte sich beispielsweise, dass keine Form der ‚physischen Hilfe' beobachtbar ist, die spezifisch für alle fc-Interaktionen ist (Alfaré 2010). Das ist sehr erstaunlich in Anbetracht der Tatsache, dass fc gemeinhin sehr stark mit physischer Unterstützung der Zeigebewegung assoziiert wurde und teilweise noch wird. Die Unterschiede in den Daten, was die Zeigepraktiken angeht, waren auch nicht hinreichend erklärbar durch unterschiedliche Ausgangsbedingungen und Geübtheit der Nutzer. Bei der genauen Analyse der Zeige- und Äußerungsprozesse und dem Versuch, diese zu beschreiben, wurden koordinative Aspekte der Interaktion zentral. In einer Interaktion müssen von den Beteiligten mehrere verschiedene Inhalte simultan und sequenziell bearbeitet werden: Gestaltung des Interaktionsraumes, Objekthandlungen, Realisierung von Kommunikationshandlungen etc. Damit eine Interaktion zustande kommt und z. B. ein Morgenkreis in der Schule erfolgreich realisiert werden kann, müssen die Interaktionsteilnehmenden zumindest einen Teil ihrer Aktivitäten in verschiedenen Modalitäten aufeinander (intrapersonelle Koordination) und auf die Aktivitäten ihrer Gegenüber und die Anforderungen der Situation (interpersonelle Koordination) abstimmen und zwar im Hinblick auf den Gegenstand, den Inhalt, das Ziel der Interaktion.

Bei der Analyse koordinativer Aktivitäten von UK-Nutzendem und Interaktionspartner in den untersuchten fc-Interaktionen war in Bezug auf die Zeigeprozesse unter anderem folgendes feststellbar: Es findet zwischen UK-Nutzer und ‚Helfer' in jedem Fall eine Koordination in Bezug auf die Zeigehandlung statt. Das ist gleichzeitig der einzige gemeinsame Nenner, was Ausführungshilfen angeht. Die Art der Koordination wiederum ist sehr unterschiedlich. Auffallend und für die Entwicklung des Konzepts der ‚kooperativen Koordination' wegweisend war dabei ein bestimmtes Muster koordinativer Verhaltensweisen und realisierter Zeigehandlungen: Wenn sich die Koordination der Interaktionspartner hauptsächlich auf den handlungsspezifischen intra- und interpersonellen Koordinationsprozess des Nutzers bezieht, vermag dieser die kommunikative Zeigehandlung in vielen Fällen physisch autonom auszuführen. Beziehen sich die koordinativen Aktivitäten der Beteiligten hauptsächlich auf andere Inhalte, werden passende Zielfelder auch von UK-Nutzenden, die motorisch zur notwendigen Armbewegung selber in der Lage sind, nur mit viel physischer Unterstützung während der Bewegung getroffen. In den untersuchten fc-Interaktionen treffen demnach die Nutzenden in zwei Fällen sprachlich und situativ passende Zielfelder ohne physische Unterstützung während der Bewegung: Erstens, wenn sie sich zumindest intrapersonell bereits selbständig gut koordinieren können bei der Realisierung von kommunikativen Zeigehandlungen oder zweitens, wenn sie in dieser Koordinationsleistung von einem Interaktionspartner vor Bewegungsbeginn mit visuellen, taktilen und auditiv-verbalen Mitteln unterstützt werden. Koordiniert werden müssen dabei intrapersonell Körperorientierung, Körperspannung, Blickorientierung und Gestikulation in ihren simultanen und sequenziellen Komponenten, damit eine erfolgreiche Zeigehandlung resultiert. Die Koordinationsleistung des UK-Nutzenden wird in diesen Fällen von den Interaktionspartnern in Kooperation ausgeführt.

Die aus den Videoanalysen hervorgegangene Erkenntnis in Bezug auf die Unterstützung koordinativer Aktivitäten hat sich in den vergangenen Jahren in der Praxis weiter bestätigt. Inzwischen wurde es im Rahmen von Praxisbegleitung und Training möglich, mit immer mehr Menschen durch zusätzliche Unterstützung und Training ihrer koordinativen Fertigkeiten zu erreichen, dass sie lernten, autonom kommunikativ auf Pictogramme und Schrift zu zeigen und damit einteilige und mehrteilige, situativ passende, sprachliche Äußerungen mit verschiedensten kommunikativen Funktionen und zu ganz unterschiedlichen Themen ihres Alltags zu machen. Keiner dieser Menschen zeigte anfangs ohne diese koordinative Unterstützung selbständig oder überhaupt, zumindest nicht kommunikativ. Darunter sind inzwischen auch viele Nutzer, die zum Teil bereits lange mit fc im Sinne von viel physischer ‚Stütze' gearbeitet hatten.

Die Erkenntnis ist grundsätzlich nicht neu, dass beim Zeigen wie auch bei allen anderen Handlungen in Interaktion mit der Umwelt und mit anderen Menschen vom Körper koordinative Anforderungen zu bewältigen sind. Auch in Bezug auf den Erwerb des kommunikativen Zeigens ist aus der Entwicklungspsychologie und der Spracherwerbsforschung schon länger bekannt, dass das Kleinkind die dafür benötigten koordinativen Fertigkeiten erst mit der Zeit erwirbt, die einzelnen Komponenten der körperlichen Ausführung früher da sind, als deren koordiniertes Zusammenspiel (z. B. Klann-Delius 1999, 31-33). Für den Erwerb interaktionaler und kommunikativ-sprachlicher Kompetenzen wird zwar in der Forschung die wichtige Rolle der Aufmerksamkeitslenkung und der ‚joint attention' deutlich gemacht (z. B. Tomasello 2003, 2008) und es ist inzwischen genau erforscht, wann in der kindlichen Entwicklung sich diese Fähigkeiten und auch andere, wie die Fähigkeit zur Manipulation von Objekten, Handlungssequenzen oder kommunikativen Gesten, zeigen. Dass die Interaktion mit Bezugspersonen beim Erwerb dieser Fähigkeiten eine wichtige

Rolle spielt, wird auch nirgends mehr bestritten. Aber was genau diese Interaktion wie tut, bis das Kind (kommunikativ) handeln kann, ist noch nicht so klar. Aufmerksamkeitslenkung generell und ‚joint attention' insbesondere als entscheidende Basis für den Erwerb von (kommunikativen) Handlungskompetenzen und eng verbunden mit körperlicher Koordination insgesamt sind in ihrer Entwicklung und in ihrer Emergenz in der Interaktion erst lückenhaft erforscht. Zukow-Goldring (2006) weist jedoch in ihrer neurowissenschaftlich ausgerichteten Studie zum Erwerb von Fähigkeiten für Objekthandlungen bei Kleinkindern eindrücklich nach, dass die Kinder in der Studie nicht etwa durch simples Beobachten und Nachmachen der Handlungen ihrer Bezugspersonen lernen mit bestimmten Objekten erfolgreich umzugehen, sondern in ihrer Aufmerksamkeitslenkung in Bezug auf die für die Handlung relevanten Aspekte der Objekte (affordances) und körperlichen Aktivitäten (effectivities) von ihren Bezugspersonen zwar unbewusst, aber sehr systematisch geschult werden. Erst dann sind die Kinder in der Lage, die Handlung selbständig durchzuführen. Auch in den Kognitionswissenschaften, die sich ja lange Zeit fast ausschließlich um ‚interne', mentale Prozesse kümmerten und bei ihren Beschreibungen dem, was ‚draußen' dabei vorging, wenig Relevanz beimaßen, gibt es seit einiger Zeit vermehrt Arbeiten, die die Rolle des Körpers in Interaktion bei Wahrnehmung, Handlung oder beim Erwerb von Konzepten einbeziehen und körperlich-interaktionalen Aspekten eine größere Bedeutung zumessen (für eine Zusammenstellung vgl. Gibbs 2006). Die Erforschung koordinativer Aspekte beim Erwerb (kommunikativer) Handlungsfertigkeiten und für die Konstituierung von Handlungen in der Interaktion hat aber erst begonnen (vgl. auch Schmitt 2007).

Die dargestellten Erkenntnisse zur Unterstützung der Koordination beim Erwerb autonomer Zeigehandlungen können nun sehr gut im Zusammenhang solcher Ansätze gesehen werden. Mit dem Konzept der ‚kooperativen Koordination' soll dem ‚Wie' interaktionaler Aktivitäten beim Erwerb von Fähigkeiten zur ‚joint attention', Aufmerksamkeitslenkung und Handlungsfertigkeiten ein Erklärungsteilchen beigefügt werden. Gerade bei Menschen, bei denen sich die notwendigen koordinativen Fertigkeiten, ‚joint attention' oder Fähigkeiten zum kommunikativen Zeigen nicht ‚fast von allein' entwickeln, lassen sich bisher viel weniger beachtete, weil bei einer ‚normalen' Kommunikationsentwicklung weniger intensiv notwendige, interaktionale Aspekte in ihrer Wirkung vielleicht besser beobachten. Die Hilfestellungen in Form der ‚kooperativen Koordination' haben so auf jeden Fall gegenüber dem noch verbreiteten Bild physischer

‚Stütze' während der Bewegung bei fc nicht nur den Vorteil, dass die betroffenen UK-Nutzer damit lernen, selbständig zu zeigen. Vielmehr hat die ‚kooperative Koordination' auch den Vorteil, eine wissenschaftlich begründbare und kohärente Erklärung für das ‚Wie' und ‚Warum' der Hilfestellung zu formulieren. Die Hilfestellungen der Interaktionspartner unterstützen und trainieren die koordinativen Aktivitäten, die zum Erwerb und zur Ausführung des kommunikativen Zeigehandelns notwendig sind, aber von den UK-Nutzenden noch nicht selbständig ausgeführt werden.

EFCIC (Effective Communication through Interactional Coordination)

Dadurch wird auch klar, dass sich die Hilfestellungen nicht nur auf die Ausführung von Zeigehandlungen beschränken. Denn die Zeigehandlung autonom zu meistern führt ja nicht automatisch dazu, dass jemand dieses Zeigen auch zu kommunikativen Zwecken nutzen kann, dass jemand eine Mitteilungsabsicht innerhalb einer Interaktion anzeigt oder erkennt oder darin kommunikative Initiative ergreift, dass jemand einen mit dem Umfeld geteilten sprachlichen Code verwenden kann, dass jemand Interaktionskompetenzen wie Aufmerksamkeitslenkung, Erkennen von Intentionen und Interaktionszielen und situativen Abläufen erworben hat und nutzen kann. Um effektiv in einer Interaktion kommunikativ zeigen zu können, sind viele andere Handlungskompetenzen nötig, die alle ihre koordinativen Anforderungen mit sich bringen und die allenfalls in ihrer Aneignung und Ausführung auch unterstützt werden müssen. Der Begriff ‚kooperative Koordination' wird deshalb innerhalb des EFCIC-Programmes als Rahmenbegriff für die Hilfestellungen benutzt, mit denen ein Interaktionsbeteiligter einen anderen in der Bewältigung intra- und interpersoneller koordinativer Anforderungen unterstützt, die bei interaktionalen Aufgaben generell, bei ein- und mehrteiligen Handlungen und zielgerichteter Wahrnehmung von Objekten, Handlungen und (sozialen) Ereignissen bearbeitet werden müssen.

Mangelnde Koordination kann grundsätzlich verschiedene Ursachen haben. Es können körperliche Schwierigkeiten bestehen oder beispielsweise auch Schwierigkeiten in der sozialen Kognition oder eine nicht mit dem Umfeld übereinstimmende Definition der Situation. Auf jeden Fall wird bei EFCIC nicht wie von einigen fc-Vertretern davon ausgegangen, dass alle notwendigen interaktionalen, kommunikativen und sprachlichen Fertigkeiten bei fc-Nutzenden bereits gebrauchsfertig vorhanden sind und es einfach nicht ‚herauskommt', es also lediglich an der Ausführung der Handlung scheitert.

Vielmehr wird die Unterstützung der koordinativen Aktivitäten als Hilfestellung verstanden, die notwendigen interaktionalen, kommunikativen und sprachlichen Kompetenzen im Gebrauch zu erwerben und weiter auszubauen. EFCIC definiert sich nicht als Technik zur Anwahl von Zeichen oder als Ausführungshilfe. EFCIC versteht sich als umfassendes, kognitiv-interaktionistisches Förderprogramm, das den Aufbau des kommunikativen Zeigens in alltäglichen Interaktionen im Zentrum hat, aber umfassend ansetzt bei Handlungs-, Kommunikations- und Sprachfertigkeiten sowie sozial-kooperativen Fertigkeiten innerhalb und durch Interaktion.

Die Vorgehensweise von EFCIC bei der Förderung kommunikativ-sprachlicher Fertigkeiten orientiert sich stark an den Erkenntnissen der Gesprächsforschung und der Interaktionalen Linguistik sowie an sogenannten ‚usage-based'-Spracherwerbsmodellen (für eine einführende Übersicht vgl. z. B. Clark 1996; Barlow/Kemmer 2000; Tomasello 2003; Deppermann 2007). Gebrauchsbasierte Modelle und Konzepte gehen davon aus – und können dies auch empirisch belegen – dass Sprache nicht nur in erster Linie für den Gebrauch, also als Handlungssprache, erworben wird, sondern auch im Gebrauch. Dies sowohl was Funktion und Bedeutung lexikalischer Einheiten und Äußerungen angeht, als auch was syntaktische Strukturen betrifft. Sprache ist, was wir damit zu tun lernen; Äußerungen sind Handlungen mit Mitteilungscharakter, Aufzeigehandlungen. Bedeutungen von lexikalischen Einheiten und Kommunikationshandlungen sind nicht fix, Bedeutung wird immer im Gebrauch von den Beteiligten konstituiert. Damit Sprache erworben werden kann, sind viele Gebrauchsereignisse nötig, in denen die lexikalischen Einheiten und syntaktischen Konstruktionen in unterschiedlichen Funktionen und Kontexten und situativen Zusammenhängen erlebt und selber gebraucht werden. Ein solcher gebrauchsbasierter Erwerb kommunikativ-sprachlicher Handlungskompetenzen kann nur innerhalb von Alltagsinteraktionen erworben werden. Sicherlich kann dieser Aneignungsprozess unterstützt werden durch eine zusätzliche UK-Förderstunde. Aber der Erwerb im Sinne einer Handlungskompetenz findet im Alltag statt oder gar nicht. EFCIC legt deshalb erstens Wert darauf, dass der Kommunikationsaufbau von Anfang an vor allem innerhalb normaler Alltagssituationen stattfindet, in denen Kommunikation normalerweise eine Rolle spielt. Zweitens wird der Gebrauch des Wortschatzes und der Äußerungsformen, die gefördert werden sollen, bereits von Anfang an durch Modelling und Erleichterung der Ausführung mit kooperativer Koordination angeregt und unterstützt. Wortschatz und Äußerungsformen werden nicht zuerst in der UK-Stunde separat eingeführt und trainiert und erst später in die Alltagssituation transferiert. Es wird zwar für den Alltag trainiert, aber vor allem im Alltag ‚gemacht' und damit ein natürliches Lernfeld geschaffen.

Diese Vorgehensweise führt dazu, dass die Nutzer nicht nur zeigehandeln, sondern mit entsprechender Unterstützung auch ihrer Aufmerksamkeitsorientierung in der Interaktion durchaus auch von Anfang an kommunikativ handeln. Zuerst führen sie einteilige kommunikative Zeigehandlungen im Alltag aus, um jemandem etwas mitzuteilen – ‚1-Wort-Sätze' – dann lernen sie, mehrteilige Handlungen zu nutzen – Mehrwortsätze und buchstabierendes Schreiben –, die Äußerungen werden syntaktisiert. Da der Kommunikations- und Sprachaufbau hauptsächlich direkt innerhalb und durch natürliche, alltägliche Interaktionssituationen stattfindet und die Nutzer sich auch hauptsächlich in diesen Situationen zurechtfinden und äußern müssen, sind die bevorzugten Hilfsmittel differenziert ausbaubare, syntaktisch angeordnete Kommunikationsordner (z. B. JAZZ, vgl. Onlinequelle 1) und elektronische Geräte mit syntaktischen Strategien, bei denen die Äußerungen durch Antippen und Zusammensetzen von Begriffen gemacht werden können. Der Anfangswortschatz besteht in der Regel aus wenigstens 100 Begriffen verschiedener syntaktischer Kategorien mit einem großen Anteil an Kernwortschatz, da sonst für zu viele Situationen kein passender Wortschatz zur Verfügung steht und auch kein vernünftiges Modellling durch die Interaktionspartner stattfinden kann. Der Anfangswortschatz wird stetig und schnell zu mehreren hundert Begriffen und durchaus mit der Zeit bis zu einem Zielwortschatz zwischen 1500 und 2000 Begriffen ausgebaut. Der Kommunikationsordner JAZZ beispielsweise umfasst in der Vollversion einen Wortschatz von ca. 1800 Begriffen. Mit einer durchdachten Anordnung des Wortschatzes und der zusätzlichen Verwendung von Seiten mit situativem Wortschatz und Phrasen sowie Scripts kann im Alltag die nötige Geschwindigkeit von Äußerungen erreicht werden, die es erlaubt, sich mit der Zeit in allen Alltagssituationen und Umfeldern auch tatsächlich kommunikativ zu beteiligen. Buchstabierendes Schreiben wird – da wo es möglich ist - zusätzlich aufgebaut, damit die Nutzenden es zur Verfügung haben für die Aktivitäten, in denen diese Art der Schriftlichkeit hilfreich ist. Es steht jedoch klar weniger im Vordergrund als dies bei fc lange üblicherweise der Fall war, da es für die Kommunikation in Alltagssituationen häufig eine zu langsame Produktionsart darstellt. Somit wären in vielen Situationen keine Äußerungen für Nutzende möglich oder die buchstabierten Äußerungen würden den notwendigen oder angestrebten Verlauf der Interaktionshandlungen sehr behindern. Bisherige Erfahrungen mit Nutzenden, die sowohl auf einen ihnen vertrauten großen, gut angeordneten Wortschatz mit Möglichkeiten zu differenzierten syntaktischen Konstruktionen, als auch auf buchstabierendes Schreiben zugreifen können, zeigen zudem deutlich, dass zumindest diese Nutzenden oft nicht das Buchstabieren wählen.

Aus dem bisher Gesagten wird klar, dass die aufgezeigten Weiterentwicklungen (was die Hilfestellungen angeht) sowie der viel umfassendere Förderansatz gegenüber fc Konsequenzen für die Weiterbildung der Bezugspersonen und alltäglichen Interaktionspartner der UK-Nutzenden hat. Es braucht keine ‚Stützer', die einen Nutzenden hauptsächlich in seiner Bewegung physisch ‚begleiten' und es als Ziel der Förderung ansehen, dass jemand mit dieser Hilfe auf einer Buchstabentafel oder einem Laptop in der fc-Stunde möglichst viel Text produziert. Es braucht die Menschen, die den Alltag mit den Nutzenden bestreiten, die eine Interaktion und eine Unterhaltung so gestalten lernen, dass sie möglichst viel natürlichen kommunikativen Lernraum bietet, und die die koordinativen Fertigkeiten der Nutzenden bei der Bearbeitung verschiedenster Anforderungen interaktiv unterstützen und trainieren können, die Handlungsabläufe strukturieren und so anpassen können, dass sie von den Nutzenden koordinativ bewältigt werden können, die sprachliche und kommunikative Fertigkeiten fördern können, Schreib- und Lesefertigkeiten aufbauen können. Und nicht zuletzt: Es braucht dafür Menschen, die begreifen, dass es kommunikativ anspruchsvoller und hilfreicher ist, sich bei einem anregenden Abendessen sinnvoll am Gespräch zu beteiligen oder bei einem guten Fußballmatch mit Kollegen über die Leistung des Schiedsrichters zu streiten, als alle zwei Wochen eine halbe Stunde lang in einem Kämmerchen abstrakte Gedanken in einen Laptop zu tippen: Zeigen, um kommunikativ zu handeln – und dies im gelebten Alltag – nicht schreiben um des Schreibens Willen.

Literatur

Alfaré, A.: Konversationsanalyse und FC, in: Terfloth, K.; Janz, F. (Hrsg.): Empirische Forschung im Kontext geistiger Behinderung, Heidelberg 2009: 135-151

Alfaré, A.: Kokonstruktion von A-Z: es braucht zwei, damit einer etwas sagen kann, in: Alfaré, A.; Huber, T. et al. (Hrsg.): Facilitated Communication – Forschung und Praxis im Dialog, Karlsruhe 2010: 77-107

Alfaré, A.; Huber, T. et al. (Hrsg.): Facilitated Communication – Forschung und Praxis im Dialog, Karlsruhe 2010

Barlow, M.; Kemmer, S. (Hrsg.): Usage-Based Models of Language, Stanford 2000

Biermann, A.: Gestützte Kommunikation im Widerstreit – empirische Analyse eines umstrittenen Ansatzes, Berlin 1999

Biklen, D.; Cardinal, D.N.: Contested words, contested science: unraveling the facilitated communication controversy, New York 1997

Clark, H.H.: Using Language, Cambridge 1996

Crossley, R.: Gestützte Kommunikation: ein Trainingsprogramm, Weinheim/ Basel 1997

Deppermann, A.: Grammatik und Semantik aus gesprächsanalytischer Sicht, Berlin 2007

Deppermann, A.; Schmitt, R.: Koordination. Zur Begründung eines neuen Forschungsgegenstandes, in: Schmitt, R. (Hrsg.): Koordination – Analysen zur multimodalen Interaktion, Tübingen 2007: 15 – 54

Emberti, L.: Forschungsbericht zur gestützten Kommunikation: neuropsychiatrische Grundlagen und klinische Erfahrungen in Italien, in: „Hilfe für das autistische Kind“, Vereinigung zur Förderung autistischer Menschen, Regionalverband München e.V. (Hrsg.): Achte überregionale Tagung zur gestützten Kommunikation - „ich kann für mich selber sprechen“, Eching 2003: 18-30

Gibbs, R.W.: Embodiment and Cognitive Science, Cambridge 2006

Klann-Delius, G.: Spracherwerb, Stuttgart 1999

Nussbeck, S.: Gestützte Kommunikation – ein Ausdrucksmittel für Menschen mit geistiger Behinderung? Göttingen 2000

Probst, P.: Bericht zur aktuellen Situation der «Gestützten Kommunikation» (Facilitated Communication/ FC) in Sonderpädagogik und Behindertenhilfe im deutschsprachigen Raum – unter besonderer Berücksichtigung von Maßnahmen zur Prävention FC-verursachter Schäden, in: Heilpädagogische Forschung 35, 2009: 99-107

Schmitt, R. (Hrsg.): Koordination – Analysen zur multimodalen Interaktion, Tübingen 2007

Tomasello, M.: Constructing a Language: A Usage-Based Theory of Language Acquisition, Cambridge, Mass. 2003

Tomasello, M.: Origins of Human Communication, Cambridge/London 2008

Wegenke, M.; Castañeda C. (Hrsg.): Gemeinsamkeit herstellen – Wege der Kommunikation zwischen Menschen mit und ohne Autismus, Karlsruhe 2005

Zöller, D.: Autismus und Körpersprache. Störungen der Signalverarbeitung zwischen Kopf und Körper, Berlin 2001

Zukow-Goldring, P.: Assisted imitation: affordances, effectivities, and the mirror system in early language development, in: Arbib, M.A. (Hrsg.): Action to Language via the Mirror Neuron System, New York 2006: 469-500

Onlinequellen

Onlinequelle 1: www.ifc.ch/jazz

Gestützte Kommunikation (FC)

Forschungsstand zu sprachlichen Indikatoren der Autorschaft

Almuth Bober

Es ist umstritten, ob bei der Methode der Gestützten Kommunikation (FC) der Nutzer seinen Text mit Hilfe der stützenden Person erstellt oder die stützende Person mit Hilfe des Nutzers ihren (von Tetzchner 1996). Diese Frage nach der Autorschaft der Texte wurde in den neunziger Jahren in Dutzenden sogenannter Validationsstudien untersucht (vgl. die Übersichten in Biermann 1999; Nußbeck 2004; Probst 2005). Beispielsweise sollte der Nutzer Bilder benennen, die der Stützer nicht mit einsehen durfte (Wheeler et al. 1993) oder über ein Ereignis berichten, an dem der Stützer nicht teilgenommen hatte (Simon et al. 1994). Geprüft wurde dann, ob der Text Informationen enthält, die vom Nutzer stammen müssen, weil der Stützer nicht über sie verfügte.

In den meisten Validationsstudien konnte keinerlei Einfluss der Nutzer auf die Textinhalte nachgewiesen werden. Es wurden immer nur die Informationen wiedergegeben, über die Nutzer wie Stützer verfügten oder über die der Stützer allein verfügte, und nie diejenigen, die nur dem Nutzer bekannt waren. Diese Befundlage könnte bedeuten, dass die Stützer die Autoren der Texte sind. Sie könnte aber auch bedeuten, dass Validationsstudien ungeeignet zur Erforschung der FC sind.
Letzteres wird von den Vertretern der FC vermutet. Die Validationsstudien sagten nichts über die Funktionsweise der FC unter Normalbedingungen aus. Aus verschiedenen Gründen könnten oder wollten die Nutzer in einem experimentellen Setting ihre wahren Kompetenzen nicht zeigen: mangelnde Erfahrung mit Testsituationen und Leistungsblockaden aufgrund von Stress (Bundschuh/Basler-Eggen 2000); zu wenig Übung im Vermitteln einer bestimmten Information auf Aufforderung hin (Bundschuh/Basler-Eggen 2000); Verweigerung des Bearbeitens fremdbestimmter Aufgaben aufgrund von sozialen Defiziten (Janz/Hör 2009).

Folgt man diesen Argumenten, müssen andere Wege zur Klärung der Autorschaftsfrage gefunden werden. Diese werden inzwischen beschritten. Statt der Textinhalte untersucht man andere Indikatoren der Autorschaft, insbesondere den Stützprozess selbst und die Sprache der FC-Texte (vgl. ausführlich Bober 2011). Gefragt ist jeweils, ob das Beobachtete eher zur Hypothese der Autorschaft des Nutzers oder eher zur Hypothese der Autorschaft des Stützers passt.
Im Folgenden wird dargestellt, ob und inwieweit die Ergebnisse der Studien zu sprachlichen Merkmalen der FC-Texte die Annahme stützen, dass die Nutzer die Autoren dieser Texte sind.

Möglichkeiten und Grenzen linguistischer Autorschaftsbestimmungen

Kniffka (2001) zufolge kann eine linguistische Autorschaftsbestimmung Hinweise auf den Autor eines Textes (Texturheber) geben, wenn der Verdacht besteht, dass der Schreiber des Textes (Schrifturheber) nicht der Autor ist. Sie wird oft in der Forensik eingesetzt, etwa wenn beurteilt werden soll, ob ein handschriftlich vorliegendes Testament oder eine Zeugenaussage nicht vom Schreiber stammen, sondern ihm diktiert wurden (Dern 2003, 2009).
Es gibt hierzu eine umfangreiche Literatur. Dieser zufolge stellen sich Laien das Vorgehen bei einer linguistischen Autorschaftsbestimmung oft falsch vor (vgl. Engel 1990). Sie meinen, man müsse nach ungewöhnlichen Wörtern suchen, nach auffälligen Formulierungen oder nach charakteristischen Vorlieben für bestimmte Wörter.
Das ist aber nur ein Teilaspekt einer Autorschaftsanalyse, bei Weitem nicht der wichtigste und zudem als einziger Zugang ungeeignet. Als viel aussagekräftiger als die Wortwahl gelten sprachliche Merkmale der Tiefenstruktur der Sprache, denn diese sind bewusstseinsferner als lexikalische Entscheidungen (Brinker 1990).
Um belastbare Aussagen über den Autor eines Texts machen zu können, reicht es auch nicht, lediglich ein oder zwei Einzelmerkmale der Sprache wie Anzahl seltener Wörter und Satzlänge zu erfassen. Stattdessen muss man mehrere Merkmale erheben und diese als Muster (Merkmalsprofil) auswerten (Elbro et al. 1991; Engel 1990).
Hat man ein solches Merkmalsprofil erhoben, also eine Reihe sprachlicher Merkmale ausgezählt, kann man auf zwei verschiedene Arten weiter verfahren:

- Bei der *Textanalyse* schließt man anhand der Textmerkmale auf außerlinguistische Eigenschaften des Autors wie Muttersprache oder

Bildungsstand und sucht aufgrund dieser Information unter den potentiellen Autoren nach Personen, die die jeweiligen außerlinguistischen Merkmale aufweisen (vgl. z. B. Steinke 1990).

- Beim *Textvergleich* vergleicht man sprachliche Merkmale verschiedener Texte miteinander, um zu entscheiden, ob die Texte eher vom gleichen oder eher von verschiedenen Autoren stammen (vgl. z. B. die klassische Untersuchung von Mosteller & Wallace 1963).

Die Metapher „linguistischer Fingerabdruck“ für die sprachlichen Spuren des Autors in einem Text wird seit den 80er Jahren des letzten Jahrhunderts kaum noch benutzt. Sie gilt als irreführend, suggeriert sie doch eine Treffsicherheit linguistischer Analysen, die so nicht besteht. Weder Textanalysen noch Textvergleiche erlauben einen zwingenden Schluss auf den Autor eines Textes (Dern 2003; Engel 1990; Olsson 2008; vgl. aber Drommel 2011).
Die Treffsicherheit wird unter anderem dadurch erschwert, dass kompetente Sprecher in der Lage sind, je nach Kommunikationssituation und Kommunikationspartner in eine andere Sprechweise zu wechseln. Beispielsweise spricht man zu einem Kleinkind anders als zu einem Erwachsenen. Dieser sogenannte sprachliche Registerwechsel ist für die Diskussion der FC besonders bedeutsam, denn wenn der Stützer der Autor ist, dann spricht er stellvertretend für den Sprecher und damit eher in dem sprachlichen Register, das er mit dem Sprecher assoziiert. Dies würde dann dazu führen, dass sich die Sprache der FC-Texte von der Sprache der Stützer auch dann unterscheidet, wenn beide von derselben Person stammen.

Linguistische Studien zur Autorschaft der FC-Texte

Textanalysen

In Textanalysen zur Autorschaftsbestimmung werden, wie bereits erwähnt, die Ausprägungen bestimmter sprachlicher Merkmale in einem Text erfasst. Aufgrund der so erhaltenen Merkmalsprofile wird dann auf außersprachliche Merkmale des Autors geschlossen, etwa auf das Alter. Dies wiederum erlaubt, den Kreis der Autoren einzugrenzen beziehungsweise eine Wahrscheinlichkeitsaussage darüber zu treffen, inwieweit eine bestimmte Person als Autor eines Textes in Frage kommt.

Textanalysen auf Hinweise auf eine Autismusdiagnose

Nicht alle, aber manche Menschen mit Autismus, zeigen in ihrer Lautsprache und ungestützten Schriftsprache semantische Auffälligkeiten wie Neologismen oder pragmatische Regelwidrigkeiten wie Pronomenvertauschungen (Klicpera /Innerhofer 1999). Deshalb deuten solche Normabweichungen in einem FC-Text auf einen Autor mit Autismusdiagnose hin. Sie beweisen dies allerdings nicht, denn es kann sein, dass der Stützer für diese Auffälligkeiten verantwortlich ist, obwohl er keine Autismusdiagnose hat.

Dass diese Möglichkeit besteht, wird durch einen Nebenbefund der Studie von Calculator und Hatch (1995) nahe gelegt. In dieser Studie war nachweislich der Stützer Autor der Texte. Diese enthielten dennoch Fehlschreibungen, syntaktische Fehler und ungewöhnliche Ausdrücke, entsprachen auch eher dem Alter des Nutzers als dem des Stützers.

Die Autoren erklären diese merkwürdige Beobachtung durch einen Registerwechsel des Stützers. Dieser erwarte, dass der Text vom Nutzer kommt, und produziere daher entsprechende Auffälligkeiten. Hinzu käme das Phänomen des „letter in search of a word“ (57): Da der Steuerungsprozess durch den Stützer nicht immer hundertprozentig funktioniere, komme es vor, dass der Nutzer eine Taste drückt, die der Stützer nicht im Sinn hat. Der Stützer versuche dann, daraus sinnvolle Wörter zu konstruieren, so dass merkwürdige Formulierungen auftreten (vgl. auch entsprechende Überlegungen in Elbro et al. 1991; Vaszquéz 1995; Saloviita/Sariola 2003).

Bevor die Befunde überhaupt als Zeichen der Autorschaft des Nutzers oder alternativ dazu als Zeichen des Registerwechsels des Stützers bzw. als Schwierigkeit des Stützers bei der technischen Erstellung des Textes interpretiert werden können, muss erst einmal die Grundlage für eine solche Interpretation in Form einer relativ eindeutigen Befundlage geschaffen werden. Diese vorgeordnete Aufgabe ist noch nicht gelöst, denn der Forschungsstand ist widersprüchlich:

Biklen (1990) sowie Biklen und Schubert (1991) fanden in den Texten der von ihnen untersuchten Nutzer, insgesamt 42 Personen, keinerlei Sprachbesonderheiten, weder Neologismen noch Pronomenvertauschungen noch pragmatische Defizite.

Niemi und Kärnä-Lin (2002) stellten hingegen fest, dass die Sprache der Texte eines von ihnen untersuchten finnischen Nutzers Neologismen enthielt und weder zu einem sich fehlerhaft ausdrückenden Sprecher des Finnischen passe, noch zu einer Person mit Broca-Aphasie oder mit spezifischen Sprachstörungen, eher vielleicht zu jemandem mit Wernicke-Aphasie.

In der Einzelfallstudie von Zanobini und Scopesi (2001) sowie in den Gruppenstudien von Tuzzi (2009) und Tuzzi et al. (2004) enthielten die FC-Texte ebenfalls Neologismen oder ungewöhnliche Ausdrücke. Darüber hinaus enthielten sie aber auch Sprachmerkmale, die in der Literatur zur Sprache von Menschen mit Autismus, etwa in Frith (2003), als untypisch

für diese gelten, beispielsweise ein gehäuftes Vorkommen von Wörtern über Gefühle oder andere innere Zustände.
Twachtman-Cullen (1997) fand in den Texten von zwei FC-Nutzern und einer FC-Nutzerin, alle drei mit Autismusdiagnose, keinerlei semantische oder pragmatische Auffälligkeiten, die auf eine Autismusdiagnose hindeuten. Insbesondere gab es weder Neologismen noch Pronomenvertauschungen. In einem weiteren Teil ihrer Untersuchung verglich sie im Detail die Lautsprache und ungestützt erstellte Schriftsprache der FC-Nutzerin mit der Sprache ihrer gestützt erstellten Texte. Nur in der Lautsprache und der ungestützt erstellten Schriftsprache fanden sich Neologismen, ungrammatische Sätze, Echolalien, ritualisierte Phrasen sowie Pronomenvertauschungen.

Der zweite Befund ist besonders bedeutsam, da ein intrapersonaler Vergleich erfolgte. Das Fehlen autismustypischer Besonderheiten in den gestützt erstellten Texten kann daher nicht daran liegen, dass diese Nutzerin vielleicht zu den Personen gehört, die trotz Autismusdiagnose keine autismustypischen Sprachbesonderheiten zeigt.
Bundschuh und Basler-Eggen (2000) untersuchten die Texte von 29 Nutzern auf autismustypische Sprachbesonderheiten, indem sie die Stützer baten, auf solche Auffälligkeiten zu achten und sie zu protokollieren. Auf diese Weise fanden sie „häufig" (56) Pronomenvertauschungen und ungewöhnliche Metaphern. Neologismen gab es in den Texten von jedem der 21 Nutzer mit Autismusdiagnose und bei keinem der acht anderen Nutzer (144). Da „sogenannte sprechende Menschen mit Autismus häufig Neologismen verwenden" (144), belegten ihre Ergebnisse die Autorschaft der Nutzer.

Bundschuh und Basler-Eggen (2000) berücksichtigen bei ihrer Interpretation nicht, dass die von ihnen berichtete „Neologismusrate" für eine Stichprobe aus der Population von Menschen mit Autismusdiagnose viel zu hoch ist. Zwar verwenden mehr Menschen mit Autismus Neologismen als Menschen ohne Autismus, aber die meisten Menschen mit Autismus benutzen keine Neologismen (Rutter, 1965; Volden/Lord, 1991).
Das Ergebnis der Studie passt also nicht gut zur Hypothese der Autorschaft der Nutzer. Viel besser passt der Befund zur Hypothese der Autorschaft der Stützer. In diesem Fall hätten die Stützer aufgrund der Suggestion des von Bundschuh und Basler-Eggen gegebenen Arbeitsauftrags unabsichtlich Neologismen produziert und in Überschätzung der realistischerweise zu erwartenden Häufigkeit von Neologismen „zu dick aufgetragen".

Textanalysen auf Hinweise auf einen Autor mit fehlerhafter Rechtschreibung

Die Vertreter der FC nehmen an, dass in den Texten vermehrt Rechtschreibfehler aufträten, insbesondere phonetischer Art. Dies verweise auf Autoren, die noch im Prozess des Schriftspracherwerbs sind, also auf die Nutzer.
Die Sichtung der einschlägigen Untersuchungen (Biklen/Schubert 1991; Biklen et al. 1992; Biklen et al. 1995; Bundschuh/Basler-Eggen 2000) ergibt, dass hier in der Tat die Befundlage eindeutig ist. Alle vier Autorenteams berichten übereinstimmend, dass in den FC-Texten Rechtschreibfehler vorkommen.
Die Forschungsmethode und Präsentation der Ergebnisse war in allen vier Untersuchungen gleich. Man sammelte FC-Texte, suchte nach fehlerhaften Schreibungen und berichtete, welche gefunden zu haben. Es gab weder eine Fehleranalyse noch eine über die Nennung von wenigen Beispielen hinausgehende Darstellung der erhobenen Daten.
Dieses Vorgehen ist dem Forschungsgegenstand nicht angemessen. Um zu untersuchen, ob die Fehlschreibungen in den Texten zur Hypothese passen, dass die Nutzer die Autoren der Texte sind, hätte man im ersten Analyseschritt unbedingt die Tippfehler aus der Auswertung ausschließen müssen. Tippfehler wie das Anschlagen von Nachbartasten oder das doppelte Anschlagen eines Buchstabens sind schreibtechnisch bedingt. Sie sagen daher nichts über die sprachlichen Fähigkeiten des Autors aus und dürfen – dies ist Konsens in der linguistischen Literatur zur Autorschaftsbestimmung – in eine Autorschaftsanalyse nicht eingehen (Elbro et al. 1991; Kniffka 2001; Spillner 1990; van Berkel/Smedt 1988; von Tetzchner 1996).
Bei einer Analyse der Sprache der FC-Texte dürfen dementsprechend nur Fehlschreibungen berücksichtigt werden, die kognitiv bedingt sind, etwa dass der Nutzer die richtige Schreibweise nicht kennt oder sich nicht daran erinnert oder bewusst eine abweichende Schreibweise fehlt. Die Autoren der vier Studien hielten sich aber nicht an diese Regel und warfen motorisch und kognitiv bedingte Fehler in einen Topf (vgl. etwa Biklen et al. 1995, 53). Allein dieses Versäumnis macht die Befunde unbrauchbar. Schließlich hängen nur echte Rechtschreibfehler mit dem Niveau der Rechtschreibentwicklung zusammen und deren Häufigkeit wurde nicht gesondert erhoben.
Man könnte gegen diese Bewertung einwenden, dass die Autoren vielleicht Glück hatten und der Anteil der ihre Daten verwässernden Tippfehler so gering war, dass die Daten dennoch – mit entsprechender Vorsicht – in Hinblick auf die Frage der Autorschaft interpretiert werden dürfen. Gegen diese Annahme sprechen jedoch unsystematische Beobachtungen.

Hildebrand-Nilshon und Ciuni (1998) wunderten sich beispielsweise darüber, dass die FC-Texte der von ihnen untersuchten Schüler einer Förderschule für geistige Entwicklung zwar viele Tippfehler enthielten, aber kaum die eigentlich aufgrund der fehlenden Schriftsprachübung zu erwartenden Rechtschreibfehler.
Aber auch dann, wenn die vier Autorenteams vor der Datenanalyse die Tippfehler aussortiert hätten, sind die Ergebnisse nur ein schwacher Beleg für die Autorschaft der Schreiber, denn ein solcher Befund kann auf vielerlei Art erklärt werden. Um aus den beobachteten Fehlschreibungen stärkere Schlüsse ziehen zu können, hätten parallel die Rechtschreibkompetenzen der Stützer untersucht werden müssen, um auszuschließen, dass sie die Quelle der Fehler sind. Auch hätte man ausrechnen müssen, ob es einen Zusammenhang gibt zwischen dem Grad der Schriftspracherfahrung der Nutzer (operationalisiert nach Alter oder nach Schulbesuchsjahren oder nach Dauer des FC-Trainings) und der Anzahl der Rechtschreibfehler in den Texten. Ohne solche Kontrollerhebungen sagt die Art und Anzahl der Fehlschreibungen in einem Text nichts aus.

Textvergleiche

Bei Textvergleichen wird nach eigenständigen sprachlichen Profilen der Texte gesucht. Zeigen die Texte eines Nutzers, der mit verschiedenen Stützern schreibt, alle ein ähnliches sprachliches Profil, dann spricht das für die Autorschaft des Nutzers. Stimmen hingegen die Texte aller Nutzer, die mit dem gleichen Stützer schreiben, hinsichtlich ihres sprachlichen Profils überein, ist zu vermuten, dass die Texte im Kopf des Stützers entstanden sind. Überprüfen kann man auch, ob Texte, die ein Stützer eigenhändig, also außerhalb von FC-Situationen, erstellt, in ihren sprachlichen Merkmalen mit den Texten übereinstimmen, die derselbe Stützer gemeinsam mit einem Nutzer erstellt.
Bei der Bewertung der Befunde ist zu berücksichtigen, dass die Eigenständigkeit des sprachlichen Profils eines Nutzers oder Stützers zwar ein Indiz für dessen Autorschaft ist, diese aber nicht beweist. Die linguistischen Profile von Texten eines einzigen Autors können sich voneinander stärker unterscheiden als von den Profilen anderer Autoren (Grimm 1991). Das gilt insbesondere dann, wenn Texte miteinander verglichen werden, die ein Autor einmal unter Realnamen und ein andermal unter Pseudonym geschrieben hat (Tirvengadum 1996). Auch die mit einem Ouija-Brett[1] erstellten Texte unterscheiden sich sprachlich stark von den Texten, die die Personen, die das Ouija-Brett berühren, in anderen Zusammenhängen erstellen (Hunt 1985). Dieses Phänomen wurde noch in der Mitte des letzten Jahrhunderts

als Beweis dafür gewertet, dass die Texte unmöglich von den das Ouija-Brett berührenden Personen stammen können, sondern von Geistern stammen müssen (Reginald-Omez 1957).

Textvergleiche auf Wortebene

In sechs Studien wurde danach gesucht, ob es Wörter gibt, die typisch für bestimmte Nutzer in dem Sinne sind, dass die Vorliebe für dieses Wort auch dann gleich bleibt, wenn der Stützer wechselt. In fünf dieser Studien (Biklen/Schubert 1991; Biklen et al. 1992; Biklen et al. 1995; Division of Intellectual Disability Services 1993; Bundschuh/Basler-Eggen 2000) wurde in etwa gleich vorgegangen: Man bat die Stützer, sich zu notieren, wenn ein Nutzer bei mehr als einem Stützer die gleichen Wörter benutzt und somit ein eigenständiges Sprachprofil zeigt. Die so gefundenen Beispiele für stützerübergreifenden Sprachgebrauch wurden dann gesammelt und diese Sammlung dann als Beleg der Autorschaft der Nutzer gewertet.
Die Daten, auf die sich diese Aussage stützt, werden nicht berichtet. Es gibt keine Berechnungen, keine Tabellen, keine Überprüfung der Seltenheit der als individuell gewerteten Ausdrücke mit einem Frequenzwörterbuch, es gibt noch nicht einmal Listen der erhobenen Wörter. Stattdessen werden illustrierend Beispiele gegeben, so kürzte ein Nutzer stützerübergreifend oft „you“ durch „u“ ab (Division of Intellectual Disability Services 1993, 83), ein anderer gebrauchte seltene Wörter wie „eject“ (Biklen et al. 1995, 53).
Die sechste Studie, in der die FC ausschließlich auf der lexikalischen Ebene sprachvergleichend untersucht wurde, ist die von Emerson (2010). Anders als bei den fünf oben beschriebenen Studien bezieht sich Emerson bei der Begründung ihres Untersuchungsplans auf Autoren, die im Fachgebiet der linguistischen Autorschaftsbestimmung ausgewiesen sind. Das ist ein Fortschritt.
Noch besser wäre es gewesen, wenn sie in ihrer Studie dann auch die Fehler vermieden hätte, vor denen in den von ihr zitierten Quellen ausdrücklich gewarnt wird. So diskutieren Aked et al. (1999) verschiedene, ihrer Ansicht nach unbrauchbare Methoden der Autorschaftsanalyse. Wenn man nur die lexikalische Ebene beachte und Einzelmerkmale statt Kombinationen von Merkmalen untersuche, könne dabei nichts Aussagekräftiges herauskommen. Kniffka (1996) sowie Woolls und Couthard (1998) warnen ebenfalls vor diesen beiden methodischen Fehlern. Ungeachtet dessen hat Emerson (2010) lediglich ein einziges Merkmal untersucht, die Wortwahl, und dieses Merkmal ist zudem lexikalisch, also besonders wenig aussagekräftig.

Ein weiterer Unterschied zu den fünf oben beschriebenen Studien ist, dass Emerson nicht nur nach Belegen für die Autorschaft der Nutzer sucht, sondern auch nach Belegen für die Autorschaft der Stützer. Das ist auch ein Fortschritt, denn um eine Hypothese zu prüfen, darf man nicht nur nach Bestätigungen suchen, sondern sollte auch versuchen, die Gegenhypothese zu entkräften.
Um beides zu tun, verfuhr Emerson (2010) folgendermaßen: Sie sammelte die Texte von FC-Nutzern, die alle mit mehr als einem Stützer schreiben konnten. Auf diese Weise gewann sie eine Reihe von Texten, von denen jeder sowohl einem von 17 Nutzern als auch einem von 7 Stützern zugeordnet werden konnte. Diese Texte gab sie in ein Computerprogramm ein, das berechnete, ob es Wörter gab, die in den Texten eines Nutzers besonders häufig auftauchten, unabhängig davon, wer der Stützer war. Spiegelbildlich dazu wurde berechnet, ob es Wörter gab, die gehäuft in den Texten erschienen, die ein Stützer mit seinen verschiedenen Nutzern erstellte.
Im nächsten Schritt überlegte sie sich gemeinsam mit anderen Beurteilern, ob die gefundenen Sprachmuster als eigentümlich für den Nutzer beziehungsweise den Stützer gewertet werden können, etwa weil es sich um relativ seltene Wörter handelt. Dieser qualitative Beurteilungsprozess wird allerdings zu knapp beschrieben, um nachvollziehbar zu sein. Jedenfalls wurden auf diese Weise bei fünf Nutzern und vier Stützern „starke und/oder moderate Beweise für eine individuelle Nutzung der Sprache gefunden" (47).

Die Studie hat somit, wenn man die Auffassung Emersons teilt, eine Vorliebe für eine bestimmte Formulierung sei bereits ein eigenes Sprachmuster, Folgendes ergeben:

- Ein knappes Drittel der untersuchten Nutzer zeigte eigenständige Sprachmuster. Dies ist entweder ein Indiz für die Autorschaft des jeweiligen Nutzers oder eines dafür, dass die Stützer aufgrund ihrer Kenntnis der Lebensumstände des Nutzers oder seiner Texte bei diesen Nutzern Texte erstellten, die sich sprachlich unterschieden.
- Mehr als die Hälfte der untersuchten Stützer zeigte „nutzerübergreifend" eigenständige Sprachmuster. Dies ist entweder ein Indiz für die Autorschaft der Stützer oder eines dafür, dass die Nutzer die Stützer gut kannten und eine ähnliche Sprache benutzten (vgl. Braun-Habscheid 2009). Dies wiederum würde bedeuten, dass der methodische Ansatz der Studie unbrauchbar ist, da dann jedes Ergebnis zu jeder der beiden konkurrierenden Hypothesen (Autorschaft des Nutzers; Autorschaft des Stützers) passen würde und sich eine Datenerhebung erübrigt.

- In manchen Fällen kamen die individuellen Wörter der Stützer sowohl in den Texten von Nutzern vor, in deren Texten sich ebenfalls individuelle Wörter des Nutzers fanden, als auch in den Texten von Nutzern, in deren Texten das nicht der Fall war. Dies ist entweder ein Indiz dafür, dass sich der Nutzer und der Stützer bei der Texterstellung abwechselten, oder wiederum eines dafür, dass der methodische Ansatz zur Bearbeitung der Fragestellung nichts taugt.

Emerson selbst (2010, 48) interpretiert diese Befundlage folgendermaßen: „FC ist für einige Menschen eine valide Technik, obwohl sie manchmal auch beeinflusst werden können". Daher empfiehlt sie, durch eine entsprechende Ausbildung und Supervision der Stützer die Wahrscheinlichkeit der Beeinflussung zu senken.

Textvergleiche auf verschiedenen Sprachebenen

Elbro et al. (1991) erhoben die sprachlichen Merkmalsprofile der Texte von 14 FC-Nutzern, die jeweils bei zwei verschiedenen Stützern geschrieben worden waren. Diese wurden sowohl untereinander verglichen als auch mit den Merkmalsprofilen von Texten der Stützer, die diese eigenhändig geschrieben hatten.

Aus einem Itempool von 50 alltagsbezogenen Fragen, etwa nach der Zufriedenheit mit dem Arbeitsplatz oder den Essensvorlieben, sollten die Stützer jeweils 15 aussuchen und dem Nutzer stellen. Sie durften die Fragen abwandeln, erläutern oder sich auch über ganz andere Themen unterhalten, wenn der Nutzer das wünschte. Um die Sprache der Stützer zu erfassen, beantworteten diese die an den Nutzer gestellten Fragen in einer gesonderten Sitzung auch jeweils selbst, aus ihrer eigenen Perspektive, und zwar (ungestützt) auf der gleichen elektronischen Buchstabentafel, auf der auch die Nutzer ihre Antworten gaben.

Erfasst wurden 13 linguistische Merkmale auf verschiedenen Sprachebenen, beispielsweise Fehlschreibungen, Anzahl seltener Wörter oder der Anteil der Nebensätze am Gesamttext. Die Tippfehler wurden von der linguistischen Analyse ausgeschlossen, da sie, wie bereits berichtet, nichts über die Autorschaft aussagen. Auf diese Weise erhielt man vier linguistische Merkmalsprofile: 1.vom Text, den ein bestimmter Nutzer mit seinem ersten Stützer geschrieben hatte; 2. vom Text, den er mit seinem anderen Stützer geschrieben hatte; 3. vom ohne Nutzer erstellten Text des einen Stützers und 4. vom ohne Nutzer erstellten Text des anderen Stützers. Diese wurden dann miteinander verglichen.

Nur die Texte eines einzigen Nutzers von den vierzehn untersuchten wiesen ein eigenständiges sprachliches Profil auf und passten somit zu der Annahme, dass die FC-Texte vom Nutzer formuliert werden. Allerdings könne, so die Autoren, der Befund auch auf einen sprachlichen Registerwechsel der Stützer zurückgehen. Ob diese Erklärung oder die der Autorschaft des Nutzers zutrifft, könne durch eine linguistische Analyse nicht entschieden werden.
In der Validationsstudie von Wheeler et al. (1993) hatten manche Nutzer denselben Stützer. Diese Gelegenheit nutzten die Autoren, um zu untersuchen, ob sich die Sprache der Texte ändert, wenn ein Nutzer von einem anderen Stützer gestützt wird (Indiz für Autorschaft der Stützer), oder ob sie sich ändert, wenn ein Stützer von einem Nutzer zum anderen wechselt (Indiz für Autorschaft der Nutzer). Die Autoren führten solche Vergleiche durch, und zwar nicht nur hinsichtlich der Wortwahl sondern auch hinsichtlich anderer sprachlicher Kennwerte. Für alle Kennwerte ergab sich, dass sie zwischen den Stützern variierten, nicht zwischen den Nutzern. Somit hatten die Stützer, ein eigenständiges sprachliches Profil, nicht die Nutzer. Die Autoren interpretieren diese Daten als Beleg dafür, dass die Nutzer nicht die Autoren der Texte sind. Dies ist aber nicht zulässig, denn wie bei den bereits zitierten Studien der Vertreter der FC werden die fachlichen Standards der linguistischen Autorschaftsanalyse verletzt, wenn man sein Urteil auf einzelne sprachliche Merkmale statt auf Merkmalsprofile gründet. Es wurden also hier wie dort Daten erhoben, die keine Auskunft über die Autorschaft der Texte geben können. Da nützt es auch nichts, dass im Unterschied zum Vorgehen in den zitierten Studien die Auswertung halbwegs nachvollziehbar beschrieben wurde.
In der schon bei der Darstellung der Textanalysen erwähnten Studie von Niemi und Kärnä-Lin (2002) wurden gut anderthalbtausend Sätze eines finnischen Nutzers ausgewertet. Gesucht wurde nach Mustern auf lexikalischer und syntaktischer Ebene, die typisch für diesen Nutzer und nicht für seine Stützer sind. Man fand solche Muster, etwa die Verbindung eines Verbs mit dem falschen Fall oder eine Vorliebe für bestimmte Wortstellungen im Satz. Da die von ihnen dokumentierten Normabweichungen in der Sprache der Stützer fehlten, könne – so die Autoren – nur der Nutzer die Texte verfasst haben.
Diese Schlussfolgerung, nicht die linguistische Analyse der Texte, wurde von Saloviita und Sariola (2003) sowie von Sturmey (2003) kritisch diskutiert. Niemi und Kärnä-Lin (2002) würden ihre Daten überinterpretieren. Auch bei vollkommener Stützersteuerung könne schließlich ein eigenständiges sprachliches Profil resultieren. Der Stützer könne zum einen das sprachliche Register wechseln, sobald er stellvertretend für den Nutzer spricht. Zum an-

deren müsse er auf Stützfehler so reagieren, dass irgendwie noch ein sinnvoller Text entsteht, und sei daher oft gezwungen, lexikalische oder syntaktische Regeln zu brechen. Um ihre Position zu untermauern, führen die Autoren noch weitere Beobachtungen auf, die nicht linguistischer Art sind. Beispielsweise blicke der Nutzer beim Tippen nicht auf die Kommunikationshilfe.
In ihrer Repliken auf die kritischen Besprechungen ihrer Studie gehen Niemi und Kärnä-Lin (2003a, 2003b) nur kurz auf den Einwand ein, ihre Schlussfolgerungen seien nicht zwingend, indem sie darauf hinweisen, dass der Schluss auf die Autorschaft der Stützer ebenso wenig zwingend sei. Ausführlich diskutieren sie hingegen die von Saloviita und Sariola (2003) sowie von Sturmey (2003) angeführten weiteren (nichtlinguistischen) Begründungen für Zweifel an der Autorschaft des Nutzers. Diese träfen nicht zu, beispielsweise schaue der Nutzer nicht auf die Tastatur, weil er sie aus dem Augenwinkel wahrnehmen könne.

Fazit

Man weiß nicht, ob in den FC-Texten vermehrt sprachliche Merkmale auftreten, die als typisch für die Sprache von Menschen mit Autismus gelten, weil die Befunde hier widersprüchlich sind. In drei Studien wurden solche Merkmale gefunden, wobei in zwei dieser Studien zusätzlich Merkmale gefunden werden, die als eher untypisch für die Sprache von Menschen mit Autismus gelten, also ein gemischter Befund vorliegt. In einer siebten Studie wurden „autismustypische“ Merkmale viel zu häufig gefunden, um noch mit der Hypothese vereinbar zu sein, die Texte seien von Menschen mit Autismus erstellt worden.
Man weiß auch nicht, ob die Fehlschreibungen in den FC-Texten auf einen Autor mit mangelhaften Rechtschreibkenntnissen verweisen. Diese Frage wurde bisher nicht sachgerecht untersucht, insbesondere wurde nie zwischen kognitiv und motorisch bedingten Fehlschreibungen unterschieden und es wurde nie erhoben, ob die Fehlschreibungen mit anderen Indikatoren der Rechtschreibkompetenz variieren.
Weiterhin ist unbekannt, ob sich die sprachlichen Merkmalsprofile der FC-Texte eines Nutzers bei verschiedenen Stützern untereinander ähnlicher sind als die sprachlichen Merkmale der FC-Texte verschiedener Nutzer bei einem Stützer. In sechs Studien wurde diese Frage lediglich auf der lexikalischen Ebene untersucht. In fünf dieser Studien wurde festgestellt, dass sich die Sprache zwischen den Schreibern unterscheidet, unabhängig vom Stützer, in der sechsten Studie gab es gemischte Ergebnisse. In allen dieser sechs Studien auf lexikalischer Ebene wurde bei der Datenerhebung und

Auswertung so vorgegangen, wie man es nach dem aktuellen Erkenntnisstand der anwendungsorientierten Linguistik nicht tun sollte.
In drei Studien wurde die Frage, ob sich die sprachlichen Merkmalsprofile der FC-Texte eines Nutzers bei verschiedenen Stützern untereinander ähnlicher sind als die sprachlichen Merkmale der FC-Texte verschiedener Nutzer bei einem Stützer, so untersucht, dass verschiedene Sprachebenen erfasst wurden. Nur in diesen Studien erfolgte also eine linguistische Autorschaftsbestimmung im eigentlichen Sinn. In zwei dieser Studien ergab sich, dass die sprachlichen Merkmale der Texte vom Stützer abhängen, nicht vom Schreiber. Allerdings ist eine dieser Studien von zweifelhafter methodischer Qualität. In der dritten Studie kamen die Autoren zu dem Ergebnis, dass die Sprache der Texte vom Schreiber abhängt.

Literatur

Aked, J.P.; Canter, D.; Sanford, A.J.; Smith, N.: Approaches to the scientific attribution of authorship, in: D. Cantor & I. Alison (eds.), Profiling in policy and practice, Ashgate, 1999: 157-187

Biermann, A.: Gestützte Kommunikation im Widerstreit: Empirische Aufarbeitung eines umstrittenen Ansatzes, Berlin, 1999

Biklen, D.: Communication unbound: Autism and praxis, in: Harvard Educational Review, 60(3)1990: 291–315

Biklen, D.; Morton, M. W.; Gold, D.; Berrigan, C.; Swaminathan, S.: Facilitated Communication: Implications for individuals with autism, in: Topics in language disorders, 12(4)1992: 1–28

Biklen, D.; Saha, N.; Kliewer, C.: How teachers confirm the authorship of Facilitated Communication: A portfolio approach, in: Journal of the Association for Persons with Severe Handicaps, 20(1)1995: 45–56

Biklen, D.; Schubert, A.: New words: The communication of students with autism, in: Remedial and Special Education, 12(6)1991: 46–57

Bober, A.: Zur Wirkungsweise der körperlichen Stütze während der Gestützten Kommunikation (FC). Analyse des Forschungsstands und Ableitung weiterführender Forschungsfragen, Dissertation, Universität zu Köln, 2011, abrufbar auf der Website der Universität zu Köln unter http://kups.ub.uni-koeln.de/3336/ (letzter Zugriff am 9.4.2011)

Braun-Habscheid, H.: Editorial, Rundbrief Nr. 16, autismus Stuttgart e.V., Stuttgart, 2009

Brinker, K.: Textanalytische Voraussetzungen forensisch-linguistischer Gutachten, in: H. Kniffka (Hrsg.), Texte zu Theorie und Praxis forensischer Linguistik, Tübingen, 1990: 115 - 123

Bundschuh, K.; Basler-Eggen, A.: Gestützte Kommunikation (FC) bei Menschen mit schweren Kommunikationsbeeinträchtigungen, München, 2000

Calculator, S. N.; Hatch, E. R.: Validation of Facilitated Communication: A case study and beyond, in: American journal of speech-language pathology, 4(1)1995: 49–58

Dern, Ch.: Sprachwissenschaft und Linguistik: Zur Praxis der Autorenerkennung, in: Zeitschrift für Germanistische Linguistik, 31(1)2003: 44–77

Dern, Ch.: Autorenerkennung. Theorie und Praxis der linguistischen Tatschreibenanalyse, Stuttgart, 2009

Division of Intellectual Disability Services. Queensland Department of Family Services and Aboriginal and Islander Affairs: The Queensland report on Facilitated Communication, Brisbane, 1993

Drommel, R.: Der Code des Bösen: Die spektakulären Fälle des Sprachprofilers, München, 2011

Elbro, C.; Nielsen, I.; Petersen, D. K.: Kommunikation via staveplade med vidtgående psykisk og evt. fysisk handicappede i københavens amt. Sprogligt fingeraftryk, Kopenhagen, 1991

Emerson, A.: Analyse der bei FC verwendeten Wörter als Indikator für Autorenschaft und Einflussnahme bei der Gestützten Kommunikation, in: Alfaré, A.; Huber-Kaiser, Th.; Janz, F.; Klauß, Th. (Hrsg.), Facilitated Communication. Forschung und Praxis im Dialog, Karlsruhe, 2010: 44-50

Engel, U.: Tätertexte, in: Kniffka, H. (Hrsg.), Texte zu Theorie und Praxis forensischer Linguistik, Tübingen, 1990: 417-435

Frith, U.: Autism: Explaining the Enigma, Malden, 2003

Grimm, Ch.: Zum Mythos Individualstil. Mikrostilistische Untersuchungen zu Thomas Mann, Würzburg, 1991

Hildebrand-Nilshon, M. ; Ciuni, C.: Vorstudie zur Evaluation der Gestützten Kommunikation (FC) an der 7. Förderschule für Geistigbehinderte in Cottbus, Unveröffentlichter Abschlussbericht an der FU Berlin, Berlin, 1998

Hunt, S.: Ouija: The most dangerous game, New York, 1985

Janz, F.; Hör, Ch.: Videoanalysen als Forschungsinstrument für die Untersuchung der Interaktion bei FC (Projekt KAFCA), in: Janz, F. ; Terfloth, K. (Hrsg.), Empirische Forschung im Kontext geistiger Behinderung, Heidelberg, 2009: 117-134

Klicpera, C.; Innerhofer, P.: Die Welt des frühkindlichen Autismus, München, 1992

Kniffka, H.: On forensic 'differential diagnosis', in: Kniffka, H. (ed.), Recent developments in forensic linguistics, Frankfurt/Main, 1996: 75-121

Kniffka, H.: Eine Zwischenbilanz aus der Werkstatt eines ‚forensischen' Linguisten: Zur Analyse anonymer Autorschaft, in: Linguistische Berichte, 185, 2001: 75–104

Niemi, J.; Kärnä-Lin, E.: Grammar and lexicon in Facilitated Communication: A linguistic authorship analysis of a finnish case, in: Mental Retardation, 40(5)2002: 347–357

Niemi, J.; Kärnä-Lin, E.: Four Vantage Points to the Language Performance and Capacity of Human Beings: Response to Saloviita and Sariola, in: Mental Retardation, 41(5)2003a: 380–385

Niemi, J.; Kärnä-Lin, E.: Response to Sturmey, in: Mental Retardation, 41(5)2003b: 386-387

Nußbeck, S.: Gestützte Kommunikation – eine Analyse von positiv bewerteten Untersuchungsergebnissen, in: Theis-Scholz, M.; Thümmel, I. (Hrsg.), Therapeutische Ansätze in der sonderpädagogischen Förderung – Trivialisierung oder Komplettierung? Eine kritische Auseinandersetzung, Weinheim, 2004: 121-145

Olsson, J.: Forensic Linguistics, New York, 2008

Probst, P.: Communication unbound – or unfound? – Ein integratives Literatur-Review zur Wirksamkeit der „Gestützten Kommunikation“ („Facilitated Communication“) bei nichtsprechenden autistischen und intelligenzgeminderten Personen, in: Zeitschrift für Klinische Psychologie, Psychiatrie und Psychotherapie, 53, 2005: 93–128

Reginald-Omez, P.: Kann man mit den Toten in Verbindung treten?, Aschaffenburg, 1957

Rutter, M.: Speech disorders in a series of autistic children, in: Franklin, A. (ed.), Children with communication problems, London, 1965: 39-47

Saloviita, T.; Sariola, H.: Authorship in Facilitated Communication: A re-analysis of a case of assumed representative authentic writing, in: Mental Retardation, 41(5)2003: 374–379

Simon, E. W.; Toll, D. M.; Whitehair, P. M.:A naturalistic approach to the validation of Facilitated Communication. Journal of Autism and Developmental Disorders, 24(5)1994, 647–657

Spillner, B: Status und Erklärungspotential sprachlicher Fehler, in: Kniffka, H. (Hrsg.), Texte zu Theorie und Praxis forensischer Linguistik, Tübingen, 1990: 97-113

Steinke, W.: Die linguistische Textanalyse aus kriminalistischer Sicht, in: Kniffka, H. (Hrsg.), Texte zu Theorie und Praxis forensischer Linguistik, Tübingen, 1990: 321-338

Sturmey, P.: Typing in tongues: Interesting observations on Facilitated Communication do not establish authorship, in: Mental Retardation, 41(5)2003: 386–387

Tirvengadum, V.: Two Methods of Author Identification: the Gary/Ajar Case, Technical report, University of Manitoba, Kanada, 1996, abrufbar unter http://www.hit.uib.no/allc/tirvenga.pdf [letzter Zugriff am 1.8.2010]

Tuzzi, A.: Grammar and lexicon in individuals with autism: A quantitative analysis of a large Italian corpus, in: Intellectual and Developmental Disabilities, 47(5)2009: 373–385

Tuzzi, A.; Cemin, M.; Castagna, M.: “Moved deeply I am”. Autistic language in texts produced with Facilitated Communication, in: Purnelle, G.; Fairon, C.; Dister, A. (eds.), Proceedings of the 7th International Conference on Textual Data Statistical Analysis, Vol. 1, Louvain-la-Neuve, 2004: 1097-1105

Twachtman-Cullen, D.: A passion to believe. Autism and the Facilitated Communication phenomenon, Boulder, 1997

van Berkel, B.; Smedt, K. D: Triphone analysis: a combined method for correction of orthographical and typographical errors, in: Association for Computational Linguistics (ed.), Proceedings of the 2nd Conference on Applied Natural Language Processing (Austin, TX, 9.–12. 02. 1988), Morristown, 1998: 77-83

Vázquez, C. A.: Failure to confirm the world-retrieval problem hypothesis in Facilitated Communication, in: Journal of Autism and Developmental Disorders, 25(6)1995: 597–610

Volden, J.; Lord, C.: Neologisms and idiosyncratic language in autistic speakers, in: Journal of Autism and Developmental Disorders, 21 (2) 1991: 109–130

von Tetzchner, S.: Facilitated, automatic and false communication: Current issues in the use of facilitating techniques, in: European Journal of Special Needs Education, 11(2)1996: 151–166

Wheeler, D. L.; Jacobson, J. W.; Paglieri, R. A.; Schwartz, A. A.: An experimental assessment of Facilitated Communication, in: Mental Retardation, 31(1)1993: 49–60

Woolls, D.; Coulthard, M.: Tools for the trade, Forensic Linguistics, 5(1)1998: 33–57,

Zanobini, M.; Scopesi, A.: La comunicazione facilitata in un bambino autistico, in: Psicologia Clinica dello Sviluppo, 3, 2001: 395–421

[1] Ein Ouija-Brett besteht aus einer glatten, gleitfähigen Buchstabentafel, auf der zusätzlich Ganzwörter wie „Ja" (daher der Name, „oui" ist französisch für „Ja") und „Nein" platziert sind, und einem kleinen, gleitfähigen Plättchen. Das Plättchen ist in der Mitte offen oder durchsichtig, so dass es als Zeigehilfe genutzt werden kann, d.h. der in der Öffnung sichtbare Buchstabe ist der angewählte Buchstabe. Das Plättchen wird auf das Ouija-Brett gelegt und von einer oder mehreren Personen berührt. Diese stellen dem Ouija Fragen, dürfen das Plättchen aber nicht bewegen. Bei den meisten Personen bewegt es sich trotzdem und zeigt auf der Tafel Buchstabe für Buchstabe eine Antwort an. Ouija-Bretter werden meist in okkulten Zusammenhängen eingesetzt, beispielsweise um mit den Geistern Verstorbener in Kontakt zu treten.

Ausbau körpersprachlicher Kompetenzen in einem gemeinsamen Erfahrungsraum

Susanne Wachsmuth

In Interaktionen mit Menschen mit geistiger oder körperlicher Behinderung hat sich die Unterstützte Kommunikation sowohl im vor-, außer- und nachschulischen Bereich und insbesondere im Unterricht zunehmend etabliert. Es kommen ebenso die körpereigenen Kommunikationsformen wie Mimik, Gestik und Gebärden zum Einsatz wie auch Objekt-, Bild- und Symbolsammlungen, Schriftsprache oder elektronische Kommunikationshilfen. In der Regel verlangt jede Form der Unterstützten Kommunikation eine intensive Hinwendung des Partners und dessen Kokonstruktion, um Bedeutungen zu entschlüsseln.

Die Untersuchungen, die die Häufigkeit der Verwendung verschiedener Kommunikationsformen erheben, kommen übereinstimmend zu dem Ergebnis, dass die Körpersprache die mit großem Abstand am häufigsten verwendete Form ist und von annähernd 100% der Menschen mit schweren kommunikativen Beeinträchtigungen benützt wird.

Nach Boenisch (2009), der eine Erhebung in allen deutschen Schulen für Körperbehinderte durchführte, ergeben sich die folgenden Werte

- „53% der betreffenden Schüler/-innen kommunizieren meist/immer mittels ihrer Mimik
- 46% der betreffenden Schüler/-innen kommunizieren meist/immer mittels ihrer Blickbewegungen
- 41% der betreffenden Schüler/-innen kommunizieren meist/immer mittels ihrer unartikulierten Laute
- 33% der betreffenden Schüler/-innen kommunizieren meist/immer mittels ihrer Gestik
- 10% der betreffenden Schüler/-innen kommunizieren meist/immer mittels Gebärden

- Über 80% der betreffenden Schüler/-innen kommunizieren nie mittels Kommunikationstafeln, 8% selten und nur 4% meistens oder immer" (Boenisch 2009, 130).

Ebenfalls wurde im Rahmen einer eigenen aktuellen Erhebung zu den sozialen Netzwerken von Menschen, die unterstützt kommunizieren, neben anderen Daten die Einsatzhäufigkeit der verschiedenen Kommunikationsformen erhoben. Die Daten wurden im Zeitraum von 2005 bis 2010 von insgesamt 84 Personen (41 weiblich und 43 männlich) im Alter von 2 bis 67 Jahren erhoben, die in den meisten Fällen eine kognitive Beeinträchtigung haben:

- 76 Personen haben sowohl körperliche als auch kognitive Beeinträchtigungen,
- zwei der untersuchten Personen haben lediglich eine motorische Behinderung,
- bei 6 Personen wird als einzige Behinderungsart eine kognitive Beeinträchtigung angegeben.

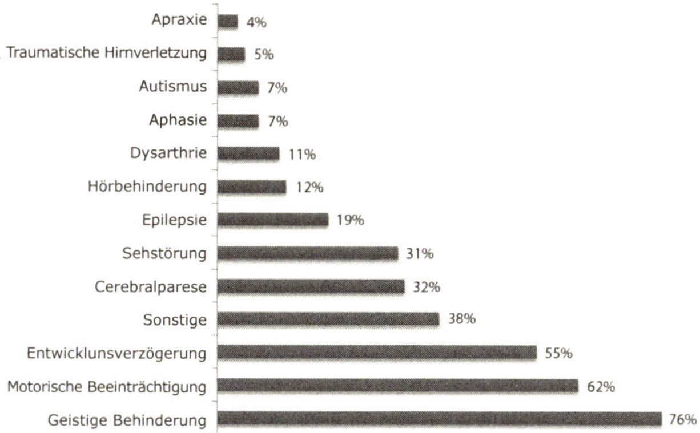

Abb. 1: Behinderungsformen der untersuchten Personen

Diese Personen werden in drei Altersgruppen differenziert

Gruppe	**Alter**	**Anzahl**	**Prozentzahl**
1	2 bis 6 Jahre	21	25 %
2	7 bis 16 Jahre	35	42 %
3	17 bis 67 Jahre	28	33 %

Somit ergibt sich eine Einteilung in Vorschul-, Schul- und Nachschulalter. Bei Kindern zwischen 5 und 8 Jahren wird überprüft, ob sie bereits in die Schule gehen, damit sie der entsprechenden Gruppe zugeordnet werden können. Ebenso wurde bei den über 16-jährigen Jugendlichen verfahren; alle Personen der dritten Altersgruppe haben die Schule bereits verlassen.

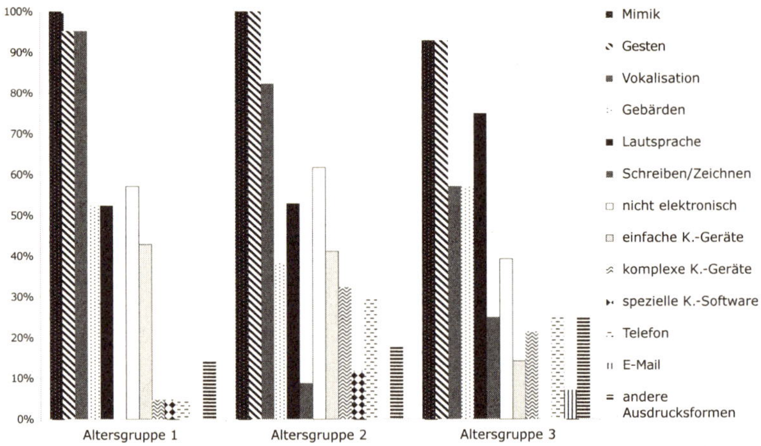

Abb. 2: Die Verwendung der unterschiedlichen Kommunikationsformen in Abhängigkeit vom Alter

Es zeigt sich deutlich, dass solche körpereigenen Kommunikationsformen bevorzugt werden, die auch lautsprachlich kommunizierende Personen einsetzen. Das sind Mimik, Gesten und Vokalisationen. Auch Lautsprache, selbst wenn sie schwer verständlich ist, kommt zum Einsatz.
Körpereigene Kommunikationsformen, die speziell für Personen ohne hinreichende kommunikative Fähigkeiten eingeführt werden, nämlich Gebärden, werden wesentlich weniger verwendet.

In der vorliegenden Untersuchung hatten im Schulalter die nicht elektronischen Kommunikationshilfen (Kommunikationstafeln und –bücher) eine höhere Bedeutung als die Gebärden.

Annähernd ähnlich beliebt sind im Schulalter einfache Kommunikationsgeräte (BIGmack, Step-by-Step, GoTalk, SuperTalker u. ä.), ihre Bedeutung scheint aber mit steigendem Alter tendenziell abzunehmen.
Schriftsprache und auch Vokalisationen hingegen werden für ältere nicht lautsprachlich kommunizierende Personen tendenziell bedeutsamer.
Komplexe Kommunikationsgeräte und spezielle Software spielen in der vorliegenden Untersuchung eine geringere Rolle. Wenn man weitere Ergebnisse der erwähnten Untersuchung (Wachsmuth 2011) betrachtet, dann zeigt sich darüber hinaus, dass die komplexen elektronischen Kommunikationshilfen hauptsächlich in Therapie- und Unterrichtssituationen, weniger im Umgang mit Familienangehörigen und Freunden verwendet werden.

Der Anteil von körpersprachlichen Äußerungen bleibt unabhängig vom Alter auf einem extrem hohen Niveau; dabei nimmt der Anteil der mimischen Äußerungen sehr leicht ab, der Anteil der gestischen Äußerungen nimmt im Schulalter zu. Auch wenn aufgrund der Tatsache, dass es sich lediglich um eine Stichprobe handelt, keine definitiven Aussagen gemacht werden dürfen, so ist die Tendenz doch so stark, dass an der hohen Bedeutung der Körpersprache unabhängig vom Lebensalter nicht gezweifelt werden kann.

Um aus den Daten ablesen zu können, mit wem die jeweiligen Kommunikationsformen verwendet werden, werden die Kommunikationspartner entsprechend ihrer sozialen Nähe in fünf Kreise eingeteilt (Blackstone/Hunt-Berg, 2006).

1. Kreis: Hierher gehören die Personen, mit denen man lebenslang kommuniziert, wie z. B. Familienmitglieder oder andere, bei denen die Person lebt. Bei Kindern sind das meist die Eltern und Geschwister. Bei älteren Individuen können es ebenfalls die Eltern sein, sowie z. B. Ehepartner, Kinder, Lebenspartner oder Mitbewohner in einer Wohngruppe.
2. Kreis: Dem zweiten Kreis gehören enge Freunde und Verwandte an. Es sind Menschen mit denen man die Freizeit verbringt, gleiche Interessen teilt und denen man vertraut. Bei Kindern sind es oft Freunde aus der Nachbarschaft, Klassenkameraden und Verwandte, die in der Nähe wohnen. Bei Erwachsenen sind es ebenfalls häufig Verwandte, Leute mit denen man gegenwärtig am liebsten die Zeit verbringt ebenso wie alte Freunde aus der Vergangenheit. Es besteht ein nahes und vertrautes Verhältnis.
3. Kreis: Die Bekannten. Das sind Personen, mit denen der Mensch im Mittelpunkt der Kreise bekannt ist, mit denen er aber nicht regelmäßig verkehrt, z. B. Nachbarn, Klassenkameraden, Kollegen, Busfahrer, Geschäftsinhaber, Mitarbeiter und Gemeindehelfer.
4. Kreis: Die bezahlten Helfer. Das sind Personen, die im allgemeinen Geld für die Zeit bekommen, die sie mit der Person im Mittelpunkt des Kreises verbringen. Das können Therapeuten, Ärzte, Lehrer, Hilfspersonal, Babysitter usw. sein. Obwohl einige von ihnen Freunde werden können, werden sie, solange sie Geld für die Kontakte bekommen, im vierten Kreis aufgelistet. Nur Pflegeeltern sind eine Ausnahme, weil sie auf Grund ihrer Bedeutung in den ersten Kreis eingetragen werden.
5. Kreis: Fremde. In den fünften Kreis gehören alle anderen. Wenn man diesen Kreis ausfüllt, müssen die Personen nicht namentlich benannt werden. Eher denkt man an Kategorien von Personen, die möglicherweise kontaktiert werden könnten, z. B. Geschäftsleute, Kellner, Busfahrer, Chatteilnehmer, Schulpersonal, Gemeindehelfer usw.

Dabei ergibt sich die folgende Grafik

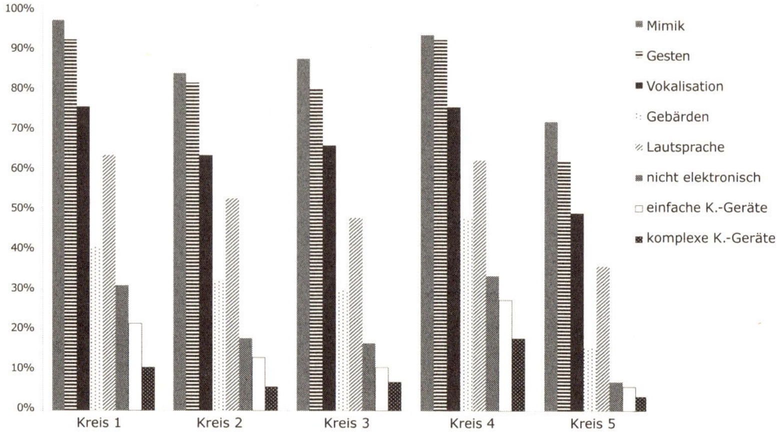

Abb. 3: Verwendete Kommunikationsformen in Abhängigkeit von den Kommunikationspartnern

Wertet man aus, welche der Kommunikationsformen mit welchen Kommunikationspartnern verwendet werden, sieht man, dass auch dieser Faktor keinen Einfluss auf die Häufigkeit der Verwendung der Körpersprache hat.
Für die Kommunikationsformen zeigt sich in allen fünf Kreisen, dass die Körpersprache, also natürliche, nicht in Unterricht oder Therapie gelernte Kommunikationsformen wie Mimik, Gestik, Vokalisation und auch Lautsprache, bevorzugt angewendet wird.
Neben der Frage des Einflusses des Alters und der Kommunikationspartner auf die Verwendung unterschiedlicher Kommunikationsformen, lässt sich die Frage nach dem Einfluss der Schwere der Behinderung stellen. Es gibt kein exaktes Maß für die Schwere einer Behinderung. Die Bedeutung der Körpersprache für Kinder mit schwersten und mehrfachen Behinderungen belegen die Untersuchungen von Fröhlich und Simon (2004), die zehn der betroffenen Kinder videografiert haben und beobachten, dass auch diese Kinder regelmäßig körpersprachliche Äußerungen zeigen. Neun der zehn untersuchten Kinder sind in der Lage, Blickkontakt zu zeigen und ebenfalls neun der zehn Kinder lautieren.
Legt man die bisher referierten Ergebnisse zugrunde, so bedeutet das, dass man sich den körpereigenen Kommunikationsformen Mimik, Gestik und Vokalisation unabhängig vom Alter der unterstützt kommunizierenden Person, unabhängig von ihren potentiellen Kommunikationspartnern und unabhängig von der Schwere der zugrundeliegenden Behinderung vermehrt zuwenden muss.

Aussagekraft der Körpersprache

Bisher wurde in Publikationen darauf hingewiesen, dass Körpersprache besonders geeignet ist, um Emotionen auszudrücken, dass Sachinhalte allerdings nur im Hier und Jetzt übermittelt werden können (Wachsmuth 2002, 38) und dass die Verwendung der Körpersprache daher so bald wie möglich von Gebärden oder grafischen Symbolen ergänzt werden sollte, die diese Einschränkung überwinden.

Bisher werden Blickkontakt, Mimik und Gestik allerdings häufig unzureichend beachtet. Thümmel weist in ihren Untersuchungen zum Kommunikationsverhalten nicht lautsprachlich Kommunizierender bereits 1998 für Kinder im Schulalter nach, dass es ihnen oftmals gar nicht erst gelingt, überhaupt kundzutun, dass sie an Kommunikation interessiert sind. Ihre vagen Äußerungen werden von den Anderen gar nicht wahrgenommen. Selbst engagierte Lehrer nehmen an, dass sie gar nicht kommunizieren wollen. Thümmel konnte mit Hilfe der Analyse von Videobändern nachweisen, dass alle von ihr beobachteten Schüler Kommunikationsversuche unternahmen, die aber nicht zur Kenntnis genommen wurden (Thümmel 1998).

Andere Forschungen bestätigen diese Beobachtungen. Von 229 Initiativen, die von den schwer behinderten Schülern während einer Untersuchung von Houghton et al. (1987) ausgehen, nehmen die Betreuer lediglich 16 wahr, das sind knapp 7%.
Dem gegenüber stehen die Schilderungen vieler naher Bezugspersonen, die berichten, dass sie alternative Kommunikationsformen nicht brauchen und deren Einsatz als zu umständlich ablehnen, weil sie ihre Kinder oder Partner auch ohne diese Hilfen verstehen und aus den Blicken und der Mimik lesen können.

Solche Aussagen werden von Pädagogen in der Regel kritisch betrachtet, denn mit Recht weisen sie darauf hin, dass Kommunikation nicht auf einen extrem engen Kreis von Kommunikationspartnern beschränkt sein darf. Andererseits sollten die Berichte ernst genommen werden und Anlass zu der Überlegung bieten, wie es möglich ist, dass nahe Bezugspersonen sich über Körpersprache Vieles mitteilen können und ob dieses Können vielleicht auch für andere erlernbar ist.
Solche Überlegungen werden ebenfalls von den Forschungen von Tomasello (2009) nahegelegt. Er betont die Leistungsfähigkeit von Mimik und Gestik und schildert ein Beispiel dafür, dass die Körpersprache das Hier und Jetzt ohne weiteres überwindet.

„Nehmen wir an, Sie und ich seien auf dem Weg zur Bibliothek, und aus heiterem Himmel zeige ich in die Richtung einiger Fahrräder, die an der Mauer der Bibliothek lehnen. Ihre Reaktion wird sehr wahrscheinlich »Häh?« sein, weil Sie keine Ahnung davon haben, auf welchen Aspekt der Situation ich hinweise oder warum ich das tue, da das Zeigen an sich nichts bedeutet. Aber wenn Sie sich einige Tage zuvor auf besonders üble Weise von Ihrem Freund getrennt haben, und wir beide wissen, daß der andere das weiß, und eines der Fahrräder ihm gehört, wovon wir ebenfalls wissen, daß der andere das weiß, dann konnte genau dieselbe Zeigegeste in genau derselben Situation etwas sehr Komplexes bedeuten wie zum Beispiel »Ihr Exfreund ist schon in der Bibliothek (wir sollten sie deshalb vielleicht meiden)«. Wenn andererseits eines der Fahrräder dasjenige ist, von dem wir beide wissen, daß der andere weiß, daß es Ihnen vor kurzem gestohlen wurde, dann wird genau dieselbe Zeigegeste etwas völlig anderes bedeuten. Oder vielleicht haben wir uns gefragt, ob die Bibliothek zu dieser späten Stunde noch geöffnet ist, und ich weise auf die vielen Fahrräder draußen hin als Zeichen dafür, daß sie geöffnet ist“ (Tomasello 2009, S13f.).

An diesem Beispiel wird Verschiedenes deutlich:
1. Die einfache Geste des „auf-Etwas-Zeigens“ kann sehr Vieles und sehr Unterschiedliches bedeuten.
2. Sie kann auf ein vergangenes Ereignis verweisen (hier auf eine Trennung).
3. Sie kann auf Zukünftiges hinweisen (hier auf das Vermeiden der Bibliothek).
4. Es ist notwendig, dass man von den Erlebnissen des Anderen weiß.
5. Der Andere muss wissen, dass der Zeigende weiß, dass er weiß, was er mit dem Zeigen sagen will.
6. Und schließlich muss der Andere annehmen, dass der Zeigende etwas Bedeutsames zu sagen hat.

Unter diesen Bedingungen, die im Alltag häufig anzutreffen sind, falls man über einen gemeinsamen Erfahrungsraum verfügt, werden Hinweise durch Blickrichtung oder Zeigen zu aussagekräftigen kommunikativen Äußerungen. Es sprechen daher zwei Argumente für eine vermehrte Beachtung solcher Körpersprache, die auch von lautsprachlich Kommunizierenden verwendet wird:
a) In der Realität ist es die bevorzugte Kommunikationsmethode der unterstützt kommunizierenden Schüler.
b) Entgegen der bisherigen Annahmen, ist diese Kommunikationsmethode in der Lage, differenzierte Inhalte zu übermitteln, wenn dabei die oben genannten Bedingungen gegeben sind.

Förderung der körpersprachlichen Kommunikation

Da die unterstützt Kommunizierenden in ihren Möglichkeiten eingeschränkt sind, aus sich selbst heraus ihre kommunikative Situation zu verbessern, ist es erforderlich als Kommunikationspartner diese Personen zu unterstützen und das Verhalten anzupassen.
Daher sollen im Folgenden einige Überlegungen zusammengetragen werden, wie die kommunikative Situation positiv beeinflusst werden kann.

1. Genaues und interessiertes Beobachten in der Erwartung von kommunikativen Äußerungen

Es ist eine Voraussetzung für die Interpretation der Körpersprache, dass man den nicht lautsprachlich kommunizierenden Schüler genau beobachtet, um seine Äußerungen wahrnehmen zu können. Das Wissen darum, dass nicht lautsprachlich kommunizierende Menschen regelmäßig kommunikative Bemühungen zeigen, sollte die Erwartung stärken, solche Zeichen zu finden. Als hilfreich haben sich Videoaufnahmen erwiesen.

2. Bewusste Teilhabe am gemeinsamen Erfahrungsraum

Wie in dem Beispiel von Tomasello deutlich wird, ist das gemeinsame Erleben und das Wissen darum, dass man etwas gemeinschaftlich erlebt, die Grundvoraussetzung dafür, dass einfache Gesten oder auch Mimik über die Bezeichnung des Hier und Jetzt hinaus bedeutungsvoll werden. Das heißt, dass unterstützt Kommunizierende so viel wie möglich mit den Anderen zusammen erleben sollten. Diese Gruppen- oder Partnererfahrungen sollten sowohl den unterstützt Kommunizierenden als auch den Anderen als eine Gemeinsamkeit bewusst sein. Das kann zum Beispiel in (Kreis-)Gesprächen oder durch Betrachten von Fotos geschehen.

3. Verankerung des Erlebten an einem sichtbar präsenten Zeichen

Sichtbar präsente Zeichen können Fotos von Erlebtem sein. Da jedoch nicht alle gemeinsamen Erlebnisse auf diese Weise repräsentiert werden, kann auch der Ort des Erlebnisses betont werden, z. B. die Stelle im Raum an der ein Erlebnis stattgefunden hat oder der Gegenstand, der bei dem Erlebnis eine Rolle gespielt hat.

4. Informationsaustausch mit nahen Bezugspersonen

Gerade für Personen, die nicht selber von ihren Erlebnissen berichten können, ist es besonders wichtig, mit den nahen Bezugspersonen einen möglichst engen Kontakt zu pflegen, um durch sie von Erlebnissen zu erfahren. Die unterstützt Kommunizierenden sollen Kenntnis über diesen Austausch haben. Wann immer möglich, sollte ein sichtbar präsentes Zeichen angeboten werden. Sollte das nicht möglich sein, kann eventuell der Ort/die Stelle an der die Mitteilungen ausgetauscht werden, zum Zeichen werden. Hinweise durch Zeigegesten oder Blicke auf die Stelle (z. B. Mitteilungsbuch, Telefon oder Eingangsbereich) könnten als Zeichen benutzt werden, die bedeuten, „ich meine das, was dort gesprochen wurde“.

5. Absichern der Interpretation der körpersprachlichen Äußerungen

Körpersprache ist häufig uneindeutig. Es sollte immer versucht werden, zu erfragen, ob man die Äußerungen richtig verstanden und richtig auf sie reagiert hat. Eine andere Form der Rückversicherung besteht darin, Andere zu fragen, wie sie bestimmte Äußerungen interpretieren. Dabei können gemeinsame Beobachtungszeiten und gegenseitige Beratungen von Vorteil sein.

6. Spiegeln

Hierbei handelt es sich um eine besondere Form des kontingenten Verhaltens. Die Äußerungen werden mehr oder weniger unverändert übernommen und wiederholt. Indem nicht behinderte Partner körpersprachliche Zeichen aufnehmen und wiederholen, signalisieren sie „ich habe gesehen, was du machst. Ich nehme deine Äußerungen wahr und ernst“. Das gespiegelte Verhalten kann mit Interpretationsvorschlägen begleitet werden.

7. Zuschreiben von Bedeutungen

Eltern nicht behinderter Kinder verhalten sich so, als wollten ihre Kinder ihnen etwas mitteilen. Sie unterstellen den Kindern also eine kommunikative Absicht, zu einem Zeitpunkt, an dem ihre Kinder noch gar keine Vorstellung von der möglichen Bedeutung ihrer Äußerungen haben. So reagieren sie hocherfreut auf die ersten Silbendopplungen „ma-ma-ma“, als hätte das Kind die Mutter benannt. Erst durch diese Reaktion erfahren die Kinder von einer möglichen Bedeutung ihrer Äußerung und versuchen diese zu wiederholen.
Wenn Bezugspersonen von Menschen mit Behinderung in ähnlicher Weise auf Äußerungen reagieren, machen sie es möglich, dass diese Äußerungen zu Bedeutungsträgern werden. Dabei ist es zunächst einmal nicht wichtig, ob der „Sender“ genau dies äußern wollte. Wichtig ist lediglich, dass er erfährt, dass auf eine bestimmte Äußerung eine bestimmte Reaktion erfolgt. Im Laufe vieler Wiederholungen kann eine Äußerung auf diese Weise zu einem

Bedeutungsträger werden. Eine Absprache zwischen Kollegen, Unterrichts- und Integrationshelfern und nahen Bezugspersonen ist hier unabdingbar.

9. Dokumentation

Damit eine Chance besteht, allmählich einen gemeinsamen Bedeutungs- und Sprachschatz aufzubauen, ist es von allergrößter Bedeutung, sich gegenseitig über bedeutungstragende Zeichen zu informieren und diese zu dokumentieren. Das kann häufig gut durch Fotos plus Beschreibung geschehen. So entsteht die Möglichkeit, dass mehrere Personen von der Zuschreibung einer Bedeutung zu einem bestimmten Zeichen erfahren. Nur dadurch können es alle Bezugspersonen in die Kommunikation aufnehmen. Je öfter ein Zeichen in einer bestimmten Art und Weise interpretiert wird, desto höher ist die Wahrscheinlichkeit, dass diese Bedeutung deutlich wird und dass es dadurch bewusst eingesetzt wird. Darüber hinaus ist es von äußerster Wichtigkeit, diese Zeichen auch dann zu erhalten, wenn die Bezugspersonen wechseln (Wachsmuth 2010).

Zusammenfassung

Zusammenfassend lässt sich sagen, dass gemäß allen vorliegenden Untersuchungen die Körpersprache einen sehr hohen Stellenwert einnimmt und daher stärker in eine bewusste kommunikative Förderung mit einbezogen werden sollte. Ein wesentlicher Ansatzpunkt ist die bewusste Partizipation der unterstützt Kommunizierenden an einem gemeinsamen Erfahrungsraum. Die eingangs erwähnte Kokonstruktion gelingt umso besser, je intensiver man den Erfahrungsraum mit dem unterstützt Kommunizierenden teilt.

Das bedeutet für die tägliche Praxis, dass möglichst viele gemeinsame Aktionen mit potentiellen Kommunikationspartnern stattfinden sollten, die ganz bewusst als gemeinsam Erlebtes hervorgehoben werden. Für Personen, die sich körpersprachlich am effizientesten verständigen, ist es notwendig diese gemeinsamen Aktionen mit Orten oder Symbolen zu verbinden, auf die durch Gesten oder Blicke hingewiesen werden kann.

Literatur

Blackstone, S.W.; Hunt-Berg, M.: Soziale Netzwerke. Ein Instrument zur Erfassung der Kommunikation unterstützt kommunizierender Menschen und ihrer Kommunikationspartnerinnen und –partner. Deutsche Ausgabe herausgegeben und übersetzt von S. Wachsmuth. Manual, Karlsruhe, 2006

Boenisch, J.: Kinder ohne Lautsprache. Grundlagen, Entwicklungen und Forschungsergebnisse zur Unterstützten Kommunikation, Karlsruhe, 2009

Fröhlich, A.; Simon, A.: Gemeinsamkeit entdecken. Mit schwerbehinderten Kindern kommunizieren, Düsseldorf, 2004

Houghton, J.; Bronicki, G.; Guess, D.: Opportunities to express preferences and make choices among students with severe disabilities in classroom settings, in: Journal of the Association For Persons With Severe Handicaps, 12/1987: 18-27

Thümmel, I.: Damit Kommunikation gelingt! Schüler mit schwersten Behinderungen verstehen - sich mit ihnen verständigen! Vortrag Sonderpädagogischer Kongress, Hannover, 1998

Tomasello, M.: Die Ursprünge der menschlichen Kommunikation, Frankfurt, 2009

Wachsmuth, S.: Der Einfluss alternativer und augmentativer Kommunikationsformen auf die Dialogsituation, in: Heilpädagogische Forschung. Zeitschrift für Pädagogik und Psychologie bei Behinderten, Band XXVII, 1/2001: 36-42

Wachsmuth, S.: Körpersprachliche Kommunikation bei Menschen mit schweren und mehrfachen Behinderungen, in: Maier-Michalitsch, N.J.; Grundick, G. (Hrsg.): Leben pur – Kommunikation bei Menschen mit schweren und mehrfachen Behinderungen, Dortmund, 2010: 58-17

Wachsmuth, S.: Stellenwert verschiedener Kommunikationsmethoden. Ein Plädoyer für die Wiederentdeckung der Körpersprache, in: Lernen konkret, 1/2011: 22-25

Übergänge zu neuen Lebensräumen als Teilhabemöglichkeiten erschließen

Dorothea Lage

1. Einleitung

Wohin die Reise des Lebens auch geht ... täglich steht der Mensch vor neuen Herausforderungen und hat – rückblickend – täglich die Herausforderungen gemeistert. Kann ein Mensch diese Herausforderungen übergehen? Im Laufe der Zeit hat der Mensch neue Lebensbereiche mit ihren spezifischen Tätigkeiten und Beziehungen kennen gelernt. Dabei nimmt der Mensch neue soziale Rollen wahr und gestaltet diese aus. Mehrheitlich ist ein Mensch mit seiner Reise des Lebens einverstanden und zufrieden – vielleicht sogar glücklich. Neue Tätigkeiten machten ihn stolz. Neue Bezugspersonen bleiben in langer Erinnerung, wie z. B. die erste Lehrerin, weil sie uns ein paar Jahre in unserer Schullaufbahn begleitet hat. Neue soziale Rollen, wie zum ersten Mal Arbeitnehmerin zu sein, erfreuen und ermutigen. Neues kennen zu lernen heißt, dass jedes Mal ein Übergang bewältigt wird. Gleichermaßen ist die Reise des Lebens mit ihren unzähligen Übergängen maßgeblich an der Ausgestaltung individueller Entwicklungsprozesse in allen menschlichen Entwicklungs- und Lebensbereichen mit der jeweiligen individuellen Ausprägung einer einzigartigen Persönlichkeit beteiligt.

Menschen mit schweren Entwicklungsbeeinträchtigungen benötigen dafür besondere Unterstützung, nicht nur die Unterstützte Kommunikation (UK). Sie benötigen dazu andere Menschen, die aus ihrem professionellen Handeln heraus Begleitung und Rituale anbieten, verlässlichen Halt geben und Hilfe anbieten, so dass kleine und große Übergänge im Alltag individuell unterschiedlich bewältigbar werden und bleiben. Menschen mit kognitiven oder schweren mehrfachen Beeinträchtigungen sind oftmals auch in ihren kommunikativen Ausdrucksmöglichkeiten beeinträchtigt. Dies führt zu verstärkter Isolation, weil diese Menschen Schwierigkeiten haben, sich bewusst über die Situation zu stellen und dabei Emotionen, Gefühle von der Sache zu trennen, bewusst zu reflektieren, nachzudenken, voraus zu denken und darüber zu kommunizieren.

2. Entwicklungstheoretische Grundlage für die Bedeutung von Übergängen

Diese Reflexionsfähigkeit und das komplexere Verständnis von der Welt lernen wir über Entwicklungsprozesse mit gelungenen Übergängen. Dieser Aussage liegt die systemökologische Sichtweise der menschlichen Entwicklung – die Ökologie der menschlichen Entwicklung nach Bronfenbrenner (1981) – zu Grunde. Bronfenbrenner geht von einer fortschreitenden gegenseitigen Anpassung zwischen einem aktiven, sich entwickelnden Menschen und den wechselnden Eigenschaften seiner unmittelbaren Lebensbereiche aus (vgl. 1981, 37). Er verbindet somit zwei wichtige entwicklungstheoretische Vorstellungen: ausgehend vom organismischen Entwicklungsmodell – bezogen auf das sich entwickelnde Individuum – bettet er dieses systemisch in die soziale Welt des Individuums ein, bildet dieses ab und interpretiert es. Mit dieser Sichtweise wird klar, welche Bedeutung Übergänge im menschlichen Zusammenleben haben und wie wichtig so genannte Ökologische Übergänge für die individuelle Entwicklung sind (vgl. Lage 2006, 177ff.). Bronfenbrenner beschreibt in seiner Konzeption die menschliche Entwicklung als einen Prozess, durch den das sich entwickelnde Individuum erweiterte, differenziertere und verlässlichere Vorstellungen über sich und seine Umwelt erwirbt. Dabei wird die Person zu Handlungen und Tätigkeiten motiviert und befähigt, die es ihr ermöglichen, die Eigenschaften ihrer Umwelt zu erkennen und zu erhalten oder auf nach Form und Inhalt ähnlich komplexem oder komplexerem Niveau umzubilden (vgl. 1981, 43). Die entwicklungsbezogene Relation zwischen Person und Umwelt wird als echte Gegenseitigkeitsbeziehung verstanden. Dies geschieht nach Bronfenbrenner vor allem in den unmittelbaren Lebensbereichen des Individuums, dem so genannten Mikrosystem.

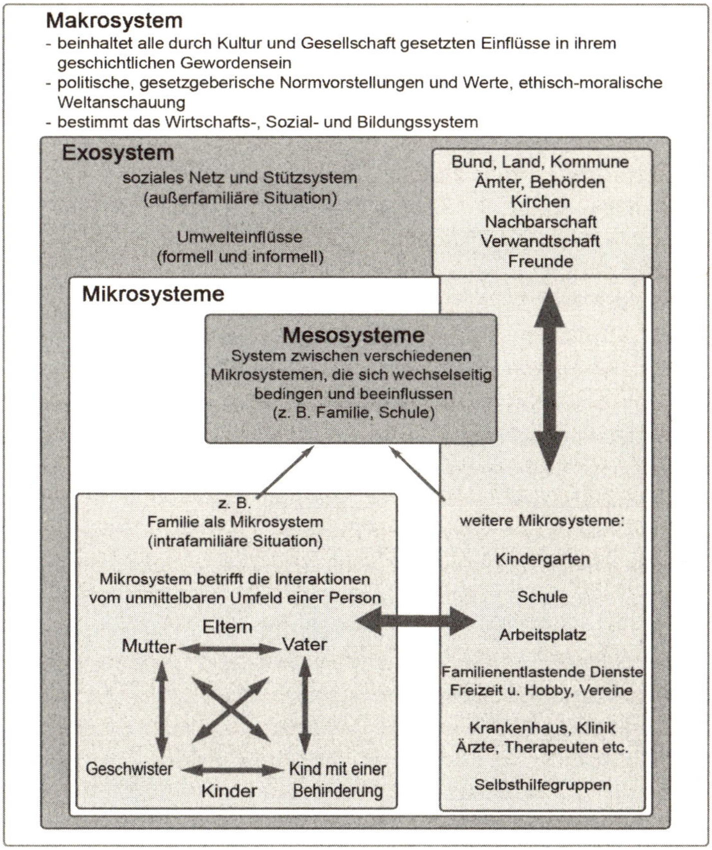

Abb. 1: Die ökologischen Systeme der menschlichen Entwicklung nach Bronfenbrenner (1981), Schema nach Cloerkes (2001:189)

Das entwicklungsrelevante Geschehen in dieser unmittelbaren physischen und sozialen Umgebung ist gekennzeichnet durch drei zentrale Elemente: die Tätigkeit, die Beziehung und die soziale Rolle. Eine Tätigkeit ist ein über eine gewisse Zeit fortgesetztes Handeln, das vom tätigen Menschen und von den am Lebensbereich Beteiligten als bedeutungs- oder absichtsvoll wahrgenommen wird, wie beispielsweise: Einkaufen zu gehen, um etwas zu kochen, weil man die Freunde zum Abendessen eingeladen hat. Das Wichtige an solchen Tätigkeiten ist, dass sie (soziale und andere) Beziehungen stiften und so zur Definition von sozialen Rollen führen können (vgl. u. a. Leontjew 1984).

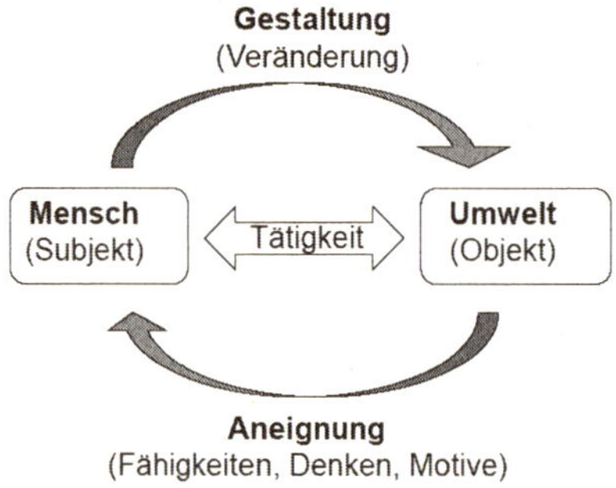

Abb. 2: Tätigkeitsmodell nach Leontjew (1984)

Beziehungen ergeben sich aus dem Wechselspiel zwischen den Tätigkeiten von zwei oder mehr Personen, d. h. wenn eine Person innerhalb eines Lebensbereiches die Aktivitäten einer anderen aufmerksam verfolgt oder sich an ihnen beteiligt. Die Beziehung ist auf der einen Seite ein Produkt der Tätigkeiten zweier (oder mehrerer) Menschen und auf der anderen konstituierend für die sozialen Rollen, welche ein Individuum übernimmt. Die *soziale Rolle* ist ein Satz von Tätigkeiten und Beziehungen, die von einer Person in einer bestimmten Gruppen- oder Gesellschaftsstellung und von anderen ihr gegenüber erwartet werden. Soziale Rollen schränken die bisherigen Möglichkeiten des Verhaltens ein, sie eröffnen aber auch neue Möglichkeiten, indem sie dafür die Legitimierung geben. Der Mensch entwickelt sich durch die Interaktionen mit Personen, die mehrere soziale Rollen innehaben, und weiter durch sein eigenes, ständig wechselndes Rollenrepertoire. Eine soziale Rolle ist dabei das Resultat aus dem Zusammenspiel von Tätigkeiten und Beziehungen mit verschiedenen Personen in verschiedenen Lebensbereichen. Nach Bronfenbrenner spielt sich Entwicklung niemals nur in einem der drei Bereiche, den Tätigkeiten, den Beziehungen oder der sozialen Rolle ab. Die drei Bereiche gehören untrennbar zusammen und bedingen sich gegenseitig. Daher zieht eine Veränderung in einem Bereich zwangsläufig Veränderungen in den anderen Bereichen nach sich (vgl. 1981, 44). Ist ein Mensch bspw. in seiner Tätigkeit fremdbestimmt oder auf seine soziale Rolle fixiert (d. h. dass er keine Wahlmöglichkeiten hat), so wird sich das auf den Bereich seiner Beziehung negativ auswirken – Konflikte und Abwertungen sind somit vorprogrammiert (vgl. Kasper/Lage 2010).

Bronfenbrenner stellt nun fest, dass das *entwicklungsförderliche* Potential eines Lebensbereiches in dem Maße steigt, wie die Lebensbereiche es dem sich entwickelnden Menschen ermöglichen, an fortschreitend komplexeren Tätigkeiten, zwischenmenschlichen Beziehungen und sozialen Rollen aktiv teilzunehmen (Partizipation). Wichtige Entwicklungsschritte sind nach Bronfenbrenner die Erschließung neuer Lebensbereiche, was er

Ökologischen Übergang nennt. Echte Ökologische Übergänge sind in der menschlichen Entwicklung besonders bedeutsam: Sie finden statt, wenn ein Mensch seine Position in der ökologisch verstandenen Umwelt durch einen Wechsel seiner sozialen Rolle, seines Lebensbereiches oder beider verändert. Dabei ändern sich in neuen Lebensbereichen sowohl die Tätigkeiten, also auch die Beziehungsstrukturen und damit auch die sozialen Rollen (vgl. Bronfenbrenner 1981, 43).
Mit jedem ökologischen Übergang von einem Lebensbereich in einen anderen und mit jeder Erweiterung der sozial ausgerichteten Tätigkeiten eines Menschen ist auch eine Erweiterung der spezifischen Fähigkeiten und Kompetenzen eines Menschen notwendig. Je nach kulturellem Hintergrund und gesellschaftlicher Struktur von Lebensbereichen sind so die Abgrenzungen von einzelnen Lebensphasen oder Entwicklungsschritten möglich. Das entwicklungsförderliche Potential eines Lebensbereichs wird zudem gesteigert, wenn die Interaktionspartner (die jeweiligen Mitmenschen in der sozialen Umgebung), ihre Tätigkeiten (Begleiten, Unterstützen, Entscheidungshilfen, Kommunizieren) den Bedürfnissen der sich entwickelnden Person und ihren (Autonomie-)Bestrebungen entsprechend anpassen und gestalten. Damit kann der Ökologische Übergang als gelungen und geglückt erlebt werden. Dies können (lebensältere) Mitmenschen besonders gut, weil sie Erfahrungswissen, Fähigkeiten und Kompetenzen aus anderen Lebensbereichen beiziehen können.
In diesem Bereich der systemökologisch ausgerichteten Entwicklungsdimensionen werden Menschen mit Beeinträchtigungen erheblich behindert, da sie ihre Sozialisation in den meisten Fällen in den gleichen Lebensbereichen vollziehen müssen. Die soziale und gesellschaftliche Partizipation und Integration wird dadurch erheblich erschwert. Dies sind entwicklungsbeeinträchtigende und entwicklungshinderliche Faktoren.

3. Ökologische Übergänge als Entwicklungsprozesse – viele Wege sind möglich

Entwicklungsprozesse sind Übergänge. Gelingende aber auch missglückte Übergänge gehören zur menschlichen Entwicklung. Denn Entwicklung heißt, immer wieder *neue Unterschiede* wahrnehmen können und wahrnehmen lernen. Dabei geschieht die Auseinandersetzung des Menschen mit sich und der Welt ununterbrochen, mit allen Sinnen (Riechen, Anfassen, Sehen, Schmecken, Hören) und nicht immer bewusst. Entwicklungsprozesse stellen mehr oder weniger hohe Anforderungen daran, die neuen Unterschiede zu verarbeiten. Unterschiede zu verarbeiten heißt, Übergänge wahrzunehmen, kennen zu lernen und zu bewältigen.

Ausgehend von der nächsten Umgebung lernt der Mensch immer größere und weiter entfernt liegende Teile dieser Welt immer besser kennen. Und er lernt auch sich selbst immer besser kennen. Damit beschreitet der Mensch Ökologische Übergänge, Entwicklungen in Richtung allgemeiner Bildung. In der Auseinandersetzung mit sich und der Welt wird der Mensch also immer vielfältiger in seinen (grundsätzlich möglichen) Sichtweisen. Je intensiver die Auseinandersetzung und je unbekannter und unvertrauter das Wahrgenommene ist, desto höher ist die Anforderung. Und je höher die Anforderungen sind, desto größer können der Übergang und damit auch das *Entwicklungspotential* sein.

Gelingende Auseinandersetzungen mit Ökologischen Übergängen bedeuten, dass der Mensch sich darin als selbstsicheres und selbstbewusstes Subjekt erlebt sowie, dass er sich und seine Welt anschließend wieder ‚zusammensetzen' und ‚versichern' kann. Einen großen Einfluss darauf hat auch die Funktionale Gesundheit des Menschen (im Sinne der ICF[1]) mit seiner sozialen Umgebung, die dem Menschen emotionale und soziale Sicherheit sowie Handlungs- und Partizipationsmöglichkeiten zu geben vermag. Hier zeigt sich auch das Potential der sozialen Umwelt von Menschen mit (schweren) Entwicklungsbeeinträchtigungen, wie Unterstützungsleistungen für sie gestaltet sind und wie professionelle Hilfen diese Menschen darin begleiten und unterstützen können, ihren ganz eigenen (manchmal auch eigentümlichen) Weg ihrer Entwicklung zu gehen: Sie gestalten gemeinsam mit anderen Menschen (den Professionellen) kooperativ und partizipativ die Ökologischen Übergänge in ihren Lebensbereichen – ein Entwicklungsweg in Richtung Bildung.

Natürlich können Entwicklungsprozesse auch in *negative Prozesse* münden und damit kann es vermehrt oder immerzu misslingen, das Entwicklungspotential Ökologischer Übergänge eines Lebensbereichs auszuschöpfen bzw. zu nutzen. Das ist dann der Fall, wenn es einem Menschen aus unterschiedlichsten Gründen nicht (mehr) möglich ist, sich mit sich und der Welt auseinander zu setzen, und zwar so, dass sich der Mensch nicht mehr als handelndes Subjekt mit seiner eigenen Identität erfahren und/oder sich in seiner sozialen Umwelt aufgehoben und angenommen fühlen kann. Aus dieser Isolation, die durch Verunsicherung bzw. Orientierungslosigkeit entsteht, kann der Mensch nur über kognitive Denkleistungen (gegen die innere Isolation) oder Kommunikation (gegen die äußere Isolation) heraustreten (vgl. Jantzen 1996). Hier treten Schwierigkeiten in der professionellen Sozialen Arbeit mit Menschen mit (schweren) Beeinträchtigungen, mit Menschen ohne Unterstützte Kommunikation auf: Tritt die Handlungs*un*fähigkeit ein, dann ist es eigentlich schon zu spät. Symptomfolgen, wie (auto-)aggressive Handlungsweisen und/oder

Rückzug als Deprivationserscheinungen, werden sichtbar. Dies sind ganz normale, menschliche Handlungsweisen der Selbstversicherung, indem der Rückzug auf bekannte, alte Muster wieder Sicherheit bietet bzw. geben soll. Denkleistungen anzustellen, ist für Menschen mit (schweren) kognitiven Beeinträchtigungen besonders schwierig, weil die Wahrnehmung neuer Wege sehr viele Denkprozesse und die Wahrnehmung bereits bekannter Wege dagegen nur wenige Denkleistungen erfordert. Entwicklungsprozesse bestehen eben nicht nur aus der Auseinandersetzung mit ökologischen Übergängen, sondern auch darin, dass das *Auseinander-Gesetzte* wieder *zusammen* gesetzt werden kann. Gelingt das nicht, führt das *Auseinander-Gesetzte* zu *Ent-Setzen*. Auseinandersetzungen, die nicht wieder zusammen gesetzt werden können und zu *Ent-Setzen* führen, verhindern weitere entwicklungsförderliche *Auseinander-Setzungen* mit sich und der Welt – sie sind entwicklungshemmend. Dies sind sozusagen entwicklungshemmende, beeinträchtigende Auseinandersetzungen. *Entsetzen* entsteht auch dann, wenn ein Mensch an der kontinuierlichen Auseinandersetzung gehindert wird: sei es, dass ihm sein festgelegter Tagesablauf keine Entscheidungsspielräume zulässt, dass strukturelle Gewalt sein Autonomiebestreben beeinträchtigt, dass seine Unterstützungshandlungen nicht mit ihm partizipativ und kooperativ ausgehandelt sind; oder sei es, dass seine ungewohnten, leisen und undeutlichen kommunikativen Signale vom sozialen Umfeld nicht wahrgenommen werden.

Innere Isolation entsteht beim sich entwickelnden Menschen, wenn dieser aufgrund eingeschränkter Wahrnehmungsmöglichkeiten Ökologische Übergänge anders verarbeitet (z. B. aufgrund schwerer kognitiver Beeinträchtigungen oder Störungen im Autismus-Spektrum), und (vor allem!) wenn sich ein Mensch aufgrund eingeschränkter Teilhabemöglichkeiten nicht partizipierend und inklusiv mit seiner Welt auseinandersetzen kann, wie z. B. beim Leben in stationären Einrichtungen. Wenn ein Mensch eine Entscheidung treffen muss/soll, wie z. B. „Was ziehe ich heute an?“ oder „Was mache ich heute Abend?“, so muss er sich sehr intensiv mit sich und der Welt auseinandersetzen. Wenn derselbe Mensch jeden Tag dasselbe tut (Routinen), dann stellt sich ihm diese Frage nicht oder mit der Zeit nicht (mehr). Er muss sich also nicht (mehr) mit der Welt auseinandersetzen. Routinen und Alltagshandlungen sind jedoch wichtig, wenn es um die Selbstversicherung von Menschen geht. Routinen geben Sicherheit, machen das Alltagsleben weniger komplex und kompliziert. Gleichsam verhindert ein (vollständig) durchstrukturierter und von Routinen geprägter Alltag mögliche Entwicklungen, weil er keine Veränderungen mehr fordert oder zulässt. Entscheidungen werden nicht mehr nötig und nicht mehr möglich. Ein Mensch verlernt so, Entscheidungen treffen zu können.

Äußere Isolation entsteht, wenn dem Menschen in seiner Umwelt Übergänge vorenthalten werden, die für eine kontinuierliche und entwicklungsförderliche Auseinandersetzung mit sich und der Welt notwendig wären. Wenn diese lebensnotwendigen Angebote über eine längere Zeit fehlen, versucht sich der betreffende Mensch aus der Auseinandersetzung mit der Welt herauszunehmen. Er zieht sich auf sich zurück und entwickelt entsprechende Verhaltensweisen, die kaum mehr auf die Welt bezogen sind, so genannte Deprivationssymptome (vgl. Jantzen 1996). Äußere und Innere Isolation stehen also in Wechselwirkung zueinander und können sich gegenseitig verstärken.

5. UK und Ökologische Übergänge

In der professionellen Arbeit mit Menschen mit schweren Beeinträchtigungen kann dies zu einem Dilemma führen: Einerseits müssen viele Abläufe über Routinehandlungen eingeübt werden, gerade weil die (kognitive) Leistungsfähigkeit beeinträchtigt ist. Andererseits führen die so eingeübten Alltagshandlungen und Routinen dazu, dass das (kognitive) Potential immer weniger herausgefordert wird, um sich weiter zu entwickeln. Routinen können also die (Kognitions-) Entwicklung beeinträchtigen. Es ist daher wichtig, dass mit Alltags- und Routinehandlungen gearbeitet wird, diese aber immer wieder durchbrochen werden und dass eigene Denkleistungen des betreffenden Menschen nicht unbeachtet bleiben.
Es gibt viele Möglichkeiten, sich (wieder) Selbstversicherung zu verschaffen: sei es über

- *körperliche Formen*, wie alle primären Kreisprozesse (nach Piaget), deren Intensität je nach Erfolg/Misserfolg ab- oder zunehmen kann, Selbststimulationen, Bewegungsstereotypien, über den eigenen Geruch;
- *andere Menschen*, wie Körperkontakt jeglicher Art suchen, andere Menschen zu provozieren, immer wieder die gleichen Fragen stellen, auf jemanden einreden, streiten, Selbstgespräche führen, über magische oder imaginäre Personen; und/oder die
- *dinglich-materielle Welt*, wie Sammeln, gleichbleibendes Explorieren mit Gegenständen (Handlungsstereotypien), Demolieren (vgl. Kasper/Lage 2010).

Die UK kann gleichsam dazu beitragen, dass die Handlungsfähigkeit wieder zurück erlangt wird: Die Visualisierung komplexerer Handlungsabläufe und Wege, z. B. mittels TEACCH, gibt Orientierung und Strukturhilfe. Der kommunikative Austausch mit Anderen führt aus der Isolation – ebenso wie die auf Teilhabe ausgerichtete individuelle Unterstützungsplanung und

Entwicklungsbegleitung mit UK einen Weg aus der Isolation ermöglichen (können). Für die professionelle Arbeit heißt es zu ermöglichen, dass die Menschen sich immer wieder neu und vielseitig mit sich und der Welt in Ökologischen Übergängen auseinandersetzen können – mit der Verlässlichkeit, ihnen immer wieder die Möglichkeit zu geben, sich (wieder) versichern und ihre Welt zusammensetzen zu können. Schließlich ist es entscheidend, dass wir als Professionelle diese Übergänge derart mitgestalten, dass kein Ent-Setzen und keine Verunsicherung geschehen.

Aus der Neurologie und Entwicklungspsychologie wissen wir inzwischen, dass Menschen (ständig) dabei sind, auf Veränderungen zu reagieren. Menschen bemühen sich fortlaufend, sich den umgebenen physischen und sozialen Strukturen anzupassen (Assimilation und Akkomodation). Denn in einer natürlichen Umwelt und in normalisierten Lebensbedingungen kommen Veränderungen, Erlebnisse, Unterschiede, Erfahrungen nicht immer systematisch (strukturiert) und (voraussehbar) geplant vor, sondern sind meist unsystematisch und nicht planbar. Demnach sind Überraschungen und Übergänge normal. Das heißt, der Mensch ist – evolutionär gesehen – auch einigermaßen daran gewöhnt, solche Ökologischen Übergänge zu erfahren (vgl. Dollase 2007). Vielfach benötigen dabei alle Menschen unterschiedlich intensive Unterstützung, Hilfe und Begleitung, um diese Übergänge als positiv und entwicklungsförderlich zu erleben. Menschen, die wenige Erfahrungen mit Ökologischen Übergängen gesammelt haben, weil sie in restriktiven Bedingungen leben, werden wesentlich intensivere Begleitung bei solchen Übergängen benötigen und allenfalls auch mittels ihrer ‚typischen' Handlungsweisen in Anspruch nehmen.

Schließlich ist zu bedenken, dass der völlige Verzicht im Leben auf Diskontinuitäten, Herausforderungen und sogar missglückte Übergänge auch langweilig sein bzw. werden kann. Darin verbirgt sich die Gefahr eines entwicklungshemmenden Potentials. Redensarten tragen ihres dazu bei: „Aus Fehlern lernt man."; „An jeder Krise wächst man."... Mit Anderen zu kommunizieren und sich im sozialen Netzwerk auszutauschen, sind oftmals Wege, die Menschen einschlagen, um schwierige Ökologische Übergänge zu bewältigen und zu meistern: Menschen ziehen professionelle Hilfe hinzu, weil diese viele Erfahrungs- und Handhabungsmodelle kennt und die konkrete Situation abstrahieren kann. Außerdem stellt sie Denkleistungen an, die uns Erklärungsmodelle plausibel erscheinen lassen (oder eben nicht) und damit mögliche Handlungsalternativen erlauben (oder eben nicht).

Bezogen auf Menschen mit (schweren) Beeinträchtigungen müssen wir uns dabei bewusst werden, dass ihre Denkleistungen erheblich beeinträchtigt sein können. Die Theorien der (normalen) menschlichen Entwicklung sagen uns, dass im Entwicklungsalter von ca. sechs bis sieben Jahren ein großer Übergang innerhalb der kognitiven Kompetenzen stattfindet und erst dann Reflektionsfähigkeiten und ein komplexeres Verständnis von der Welt möglich sind: Ein Kind kann sich dann selbst zum Objekt des Nachdenkens machen; es kann darüber nachdenken, ob es Recht hat oder ob es Alternativen berücksichtigen muss, die ihm mehr Sinn machen, und es kann in diesem Alter das eigene Ursache-Empfinden anerkennen und daraus logische Schlüsse ziehen. Schon früher – entwicklungslogisch gesehen – manifestieren sich das symbolische Denken und Handeln als Grundlage für das spätere abstrakte Denken, genauso wie das absichtsvolle Planen von konkreten Problemlösestrategien, das die Basis für das abstraktere *Voraus*denken und -planen von Handlungs- und Entscheidungsalternativen bereitet, um anschließend logisch erklärbare und damit nachvollziehbare Rückschlüsse ziehen zu können (vgl. Oerter/Montada 1982, 425ff). Die Soziale Arbeit im Kontext von Behinderung muss sich daher immer wieder vor Augen führen, dass Menschen mit (schweren) Beeinträchtigungen nicht nur andere Wege und Möglichkeiten in ihren Denkleistungen zur Verfügung haben, sondern auch verschiedene Temperamentsdimensionen, die jeder Mensch in unterschiedlich ausgeprägter Form hat, einen erheblichen und individuell unterschiedlichen Einfluss auf ihre Verstehens-, Bewältigungs- und Antizipationsprozesse haben. Folgende Ausprägungen von Temperamentsdimensionen spielen dabei eine Rolle:

- Aktivität vs. Passivität,
- Regelmäßigkeit biologischer Funktionen vs. Unregelmäßigkeiten,
- Annäherung vs. Vermeidung (Hemmung),
- Anpassungsvermögen vs. Anpassungswillen,
- hohe vs. niedrige sensorische Reizschwelle,
- Stimmungslage vs. Intensität (negative bis positive Emotionalität),
- Aufmerksamkeit und Ausdauer vs. Ablenkbarkeit (vgl. Zentner 1999).

Sowohl diese Temperamentsdimensionen und die (Selbst-)Versicherungsprozesse als auch die Denkleistungen sowie ein unterstützendes soziales Umfeld tragen dazu bei, dass ein Mensch sich und seine Welt wieder zusammensetzen kann und damit kleine wie große Übergänge, Brüche, Veränderung und Herausforderungen bewältigt, so dass das Entwicklungspotential in ökologischen Übergängen zum Tragen kommen kann.

6. Übergangsmodelle auf der organisationalen Ebene

Damit ökologische Übergänge förderlich in die Persönlichkeitsentwicklung eines Menschen mit Entwicklungsbeeinträchtigung einfließen, benötigt die Gestaltung dieser Übergänge eine besondere Sorgfalt, damit das Sich-Auseinander-Setzen mit sich und der Welt (wieder) zusammengesetzt werden kann – von jedem Menschen, individuell ganz unterschiedlich und möglicherweise auch in einer ungewohnten Art und Weise. Kontinuität in der Entwicklung des Einzelnen zu identifizieren und zu gewährleisten, ist ein komplexes Problem der menschlichen Entwicklung und kann nicht als selbstverständlich vorausgesetzt werden. Genauso sollten Diskontinuitäten in der individuellen Lebenserfahrung nicht nur als Quelle von Problemen in der Entwicklung, sondern auch als wichtiger Stimulus für Entwicklung angesehen werden. Es gibt Bedingungen für die menschliche Entwicklung, in denen Diskontinuität im Hinblick auf Bildungsprozesse einzufordern wären. Und: Leben im Kontext von Behinderung heißt immer noch mehrheitlich für viele Menschen mit Beeinträchtigungen ihr Leben in einer Organisation der Behindertenhilfe zu verbringen. Das hat einen – wenn auch kleinen und nahezu sarkastischen – Vorteil, dass Übergänge im Großen und im Kleinen in einem professionellen sozialen Unterstützungssystem stattfinden und damit auch in die Organisationsstruktur eingebettet werden können. Es gibt zwei Modelle, wie die Gestaltung von Ökologischen Übergängen organisational verankert sein und vorgenommen werden kann. Und je nach dem, welche (Organisations-)Kultur vorherrscht bzw. gebildet wird, muss entschieden und transparent gemacht werden, *dass* und *wie* Ökologische Übergänge individuell unterschiedlich gestaltet sind. Das eine Übergangsmodell ist nach dem Kontrastprinzip und das andere nach dem Kontinuitätsprinzip organisiert.

Das *Kontrast*prinzip zeichnet sich dadurch aus, dass Unterschiede bestehen bleiben sollen: in der Organisationskultur wird eine gleichwertige Kooperation gelebt. Jede Organisationseinheit arbeitet anders, ist sozusagen selbst-referentiell (im Sinne der Systemtheorie Sozialer Systeme), während sich die Einheiten als eigenständige gegenseitig respektieren. Im Kontrastprinzip sind komplexe und intensive Kooperationen zwischen den jeweiligen Organisationseinheiten in den Strukturen verankert und ausgebildet. Es gibt Brückenangebote, fest installierte Info- und Austausch-Zeitfenster, Beziehungsgestaltungsrituale und -prozesse zwischen den Organisationseinheiten. Die Übergangsregelung ist durch individuelle und kollektive Zugangsvoraussetzungen mittels Ritualen, Schnuppertagen, Vorbereitungsgefäßen, etc. geregelt. Die Eingewöhnungsverantwortung liegt bei

der *auf*nehmenden Organisationseinheit. Grundsätzlich sind die Übergänge für die betreffenden Menschen nach diesem Prinzip eindeutiger und klarer wahrnehmbar.
Wird das Kontrastprinzip auf entwicklungsförderliche Ökologische Übergänge im Sinne Bronfenbrenners auf die Soziale Arbeit im Kontext von Behinderung übertragen, sind die professionellen Aufträge folgendermaßen auszugestalten: kleine Übergänge im physischen Lebensbereich, wie beispielsweise der Wechsel von einer Wohngruppe zur anderen, werden gemeinsam vorbereitet, geübt, gemeinsam vollzogen und gemeinsam beendet.
Im Vorgehen nach dem zweiten Modell, dem *Kontinuitäts*prinzip, verwischen die Unterschiede bei Übergängen eher. Sowohl die abgebende als auch die aufnehmende Organisationseinheit müssen sich gegenseitig anpassen. Es gibt Übergangszeiten, die individuell ausgerichtet und – nach teilweise beliebigem Verlangen der jeweiligen Organisationseinheit – ausgedehnt sind. Gleichzeitig wird eine durch diese Organisationsform hohe personelle Kontinuität verlangt, und zwar in dem Sinne, dass die Ansprech- und Begleitpersonen der beteiligten Organisationseinheiten auf die Zeitdauer des Übergangs zur Verfügung stehen. Zudem ist eine konsequente Programmkontinuität notwendig, damit Zielvorgaben entwickelt, umgesetzt und eingehalten werden können. Es bedarf daher einer kontinuierlichen Planung und Evaluation. Diese Organisationsform kann mit Prozessen der Lernenden Organisation (Senge 1996) gut vereint werden. Das Umsetzen des Kontinuitätsprinzips bildet somit eine Organisation für alle. Dies wiederum verlangt von den Mitgliedern Kompetenzen über Methoden und Instrumente des organisationalen Lernens (Probst/Büchel 1998). Hier erscheinen die Übergänge für die beteiligten Menschen eher undeutlich. Doch ist das Streben nach Kontinuität nur eine Strategie zur Bewältigung von Übergängen unter mehreren.
Soll das Kontinuitätsprinzip auf die Aspekte der Ökologischen Übergänge nach Bronfenbrenner übertragen werden, erscheint es entwicklungsförderlich zu sein, wenn so genannte Übergangsobjekte und Personen (Übergangssubjekte) des vorherigen Lebensbereichs weiterhin (zeitweise) im neuen Lebensbereich zur Verfügung stehen – analog, wie die Mutter in den ersten Tagen ihr Kind im Kindergarten begleitet.

7. Methoden zur entwicklungsförderlichen Gestaltung von Übergängen

Die spezifische Aufgabe der Sozialen Arbeit im Kontext von Behinderung ist es, ökologische Übergänge mit dem Ziel zu gestalten, dass das Individuum eine Kontinuitätsbiografie lebt – und nicht eine Abbruch-Biografie. Die

Kontinuitätsbiografie versteht sich als eine Lebensbiografie, in der kritische Lebenssituationen (psycho-emotionale Verletzungen, Unfälle, Traumata, Verluste, etc.), die Versicherungen im Selbstbild und Selbstwertgefühl verursachen, selbst-organisiert oder mit Unterstützung anderer Menschen bzw. Instanzen bewältigt werden, sodass Sicherheit und Ver-Sicherung wieder hergestellt sind. Eine Kontinuitätsbiografie ist somit eine förderliche Grundlage für die Entwicklung und Sozialisation eines Menschen. Ein Auftrag der Professionellen ist somit, Unterstützungsangebote für eine Kontinuitätsbiografie zu leisten, damit das Individuum seine lebensphasenbezogenen und lebensbereichsbezogenen Übergänge, sprich: ökologischen Übergänge, als entwicklungsförderlich erlebt. Mit dem Blick der ICF und auf die Handlungsleitlinien des Empowerment rückt diese Kontextorientierung ins Zentrum des professionellen Auftrags.

Lebensphasenbezogene Übergänge sind geprägt durch unterschiedliche Erwartungen an Rollen und Tätigkeiten entlang des Lebenslaufs (unvollständige Aufzählung): *Kleinkind*: im Lebensbereich Familie wachsen, erobern, erkunden, Kinderkrippe; *Kind*: Kindergarten, Schule, soziale Kompetenzen der peer groups, Übergang in zwei neue Lebensbereiche; *Jugendlicher*: fortführende Schule, Lehre, Beruf, Freizeit, Freundschaften & Liebe, Ablösung, Pubertät, Umgang mit (eigenem) Geld, Cliquenbildung / Gruppenidentitätsbildungsprozesse, geschlechtsspezifische Identitäten; *junger Erwachsener*: Ausbildung, Weiterbildung, Berufstätigkeit, räumliche Ablösung, eigene Wohnung, finanzielle Unabhängigkeit, Partnerschaft & Beziehungen, eigene Familie (Elternrolle etc.), geschlechtsspezifische Identitäten; *Erwachsener*: eigene Familie (Elternrolle etc.), Weiterbildung, Berufstätigkeit, Freundes- & Kollegenkreis, Laufbahn, Berufswechsel, Partnerschaft & Beziehungen; *Reife Erwachsene*: Berufstätigkeit, Weiterbildung, Laufbahn, Vorbereitung Pensionierung, Abschied von Elternrolle, Verantwortung und Pflege für eigene Eltern, Einstieg in Pensionierten-Rolle; *junge Senioren*: Ausstieg aus dem Arbeitsleben, Differenzierung der Pensionierten-Rolle, Einstieg in dritte Lebensphase (Aktivitäten etc.), Großeltern-Rolle, Abschied vom eigenen Leben (Sterben); *alte Senioren*: (teilweiser) Verlust der selbständigen Lebensführung, (teilweiser) Verlust von Lebenspartnern, Freunden und Bekannten, Einschränkung von (selbständigen) Tätigkeiten, Rückblick, Abschied vom eigenen Leben (Sterben); *Letzte Lebensphase*: Erleben von hoher Abhängigkeit, hohe Einschränkung von (selbständigen) Tätigkeiten, Rückblick, Abschied vom eigenen Leben (Sterben).

Im Hinblick auf die Handlungsmaxime der normalisierten Lebensbedingungen (siehe: Konzept der Funktionalen Gesundheit) und des Empowerment besteht die große Herausforderung in der professionellen Unterstützung,

Menschen diese Rollenerwartungen im Kontext von Behinderung zu verdeutlichen und auszugestalten. Dazu müssen auf drei Ebenen, erstens der Ebene der Individuellen Prozessgestaltung oder Entwicklungsplanung, zweitens der Ebene von Qualitätsmanagementsystemen in den Organisationen der Behindertenhilfe sowie drittens der Ebene der Gesellschaft, Methoden und Instrumente eingesetzt werden, um die Übergänge in und zwischen den verschiedenen Lebensphasen entwicklungsförderlich zu gestalten. Hierfür stellt eine ICF-gestützte Bedarfserhebung und Prozessgestaltung geeignete Instrumentarien zur Verfügung, die von Oberholzer und seinen Kollegen (2006) basierend auf dem Konzept der Funktionalen Gesundheit und den System-Ökologischen Theorien nach Bronfenbrenner (1990) entwickelt wurden. Folgende Annahme legt Oberholzer (2009) zu Grunde: Ein Lebensbereich kann einerseits aufgrund des Anspruchs auf normalisierte Lebens- und Entwicklungsbedingungen hin oder andererseits hinsichtlich seiner subjektiven Einschätzung eines jeden einzelnen Menschen Bedeutung erhalten. Mit Sicht der Funktionalen Gesundheit wird der betreffende Mensch als bio-psycho-soziales Wesen also immer in der Einheit von Körper-Aktivitäten-Partizipationen in Lebensbereichen mit Kontext- und personenbezogenen Faktoren wahrgenommen. Diese Einheit soll während ihrer Wahrnehmung und in der Beschreibung der kompetenten Partizipationen eines Menschen bestehen bleiben.

7.1 Drei theoretische Bezugssysteme

Zunächst ermöglichen es die *System-Ökologischen Theorien*, wie sie Bronfenbrenner (1990) entwickelte und insbesondere Oberholzer (2006 und 2009) weiterentwickelte, relevante Lebensbereiche eines Menschen zu erfassen. Dies erfolgt sowohl bezogen auf die Gegenwart, auf die Vergangenheit als auch auf die Zukunft. Damit lässt sich die biographische Situation eines Menschen und seines sozialen Umfeldes, bestehend aus den Mustern der (bekannten) Tätigkeiten, Beziehungen und sozialen Rollen, erfassen. So können sie den Mitgliedern des neuen aufnehmenden Lebensbereichs aufgezeigt werden. Mit dieser so genannten Lebensbereichsanalyse lassen sich zudem alle in den relevanten Lebensbereichen realisierten oder zu realisierenden Handlungsmuster erfassen.

Als zweites dienen *Integrationskonzepte* dazu, die Qualität der realisierten Partizipationen als Gesamtes zu erfassen. Diese stützen sich auf die Konzeptionen von Theunissen et al. (2006) und beschreiben die lokale, funktionale und soziale Integration. Unter lokaler Integration wird die Teilnahme an Lebensbereichen (Partizipation) verstanden. Hier überschneidet sich dieses Konzept mit dem systemökologischen Zugang, entspricht doch

die Erfassung der relevanten Lebensbereiche, an denen ein Mensch partizipiert, vom Grundkonzept her der Bestimmung der lokalen Integration. Die funktionale Integration beschreibt die Kompetenzen und die Fertigkeiten, um Tätigkeiten auszuüben, die in den jeweiligen Lebensbereichen vom spezifischen Muster vorgegeben werden. Die soziale Integration umfasst schließlich jene Beziehungen, die beim Ausüben der Aktivitäten eingegangen und gelebt werden. In diesem Bereich geht es um die Fähigkeiten, Beziehungen einzugehen und den individuellen und gemeinschaftlichen Vorgaben entsprechend zu gestalten.
Drittens dienen *Kompetenzkonzepte* dazu, die Qualität der Aktivitäten und ihres Entwicklungspotentials zu beschreiben. Dies bezieht sich vor allem auf die Persönlichkeitsentwicklung eines Menschen. Kompetenzkonzepte gehen davon aus, dass sich jeder Mensch zeitlebens aktiv mit sich und seinen Umwelten auseinandersetzt und dabei ein immer differenzierteres und persönlicheres Bild (Selbstbild) von sich und der Welt erhält. Hierbei entwickeln sich gleichsam die notwendigen Fertigkeiten und Handlungsstrategien sowie jene Fähigkeiten, die für die Beziehungsgestaltung, also soziale Interaktionen, notwendig sind. Mit diesem Verständnis werden Kompetenzen als relativ stabile Persönlichkeitsmerkmale verstanden, die die An- und Herausforderungen in Handlungssituationen erfolgreich zu meistern vermögen. Sie entsprechen dem Potential, in konkreten Situationen erfolgreich handeln zu können, der so genannten Performanz (dem effektiven Handeln). Neben handlungsbezogenen Fähigkeiten spielen für die Kompetenzentwicklung sowohl kognitive Fähigkeiten für die Wahrnehmung, die Wahrnehmungsverarbeitung und Speicherung eine zentrale Rolle, als auch motivationale Faktoren, Einstellungen und Grundhaltungen des Menschen.

7.2 Analyseinstrumente

Die folgenden Analyseinstrumente versuchen sowohl die Bereiche aus dem Konzept der Funktionalen Gesundheit zu erfassen als auch die Grundidee des Partizipationsmodells (Beukelman/Mirenda 1998) mit dem Einschätzen von Partizipationsbarrieren zu verknüpfen. Diese alle sind keine standardisierten Verfahren, Diagnostiken oder Tests, sondern basieren auf sorgfältigen Beobachtungen, Befragungen und Einschätzungen, inklusive der Gefahr, dass – forschungsmethodisch gesehen – die Ergebnisse sehr subjektiv gefärbt sein können.
Die *Lebensbereichsanalyse* zielt darauf, örtliche und zeitliche Strukturen einer Lebenssituation und die Partizipationen in normalisierten Lebensbedingungen aufzuzeigen und stellt folgende Fragen und Bewertungen hinsichtlich der Relevanz einzelner Lebensbereiche in den Vordergrund.

Zu fragen ist: Welche *aktuellen* Lebensbereiche sind für den Menschen bedeutsam und wichtig, welche für die Professionellen, welche für Andere? – Welche *vergangenen* Lebensbereiche sind für den Menschen bedeutsam und wichtig? Welche Bereiche sind verloren gegangen? Welche haben bis heute ihre Bedeutung behalten? – Welche *zukünftigen* Lebensbereiche sind für den Menschen bedeutsam und wichtig? – Welche Entwicklungen sind aus Sicht des betreffenden Menschen wahrscheinlich? Welche aus Sicht der Professionellen wahrscheinlich? – Wie häufig und wie regelmäßig partizipiert der Mensch in den betreffenden Lebensbereichen? – Welche wichtigen Veränderungen stehen an?

Zu bewerten ist: Ist es eine normalisierte Lebens- und Entwicklungssituation (Vergleich mit der Gleichaltrigengruppe ohne Beeinträchtigungen)? – Gibt es Tendenzen zur Normalisierung der Lebens- und Entwicklungssituation? – Gibt es Tendenzen zur (weiteren) Beeinträchtigung der Normalisierung? – Gibt es Anzeichen für Verlustgeschichten (auch zukunftsbezogen, z. B. der Tod der Eltern)? – Wie wird das Entwicklungspotential der Lebens- und Entwicklungssituation beurteilt? – Sind die Lebensbereiche eher aktivitäts- oder eher beziehungsorientiert?

Die *Integrationsanalyse* will die Qualität der Partizipationen differenziert aufzeigen, die Tätigkeiten und Beziehung erfassen, sowie die Aktivitätsmuster mit folgenden Fragestellungen bewerten und fragt danach: Was macht der Mensch in den jeweiligen Lebensbereichen? – Was tut er aktiv, was tut er eher passiv? – Was tut der Mensch bereits eigenständig? Bei welchen Aktivitäten benötigt er Unterstützung? Welche Art der Hilfe braucht der Mensch? – Mit wem ist der Mensch zusammen? – Was tut er mit den anderen Personen?

Zu bewerten ist: Wie normalisiert sind die verschiedenen Handlungsmuster in einem Lebensbereich? – Sind die Aktivitäten dem Alter, der Beeinträchtigung und dem Kontext angepasst? – Welche sind entwicklungsförderliche und entwicklungshemmende Aspekte und Faktoren? – Werden die verlangten Handlungsmuster eines Lebensbereiches ‚adäquat' realisiert (angepasstes Verhalten = kleines, aber konstantes Entwicklungspotential / geringes Kränkungspotential)? – Sind die Handlungen kontingent (= größeres Entwicklungspotential für den Menschen und das soziale Umfeld / größeres Kränkungspotential)? – Sind die Handlungen riskant kontingent / sozial unerwünscht / verhaltensauffällig (= großes Kränkungs- und Entwertungspotential)? – Welche Aktivitäten und welche Aktivitätenmuster sind entwicklungsförderlich, welche entwicklungshemmend (auch angepasstes Verhalten kann entwicklungshemmend sein!)?

Die *Aktivitäten- und Kompetenzanalyse* will die individuelle Kompetenzentwicklung verstehen und erfassen. Dabei richtet sich der Fokus auf das

Selbstkonzept und die Identität eines Menschen. Sie gibt Antworten auf die Fragen, mit welchen Hilfen die kompetente Teilnahme und Teilhabe eines Menschen erhalten bzw. verbessert werden kann. Da stellt sich die Frage: Wie entwickeln sich die Kompetenzen beim Menschen? Nun ist nicht mehr zu bewerten. Hier ist sorgfältig zu beobachten, ob und zu unterstützen, dass der Mensch sich Zeit seines Lebens mit sich sowie seiner Welt auseinander setzt und sich dadurch ein immer differenzierteres Bild von sich und der Welt macht, dass seine Auseinandersetzung in der Einheit als bio-psycho-soziales Wesen in körperlichen, sozialen und beziehungsvollen Aktivitäten erfolgt, und dass er sich als Urheber seiner Aktivitäten in Gemeinschaften und der Gesellschaft erlebt.

Darin steckt eben das entwicklungsförderliche Potential: ökologische Übergänge zu meistern, und damit motiviert zu sein, zukünftige Tätigkeiten auszuüben, die neue Beziehungen ermöglichen und den Zugang zu neuen sozialen Rollen eröffnen. Abschließend folgt hier eine tabellarische Übersicht

Funktionale Gesundheit	Instrumente	Anwendung in der Praxis / mögliche Fragen
Aktivitäten	Tätigkeitsanalyse	Welche Kompetenzen hat sie/er? Wo erlebt sie/er sich als kompetent? wo erleben wir sie/ihn als kompetent? Wie wird etwas gemacht? Mit wem macht sie/er was? Welches Angebot besteht?
Partizipation	sozialräumliche Analyse, Lebensbereichanalyse	In welchen Systemen hat sich die Person in ihrer Vergangenheit bewegt? In welchen bewegt sie sich im Moment? In welchen wird sie sich in Zukunft bewegen wollen? Welche Lebensbereiche wären normal? Biographiearbeit
Integration	Integrationsanalyse (=Qualitätsanalyse der Partizipation)	Wo findet die Teilhabe statt? Mit wem? Wie findet die Teilhabe statt? Wie häufig?

Tab. 1: Analyse-Instrumente im Überblick (in Anlehnung an Oberholzer 2006 und Bronfenbrenner 1990)

Schließlich geht es darum, im Sinne einer Kompetenzentwicklung im ökosystemischen Zusammenhang herauszufinden, was ein Mensch mit wem und wie tut und welchen Unterstützungsbedarf dieser Mensch in welchem Kontext hat, um seine oder die gemeinsam gesetzten Lebens- bzw. Handlungsziele zu erreichen – aufbauend auf dem Konzept der Selbstbestimmung und des Empowerments.[2]

8. Übergänge in der Praxis gestalten

In der professionellen Sozialen Arbeit können die Möglichkeiten, wie ökologische Übergänge im Alltag gestaltet, grundsätzlich in die folgenden vier Bereiche unterteilt werden: erstens auf der Ebene der persönlichen Beziehungen, zweitens hinsichtlich der organisatorisch-strukturellen Verankerung, drittens bezogen auf den kollegialen Austausch von methodisch-didaktischen Erfahrungen und Materialien sowie viertens bezogen auf spezielle Verfahren in der Arbeit mit Menschen mit (schweren) Beeinträchtigungen und mit UK.

Persönliche Beziehungen knüpfen: Die betreffenden Menschen lernen die neue Tätigkeit, den neuen Lebensort, den neuen Lebensbereich, die neuen Rollen im Voraus kennen. Sie absolvieren einen Schnupperbesuch in Begleitung einer oder mehrerer Vertrauensperson/en. Genauso lernen die zukünftigen Begleitpersonen und Mitbewohner die betreffende Person (und ggf. ihre Angehörigen) kennen. Es können Patenschaften gebildet werden, um auch Ansprechpersonen aus den früheren, vorherigen Lebensbereichen behalten zu können, aber auch um neue Vertrauenspersonen zu gewinnen. Gemeinsam kann über Vergangenes und Persönliches mit einem Ich-Buch (vgl. Birngruber 2008; Ringwald 2008; Braun 2011) oder einem Kommunikationstagebuch (Frindt 2004) kommuniziert werden. Oder es können auch Pläne für zukünftige Tätigkeiten geschmiedet werden.

Die organisatorisch-strukturelle Verankerung: In den Organisationsstrukturen stehen Gefäße für formelle Konferenzen für die betreffende Person mit den alten und den neuen Begleitpersonen zur Verfügung. Dort wird ein so genannter Kooperationskalender vereinbart, in dem festgehalten ist, wie der Übergang/die Übergänge gestaltet werden, wer welche Aufgabe und Verantwortung hat und wie lange der Prozess dauern soll, bis man sich wieder trifft, um zu evaluieren und mögliche Anpassungen vornehmen zu können. Für diese Kooperationen sind Zeit- und Personalbudgets einzurichten. Zudem ist eine gute Dokumentation dienlich, damit grundlegende und zum Teil lebenswichtige Informationen weitergegeben werden. Hinsichtlich der Unterstützten Kommunikation haben sich der so genannte Persönliche Kommunikations-Pass (vgl. Millar 1997) und eine ausführliche Beschreibung in der Individuellen Entwicklungsplanung bewährt (vgl. Lebenshilfe Wien 2009). Schließlich sind die Übergangsprozesse und -prozedere im Qualitätsmanagement und deren Instrumente innerhalb der Organisation der Behindertenhilfe zu verankern.

Kollegialer methodisch-didaktischer Austausch: Das wechselseitiges Hospitieren oder sogar ein Rollentausch unter Kollegen bewähren sich seit längerem grundsätzlich als Methode des kollegialen Austauschs und der kollegialen Beratung (Job Shadowing). Dabei geht es darum, einerseits on-the-job zu erleben und zu lernen, wie andere Kollegen in ähnlichen Situationen ihr professionelles Wissen und Können einsetzen und andererseits um die Suche nach (pädagogischen) Gemeinsamkeiten. Dies kann für die Abstimmung in der individuellen UK-Begleitung von einzelnen Menschen besonders interessant sein (vgl. Lage 2006, 218ff.). So können Zielvereinbarungen miteinander besprochen und abgeglichen oder sogar gemeinsame Fortbildungsthemen eruiert und erforscht werden. Es kann über Methodenkompetenzen diskutiert und entschieden werden, ob es allenfalls in Zukunft ein einheitliches Vorgehen geben soll. Sicherlich ist es dienlich, in dieser Art des kollegialen Austauschs darauf zu achten, situierte, situationsbezogene Tätigkeiten zu betrachten, dafür ist allerdings die Voraussetzung hilfreicher, dass die Professionellen zur Spontanpädagogik und zum geschickten Gruppenmanagement fähig sind. Schließlich bietet ein kollegialer Austausch Möglichkeiten, bereichsübergreifend didaktisches Material fürs Kollegium, wie beispielsweise Abschieds- und Begrüßungsrituale, individuell angepasst zu gestalten und herzustellen, gemeinsame interne Fortbildungen zu organisieren und im Team das eigene Wissen und Knowhow in der UK weiter zu entwickeln (vgl. auch Lage 2004).

Verfahren für die Arbeit mit Menschen mit Entwicklungsbeeinträchtigungen: Für die professionelle Arbeit mit Menschen mit Entwicklungsbeeinträchtigungen stehen Verfahren und Methoden zur Verfügung, die auf der entwicklungstheoretischen Grundlegung von Bronfenbrenner aufbauen. Stützt sich das professionelle Handeln auf das Entwicklungspotential von Ökologischen Übergängen, muss genauso die Lebenslauforientierung in der professionellen Sozialen Arbeit im Zentrum stehen. Das heißt, dass sowohl Geschichten und Geschehnisse aus vergangenen Lebensphasen als auch zukünftige Lebensereignisse, die normalerweise an bestimmte Lebensphasen gekoppelt sind, in die individuelle Entwicklung und zukunftsorientierte Lebenslaufplanung mit Menschen mit Beeinträchtigungen einfließen. Mit Hilfe von UK-Mitteln und -Methoden, wie z. B. Tagebüchern, Fotoalben und Souvenirsammelmappen, den Zugang zur eigenen Geschichte und Biografie (wieder) erschließen zu können, ermöglicht es dem Menschen auch die Geschichten Anderer verstehen zu lernen und damit zu erkennen, dass kleine und große Übergänge zum Leben eines jeden Menschen gehören. Zudem bietet die Lebensbereichsanalyse, wie oben bereits erwähnt, einen Überblick über das gesamte Entwicklungsgeschehen und die innerstrukturelle Entwicklungsdynamik eines Menschen. Die Lebensbereichsanalyse beschreibt und analysiert die unterschiedlichen Lebensbereiche und -situationen, an denen die betreffende Person aktuell teilhat und aktiv teilnimmt.

Mit Blick auf die Entwicklungsgeschichte wird so deutlich, zu welchen Lebensbereichen der Mensch bisher Zugang hatte und an welchen er in welcher Intensität partizipiert hat. Dazu gehören auch Aspekte der Zeitdimension: wie viel Zeit verbringt die Person mit welchen Tätigkeiten und mit welchen Personen sowie der Aspekt der Eigentätigkeit beim Lebensbereichswechsel. Hinsichtlich des individuellen Entwicklungspotentials zeigt dann die vertiefende Tätigkeitsanalyse nicht nur auf, in welcher Qualität der Mensch aktuell an den Lebensbereichen partizipiert, sondern verifiziert auch die formulierten und generiert mögliche Entwicklungsziele. Gleichermaßen können dabei entwicklungshemmende und -beeinträchtigende Faktoren innerhalb eines Lebensbereichs aufgedeckt werden. Denn die Analyse der drei Bereiche Tätigkeiten, Beziehungen und Rollen im Mikrosystem ermöglichen es, konkrete Angaben darüber zu machen, wie sowohl individuelle Ziel- und Lebensperspektiven gebildet, formuliert und umgesetzt als auch entwicklungshemmende Partizipationsbarrieren abgebaut werden können (vgl. Beukelman/Mirenda 1998). Bei unterstützt kommunizierenden Menschen wird oftmals in ihren Lebensbereichen ersichtlich, wie kompetent ihre Gesprächspartner hinsichtlich der Techniken in der Gesprächsführung mit UK sind und inwiefern sie die sozialen Interaktionen entwicklungsförderlich gestalten. Aus diesen beiden Analyseverfahren können dann wichtige Schlüsse gezogen werden, wo und wie Übergänge (besser) gestaltet und professionelle Unterstützungen in der individuellen Entwicklungsbegleitung verändert werden müssen.

Hömberg und ihre Kollegen (2001) schildern gute Erfahrungen mit unterstützt kommunizierenden Menschen mit der Methode der Zukunftskonferenz „Framing the Future“ für Gespräche über (un-?)mögliche Lebensziele, dies insbesondere im Hinblick auf die berufliche Integration von Menschen mit Beeinträchtigungen (vgl. auch Göbel et al. 2005). Das Verfahren der Persönlichen Zukunftsplanung (vgl. Emrich 2004) hat sich bei Menschen mit Beeinträchtigungen inzwischen vielfach bewährt.

9. Quintessenz

Abschließend ist festzuhalten, dass die ICF mit dem Konzept der Funktionalen Gesundheit als Zieldimension für die individuelle Entwicklungsplanung im Zentrum steht. Damit lässt sich der Zusammenhang von umwelt- und personenbezogenen Ressourcen und der kompetenten Teilhabe von Menschen mit Beeinträchtigungen aufzeigen. Das ist insbesondere auch in der Entwicklung und Veränderung professioneller Kompetenzen und Leistungen in der Behindertenhilfe interessant. Das Konzept der Funktionalen

Gesundheit kann namentlich die Lücke zwischen dem individuellen Unterstützungsbedarf (den personenbezogenen Faktoren) und den integrativen, inklusiven Leistungen der Gesellschaft mit ihren sozialen Systemen (den Kontextfaktoren) aufzeigen.

Mit dem Blick auf die UN-Behindertenrechtskonvention muss schließlich gefragt werden, ob die Gesellschaft integrations- und inklusionsfähig bzw. partizipativ ist. Denn nun richtet sich der Fokus auf das Dazugehörigkeitsgefühl des einzelnen Menschen mit Beeinträchtigung. Sich dazugehörig fühlen, kann ein Mensch aber nur, wenn er sich (neue) Lebensräume erschließen darf und kann, die Übergänge in die neuen sozialen Lebensbereiche zumindest derart gelingen, dass er dort willkommen geheißen wird, anerkannt ist und ihm seine sozialen Rollen im neuen Lebensbereich die Möglichkeit bieten, sich mit sich selbst und seiner sozialen Welt entwicklungsförderlich (neu) auseinanderzusetzen – und wenn der Mensch mit schwerer Beeinträchtigung in seinen neuen Lebensbereichen kommunizieren kann und darf.

Literatur

Beukelman, D.; Mirenda, P.: Augmentative and Alternative Communication. Manageing Severe Communication Disorders in Children and Adults. Baltimore, 1998

Birngruber, C.: Ich-Buch-Anleitung. Helfende Hände gemeinnützige GmbH. München, 2008

Bronfenbrenner, U.: Die Ökologie der menschlichen Entwicklung: Natürliche und geplante Experimente. Frankfurt am Main, 1981

Bronfenbrenner, U.: Ökologische Sozialisationsforschung. In: Kruse, L.; Graumann, C.F.; Lantermann, E.D. (Hrsg.): Ökologische Psychologie. Stuttgart, 1990, 76-79

Braun, U.: Wege des Verständnisses – zur Bedeutung eines „Buches über mich“ für Menschen mit schweren geistigen Behinderungen. In: Bollmeyer, H.; Engel, K.; Hallbauer, A.; Hüning-Meyer, M. (Hrsg.): UK inklusive. Karlsruhe 2011

Cloerkes, G.: Soziologie der Behinderten. Eine Einführung. Heidelberg, 2001

Dollase, R.: Was unterscheidet 5-7jährige entwicklungspsychologisch. Vortrag, Didacta 2007. http://www.uni-bielefeld.de/psychologie/ae/AE13/HOMEPAGE/DOLLASE/5-7j%C3%A4hrige_Didacta.pdf [Zugriff: 31.03.2011]

Emrich, C.: Persönliche Zukunftsplanung. Konzept und kreative Methoden zur individuellen Lebens(stil)planung und/oder Berufswegplanung. In: impulse Nr. 29, 2004: 22-25

Frindt, I.: Auf der Suche nach Verständigung. Das Kommunikationstagebuch. www.schule-bw.de/schularten/sonderschulen/unterstuetzte_kommunikation/verstaendigung.html [Zugriff: 23.03.2011]

Göbel, S.; Ströbl, J.: Persönliche Zukunftsplanung für Menschen, denen nicht zugetraut wird, dass sie für sich selbst sprechen können. Marburg, 2005

Hömberg, N., Burtscher, R.; Ginnold, A.: Framing the Future. Zukunftskonferenzen und Wege zur beruflichen Integration. In: Boenisch, J.; Bünk, C. (Hrsg.) Forschung und Praxis der Unterstützten Kommunikation. Karlsruhe, 2001: 170-182

Jantzen, W.: Diagnostik, Dialog und Rehistorisierung: Methodologische Bemerkungen zum Zusammenhang von Erklären und Verstehen im diagnostischen Prozess. In: Jantzen, W.; Lanwer-Koppelin, W. (Hrsg.): Diagnostik als Rehistorisierung. Berlin, 1996: 9-32

Kasper, D.; Lage, D.: Menschliche Entwicklung - Eine Einführung. Unveröffentlichte Kursunterlagen des CAS Behinderung - Individuum - Partizipation Im MAS Behinderung und Partizipation der FHNW HSA. Olten, 2010

Lage, D.: Unterstützte Kommunikation und Lebenswelt. Eine kommunikationstheoretische Grundlegung für eine behindertenpädagogische Konzeption. Bad Heilbronn, 2006

Lage, D.: Organisationale Rahmenbedingungen für eine langfristige Etablierung der Unterstützten Kommunikation in pädagogischen Dienstleistungsorganisationen der Behindertenhilfe. In: Behindertenpädagogik, BHP, 43. Jg., 3/2004, 2004, 298-313

Lebenshilfe Wien: IEP - Die Individuelle Entwicklungsplanung. 2008 www.dielebenshilfe.at/Individuelle-Entwicklungsplanu.358.0.html [Zugriff: 23.03.2011]

Leontjew, A. N.: Der allgemeine Tätigkeitsbegriff. In: A.N. Leontjew et al. (1984) Grundfragen einer Theorie der sprachlichen Tätigkeit. Stuttgart, 1984: 13-30

Millar, S.; Caldwell, M.: Personal Communication Passports. CALL Centre and Sense. Scotland, 2004

Oberholzer, D.: Das Konzept der Funktionalen Gesundheit. Grundlagen, Bedeutungen und Einsatzmöglichkeiten am Beispiel der Behindertenhilfe. INSOS Schweiz, 2009

Oberholzer, D.: Bedarfs- und Leistungsplanung professioneller Leistungen in der Behindertenhilfe gestützt auf die ICF. Beitrag, icf-tagung, 08.02.2006 http://www.agogis.ch/media/dateien/agogis/icf/icf%20tagung%20beitrag_oberholzer.pdf [Zugriff: 03. 05. 2011]

Oerter, R.; Montada, L.: Entwicklungspsychologie. 4. Auflage. München, 1982

Probst, G.; Büchel, B.: Organisationales Lernen. 2. aktual. Auflage. Wiesbaden, 1998

Ringwald, U.: Das Ich-Buch. Konzepte für die Unterstützte Kommunikation. www.5p-syndrom.de/content/ib/com/uk.html [Zugriff: 23. 03. 2011] 2008

Senge, P.: Die fünfte Disziplin. Kunst und Praxis der Lernenden Organisation. Stuttgart, 1996

Theunissen, G.; Schirbort, K. (Hrsg.): Inklusion von Menschen mit geistiger Behinderung. Stuttgart, 2006

Zentner, M.: Die Wiederentdeckung des Temperaments. Frankfurt am Main, 1999

[1] ICF steht für die International Classification of Functioning, Disability and Health der WHO und basiert auf einem bio-psycho-sozialen Modell menschlichen Daseins und menschlicher Entwicklung. Damit wird die gesamte Lebenssituation eines Menschen neu berücksichtigt (Kontextfaktoren, Umweltfaktoren und personenbezogene Faktoren). Ein wichtiger Grundbegriff der ICF ist die ‚Funktionale Gesundheit': Ein Mensch gilt als funktional gesund, wenn er mit einem möglichst gesunden Körper (Körperfunktion und -strukturen), möglichst kompetent (Aktivitäten) an möglichst normalisierten Lebensbedingungen teilnimmt und teilhat (Partizipation).

[2] Kap. 6: Der Inhalt entstammt unveröffentlichten Vorlesungsunterlagen der Fachhochschule Nordwestschweiz, Hochschule für Soziale Arbeit, die von Oberholzer (2006) und Kasper/Lage (2011) im Bachelor-Studiengang und im Weiterbildungs-Master verwendet werden.

Teilhabe für ALLE ?!

Konzept zur flächendeckenden Einrichtung von Beratungsstellen in schulischen, vor-, außer- und nachschulischen Einrichtungen und Diensten in Niedersachsen

Jutta Benetz, Andrea Erdélyi, Susanne Mischo

Als schulische sowie vor-, außer- und nachschulische Einrichtungen und Dienste der Behindertenhilfe sind wir dazu aufgefordert, Menschen mit Beeinträchtigungen darin zu unterstützen, ein selbstbestimmtes Leben in gesellschaftlicher Teilhabe zu führen. Damit das Grundrecht auf Inklusion erfolgreich umgesetzt werden kann, bedarf es sonderpädagogischer Unterstützungssysteme. Kommunikation spielt dabei eine zentrale Rolle – selbstbestimmen, mitbestimmen, Lebensperspektiven entwickeln, teilhaben – hierzu ist gelingende Kommunikation eine wesentliche Voraussetzung. Deshalb ist es eine wichtige Aufgabe, Menschen, die in ihrer Kommunikation beeinträchtigt sind, individuelle Möglichkeiten anzubieten, um ihre Kommunikation ein Leben lang wirksam zu unterstützen. Viele Menschen in Niedersachsen erhalten diese Unterstützung nicht. Um dies zu ändern und die Teilhabemöglichkeiten zu erhöhen, wurde das nachfolgende Konzept entwickelt.

1. Entstehungshintergrund

Bei ersten Nachforschungen 2007 zeigte sich, dass es im Nordwesten Deutschlands keine Beratungsstellen zur Unterstützten Kommunikation (UK) zu geben schien und eine hohe Unterversorgung zu vermuten war. Um klare Fakten zu erhalten, wurde eine breit angelegte Fragebogenerhebung zur Verbreitung von UK, den angewandten Methoden und den Fachkenntnissen der Unterstützer im Einzugsgebiet der Universität Oldenburg durchgeführt. Ziel war, den Bedarf an Versorgung, an fachlicher Unterstützung und Beratung sowie an Vernetzung zu ermitteln, um damit die Gründung der universitären Beratungsstelle zu untermauern, die Region zu stärken, das Studium der Sonder- und Rehabilitationspädagogik zu profilieren und die Forschung auf dem Gebiet von UK voranzutreiben. Als wohl wichtigstes Ergebnis der Erhebung zeigte sich, dass von den über 20.000

erfassten Personen über alle Lebensphasen hinweg rund 17% in ihrer Lautsprache erheblich beeinträchtigt sind. Von diesen 3.679 Personen erhält nur jeder Vierte die notwendige Unterstützung. Rund 76% sind nicht versorgt!

Anzahl der Menschen aus allen Institutionen zusammengefasst	Anzahl der Menschen, die in ihrer Kommunikation beeinträchtigt sind	Anzahl der Menschen, die UK in der jeweiligen Institution bereits nutzen	Anzahl der Menschen, die UK benötigen würden, aber UK nicht nutzen
21.844	3.679	891	2.788
100 %	16,8 %		
	100 %	24,1 %	75,9 %

Tabelle 1: Bedarf und Versorgung an Unterstützter Kommunikation

Deutlich wurde im Rahmen der Untersuchung auch, dass unter den Mitarbeitern ein hoher Bedarf an Fortbildung sowie an Beratung zu UK benannt wird (vgl. C.v.O. Universität Oldenburg, 2009).

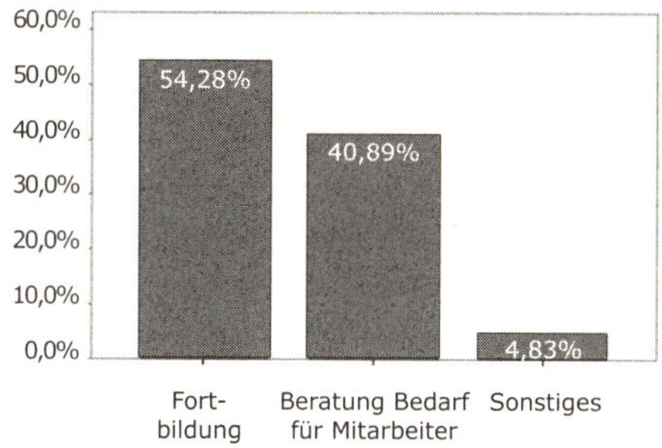

Abb. 1: Fortbildungs- und Beratungsbedarf der Mitarbeiter in den Einrichtungen

Durch diese Erhebung und die dadurch angesprochenen Kollegen in den Einrichtungen angestoßen, gründete sich am 12. November 2008 das UK-Netzwerk Weser-Ems. Durch den Arbeitskreis sollte die Weser-Ems-Region und darüber hinaus Niedersachsen in den Bereichen Unterstützte Kommunikation und Unterstütztes Schreiben fachlich gestärkt und die Vernetzung von Wissenschaft und Praxis, Universität, Schulen und Dienstleistungen vorangetrieben werden. Am UK-Netzwerk Weser-Ems sind Vertreter schulischer sowie außerschulischer Einrichtungen und Dienste der Behindertenhilfe aus der Region Weser-Ems beteiligt. Schaltstelle ist das Ambulatorium für ReHabilitation – Bereich Unterstützte Kommunikation – der Carl von Ossietzky Universität Oldenburg, Institut für Sonder- und Rehabilitationspädagogik. Um eine nachhaltige Versorgung mit Unterstützter Kommunikation in Niedersachsen zu erreichen, entwickelte das Netzwerk ein Konzept, das mit Vertretern aus anderen Teilen Niedersachsens und ISAAC-GSC e.V. abgestimmt wurde. Das Konzept dient der wissenschaftlich fundierten, flächendeckenden Implementierung von Beratungsstellen für Unterstützte Kommunikation und Unterstütztes Schreiben in schulischen Einrichtungen sowie vor-, außer- und nachschulischen Einrichtungen und Diensten der Behindertenhilfe in Niedersachsen. Im April 2010 wurde es im Rahmen eines Runden Tisches Entscheidungsträgern und Fachleuten von Ministerien und Behörden, Aus- und Weiterbildungsinstitutionen, Trägern der freien Wohlfahrtspflege sowie Fachverbänden zur Diskussion gestellt. Das hier vorgestellte Konzept ist somit das Ergebnis eines längeren Prozesses unter Mitwirkung zahlreicher Fachleute, für die die drei Autorinnen dieses Beitrags stellverstretend stehen.

2. Rechtliche Grundlagen zur Begründung des Konzepts

Das Recht auf Kommunikation wird nicht nur fachlich gefordert, sondern auch rechtlich untermauert. Bereits im Grundgesetz findet sich das Recht auf freie Meinungsäußerung, wenn unter den Grundrechten in Artikel 5 (1) festgehalten wird: „Jeder hat das Recht, seine Meinung in Wort, Schrift und Bild frei zu äußern (…)“. Weitere nationale Gesetze wie das Sozialgesetzbuch IX, das Behindertengleichstellungsgesetz (BGG) mit der Kommunikationshilfeverordnung (KHV) sowie das Allgemeine Gleichbehandlungsgesetz (AGB) greifen das Recht auf Kommunikation auf. Dabei wird beispielsweise im BGG §6 (3) ausdrücklich darauf hingewiesen, dass „sprachbehinderte“ Menschen neben der Deutschen Gebärdensprache und lautsprachbegleitenden Gebärden das Recht auf die Verwendung anderer geeigneter Kommunikationshilfen haben. Dieses Recht wird in der Kommunikationshilfeverordnung weiter spezifiziert.
Entscheidende Triebkraft für die Bemühungen erhält das Konzept aktuell durch das von Deutschland am 24. Februar 2009 ratifizierte Übereinkommen über die Rechte von Menschen mit Behinderung der Vereinten Nationen. Beginnend mit Begriffsbestimmungen von Kommunikation und Sprache, die auch die nichtgesprochene Sprache mit einbeziehen, wird im Übereinkommen in Artikel 9 „Zugänglichkeit“, in Artikel 21 „Recht der freien Meinungsäußerung“, Meinungsfreiheit und Zugang zu Informationen sowie in Artikel 24 „Bildung“ auf das Recht auf Kommunikation hingewiesen. Artikel 24 beschreibt dabei in Absatz 3a die Verpflichtung der Vertragsstaaten, Menschen mit Behinderung das Erlernen von ergänzenden und alternativen Formen, Mitteln und Formaten der Kommunikation zu erleichtern und in Absatz 4 zu diesem Zweck geeignete Lehrkräfte einzustellen sowie Fachkräfte und Mitarbeiter entsprechend zu schulen. Da in

Artikel 24 von lebenslangem Lernen ausgegangen wird, betrifft dies ebenfalls vor- und nachschulische Einrichtungen.
Neben diesen nationalen und internationalen Gesetzen und Übereinkommen ist das Recht auf Kommunikation in Niedersachsen konkret bereits auf allen Ebenen des Hilfesystems für Menschen mit Beeinträchtigungen benannt: Während das Gesetz über Tageseinrichtungen für Kinder (KiTaG) in §2 (1), 4 ganz allgemein den Auftrag formuliert, dass „ihnen Kenntnisse und Fähigkeiten vermittel[t werden sollen], die eine eigenständige Lebensbewältigung im Rahmen der jeweiligen Möglichkeiten des einzelnen Kindes fördern“ (KiTaG §2 (1) 4), konkretisiert der Orientierungsplan für Bildung und Erziehung im Elementarbereich niedersächsischer Tageseinrichtungen für Kinder diesen Auftrag. Dort wird im Rahmen des Lernbereichs und Erfahrungsfelds 4 „Sprache und Sprechen“ darauf hingewiesen, dass „Sprechen lernen [...] eine der wichtigsten Lernleistungen kleiner Kinder [ist]. [...] Tageseinrichtungen für Kinder stehen in der Verantwortung, Strukturen und Konzepte zu entwickeln, um diesen zentralen Bildungsauftrag zu realisieren. Eine unzureichend gelungene Sprachentwicklung [...] schränkt die Kommunikationsfähigkeit von Kindern ein und beeinträchtigt ihre Lernmöglichkeiten nachhaltig in der Grundschule und in allen weiteren Bildungs- und Sozialisationsprozessen.“ (Niedersächsisches Kultusministerium 2005a, 20)
Im schulischen Setting gibt das Niedersächsische Schulgesetz (NSchG) in §2 den Rahmen des Bildungsauftrags wiederum allgemein vor, in welchem es unter anderem die Befähigung zur Ausdrucksmöglichkeit betont. Diesem Auftrag wird sodann in den unterschiedlichen Kerncurricula Rechnung getragen. Insbesondere im „Kerncurriculum für den Förderschwerpunkt Geistige Entwicklung des Niedersächsischen Kultusministeriums“ wird Kommunikation sowohl als interdisziplinäre Aufgabe im Rahmen der lebenspraktischen Aspekte als auch als expliziter Fachbereich Kommunikation/Deutsch benannt (vgl. Niedersächsisches Kultusministerium 2007, 8). Mit den Ausführungen zum Fachbereich Kommunikation/Deutsch werden hierbei die wesentlichen Teilbereiche und Methoden der Unterstützten Kommunikation als angestrebte Kompetenzbereiche aufgeführt (vgl. ebd., 15-27).
Auch die Regelleistungsbeschreibungen insbesondere für die Bereiche Wohnen, WfbM und Tagesförderstätte, die gemäß § 5 FFV LRV getroffen sind, sehen jeweils unter Punkt 3 „Ziel, Art und Inhalt der Leistung“ die Teilhabe am gesellschaftlichen Leben als wichtiges Ziel und benennen jeweils unter Punkt 3.3.1 Hilfen zur Kommunikation und Unterstützung sprachlicher Fähigkeiten als direkte Leistungen (vgl. Fortführungsvertrag zum Landesrahmenvertrag nach § 79 SGB XII (FFV LRV); z. B. Regelleistungsbeschreibung gem. § 5 FFV LRV Leistungstyp: 2.2.3.1 „Wohnen für

Menschen mit geistiger Behinderung im Erwerbs- und Seniorenalter"; Regelleistungsbeschreibung gem. § 5 FFV LRV Leistungstyp 1.1.3.1, 2.1.3.1 und 3.1.1.1: Anerkannte Werkstatt für behinderte Menschen (WfbM) inkl. integrierter Tagesförderstätte (2.1.3.2) an WfbM).

3. Ziel des Konzepts

Ziel des Gesamtkonzeptes ist die flächendeckende Institutionalisierung von Beratungsstellen für Unterstützte Kommunikation und Unterstütztes Schreiben an schulischen sowie vor-, außer- und nachschulischen Einrichtungen und Diensten der Behindertenhilfe in Niedersachsen. Diese Beratungsstellen sollen strikt firmenunabhängige, personenzentrierte und unter Einbeziehung der Person und des Umfeldes, qualitativ hochwertige Beratung und prozessorientierte Begleitung in den Bereichen Unterstützte Kommunikation und Unterstütztes Schreiben niedrigschwellig anbieten und somit langfristig den Bedarf lückenlos decken. Das Beratungsstellennetzwerk soll sowohl im schulischen als auch im außerschulischen Lebensbereich greifen, um dem lebenslangen Lernen sowie dem lebenslangen Unterstützungsbedarf von Menschen mit Beeinträchtigungen gerecht zu werden und Inklusion in alle Lebensbereiche und Lebensphasen zu ermöglichen. Insbesondere eine frühzeitige Unterstützung und Kompetenzvermittlung kann die Entwicklung einer Person hin zu mehr Selbstständigkeit und damit voller und wirksamer Teilhabe am Leben in der Gemeinschaft nachhaltig fördern und ein geringeres Maß an notwendiger Unterstützung im Erwachsenenalter nach sich ziehen.

4. Konzept zur flächendeckenden Einrichtung von Beratungsstellen für UK und Unterstütztes Schreiben in Niedersachsen

Mit dem vorliegenden Konzept soll eine Grundlage geschaffen werden, um dem steigenden Bedarf an Unterstützungssystemen für schulische Einrichtungen sowie für vor-, außer- bzw. nachschulische Einrichtungen und Dienste der Behindertenhilfe in Niedersachsen nachhaltig und fachlich qualifiziert begegnen zu können. Da sich das Konzept auf die gesamte Lebensspanne eines Menschen bezieht und Inklusion in allen Lebensbereichen durch gelingende Kommunikation unterstützen möchte, ist ein differenziertes Vorgehen bei der Implementierung von Unterstützter Kommunikation und Unterstütztem Schreiben notwendig. Das Konzept gliedert sich daher in drei Teile:

1. Der erste Teil bezieht sich auf die Etablierung und Institutionalisierung von Beratungsstellen zur Unterstützten Kommunikation und

zum Unterstützen Schreiben an *Schulen* in Niedersachsen. Er wird dementsprechend dem Kultusministerium und den Landesschulbehörden in Niedersachsen vorgelegt.
2. Der zweite Teil des Konzeptes bezieht sich auf die Etablierung und Institutionalisierung von Beratungsstellen zur Unterstützten Kommunikation und zum Unterstützten Schreiben an *vor-, außer- und nachschulischen Einrichtungen und Diensten der Behindertenhilfe* in Niedersachsen. Er wird dementsprechend der Landesarbeitsgemeinschaft der Freien Wohlfahrt und dem Ministerium für Soziales, Frauen, Familie und Gesundheit vorgelegt.
3. Der dritte Teil bezieht sich auf die Etablierung und Institutionalisierung von Unterstützter Kommunikation im Rahmen von *Forschung und Lehre* in Niedersachsen. Er wird dem Ministerium für Wissenschaft und Kultur und dem Kultusministerium vorgelegt.

Durch die Etablierung von Beratungsstellen für Unterstützte Kommunikation und Unterstütztes Schreiben auf allen Ebenen und einem Methodenzentrum auf universitärer Ebene können Synergieeffekte genutzt werden und eine lebenslange, qualitativ hochwertige Versorgung von Personen, die auf Unterstützte Kommunikation und Unterstütztes Schreiben angewiesen sind, sichergestellt werden. Damit wird die Lebensqualität dieses Personenkreises nachhaltig verbessert und eine volle und wirksame Teilhabe am Leben in der Gemeinschaft unterstützt. Nachfolgend wird das Konzept i. d. R. grammatikalisch im Indikativ formuliert, wenngleich es als Imperativ an die Entscheidungsträger gerichtet ist, mit denen die Verhandlungen noch nicht abgeschlossen sind.

4.1 Beratungsstellen an Schulen

4.1.1 Zielgruppen

Zielgruppe *individueller Beratungen* sind Kinder aus dem vorschulischen Bereich sowie alle Schüler während ihrer Schulzeit und bis zu zwei Jahre nach dem Schulbesuch, die mit den ihnen zur Verfügung stehenden Möglichkeiten nicht oder nicht ausreichend kommunizieren können. In die Beratung werden neben dem jeweiligen Kind bzw. Jugendlichen möglichst viele Bezugspersonen aus dem familiären und institutionellen Umfeld mit einbezogen. Darüberhinaus richten sich *allgemeine Informationen* an das häusliche und institutionelle Umfeld.

4.1.2 Beratungsinhalte

Allgemeine Informationen geben einen Überblick beispielsweise über Möglichkeiten der unterrichtsimmanenten und therapieimmanenten Kommunikationsförderung, über Hilfen, Zeichen, Techniken und Strategien. Weiterhin gibt es Informationen über Fortbildungsmöglichkeiten, überregionale Beratungsangebote und Hilfsmittelfirmen.
Die *individuelle Beratung* leistet eine Verbesserung der Kommunikation der zu beratenden Person in ihrem Umfeld mit dem Ziel einer wohnortnahen und sozialintegrativen Beschulung. Eine qualifizierte und umfassende Beratung trägt maßgeblich zum Erfolg des Einsatzes von entsprechenden Hilfsmitteln und kommunikationsfördernden Maßnahmen bei. Sie beinhaltet das Assessment und die Interventionsplanung und umfasst damit die Erhebung und Bedarfsermittlung, die Entwicklung eines Konzeptes zur Versorgung mit Kommunikationshilfen und Planung der Intervention, die Ermittlung der Ansteuerungs- und Positionierungserfordernisse, die Ermittlung und Organisation der Kommunikationsinhalte/des Wortschatzes und die Organisation, Begleitung und Evaluation der Erprobung im Lebensumfeld. Das Angebot einer Beratungsstelle sollte Hilfestellung in pädagogischen, therapeutischen, diagnostischen, rechtlichen und technischen Bereichen für das Kind/den Jugendlichen sowie für die Bezugspersonen geben. Die Hilfe zur Beantragung von Hilfsmitteln umfasst in jedem Fall eine ausführliche Stellungnahme. Für all diese Aufgaben ist eine umfassende Diagnostik unabdingbar. Hierzu gehört eine Kind-Umfeld-Analyse und die Erhebung der Entwicklung in der Kommunikation und den verschiedenen Funktionsbereichen, der kommunikativen Bedürfnisse und des Lebenskontextes des Kindes/des Jugendlichen sowie der Bedürfnisse, Erwartungen, Einstellungen und Mitarbeitsbereitschaft der Bezugspersonen. Daraus ergeben sich die individuellen pädagogisch-therapeutischen Maßnahmen. Diese Maßnahmen müssen im Sinne einer Nachhaltigkeit prozessorientiert begleitet sowie in festgelegten Abständen überprüft und ergänzt werden.

4.1.3 Nachhaltigkeit der Arbeit

Nachhaltigkeit wird in der Arbeit der Beratungsstellen für Unterstützte Kommunikation und Unterstütztes Schreiben durch folgende Aspekte erreicht:

- in der individuellen Beratung durch Dokumentation der Diagnostik und Beratung, durch prozessorientierte Begleitung der individuellen pädagogisch-therapeutischen Maßnahmen zur fachgerechten Weiterentwicklung kommunikativer Fähigkeiten und durch Evaluation der Beratung,
- in der institutionellen Beratung intern durch die Vermittlung und den Austausch von Informationen, zum Beispiel durch Fachkonferenzen, Dienstbesprechungen, Intranet, Pinnwand, Informationstisch, extern durch die

Weitergabe allgemeiner Informationen, zum Beispiel durch Flyer, Homepage, Gespräche oder die Präsentation von Materialien und Hilfsmitteln,
- in der überinstitutionellen Kooperation und Vernetzung durch die Zusammenarbeit mit anderen Diensten und Einrichtungen, zum Beispiel den Mobilen Diensten, anderen Schulen, Kindertageseinrichtungen sowie Frühförderstellen in der Region, anderen Diensten und Einrichtungen der Behindertenhilfe und Ärzten und Therapeuten in der Region,
- durch Fortbildung sowohl für die Berater als auch durch die Berater für Bezugspersonen der Kinder und Jugendlichen, Kollegen der eigenen Schule oder Kollegen in anderen Schulen.

4.1.4 Personelle Ausstattung und Qualifikation

Die Beratungsstellenarbeit erfolgt am effektivsten in einem multiprofessionellen Team. Daher soll das Team einer Beratungsstelle aus mindestens zwei Personen mit möglichst unterschiedlichen Kompetenzen gebildet werden, da nur so
- eine kontinuierliche Erreichbarkeit zu festgelegten Sprechzeiten gewährleistet werden kann,
- der Ausfall eines Mitarbeiters kompensiert werden kann, ohne dass das gesamte Beratungsangebot in sich zusammenbricht,
- das umfangreiche spezielle Fachwissen mit dem kurzfristigen Ausfall einer Person nicht verloren geht,
- gegenseitiges Teamteaching möglich ist, um Fälle gemeinsam zu klären,
- ein fachlicher Austausch sichergestellt ist,
- sich die Notwendigkeit kontinuierlicher Fortbildung und Vernetzung auf zwei Personen verteilt.

Die Mitarbeiter der Teams der Beratungsstellen sollten über folgende oder vergleichbare Kompetenzen verfügen:
- abgeschlossene/s Berufsausbildung/Studium im (heil-)pädagogischen oder therapeutischen Bereich,
- Ausbildung oder Weiterbildung im Bereich Unterstützte Kommunikation oder eine Schwerpunktsetzung „Unterstützte Kommunikation“ im Studium,
- die Teilnahme an einem zertifizierten Grundkurs,
- Berufserfahrung mit Kindern/Jugendlichen/Erwachsenen, die auf Unterstützte Kommunikation angewiesen sind,
- Berufserfahrung in der Beratung für Unterstützte Kommunikation,
- umfassende Kompetenzen u. a. zu theoretischen Grundlagen, Hilfen und Einsatz von UK, zu Diagnostik, Sozial- und Versicherungsrecht

Die Mitarbeiter der Teams der Beratungsstellen bilden sich regelmäßig fachlich insbesondere in den Bereichen Diagnostik, Beratung, Didaktik/Methodik, Technologie, Wissenschaft und Forschung, Qualitätsentwicklung weiter. Ein regelmäßiger Austausch findet statt. Fortbildung und Austausch sind realisierbar z. B. durch regionale und überregionale Arbeitskreise, Netzwerke und Lehrerfortbildung, Tagungen und die Zusammenarbeit mit den Hochschulen. Zusammenarbeit findet statt mit der Gesellschaft für Unterstützte Kommunikation (ISAAC e.V.), Interessenverbänden, Hilfsmittelfirmen oder der Deutschen Gesellschaft für Sprachheilpädagogik. Die Mitarbeiter der Beratungsstellen können für die Teilnahme an Fortbildungen und Netzwerktreffen zusätzlich zu den fünf üblichen Tagen auf Antrag zusätzlichen Sonderurlaub an bis zu weiteren fünf Arbeitstagen im Jahr erhalten. Die Reisekosten werden im Rahmen von Dienstreisen abgerechnet.

4.1.5 Aufgaben und Zeit

Der Aufbau und die Einrichtung von flächendeckenden Beratungsstellen für Unterstützte Kommunikation und Unterstütztes Schreiben entsprechen den Zielsetzungen einer inklusiven Bildung. Sonderpädagogisches (Fach-) Wissen wird durch geschulte Berater den anderen allgemeinbildenden Schulen zur Verfügung gestellt und kann von diesen angefordert oder abgefragt werden. Die Zusammenarbeit von Förderzentrum und allgemeinbildender Schule erfolgt im Rahmen von Regionalen Integrationskonzepten (RIK) und dem Mobilen Dienst, um dort selbst Prozesse der integrativen Beschulung zu ermöglichen. Der Beratungs- und Interventionsbedarf kann stark inhaltlich und zeitlich variieren. Eine Festlegung auf Zeit oder Umfang verfehlt daher auch die prozessbegleitende Arbeit der Beratungsstelle. Den Förderzentren sind nach Antragstellung durch die Landesschulbehörde entsprechende Personalbudgets zur Verfügung zu stellen.

4.1.6 Räumliche und sächliche Ausstattung

Es sollten ein Beratungsraum, ein Büro und ein Materialraum zur Verfügung stehen. Der Beratungsraum muss eine ausreichende Größe für eine Kleingruppe haben. Dabei muss Barrierefreiheit gewährleistet sein. Es ist darauf zu achten, dass der Beratungsraum eine gute Akustik besitzt. Die Räume sind ausreichend ausgestattet. Der Beratungsraum verfügt über eine angemessene Grundausstattung mit UK-Material, was die Kommunikationshilfsmittel, diagnostisches und didaktisches Material, Literatur zum Thema sowie die notwendige technische Ausstattung einschließt. Verbrauchsmaterial wird vorgehalten und bei Bedarf ergänzt. Bei ambulanter Versorgung ist ein PKW mit entsprechend großer Ladekapazität erforderlich.

4.1.7 Finanzierung

Die Ausstattung der Schulen liegt grundlegend im Bereich der zuständigen Schulträger. Damit die Schulen allerdings die notwendigen Anschaffungen für den Aufbau der Beratungsstellen tätigen können, dürfen die laufenden Haushalte der Schulen nicht belastet werden. Durch den Aufbau der Beratungsstelle wird den Schulen eine konzeptionelle Weiterentwicklung im Sinne von Förderzentren ermöglicht. Diese sonderpädagogisch erforderliche und sinnvolle Aufgabe muss innerhalb der Schulen zusätzlich geleistet werden und bedarf daher auch einer eigenen Finanzierung. Es wird beantragt, dass das Kultusministerium/die Landesschulbehörde den entsprechenden Schulen nach Antragstellung eine Grundausstattung in Höhe von ca. 15.000,00 Euro zur Verfügung stellt. Diese Mittel sollen - neben den baulichen Kosten - dazu verwendet werden, die Beratungsstelle mit einer notwendigen Grundausstattung zu versorgen. Die laufenden Kosten für die Beratungsstellen sind aus den Haushaltsstellen der jeweiligen Schulen zu erstatten. Die Schulen sollen einen entsprechenden Antrag auf Aufstockung der Haushaltsstellen beim zuständigen Träger stellen.

4.2 Beratungsstellen an Tagesbildungsstätten, vor-, außer- bzw. nachschulischen Einrichtungen

Vorgestellt wird das Konzept für die flächendeckende Einrichtung von Beratungsstellen für UK und Unterstütztes Schreiben an Tagesbildungsstätten sowie vor-, außer- bzw. nachschulischen Einrichtungen und Diensten der Behindertenhilfe in Niedersachsen.

4.2.1 Personenkreis

Zur Zielgruppe zählen Menschen jeden Alters, die nicht oder kaum sprechen (lernen), deren Sprachentwicklung stark verzögert ist oder die gesprochene Sprache nicht oder nur schlecht verstehen sowie ihre Interaktionspartnern. Voraussetzung für die Berechtigung der Inanspruchnahme der Leistung ist die Feststellung des Unterstützungsbedarfes durch eine qualifizierte UK-Beratungsstelle. Unter Beachtung des Grundsatzes der orts- und familiennahen Versorgung werden vorrangig im Einzugsgebiet der Beratungsstelle wohnende Personen beraten und begleitet.

4.2.2 Ziel, Art und Inhalt der Leistung

Ziel der Leistung

Die Beratungsstelle hat die Aufgabe, Menschen außerhalb des Schulalters, die mit den ihnen zur Verfügung stehenden Möglichkeiten nicht oder nicht ausreichend kommunizieren können, individuell zu Möglichkeiten der Unterstützten Kommunikation und des Unterstützten Schreibens zu beraten und zu begleiten. In die Beratung werden neben den jeweiligen Personen möglichst viele Bezugspersonen aus dem häuslichen und institutionellen Umfeld mit einbezogen.

Art der Leistung

Die Beratungsstelle ist ein Angebot, dass das Recht auf Kommunikation unterstützt, umsetzt und begleitet und somit eine Teilhabe an der Gesellschaft ermöglicht. Das Recht auf Kommunikation und Teilhabe leitet sich aus den oben genannten Übereinkommen, Gesetzen und dem Landesrahmenvertrag der Niedersächsischen Eingliederungshilfe ab.

Inhalt der Leistung

Das Angebot einer Beratungsstelle sollte Hilfestellung in pädagogischen, therapeutischen, diagnostischen, rechtlichen und technischen Bereichen der Unterstützten Kommunikation und dem Unterstützten Schreiben für den Menschen sowie für die Bezugspersonen geben. Das System der individuellen Zielplanung sollte dabei zur Anwendung kommen.
Im Zentrum der Leistung stehen der in seiner Kommunikationsfähigkeit eingeschränkte Mensch mit seinem individuellen Unterstützungsbedarf sowie sein Umfeld. Für eine individuelle Beratung und prozessorientierte Begleitung ist eine umfassende Diagnostik unabdingbar. Daraus ergeben sich die individuellen unterstützenden Maßnahmen. Diese werden im Verlauf prozessorientiert begleitet sowie, im Sinne einer Nachhaltigkeit, in festgelegten Abständen überprüft, ergänzt und fortgeschrieben. Die Hilfe zur Beantragung von Hilfsmitteln umfasst in jedem Fall eine ausführliche fachpädagogische/therapeutische Stellungnahme. Zur direkten Leistung gehören zudem das Initiieren von Gruppen, in denen unterstützt kommunizierende Menschen ihre Fähigkeiten weiter ausbauen können.
Hinzu kommen indirekte Leistungen. Die Nachhaltigkeit der Arbeit in der Beratungsstelle wird durch die Dokumentation der Diagnostik, Beratung und Begleitung, die Evaluation der Beratung, die Vermittlung und den Austausch von Informationen, sowohl intern als auch extern, das Durchführen von Fortbildungen sowie einen Netzwerkaufbau gewährleistet.
Es sind Sachleistungen notwendig, insbesondere zur Leitung und Verwaltung, zum Vorhalten und Instandhalten geeigneter Räumlichkeiten und Ausstattung sowie der notwendigen Wartung technischer Anlagen.

4.2.3 Umfang der Leistungen

Je nach individuellem Bedarf des Ratsuchenden und des damit verbundenen Beratungsaufwandes kann die Leistungszeit stark inhaltlich und zeitlich variieren. Eine Festlegung auf Zeit oder Umfang verfehlt daher auch hier die prozessbegleitende Arbeit der Beratungsstelle.

4.2.4 Qualität der Leistung

Strukturqualität

- Konzept: Die Beratungsstelle, bzw. die dahinter stehende Einrichtung verfügt über ein UK-Konzept;
- personelle Ausstattung: die Zusammensetzung besteht aus einem multiprofessionellen Team mit mindestens zwei Mitarbeitern;
- Qualifikation des Personals: die Mitarbeiter des Teams der Beratungsstellen verfügen über folgende oder vergleichbare Qualifikationen: abgeschlossene Berufsausbildung/Studium im (heil)pädagogischen oder therapeutischen Bereich und eine zweijährige einschlägige Berufserfahrung mit Unterstützter Kommunikation; die Teilnahme an einem zertifizierten Grundkurs sollte nachgewiesen werden, eine zertifizierte Aus- und Weiterbildung in Unterstützter Kommunikation ist wünschenswert;
- sächliche Ausstattung: die sächliche Ausstattung ist die gleiche wie bei den schulischen Beratungsstellen (siehe oben);
- betriebliche Organisation: die betriebliche Organisation und die haustechnische Versorgung werden gewährleistet;
- Darstellungen der Qualitätssicherungsmaßnahmen: diese müssen je nach Institution individuell entwickelt und sicher gestellt werden.

Prozessqualität

Feststellen des individuellen Unterstützungsbedarfs

Unter Berücksichtigung vorliegender Befunde und Gutachten sowie eigener Feststellungen der Beratungsstelle durch Erstkontakt, Anamnese und explorative Diagnostik wird der individuelle Unterstützungsbedarf an Unterstützter Kommunikation und Unterstütztem Schreiben zeitnah nach Erstkontakt durch die Beratungsstelle festgestellt. Diese Leistungen werden in interdisziplinärer Zusammenarbeit von der betroffenen Person selbst, den Mitarbeitern der Beratungsstelle oder relevanter Institutionen sowie Bezugspersonen erbracht.

Individueller Unterstützungsplan

Auf der Grundlage der Feststellung des individuellen Unterstützungsbedarfs für Unterstützte Kommunikation und Unterstütztes Schreiben wird ein individueller Unterstützungsplan für die Person und ihr Umfeld erstellt, der mindestens Aussagen zu folgenden Punkten trifft:

- den anzustrebenden Unterstützungszielen,
- den bis zur nächsten Fortschreibung anzustrebenden Teilzielen,
- Empfehlungen zur alltäglichen Umsetzung der Unterstützungsmaßnahmen zur Unterstützten Kommunikation im häuslichen und institutionellen Umfeld und
- Empfehlungen über die regelmäßig wahrzunehmenden Leistungen aus den von der Beratungsstelle angebotenen Leistungsinhalten.

Fortschreiben des individuellen Unterstützungsplans

Der individuelle Unterstützungsplan und die daraus resultierenden Unterstützungsziele werden kontinuierlich spätestens alle zwölf Monate beginnend mit der Regelleistung fortgeschrieben. Die Fortschreibung hat mindestens Aussagen zu enthalten

- ob und inwieweit die aus Anlass des Beratungsprozesses bzw. der letzten Fortschreibung formulierten Ziele erreicht wurden,
- zu den bis zur nächsten Fortschreibung anzustrebenden Teilzielen,
- zur Empfehlung über die alltägliche Umsetzung der Unterstützungsmaßnahmen zur Unterstützten Kommunikation im häuslichen und institutionellen Umfeld und
- zur Empfehlung über die regelmäßig wahrzunehmenden Leistungen aus den von der Beratungsstelle angebotenen Leistungsinhalten.

Dokumentation

Die Feststellung zum individuellen Unterstützungsbedarf, der individuelle Unterstützungsplan aus Anlass der Feststellung des individuellen Unterstützungsbedarfs, die Fortschreibung des individuellen Unterstützungsplans und die Durchführung der darin aufgeführten alltäglichen Umsetzung der Unterstützungsmaßnahmen sowie der regelmäßig wahrzunehmenden Leistungen aus den von der Beratungsstelle angebotenen Leistungsinhalten sind schriftlich zu dokumentieren. Die Dokumentation ist für die Dauer des Beratungsprozesses und fünf Jahre nach der Beendigung des Beratungsprozesses von der Beratungsstelle unter Beachtung der einschlägigen datenschutzrechtlichen Bestimmungen aufzubewahren.

Abschlussbericht

Die Beendigung des Beratungsprozesses erfolgt auf Grund privater, fachlicher oder finanzieller Gründe. Bei Beendigung des Beratungsprozesses wird ein Bericht erstellt, der mindestens Aussagen enthält über die Entwicklung der Person und des Umfeldes auf Grund des durchgeführten Beratungsprozesses mit allen Maßnahmen und dem weiteren Unterstützungsbedarf. Der Abschlussbericht wird dem Träger der Sozialhilfe zugeleitet.

Durchführung kontinuierlicher Fortbildung des Personals, Supervision und Netzwerkarbeit
Die Konzipierung und Durchführung jährlicher bedarfsgerechter Fort- und Weiterbildung wird sichergestellt. Bei Bedarf wird Supervision angeboten. Zudem wird dem Personal der Beratungsstelle die Vernetzung mit relevanten Netzwerken, Arbeitsgruppen, Institutionen und Interessensverbänden ermöglicht.

Fortentwicklung der Konzeption
Die Konzeption der Beratungsstelle wird regelmäßig überprüft, den veränderten Gegebenheiten angepasst und bedarfsgerecht fortgeschrieben.

Ergebnisqualität

Die Ergebnisse der Leistung werden anhand der angestrebten Ziele in regelmäßigen Abständen überprüft und analysiert. Sie fließen in die Weiterentwicklung des Leistungsangebotes ein.

4.3 Wissenschaftliche Verankerung von UK in Forschung und Lehre

Um die Versorgungslage von Menschen, die in ihrer Kommunikation beeinträchtigt sind, langfristig und nachhaltig zu verbessern und um ihrem Bedarf an qualifizierter Beratung und Begleitung gerecht zu werden, ist eine wissenschaftliche Verankerung der Thematik in Forschung und Lehre unabdingbar. Anfang Mai 2009 wurde am Institut für Sonder- und Rehabilitationspädagogik der Universität Oldenburg das Ambulatorium für ReHabilitation eröffnet. Einer von sechs Bereichen widmet sich der Unterstützten Kommunikation. Hinter diesem Ambulatorium steht der „Gemeinnützige Verein zur Förderung der pädagogischen Re-Habilitation und sozialen Integration von Menschen in Risikolagen". Konzeptuell steht die Arbeit auf unten dargestellten drei Beinen. Durch die Netzwerkarbeit mit ihrer politischen Zielrichtung ist mittlerweile quasi ein „viertes Bein" entstanden.

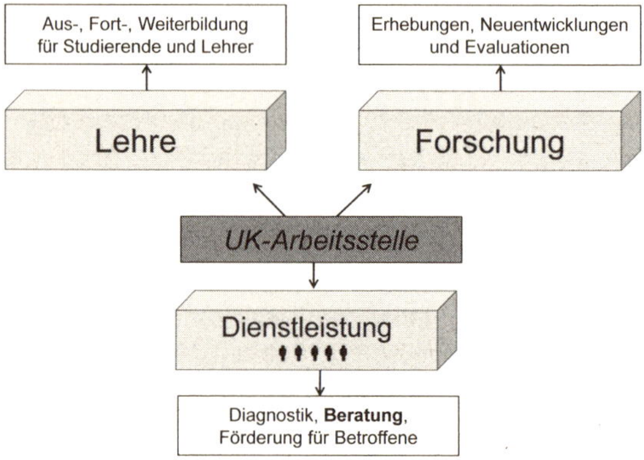

Abb. 2: Wissenschaftliche Verankerung der UK-Beratungsstelle der Universität Oldenburg

4.3.1 Forschung

Unterstützte Kommunikation hat eine breite Basis in der Praxis, jedoch zunehmend auch in der Forschung. International gibt es mehrere Forschungszentren, insbesondere im anglo-amerikanischen Raum. Dennoch sind verschiedene Herangehensweisen, Hilfen oder diagnostische Verfahren noch nicht ausreichend evaluiert. Dies ist bezeichnend für eine junge aufstrebende Wissenschaftsdisziplin und lässt den enormen Forschungsbedarf erkennen. Auch in Deutschland wird der Fokus zunehmend auf die Forschung gerichtet. Es entstehen Beratungsstellen an Universitäten und Hochschulen, die der Verbindung von Praxis, Lehre und Forschung dienen. Im Norden Deutschlands gab es bislang kein universitäres Forschungszentrum. Oldenburg ist die erste Hochschule der Region, die 2009 eine Beratungsstelle eröffnete und diese Verzahnung von Forschung, Lehre und Praxis umsetzt. Zu den seit 2008 durchgeführten oder begonnen Studien zählen:

- 2007/2008 eine allgemeine quantitative Erhebung zu Bedarf und Versorgung im Nordwesten Deutschlands (siehe Kapitel 1),
- ab 2009 eine zielgruppenspezifische Erhebung zur Situation an Förderschulen mit dem Förderschwerpunkt geistige Entwicklung und Tagesbildungsstätten mit quantitativer Fragebogenerhebung als Replikationsstudie zur bundesweiten Erhebung von Boenisch (2009a+b) an allen Förderschulen mit dem Förderschwerpunkt körperliche und motorische Entwicklung sowie einer weiter geplanten qualitativen Studie zu den Hintergründen der Ergebnisse,

- ab 2008 eine Reihe von Einzelfallstudien zum Einsatz Unterstützter Kommunikation bei Kindern und Jugendlichen mit geistigen Beeinträchtigungen mit dem Ziel der Entwicklung zielgruppenspezifischer diagnostischer Hilfen und Strategien der Intervention sowie dem Nachweis der Wirksamkeit der Intervention durch ABA- oder Pre-Post-Follow up-Design,
- ab 2010 ein Vergleich von Deutscher Gebärdensprache und vereinfachten Gebärden (BEB 2007) für Menschen mit geistigen und mehrfachen Beeinträchtigungen zur Klärung der Frage nach der Angemessenheit der Systeme für die benannte Zielgruppe.

4.3.2 Lehre

Studierende

Unterstützte Kommunikation ist zum festen Bestandteil des Studienangebots im Fach Sonderpädagogik der Carl von Ossietzky Universität Oldenburg geworden, damit bereits während der Ausbildung theoretisch fundierte und praktisch angewandte Kenntnisse vermittelt werden können. So ist es den Studierenden möglich, sich während ihres Studiums umfassende Kenntnisse im Bereich Unterstützte Kommunikation anzueignen und ein Zertifikat hierüber zu erlangen. Erworbene Kenntnisse können im Rahmen von Abschlussarbeiten, die wiederum eine gelungene Verbindung von Forschung, Lehre und Praxis darstellen, weiter vertieft werden.

Lehrer und Mitarbeiter

Über die reguläre Lehre hinaus bietet die Carl von Ossietzky Universität im Rahmen des Ambulatoriums für ReHabilitation sowie in Zusammenarbeit mit ISAAC, mit Hilfsmittelfirmen, mit dem UK-Netzwerk Weser-Ems und dem Fortbildungszentrum der Caritas zurzeit Vorträge, Fortbildungen, Workshops und Teamberatungen für Mitarbeiter von Einrichtungen der Behindertenhilfe sowie Lehrer zum Themenkomplex der Unterstützten Kommunikation an, um auch dort das Wissen weiter zu vertiefen und Nachhaltigkeit zu fördern. Seit 2011 bietet auch die Universität Hannover in Zusammenarbeit mit der Akademie für Rehaberufe der Lebenshilfe e.V. im Verbund mit den Diakonischen Werken Himmelsthür umfangreiches Fort- und Weiterbildungsangebot an. Ein regelmäßiges Fortbildungsangebot an der Hochschule und in den Einrichtungen vor Ort soll im Rahmen des Ambulatoriums sowie in Kooperation mit Fort- und Weiterbildungszentren weiter entwickelt und ausgebaut werden. Damit wird die notwendige Basis geschaffen, um eine fachlich angemessene Versorgung mit Unterstützter Kommunikation in den Einrichtungen sicher zu stellen.

4.3.3 Ressourcen

Der bisherige Aufbau des Ambulatoriums für ReHabilitation – Bereich Unterstützte Kommunikation – erfolgte ausgehend vom Lehrstuhl für Pädagogik bei Beeinträchtigungen der geistigen Entwicklung. Daran beteiligt sind die Lehrstuhlleitung, eine wissenschaftliche Mitarbeiterin, wissenschaftliche Hilfskräfte sowie ehrenamtlich engagierte Studentinnen. Um den Bedarf an Forschung, Lehre einschließlich Fortbildung in der Verzahnung mit Beratung decken zu können, sind weitere Ressourcen notwendig.

Räumliche Ausstattung

Zurzeit teilt sich der Bereich Unterstützte Kommunikation den Beratungs- und Beobachtungsraum mit den Kollegen aus den anderen Bereichen des Ambulatoriums. Dies hat zur Folge, dass der Raum nur bedingt den fachlichen Anforderungen entsprechend gestaltet werden kann und es immer wieder zu räumlich-zeitlichen Engpässen kommt.
Wünschenswert sind eigene Räumlichkeiten (Beratungs- und Beobachtungsraum), die zeitlich umfassend zur Verfügung stehen und entsprechend eingerichtet werden können. Die Ausstattung mit den je aktuellen Hilfsmitteln ist derzeit dank der finanziellen Unterstützung von Stiftungen und Firmen auf einem recht guten Stand. Die technische Entwicklung ist jedoch rasant, auch bedürfen die vorhandenen Hilfsmittel regelmäßiger Wartung, Reparatur, Erneuerung. Von daher wäre ein jährlicher Etat zur Aktualisierung und Instandhaltung der Hilfsmittel vonnöten.

Personelle Ausstattung

Um als Forschungs- und Methodenzentrum wie oben beschrieben Forschung, Lehre und Beratung durchführen zu können, ist eine personelle Ausweitung notwendig. Für die wissenschaftliche Forschung und Begleitung bedarf es eines weiteren wissenschaftlichen Mitarbeiters. Für die Verzahnung von Lehre und Praxis sowie für die Verbindung zu den Praxiseinrichtungen und Schulen ist eine Abordnung von Lehrkräften aus den Förderbereichen Geistige Entwicklung und Körperlich-Motorische Entwicklung notwendig.

5. Fazit und Ausblick

Dieses Konzept wurde von Mitarbeitern zahlreicher schulischer, vor-, nach- und außerschulischer Einrichtungen der Behindertenhilfe im Weser-Ems-Gebiet unter Einbeziehung von Fachleuten der UK-Beratungsstelle Bremen, der Universität Hannover sowie der weiteren Regionen Niedersachsens über eineinhalb Jahre entwickelt. Ziel ist es, eine flächendeckende Versorgung mit Unterstützter Kommunikation und Unterstütztem Schreiben in ganz Niedersachsen über alle Lebensphasen hinweg zu erreichen. Seit dessen Vorstellung beim Runden Tisch im April 2010 fanden zahlreiche weitere Gespräche mit einzelnen Entscheidungsträgern statt. Der zweite Runde Tisch im Juni 2011 sollte allen zuständigen Personen offen legen, welche Schritte seit 2010 unternommen wurden, welche Entwicklungen in Gang kamen, und was noch zu tun ist. Noch ist das Ziel nicht erreicht, und ein längerer Weg liegt noch vor uns. Doch zahlreiche Veränderungen, die seitdem in einzelnen Institutionen begannen, lassen sich nicht mehr umkehren. Mögen noch viele folgen, damit wir tatsächlich einmal sagen können: Inklusion und Teilhabe gilt für alle, auch für die, die nicht „zu Wort kommen". Alle gehören dazu!

Literatur

ANUK:Unterstützte Kommunikation und Nutzung neuer Technologien in der Sonderpädagogik. Online unter: http://www.learnline.nrw.de/angebote/kbschulen/index.html [Stand: 06.04.2010]

Boenisch, J.: Kinder ohne Lautsprache – Grundlagen, Entwicklungen und Forschungsergebnisse zur Unterstützten Kommunikation, Karlsruhe, 2009a

Boenisch, J.: Forschungsergebnisse zur Unterstützten Kommunikation bei Kindern ohne Lautsprache – Bundesländer im Vergleich. Ergänzungsband zum Hauptwerk „Kinder ohne Lautsprache – Grundlagen, Entwicklungen und Forschungsergebnisse zur Unterstützten Kommunikation", Karlsruhe, 2009b

Bundesverband Evangelische Behindertenhilfe e.V. (BEB) (Hrsg.): Schau doch meine Hände an. Gebärdensammlung zur Kommunikation mit nichtsprechenden Menschen. Reutlingen, 2007

Carl von Ossietzky Universität Oldenburg: Einsatz und Bedarf Unterstützter Kommunikation im Weser-Ems-Gebiet. Online unter: http://www.sonderpaedagogik.unioldenburg.de/ download/Ambulatorium_fuer_Rehabilitation/FragebogenerhebungUK.pdf [Stand: 30.11.2009]

Deutscher Bundestag: Neuntes Buch Sozialgesetzbuch - Rehabilitation und Teilhabe behinderter Menschen. SGB IV vom 19.06.2001, zuletzt geändert durch Art. 2 G v. 30.7.2009 I 2495. Fundstelle: Bundesgesetzblatt, 1046–1140. Online verfügbar unter http://bundesrecht.juris.de/sgb_9/BJNR104700001.html [Stand: 02.03.2010]

Deutscher Bundestag: Gesetz zu dem Übereinkommen der Vereinten Nationen vom 13. Dezember 2006 über die Rechte von Menschen mit Behinderungen sowie zu dem Fakultativprotokoll vom 13. Dezember 2006 zum Übereinkommen der Vereinten Nationen über die Rechte von Menschen mit Behinderungen, vom 21.12.2008. Fundstelle: Bundesgesetzblatt Jahrgang 2008 Teil II Nr. 35, ausgegeben zu Bonn am 31. Dezember 2008, S. 1419–1457. Online verfügbar unter http://www.bgbl.de/Xaver/ start.xav?startbk=Bundesanzeiger_BGBl, [Stand: 02.03.2010]

Fortführungsvertrag zum Landesrahmenvertrag nach § 79 SGB XII (FFV LRV). Online verfügbar unter: http://www.paritaetischer.de/landesverband/downloads/fachbereiche/behindertenhilfe/FFV_LRV.pdf%20?time=1305285294721, [Stand: 12.05.2011]

Niedersächsisches Kulturministerium: Orientierungsplan für Bildung und Erziehung im Elementarbereich niedersächsischer Tageseinrichtungen für Kinder, 2005(a). Online unter: http://cdl.niedersachsen.de/blob/images/C3374461_L20.pdf [Stand: 02.03.2010]

Niedersächsisches Kultusministerium: Sonderpädagogische Förderung. RdErl. d. MK v. 1.2.2005 - 32 - 81027 VORIS 22410. In: SVBl 2/2005 (b), 49-75. Online unter: http://cdl.niedersachsen.de/blob/images/C7698236_L20.pdf [Stand: 30.11.2009]

Niedersächsisches Kultusministerium: Kerncurriculum für den Förderschwerpunkt Geistige Entwicklung, 2007, Hannover. Online unter: http://www.nibis.de/nli1/gohrgs/ kerncurricula_nibis/kc_2007/kc07_foe/kc_foe_geistige_nib.pdf [Stand: 30.11.2009]

Regelleistungsbeschreibung gem. § 5 FFV LRV Leistungstyp: 2.2.3.1 „Wohnen für Menschen mit geistiger Behinderung im Erwerbs- und Seniorenalter“. Online unter: http://www.paritaetischer.de/landesverband/top/fachbereiche_arbeitskreise/behindertenhilfe/infothek/?time=1305280629996 [Stand: 12.05.2011]

Regelleistungsbeschreibung gem. § 5 FFV LRV Leistungstyp 1.1.3.1, 2.1.3.1 und 3.1.1.1: Anerkannte Werkstatt für behinderte Menschen (WfbM) inkl. integrierter Tagesförderstätte (2.1.3.2) an WfbM). Online unter: http://www.paritaetischer.de/landesverband/top/fachbereiche_arbeitskreise/behindertenhilfe/infothek/?time=1305280629996 [Stand: 12.05.2011]

Autorinnen und Autoren

Andrea Alfaré
IFC Region Nordwestschweiz
Sennhofweg 20 b
CH-4310 Rheinfelden
E-Mail: alfare@ifc.ch

Birgit Appelbaum
Maria-Juchacz-Str. 24
47445 Moers
Tel.: 0176-290 304 91
E-Mail: birgit.appelbaum@cityweb.de

Dipl. Psych. Jutta Benetz
HPZ Ammerland
Westersteder Strasse 67
26655 Westerstede
Tel.: 04488/1808

Dr. phil. Allmuth Bober,
Diplom-Psychologin, Pädagogin
(Master of Science)
E-Mail: abober@rz-online.de

Eva Böhm
Anne-Frank-Schule
Osterlandstr. 25
51688 Wipperfürth
E-Mail: Boehm.eva@gmx.de

Christine Borucker
Diplomsozialpädagogin
Fachpädagogin für UK (FH-Freiburg)
CAB Beratungsstelle für UK
Memminger Str. 6
864159 Augsburg
Tel: 0821/5606-412
E-Mail: c.borucker@cab-b.de

Ursula Braun
Förderschulkonrektorin
Karl-Preising-Schule
(Schule des Bathildisheims e.V.)
Bad Arolsen
E-Mail: Ursula.braun@gmx.de

Daniel Bruning
Anne-Frank-Schule
Osterlandstr. 25
51688 Wipperfürth
E-Mail: daniel.bruning@gmx.de

Markus Buitkamp
E-Mail: markusbuitkamp@web.de

Claudio Castaneda
Lommersumerstr. 18
53909 Zülpich
E-Mail: claudio.
castaneda@gogglemail.com

Sabine Ell
Artilleriestrasse 25a
80636 München
E-Mail: sabine.ell@dynavox.de

Prof. Dr. Andrea Erdélyi
Uhlhornsweg 50
26129 Oldenburg
E-Mail: andrea.erdelyi@uni-oldenburg.de

Marcel Feichtinger
Schwelingstraße 19
48145 Münster
E-Mail: m_feichtinger@gmx.de
www.alle-wuerfeln-mit.de

Anne Hartkemeyer
Freitagstraße 7
26817 Rhauderfehn
E-Mail: anne_hartkemeyer@web.de

Thekla Huber-Kaiser
IFC Region Bern
Dorfmattweg 34
3110 Münsingen
E-Mail: huber@ifc.ch

Dr. Holger Hünermund
Institut für Rehablitationswissenschaften
der Humboldt-Universität zu Berlin
Georgenstr. 36
10117 Berlin
E-Mail: holger.huenermund@rz.hu-berlin.de

Marie Just
Sonderpädagogin
Förderzentrum Geistige Entwicklung
Schule am Knieberg Lüneburg
Oedemer Weg 23
21335 Lüneburg
E-Mail: mariejust@arcor.de

Christine Kühn
LIS e.V. am Ev. Krankenhaus Elisabeth Herzberge (KEH)
Herzbergstr. 79
10365 Berlin

Prof. Dr. Dorothea Lage
Fachhochschule Nordwestschweiz
Hochschule für Soziale Arbeit
Institut Integration und Partizipation
Riggenbachstr. 16
CH-6400 Olten
E-Mail: dorothea.lage@fhnw.ch
www.fhnw-ch/sozialearbeit

Carina Lüke
M.Sc. Klinische Linguistik
Technische Universität Dortmund
Fakultät Rehabilitationswissenschaften
Abteilung Sprache und Kommunikation
Emil-Figge-Str.50
44227 Dortmund
E-Mail: carina.lueke@tu-dortmund.de

Romana Malzer
LifeTool gemeinnützige GmbH
Hafenstraße 47-51
A-4020 Linz
E-Mail: Romana.Malzer@lifetool.at
www.lifetool.at

Susanne Mischo
Dipl.-Heilpädagogin
C.v.O. Universität Oldenburg
Fakultät I - Bildungs- u. Erziehungswissenschaften/ Institut für Sonder- und Rehabilitationspädagogik/ Pädagogik bei Beeinträchtigungen der geistigen Entwicklung
Ammerländer Heerstr. 114-118
26129 Oldenburg
E-Mail:
susanne.mischo@uni-oldenburg.de

Gudrun Mrosack
LIS e.V. am Ev. Krankenhaus Elisabeth Herzberge (KEH)
Herzbergstr. 79
10365 Berlin

Bettina Müller
Dipl. Heilpädagogin, ISAAC-Referentin
Beratungsstelle für frühe Dialoggestaltung und Unterstützte Kommunikation
Hailerer Str. 24
63571 Gelnhausen
E-Mail: bmueller-uk@web.de

Christoph Jo. Müller
INCAP GmbH
Bauschlotter Straße 62
75177 Pforzheim
E-Mail: c.mueller@incap.de

Dr. Imke Niediek
Leibniz Universität Hannover, Institut für Sonderpädagogik
Schloßwenderstraße 1
30159 Hannover
E-Mail: imke.niediek@ifs.phil.uni-hannover.de

Karl-Heinz Pantke
LIS e.V. am Ev. Krankenhaus Elisabeth Herzberge (KEH)
Herzbergstr. 79
10365 Berlin
Tel.: 030 – 34 39 89 75
E-Mail: pantkelis@arcor.de

Susann Pohl
Lindenstraße 59B
31535 Neustadt
E-Mail: susann.pohl84@web.de

DI (FH) Claudia Pointner
LifeTool gemeinnützige GmbH
Hafenstraße 47-51
A-4020 Linz
E-Mail: Claudia.Pointner@lifetool.at
www.lifetool.at

Alfons Regler
Master of Social Management
Dipl.Ing.(FH)
Einrichtungsleiter in der Behindertenhilfe
Ulrichswerkstätten Schwabmünchen
Töpferstr. 11
86830 Schwabmünchen
Tel: 08232/9631-14
E-Mail: a.regler@cab-b.de

Prof. Dr. Gregor Renner
Katholische Hochschule Freiburg
Zentrum für Unterstützte Kommunikation
Karlstraße 63
D-79104 Freiburg i.B.
E-Mail: gregor.renner@kh-freiburg.de

Stefanie Kalén Sachse
Universität zu Köln
Klosterstr. 79 b
50931 Köln
E-Mail: stefanie.sachse@uni-koeln.de

Karolin Schäfer (Dipl.-Reha-Päd.)
Sanitätshaus Siegfried von Bültzingslöwen
Abteilung für kompensierende Technik
Am Unkelstein 8
47059 Duisburg
E-Mail: schaefer@otsvb.de

Yvette Schatz
Autismuszentrum Kleine Wege
Förderung autistischer Menschen
Yvette Schatz/ Silke Schellbach GbR
Albert-Träger Str. 3
99734 Nordhausen
E-Mail: autismuszentrum.nordhausen@kleine-wege.de
www.kleine-wege.de

Silke Schellbach
Autismuszentrum Kleine Wege
Förderung autistischer Menschen
Yvette Schatz/ Silke Schellbach GbR
Albert-Träger Str. 3
99734 Nordhausen
E-Mail: autismuszentrum.nordhausen@kleine-wege.de
www.kleine-wege.de

Gudrun Siegel
Hinter der Hecke 42
55268 Nieder-Olm
E-Mail: gsiegel@gmx.de

Dagmar Slickers
Dipl.-Pädagogin / Akad. Sprachtherapeutin
Technische Universität Dortmund
Fakultät Rehabilitationswissenschaften
Zentrum für Beratung und Therapie
Emil-Figge-Str. 50
44227 Dortmund
E-Mail:
dagmar.slickers@tu-dortmund.de

Arvid Spiekermann
Beratungsstelle für Unterstützte Kommunikation
DRK Schul- und Therapiezentrum Raisdorf
Henry-Dunant-Str. 10
24223 Schwentinental
E-Mail: A.Spiekermann@drk-sutz.de
www.drk-sutz.de

Claudia Spindler
Professorin für „Theorie und Praxis der Sozialen Arbeit“ an der FH Nordhausen
E-Mail: spindler@fh-nordhausen.de

Dr. Annett Thiele
Institut für Rehabilitationswissenschaften der Humboldt Universität zu Berlin
Georgenstr. 36
10117 Berlin
E-Mail: annett.thiele@reha.hu-berlin.de

PD Dr. Ingeborg Thümmel
Dominicusstraße 12
56073 Koblenz
Telefon: 0261/1202727
E-Mail: Ingeborg.Thuemmel@uni-oldenburg.de

Lars Tiedemann
Fehrenbachallee 39a
79106 Freiburg
E-Mail: lars_tiedemann@gmx.de
www.literaacy

PD Dr. Susanne Wachsmuth
Institut für Heil- und Sonderpädagogik
Karl-Glöckner-Str. 21 B
35394 Gießen
E-Mail: susanne.wachsmuth@erziehung.uni-giessen.de

Bärbel Weid-Goldschmidt
Worringstr. 72
45289 Essen
E-Mail: baerbel.weid-goldschmidt@web.de

Melanie Willke
Universität zu Köln
Klosterstr. 79 b
50931 Köln
E-Mail: mwillke@uni-koeln.de

Silke Wolter
Grundschullehrerin
Grundschule Igelschule Lüneburg
E-Mail: silkewolter@web.de

Peter Zürcher
Stiftung Wagerenhof
Fachdienst Agogik
Asylstraße 24
CH-8610 Uster
E-Mail: peter.zuercher@wagerenhof.de

Bitte beachten Sie die folgenden Hinweise auf unser Fachbuchprogramm.

Gerne informieren wir Sie ausführlich. Schreiben Sie an:

VON LOEPER LITERATURVERLAG

- Abt. S -

Daimlerstr. 23

76185 Karlsruhe

Tel. (0721) 46 47 29 0 29

Fax (0721) 46 47 29 0 99

E-Mail: Bestellservice@vonLoeper.de

Internet: www.vonLoeper.de

■ Sachse/Birngruber/Arendes (Hrsg.):
Lernen und Lehren in der Unterstützten Kommunikation

Wie können Menschen, die im Krankenhaus kurzzeitig oder auch für längere Zeit ihre Sprechfähigkeit verloren haben, Hilfestellung erhalten? Welches Vokabular brauchen Menschen, die mit Hilfe von Methoden der UK kommunizieren und wie wird es aufgebaut? Wie erlernen Menschen, die kaum oder nicht lautsprachlich kommunizieren die Schriftsprache? Wie lässt sich Unterstützte Kommunikation in Einrichtungen implementieren? Und wie erleben die Menschen, die mit Hilfe von UK-Methoden kommunizieren, sich und ihre Umwelt? Diese und viele weitere Fragen beschäftigen die Autorinnen und Autoren dieses Buches. Sie bieten eine Fülle neuer Antworten und Anregungen aus Theorie und Praxis der Unterstützten Kommunikation. 450 S., kart., ISBN 978-3-86059-145-1

■ Jens Boenisch, Katrin Otto (Hrsg.):
Leben im Dialog

Unterstützte Kommunikation über die gesamte Lebensspanne
522 S., kart.,
ISBN 978-3-86059-144-4